《水經注》石刻文獻叢考

張鵬飛 撰

社會科學文獻出版社
SOCIAL SCIENCES ACADEMIC PRESS (CHINA)

前　言

　　漢魏時期，是中國文化從混沌走向覺醒時期，是中國文學"詩的覺醒"、"文的覺醒"時期，更是"人的覺醒"時期。漢末以降，天下紛爭，戰亂頻仍，在多變複雜的政治動蕩、朝不保夕的殘酷生涯中，個人之命運如狂風之飄蓬、如洪水之落葉，無法自主。漢魏時期的士子開始對傳統的儒學思想產生懷疑，逐漸思考個體之價值、文學之獨立、自然之道理，越明教而任自然，好莊老而薄周孔，這在漢末文人詩《古詩十九首》中、在建安文學慷慨悲涼之生命讚歌中、在魏晉玄學思想中皆已體現。而人的覺醒，不僅僅是文學的覺醒、文化的覺醒，也是自然的覺醒、"水的覺醒"[1]。面對蒼茫之宇宙、遼闊之大地、綿長之水道，覺醒中的世人開始去觀察周圍之水道、山川等地理之形勢，而成書於北魏孝昌年間《水經注》一書[2]，正是漢魏時期世人"自然覺醒"的典範之作。

　　酈道元爲漢桑欽《水經》作注成《水經注》四十卷，其以水道爲綱，綜述流域內水文、地貌、地質、土壤、植物、動物之分布，以及物產、交通、城邑建制沿革等地理狀況。據今人趙永復《水經注通檢今釋》（复旦大學出版社1985年版）整理，《水經注》中記載的河流水道達兩千五百九十六條，則與《水經》所記載之水道，殆過數十倍。《水經注》四十卷，其篇幅較《水經》三卷，注多於經，達二十餘倍矣，可見道元注《水經》之勤。

　　酈道元以注釋水道地理之需要，無論其"石作粗拙"[3]，或是"文辭

---

[1] （北魏）酈道元著，葉當前、曹旭注評《水經注·前言》："河流，你以爲是單純的河流嗎？它流過的田地稱地理，流過的莊稼稱經濟，流過的山原稱風景，流過的都邑稱人文。疏通河流，就是疏通地理、疏通經濟、疏通風景、疏通人文——這就是桑欽、郭璞、失名氏和酈道元《水經注》性質的精髓。"鳳凰出版社，2011，第1頁。
[2] 拙作《酈道元年譜考略》，《湖北大學學報》2006年第4期，第479～481頁。
[3] 《水經注·陰溝水》載曹操父曹嵩墓前所列石馬"石作粗拙"，"不匹光武隧道所表象馬也"。

鄙拙，殆不可觀"①，只要是符合其內容之需要，舉凡藝文古蹟之所關，苑囿橋樑之所在，莫不巨細畢陳，本末可觀，皆廣收博引，從而使《水經注》所收錄的石刻文獻資料極爲豐富，基本上搜羅了秦漢以降至北魏中期絕大部分石刻文獻。今酈氏《水經注》其書幸存，碑版遺聞，賴以不墜。酈氏所錄古碑，往往有顯於後世者，又或現存古碑，可以取證於諸書者。凡此之類，皆酈書勝出，蓋碑版之學取資者，隋唐以前，宜以此書爲淵藪。

《水經注》中收錄石刻文獻，其內容之豐富，涉及之廣泛，蔚爲可觀。其中多取自陵墓祠廟，亦有出自摩崖題刻、經界石刻者。內容或記載歷史人物之事跡，或描述城邑、古蹟之沿革，或記載河川水利之變遷等，對於今人研究古代城址的原貌、建築遺跡以及古代水文地理、考古發掘和歷史考訂等提供了豐富的史料。從形式而言，以墓碑、墓表、墓誌、墓碣、祠廟碑、銘刻爲主，也有少數爲畫像石、石碣、石人銘記、懸甕素書、摩崖題刻、石室題刻、刻壁書、墓磚文、石槨銘、界石銘等。

施蟄存先生於二十世紀六十年代撰著《水經注碑錄》一書，收錄《水經注》所載碑錄二百餘處，考論精要、詳備，然其文獻資料終於1980年②，隨着近三十餘年新的考古發掘及大量出土文獻問世，其考釋亟待補充。本書在施蟄存先生《水經注碑錄》一書基礎上，選取《水經注》所載石刻文獻二百餘處，以石刻所涉及內容及其用途爲標準，分爲陵墓、祠廟、城邑、河嶽、水利、古蹟、道路橋樑、經界、佛道神怪、歷史十類，逐一考證，其中又以陵墓、祠廟類石刻爲主，結合新出土考古文獻成果，以歐陽修《集古錄》、趙明誠《金石錄》、洪适《隸釋》、陳思《寶刻叢編》、王昶《金石萃編》、錢大昕《潛研堂金石文跋尾》等歷代金石文獻著錄情況爲綱，以實證文獻考證方法爲主要研究方法，並參用中國古代文學以及史學、金石學、歷史地理學等多種研究方法，對每一石刻考辨其名稱，所處方位，立石年月，石刻形制，書撰者姓名，石刻之源流演變及存

---

① 《水經注·淮水》載大復山南有兩碑，"並是漢延熹中守令所造。文辭鄙拙，殆不可觀"。
② 施蟄存撰《水經注碑錄·後記》："右《水經注碑錄》十卷，脫稿於一九六一年。續有新知，隨時改補，書中所用文獻資料，實止於一九八〇年。"天津古籍出版社，1987，第441頁。

佚情況，拓本之流傳，歷代著録傳承，碑刻拓本之辨僞等，並對碑主之生平、碑文之釋讀予以考辨，從而較爲全面、翔實地研究《水經注》所徵引大量石刻文獻，基本可以使衆多亡佚石刻文獻得以恢復其歷史原貌，以充實酈學研究之内容，亦拓展金石學研究之領域。

目　録

前　言	001
凡　例	001

第一章　陵墓類石刻 ··· 001

一	司馬遷碑考	001
二	晉立司馬遷碑考	001
三	恬漠先生翼神碑考	005
四	漢伏生墓碑考	007
五	晉太原成王碑考	013
六	漢丁昭儀墓碑考一	015
七	漢丁昭儀墓碑考二	015
八	漢冀州刺史王紛碑考	019
九	漢項王墓碣考	024
十	漢趙相劉衡碑考	026
十一	漢荆州刺史李剛碑及石室畫像考論	030
十二	漢司隸校尉魯峻碑及石室畫像考論	034
十三	魏立漢廬江太守范式墓碑考	042
十四	漢桂陽太守趙越碑考一	049
十五	漢桂陽太守趙越碑考二	049
十六	漢李雲墓表考	050
十七	晉李熹墓碑考	056
十八	漢冀州從事安平趙徵碑考	057
十九	晉立魏冀州刺史陳留丁紹碑考	057
二十	漢中山簡王焉墓碑獸考	059
二十一	東周三王陵碑考	064
二十二	晉潘妣墓碑考	066

二十三	晉黃門侍郎潘岳碑考	066
二十四	晉使持節征南將軍宋均碑考	069
二十五	裴氏墓碑考	074
二十六	魏毌丘興碑考一	075
二十七	魏毌丘興碑考二	075
二十八	漢幽州刺史趙融碑考	081
二十九	梁嚴碑考	083
三十	漢郭奉孝碑考	084
三十一	漢平陽侯相蔡昭墓碑考一	086
三十二	漢平陽侯相蔡昭墓碑考二	086
三十三	漢國三老袁良碑考	089
三十四	漢袁氏諸碑考	095
三十五	漢溫令許續碑考	098
三十六	漢尚書令虞詡碑考	099
三十七	漢陽臺令許叔種碑考	101
三十八	漢故樂成陵令太尉掾許嬰碑考	101
三十九	晉譙定王司馬隨墓碑考	103
四十	晉譙定王司馬隨墓石柱銘考	103
四十一	漢文穆冢碑考	106
四十二	漢熹平某君碑考	107
四十三	漢太尉掾橋載墓碑考	110
四十四	漢司徒盛允墓碑考	111
四十五	晉梁王妃碑考一	113
四十六	晉梁王妃碑考二	113
四十七	漢豫州從事皇毓碑考	115
四十八	漢東平憲王碑闕考	116
四十九	漢龔勝墓碑考	119
五十	漢太尉陳球墓碑考一	122
五十一	漢太尉陳球墓碑考二	122
五十二	漢太尉陳球墓碑考三	122
五十三	魏獨行君子管寧碑考	128
五十四	魏徵士邴原墓碑考	128
五十五	晉鄒恢碑考	131

五十六　晉鎮南將軍桓宣碑考 ························· 132
　　五十七　晉征西將軍周訪碑考 ························· 134
　　五十八　漢太尉長史邑人張敏碑考 ····················· 135
　　五十九　晉立魏征南軍司張詹碑考 ····················· 136
　　六十　　漢左雄二碑考 ······························· 139
　　六十一　漢日南太守胡著碑考 ························· 140
　　六十二　漢石祠銘考 ································· 140
　　六十三　漢若令樊萌碑考 ····························· 143
　　六十四　漢中常侍樊安碑考 ··························· 143
　　六十五　湖陽縣城南碑考 ····························· 143
　　六十六　漢陽侯焦立碑考 ····························· 145
　　六十七　漢王子雅石樓銘考一 ························· 147
　　六十八　漢王子雅石樓銘考二 ························· 147
　　六十九　漢孝女碑考 ································· 148

第二章　祠廟類石刻 ···································· 151

　　一　　　漢龍門禹廟碑考一 ··························· 151
　　二　　　漢龍門禹廟碑考二 ··························· 151
　　三　　　北魏龍門禹廟碑考 ··························· 151
　　四　　　文母廟碑考 ································· 157
　　五　　　前秦立魏鄧艾廟碑考 ························· 158
　　六　　　晉西河穆王司馬子政廟碑考 ··················· 165
　　七　　　魏李勝"石的"銘考 ························· 168
　　八　　　漢魯國孔明碑考 ····························· 170
　　九　　　漢孝子王立碑考 ····························· 171
　　十　　　郎山君碑考 ································· 173
　　十一　　觸鋒將軍廟碑考 ····························· 173
　　十二　　太白君碑考 ································· 173
　　十三　　晉康王碑考 ································· 176
　　十四　　晉范陽王廟碑考 ····························· 176
　　十五　　晉立魏征北將軍建成鄉景侯劉靖碑考 ··········· 177
　　十六　　晉司空鄭袤廟碑考 ··························· 179
　　十七　　晉鄭仲林碑考 ······························· 179

十八　魏雍州刺史郭淮碑考 …………………………………… 181
十九　漢京兆尹司馬文預碑考 …………………………………… 183
二十　晉順陽太守丁穆碑考 ……………………………………… 188
二十一　葉公子高諸梁碑考 ……………………………………… 190
二十二　魏葉公廟碑考 …………………………………………… 190
二十三　漢張明府祠廟碑考 ……………………………………… 194
二十四　魏豫州刺史賈逵祠碑考 ………………………………… 197
二十五　魏中郎將徐庶碑考 ……………………………………… 200
二十六　漢沛縣城高祖廟三碑考 ………………………………… 201
二十七　漢泗水亭高祖廟碑考 …………………………………… 201
二十八　晉大司馬石苞碑考 ……………………………………… 205
二十九　魏鎮東將軍胡質碑考 …………………………………… 205
三十　晉司徒王渾碑考 …………………………………………… 205
三十一　晉監軍石崇碑考 ………………………………………… 205
三十二　晉太傅羊祜碑考 ………………………………………… 208
三十三　晉鎮南將軍杜預碑考 …………………………………… 208
三十四　晉安南將軍劉儼碑考 …………………………………… 208
三十五　晉征南將軍胡羆碑考 …………………………………… 214
三十六　漢樊重碑考一 …………………………………………… 215
三十七　漢樊重碑考二 …………………………………………… 215
三十八　漢新息長賈彪廟碑考 …………………………………… 217
三十九　魏汝南太守程曉碑考 …………………………………… 217
四十　漢安邑長尹儉廟碑闕考 …………………………………… 219
四十一　劉宋司空劉勔廟碑考 …………………………………… 220
四十二　劉宋司空劉勔廟銘考 …………………………………… 220
四十三　劉宋司空劉勔廟讚考 …………………………………… 220
四十四　劉宋司空劉勔廟頌考 …………………………………… 220
四十五　漢王子香廟碑考 ………………………………………… 223
四十六　晉征南將軍荆州刺史胡奮碑考 ………………………… 226
四十七　晉顧颺廟碑考 …………………………………………… 227
四十八　晉范寧廟碑考 …………………………………………… 227
四十九　漢陳渾廟碑考 …………………………………………… 227

第三章　城邑古蹟類石刻 ……………………………… 231
　一　漢洛陽開陽門銘考 …………………………………… 231
　二　漢三王城碑考 ………………………………………… 233
　三　林邑古碑考 …………………………………………… 235
　四　漢春陵故城碑考 ……………………………………… 242
　五　阿育王大塔石柱銘考 ………………………………… 245
　六　泥犁城石柱銘考 ……………………………………… 245
　七　北魏廣德殿碑考 ……………………………………… 249
　八　北魏廣德殿碑陰考 …………………………………… 249
　九　魏臺粟窖銘考 ………………………………………… 251
　十　北魏永固堂碑及石闕考 ……………………………… 254
　十一　北魏郊天碑考 ……………………………………… 258
　十二　北魏太和殿碑考 …………………………………… 258
　十三　北魏皇信堂畫像題刻考 …………………………… 262
　十四　洛中故碑考 ………………………………………… 264
　十五　魏茅茨碑考 ………………………………………… 266
　十六　秦兩石人刻石考 …………………………………… 268
　十七　漢梧臺里石社碑考 ………………………………… 271
　十八　晉諸葛宅銘考一 …………………………………… 275
　十九　晉諸葛宅銘考二 …………………………………… 275
　二十　孫吳臨平湖邊石函文考 …………………………… 278

第四章　河嶽水利類石刻 ……………………………… 281
　一　李尤盟津銘考 ………………………………………… 281
　二　李尤鴻池陂銘考 ……………………………………… 281
　三　魏石隄祠碑考 ………………………………………… 286
　四　河平侯祠碑考 ………………………………………… 287
　五　漢石門銘考 …………………………………………… 288
　六　漢滎口石門碑考 ……………………………………… 293
　七　晉沁口石門銘考 ……………………………………… 295
　八　漢漳河神壇碑考 ……………………………………… 297
　九　晉庾陵遏表考 ………………………………………… 299
　十　魏伊闕左壁石銘考 …………………………………… 304

十一　晉伊闕右壁石銘考 …………………………………… 304
　　十二　漢青陂碑考 ………………………………………… 306
　　十三　魏鄭陂碑考 ………………………………………… 308
　　十四　晉六門碑考 ………………………………………… 310
　　十五　漢黎山碑考 ………………………………………… 313
　　十六　魏石鼓山銘考 ……………………………………… 315
　　十七　漢大石嶺碑考 ……………………………………… 317
　　十八　闕林山碑考 ………………………………………… 319
　　十九　秦會稽刻石考 ……………………………………… 320
　　二十　晉句注碑考 ………………………………………… 324

第五章　道路經界類石刻 ……………………………………… 327
　　一　晉嶠道銘考 …………………………………………… 327
　　二　後趙石虎鄴城東門石橋柱銘考 ……………………… 329
　　三　前燕盧龍塞道銘考 …………………………………… 332
　　四　晉皋門橋記考 ………………………………………… 334
　　五　漢洛陽建春門橋柱銘考 ……………………………… 337
　　六　漢洛陽東石橋銘考 …………………………………… 340
　　七　晉洛陽旅人橋銘考 …………………………………… 342
　　八　晉劍閣張載銘考 ……………………………………… 345
　　九　懸書崖銘刻考 ………………………………………… 348
　　十　洛陽北界石表考 ……………………………………… 349
　　十一　漢冀州北界銘考 …………………………………… 352
　　十二　漢幽冀二州界石文考 ……………………………… 354
　　十三　河南界柱銘考 ……………………………………… 357
　　十四　洛陽南界碣考 ……………………………………… 357

第六章　佛道神怪類石刻 ……………………………………… 359
　　一　晉帛仲理碑考 ………………………………………… 359
　　二　北魏洛陽瑤光寺碑考 ………………………………… 361
　　三　北魏永寧寺碑考 ……………………………………… 363
　　四　漢仙人王子喬碑考 …………………………………… 367
　　五　漢仙人唐公房碑考 …………………………………… 374

  六　南齊立淮南王廟碑考 …………………………………………… 382
  七　龍沙冢磚銘考 …………………………………………………… 385
  八　獨松冢磚銘考 …………………………………………………… 386
  九　浦陽江側冢甓書考 ……………………………………………… 388
  十　行唐縣神女廟碑考 ……………………………………………… 389

第七章　歷史類石刻 ……………………………………………………… 392
  一　北魏高祖講武碑考 ……………………………………………… 392
  二　北魏獻文帝南巡碑考 …………………………………………… 394
  三　北魏文成帝御射碑考 …………………………………………… 396
  四　北魏北海王石碣考 ……………………………………………… 401
  五　北魏太武帝御射碑考 …………………………………………… 404
  六　北魏徐水陰碑考一 ……………………………………………… 404
  七　北魏徐水陰碑考二 ……………………………………………… 404
  八　北魏定鼎碑考 …………………………………………………… 404
  九　魏公卿上尊號碑考 ……………………………………………… 413
  十　魏受禪碑考 ……………………………………………………… 413
  十一　魏大饗碑考 …………………………………………………… 421
  十二　晉杜預述功碑考一 …………………………………………… 426
  十三　晉杜預述功碑考二 …………………………………………… 426
  十四　晉立曹仁記水碑考 …………………………………………… 428
  十五　漢冠蓋里碑考 ………………………………………………… 430
  十六　漢姚氏二女碑考 ……………………………………………… 432
  十七　晉平南將軍王世將刻石考 …………………………………… 435
  十八　漢光武即位碑考 ……………………………………………… 436

參考文獻 ………………………………………………………………………… 441
後　記 …………………………………………………………………………… 451

凡　例

一、本書所載石刻文獻，爲《水經注》四十卷所收録石碑、墓碣、墓表、石樓、石闕、石室畫像以及石人題刻、墓磚銘文、摩崖題刻、石獸題刻、石柱銘文、石函銘文、石橋題刻等雜刻類諸石刻。

二、《水經注》所收録的石刻文獻內容衆多，形式多樣，必須先分類，再對每類進行研究。本文按石刻文獻內容、功用分爲十大類：陵墓、祠廟、城邑、古蹟、河嶽、水利、道路橋樑、經界、佛道神怪、歷史。其中第一章爲陵墓類石刻，主要爲墓碑、墓碣、墓表、石獸石人題文等；第二章爲祠廟類石刻，主要爲頌德碑；第三章爲城邑古蹟類石刻，城邑類石刻爲先，其後古蹟類合爲一章；第四章爲河嶽水利類石刻，主要爲記載河道山嶽及水利石刻；第五章爲道路經界類石刻，主要爲勘分州郡邊界石碑及道路橋樑之摩崖題刻及石橋銘文等；第六章爲佛道神怪類石刻，爲佛、道二教及古之仙怪神異之説諸石刻；第七章爲歷史類石刻，主要收録記載重大歷史事件之石刻。

三、每一大類均按照《水經注》著録先後順序爲次，石刻名稱以《水經注》原文爲准。每一著録石刻，説明石刻名稱，所處方位，立石年月，石刻形制，撰書人姓名及存放記載。石刻所處方位者，以歷代史書地志及《元和郡縣圖志》、《括地志》、《太平寰宇記》、《讀史方輿紀要》等地書記載情況，釐清城邑河流之變遷。

四、每一碑目首列《水經注》原文著録之文——歷代《水經注》版本衆多，文字出入較大。本文主要采用陳橋驛先生《水經注校證》（中華書局2011年版），部分佚文采用陳橋驛先生輯録《水經注佚文》（《水經注研究》，天津古籍出版社1985年）；次列考釋內容；最後附以拓本及石刻照片。碑文因篇幅有限未予收録者，將另爲《水經注金石文校注》以録。以歐陽修《集古録》、趙明誠《金石録》、洪适《隸釋》、陳思《寶刻叢編》、王昶《金石萃編》、錢大昕《潛研堂金石文跋尾》等歷代金石文獻著録情況爲綱，考辨每一石刻之存佚，拓本之流傳，文字之釋讀。

　　五、碑文傳世者，以嚴可均《全上古秦漢三國南北朝文》，洪适《隸釋》《古文苑》爲藍本，並綜合輯録《北堂書鈔》、《初學記》、《太平御覽》等類書；《昭明文選》，《東漢文紀》，《漢魏六朝百三家集》，《古今圖書集成》、《蔡中郎集》等總集、別集；王昶《金石萃編》、高文《漢碑集釋》、毛遠明《漢魏六朝碑刻校注》、徐玉立《漢碑全集》等金石文録以及歷代史書所著録碑文，並加以校讎分析。

　　六、拓本傳世者，從歷代所傳諸多拓本中選取具有代表性者予以著録，並附以說明文字，注明出處、石刻名稱、年代、形制、出土地、拓本情況等，並注明拓本所據于原石，或爲後世重刻、翻刻碑石。著録拓本來源主要包括：北京國家圖書館、山東曲阜漢魏碑刻陳列館、西安碑林博物館、故宮博物院、遼寧省博物館、河南省博物館、山東省博物館、北京大學圖書館、日本東洋文庫、早稻田大學圖書館、美國柏克萊加州大學東亞圖書館等館藏石刻拓本，洪适《隸續》卷五《碑圖》、牛運震《金石圖》、羅振玉《漢晉刻石墨影》等歷代金石文獻以及《中國畫像石全集》、《山東漢畫像石彙編》、《漢碑全集》、《漢碑殘石五十品》、《中國碑刻全集》、《漢魏六朝碑刻校注》、《漢刻石圖輯》、《漢魏六朝冢墓遺文圖録》等當代金石文獻彙編所著録石刻拓本，《汝帖》、《淳化閣帖》、《王羲之法帖》、《歷代鐘鼎彝器款識法帖》等歷代法帖以及《中國美術史》、《善本碑帖録》、《碑帖鑒定》、《歷代碑帖大觀》等當代碑帖叢書。

第一章　陵墓類石刻

一　司馬遷碑考
二　晉立司馬遷碑考

　　河水又南，右合陶渠水。水出西北梁山，東南流逕漢陽太守殷濟精廬南，俗謂之子夏廟。陶水又南逕高門南，蓋層阜墮缺，故流高門之稱矣。又東南逕華池南，池方三百六十步，在夏陽城西北四里許。故司馬遷碑，文云：高門華池，在茲夏陽。今高門東去華池三里。

　　溪水又東南逕夏陽縣故城南。服虔曰：夏陽，虢邑也，在大陽東三十里。又歷高陽宮北，又東南逕司馬子長墓北，墓前有廟，廟前有碑。永嘉四年，漢陽太守殷濟瞻仰遺文，大其功德，遂建石室，立碑樹垣。《太史公自敘》曰：遷生于龍門。是其墳墟所在矣。[①]

　　此兩處皆爲墓碑，碑石皆早已亡佚，無拓本傳世。唯"司馬遷碑"存碑文局部，收録於嚴可均《全後漢文》卷一〇六，題名《司馬遷碑》，引《水經注》載其碑文："高門華池，在茲夏陽。"[②] 寥寥數語，明確記載了司馬遷墓所在之處。夏陽，即古莘國，文王妃太姒即此國之女也。春秋時爲秦之少梁，秦惠文王十一年（前327）更名爲夏陽，西漢初置縣，屬左馮翊，龍門山在縣北[③]，其故城位於今陝西韓城城南芝川鎮[④]，爲太史公之

[①] （北魏）酈道元著、陳橋校證《水經注校證》卷四《河水注》"又南出龍門口，汾水從東來注之"條，第104頁。（全書所用《水經注》引文皆據於此。）

[②] （清）嚴可均輯《全後漢文》卷一〇六"闕名"八《司馬遷碑》，中華書局，1958，第1045頁。

[③] （東漢）班固撰、（唐）顏師古注《漢書》卷二八《地理志》上"左馮翊"條，中華書局，1962，第1545頁。

[④] 石干、鄭易：《司馬遷與其故里夏陽》，《渭南師專學報》1992年第1期，第11頁。

故里。

《史記·太史公自序》言："遷生龍門，耕牧河山之陽。"龍門即龍門山，亦稱禹門口。張守節《正義》引《括地志》云："龍門在同州韓城縣北五十里。其山更黃河，夏禹所鑿者也。龍門山在夏陽縣，遷即漢夏陽縣人也，至唐改曰韓城縣。"① 可知龍門山在漢時屬夏陽縣，唐時改屬韓城縣，即今山西河津與陝西韓城之間黃河峽谷，司馬遷不僅出生於此地，其家族也世代居住於此。《史記·太史公自序》又言："（司馬）靳與武安君坑趙長平軍，還而與之俱賜死杜郵，葬於華池⋯⋯昌生無澤，無澤爲漢市長。無澤生喜，喜爲五大夫，卒，皆葬高門。喜生談，談爲太史公。"② 其六世祖司馬靳葬于華池，高祖司馬昌、曾祖司馬無澤、祖父司馬喜、父親司馬談皆葬于高門。高門、華池皆位於夏陽，兩者相距三四里。

華池，古地理名，漢以前司馬氏宗族墓葬多位於此處，張守义《正义》引《括地志》云："華池在同州韓城縣西南七十里，在夏陽故城西北四里。"③ 酈注於是條言："池方三百六十步，在夏陽城西北四里許。"可知華池位於夏陽城附近，即今韓城巍東鎮華池村一帶，至北魏時湖水方三百六十步，今已乾涸。二十世紀七十年代華池村發現秦漢墓葬五十餘處，多爲司馬氏族古墓，其中司馬遷八世祖司馬錯及六世祖司馬靳墓皆位於華池村附近，兩處墓葬及碑近代尚存，二十世紀五六十年代毁壞。

高門，古地理名，爲漢代司馬氏宗族墓葬所在。《漢書·司馬遷傳》顔師古注言："高門，地名，在夏陽西北，而東去華池三里。"即今陝西韓城巍東鄉高門村，自司馬遷高祖司馬昌後司馬氏族人皆葬於此地，今高門村南尚存"漢太史司馬公高門先塋"，墓前並列兩碑樓，當地人俗稱"雙碑樓"，其中南碑爲清嘉慶十七年（1812）十月所立，碑陽題"漢太史司馬公高門先塋"，碑陰題文爲《漢太史公高門先塋記》，碑文言爲司馬昌、司馬無澤、司馬喜墓冢；北碑爲清咸豐二年（1852）九月由鄉賢社三十一

---

① （漢）司馬遷撰、（劉宋）裴駰集解、（唐）司馬貞索隱、（唐）張守節正義《史記》卷一三〇《太史公自序》，中華書局，1959，第 3293 頁。
② （漢）司馬遷撰、（劉宋）裴駰集解、（唐）司馬貞索隱、（唐）張守節正義《史記》卷一三〇《太史公自序》，中華書局，1959，第 3293 頁。
③ （漢）司馬遷撰、（唐）張守節正義《史記》卷一三〇《太史公自序》，中華書局，1959，第 3286 頁。

人立，碑陽題"漢先太史司馬公之墓"，爲司馬談之墓，而未見司馬遷之墓。

據《正義》引《括地志》云："高門原，俗名馬門原，在同州韓城縣西南十八里。漢司馬遷墓在韓城縣南二十二里。夏陽縣故城東南有司馬遷冢，在高門原下也。"① 依《括地志》所言，唐時韓城縣境内當有司馬遷墓兩處：一處位於韓城縣南二十二里，一處位於夏陽縣故城東南高門原。二墓之前當皆有碑也，而酈注所言司馬子長墓及晉永嘉時殷濟所修祠碑即其中之一，然未明言其所處方位。另據司馬貞《索隱》"司馬遷碑在夏陽西北四里"，又云："按遷碑，（高門）在夏陽西北，去華池三里。"② 司馬貞所言"司馬遷碑"位於夏陽故城西北，去華池三里，當位於高門原漢司馬家族墓，即《括地志》所言夏陽縣故城東南司馬遷冢前，而酈注所引司馬遷《碑文》"高門華池，在茲夏陽"亦即此碑之語。此碑文除酈注之外，唯嚴可均《全後漢文》載之，而宋人歐、趙、洪諸家皆未載，當早已亡佚，其所立年代及立碑者皆不可知。施蟄存先生以爲司馬貞所言"司馬遷碑"即永嘉四年殷濟所立之碑③，然未加考證，其言尚待商榷。

據《漢書·司馬遷傳》記載，司馬遷受宮刑後，爲中書令，時故人益州刺史任安予遷書，責以古賢臣之義，遷答之《報任安書》言："重爲鄉黨戮笑，汙辱先人，亦何面目復上父母之丘墓乎？"④ 據此推測司馬遷死後當未葬于高門漢司馬氏宗族墓地，故高門之司馬遷冢當爲後世所修，而非漢時之司馬遷墓，故《括地志》所言"韓城縣南二十二里漢司馬遷墓"當爲太史公終歸之地，即今韓城城南芝川鎮司馬遷祠墓。歷代文獻多載司馬遷墓於此，如《大明一統志》卷三二"陝西布政司"載有"司馬遷墓"，言："在韓城縣南二十里芝川鎮。"⑤ 其墓前時有祠廟及碑，酈注言："永嘉

---

① （漢）司馬遷撰、（唐）張守節正義《史記》卷一三〇《太史公自序》，中華書局，1959，第3286頁。
② （漢）司馬遷撰、（唐）司馬貞索隱《史記》卷一三〇《太史公自序》，中華書局，1959，第3286頁。
③ 施蟄存撰《水經注碑録》卷一《晉立司馬遷廟碑》，天津古籍出版社，1987，第10頁。
④ （東漢）班固撰、（唐）顔師古注《漢書》卷六二《司馬遷傳》，中華書局，1962，第2736頁。
⑤ （明）李賢等撰《大明一統志》卷三二"陝西布政司陵墓"條，三秦出版社，1990，第565頁。

四年，漢陽太守殷濟瞻仰遺文，大其功德，遂建石室，立碑樹垣。"① 司馬遷卒後，因其《史記》秉筆直書，於當世多"譏刺之語"，而"是非頗謬于經"，西漢時即有"謗書"之議，故無人敢爲太史公建祠立碑。直至西晉懷帝永嘉四年（310），時漢陽太守殷濟至漢司馬遷墓，瞻仰太史公之遺文，爲頌太史公之功德，遂於墓前另建石室，並立碑樹垣，即"晉立司馬遷碑"。殷濟，正史無傳，其事蹟唯見於晉許國昌《養性齋雜記》。殷濟，字潤國，夏陽高門原梁下鄉人。殷濟少有抱負，發奮讀書，曾任洛陽令，後官至漢陽太守。永嘉元年（306）因母喪，依例回鄉守喪三年，其間深居簡出，苦讀經史，瞻仰司馬遷之遺文，大其功德。乃上書懷帝，請爲太史公立祠，予以旌表，以收文史化民、禮儀成風之效。懷帝思司馬遷乃其遠祖，故敕令韓城縣令協助殷濟監建"漢太史司馬祠"，於永嘉四年（309）建祠工成，立碑及石祠供奉太史公之神主，祠周有圍牆，護史公之墳墓②。殷濟爲司馬遷立祠碑之第一人，故其卒後，後人爲之建祠立碑以紀念。酈注於是條言夏陽梁山有"漢陽太守殷濟精廬"③，俗謂之"子夏廟"，此廟及碑石至今猶存。

　　據酈注可知"晉立司馬遷廟碑"至北魏時尚存，惜道元未載其碑文，文當述太史公之偉業與建祠之始末。《括地志》言此墓唐時尚存，但未言碑之存佚。另據唐牟融《司馬遷墓》詩云："落落長才負不羈，中原回首益堪悲。英雄此日誰能薦，聲價當時眾所推。一代高風留異國，百年遺跡剩殘碑。經過祠客空惆悵，落日寒煙賦《黍離》。"④ 據詩篇所言"百年遺跡""殘碑""祠客"之語，可知唐時司馬遷墓前晉修祠廟及石室、石碑皆已殘缺，然尚存於世。二碑唐以後歐陽修《集古錄》、趙明誠《金石錄》皆未有著録，唯洪适《隸釋》卷二〇、顧藹吉《隸辨》據酈注載有《司馬遷碑》，其文同，然未言其存佚情況。

---

① 《水經注校證》卷四《河水注》"又南出龍門口，汾水從東來注之"條，第104頁。
② （晉）許國昌撰《養性齋雜記》，見《韓城文史資料匯編》第十八輯《漢太史司馬祠》，韓城市政協文史資料委員會司馬祠墓文物管理所，1999，第8頁。
③ 《水經注校證》卷四《河水注》"又南出龍門口，汾水從東來注之"條言："河水又南，右合陶渠水。水出西北梁山，東南流逕漢陽太守殷濟精廬南。俗謂之子夏廟。"第104頁。
④ （清）彭定求等編、中華書局編輯部點校《全唐詩》第十四冊卷四六七，牟融《司馬遷墓》，中華書局，1960，第5311頁。

三　恬漠先生翼神碑考

　　河水又東，千崤之水注焉。水南導于千崤之山，其水北流，纏絡二道。漢建安中，曹公西討巴漢，惡南路之險，故更開北道，自後行旅，率多從之。今山側附路有《石銘》云：晉太康三年，弘農太守梁柳修復舊道。太崤以東，西崤以西，明非一崤也。西有二石，又南五十步，臨溪有恬漠先生翼神碑，蓋隱斯山也。①

　　此處爲墓碑，立碑年代及立者皆不可考，唯見於酈注，歐、趙、洪諸家皆未著錄，當久已亡佚，亦無拓本傳世。酈注言此碑立於崤山北道臨溪之側，與"晉崤道銘"相鄰②。

　　恬漠先生，史書無載，未知其姓名，亦未詳其何代人，或爲晉時之隱士。"恬漠"，亦作"恬默"，即"寧靜淡泊"之義。"恬漠"多用於形容道家之"真人"、隱逸之士③。依酈注所言，此碑立於崤山北道路側，臨近溪水，與"晉崤道銘"相去不遠。酈道元經此地，當見此碑，然未言其碑文，此碑或時已摩滅殆盡，僅可識"恬漠先生"之字，酈道元進而據此推測"恬漠先生"當爲隱居於東崤山之隱士。因與"晉崤道銘"相近，故其碑主年代或亦爲晉時。魏晉之時，玄學興盛，諸多名士隱逸山林而終老不仕，《晉書·隱逸傳》即載有諸如陶潛、郭文、夏統等四十餘隱士之傳，其中多有被後人加以私謚。如索襲，虛靖好學，不應州郡之命，謚曰玄居先生；公孫永，隱于平郭南山，謚曰崇虛先生；張忠，隱于泰山，謚曰安道先生；宋纖，不與世交，隱居于酒泉南山，謚曰玄虛先生；郭荷，隱居張掖東山，謚曰玄德先生等。"恬漠先生"當亦爲後人給予碑主之私謚，然其人之名及事皆未可知也。

　　翼神，施蟄存先生認爲："或姓翼名神，或名翼而失其姓。或姓翼而

---

① 《水經注校證》卷四《河水注》"又東過砥柱間"條，第117頁。
② 參見本書第五章第一處"晉崤道銘考"，第327頁。
③ 何寧撰《淮南子集釋》卷二《俶真訓》曰："若夫神無所掩，心無所載，通洞條達，恬漠無事，無所凝滯，虛寂以待，勢利不能誘也……此真人之道也。"中華書局，1998，第149頁。

失其名"①，乃"恬漠先生"之名字。然"翼神"更當爲石碑所雕鑿之"翼神獸"，即有翼之神獸。漢魏墓葬多於墓前神道列石獸，多爲龍、鳳、飛廉、麒麟、辟邪、天祿、獅、虎、鹿、羊等動物形象，而"翼神獸"即爲其中之一，其"皆具雙翼，短而上舉"。翼神兽形象自古有之，如《山海經·西次四經》記載："有獸焉，其狀馬身而鳥翼，人面蛇尾，是好舉人，名曰孰湖。"② 這種來自於神話傳說中的有翼神獸，後多視爲象徵祥瑞、威儀之物，或以青銅製成銅器而置於皇宮廳室，或以石質雕成石獸置於陵墓神道，其中石質"翼神獸"，自漢代以來多用於陵墓神道及石碑碑首。東漢時期的石質"翼神獸"，目前發掘出土的即有近四十餘處，如河南洛陽孟津東漢光武帝原陵石辟邪、南陽城北漢汝南太守宗資墓石辟邪等，這些也在《水經注》中多有記載，而酈注此處所言"恬漠先生翼神碑"所指當爲"恬漠先生"陵墓之碑，碑首雕刻有"翼神獸"之形象，也可解釋爲"恬漠先生"陵墓之前所立石碑及"翼神石獸"。

圖 1-1　河南省洛陽市博物館藏漢光武帝原陵石辟邪③

---

① 施蟄存撰《水經注碑錄》卷一《恬漠先生翼神碑》，天津古籍出版社，1987，第 13 頁。
② 袁珂校注《山海經校注》卷二《西山經》，上海古籍出版社，1980，第 65 頁。
③ 1992 年 12 月，於河南省洛陽市孟津縣舊城油坊街村西約五百米，西北距漢光武帝原陵約一千米處出土。

四　漢伏生墓碑考

　　溉水又東北逕東朝陽縣故城南。漢高帝七年，封都尉宰寄爲侯國。《地理風俗記》曰：南陽有朝陽縣，故加東。《地理志》曰：王莽之脩治也。溉水又東逕漢徵君伏生墓南，碑碣尚存，以明《經》爲秦博士。秦坑儒士，伏生隱焉。漢興，教于齊、魯之間，撰《五經》、《尚書大傳》，文帝安車徵之。年老不行，乃使掌故歐陽生等受《尚書》于徵君，號曰伏生者也。[1]

　　此處爲墓碣，石碣早已亡佚，唯碑文賴此注存局部，無拓本傳世。酈道元言此碑立于溉水之西側東朝陽縣故城南漢徵君伏生墓前，時此碣尚存，當爲道元所親見。酈注所言碑碣並稱，故此碑於形制或仍爲碣。酈注未言此碑之立碑之人、年代及緣由，僅轉述其碑文而未載碑之原文。此碑除酈注之外，歐、趙、洪諸家皆未著錄，當久已亡佚。

　　東朝陽縣，酈注言爲漢高帝七年（前 200）封都尉宰寄爲侯國於此，《漢書·高惠高后文功臣表》言爲"朝陽齊侯華寄"，屬濟南郡，因位於朝水之陽而得名，即《漢書·地理志》所言"莽曰厲信"，而酈注以爲"王莽之修治"，或有誤。另據張守節《正義》引《括地志》云："朝陽故城在鄧州穰縣南八十里。應劭云在朝水之陽也。"[2] 則南陽（唐時爲鄧州）亦有朝陽城，即酈注所言"《地理風俗記》曰：南陽有朝陽縣，故加東"。此縣東漢改稱東朝陽縣，屬濟南郡；魏晉屬青州；北魏時屬齊州；北齊時，廢朝陽縣立高唐縣，其故城舊治於今山東濱州鄒平縣。

　　"漢徵君伏生"者，"徵君"亦稱"徵士"，即隱而不就朝廷徵召之士。《後漢書·黃憲傳》曰："友人勸其仕，憲亦不拒之，暫到京師而還，竟無所就。年四十八終，天下號曰徵君。"[3] 此名當爲其墓碑之題名，碑額當題"漢徵君伏生之碑"。酈注據此碑之文言伏生"以明《經》爲秦博

---

[1] 《水經注校證》卷五《河水注》"又東北過高唐縣東"條，第 145 頁。
[2] （漢）司馬遷撰、（唐）張守節正義《史記》卷六〇《三王世家》，中華書局，1959，第 2117 頁。
[3] （劉宋）范曄撰、（唐）李賢等注《後漢書》卷五三《黃憲傳》，中華書局，1965，第 1745 頁。

士。秦坑儒士，伏生隱焉。漢興，教於齊、魯之間，撰《五經》、《尚書大傳》，文帝安車徵之。年老不行，乃使掌故歐陽生等受《尚書》於徵君，號曰伏生者也"，據此可知，此伏生爲秦末漢初時人，秦時以明經爲博士①，秦末歸隱，故稱之爲"徵君"。西漢初，居濟南郡，於齊魯之間授學，所撰《五經》、《尚書大傳》者，皆爲今文經學之典範。後文帝安車徵之而未行，授歐陽生等以《尚書》，其號曰伏生，而無名字。此人之事，亦見《史記·儒林列傳》："伏生者，濟南人也。故爲秦博士。孝文帝時，欲求能治《尚書》者，天下無有，乃聞伏生能治，欲召之。是時伏生年九十餘，老，不能行，於是乃詔太常使掌故晁錯往受之。秦時焚書，伏生壁藏之。其後兵大起，流亡。漢定，伏生求其書，亡數十篇，獨得二十九篇，即以教于齊魯之間。學者由是頗能言《尚書》，諸山東大師無不涉《尚書》以教矣。伏生教濟南張生及歐陽生，歐陽生教千乘兒寬。兒寬既通《尚書》，以文學應郡舉，詣博士受業，受業孔安國。"②《漢書·儒林傳》所載與此同。

　　《史記》所言與酈注相合，當爲同一人，然亦未言其名字，裴駰《集解》于此引張晏之言曰"伏生名勝，《伏生碑》云……"，張晏爲曹魏時人，則其所言之"伏生碑"，當爲酈注此所言之碑，可知此碑當東漢時所立，至曹魏時碑文較全，其文言伏生名勝，而至道元之世，因部分碑文摩滅不可識，故酈注未言其名。司馬貞《索隱》於此亦曰："張華云名勝，《漢紀》云字子賤"，則張華之言當據於張晏，而東漢荀悅《漢紀》之言"字子賤"者則未知何據。《史記》言伏勝於晚年受文帝之詔而未就，文帝授詔太常使掌故晁錯往受《尚書》，此事於《史記·袁盎晁錯列傳》所記更爲詳細："孝文帝時，天下無治《尚書》者，獨聞濟南伏生故秦博士，治《尚書》，年九十餘，老不可徵，乃詔太常使人往受之。太常遣錯受《尚書》伏生所。還，因上便宜事，以《書》稱說。"③張守節《正義》引衛宏《詔定古文尚書序》注云："徵之，老不能行，遣太常掌故晁錯往讀

---

① 《漢書》卷一九上《百官公卿表》："博士，秦官，掌通古今秩比六百石，員多至數十人。"秦時所設，亦爲皇帝之近侍顧問。中華書局，1962，第726頁。
② （漢）司馬遷撰、（劉宋）裴駰集解、（唐）司馬貞索隱、（唐）張守節正義《史記》卷六一《儒林列傳》，中華書局，1959，第3124頁。
③ （漢）司馬遷撰、（劉宋）裴駰集解、（唐）司馬貞索隱、（唐）張守節正義《史記》卷一〇一《袁盎晁錯列傳》，中華書局，1959，第2745頁。

之。年九十餘，不能正言，言不可曉，使其女傳言教錯。齊人語多與潁川異，錯所不知者凡十二三，略以其意屬讀而已也。"①

據此則可知時唯晁錯受業於伏勝，其後伏生又教濟南張生及歐陽生，然酈注言時文帝"使掌故歐陽生等受《尚書》"，與《史記》所言不同。歐陽生，字和伯，千乘人，爲伏生之弟子，其事見《漢書·儒林傳》。然《漢書》未言文帝使之詣伏生受《尚書》，可知酈注所載或有誤，文帝所使掌故者爲晁錯而非歐陽生。另司馬貞《索隱》於《太史公自序》案曰："遷及事伏生，是學誦古文《尚書》。"可知除晁錯、濟南張生及歐陽生外，司馬遷亦曾師從伏生學誦古文《尚書》。《史記》未言伏生有撰著者，然酈注則言"其撰《五經》、《尚書大傳》"，此皆後世無載，唯清陳壽祺有輯本《伏乘·輯伏氏佚書》四卷。

考《史記·仲尼弟子列傳》"宓不齊字子賤，少孔子三十歲"，張守節《正義》於此引《顏氏家訓》云："兖州永昌郡城，舊單父縣地也。東門有子賤碑，漢世所立，乃云濟南伏生即子賤之後。是'虙'之與'伏'古來通，字誤爲'宓'，較可明矣。"② 以此言之，則濟南伏生爲孔子弟子宓不齊之後。《後漢書·伏湛傳》又云："九世祖勝，字子賤，所謂濟南伏生者也。"③ 則以《顏氏家訓》之言而誤以子賤爲濟南伏生之字。

酈注所言"漢伏生碑"爲伏生之墓碑，當爲東漢後世之人所立；而《顏氏家訓》所言兖州永昌郡東門之"漢立子賤碑"，則當爲東漢時伏生之後裔爲遠祖——孔子弟子宓不齊，所立之碑，故於碑中言及伏生之事。此兩碑，可補《史記》、《漢書》之缺。然此兩碑歐、趙、洪諸家皆未著錄，亦未有拓本傳世，唯樂史《太平寰宇記》卷一九"河南道濟州臨濟縣"言"伏生冢，在縣朝陽故城東五里"④，而未言此碑，可知碑至宋時已不存。

---

① （漢）司馬遷撰、（劉宋）裴駰集解、（唐）司馬貞索隱、（唐）張守節正義《史記》卷一〇一《袁盎晁錯列傳》，中華書局，1959，第2745頁。

② （漢）司馬遷撰、（劉宋）裴駰集解、（唐）司馬貞索隱、（唐）張守節正義《史記》卷六七《仲尼弟子列傳》，中華書局，1959，第2206頁。

③ （劉宋）范曄撰、（唐）李賢等注《後漢書》卷二六《伏湛傳》，中華書局，1965，第893頁。

④ （宋）樂史撰、王文楚等點校《太平寰宇記》卷一九"河南道一九濟州臨濟縣"，中華書局，2007，第394頁。

孫葆田作《伏生墓考》，主鄒平東北十八里之説①，未核。晚清陳蜚聲作《伏乘》一書考辨，認爲伏生生於周赧王五十五年（前260），卒於漢文帝后元三年（前161），卒年百歲，與史書所載相合。

另據鄒安輯②《廣倉古石録》載有《漢伏生冢題字》云："山東濟南之齊東縣故朝楊城東五里有土阜上建碧霞元君廟。同治甲戌以久，雨水漲，阜前陷一穴，如郭門狀。邑人孟秀才往觀，於穴中搜得一碑，已損，其首文曰：'徵君伏生冢，上有一口字測書字甚筆力蒼原，頗似瘞鶴銘，考《水經注》漯水又東北徑東朝陽縣故城南，又東徑漢徵君伏生墓南，碑碣尚存。'云則次碑殆即酈氏所見，以字跡觀之，殆齊梁人書，此碣出土未久，知者甚少，故爲記之。"依鄒安所言此"漢伏生冢題字"殘碑即酈注所言之"漢徵君伏生碑"，鄒氏於宣統辛亥五月（1911）獲此殘碑之拓本並題跋之，然此殘碑今亦不存，唯殘拓傳世。

今山東濱州鄒平縣韓店鎮蘇家村西原有伏生祠，相傳爲伏生之故居，"文革"時毁壞，今僅剩殘垣。另鄒平縣魏橋鎮冢子村西南有伏生墓，墓前有"徵君伏生墓"、"伏生墓序"石碑殘碑兩通，其碑記清嘉慶乙丑年（1805）齊東縣知縣進士時銘重修伏生墓之事。宣統時修《山東通志》載有"伏生墓"言"在縣東十八里，相傳爲伏生故里，墓前有祠，有元至順二年張起巖重修記"③，未知是否爲酈注所載之碑，然此碑亦無存。清光緒時當地人於此墓側得兩個瓦質古瓶，其狀相同，高尺餘，腹圍經尺，兩端均牟色，甚蒼老，見者疑爲漢代古物，史稱"伏生古器"。現存於鄒平縣民衆教育館，其一完整，其一兩端微有殘缺，或爲此墓之物。

---

① 徐世昌等編著、沈芝盈、梁運華點校《清儒學案》卷一九四《東甫學案》，中華書局，2008，第7517頁。
② 鄒安輯《廣倉古石録》，民國四年（1915）上海廣倉學宭石印本，第50頁。
③ （清）楊士驤等修、孫葆田等纂《宣統山東通志》卷三十四《古蹟一》"鄒平縣"條，商務印書館1934年鉛印本，第1736頁。

第一章　陵墓類石刻 ｜ 011

伏冢題字

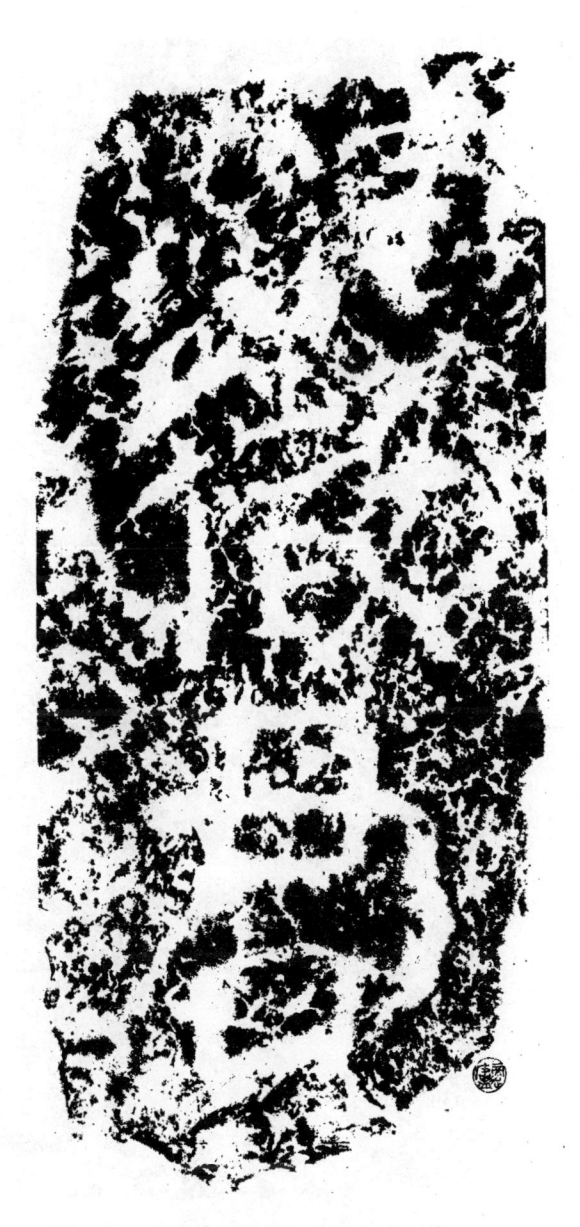

圖 1-2　"漢伏冢題字"原碑拓本一①

---

① （民國）鄒安輯《廣倉古石錄》，民國戊午年（1918）廣倉學宭石印本，第 50 頁。

图1-3 "汉伏冢题字"原碑拓本二①

① （民國）鄒安輯《廣倉古石錄》，民國戊午年（1918）廣倉學宭石印本，第51頁。

五　晉太原成王碑考

　　太原郡治晉陽城，秦莊襄王三年立。《尚書》所謂既脩太原者也。《春秋說題辭》曰：高平曰太原。原，端也，平而有度。《廣雅》曰：大鹵，太原也。《釋名》曰：地不生物曰鹵，鹵，鑪也。《穀梁傳》曰：中國曰太原，夷狄曰大鹵。《尚書大傳》曰：東原底平，大而高平者謂之太原，郡取稱也。《魏土地記》曰：城東有汾水南流，水東有《晉使持節都督并州諸軍事鎮北將軍太原成王之碑》。①

　　此處爲墓碑，碑石及文皆已亡佚，無拓本傳世。酈注據《魏土地記》云其碑立于晉陽城東汾水東岸，碑名"晉使持節都督并州諸軍事鎮北將軍太原成王之碑"，然未載其碑文。

　　"晉太原成王司馬輔"，爲西晉初安平獻王孚之第三子，宣帝之弟，其事見《晉書·宗室傳》。曹魏末爲野王太守，晉武受禪，封渤海王，邑五千三百七十九戶，泰始二年（266）就國。後爲衛尉，出爲東中郎將，轉南中郎將。咸寧三年（277），徙爲太原王，監并州諸軍事。太康四年（283）入朝，五年（284）薨，追贈鎮北將軍。永平元年（291），更贈衛將軍、開府儀同三司。又《晉書·武帝紀》云："（太康五年）冬十一月甲辰，太原王輔薨。"② 由此可知，司馬輔於晉武帝泰始初年被封爲渤海王，至咸寧三年始徙爲太原王，都晉陽。晉陽，唐堯、夏禹皆都於此③，秦莊襄王三年（前248）立晉陽縣，爲太原郡治，西晉時爲太原國國都④，其故城位於今山西太原晉源區。司馬輔被封爲太原王，薨後當葬其封地國都晉陽城，故酈注所載此碑當立於晉陽城司馬輔墓前。

---

① 《水經注校證》卷六《汾水注》"東南過晉陽縣東，晉水從縣南東流注之"條，第157頁。
② （唐）房玄齡等撰《晉書》卷三《武帝紀》，中華書局，1974，第75頁。
③ （唐）李吉甫撰、賀次君點校《元和郡縣圖志》卷一三"河東道二太原府"條引《帝王世紀》曰："帝堯始封於唐，又徙晉陽，及爲天子都平陽。"又曰："禹自安邑都晉陽，至桀徙都安邑，至周成王以封弟叔虞，是爲唐侯。"中華書局，1983，第360頁。
④ 《晉書》卷一四《地理志》"并州"條："太原國秦置。統縣十三，戶一萬四千。晉陽侯相。"中華書局，1974，第428頁。

司馬輔於晉武帝太康五年（284）冬十一月甲辰薨，追贈鎮北將軍，其後於惠帝永平元年（291）更贈衛將軍、開府儀同三司。然據酈注所載碑名，並言司馬輔"持節都督并州諸軍事、鎮北將軍、太原成王"之官名及封爵，其中"持節都督并州諸軍事、太原王"皆爲其生時所稱，"成"則爲其謚號，"鎮北將軍"爲其薨後隨即所獲追贈封號，然碑文未載其永平元年所更贈"衛將軍、開府儀同三司"之號，故可推知：此碑當立於太康五年冬十一月甲辰之後，永平元年之前，碑額當題爲"晉使持節都督并州諸軍事鎮北將軍太原成王之碑"，碑文當載司馬輔之生平事跡。另據萬斯同《晉方鎮年表》"太康五年并州下"仍列太原王輔，據其本傳所言，其于咸寧三年，徙爲太原王監并州諸軍事，太康四年入朝，則已去"并州諸軍事"之職，故《晉書·武帝紀》所載其薨時僅稱"太原王"，以此論之，萬氏所言當有誤。

　　此碑除酈注之外，唯《太平寰宇記》卷四〇"河東道并州平晉縣"載"王陵城"，言："有晉太原王司馬輔冢存。"① 由此可知，至北宋時晉太原王司馬輔之墓尚存，然未言有碑，而歐、趙、洪諸家皆未著錄，蓋此碑及文當亡佚已久。《太平寰宇記》是卷"文水縣"條又言："太原王墓在縣西北十五里，唐則天父武士彠也，雙闕與碑石共存。"② 明人修《太原志》"古蹟·文水縣"條言："唐武士彠墓，在文水縣北十里，唐武則天皇后父也。則天革命，改墓曰陵。舊有碑二通，《太原王碑》高宗撰並書，今已不見，止有《高皇帝碑》。"③ 可知文水縣（今山西呂梁文水縣）有太原王墓及太原王碑，然此碑爲唐則天之父武士彠墓碑，爲唐高宗撰並書，並非晉時太原成王輔之碑。

---

① （宋）樂史撰、王文楚等點校《太平寰宇記》卷四〇"河東道并州平晉縣"，中華書局，2007，第846頁。
② （宋）樂史撰、王文楚等點校《太平寰宇記》卷四〇"河東道并州平晉縣"，中華書局，2007，第846頁。
③ 馬蓉、陳抗等點校《永樂大典方志輯佚》第一冊，中華書局，2004，第79頁。

六　漢丁昭儀墓碑考一
七　漢丁昭儀墓碑考二

濟水又東北逕定陶恭王陵南，漢哀帝父也。帝即位，母丁太后建平二年崩，上曰：宜起陵於恭皇之園，送葬定陶，貴震山東。王莽秉政，貶號丁姬，開其槨戶，火出炎四五丈，吏卒以水沃滅，乃得入，燒燔槨中器物，公卿遣子弟及諸生、四夷十餘萬人，操持作具，助將作掘，平共王母傅太后墳及丁姬冢，二旬皆平。莽又周棘其處，以爲世戒云。時有群燕數千，銜土投于丁姬竁中，今其墳冢，巍然尚秀，隅阿相承，列郭數周，面開重門，南門內夾道有崩碑二所，世尚謂之丁昭儀墓，又謂之長隧陵。蓋所毀者，傅太后陵耳。丁姬墳墓，事與書違，不甚過毀，未必一如史説也。①

　　此兩處皆爲墓碑，碑石及文皆已亡佚。酈道元言此兩碑立于定陶（今屬山東菏澤）恭王陵園內丁姬冢前，與漢哀帝之父定陶恭王陵毗鄰。酈注言丁姬冢"巍然尚秀，隅阿相承，列郭數周，面開重門，南門內夾道有崩碑二所"，此當爲道元所親見，可知至北魏之時，丁姬冢尚存有較爲完整的地面建築，所謂"列郭數周，面開重門"者當爲西漢末所建之祠廟，其廟南門內神道兩側尚有兩方石碑，已崩落撲倒。然西漢時尚無墓碑，今傳世可知最早之墓碑爲"漢司徒袁安碑"（今存河南省博物館），爲東漢和帝永元四年（92）立，故酈注此所言二崩碑或爲東漢所立，或僅爲下葬所用之窆石②，而非墓碑。酈注亦未載其碑名、碑文，則其立碑年代、緣由已不可考。此碑酈注而外，歐、趙、洪諸家皆未著録，當久已亡佚。

　　"漢丁昭儀"者，其名未詳，爲漢哀帝劉欣之生母、定陶恭王劉康之王妃，其事見《漢書·哀帝紀》及《漢書·外戚傳下》。《外戚傳》言其爲山陽瑕丘人，父官至廬江太守。定陶恭王先爲山陽王時納丁氏之女爲

---

① 《水經注校證》卷七《濟水注》"又東過定陶縣南"條，第198頁。
② 窆石：墳墓旁之石碑，有孔，用以穿繩引棺下穴，上無銘刻或稍刻數字。《說文解字》："窆，葬下棺也。"《爾雅·廣名》："下棺謂之窆。"

姬，丁姬于成帝河平四年（前25）生哀帝。而據《漢書·哀帝紀》言："孝哀皇帝，元帝庶孫，定陶恭王子也。母曰丁姬……五月丙戌，立皇后傅氏。詔曰：《春秋》'母以子貴'，尊定陶太后曰恭皇太后，丁姬曰恭皇后，各置左右詹事，食邑如長信宮、中宮。"① 可知哀帝即位，加封其母丁姬爲恭皇后。此外，丁姬之兩兄忠、明，分别被封爲陽安侯、大司馬驃騎將軍輔政，其叔父憲、望則爲太僕、左將軍。故丁氏一族於哀帝時侯者凡二人，大司馬一人，將軍、九卿、二千石六人，侍中、諸曹亦十餘人，可謂至盛矣。哀帝建平二年庚申（前5），丁太后崩，帝遂厚葬於定陶恭王陵側，此事酈注言："上曰：宜起陵於恭皇之園，送葬定陶，貴震山東。"其言當據於《漢書·外戚傳下》："上曰：《詩》云：'穀則異室，死則同穴。'……帝太后宜起陵恭皇之園。遣大司馬驃騎將軍明東送葬于定陶，貴震山東。"②《漢書·哀帝紀》所載同，並言時"發陳留、濟陰近郡國五萬人穿復土"，可見其陵墓規模之宏大，堪比帝王陵墓。哀帝之詔文亦收于明梅鼎祚編《西漢文紀》卷四《丁太后陵園詔》，其文同。

然哀帝崩後，王莽秉政，使有司舉奏丁、傅之罪惡，並以太皇太后詔皆免其族人之官爵，丁氏徙歸故郡。後莽奏貶傅太后號爲定陶共王母，丁太后號曰丁姬，並於元始五年（5）發傅太后及丁姬之陵，酈注於此詳細描述了時之情景。此事亦詳見於《漢書·外戚傳下》："元始五年，莽復言：'共王母、丁姬前不臣妾，至葬渭陵，冢高與元帝山齊，懷帝太后、皇太太后璽綬以葬，不應禮。禮有改葬，請發共王母及丁姬冢，取其璽綬消滅，徙共王母及丁姬歸定陶，葬共王冢次，而葬丁姬復其故。'太后以爲既已之事，不須復發。莽固爭之，太后詔曰：'因故棺爲致槨作冢，祠以太牢。'謁者護既發傅太后冢，崩壓殺數百人；開丁姬槨戶，火出炎四五丈，吏卒以水沃滅乃得入，燒燔槨中器物。莽復奏言：'前共王母生，僭居桂宫，皇天震怒，災其正殿；丁姬死，葬逾制度，今火焚其槨。此天見變以告，當改如媵妾也。臣前奏請葬丁姬復故，非是。共王母及丁姬棺皆名梓宫，珠玉之衣非藩妾服，請更以木棺代，去珠玉衣，葬丁姬媵妾之

---

① （東漢）班固著、（唐）顔師古注《漢書》卷一一《哀帝紀》，中華書局，1962，第333~335頁。
② （東漢）班固撰、（唐）顔師古注《漢書》卷九七《外戚傳》，中華書局，1962，第4003頁。

次.'奏可。既開傅太后棺，臭聞數里。公卿在位皆阿莽指，入錢帛，遣子弟及諸生四夷，凡十餘萬人，操持作具，助將作掘平共王母、丁姬故冢，二旬間皆平。莽又周棘其處以爲世戒云。時有群燕數千，銜土投丁姬穿中。"①酈注所言當據于此。《太平御覽》卷五五七"儀部三十六"亦載此事，與《漢書》言同。

　　班固在《漢書》中詳細記載了兩后墳冢被發掘的起因、發展與後果②，先發長安元帝陵側之傅太后冢，開傅太后棺，臭聞數里，並崩壓殺數百人；後發定陶丁姬冢，開其槨户，時火出炎達四五丈，吏卒以水沃滅乃得入，燒燔槨中器物，二旬間兩墳皆平。然酈注隨後又言定陶丁姬冢"巍然尚秀，隅阿相承，列郭數周，面開重門"，故以爲"蓋所毁者，傅太后陵耳。丁姬墳墓，事與書違，不甚過毁，未必一如史說也。"③據道元所述，可知至北魏中期，傅太后陵已被毀壞殆盡，而丁姬冢則依然保存完好，且尚有崩碑二所盡立，此與《漢書》所載矛盾。究其緣由，酈道元應在進行實際地理考察之後，進行歷史考訂，推論王莽之時，遭發墳者僅爲傅太后陵，而未及丁太后冢，故《漢書》所載當有誤。《漢書》的誤記，當是發墳的原因，爲王莽同時除傅氏、丁氏二人太后之名，貶傅氏爲定陶共王母、丁氏爲丁姬，所以王莽下令毀壞傅太后皇陵，班固則想當然以爲丁太后墳也一併被毀壞，卻不知其冢實幸免於難。類似這樣的例子，《水經注》中屢屢可見，酈道元在經過大量實地考察，進而與傳世文獻記載進行對照，從而彌補正史之闕誤，亦可爲今世考古發掘提供參照。

　　1999年山東菏澤考古工作人員於今定陶縣馬集鎮搶救發掘一座被盜挖大型漢代券頂石室墓（M1），隨後2010年山東省文物考古研究所、菏澤市文物處及定陶縣文管所聯合組成靈聖湖墓葬發掘考古隊，於2010年10月對其中封土最大墓葬（M2）進行清理發掘。其墓爲"甲"字形大型木槨墓，墓室爲方形，以木板貼護，爲漢代黄腸題湊形制。隨後出土大量帶有朱書、墨書、刻劃文字以及符號、模印紋等之墓磚兩萬三千塊及木棺、竹笥、女士漢袍、玉璧等物，其中所出土青質墓磚上刻有人名姓氏達三十餘

---

① （東漢）班固撰、（唐）顏師古注《漢書》卷九七《外戚傳》，中華書局，1962，第4003~4004頁。
② （東漢）班固撰、（唐）顏師古注《漢書》卷九七《外戚傳》，中華書局，1962，第4003~4004頁。
③ 《水經注校證》卷七《濟水注》"又東過定陶縣南"條，第198頁。

種，及少量"山陽昌邑東煬里""平昌里""八十二數"等地名及數字。考古工作隊據其墓葬結構以及出土墓磚所刻文字爲楷書兼隸、行書體演變特徵，判定此墓爲西漢晚期諸侯王級墓葬，與之相符合者唯西漢末定陶恭王劉康及其妃丁姬。考《漢書·宣元六王傳》及《漢書·成帝紀》可知定陶恭王劉康在位僅三年，不可能修建如此規模之大陵墓，而據《漢書·哀帝紀》可知，建平二年（5）丁太后崩後，哀帝以帝后之制葬其母丁太后于定陶恭王劉康陵側，故其陵當用黃腸題湊形制，進而推斷此爲丁太后之墓①。此墓出土部分墓磚刻有"丁明"、"丁子明"等人名。丁明，據《漢書·哀帝紀》及《漢書·外戚恩澤侯表》，爲哀帝舅陽安侯大司馬驃騎將軍，則墓主當爲丁明之至親，而丁明爲丁太后之兄。此墓又出土有一件女士漢袍，則進一步證明是墓當爲丁太后之墓。另據《漢書·外戚傳下》言元始五年王莽上書太后曰："共王母及丁姬棺皆名梓宫，珠玉之衣非藩妾服，請更以木棺代，去珠玉衣，葬丁姬媵妾之次。"② 可知時丁太后下葬時用梓宫，珠玉之衣，後至平帝元始五年發丁姬冢，以木棺代，去其珠玉衣，以媵妾之制復葬，然其墓之黃腸題湊形制則未能毁除。時吏卒"燒燔椁中器物"，故此墓內僅有木棺而無梓宫珠玉及陪葬之物，此亦與酈注之記載相合，可知此墓當于平帝時發掘然後又復葬，其地面建築並未毁除，故至道元之世，是冢"巍然尚秀"。此墓爲山東境內目前發掘規模最大漢代木椁墓葬，其"黃腸題湊"爲國內目前發現規模最大、規格最高、保存最完好者。2011 年被中國社會科學院考古學論壇列爲"中國考古六大新發現"，2012 年又被中國社會科學院列爲"2012 年全國十大考古發現"之一。2013 年 1 月據《中國社會科學》綫上《山東定陶縣靈聖湖漢墓考古發掘取得階段性成果》一文報導，M2 墓葬發掘領隊、山東文物考古研究所工作人員崔聖寬考證，位於丁太后墓正東方一大型券頂石室墓（M1）有望被確定爲定陶王劉康墓葬。

---

① 崔聖寬、蔡友振等：《山東定陶縣靈聖湖漢墓》，《考古》2012 年第 7 期，第 60 頁。
② （東漢）班固撰、（唐）顏師古注《漢書》卷九七《外戚傳》，中華書局，1962，第 4003～4004 頁。

圖1-4　山東省定陶縣馬集鎮"漢丁太后墓"墓磚銘文①

八　漢冀州刺史王紛碑考

　　濟水又北逕須朐城西，城臨側濟水，古須朐國也。《春秋·僖公二十一年》："子魚曰：任、宿、須朐、顓臾，風姓也。寔司太皞，與有濟之祀。"杜預曰："須朐在須昌縣西北。"非也。《地理志》曰：壽張西北有朐城者是也。濟水西有安民亭，亭北對安民山，東臨濟水，水東即無鹽縣界也。山西有《冀州刺史王紛碑》，漢中平四年立。②

---

① 崔聖寬、蔡友振等：《山東定陶縣靈聖湖漢墓》，《考古》2012年第7期，第65頁，2010年山東省定陶縣馬集鎮大李家村靈聖湖漢墓（M2）出土墓磚，銘文刻"平昌里干子高良囗"、"平昌里干子高良作囗、四十夷"等字。
② 《水經注校證》卷八《濟水注》"又東北過壽張縣西界安民亭南，汶水從東北來注之"條，第206頁。

此處爲墓碑，碑石及文皆不存，亦無拓本傳世。酈注言此碑位於須朐城安民山西，濟水之側，碑名"冀州刺史王紛碑"，爲東漢靈帝中平四年（187）立，然立碑之人、碑文、年代等皆未載，當非其親見。

　　須朐城，西周爲古須朐國，風姓，爲太昊伏羲之後裔，即《左傳·僖公二十一年》所言："子魚曰：'禍猶未也，未足以懲君。任、宿、須朐、顓臾，風姓也，實司太皞與有濟之祀。'"①爲魯之附庸，後爲邾所滅，魯伐邾，因以爲須句邑②。秦設須昌縣，屬東平郡；西漢屬東平國，即《漢書·地理志》所言"須昌，故須句國，風姓"。而酈注於是卷"又北過須昌縣西"條引晉京相璠之語："須朐一國二名，蓋遷都須昌，朐是其本，秦以爲縣。"可知其本有須朐、須昌二名，故後世多有此兩縣名，實爲一縣，東漢、魏晉因之，其故城位於今山東濟寧梁山縣安民山一帶。

　　此碑除酈注以外，歐陽修《集古錄》未載，趙明誠《金石錄》卷一五載有《漢冀州刺史王純碑》、《漢王純碑陰》（延熹四年八月），其跋文云："桑欽《水經》云：'濟水逕須朐城西。'酈道元注：'濟水西有安民山，山西有冀州刺史王紛碑，漢中平四年立。'按地理書，須句即今中都縣，此碑在中都，又其官與姓氏皆合，疑其是也。然以'純'爲'紛'，以'延熹'爲'中平'，則疑《水經》之誤。"③中都，據《宋史·地理志》，爲東平府轄縣，與時須城相鄰，即今山東濟寧汶上縣，趙氏據碑與酈注所載"冀州刺史王紛碑"碑主官名與姓氏相合，遂以爲道元所記之碑即爲"王純碑"，而酈注"王紛"爲"王純"之誤，"中平四年"爲"延熹四年"之誤。洪适《隸釋》卷七亦載有《冀州刺史王純碑》，並載其碑文全文。碑文言王純，字伯敦，順帝永和三年（138）察孝廉，除郎，歷官謁者、左都侯，司空辟舉高第，選侍御史，出使揚州，旋拜徐州，視事二載，换冀州，以公事去官，延熹四年（163）八月廿八日卒，年五十九。五年十一月十八日葬。此碑當立於延熹五年之後，而趙、洪皆以爲延熹四年，誤也。洪适跋曰："右漢故冀州刺史王君之碑，篆額。王君名純，在朝歷郎、謁者、左都侯、

---

①（清）阮元編《十三經注疏》，《春秋左傳正義》卷一四《僖公二十一年》，北京大學出版社，1999，第399頁。

②（清）阮元編《十三經注疏》，《春秋左傳正義》卷一四《僖公二十一年》："邾人滅須朐，須朐子來奔，因成風也。"卷一五《僖公二十二年》："春，伐邾，取須朐，反其君焉，禮也。"北京大學出版社，1999，第399、401頁。

③（宋）趙明誠撰、金文明校正《金石錄校正》卷一五，廣西師範大學出版社，2005，第257頁。

侍御史，出刺徐冀二州，以威宗延熹四年卒。其文有不可讀者，頌辭'某將西征'之上少一字。《水經》云'須朐西有冀州刺史王紛碑，中平四年立'，年與名皆誤也。趙氏云碑陰有東平馮定伯凡百餘人，可識其題'義士云各發聖心共出義錢'，予未之見也。碑在鄆州中都縣。"① 此所言與趙明誠《金石錄》所載皆爲時中都縣之"漢冀州刺史王純碑"也，洪适讚同趙氏之說，亦以爲此碑即酈注所載王紛碑，然年與名皆誤也。此碑陰之文，載于洪适《隸續》卷一二《王純碑陰》，所錄者"諸生門人名凡九行，行二十三人，自東平馮定伯至東郡衛君高凡百九十三人"②，又於卷五《碑圖》載此碑圖式："右王純碑，篆額二行，黑字，當穿之中有小黑紋，額之兩旁爲椎拓者所去，其文十三行，行三十五字。"③ 並載其碑圖。

　　明于奕正《天下金石志》亦載此碑，言在昌平州，而非在山東東平府，則與酈注所載王紛碑相去甚遠，趙明誠言碑在東平中都者，或有誤。清初葉奕苞《金石錄補續跋》卷三亦載有《漢冀州刺史王純碑》，跋云："君諱純，字伯敦，年五十九，延熹四年八月廿八日甲寅隕徂，五年十一月十八日丙申葬，而立此碑也。趙氏以《水經》須朐西有冀州刺史王紛碑，爲此碑純字之訛。愚按：《水經》王紛碑立于中平四年，去延熹已二十餘年，或別有王紛，非王純也。且隸書'純'、'紛'二字絕不類，而此碑純字完好，更無殘泐，若趙氏所云，乃好奇之過，君子于其所不知，蓋闕如也。"④ 葉奕苞以爲王純碑非王紛碑，趙、洪之說皆誤，此亦成金石學史之公案。"王純碑"清以後亦亡佚，楊守敬《望堂金石》載此碑之臨川李氏拓本，並跋曰："右漢冀州刺史王純碑，舊在汶上縣……是碑久無傳本，同治戊辰宜都楊君（守敬）道出九江得此鉤本於市上……有臨川李春湖曾印記。相傳李春湖得兩宋拓本，此即所從出。"⑤ 此碑另有北京國家圖書館館藏民國張仲嘉臨拓本，而"王紛碑"除酈注著錄外，唯《隸釋》卷二〇據酈注載有《王紛碑》，其文同，然後世文獻皆未著錄，其文亦不可知，故此二碑是否爲同一碑，至今無定論。

---

① （宋）洪适撰《隸釋》卷七，中華書局，2003，第80頁。
② （宋）洪适撰《隸續》卷一二，中華書局，2003，第409頁。
③ （宋）洪适撰《隸續》卷五，中華書局，2003，第336頁。
④ （清）葉奕苞撰《金石錄補續跋》卷三《漢冀州刺史王純碑》，中華書局，1985，第15頁。
⑤ （清）楊守敬撰《望堂金石》，《石刻史料新編》第二輯第四冊，新文豐出版公司，1979，第2832頁。

圖1-5 "漢冀州刺史王紛碑"原碑宋拓本①

---

① 《隸續》卷五《碑圖》,中華書局,2003,第336頁,東漢靈帝中平四年(187)立於今山東省濟寧市梁山縣安民山王紛墓,原碑已亡佚,篆額二行黑字"漢冀州刺史王君碑",當穿之中有小黑紋,碑陽隸書文十三行,行三十五字,碑陰九行,行二十三人。

第一章　陵墓類石刻　| 023

圖1-6　"漢冀州刺史王純碑"原碑碑額臨川李氏宋拓本①

圖1-7　"漢冀州刺史王純碑"原碑碑陽臨川李氏宋拓本②

---

① （清）楊守敬撰《望堂金石》,《石刻史料新編》第二輯第四冊,新文豐出版公司,1979,第2826頁。
② （清）楊守敬撰《望堂金石》,《石刻史料新編》第二輯第四冊,新文豐出版公司,1979,第2827頁。

九　漢項王墓碣考

（穀）城西北三里，有項王羽之冢，半許毀壞，石碣尚存，題云：項王之墓。《皇覽》云：冢去縣十五里。謬也。今彭城穀陽城西南，又有項羽冢，非也。余按史遷記，魯爲楚守，漢王示羽首，魯乃降，遂以魯公禮葬羽于穀城，寧得言彼也。①

此處爲墓碣，石碣今已不存，唯其碣文賴酈注而傳世。酈注言此碣立于時東郡穀城縣西北三里項王羽冢前。東郡穀城②，亦稱"穀城"，其故城位於今山東濟南平陰縣東阿鎮，時其墓半許毀壞，唯墓前石碣尚存，其碣題云"項王之墓"。可知此皆爲道元所親見，然其所立之人及年代皆未載，此墓碣當爲東漢以降邑人所立，聊爲標識。

項王者，項籍也，楚之下相人，字羽，其事見《史記·項羽本紀》、《高祖本紀》。項羽之季父項梁爲楚將項燕之子，其族世代爲楚將，封於項，以之爲姓。秦末陳涉之亂，項羽隨季父項梁斬會稽守舉吳中兵起義，天下從之，于鉅鹿背水而戰，破秦軍主力，僅以三年入咸陽滅秦，略定秦地，後分天下，立諸將爲侯王，封劉邦爲漢王，羽自立爲西楚霸王，王九郡，都彭城。後楚漢之爭，項羽終敗於東城垓下之圍，漢高帝五年（前202）自刎而死③，時郎中王翳、楊喜、呂馬童、呂勝、楊武因各搶得項羽一體而皆被封侯，史稱"壯侯"。項王卒後，據《史記·項羽本紀》："楚懷王初封項籍爲魯公，及其死，魯最後下，故以魯公禮葬項王穀城。"④ 此事亦見於《史記·高祖本紀》："（漢王）使騎將灌嬰追殺項羽東城，斬首八萬，遂略定楚地。魯爲楚堅守不下。漢王引諸侯兵北，示魯父老項羽

---

① 《水經注校證》卷八《濟水注》"又北過穀城縣西"條，第207頁。
② 參見本書第一章第二十五處"裴氏墓碑"穀城縣之言，第74頁。
③ （漢）司馬遷撰、（劉宋）裴駰集解《史記》卷七《項羽本紀》，裴駰《集解》引徐廣曰："漢五年之十二月也。項王以始皇十五年己巳歲生，死時年三十一。"中華書局，1959，第338頁。
④ （漢）司馬遷撰、（劉宋）裴駰集解、（唐）司馬貞索隱、（唐）張守節正義《史記》卷七《項羽本紀》，中華書局，1959，第337頁。

頭，魯乃降。遂以魯公號葬項羽穀城。"① 可知漢高祖五年（前202），高祖以魯公禮葬項王於穀城，酈注言《皇覽》所云冢去穀城縣十五里，誤也②，當在穀城縣西北三里。張守節《正義》引《括地志》言："項羽墓在濟州東阿縣東二十七里，穀城西三里。"又引東晉郭緣生《述征記》云："墓在穀城西北三里，半許毀壞，有碣石項王之墓。"與酈注之言同，或酈注據於此也。其墓當在今山東濟南平陰縣東阿鎮鏵山之陽。

然《太平御覽》卷五五三引《史記》之言葬項籍于彭城，而非穀城，與傳世《史記》所言不一。而酈注又言"今彭城穀陽城西南，又有項羽冢，非也"，則彭城穀陽城亦有項羽冢。另據《太平寰宇記》卷一七"河南道宿州蘄縣"載有"項羽墓"，言："在縣東七十里。漢高祖以魯公禮葬於穀城，今濟北穀城有項羽冢，此又有墓。按《漢紀》：'斬羽東城，楚悉定，獨魯不下，乃持羽頭示其父老，魯乃降，故以魯公禮葬羽於穀城。'《羽傳》云'楊喜等五人各分其一體'，豈此葬其體，穀城葬其頭也？"③ 據其言，宋時項羽墓有二：一在宿州蘄縣，即彭城穀陽城之項羽墓，在今安徽蚌埠固鎮縣連城鎮穀陽村；一在濟北穀城，即《史記》所言"穀城"也，在今山東濟南平陰縣東阿鎮。樂史以為項羽卒後，楊喜等五人，各分其一體，穀城所葬為其頭，而谷陽所葬則為其肢體也。除此二墓外，今安徽馬鞍山和縣烏江鎮鳳凰山、蚌埠固鎮縣濠城鎮，河南孟州，山東曲阜五泉莊等地皆有項羽墓，然多為其衣冠冢，亦或為傳訛也。據史書所載，其墓當為樂史所言穀城及穀陽二地之項羽墓也，而酈注此條所載項羽墓碣，即穀城之墓。其墓前之碣，道元之世尚存，其上僅題"項王之墓"四字，或為東漢時邑人所立。

此墓碣除《水經注》著錄以外，歐、趙、洪諸家皆未有著錄，唯清《光緒山東通志》卷一五二《藝文志》載有"漢穀城項王墓碑"，據酈注言"在泰安府東阿"④，今已亡佚。今山東濟南平陰縣東阿鎮鏵山之陽仍存

---

① （漢）司馬遷撰、（劉宋）裴駰集解、（唐）司馬貞索隱、（唐）張守節正義《史記》卷八《高祖本紀》，中華書局，1959，第379頁。
② （漢）司馬遷撰、（劉宋）裴駰集解《史記》卷七《項羽本紀》，裴駰《集解》引《皇覽》曰："項羽冢在東郡穀城，東去縣十五里。"中華書局，1959，第338頁。
③ （宋）樂史撰、王文楚等點校《太平寰宇記》卷一七"河南道宿州蘄縣"，中華書局，2007，第332頁。
④ （清）楊士驤等修、孫葆田等撰《光緒山東通志》卷一五二《藝文志》十四，商務印書館，1937，第4568頁。

項羽墓，爲山東省重點文物保護單位，其封土爲近世所堆，墓前原有石碑四方，"文革"時毀去三石，今唯有清乾隆五十三年（1788）泰安知府宋同仁所立之碑，其文部分摩滅，碑額題名"楚霸□□"，碑文楷書陰刻詩曰："一劍亡秦力拔山，重瞳千載孰能攀。秋風蕉鹿行人憾，漢寢於今草一斑。"下有題記，言："戊申之春，余來守汶陽，過穀城，見村碑苔蘚，古冢。詢諸土人，亦爲楚王墓……便爲之立碑。"① 墓東有"李將軍墓及碑"，據清人洪亮吉《東阿縣西楚霸王墓記》言："尋碑讀之，云有李將軍從王死，實附葬焉。"則此李將軍或爲時魯之守將，其堅守魯城，見項王之首而降城，後殉節而卒，葬于項王墓側。

十　漢趙相劉衡碑考

（巨合水）又北逕東平陵縣故城西，故陵城也，後乃加平，譚國也。齊桓之出過譚，譚不禮焉；魯莊公九年即位，又不朝。十年，滅之。城東門外有樂安任照先碑，濟南郡治也。②

此處爲墓碑，碑石及文皆不存，亦無拓本傳世。今本《水經注》是條言時東平陵縣故城東門外立有"樂安任照先碑"，而明曹學佺《明一統名勝志》引酈注此文言"城東有漢趙相劉衡碑，又有樂安任昭先碑"，今本僅言"任碑"，或爲後世遺漏也。此碑當非道元親見，或引於他文，其碑文、碑之年代、立碑者、緣由等皆未載，其爲墓碑，或爲祠廟頌德碑，酈注亦未言明。

東平陵縣，酈注言爲古之譚國。齊滅，譚事見於《左傳·莊公十年》："冬，十月，齊師滅譚。譚子奔莒。"③ 秦時置平陵縣，屬齊郡，西漢初因之，爲濟南郡治，因扶風有平陵，後改爲東平陵縣以區別之，即酈注所言："故陵城也，後乃加平。"④ 東漢、魏晉因之，東晉、劉宋復稱

---

① 彭廣成：《西楚霸王項羽墓》，《中國地名》2003年第3期，第17頁。
② 《水經注校證》卷八《濟水注》"又東北過臺縣北"條，第210~211頁。
③ （清）阮元編《十三經注疏》，《春秋左傳正義》卷八《莊公十年》，北京大學出版社，1999，第239頁。
④ （清）顧祖禹撰《讀史方輿紀要》卷三一"山東府東平陵城"："春秋時譚國地也。莊十年，齊師滅譚，譚子奔莒。漢置東平陵縣，以右扶風有平陵，故此加東也。濟南郡治焉。後漢靈帝時，濟南賊起，攻東平陵。晉初，移郡治歷城縣，尋廢。"上海書店出版社，1998，第229頁。

平陵，北魏因之①，其故城位於今山東章丘東平陵城。

"漢趙相劉衡"，史書無載，酈注亦未載其碑文，其事遂不可知。此碑除酈注以外，趙明誠《金石錄》卷一八載有《漢趙相劉衡碑》（中平四年三月），即此碑也。趙氏略載其碑文，並跋曰："衡墓與碑，在今齊州歷城縣界中古平陵城旁。余嘗親至墓下觀此碑，因模得之。墓前有石獸，製作甚工。"②趙氏曾親至其墓觀之，並以拓本，可知時其墓及碑獸皆存。洪适《隸釋》卷一七《趙相劉衡碑》，載其碑文全文，與趙氏所載略同，言："君諱衡，字元宰，濟南東平陵人也。厥先尚矣，聖漢龍興……"其後殘缺。可知東平陵爲其故里，則此碑當爲其墓碑。蓋衡卒後歸葬故里東平陵城東，而趙相當爲其卒前所任官職。文又言："勃海王，帝之豖弟，不尊憲典。君以特選，爲勃海王郎中令……兄琅琊相亡，即日輕舉州察茂材……除蓚令，遷張掖屬國都尉，以病，徵拜議郎……遼東屬國都尉，不……拜趙相。在位三……拜議郎……年五十有三，以中平四年二月戊午卒，其四月己酉葬。"③此述衡之生平仕宦，衡初因特選爲勃海王郎中令，進而被州舉茂材，除蓚縣令，後累遷張掖屬國都尉、議郎、遼東屬國都尉、趙相等職，其任趙相三年，至靈帝中平四年（187）二月戊午卒，同年四月下葬，則此碑亦當立於此時，當爲衡之子嗣及舊僚所立。其碑文另尚有完好可讀者，惜兩書皆未載其全文。另《漢隸字源》、《通志·金石略》皆載有《趙相劉衡碑》，言："中平四年立，在齊州歷城縣。"可知此墓及碑至宋時皆尚在，然宋以後唯顧藹吉《隸辨》據趙、洪之言載此碑，言無碑額，未言其存佚。今碑已不存，亦無拓本傳世。

清人桂馥《札樸》卷九《鄉里舊聞》云："《金石錄》言劉衡碑在平陵城側，墓前有石獸，今濟南人欲訪之，不知其處。余謂必在城北。石趙時，青州上言，濟南平陵城北石虎，夕移於城東南，當即墓前石獸之一也。"④劉衡墓前石獸依漢墓常制，當有石虎、石馬、石羊等諸石獸，而十六國後趙石

---

① （南宋）沈約撰《宋書》卷三六《州郡志二》"青州"條："平陵令，漢舊縣，至晉並曰東平陵。"中華書局，1974，第1094頁；（北齊）魏收撰《魏書》卷一〇六《地形志中》"濟南郡"條："平陵，二漢、晉屬，曰東平陵，後改。"中華書局，1974，第2526頁。
② （宋）趙明誠著、金文明校正《金石錄校正》卷一八，廣西師範大學出版社，2005，第309頁。
③ （宋）洪适撰《隸釋》卷一七，中華書局，2003，第172頁。
④ （清）桂馥撰、趙智海點校《札樸》卷九《鄉裏舊聞》，"劉衡碑"條，中華書局，1992，第379頁。

虎時期，平陵城北之石虎自移於城東南，此事亦見於《資治通鑑》卷九七："（東晉成帝咸康八年冬十二月）青州上言：濟南平陵城北石虎一夕移於城東南，有狼狐千餘跡隨之，跡皆成蹊。虎喜曰：'石虎者，朕也，自西北徙而東南者，天意欲使朕平蕩江南也。其敕諸州兵明年悉集，朕當親董六師，以奉天命。'群臣皆賀，上《皇德頌》者一百七人。"①《讀史方輿紀要》卷三一"山東府東平陵城"亦載此事："後趙石虎建武八年，濟南平陵城北石虎一，夜中自移於城東，虎以爲己瑞也。"② 石虎移於城東，狼狐隨之，當爲虛妄之言，而石虎以爲天賜之瑞，實謬也。此或爲時平陵城吏虛造之事以邀上功也，此石虎本在其城東門外劉衡墓前，何來城北之說。

另民國時鄒安修《廣倉磚錄》中收有《漢議郎趙相劉君之墓門》，言爲"中平四年三月東平侯作"，所據爲清末一拓本，傳言爲山東新出土漢碑，其上書四行，行五字，共二十字："漢議郎趙相劉君之墓門，中平四年三月東平侯作。"③ 爲陽文隸書，字有古意。此石亦見於光緒鄭沅《獨笑齋金石題跋》，鄭氏以爲劉衡墓門之石表。民國時方若《校碑隨筆》則以爲此石爲僞刻。趙超《漢魏南北朝墓誌彙編》附錄《僞誌（包括疑僞）目錄》疑爲僞刻④。施蟄存《水經注碑錄》卷二亦載此碑，言："同時又流傳一拓本，存字二行。首行三字：邪相劉。次行存一字，殘剝不可辨。碑估謂諸城尹彭壽得於濟南城東七十五里平陵故城西門外古墓前，乃劉衡兄琅琊相墓表之殘石。又稱尹氏拓得數十本，傳之人間，而其石旋佚。此則又一僞刻也。"⑤ 施先生所言即今"漢琅邪相劉君墓表"，爲劉衡之兄琅琊相墓表，收於1930年《山東省立圖書館季刊》第一集第一期，其拓本有四幅，原石今尚存於山東省博物館，稱"邪相劉殘石柱"，爲漢代石柱，其上陽雕攀爬螭虎，已殘，柱一側平面篆刻"邪相劉"三字，另一側刻有後人題記"琅邪相劉君墓表"，可知當非僞刻。

---

① （宋）司馬光編著、（元）胡三省音注《資治通鑑》卷九七《晉紀十九·顯宗成皇帝下》，中華書局，1956，第3052~3053頁。
② （清）顧祖禹輯著《讀史方輿紀要》卷三一"山東二濟南府東平陵城"，上海書店出版社，1998，第229頁。
③ （民國）鄒安輯《廣倉磚錄》，《石刻史料新編》第四輯第十冊，新文豐出版公司，2006，第2107頁。
④ 趙超著《漢魏南北朝墓誌彙編》附錄《僞誌（包括疑僞）目錄》，天津古籍出版社，2008，第56頁。
⑤ 《水經注碑錄》卷二《漢劉衡碑》，天津古籍出版社，1987，第60頁。

圖1-8 "漢琅邪相劉君墓表" 拓本①

---

① 王獻唐：《漢瑯邪相劉君墓表》，《山東省立圖書館季刊》第1輯，1930年第1期，收於國家圖書館編《近代圖書館館刊薈萃》第9冊，北京圖書館出版社，2003，第15頁。

圖 1-9　山東省博物館館藏"漢邪相劉殘石柱"①

十一　漢荊州刺史李剛碑及石室畫像考論

　　菏水又東與鉅野黃水合……黃水東南流，水南有漢荊州刺史李剛墓。剛字叔毅，山陽高平人，熹平元年卒。見其碑。有石闕、祠堂、石室三間，椽架高丈餘，鏤石作椽，瓦屋施平天造，方井側荷梁柱，四壁隱起，雕刻爲君臣、官屬、龜龍、麟鳳之文，飛禽走獸之像。作制工麗，不甚傷毀。②

　　此處爲墓碑及石室畫像，碑石及文皆已亡佚，唯有畫像圖及銘文傳

---

① "漢邪相劉殘石柱"，拍攝於山東博物館，爲傳世漢代墓表之罕見者。
② 《水經注校證》卷八《濟水注》"又東過方與縣北，爲菏水"條，第 216 頁。

世。酈注言鉅野縣黃水之南有漢荊州刺史李剛墓，其前有墓碑、石闕、祠堂、石室等石刻建築群，並據碑文言墓主李剛之郡望、卒年等。酈注所載諸多陵墓石刻中，皆具碑闕畫像石室者甚少，除此處外，同條所載漢司隸校尉魯峻碑及石室畫像，及卷三四《江水注》"又南過江陵縣南"條漢趙岐墓畫像石亦爲此類。道元於李剛墓諸石刻所述甚詳，惜未載此碑之全文及立碑者。至於石室画像，《後漢書·郡國志》李賢注引伏滔《北征記》曰："城北六里有山，臨泗，有宋桓魋石槨，皆青石，隱起龜龍鱗鳳之象。"① 桓魋，即司馬桓魋，孔子所稱"天生德於予，桓魋其如予何"之人，爲春秋末年宋景公之司馬。② 其石槨皆青石，隱起龜龍麟鳳之像，與李剛石室畫像所述極爲相似，可知自春秋以來，古人即有於石槨、石室畫像陽刻龜龍麟鳳等祥瑞獸紋之俗。

鉅野縣，亦稱"巨野縣"，因境之古大澤"鉅野"而得名。西漢初爲昌邑縣，屬碭郡；漢景帝分昌邑爲鉅野縣，屬山陽國，後屬山陽郡、昌邑國；新莽時設鉅野郡，以此縣爲郡治；東漢廢鉅野郡，復屬山陽郡，曹魏因之；西晉改屬高平國；劉宋爲高平郡，北魏因之，即今山東菏澤鉅野縣。

漢荊州刺史李剛，酈注引其碑文言字叔毅，山陽高平人，卒於漢靈帝熹平元年（172），其事史書未載，唯《後漢書·宦者傳·孫程傳》言順帝永建元年（126）中，黃門孫程與王康等人誅殺中常侍長樂太僕江京、黃門令劉安、鉤盾令陳達與車騎將軍閻顯兄弟等，迎立濟陰王爲帝，即順帝。時帝下詔曰："中黃門孫程、王康……李剛、魏猛、苗光等，懷忠憤發，戮力協謀，遂埽滅元惡，以定王室。"③ 此中黃門李剛者，當即酈注所言此墓之主。施蟄存先生以爲"乃別一人"④，然未言所據。按李剛事跡，其爲中黃門時，參與平叛迎立順帝之事，順帝因其擁立之功，而下詔封李

---

① （劉宋）范曄撰、（唐）李賢等注《後漢書》"志二三"《郡國志》"彭城"條，中華書局，1965，第3460~3461頁。
② （漢）司馬遷撰、（劉宋）裴駰集解、（唐）司馬貞索隱、（唐）張守節正義《史記》卷三八《宋微子世家》："（宋景公）二十五年，孔子過宋，宋司馬桓魋惡之，欲殺孔子，孔子微服去。"中華書局，1959，第1630頁。
③ （劉宋）范曄撰、（唐）李賢等注《後漢書》卷六八《宦者列傳·孫程傳》，中華書局，1965，第2516頁。
④ 施蟄存撰《水經注碑錄》卷二《漢荊州刺史李剛碑及石室畫像》，天津古籍出版社，1987，第65頁。

剛爲枝江侯，食邑四千戶，爲時十九侯之一①。其後十九侯中李剛等九人"與阿母山陽君宋娥更相貨賂，求高官增邑，又誣罔中常侍曹騰、孟賁等。永和二年，發覺，並遣就國，減租四分之一。宋娥奪爵歸田舍。唯馬國、陳予、苗光保全封邑。"② 可知永和二年（137）後，李剛之枝江侯即被褫奪，故其卒後，其碑未言"枝江侯"之封號。自永建元年（126）至其卒年熹平元年（172），有四十六年，可知其卒年至知天命之年，除此之外，其事皆不可知。而碑言"漢荊州刺史"，或其卒於是任内，後歸葬故里山陽高平③。此碑當立於其卒年，即靈帝熹平元年（172）。

此碑及畫像石，除酈注以外，歐、趙諸家皆未著録，唯洪适《隸續》卷一八載有《荊州刺史李剛石室殘畫像》（《隸釋》卷二〇據酈注載《李剛碑》，其文同），其跋文曰："右荊州刺史李剛石室殘畫像一軸，高不及咫，長一丈有半。所圖車馬之上橫刻數字云'君爲荊州刺史時'，前後導從'有驂騎'有涉卒，標牓皆湮沒。在後一車，碑失其半，止存'東郡'二字。向前一車，車前有牓。惟'郡太守'三字可認，前後亦有驂騎、涉卒，及沒字牓。又一車，僅存馬足泰半，無碑，少前六騎，形狀結束，胡人也。其上亦刻數字，惟'烏桓'二字可認。漢長水校尉主烏桓騎，又有護烏桓校尉，此以烏桓爲導騎，必二校中，李君嘗歷其一。所圖《列女傳》三事。其一，三人車一馬一，無鹽醜女。齊宣王、侍郎凡三牓，車前一牓無字。其一，四人三牓，惟梁高、行梁使者二牓有字。此二列女，武梁碑中亦有之。其一，四人，樊姬、楚莊王、孫叔敖、梁鄭女凡四牓。後有一牓而闕其人……予聞閩人李丙仲南得此碑於西州。馮方圓仲，宛轉假借，書欲絶筆而得之。酈氏所載古碑百餘，惟李剛、魯峻二墓有圖畫。趙

---

① （劉宋）范曄撰、（唐）李賢等注《後漢書》卷七八《宦者列傳·孫程傳》："程爲謀首，康、國協同。其封國爲浮陽侯，食邑萬戶；康爲華容侯，國爲酈侯，各九千戶；黄龍爲湘南侯，五千戶；彭愷爲西平昌侯，孟叔爲中廬侯，李建爲復陽侯，各四千二百戶；王成爲廣宗侯，張賢爲祝阿侯，史汎爲臨沮侯，馬國爲廣平侯，王道爲范縣侯，李元爲褒信侯，楊佗爲山都侯，陳予爲下雋侯，趙封爲析縣侯，李剛爲枝江侯，各四千戶；魏猛爲夷陵侯，二千戶；苗光爲東阿侯，千戶。是爲十九侯。"中華書局，1965，第2516頁。
② （劉宋）范曄撰、（唐）李賢等注《後漢書》卷七八《宦者列傳·孫程傳》，中華書局，1962，第2518頁。
③ （劉宋）范曄撰、（唐）李賢等注《後漢書》卷一一一《郡國志》"山陽郡"條："山陽郡，……十城，昌邑、東緡、鉅野、高平、湖陸、南平陽、方與、瑕丘、金鄉、防東。"中華書局，1965，第3454頁。鉅野與高平相鄰，其墓當位於兩縣交界之處，即今山東菏澤鉅野縣城南大謝集鎮前昌邑村一帶。

氏雖云曾得魯君畫像，而碑錄中無其目，此碑則自來好古之士未之見。今東州久淪異域，石刻少有存者，淮漢以南聚碑之家無幾，《隸釋》所有，僅七種，除武梁之外，餘碑他無別本，數十年後，紙敝墨渝，耽古之士，撫卷太息，亦猶今之閱《水經》也。"①

據此跋文可知，洪适言李丙得李剛碑於西州。李丙，字仲南，南宋初金石學家，著有《集古錄》，然已佚，邵武（今福建邵武）人，爲呂祖謙之友。② 西州者，即西域高昌也。③ 未知此碑何以遷至此，疑李丙所見之碑非爲山陽李剛之墓碑，而爲西州所立之碑。據洪适所見此墓石室殘畫像，上有古之題跋，其畫像有車馬、驂騎、步卒之畫像，其中有胡人騎兵之像。據而推之，李剛當曾任漢烏桓校尉等邊郡之職，或亦曾任職於西域之境。其又言時之金石家馮方（字圓仲，南宋初人，史書未載）宛轉假借得此碑之拓，趙明誠雖言曾得李剛墓畫像拓本，然未載于《金石錄》中，未知其故，此碑自來好古之士未之見，而洪景伯得李剛墓畫像殘卷，其碑則不可知。洪适所見殘畫，圖畫有車馬、驂騎、步卒之畫像及《列女傳》三事，各題有"君爲荊州刺史時"、"東郡"、"郡太守"、"烏桓"等字四榜，"無鹽醜女"、"齊宣王"、"侍郎"凡三榜及"樊姬"、"楚莊王"、"孫叔敖"、"鄭女"凡四榜，與嘉祥武梁祠畫像同，即酈注所所言"君臣、官屬"之像，而"龜龍、麟鳳之文，飛禽走獸之像"則殘畫未有載之，洪氏所見當爲時之孤拓，而李剛碑及畫像時已當不存。除《隸續》之外，宋婁機《漢隸字源》、明趙均《寒山堂金石林時地考》、清顧藹吉《隸辨》、《山東通志》皆據酈注載此碑。今世出土漢墓畫像石者眾多，其中不乏保存完好者，如山東嘉祥縣城南武翟山村出土漢末"武梁祠墓群石刻"，現存石獅一對，漢碑兩方，漢畫像石四十六塊，爲漢代畫像石代表之作。④ 然李剛墓碑及畫像石至今未有所聞，恐毀滅久矣。

---

① （宋）洪适撰《隸續》卷一八，中華書局，2003，第436頁。
② （南宋）呂祖謙撰、黃靈庚、吳戰壘主編《呂祖謙全集》第二冊《東萊集》卷六《李仲南集古錄序》，浙江古籍出版社，2008，第436頁。
③ （元）脫脫等編《宋史》卷四九〇《外國傳六·高昌傳》："唐貞觀中，侯君集平其國，以其地爲西州……高昌即西州也。"中華書局，1977，第14110頁。
④ 《集古錄》、《金石錄》、《隸釋》皆載有武氏祠漢畫像石碑，其中《隸釋》、《隸續》載有武氏祠大部分碑文、畫像題字，及畫像摹本。

圖 1-10 "漢武梁祠堂石室畫像題字"局部清拓本①

十二　漢司隸校尉魯峻碑及石室畫像考論

　　黃水又東逕咸亭北,《春秋·桓公七年》經書"焚咸丘"者也。水南有金鄉山,縣之東界也。金鄉數山,皆空中穴口,謂之隧也。戴延之《西征記》曰:焦氏山北數里,漢司隸校尉魯峻,穿山得白蛇、

---

① （清）王昶著《金石萃編》卷二〇,《石刻史料新編》第一輯第一冊,新文豐出版公司,1977,第356頁,題字"無鹽醜女鐘離春、齊王"。

白兔，不葬，更葬山南，鑿而得金，故曰金鄉山。山形峻峭，冢前有石祠、石廟，四壁皆青石隱起，自書契以來，忠臣、孝子、貞婦、孔子及弟子七十二人形像，像邊皆刻石記之，文字分明。又有石牀，長八尺，磨瑩鮮明，叩之聲聞遠近。時太尉從事中郎傅珍之、諮議參軍周安穆拆敗石牀，各取去，爲魯氏之後所訟，二人並免官。①

此處爲墓碑及石室畫像，酈注引晉戴延之《西征記》言鉅野縣焦氏山北數里金鄉山漢司隷校尉魯峻墓前有石祠、石廟②，未言有碑，然宋人歐、趙、洪諸家皆載有"魯峻碑"，則碑當亦有，而酈注未載。戴延之《西征記》現已不存，此文亦見《藝文類聚》卷四〇"禮儀部下冢墓"篇③，其文略有異。酈注所載漢畫像石較少，除此處外，同條所載"漢荆州刺史李剛碑及石室畫像"及卷三四《江水注》"又南過江陵縣南"條"漢趙岐墓畫像石"皆爲此類，魯峻碑石及碑文、拓本皆傳於世，然其畫像石已不存，惟有題牓銘文傳世。

金鄉山，酈注引東晉戴延之《西征記》曰："焦氏山北數里，漢司隷校尉魯峻，穿山得白蛇、白兔，不葬，更葬山南，鑿而得金，故曰金鄉山。"此其山名之緣來。是山山形峻峭，除魯峻冢外，另有"漢昌邑哀王冢"（漢廢帝昌邑王劉賀廢陵）、"范巨卿冢碑"④，《後漢書·郡國志》"山陽郡金鄉縣"條李賢注引東晉王隱《晉書地道記》曰："縣多山，所治名金山。山北有鑿石爲冢，深十余丈，隧長三十丈，傍卻入爲堂三方，云得白兔不葬，更葬南山，鑿而得金，故曰金山。故冢今在。或云漢昌邑所作，或云秦時。"⑤ 其所言與《西征記》不同，言此墓爲漢昌邑王或秦時所作，其所言者，乃酈注所稱"秦王陵"或"漢昌邑哀王冢"，即昌邑王劉

---

① 《水經注校證》卷八《濟水注》"又東過方與縣北，爲菏水"條，第216頁。
② 按"魯峻"，《水經注》殿本、趙一清《水經注釋》等本皆訛爲"魯恭"，《太平寰宇記》等地記多作"峻"，今本改爲"魯峻"。"石祠、石廟"當皆指石廟，非爲兩處，故趙明誠《金石録》所引酈注之文刪去"石廟"二字。
③ （唐）歐陽詢撰、汪紹楹校《藝文類聚》卷四〇《禮部下冢墓》引戴延之《西征記》："金鄉焦氏山北數里，有漢司隷校尉魯俊冢。前有古石祠堂中四壁皆有青石隱起，自書契以來，忠臣、孝子、孔子七十二人形像，皆刻石記之。"上海古籍出版社，1982，第732頁。亦見於《初學記》卷二四"居處部畫烈士刻忠臣"條，《太平御覽》卷五六〇"禮儀部冢墓"篇，其文略同。
④ 參見本書第一章第十三處"魏立漢廬江太守范式墓碑"，第42頁。
⑤ （劉宋）范曄撰、（唐）李賢等注《後漢書》志二一《郡國志三》"山陽郡金鄉縣"條，中華書局，1965，第3456頁。

賀廢陵，而非魯峻墓。此山即今山東菏澤鉅野縣金山。

魯峻，原訛爲"魯恭"，趙一清《水經注釋》於"峻"下增"冢"字，趙明誠《金石錄》跋此碑稱酈注所引戴延之《西征記》稱"魯恭"，稱："其他地理書如《方輿志》、《寰宇記》之類皆作'峻'，惟《水經》誤轉寫爲恭爾。"① 另《藝文類聚》《初學記》《太平廣記》皆載酈注所引之文，然皆作"魯恭"，今本酈注亦從之。可知趙明誠所見宋本酈注尚訛爲"魯恭"，而後世改之。魯峻其人，史書未載，酈注於此未言其事，其墓前亦未言有碑，然宋人歐、趙、洪諸家皆載此碑。歐陽修《集古錄》卷三載之，稱《後漢魯峻碑》（熹平元年），載碑文首數語，並跋云："其餘文字亦粗完，故得遷拜次敘頗詳，以見漢官之制如此……碑首題云'漢故司隸校尉忠惠父魯君碑'者，莫曉其義。"② 趙明誠《金石錄》卷一六稱《漢司隸校尉魯峻碑》（熹平二年四月），跋云："今墓與石室尚存，惟此碑爲人輦置任城縣學矣。余嘗得石室所刻畫像，與延之所記合。"③ 可知此碑及石室畫像兩宋時尚存，且碑文較全，時已有拓本傳世，然歐、趙皆未載碑之全文及石室畫像，洪适《隸釋》卷九載之（《隸釋》卷二〇據酈注載《魯恭碑》，其文同），並跋云："右漢故司隸校尉忠惠父魯君碑，隸額，在濟州任城縣。"④ 可知此碑額及碑文皆爲隸書，其額題"漢故司隸校尉忠惠父魯君碑"。魯峻卒前以屯騎校尉歸隱，然其位及司隸校尉，故碑稱其官職之高者。《隸釋》始載此碑之全文，今人高文《漢碑集釋》亦據而載之，其文首行言"君事帝則忠，臨民則惠，乃詔告神明，諡君曰忠惠父"，故碑額有"忠惠父魯君"之稱。其碑文又曰："門生汝南幹口、沛國丁直、魏郡馬萌、勃海呂圖、任城吳盛、陳留誠屯、東郡夏侯弘等三百廿人，［追］惟在昔，游夏之徒，作諡宣尼……刊石敘哀。"⑤ 碑文詳述其生平仕宦：魯峻，字仲岩，山陽昌邑人。監營謁者之孫，修武令之子。其體純仁和，治《魯詩》，兼通《顏氏春秋》。其博覽群書，

---

① （宋）趙明誠著、金文明校正《金石錄校正》卷一六，廣西師範大學出版社，2005，第277頁。
② （宋）歐陽修著，鄧寶劍、王怡林箋注《集古錄跋尾》卷三，人民美術出版社，2010，第66頁。
③ （宋）趙明誠著、金文明校正《金石錄校正》卷一六，廣西師範大學出版社，2005，第277頁。
④ （宋）洪适撰《隸釋》卷九，中華書局，2003，第101頁。
⑤ （宋）洪适撰《隸釋》卷九，中華書局，2003，第101頁。

學爲儒宗，行爲士表。初佐職牧守，後舉孝廉，除郎中、謁者、河内太守丞，辟司徒府、侍御史、東郡頓丘令，遷九江太守，後爲司空王暢所舉，征拜議郎、太尉長史、御史中丞，桓帝延熹七年（158）二月丁卯拜司隸校尉，其掌察群僚，蠲細舉大，權然疏發。後遭母憂乞拜議郎，服竟，還拜屯騎校尉，以病辭官而閉門靜居，琴書自娛。年六十二，於靈帝熹平元年（172）卒，次年四月庚子葬於其故里山陽之金鄉山。碑文未言書撰者之名，《天下碑録》、《通志·金石略》皆以碑爲蔡邕所書，明于奕正《天下金石志》亦然之，然明人都穆《金薤琳琅》言："鄭夾漈又謂此碑書于蔡邕……未聞邕嘗書此，不知鄭氏何所據也。……右魯峻碑陰，歐陽公、趙明誠皆失收録，至洪丞相《隸釋》於漢碑搜羅殆盡，而亦復遺焉。"① 鄭樵言此碑爲蔡邕所書，然今《蔡中郎集》無此文，未知其據，都穆以爲非也。另清人葉奕苞《金石後録》、《金石録補》，吳玉搢《金石存》，翁方綱《兩漢金石記》，王昶《金石萃編》，林侗《來齋金石刻考略》，顧藹吉《隸辨》，錢大昕《潛研堂金石文跋尾》，畢沅《山左金石志》等金石文獻皆載此碑及碑文。洪适《隸續》卷七言此碑之形制："隸額兩行，有穿，文十七行，行三十字。"然未載此碑之陰。清王昶《金石萃編》跋此碑言："碑高一丈一尺五寸，廣四尺五寸，十七行，行三十二字，額題'漢故司隸校尉忠惠父魯君碑'，今在濟寧州學。"② 並有碑陰題名，共二列每列二十一人。

此碑之陰，首載于明都穆《金薤琳琅》，而歐、趙、洪皆未載。洪适《隸續》卷一二載有《魯峻斷碑陰》，其上題名"九十一人，皆書姓字而不名"③，然與《金石萃編》所録皆不同。錢大昕《潛研堂金石文跋尾》言："考洪文惠《隸續》所載'魯峻碑陰'與此全別。洪公在南渡時未得親至碑所，但據收藏家之說題之，故猶疑而未定。碑今在濟寧州學，其陰文字尚完，恨洪公之不及見。而洪所指爲峻碑陰者，世已失傳，竟未審爲何人碑也。"④ 此碑

---

① （明）都穆編《金薤琳琅》卷四，《石刻史料新編》第一輯第十冊，新文豐出版公司，1977，第7660頁。
② （清）王昶著《金石萃編》卷一五，《石刻史料新編》第一輯第一冊，新文豐出版公司，1977，第257頁。
③ （宋）洪适撰《隸續》卷一二，中華書局，2003，第409頁。
④ （清）錢大昕著、陳文和主編，祝竹點校《潛研堂金石文跋尾》卷一《司隸校尉魯峻碑》，《嘉定錢大昕全集》第三冊，江蘇古籍出版社，1997，第22~23頁。

陰實爲"魏立漢廬江太守范式碑陰"①，而洪氏誤以爲魯峻碑陰。此碑陰《金薤琳琅》始著錄，其字跡與碑陽之文似非一人所書。梅鼎祚《東漢文紀》、王昶《金石萃編》、顧藹吉《隸辨》等皆載之，《隸辨》稱："（碑）陰凡三列，下一列漫滅存者，二列每列二十一人，前有故吏四人，餘稱門生，最後一人稱義士，凡四十二人，皆有郡縣名字及出錢之數。"②今高文《漢碑集釋》據清人拓本載此碑之陰，分上下二列，各二十一行，共四十二行。然清拓本有三列，其一列摩滅不識，其書者皆爲時立碑者，爲魯峻之故吏、門生等。

此石室畫像，除酈注外，洪适《隸續》卷一七載有《魯峻石壁殘畫象》殘石二方，其跋言："右魯峻石壁殘畫象二石。並廣三尺，崇二尺……此石上下三橫"，第一石，"首行一牓云'祠南郊從大駕出時'，次有大車，帳下騎、鮮明騎、小史騎，凡十六牓。大車之上一牓三字，上兩字略有左畔偏旁，似是'校尉騎'字。車前兩旁，鮮明八騎，步於中者四人，鈴下三十餘騎如魚鱗然，列兩行，橫車之後，後有駙馬二匹，帳下一騎，小史持幢四騎"③，又次橫牓曰："薦士一人，有牓。奏曹、書佐、主簿車各一牓，有車馬，騎史僕射二騎，鈴下二騎，各有牓"；第三橫言"冠劍接武十有五人，人一牓，闕里之先賢也。"④

第二石，其"上橫兩牓云'君爲九江太守時'，車前導者八人，後騎石損其半。少前一牓云'功曹史導'，有車馬，車前二騎，牓湮滅。中橫但刻雲氣，下橫十有六人，形象標牓與前石同。"

據此可知，洪景伯所見乃石室畫像之殘片。此二石多刻有大車、長騎、馬匹、文臣武將及闕里先賢之畫像，且畫像之上多有標牓銘文，其第一石題有"祠南郊"、"校尉騎"、"鈴下"、"薦士"、"奏曹"、"書佐"、"主簿"、"騎史"、"僕射"之文。"從祠南郊"，乃屯騎校尉之職，此皆當爲魯峻之故吏、門生及闕里先賢之官職、名字，第二石所題"君爲九江太守時"、"功曹史導"之文，爲魯君于九江太守任內故吏之官職。洪适言："碑既有九江標牓，又有屯騎職掌，更有先賢形象，定爲魯峻石壁所刻，

---

① 參見本書第一章第十三處"魏立漢廬江太守范式墓碑考"，第42頁。
② （清）顧藹吉撰《隸辨》卷七，《石刻史料新編》第二輯第十七冊，新文豐出版公司，1979，第13054頁。
③ （宋）洪适撰《隸續》卷一七，中華書局，2003，第432頁。
④ （宋）洪适撰《隸續》卷一七，中華書局，2003，第432頁。

其誰曰不然？"然未有酈注所言自書契以來忠臣、孝子、貞婦、孔子及弟子七十二人形像，可知其畫像内容豐富、規制較大。

洪适又言："又二石，長過於此，其一之上横畫圖人物，如武梁畫象，主坐客拜，侍於前後者六，又主客三人列坐，侍者四。中横三車，如雍邱令畫。一車導騎二，一車兩人在前，一車一人在後，屋下之人三五。賓主三車有標牓，皆湮滅。下横十七人，如前石所圖聖門高弟，人亦一牓，一字不可認。其一則上横七騎，皆右馳。中横二車，一有一導騎，一則倍之，末有五人在屋下，二稚子在屋上。下横兩甋車，皆駕以一馬人一車有導騎二，末有五人在屋下立，車皆有牓，惟四導騎者，上下各一字粗可認，上曰'君'，下曰'郎'。魯君再爲議郎，豈謂是乎？以其冠劍人物，絶類九江石壁所畫，疑此二石亦是魯祠四壁者。"①

此二石所圖畫如嘉祥武梁石室畫像，洪适以爲亦爲魯峻石壁所刻。《隸續》所載僅爲魯峻墓石室畫像之殘石，然已冠劍整肅，雲氣飛横，製作極爲工麗，可見其規模之巨，乃漢墓石刻中之佳者。且其墓另有石牀"長八尺，磨瑩鮮明，扣之聲聞遠近"，爲一般漢墓所罕見也，佈置異常周備。此石牀後爲尉從事中郎傅珍之、諮議參軍周安穆拆去，魯氏族裔訟之有司，二人竟因此而免官。然此畫像拓本至宋以後未有著録，吴玉搢《金石存》云："石祠畫像，久矣不存。"

今魯峻之碑尚存於山東省濟寧市漢碑博物館，碑陽存文十七行，行三十二字，八分書額題"漢故司隸校尉忠惠父魯君碑"二行，碑中有穿，然碑陽及碑陰之文皆殘泐較重，並有宋拓（丁彦臣藏本）及明清拓本傳世，現存於北京故宫博物院及國家圖書館。其碑之書體，楊守敬讚之"豐腴雄偉，唐明皇、徐季海亦從此出，而肥濃太甚，無此氣韻矣"，爲漢碑隸書之上品，明清以來金石學家多重視之，謂爲"隸書中沉著遒勁，雄健嚴謹的寬博派代表作品"②。

---

① （宋）洪适撰《隸續》卷一七，中華書局，2003，第433頁。
② 萍蹤：《雄健稱絶世　渾穆是自身——宋拓〈魯峻碑〉縱横談》，《書畫藝術》1994年第1期，第16頁。

圖 1-11　國家圖書館藏"漢司隸校尉魯峻碑"原碑額清拓本①

---

① 北京圖書館金石組編《北京圖書館藏中國歷代石刻拓本匯編》第一冊，中州古籍出版社，1997，第 152 頁。

圖 1-12 "漢司隸校尉魯峻碑"原碑碑陽拓本①

---

① 〔日〕永田英正編《漢代石刻集成》（京都大學人文科學研究所研究報告，圖版），同朋社出版，1994，第203頁，京都大學人文科學研究所所存拓本。

圖 1-13　"漢司隸校尉魯峻碑"原碑碑陰拓本①

十三　魏立漢廬江太守范式墓碑考

　　焦氏山東即金鄉山也，有冢，謂之秦王陵。山上二百步得冢口，塹深十丈，兩壁峻峭，廣二丈，入行七十步，得埏門，門外左右皆有空，可容五六十人，謂之白馬空。埏門內二丈，得外堂，外堂之後，又得內堂。觀者皆執燭而行，雖無他雕鏤，然治石甚精。或云是漢昌邑哀王冢，所未詳也。東南有范巨卿冢，名件猶存。巨卿名式，山陽

---

①〔日〕永田英正編《漢代石刻集成》（京都大學人文科學研究所研究報告，圖版），同朋社出版，1994，第205頁。

之金鄉人，漢荊州刺史，與汝南張劭、長沙陳平子石交，號爲死友矣。①

此處爲墓碑，碑石及文皆存，有清重出拓本傳世。酈注言范巨卿冢位於鉅野縣金鄉山東南，時"名件猶存"。"名件"者，楊守敬按曰："謂翁仲、石獸之類。"② 可知時其墓前石人、石獸皆存，然未言此碑。《魏書·地形志》言高平郡金鄉有"范巨卿冢碑"③，可知其墓前當有碑，至北齊尚存，而酈注未載之，未知其故。

酈注言金鄉山有冢，世稱"秦王陵"或"漢昌邑哀王冢"，於山上有入口，道元親入其中，而詳言之。此冢仍存於今山東鉅野縣金山，世稱"秦王避暑洞"，爲西漢昭宣之際，廢帝昌邑王劉賀之廢陵，范巨卿冢及碑則位於此山之東南。1977年金山以南禹梁山出土大型漢墓，據考證爲武帝少子昌邑哀王劉髆（劉賀之父）之墓④，與酈注所載相合。

范巨卿，即東漢名士范式，一名氾，字巨卿，山陽金鄉人，其事見《後漢書·獨行傳》。巨卿少遊太學，爲諸生，與汝南張劭爲友，《後漢書》詳細記載了范式與張劭至死不渝之友情。巨卿初仕爲郡功曹，而張劭寢疾篤，臨盡歎曰恨不見死友山陽范巨卿。其卒後，式忽夢見張劭玄冕垂纓屣履而呼曰："巨卿，吾以某日死，當以爾時葬，永歸黃泉。子未我忘，豈能相及？"⑤ 范式醒後悲歎泣下，具告太守，請往奔喪。太守許之，式便服朋友之服，投其葬日，馳往赴之。未及到，而張劭喪已發引，既至壙將窆，而其柩不肯進。後范式趨至，叩喪言曰："行矣元伯！死生路異，永從此辭。"⑥ 時會葬者千人，皆爲之揮涕，式因執紼而引柩葬

---

① 《水經注校證》卷八《濟水注》"又東過方與縣北，爲菏水"條，第216~217頁。
② （清）楊守敬、熊會貞疏，段熙仲點校，陳橋驛復校《水經注疏》卷八《濟水注》，江蘇古籍出版社，1989，第781頁。
③ （北齊）魏收撰《魏書》卷一〇六《地形志中》"兗州"條，中華書局，1974，第2520頁。
④ 山東省菏澤地區漢墓發掘小組：《鉅野紅土山西漢墓》，《考古學報》1983年4期，第498頁。
⑤ （劉宋）范曄撰、（唐）李賢等注《後漢書》卷八一《獨行傳·范式傳》，中華書局，1965，第2677頁。
⑥ （劉宋）范曄撰、（唐）李賢等注《後漢書》卷八一《獨行傳·范式傳》，中華書局，1965，第2677頁。

之，並爲修墳樹，然後乃去，此爲後世交友重信之典範①。其後范式至京師，受業太學。時太學生長沙陳平子雖與式不識，然聞其行以爲烈士，故被病將亡之時，謂其妻以尸埋巨卿戶前，並裂素爲書以遺巨卿。其妻從其言。式出行適見素書，愴然感之，向墳揖哭，以爲死友，並護送平子之妻兒歸葬臨湘。可謂生而未知，死亦爲友，令人歔惋不已。范式後舉州茂才，四遷荆州刺史，官至廬江太守，有威名，卒於官，然未知卒之年月。酈注言："巨卿名式，山陽之金鄉人，漢荆州刺史，與汝南張劭、長沙陳平子石交，號爲死友矣。"② 即當據於《後漢書》之言。范式卒于廬江太守之任後，當歸葬其故里山陽金鄉（今山東濟寧金鄉縣），即酈注所言金鄉山，其冢前之碑，酈注未載，《魏書·地形志》首載之，然未言立碑者及年代。

此碑，歐陽修《集古錄》未載，趙明誠《金石錄》卷二《目錄二》始載《魏范式碑》（明帝青龍三年正月）、《魏范式碑陰》二目，並於卷二〇跋《范式碑》曰："右范式碑。《法書要錄》云'蔡邕書'。今以碑考之，乃魏青龍三年立，非邕書也。"③ 然未載其文。洪适《隸釋》卷一九始載碑之全文（《隸釋》卷二〇據酈注載《范巨卿碑》，其文同），僅缺六十一字，稱"廬江太守范府君之碑"，其跋曰："右故廬江太守范府君之碑，篆額，在濟州任城，魏明帝青龍三年縣長薛君鄉人翟循等所立。"④ 可知此碑篆額、碑文隸書，初在鉅野金鄉山，至宋時碑尚存於濟州任城（今山東濟寧任城區），稱碑立於魏明帝青龍三年（235），與《金石錄》同。嚴可均《全三國文》卷五六"闕名二"載有《漢廬江太守范式碑》，亦據《隸釋》之文而載之，其文曰："君諱式，字巨□□□□□□功存有夏，寔曰御龍……實爲范氏，則其後也。"此述范氏之世系。後讚范君之德："君稟靈醇之茂度，體玄亮之殊高……諒足以弼國，篤友足以輔仁……超管鮑之遐蹤，信靈萃乎炳煥。"碑文又述其生平："舉高第侍御史，拜冀州刺史……典荆□□軌□，帝□其勳，遷廬江太守……以疾告辭。"所述與

---

① 元人宮天挺據《後漢書》而作雜劇《死生交范張雞黍》，明馮夢龍《喻世名言》卷一六卷亦有"范巨卿雞黍死生交"之故事，今有"范張雞黍"之典故以喻友情之堅貞也。
② 《水經注校證》卷八《濟水注》"又東過方與縣北，爲菏水"條，第216頁。
③ （宋）趙明誠著、金文明校正《金石錄校正》卷二〇，廣西師範大學出版社，2005，第339頁。
④ （宋）洪适撰《隸釋》卷一九，中華書局，2003，第193頁。

《後漢書》略同，然言其任冀州刺史，則《後漢書》未載，可補史之缺也。其後又言："青龍三年正月丙戌，縣長汝南薛□□□□□□感靈堙之不饗，思隆懿模，以紹奕世……於是鄉□□上計掾翟循、州部泰山從事史翟邵等，僉以爲君雖輝名載籍，光曬前列，而靈墳亡□，儀問靡述。遂相與略依舊傳，昭撰景行，刊銘樹墓，以聲百世。"據此可知，范式葬時，未有墓碑，而至魏明帝青龍三年正月，時鉅野縣令汝南薛君與上計掾翟循、泰山從事史翟邵等據舊傳而立此碑於其墓前，以讚范式之德。范式卒於廬江太守任內，故碑額篆書題曰"漢廬江太守范府君之碑"，然亦未言范式之卒年。洪景伯論"此碑雖不及延康、黃初四刻，在魏隸它碑中可取爾。唐李嗣真作《書後品》，乃蔡公諸體，惟范巨卿碑風華豔麗，古今冠絕，甚矣藻鑒之謬也。"①"延康、黃初四刻"當指漢獻帝延康元年、魏文帝黃初元年（220），魏文帝於繁昌受禪臺側所立"魏公卿上尊號表"、"魏受禪碑"，延康元年魏文帝軍次於譙而於故宅所立"魏大饗碑"，黃初元年孔羨修曲阜孔廟而立"魯孔子廟碑"（亦稱"孔羨碑"），此四碑爲魏碑之典范也。此碑洪适亦給予高度評價，以爲魏隸碑中之佳品。此碑之書撰者，碑文未言，唐李嗣真《書後品》論此碑："蔡公諸體，惟有范巨卿碑，風華豔麗，古今冠絕"②，故後世據之而以爲蔡中郎所書。鄭樵《通志·金石略》、陳思《寶刻叢編》均以爲蔡邕書，而趙明誠、洪适則以爲非。據碑文可知碑立於魏青龍三年（235），而蔡邕卒於漢獻帝初平三年（192），不可能爲此碑撰文。

宋人鄭樵《通志·金石略》、婁機《漢隸字源》、明葉盛《菉竹堂碑目》、都穆《金薤琳琅》均言此碑有碑陰，然皆未著錄碑陰之文。其後未有著錄者，似碑已亡佚。然據畢沅《山左金石志》言："乾隆丙申歲，膠州人崔儒際初得是碑篆額于濟寧龍門坊水口，遍求碑身未得。越五年黃司馬易得泰安趙相國家藏宋拓本，雙鉤付梓。又六年州人李鐵橋竟得原碑殘石於學宮，雖存字不及宋拓本之半，而碑陰四列即洪氏所誤載之魯峻斷碑陰也。"可知至清乾隆四十一年（1776），此碑之碑額被發現於濟寧龍門坊，原碑殘石則存於濟寧學宮，又有黃易據宋拓本雙鉤印刷傳世，時碑之

---

① （宋）洪适撰《隸釋》卷一九，中華書局，2003，第193頁。
② （唐）李嗣真撰《書後品》，見黃簡編《歷代書法論文選》，上海書畫出版社，1979，第137頁。

殘文已失近半，然碑陰之文則爲首次所見。畢沅將碑陰四列之文與洪适《隸釋》所載《魯峻斷碑陰》相校，始知洪所録魯碑之陰，即此碑陰之文也。此碑陰四列洪氏所録有九十一人，至清時字跡摩滅，僅存三十七人。字而不名，亦無故吏門生郡邑等字，與他碑不同，當爲曹魏時人也。洪适誤爲魯峻碑陰，蓋由僅得拓本未嘗親見此碑之故。乾隆以後，此碑拓本多傳於世，武億《授堂金石跋》、翁方綱《兩漢金石記》、王昶《金石萃編》、黄易《小蓬萊閣金石文字》、顧藹吉《隸辨》等皆載此碑。王昶《金石萃編》卷二四言時殘碑："僅存上截，高三尺，廣二尺一寸，十二行，行約十五六字，額題'故廬江太守范府君之碑'十字篆書，今在濟寧州學。"① 可知時碑額尚全，而碑陽之文已殘缺近半。黄易《小蓬萊閣金石文字》則存此碑之宋拓本，碑圖較全，收入其漢魏碑五種之一，並有題跋，其碑文較清出土殘碑多二百餘字，現存於北京故宫博物院，北京國家圖書館藏清乾隆年間重出土拓本多種，爲陸和九、顧廣圻、丁福保等舊藏。今碑僅存上半截，現存於山東省濟寧市博物館。

　　范式之墓，據宋人《天下碑録》言："在濟州任城縣西南四十里大項山南"②，即今山東濟寧嘉祥縣紙坊鎮大鼎山，1963 年當地農民於農耕時發掘其墓，爲范式夫婦合葬墓，並於其中出土銅印、石硯等文物，其中有一子母銅印印文有"范式印信"、"范氏之印"字樣，可知爲范式之墓③。今墓葬出土文物皆存於山東省嘉祥縣文物管理所、濟寧市博物館。

---

① （清）王昶著《金石萃編》卷二四，《石刻史料新編》第一輯第一册，新文豐出版公司，1977，第 437 頁。
② （宋）洪适撰《隸釋》卷二七，中華書局，2003，第 286 頁。
③ 李衛星、吳延蘇：《東漢范式墓出土文物及其他》，《考古與文物》1992 年第 3 期，第 15 頁。

圖 1-14 "魏立漢廬江太守范式墓碑"
原碑碑阳拓本局部①

---

① 〔日〕井波陵一：《魏晉石刻資料選注》，京都大學人文科學研究所研究報告，2005，第 15 頁。

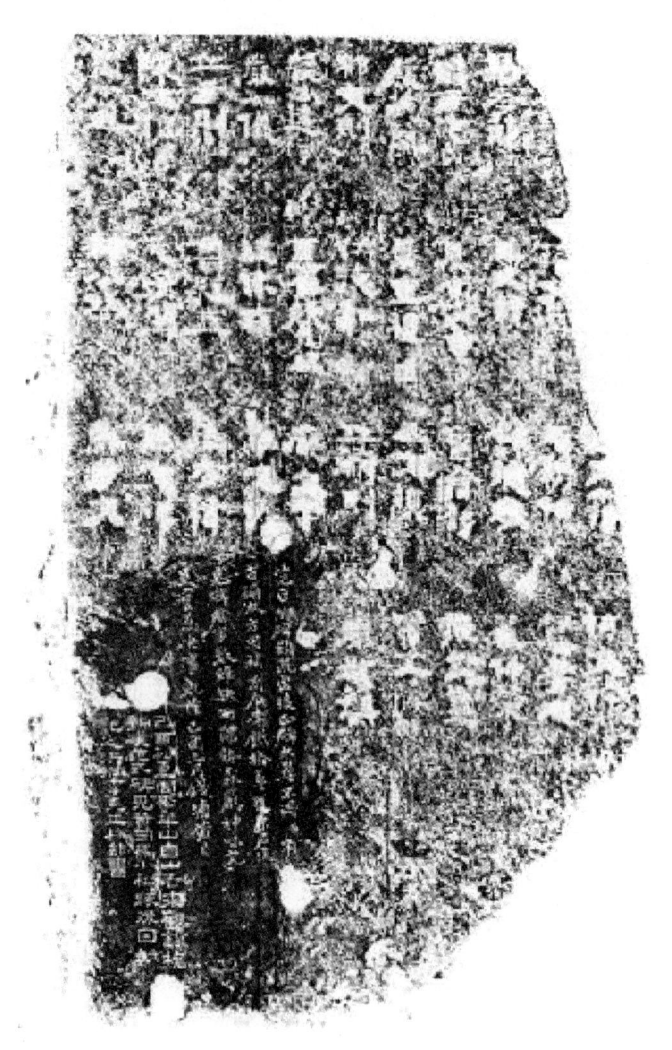

图 1-15　国家图书馆藏"魏立汉庐江太守范式墓碑"
原碑碑阴清乾隆残拓本①

---

① 《北京图书馆藏中国历代石刻拓本汇编》第二册，中州古籍出版社，1997，第9页。

十四　漢桂陽太守趙越碑考一
十五　漢桂陽太守趙越碑考二

　　《漢書》稱越相呂嘉反，武帝元鼎六年，巡行于汲郡中鄉，得呂嘉首，因以爲獲嘉縣。後漢封侍中馮石爲侯國。縣故城西有漢桂陽太守趙越墓，冢北有碑。越字彦善，縣人也。累遷桂陽郡、五官將、尚書僕射，遭憂服闋，守河南尹，建寧中卒。碑東又有一碑，碑北有石柱、石牛、羊、虎俱碎，淪毀莫記。[①]

　　此兩處皆爲墓碑，碑石及文皆已不存，亦無拓本傳世。酈注言獲嘉縣故城西有漢桂陽太守趙越墓，冢北有碑，是爲"漢桂陽太守趙越碑一"，此碑東又有一碑，即"漢桂陽太守趙越碑二"，此兩碑當皆爲漢桂陽太守趙越墓碑，而酈注所言"越字彦善，縣人也。累遷桂陽郡、五官將、尚書僕射，遭憂服闋，守河南尹，建寧中卒"者，當據於碑一之文而略言其生平事跡，可知此碑時碑文尚存，惜酈注未載其文。碑二之文亦未著錄，此兩碑之年代、立碑之人及緣由等皆未言及。另碑二之北時有石柱，石牛、羊、虎等，然俱碎，故淪毀莫記，可知此二碑當爲道元所親見。

　　獲嘉縣，秦時置修武縣，屬三川郡，西漢初屬河內郡。據《漢書·武帝紀》，武帝元鼎五年（112）夏四月，南越國相呂嘉反，殺漢使、南越王趙興及王太后[②]，立術陽侯建德爲王，武帝遣衛尉路博德爲伏波將軍，主爵都尉楊僕爲樓船將軍，歸義粵侯二人爲戈船、下瀨將軍，馳義侯率巴蜀罪人等，分五路討伐呂嘉，其事詳見《漢書·南粵傳》。元鼎六年春，呂嘉兵敗逃亡海上，被粵郎都稽斬獲。時武帝東巡至汲縣新中鄉，恰逢伏波將軍路博德送呈呂嘉之首級，武帝大悦，遂於此地置縣，名爲"獲嘉縣"以賀之，並割汲、修武兩縣部分屬縣，歸河內郡，是爲獲嘉縣之始。東漢

[①] 《水經注校證》卷九《清水注》"東北過獲嘉縣北"條，第226頁。
[②] （東漢）班固著、（唐）顏師古注《漢書》卷六《武帝紀》："（元鼎五年）夏四月，南越王相呂嘉反，殺漢使者及其王、王太后……（元鼎六年）春，至汲新中鄉，得呂嘉首，以爲獲嘉縣。"中華書局，1962，第186~188頁。

建武初封獲嘉長公主之子侍中馮石爲獲嘉侯於此縣,即今河南新鄉獲嘉縣。

"桂陽太守趙越",史書無載,據酈注可知其字彦善,爲獲嘉縣人,歷仕漢桂陽郡太守、五官將、尚書僕射、河南尹之職,於靈帝建寧中(168~172)卒,此可補正史之缺。趙越卒後葬於其故里獲嘉縣城西,則此兩碑當亦立于建寧中,其墓及二碑至道元之世尚存,唯墓前神道之石柱、石獸皆已破碎。此兩碑稱"漢桂陽太守趙越",而越卒時爲河南尹,據此可知,此兩碑當爲越任桂陽(今湖南郴州)太守一職時,其僚屬及家人所立。

此兩碑除酈注以外,唐封演《封氏聞見記》、王叡《炙轂子雜錄》皆引隋盧思道《西征記》云:"新鄉城西有漢桂陽太守趙越墓。墓北有碑,碑有石柱。柱東有亭,以石柱爲名,然則墓前石人、石獸、石柱之屬自漢代而有之矣。"[①] 新鄉城,據《隋書·地理志》,文帝開皇(581~600)初,割獲嘉縣、汲縣部分屬地爲新鄉縣,取汲之"新中鄉"爲名,縣治新鄉城,即東漢之獲嘉縣。其境内至隋時尚存趙越墓及碑,並有石柱及亭,然亦未載其碑文。此兩碑唐以後,歐、趙諸家皆未著錄,唯洪适《隸釋》卷二〇、顧藹吉《隸辨》據酈注皆載其碑,其文同,然未言碑之存無。清乾隆年修《河南通志》卷四九"陵墓"載有"漢趙越墓",言"在獲嘉縣故城西",然未言有碑,此碑當久已亡佚。

十六　漢李雲墓表考

清河東北逕廣宗縣故城南,和帝永元五年,封皇太子萬年爲王國。田融言,趙立建興郡于城内,置臨清縣于水東,自趙石始也。清河之右有李雲墓,雲字行祖,甘陵人,好學,善陰陽,舉孝廉,遷白馬令。中常侍單超等,立掖庭民女亳氏爲后,后家封者四人,賞賜巨萬。雲上書移副三府曰:孔子云,帝者,諦也。今尺一拜用,不經御省,是帝欲不諦乎?帝怒,下獄殺之。後冀州刺史賈琮使行部,過祠

[①] (唐)封演撰、趙貞信校注《封氏聞見記校注》卷六《羊虎》,中華書局,1985,第60頁。

雲墓，刻石表之，今石柱尚存，俗猶謂之李氏石柱。①

此處爲墓表，原石不存而文賴酈注存其局部，亦無拓本傳世。"墓表"者，多立於墓前或墓道内，刻以表文以彰逝者，故稱。其形制或爲石碑②，如卷一五《瀋水注》記晉帛仲理墓碑言："墓前有碑，題云：真人帛君之表。"此墓表即爲墓碑；或爲石柱，如此漢李雲墓表，酈注言時俗猶謂之李氏石柱。此表酈注言立於廣宗縣故城南、清河之右李雲墓前。酈注略言雲之生平，皆據於《後漢書·李雲傳》。又記立表之人爲。冀州刺史賈琮，北魏之時石柱尚存，當爲道元所親見。

廣宗縣，西漢平帝元始二年（2）封代孝王玄孫之子劉如意爲廣宗王於此，爲廣宗國③；新莽廢，東漢初復廣宗國，即酈注所言"和帝永元五年，封皇太子萬年爲王國"；後國除爲廣宗縣④，屬冀州鉅鹿郡；三國魏時改屬安平郡；晉屬安平國、長樂國；北魏初，屬長樂郡。故城位於今河北邢臺威縣東南。

李雲，字行祖，甘陵人（今河北邢臺清河縣），爲東漢桓帝時直諫諍臣，《後漢書》有傳。雲性好學，善陰陽。初舉孝廉，再遷白馬令。桓帝延熹二年（159），誅大將軍梁冀，中常侍單超等五人以功而並封列侯，又立掖庭民女亳氏爲皇后，數月間，封亳后家四人，賞賜巨萬。時天下地數震裂，衆災頻降，李雲素剛，憂國將危，心不能忍，乃露布上書，移副三府。"三府"者，即太尉、司徒、司空三府⑤。《後漢書·李雲傳》載其全文，其文中言："孔子曰：帝者，諦也。今官位錯亂，小人諂進，財貨公

---

① 《水經注校證》卷九《淇水注》"又東北過廣宗縣東，爲清河"條，第239頁。
② （明）徐師曾著、羅根澤校點《文體明辨序説》卷六八六"墓表類序"："按墓表自東漢始，安帝元初元年立'謁者景君墓表'，厥後因之。其文體與碑碣同，有官無官皆可用，非若碑碣之有等級限制也。"人民文學出版社，1962，第151頁。
③ （東漢）班固著、（唐）顔師古注《漢書》卷一二《平帝紀》："（元始二年）夏四月，立代孝王玄孫之子如意爲廣宗王。"中華書局，1962，第353頁。
④ （劉宋）范曄撰、（唐）李賢等注《後漢書》卷四《孝和帝紀》："（永元五年春）辛卯，封皇弟萬歲爲廣宗王……（永元五年）秋九月辛酉，廣宗王萬歲薨，無子，國除。"中華書局，1965，第175、177頁。
⑤ （劉宋）范曄撰、（唐）李賢等注《後漢書》卷二七《承宫傳》："三府更辟，皆不應。"李賢注曰："三府，謂太尉、司徒、司空府。"中華書局，1965，第945頁。

行，政化日損，尺一拜用不經御省。是帝欲不諦乎？"① 酈注所言當據於此，其文略同。《論語·八佾》言："或問諦之說。子曰：'不知也。知其說者之於天下也，其如示諸斯乎！'指其掌。"② 故諦即真諦，孔子以爲能知其說者如之於天下，可謂帝也。故《說文解字》亦言："帝，諦也。王天下之號也。"③ 李雲以此以規勸桓帝遠佞臣、外戚。然桓帝得其奏震怒，下有司逮雲，並詔尚書都護劍戟送之于黃門北寺獄，使中常侍管霸與御史廷尉雜考之。時弘農五官掾杜衆傷雲以忠諫獲罪，上書願與雲同日死。帝愈怒，遂並下廷尉。大鴻臚陳蕃、太常楊秉、洛陽市長沐茂、郎中上官資並上疏請赦雲，帝恚甚，令有司奏以爲大不敬，並下詔責陳蕃等人，免陳蕃、楊秉之職，沐茂、上官資貶秩二等。後帝又聽信中常侍管霸之言，李雲、杜衆死於獄中。延熹三年（160），李雲卒於獄中④，歸葬於鉅鹿廣宗縣，其後冀州刺史賈琮使行部，過祠雲墓，刻石表之。酈注所言皆據於《後漢書》之語。范曄於是傳後論曰："李雲草茅之生，不識失身之義，遂乃露布帝者，班檄三公，至於誅死而不顧，斯豈古之狂也！夫未信而諫，則以爲謗己，故說者識其難焉。"⑤ 其評論之語可謂公正。李雲之直言極諫，不惜以身死而直斥桓帝之誤，實開漢末清議之風。

"冀州刺史賈琮"，字孟堅，東郡聊城人也，《後漢書》有傳。琮舉孝廉，再遷爲京令，有政理跡。中平元年（184），交阯屯兵反，靈帝以琮爲交阯刺史。琮到任移書告示，招撫荒散，蠲復徭役，使其亂歲間蕩定，百

---

① （劉宋）范曄撰、（唐）李賢等注《後漢書》卷五七《李雲傳》，中華書局，1965，第1852頁。

② （清）阮元編《十三經注疏》，《論語注疏》卷三《八佾》，北京大學出版社，1999，第35頁。

③ （東漢）許慎撰、（清）段玉裁注《說文解字》第一"上部"，上海古籍出版社，1981，第2頁。

④ （劉宋）范曄撰、（唐）李賢等注《後漢書》卷七《孝桓帝紀》："（延熹）三年春正月丙申，大赦天下。丙午，車騎將軍單超薨。閏月，燒何羌叛，寇張掖，護羌校尉段熲追擊於積石，大破之。白馬令李雲坐直諫，下獄死。"中華書局，1965，第306頁。（劉宋）范曄撰、（唐）李賢等注《後漢書》卷六七《黨錮列傳·巴肅傳》："巴肅字恭祖，勃海高城人也。初察孝廉，歷慎令、貝丘長，皆以郡守非其人，辭病去。辟公府。稍遷拜議郎。與竇武、陳蕃等謀誅閹官，武等遇害，肅亦坐黨禁錮。中常侍曹節後聞其謀，收之……遂被害。刺史賈琮刊石立銘以記之。"中華書局，1965，第2203頁。

⑤ （劉宋）范曄撰、（唐）李賢等注《後漢書》卷五七《李雲傳》，中華書局，1965，第1853~1854頁。

姓以安。時民巷路爲之歌曰："賈父來晚，使我先反；今見清平，吏不敢飯。"其在事三年，爲十三州最。可知其亦爲能臣廉吏。靈帝中平（184～189）末，黃巾新破，帝詔書沙汰刺史、二千石，更選清能吏，乃以琮爲冀州刺史。後靈帝崩，大將軍何進表琮爲度遼將軍，卒于官。據此可知，則賈琮任冀州刺史，親至廣宗縣爲雲立墓表，當在中平末，即公元188年前後。另據《後漢書·黨錮傳》，賈琮不僅爲李雲表墓，又曾爲議郎勃海高城人巴肅墓刊石立銘。巴肅與竇武、陳蕃等謀誅閹官而被害，琮感念二人之行，皆爲其墓修祠立碑以彰之。

此墓表，至道元之世尚存，世謂之"李雲石柱"，然後世歐、趙諸家皆未著錄，唯洪适《隸釋》卷二〇、顧藹吉《隸辨》據酈注載《李雲碑》，其言同，可知此表宋時已不存。《清一統志》卷三二"廣平府"載有"李雲墓"，言："在清河縣西十里，冀州刺史賈琮刻石表之。"① 然未言此表，未知亡於何時。後世清河文人以"石柱鳳鳴"將其列入清河八景之一，清同治十年（1871）清河知縣王鏞，於清河城建"雙忠祠"，以祀東漢李雲、三國王經。此祠原在今河北邢臺清河縣舊城十字街路北，現已變爲民宅。另民國時編《清河縣志》載有兵科給事中夏獻馨"清河縣雙忠祠碑序"，然碑已不存。

東漢墓葬除立碑碣於墓前外，亦有立墓石柱於神道者，酈注中即有其例。除此表外，如卷二二《洧水注》載有漢弘農太守張伯雅墓碑："碑側樹兩石人，有數石柱及諸石獸矣。"卷二三《陰溝水注》載有晉譙定王司馬隋墓石柱："碑南二百許步有兩石柱，高丈餘，半下爲束竹交文，作制極工。"今世所存東漢陵墓神道石柱者以1964年北京石景山區出土"秦君神道石柱（墓表）"（現存北京石刻藝術博物館）②、山東歷城出土"山東琅邪劉君石柱"（現存山東省博物館）爲代表，其形制皆由方形柱頭、圓形柱身、柱基三部分組成，柱頭多刻有銘文，如"秦君神道石柱"柱頭刻有"漢故幽州書佐秦君之神道"三行十一字。李雲墓表當與之相似。

---

① （清）穆彰阿、潘錫恩等纂修《嘉慶重修一統志》卷三二"廣平府二古蹟陵墓"條，中華書局，1986，第120頁。
② 蘇天鈞：《北京西郊發現漢代石闕清理簡報》，《文物》1964年第11期，第13～22頁。

054 | 《水經注》石刻文獻叢考

圖 1-16　北京石刻藝術博物館藏"漢幽州書佐秦君神道雙柱"原石①

---

① 北京市文物局編《北京文物精粹大系》（石刻卷），北京出版社，2004，第 100 頁。東漢桓帝永興元年（153）立，1964 年 6 月北京石景山區上莊村出土，現存北京石刻藝術博物館，爲我國墓前出土東漢墓表中保存最完整者。高 2.25 米，柱身雕通長直線豎紋，柱上部雕兩螭虎盤於柱側承托柱額，柱額刻隸書"漢故幽州書佐秦君之神道"三行十一字。

第一章　陵墓類石刻 | 055

圖 1-17　"漢幽州書佐秦君神道雙柱"原石拓本①

---

① 《北京圖書館藏中國歷代石刻拓本匯編》第一冊，中州古籍出版社，1997，第33頁。

十七　晉李憙墓碑考

　　銅鞮水又東逕李憙墓,墓前有碑,碑石破碎,故李氏以太和元年立之。①

　　此處爲墓碑,碑石及文皆已不存,亦無拓本傳世。酈注言此碑位於銅鞮縣銅鞮水側李憙墓前,時碑石破碎,可知此碑當爲酈道元所親見。惜道元未言此碑之碑文及立碑緣由。酈注以外,歐、趙、洪諸家皆未著録,當久已亡佚。

　　銅鞮水,古水名,又稱小漳水、西漳水,爲濁漳水之南源。酈注此卷言:"漳水歷鹿臺山,與銅鞮水合。水出銅鞮縣西北石陘山,東流與專池水合。水出八特山,東北流,入銅鞮水。"② 銅鞮,春秋時爲晉邑,因晉平公曾築銅鞮宮於此而得名,本晉大夫羊舌赤邑;漢時置銅鞮縣,屬上黨郡,魏晉因之;北魏屬并州。其故城位於今山西長治沁縣南。

　　李憙,字季和,上黨銅鞮人。父佺,漢大鴻臚,爲漢末名士。其事見《晉書·李憙傳》。憙少有高行,博學研精,與北海管寧以賢良徵,不行。累辟三府,不就。宣帝復辟憙爲太傅屬,固辭疾,與管寧俱爲時之徵士。後景帝輔政,命憙爲大將軍從事中郎,後轉司馬,尋拜右長史。從討毌丘儉還,遷御史中丞。憙爲官正色,不憚強御,百僚皆震肅焉。後歷任涼州刺史、揚威將軍、假節、護羌校尉、冀州刺史,累遷司隸校尉。晉受禪,憙以本官行司徒事。泰始元年(265),封祁侯。同年,皇太子立,以憙爲太子太傅。憙在位累年,訓道盡規。遷尚書僕射,拜特進光禄大夫。以年老致仕。《晉書·李憙傳》言其"自歷仕,雖清非異衆,而家無儲積,親舊故人乃至分衣共食,未嘗私以王官。及卒,追贈太保,謚曰成"③。

　　李憙具體卒年《晉書》未詳,當在晉武帝泰始、咸寧年間(265~279),此碑亦應爲當時所立,碑額當題"晉尚書僕射太保祁成侯李君碑"。此碑至北魏酈道元親見之時,已破碎,則此石僅存世二百年。酈注言"李

---

① 《水經注校證》卷一〇《濁漳水注》"又東過壺關縣北"條,第255頁。
② 《水經注校證》卷一〇《濁漳水注》"又東過壺關縣北"條,第255頁。
③ (唐)房玄齡等撰《晉書》卷四一《李憙傳》,中華書局,1974,第1190頁。

氏以太和元年立之",此當爲李熹後人於太和元年於其墓前更立新碑,曹魏明帝、後趙石勒東晉海西公、北魏孝文帝等,皆有太和元年,然此碑所在銅鞮縣非東晉之境,則此太和元年當爲北魏孝文帝太和元年(477)。

十八　漢冀州從事安平趙徵碑考
十九　晉立魏冀州刺史陳留丁紹碑考

（長蘆水）又東屈北逕信都縣故城西,信都郡治也,漢高帝六年置。景帝中二年,爲廣川惠王越國,王莽更爲新博,縣曰新博亭,光武自薊至信都是也。明帝永平十五年,更名樂成,安帝延光中,改曰安平。城內有《漢冀州從事安平趙徵碑》,又有《魏冀州刺史陳留丁紹碑》,青龍三年立。①

此兩處皆爲墓碑,碑石及文皆已不存。酈道元言此兩碑立於信都縣故城內,分別題名"漢冀州從事安平趙徵碑"、"魏冀州刺史陳留丁紹碑",前者未言立碑年代,後者則依碑文言爲"魏青龍三年立"。然此兩碑之碑文、立碑緣由及形制皆未有言及,可見此兩碑或時已毀損不存,或非道元親眼所見。城內還立有"北魏獻文帝南巡碑",茲不論。

信都,春秋之邢國;秦時置信都縣;秦末,項羽改之爲襄國,張耳、陳餘立趙歇爲趙王,都於此;西漢初置信都郡,郡治信都;漢景帝中元二年（前148）,爲廣川惠王越國;宣帝時復爲信都國;新莽改稱新博,其縣曰新博亭;東漢明帝永平十五年（72）,改稱樂成國;安帝延光元年（122）,改稱安平國,都信都;魏至晉初爲安平郡;太康五年改爲長樂國;北魏爲長樂郡。其故城位於今河北邢臺西南。

"漢冀州從事趙徵",《後漢書》無載,依酈注所言碑名"漢冀州從事安平趙徵碑","安平"當指信都,安帝延光元年（122）改信都爲安平國,可知其當爲安帝延光元年之後人;"冀州從事"爲其所任官職,從事,即從吏史,亦稱從事掾,爲漢州郡刺史之佐吏,北魏後改稱參軍。趙徵當卒于冀州從事任內,安平國時屬冀州,趙徵卒後遂葬于故里安平國都信都

---

① 《水經注校證》卷一〇《濁漳水注》"又北過堂陽縣西"條,第265頁。

城。漢碑中除此碑外，尚有"漢冀州從事張表碑"（建寧元年，168）[1]，"漢冀州從事馮君碑"（永元六年）[2]，此兩碑之碑主皆曾任漢冀州從事之職。此碑除酈注以外，歐、趙諸家皆未載，唯洪适《隸釋》卷二〇、顧藹吉《隸辨》依酈注所載亦著有《趙徵碑》，其文同，當早已亡佚。此碑當立于安帝延光之後，爲漢碑，然具體年代不可知，其碑文亦不可考。

"魏冀州刺史丁紹"，《三國志》無傳，《晉書·良吏傳》有《丁紹傳》。紹，字叔倫，譙國人，西晉惠帝、懷帝時人。其少開朗公正，早歷清官，爲廣平太守，政平訟理，道化大行。後遷徐州刺史，士庶戀慕，攀附如歸。轉冀州刺史、寧北將軍、假節、監冀州諸軍事，永嘉三年（309）暴疾而卒，懷帝策贈車騎將軍。然依酈注所言此碑爲"魏青龍三年立"，則此丁紹當爲魏明帝青龍三年（235）前之人，與《晉書》所言非同一人，施蟄存先生亦以《晉書》所言丁紹"與此魏時之丁紹不涉"[3]。然《晉書》所載丁紹爲譙國人，譙國屬陳留，且卒於冀州刺史之任，其郡望、官階無不與酈注所言丁紹碑名相合，故當非二人，此碑名當爲"晉冀州刺史陳留丁紹碑"，碑立"永嘉三年"而非"青龍三年"，此碑非道元所親見，當依據他文，故有此誤。另據《晉書·丁紹傳》及《晉書·王模傳》，永興初，成都王穎故帳下督公師藩、樓權、郝昌等攻鄴，時王模爲北中郎將鎮鄴，被圍窘急，丁紹率郡兵赴之，模賴以獲全，感丁紹之恩，遂生爲之立頌德碑，當在鄴城。則丁紹碑當有兩碑：一碑爲晉惠帝永興時王模感念其恩而於鄴城爲之所立頌德碑，一碑爲紹卒後於永嘉三年冀州刺史任內于信都所立墓碑。酈注所載之碑當爲後者。

晉立"魏冀州刺史陳留丁紹碑"除酈注以外，《太平寰宇記》卷六三"河北道冀州信都縣"條引唐人《郡國縣道記》云："信都城內有曹魏冀州刺史陳留丁紹頌德碑，青龍三年立。又有後魏刺史崔藏、李平、封隆之

---

[1] （宋）歐陽修著，鄧寶劍、王怡林箋注《集古錄跋尾》卷三，人民美術出版社，2010，第56頁。

[2] 東漢永元六年（94）立，2004年出土於河南洛陽市城東漢皇陵北城孟津，碑額、碑文殘存共計一百九十九字。收錄於毛遠明《漢魏六朝碑刻校注》第一冊第五十八，線裝書局，2008，第132頁。

[3] 施蟄存撰《水經注碑錄》卷二《魏冀州刺史陳留丁紹碑》，天津古籍出版社，1987，第93頁。

碑，四碑文皆冠絕。"① 然未言有趙徵碑及"獻文帝南巡碑"，則時已不存；而"曹魏冀州刺史陳留丁紹頌德碑，青龍三年立"者亦當據於酈注之言，亦誤也。而"後魏刺史崔藏、李平、封隆之碑"則爲北魏三碑。李平，字曇定，頓丘人，北魏孝文帝、宣武帝時人，與酈道元同時，《魏書》有傳。封隆之，字祖裔，渤海蓨人，《北齊書》有傳。崔藏，史書無傳，未可考。此三碑，當爲酈道元所未見，故酈注未載。

綜上所述，信都城内當有漢碑一："漢冀州從事安平趙徵碑"，晉碑一："晉立魏冀州刺史陳留丁紹碑"，魏碑四："北魏獻文帝南巡碑"、"北魏刺史崔藏、李平、封隆之三碑"；至唐時，僅餘"晉立魏冀州刺史陳留丁紹碑"、"北魏刺史崔藏、李平、封隆之三碑"；至宋時，"丁紹碑"歐、趙、洪諸家皆未有著錄，或至宋時已不存，另信都宋時屬遼、金，故此碑即使存世，宋人亦不可得拓本。

二十　漢中山簡王焉墓碑獸考

東逕容城縣故城北，渾濤東注，至勃海平舒縣與易水合。闞駰曰：涿郡西界代之易水。而是水出代郡廣昌縣東南郎山東北燕王仙臺東。臺有三峰，甚爲崇峻，騰雲冠峰，高霞翼嶺，岫壑沖深，含煙罩霧。耆舊言：燕昭王求仙處。其東謂之石虎岡，范曄《後漢書》云：中山簡王焉之窆也。厚其葬，採涿郡山石，以樹墳塋，陵隧碑獸，竝出此山，有所遺二石虎，後人因以名岡。②

此處爲墓碑及石獸，碑石及文皆不存，酈注言代郡廣昌縣東南郎山東北燕王仙臺，有三峰，甚爲崇峻，爲燕昭王求仙處，山名石虎山，東漢初營建中山簡王焉之窆，所採山石皆源於此山，其山至北魏之世尚有二石虎，當爲時營建焉之窆所餘者，故其山名石虎山。然中山簡王焉之墓碑獸，其所處方位及具體情況則是條未有著錄。酈注於卷二四《汶水注》"又西南過無鹽縣南，又西南過壽張縣北，又西南至安民亭，入於濟"條載有漢東平憲王劉蒼之墓及碑闕，劉蒼爲焉之異母弟，孝明帝之胞弟，封

---

① （宋）樂史撰、王文楚等點校《太平寰宇記》卷六三"河北道冀州"條，中華書局，2007，第1284頁。
② 《水經注校證》卷一一《易水注》"東過范陽縣南，又東過容城縣南"條，第282頁。

於無鹽。

中山簡王劉焉，東漢光武帝之嫡子，郭皇后生所生幼子①，孝明帝之異母弟，章帝之叔父，其事見《後漢書·光武十王傳·中山簡王焉傳》。焉於建武十五年（39）封左翊公，十七年（41）進爵爲王。焉以郭太后少子故，獨留京師。建武三十年（54），徙封中山王，即中山簡王焉。漢世之中山王國，始於西漢景帝前元三年（前154），時景帝封其子勝爲中山靖王，都盧奴（今河北定州），即第一代中山王。其後經十王，新莽時絕②。東漢初，建武元年（25）光武帝封宗室劉茂爲中山王③，復西漢之中山國；建武十七年（41），改封光武帝子右翊公輔爲中山王；建武二十年（44）徙輔爲沛王，建武三十年（54），改封焉爲中山王。故劉焉實爲東漢中山王國第三代中山王，其後至靈帝熹平時中山節王劉稚，歷四王④。

光武帝十一子中，除明帝外，諸王中以東平憲王蒼、中山簡王焉位最尊。蒼爲明帝之胞弟，且少好經書，雅有智思，爲明帝所重。而焉於明帝初以郭太后偏愛之故，特加恩寵，諸王之中唯焉得往來京師，其在位五十二年，至和帝永元二年（90）薨，其子夷王憲嗣。和帝永元（89~105）初年，時竇太后臨朝，竇憲兄弟擅權，竇太后及竇憲等皆出於東海恭王劉強之國，而強爲焉之胞兄，故竇太后及竇憲皆睦於焉而重於禮，故焉薨後，給予厚葬。自光武中興至和帝時，嗣王薨，賻錢千萬、布萬匹，而焉則另加賻錢一億，可見其墓葬耗費之巨。《後漢書》對劉焉之葬禮給予詳

---

① （劉宋）范曄撰、（唐）李賢等注《後漢書》卷四二《光武十王傳·序》："光武皇帝十一子：郭皇后生東海恭王彊、沛獻王輔、濟南安王康、阜陵質王延、中山簡王焉，許美人生楚王英，光烈皇后生顯宗、東平憲王蒼、廣陵思王荊、臨淮懷公衡、琅邪孝王京。"中華書局，1965，第1423頁。

② （東漢）班固著、（唐）顏師古注《漢書》卷五三《景十三王傳·中山靖王勝傳》："中山靖王勝以孝景前三年立……四十三年薨。子哀王昌嗣，一年薨。子康王昆侈嗣，二十一年薨。子頃王輔嗣，四年薨。子憲王福嗣，十七年薨。子懷王循嗣，十五年薨，無子，絕四十五歲。成帝鴻嘉二年復立憲王弟孫利鄉侯子雲客，是爲廣德夷王。二年薨，無子，絕十四歲。哀帝立雲客弟廣漢爲廣平王。薨，無後。平帝元始二年復立廣川惠王曾孫倫爲廣德王，奉靖王後。王莽時絕。"中華書局，1962，第2422頁。

③ （劉宋）范曄撰、（唐）李賢等注《後漢書》卷一《光武帝紀》："（建武元年秋）時宗室劉茂自號厭新將軍，率眾降，封爲中山王。"中華書局，1965，第23頁。

④ （劉宋）范曄撰、（唐）李賢等注《後漢書》卷四二《光武十王傳·中山簡王焉傳》："子夷王憲嗣。永元四年，封憲弟十一人爲列侯。憲立二十二年薨，子教王弘嗣。永寧元年，封弘二弟爲亭侯。弘立二十八年薨，子穆王暢嗣。永和六年，封暢弟荊爲南鄉侯。暢立三十四年薨，子節王稚嗣，無子，國除。"中華書局，1965，第1450頁。

细記述："詔濟南、東海二王皆會。大爲修冢塋，開神道，平夷吏人冢墓以千數，作者萬餘人。發常山、鉅鹿、涿郡柏黃腸雜木，三郡不能備，復調餘州郡工徒及送致者數千人。凡徵發搖動六州十八郡，制度餘國莫及。"李賢注曰："墓前開道，建石柱以爲標，謂之神道。"① 東漢初諸王陵中，除東平憲王蒼外，以焉之陵規制超絕，時發萬餘人修建其陵，墓有神道，並立有神道石柱，以黃腸題湊之制下葬，所需柏黃腸雜木三郡不能備，可見其梓宫規模之巨。然《後漢書》僅言其墓前開神道，按漢墓之慣例，則其神道兩側當立石人石獸，神道前則東西列二石闕，而墓前則多立有墓碑及祠廟等石刻。酈注于此引范曄《後漢書》云："中山簡王焉之窆也。厚其葬，採涿郡山石，以樹墳塋，陵隧碑獸，並出此山。"② 則依此言之，則其墓前有神道、墓碑、石獸、石闕等石刻建築群其所用之石皆采於廣昌縣之石虎山，故道元之世，此山尚存時建陵所餘兩石虎。然今世《後漢書》並無此言，或酈注所據爲《後漢書》之佚文，亦或他家《後漢書》之文，而後世傳抄者誤爲范曄之《後漢書》也。

酈注又於同卷"又東過唐縣南"條詳細記載了時之唐縣境內西漢歷代中山王如康王、哀王、頃王、憲王諸王陵："滱水又東，逕京丘北，世謂之京陵，南對漢中山頃王陵。滱水北對君子岸，岸上有哀王子憲王陵，坎下有泉源積水，亦曰泉上岸。滱水又東，逕白土北，南即靖王子康王陵，三墳並列者是。……滱水又東，逕漢哀王陵北，冢有二墳，故世謂之兩女陵，非也。哀王是靖王之孫，康王之子也。"③ 然皆未言其陵之碑獸石刻存佚情況，而東漢初中山簡王焉之窆則未有著錄。是條又詳細記載了時盧奴城內黑水池東北"漢中山王故宫處"之遺跡："簡王尊貴，壯麗有加。始築兩宫，開四門，穿城北，累石爲竇，通池流於城中，造魚池、釣臺、戲馬之觀。歲久頹毀，遺基尚存，今悉加土爲刹利靈圖。"④ 可知此"漢中山王故宫"爲東漢初中山簡王焉修建之王宫，時宫室壯麗宏大，仿洛陽宫室之制開有四門，分東西兩宫，宫內營造魚池、釣臺、戲馬之觀，可謂奢華。然至北魏之世，則僅餘遺基爾。

---

① （劉宋）范曄撰、（唐）李賢等注《後漢書》卷四二《光武十王傳·中山簡王焉傳》，中華書局，1965，第1450頁。
② 《水經注校證》卷一一《易水注》"又東過容城縣南"條，第282頁。
③ 《水經注校證》卷一一《易水注》"又東過唐縣南"條，第286~289頁。
④ 《水經注校證》卷一一《易水注》"又東過唐縣南"條，第288頁。

中山簡王焉陵隧碑獸，除酈注據《後漢書》著録外，歐、趙、洪諸家皆未著録，唯《太平寰宇記》卷六二"河北道定州安喜縣"條載有"前王陵"："按《隋圖經》云：'中山有趙惠文王陵，漢中山懷王陵，簡王、哀王、頃王、夷王等數陵也。"① 可知至宋時，定州安喜縣尚有漢中山歷代王陵，其中即有漢中山簡王焉之陵，然其墓碑獸則未有著録。

今河北定州東郊唐河、孟良河之間，有漢代墓葬群一百七十五處，爲漢歷代中山王及貴族墓葬群，全國重點文物保護單位。其中經考古發掘確定爲漢中山王陵者有：滿城縣中山靖王劉勝墓（1968年中國科學院考古研究所、河北省文物工作隊聯合發掘，見《滿城漢墓發掘報告》，亦稱滿城漢墓）、定縣三盤山中山王墓（1965年發掘，西漢中山哀王劉竟墓）、定縣八角廊40號漢墓（1973年發掘，西漢中山懷王劉修墓）、定縣43號漢墓（1969年發掘，東漢中山穆王劉暢墓）等②。1959年3月至9月，河北省文化局文物工作隊於定縣北莊西北邊發掘一大型漢墓，即定州150漢墓（編號爲M150）③，其中出土陶、銅、鐵、玉石、金銀器等大量漢代文物，其中有刻有銘文或墨書題字石塊一百七十四塊，銘文涉及漢代中山國盧奴、北平、北新城、唐等十一處，另有陰面墨書"中山"玉匣飾片及"建武卅二年二月……虎賁官治"銘文銅弩機一件④。從以上出土文物及墓葬形制，考古工作隊考定此墓即東漢初中山簡王焉之墓⑤。《後漢書》言其墓"發常山、鉅鹿、涿郡柏黃腸雜木，三郡不能備"，可知其梓宫當按漢代黃腸題湊之常制，以柏木建造，然發掘之時，其墓室由大型方石四千餘塊砌成，每石長一米厚二十五釐米，平面呈方形，重達三百千克，爲漢代"黃腸石"形制⑥，而非由柏木製成。酈注所據《後漢書》言其墓"採涿郡山石，以樹墳塋"，爲石塊建造墓室，與發掘現況相符，可見今世所傳《後

---

① （宋）樂史撰、王文楚等點校《太平寰宇記》卷六二"河北道定州安喜縣"條，中華書局，2007，第1271頁。
② 胡金華：《兩漢的中山王與中山王墓》，《文物春秋》2000年第1期，第22頁。
③ 河北省文物研究所編著《河北考古重要發現》（1949～2009），科學出版社，2009，第184頁。
④ 馬孟龍：《定縣北莊漢墓墓石題銘相關問題研究》，《考古》2012年第10期，第71頁。
⑤ 敖承隆：《河北定縣北莊漢墓發掘報告》，《考古學報》1964年第2期，第155頁。
⑥ （劉宋）范曄撰、（唐）李賢等注《後漢書》"志第六"《禮儀志下》："謁者二人，中謁者僕射、中謁者副將作，油緹帳以覆坑。方石治黃腸題湊便房如禮。"中華書局，1965，第3144頁。

漢書》有誤，酈注所據《後漢書》所載爲是，此可補史書之缺誤。此墓室所用石料，復旦大學馬孟龍先生認爲："從北莊漢墓墓石題銘看，劉焉陵墓的石料出自北平、望都、上曲陽、新市四地。"此四縣時皆爲中山國屬縣，而酈注言"採涿郡山石"者或有誤也。其墓前碑獸則另出自代郡廣昌縣石虎山。中山簡王焉薨於和帝永元二年（90），此墓及碑獸皆建於是時，然今世其碑獸皆不存矣，未知亡於何時。

圖1-18　漢中山簡王焉墓墓石題銘拓本①　　圖1-19　漢中山簡王焉墓銅弩機銘文拓本②

---

① 馬孟龍：《定縣北莊漢墓墓石題銘相關問題研究》，《考古》2012年第10期。
② 河北省文化局文物工作隊：《河北定縣北莊漢墓發掘報告》，《考古學報》1964年第2期，第141頁。1959年3月至9月，河北省定縣北莊"漢中山簡王焉墓"出土，銅弩機銘文："建武卅二年二月，虎賁官治十煉銅儒錍鐖百一十枚。工李嚴造，部郎丙、彤朱、橡主，右史侍郎劉伯録。"

二十一　東周三王陵碑考

　　洛水又東，枝瀆左出焉。東出關，絕惠水。又逕清女冢南，冢在北山上，《耆舊傳》云：斯女清貞秀古，跡表來今矣。枝瀆又東，逕周山，上有周靈王冢，《皇覽》曰："周靈王葬于河南城西南周山上，蓋以王生而神，故諡曰靈。其冢，人祠之不絕。"又東北逕柏亭南，《皇覽》曰："周山在柏亭西北。"謂斯亭也。又東北逕三王陵東北出，三王，或言周景王、悼王、定王也。魏司徒公崔浩注《西征賦》云："定當爲敬。子朝作難，西周政弱人荒，悼、敬二王，與景王俱葬于此，故世以三王名陵。"《帝王世紀》曰："景王葬于翟泉，今洛陽太倉中大冢是也。而復傳言在此，所未詳矣。"又悼、敬二王，稽諸史傳，復無葬處，今陵東有石碑，録赧王以上世王名號，考之《碑記》，周墓明矣。①

　　此處爲墓碑，碑石及文皆已亡佚，亦無拓本傳世。酈注言此碑立於洛陽周山太倉中一大冢東側，與周靈王墓相鄰，碑録東周赧王以上世代周王名號，並考之《碑記》而推斷其爲周墓，然漢以前尚無立碑之說，或爲東漢時人所立。此碑酈道元當親所經見，時碑及文當尚存於世，惜道元未詳載其碑文。酈注以外，歐、趙、洪諸家皆未著録此碑。

　　東周歷代王陵主要位於今河南洛陽周山、王城、金村三個主要區域②，而周三王陵與周靈王陵皆位於周山。周山即今河南洛陽西郊之周山，又稱秦山。其山頂有四座封土堆，一座獨立居西，另外三座相連居東。2002 年洛陽市文物工作隊對周山所存陵墓進行調查，確定其中獨立之封土即周靈王陵，三座相連之封土即爲東周三王陵，然無法確定其墓主。周靈王，姬姓，名泄心，周簡王之子。據《史記·周本紀》言："十四年，簡王崩，子靈王泄心立。靈王……二十七年，靈王崩。"③ 可知其崩於周靈王二十七

---

① 《水經注校證》卷一五《洛水注》"又東北出散關南"條，第 368 頁。
② 嚴輝、呂勁松、李紅：《洛陽西郊周山東周王陵調查記》，《中原文物》2005 年第 9 期，第 46 頁。
③ （漢）司馬遷撰、（劉宋）裴駰集解、（唐）司馬貞索隱、（唐）張守節正義《史記》卷四《周本紀》，中華書局，1959，第 106 頁。

年（前545）。酈注引《皇覽》云："周靈王葬于河南城西南周山上，蓋以王生而神，故諡曰靈，其冢，人祠之不絕。"裴駰《集解》引《皇覽》曰："靈王冢在河南城西南柏亭西周山上。蓋以靈王生而有髭，而神，故諡靈王。其冢，民祀之不絕。"①《集解》所引與酈注略有不同，然兩者皆言靈王冢在河南城西南西周山上，可知周山之名於魏晉時既有，"河南城"爲東漢所設河南縣，河南郡郡治，其故址位於今周山附近洛陽西郊澗河東岸小屯村。因靈王生而有髭，故民以爲神，其崩後，當地民眾建祠廟而祀之不絕。今周山巔獨立之大冢當爲此陵，陵前尚立清乾隆洛陽知縣龔松林所立"周靈王陵"石碑一處，而距靈王陵東約六百餘米處有三陵並列，即爲"東周三王陵"，當地之人又稱之三山陵。對於此墓，酈注言："或言周景王、悼王、定王也。"又引北魏司徒崔浩之注潘岳《西征賦》"咨景、悼以迄丐，政陵遲而彌季"云："定當爲敬。子朝作難，西周政弱人荒，悼、敬二王，與景王俱葬於此，故世以三王名陵。"由此可知，三王陵當存"周景王、悼王、定王"、"周景王、悼王、敬王"兩種說法，崔浩認爲定王當爲敬王，酈注則未以定論。據《史記·周本紀》，周定王於前606年至前586年在位，其後簡王、靈王、景王、悼王、敬王相繼即位，其與景王、悼王相隔時代較遠，故崔浩之說較爲合理，三王陵當爲"周景王、悼王、定王"之陵。

周景王，名貴，靈王之子，靈王二十七年（前545）立。景王晚年因寵愛幼子朝而欲廢長立幼，引起周王室之亂。《史記·周本紀》言："（周景王）二十年，景王愛子朝，欲立之，會崩，子丐之黨與爭立，國人立長子猛爲王，子朝攻殺猛。猛爲悼王。晉人攻子朝而立丐，是爲敬王。"②事又詳見於《左傳·昭公二十二年》："夏四月乙丑，天王崩。六月，叔鞅如京師，葬景王。王室亂。劉子、單子以王猛居于皇。秋，劉子、單子以王猛入于王城，冬十月，王子猛卒。"③由此可知，周景王於魯昭公二十二年（前520）夏四月乙丑崩，六月葬，其後周悼王猛立，子朝攻之，悼王繼位

---

① （漢）司馬遷撰、（劉宋）裴駰集解、（唐）司馬貞索隱、（唐）張守節正義《史記》卷四《周本紀》，中華書局，1959，第106頁。
② （漢）司馬遷撰、（劉宋）裴駰集解、（唐）司馬貞索隱、（唐）張守節正義《史記》卷四《周本紀》，中華書局，1959，第156頁。
③ （清）阮元編《十三經注疏》，《春秋左傳正義》卷五〇《昭公二十二年》，北京大學出版社，1999，第1420頁。

僅數月，於是年冬十月卒。晉人擁立悼王之母弟丐，是爲敬王。東周王室本已政弱人荒，又經此大亂，一年之間，周景王、周悼王先後崩，而王室衰微，無力分而葬之，故於靈王之側建周景王、悼王合葬之陵，而敬王於四十二年（前477）崩後亦葬於此陵，故稱三王陵。

周景王之陵，酈注引《帝王世紀》曰："景王葬于翟泉。"翟泉，即《左傳·僖公二十九年》："夏，六月，會王人、晉人、宋人、齊人、陳人、蔡人、秦人，盟於翟泉"①，杜預注曰："翟泉，今洛陽城內大倉西南池水也。"酈注於《穀水注》中亦作"狄泉"："池水又東流，入洛陽縣之南池，池即故狄泉也，南北百一十步，東西七十步。皇甫謐曰：悼王葬景王于翟泉，今洛陽太倉中大冢是也。"② 由此可知，周景王之陵當位於洛陽翟泉之側，太倉中大冢是也。《後漢書·郡國志》李賢注亦言太倉中大冢爲周景王冢。悼、敬二王，當亦葬於此，即三王陵。道元親見之時，此陵之東尚立有石碑，碑錄周赧王以上歷代周王名號，酈注據此考之《碑記》而推斷此墓當爲周墓。然此碑當非爲東周時所建，因碑錄東周末代帝王周赧王名號，則當立于東周亡後。或爲漢時所立，具體年代已不可考。《太平寰宇記》卷三"河南道河南府洛陽縣"條言："《帝王紀》云：'景王葬于翟泉。'今東陽門內有大街，北有大倉，中有景王陵，西南望步廣里，北眺翟泉，二處相距遠近略均之也。"③ 其所述與酈注相合，然亦未言有碑，當宋時已不存。

二十二　晉潘芘墓碑考
二十三　晉黃門侍郎潘岳碑考

羅水又西北逕袁公塢北，又西北逕潘岳父子墓前，有碑。岳父芘，琅琊太守，碑石破落，文字缺敗。《岳碑》題云：《給事黃門侍郎潘君之碑》。碑云：君遇孫秀之難，闔門受禍，故門生感覆醢以增慟，

---

① （清）阮元編《十三經注疏》，《春秋左傳正義》卷一七《僖公二十九年》，北京大學出版社，1999，第460頁。
② 《水經注校證》卷一六《穀水注》"又東過河南縣北，東南入於洛"條，第401頁。
③ （宋）樂史撰、王文楚等點校《太平寰宇記》卷三"河南道河南府洛陽縣"條，中華書局，2007，第52頁。

乃樹碑以記事。太常潘尼之辭也。①

此兩處皆爲墓碑，爲西晉潘芘、潘岳父子墓碑。潘芘碑石及文皆已亡佚，唯岳碑有殘文傳世，然碑亦不存，亦無拓本傳世。酈道元言此兩碑位於偃師羅水之北，潘岳父子墓前，毗鄰袁公塢，時潘芘碑已碑石破落，文字缺敗，而岳碑尚保存完好，故酈注載其碑額及部分碑文，知此碑當爲潘岳因孫秀之難，被趙王倫族滅後，其門生哀悼之，爲其墓樹碑，刻石銘文以記其事。碑文爲太常潘尼所撰，然碑之年代、形制皆未言。此兩碑當爲道元所親見。

潘岳，字安仁，滎陽中牟人，安平太守潘瑾之孫，琅邪内史潘芘之子，西晉著名文學家。美姿儀②，辭藻絕麗，尤善爲哀誄之文，其作《悼亡詩》三首、《哀辭》七首及《閒居賦》、《秋興賦》等文傳世③，其事見《晉書·潘岳傳》。潘岳少時以才穎見稱，鄉邑號之奇童。早辟司空太尉府，舉秀才。晉武帝泰始初，岳才名冠世，爲眾所疾，遂棲遲十年，後出爲河陽令、轉懷令，於二邑任内，勤於政績，調補尚書度支郎，遷廷尉評，以公事免。楊駿輔政，引岳爲太傅主簿。駿誅，除名。未幾，選爲長安令，後徵補博士，未召，以母疾去，官免。尋爲著作郎，轉散騎侍郎，遷給事黃門侍郎。岳性輕躁，趨世利，與石崇等詔事賈謐，每候其出，與崇輒望塵而拜，與崇俱爲賈謐二十四友，岳居其首，其母數勸之而不改。岳之父芘爲琅邪内史時，孫秀爲小史侍岳，岳以其狡黠自喜而厭惡之，數撻辱之，秀常銜忿。晉惠帝永康（300～301）初，趙王倫廢賈后輔政，以秀爲中書令，孫秀遂誣岳及石崇、歐陽建謀奉淮南王允、齊王冏爲亂，岳遂因罪被誅，夷三族。潘岳曾作《金穀詩》"投分寄石友，白首同所歸"以贈石崇，以喻友情之堅，然未曾知此言竟成讖語，與崇同日被殺，爲世之歎惋。岳被族滅時，《晉書》言時"岳母及兄侍御史釋、弟燕令豹、司徒掾據、據弟詵，兄弟之子，已出之女，無長幼一時被害，唯釋子伯武逃難得免。而豹女與其母相抱號呼不可解，會詔原之"④，未言有其父潘芘，

---

① 《水經注校證》卷一五《洛水注》"又東過偃師縣南"條，第372頁。
② 杜甫《花底》詩云："恐是潘安縣，堪留衛玠車。"故後世又以"潘安"稱之。
③ 《隋書·經籍志》載有《晉黃門郎潘岳集》十卷，今已佚；明張溥輯《漢魏六朝百三家集》載有《潘黃門集》；今人董之廣《潘岳集校注》，天津古籍出版社，2005。
④ （唐）房玄齡等撰《晉書》卷五五《潘岳傳》，中華書局，1974，第1507頁。

蓋時已先卒矣。另據《晉書·惠帝紀》："（永康元年夏四月）癸巳，梁王彤、趙王倫矯詔廢賈后爲庶人，司空張華、尚書僕射裴頠皆遇害，侍中賈謐及黨與數十人皆伏誅。"① 潘岳作爲賈謐二十四友之首，當被殺於其時，故岳當卒於晉惠帝永康元年（300）②。岳有族從子潘尼，字正叔，爲平原內史潘滿之子，與岳俱以文章見知。永康二年（301），趙王倫及孫秀被殺後，潘岳族人葬岳及被害族人於此，時潘尼爲避趙王倫之亂，稱疾取假拜掃墳墓，當於是年爲岳撰文立碑，時與岳之故門生共立此碑，而碑文爲尼所撰。其文曰："君遇孫秀之難，闔門受過，故門生感覆醢以增慟，乃樹碑以記事。"岳卒時爲黃門侍郎，故其碑額題爲"給事黃門侍郎潘君之碑"。嚴可均《全晉文》卷九五據酈注載有《給事黃門侍郎潘君碑》③，其文同。

潘岳之父潘芘，碑作潘芘，《晉書》作潘茈，蓋"茈"、"芘"古字形近。據《世說新語·仇隙》篇劉孝標注引王隱《晉書》曰："岳父文德，爲琅琊太守。"④ 文德當爲潘芘之字。芘，據《山海經·西山經》言："北五十里，曰勞山，多茈草。弱水出焉，而西流注于洛。"郭璞注曰："一名茈䓞，中染紫也。"⑤ 則"芘"與文德相應，故其名當爲"芘"，"茈"涉形近而誤，酈注是也。潘芘史書無載。《晉書·潘岳傳》言其爲曹魏琅邪內史，酈注言爲琅邪太守，未知孰是。據《晉書·職官志》："諸王國以內史掌太守之任。"⑥ 則內史、太守可通稱，故兩說皆可。潘芘碑，至道元之世已破損不識，未知爲何時何人所立。而據《文選·西征賦》李善注於"眷鞏洛而掩涕，思纏綿于墳塋"引《河南郡圖經》云："潘岳父冢，在鞏縣西南三十五里。"⑦ 可知其墓隋唐時尚存，然未言有碑。道元所見

---

① 《晉書》卷四《孝惠帝紀》，中華書局，1974，第96頁。
② 傅璇琮：《潘岳繫年考證》一文考證潘岳生於魏正始八年（247），卒於晉惠帝永康元年七八月。《文史》第十四輯；王增文：《潘岳年譜》一文與之同，《許昌師專學報》1997年第1期，第25頁。
③ （清）嚴可均輯《全晉文》卷九五，潘尼《給事黃門侍郎潘君碑》，中華書局，1958，第2005頁。
④ （南朝宋）劉義慶著，張萬超、劉尚慈譯注《世說新語》"仇隙第三十六"，中華書局，1958，第944頁。
⑤ 袁珂校注《山海經校注》卷二《西山經》，上海古籍出版社，1980，第59頁。
⑥ 《晉書》卷二四《職官志》，中華書局，1974，第746頁。
⑦ （南梁）蕭統編、（唐）李善注《文選》卷一〇《紀行下》潘岳《西征賦》，上海古籍出版社，1986，第443頁。

之時，潘此碑亦已碑石破落，文字缺敗。此碑酈注外，未有文獻著録。

潘岳之碑，歐、趙、洪諸家皆未有著録，陳思《寶刻叢編》卷一引《訪碑録》言潘岳墓碑"在（中牟）縣西北七里平秩鄉墓側"①，鄭樵《通志·金石略》著其目，言在東京開封府中牟縣，然皆未載其碑文，可知此碑宋時尚存，然碑文已不可識。清雍正《河南通志》卷四九"陵墓"載有"潘岳墓"，言："在中牟縣城東南潘莊，即岳故里。"② 則清時潘岳墓尚存，然未言有碑，則早已不存。另《文選·王文憲集序》李善注引潘尼《潘岳碣》文云："君深達治體，垂化三宰。"③ 此爲酈注所未載，當爲其碑之遺文。

傅璇琮先生《潘岳繫年考證》一文認爲："潘岳父親的墳墓在鞏縣西南三十五里的羅水流經處，潘岳本人死後也葬於此。"④ 2009 年鞏義市文物管理所工作人員於今鞏義芝田鎮南石村考古發現潘岳墓，其位於塢羅河北岸⑤。塢羅河，古稱羅水，即清乾隆五十四年《鞏縣志》所言："羅水，謂之長川羅，亦曰羅中也，蓋胗子鄩羅之宿居，故川得其名耳。"⑥ 今稱塢羅河，與酈注所言方位合，或爲潘芘、潘岳二人墓。然潘芘墓及碑皆已不存，唯存潘岳墓，爲鄭州市文物保護單位。

二十四　晉使持節征南將軍宋均碑考

馬懷橋長水出新城西山，東逕《晉使持節征南將軍宗均碑》南。均字文平，縣人也。其碑，太始三年十二月立。⑦

---

① （南宋）陳思纂輯《寶刻叢編》卷一"中牟縣"《潘岳碑》，《石刻史料新編》第一輯第二十四冊，新文豐出版公司，1977，第 18089 頁。
② （清）孫灝等撰《河南通志續通志》卷四九"陵墓"，華文書局股份有限公司，1969，第 1162 頁。
③ （南梁）蕭統編、（唐）李善注《文選》卷四六任彥昇《王文憲集序》，上海古籍出版社，1985，第 2082 頁；亦見於（清）嚴可均輯《全晉文》卷九五，潘尼《潘岳碣》，中華書局，1958，第 2005 頁。
④ 傅璇琮：《潘岳繫年考證》，《文史》第十四輯，第 239 頁。
⑤ 周煒卿：《河南鞏義發現中華第一美男潘安墓冢》，《鄭州晚報》2009 年 2 月 13 日。
⑥ （清）李述武纂修《鞏縣志》（清乾隆五十四年本）卷十五《古蹟志》上"邑城"條，鞏縣志編纂委員會重印，1989，第 111 頁。
⑦ 《水經注校證》卷一五《伊水注》"又東北過新城縣南"條，第 375 頁。

此處爲墓碑，碑石早已不存，唯碑文賴酈注存局部，亦無拓本傳世。酈注言此碑位於新城縣西山，馬懷橋長水北側，碑名"晉使持節征南將軍宗均碑"，並據其碑文稱均，字文平，新城縣人，碑立於太始三年（當爲泰始三年，267）十二月。可知此碑當爲道元所親見，時碑存而文字已殘缺，唯碑額題文及碑之殘文可識，碑之全文、立碑之人、緣由等皆未載。

　　新城縣，酈注言此縣南爲故蠻子國也，漢惠帝四年置縣，屬三川郡；東漢改屬河南郡；晉時，改屬司州河南尹，北魏因之；東魏改爲伊川郡治；隋開皇初改稱伊闕縣①，屬洛州。其故城位於今河南洛陽伊川縣西南。

　　宗均，《水經注》戴震武英殿聚珍本亦作"宗均"，然楊、熊合校《水經注疏》稱"宋均"，施蟄存先生亦稱此碑"晉宗均碑"②。酈注據其碑文稱均字文平，新城縣人，碑立於新城縣境，爲均之故里，故當爲其墓碑；碑立于晉武帝泰始三年（267），則宋均當于西晉初任使持節、征南將軍，卒於官而歸葬故里。宗均，《三國志》及《晉書》皆無載，唯《後漢書》載有《宋均傳》，言宋均，字叔庠，南陽安眾人。東漢初建武（25～56）時，均以十五歲繼父位爲五官中郎將，後遷謁者、上蔡令、九江太守，漢明帝永平元年爲東海相，七年征拜尚書令，數月出爲河內太守，後於章帝建初元年卒於家。與墓碑之宗均顯非一人。另《後漢書·宋均傳》言均有族子意，字伯志，官至司隸校尉，永元二年（90）卒。意父京，官至遼東太守。意孫俱，靈帝時爲司空，司空宋俱者，《後漢書·孝靈帝紀》："（建寧四年秋七月）太常宗俱爲司空……（熹平二年春正月）丁丑，司空宗俱薨。"③ 此"宗俱"與"宋俱"當爲一人也。趙明誠《金石錄》卷一八、洪适《隸釋》卷一八皆載有《漢司空宗俱碑》（熹平二年），碑所稱"宗俱"，而《後漢書》則有"宋俱"、"宗

---

① （漢）司馬遷撰、（唐）張守節正義《史記》卷八《高祖本紀》，張守义《正义》引《括地志》云："洛州伊闕縣在州南七十里，本漢新城也。隋文帝改新城爲伊闕，取伊闕山爲名也。"中華書局，1959，第370頁。
② 施蟄存撰《水經注碑錄》卷三第九十二《晉宗均碑》，天津古籍出版社，1987，第134頁。
③ （劉宋）范曄撰、（唐）李賢等注《後漢書》卷八《孝靈帝紀》，中華書局，1965，第333～334頁。

俱"兩說。《資治通鑑》卷四十四《建武二十五年》"謁者南陽宗均監援軍",胡三省注曰:"宗均,《列傳》作宋均,趙明誠《金石錄》有漢司空宗俱碑,按《後漢書·宋均傳》:均族子意,意孫俱,靈帝時爲司空。余嘗得宗資墓前碑龜膊上刻字,因以《後漢帝紀》及《姓苑》、《姓纂》諸書參考,以謂自均以下,其姓皆作宗,而列傳轉寫爲宋,誤也。後得此碑,益知前言之不繆。"① 則《後漢書》所稱"宋俱"當爲"宗俱"之誤,胡三省以爲自宋均以下,其後裔皆姓宗,《後漢書》所言"宋均"當爲"宗均"之誤。

《後漢書·黨錮列傳序》"後汝南太守宗資任功曹范滂",李賢注引《謝承書》曰:"宗資,字叔都,南陽安眾人也。家代爲漢將相名臣。祖父均,自有傳。資少在京師,學《孟氏易》、《歐陽尚書》。舉孝廉,拜議郎,補御史中丞、汝南太守。署范滂爲功曹,委任政事,推功於滂,不伐其美。任善之名,聞於海內。"② 可知汝南太守宗資即東漢初河內太守宋均之後裔,爲南陽安眾儒學世家,《後漢書·孝靈帝紀》李賢注:"今鄧州南陽縣北有宗資碑,旁有兩石獸,鐫其膊一曰天祿,一曰辟邪。"③ 此爲今之"漢汝南太守宗資碑",亦著錄于歐陽修《集古錄》卷三《後漢天祿辟邪字》、《金石錄》卷一八《漢宗資墓天祿辟邪字》,原石現存南陽漢畫博物館。另《後漢書·南蠻傳》:"(光武二十五年)單程等饑困乞降,會援病卒,謁者宗均聽悉受降。爲置吏司,群蠻遂平。"④ 此建武二十五年之"謁者宗均",即《後漢書·宋均傳》所言"後爲謁者之宋均",可見《後漢書·宋均傳》所載有誤,"宋均"當爲"宗均"之誤,胡三省所言是也。

除《後漢書》所載東漢初之河內太守"宋均"外,另《隋書·經籍志》言:"《詩緯》十八卷,魏博士宋均注。"又言:"宋均、鄭玄,並

---

① (宋)司馬光編著、(元)胡三省音注《資治通鑑》卷四四《漢紀三十六》,中華書局,1956,第1413頁。
② (劉宋)范曄撰、(唐)李賢等注《後漢書》卷六七《黨錮列傳序》,中華書局,1965,第2186頁。
③ (劉宋)范曄撰、(唐)李賢等注《後漢書》卷八《孝靈帝紀》,中華書局,1965,第353頁。
④ (劉宋)范曄撰、(唐)李賢等注《後漢書》卷八六《南蠻西南夷列傳·南蠻傳序》,中華書局,1965,第2832頁。

爲讖律之注。"① 此爲三國曹魏時之博士宋均，《隋書·經籍志》、《舊唐書·經籍志》、《新唐書·藝文志》載有其所注大量讖律之書，如《詩緯》、《論語讖》、《春秋緯》、《樂緯》、《易緯》、《孝經皇義》等，且爲《史記》、《漢書》、《後漢書》等作注，然皆後世無傳，《史記》三家注及《後漢書》李賢注多引其言，可知此宋均當爲漢末曹魏時之儒學博士。據其《詩緯注序》"我先師北海鄭司農"②，可知此魏博士宋均爲漢末大儒鄭玄之傳業弟子。山東師範大學齊魯文化研究中心李梅訓先生以爲此宋均"大約生於漢靈帝中平元年前後，少時師從鄭玄受學……其注緯書亦當在漢末。入魏後以學問爲博士，卒于西晉初年"③。此說與楊守敬之言亦相合④，又與酈注所載"晉使持節征南將軍宗均碑"之所立時代相符，可知"宗均"當爲"宋均"之誤也，其當卒於晉武帝泰始二年或三年，官至使持節、征南將軍，卒後歸葬故里新城縣。然《三國志》及《晉書》皆未載其事，其碑文酈注亦未載，其事遂不可考。

綜上所述，施蟄存先生以酈注所載之碑當爲"晉使持節征南將軍宗均碑"。《後漢書·黨錮列傳》載有宗慈，字孝初，南陽安眾人，爲修武令，徵拜議郎，未到，道疾卒。施先生以爲："宗氏出南陽安眾，此晉時之宗均，新城人，新城亦屬南陽郡，或是宗慈之後耶。"⑤ 然此宗慈亦出於南陽安眾宗氏一族，則其當爲東漢初宗均之後裔。若此碑之主爲宗均，爲宗慈之後，則亦爲東漢初宗均之後裔，何以其名字與族祖相同爾？此與世俗相悖之事，當爲非也，此碑之主當爲魏博士宋均也。此碑除酈注著錄以外，歐、趙、洪諸家皆未有著錄，碑當早已亡佚。

---

① （唐）魏徵等撰《隋書》卷三二《經籍志一》"經志"，中華書局，1973，第940~941頁。
② （宋）王溥撰《唐會要》卷七七《貢舉下》"崇元生道舉附"《論經義》："四月七日左庶子劉子元上《孝經注議》曰：'謹案今俗所行《孝經》……宋均於《詩譜序》云，我先師北海鄭司農，則均是玄之傳業子弟也。"中華書局，1955，第1406~1407頁。
③ 李梅訓：《宋均生平著述考論》，《山東師範大學學報》2004年第5期，第91頁。
④ （清）楊守敬、熊會貞疏，段熙仲點校，陳橋驛復校《水經注疏》卷一五《伊水注》"又東北過新城縣南"條，楊守敬按："後漢宗均，字叔庠，南陽安眾人。《漢書》訛宗爲宋，辨見惠棟《後漢書補注》。又有注《緯書》之宋均，《隋志》稱爲魏博士。此爲河南新城人，與後漢初之宗均，時代、籍貫不同，而與注《緯書》之宋均時代相近。或在魏爲博士，至晉爲征南將軍乎？"江蘇古籍出版社，1989，第1342頁。
⑤ 施蟄存撰《水經注碑錄》卷三《晉宗均碑》，天津古籍出版社，1987，第134頁。

圖 1-20 "漢司空宗俱碑"原碑宋拓本①

① 《隸續》卷五《碑圖》，中華書局，2003，第 335 頁。

二十五　裴氏墓碑考

（穀城）縣北有脾亭，瀍水出其北梓澤中，梓澤，地名也。澤北對原阜，即裴氏墓塋所在，碑闕存焉。①

此處爲墓碑，碑石及文皆早已不存，亦無拓本傳世。酈注言此碑立于河南郡穀城縣梓澤北裴氏墓前，除此碑外，尚有墓闕並存，當爲道元所親見。然酈注未載其碑文、形制、立碑時代及緣由等。

穀城縣，據《後漢書·郡國志》，漢時穀城有二：一爲河南郡之穀城，爲瀍水所出，有函谷關②；一爲東郡之穀城，漢初高帝葬項羽於此③，即今山東聊城東阿縣。另唐宋時襄州亦設有穀城縣，則爲今湖北襄陽穀城縣，故此碑則處於河南郡穀城縣境。酈注所言穀城，爲河南郡之穀城縣，於周時稱穀城；西漢初置穀城縣，屬河南郡；西晉時廢縣入河南縣，其故城位於今河南洛陽西北。

梓澤，古地名，《藝文類聚》卷九引戴延之《西征記》云："梓澤去洛城六十里，梓澤，金谷也。"《太平御覽》卷七二引《輿地志》："梓澤在王城西北三十里，與金谷相近。"④ 故《晉書·石崇傳》有言："崇有別館在河陽之金穀，一名梓澤，送者傾都，帳飲於此焉。"⑤ 即今河南洛陽瀍河發源地孟津縣西之穀城山，酈注言此澤北對原阜，即裴氏墓塋所在。時

---

① 《水經注校證》卷一五《瀍水注》"瀍水出河南穀城縣北山"條，第379頁。
② （漢）司馬遷撰、（劉宋）裴駰集解《史記》卷七《項羽本紀》裴駰《集解》引文穎曰："時（函谷）關在弘農縣衡山嶺，今移在河南穀城縣。"中華書局，1959，第311頁。
③ （漢）司馬遷撰、（劉宋）裴駰集解、（唐）司馬貞索隱、（唐）張守節正義《史記》卷七《項羽本紀》："楚懷王初封項籍爲魯公，及其死，魯最後下，故以魯公禮葬項王穀城"，《集解》引《皇覽》曰："項羽冢在東郡穀城，東去縣十五里"。《正義》引《括地志》云："項羽墓在濟州東阿縣東二十七里，穀城西三里。"中華書局，1959，第337頁。
　　（漢）司馬遷撰、（劉宋）裴駰集解、（唐）司馬貞索隱、（唐）張守節正義《史記》卷四《周本紀》"後七歲，秦莊襄王滅東周"，《集解》引徐廣曰："周比亡之時，凡七縣，河南、洛陽、穀城、平陰、偃師、鞏、緱氏。"《正義》引《括地志》云："故穀城在洛州河南縣西北十八里苑中。"中華書局，1959，第169頁。
　　（宋）樂史撰、王文楚等點校《太平寰宇記》卷三"河南府河南縣"條言："故穀城，在縣西北，古穀城即周所置，在穀水之東岸，西晉省併入河南，故有城存。"中華書局，2007，第49頁。
④ 《太平御覽》卷七十二"地部三十七澤"條，中華書局，1960，第340頁。
⑤ 《晉書》卷三三《石苞傳附子崇傳》，中華書局，1974，第1006頁。

碑闕存焉，然未言裴氏何人也，其年代亦不可考。

裴氏者，原出於嬴秦古姓，爲伯益之後，其郡望爲河東郡聞喜（今山西運城聞喜縣），漢末以來，逐漸爲北方世家大族，其出仕爲官者衆多，如晉之裴徽、裴楷，南朝劉宋裴松之、裴子野等。此處之裴氏墓或爲魏晉時爲官於此，卒而葬於此，然其所立年代及碑主之名皆不可知。另《太平寰宇記》卷三"河南府洛陽縣"條云："裴楷墓，在修義坊十字街北。有碑存。"① 此亦裴氏碑，然在洛陽城内，而非酈氏所言梓澤之裴氏墓。酈氏此文，似不止一家，又未指實名字，故無從考究。此碑，酈注之外，歐、趙、洪諸家皆未著録此碑，當久已亡佚。

二十六　魏毌丘興碑考一
二十七　魏毌丘興碑考二

　　榖水又東逕魏將作大匠毌丘興墓南，二碑存焉。儉父也。《管輅別傳》曰：輅嘗隨軍西征，過其墓而歎，謂士友曰：玄武藏頭，青龍無足，白虎銜尸，朱雀悲哭，四危已備，法應滅族。果如其言。②

此二碑皆爲墓碑，碑石及文皆早已亡佚，亦無拓本傳世。酈道元言此二碑立於新安縣魏將作大匠毌丘興墓南，楊守敬《水經注疏》以爲："其墓在今新安縣治北慕容山下"③，即今河南洛陽新安縣北之慕容山。酈注言時兩碑存焉，然未載其碑文，此碑之年代、碑文及立碑緣由皆不可考，或非爲道元所親見。

"毌丘"應爲"毌丘"④，復姓也。先秦時本爲衛之邑名（在今山東菏

---

① （宋）樂史撰、王文楚等點校《太平寰宇記》卷三"河南道河南府洛陽縣"條，中華書局，2007，第57頁。
② 《水經注校證》卷一六《榖水注》"榖水出弘農黽池縣南墦冢林、榖陽谷"條，第389頁。
③ （清）楊守敬、熊會貞疏，段熙仲點校，陳橋驛復校《水經注疏》卷一六《榖水注》"榖水又東，逕魏將作大匠母邱興墓南"條，江蘇古籍出版社，1989，第1369頁。
④ 金文明：《"毌丘"辨——兼談"丘"和"邱"》，《咬文嚼字》1997年第7期，第18頁。其文認爲"毌丘"應做"毌丘"，然傳世文獻多從"毌丘"之說。

澤曹縣）①，其邑民或以之爲姓氏，後又以河東聞喜爲郡望，即今山西運城聞喜縣。毌丘氏見之史冊者甚少，《後漢書·吳祐傳》載有孝子安丘毌丘長，《三國志·魏書·毌丘儉傳》載有毌丘興、儉父子。另宋人《天下碑錄》載有《魏酸棗令毌丘悅碑》，言："在本縣廢縣内，按其文悅字抱僖，魏正光三年任酸棗令，民爲立碑。"② 則此毌丘悅爲北魏宣武帝正光年間（520~525）時任酸棗縣令（今河南延津西南），然《魏書》、《北史》皆未載其事，或爲魏將作大匠毌丘興之後裔。今山西運城聞喜縣南有百邱村，其姓多爲"邱"，即"毌丘"之省，毌丘之族世居於此。

毌丘興，河東聞喜（今山西運城聞喜縣）人，漢末都尉大將軍毌丘毅之子、魏鎮南將軍毌丘儉之父，於曹魏初歷任安定太守、武威太守、高陽鄉侯、將作大匠之職，其事見《三國志·魏書·毌丘儉傳》。黄初中，興爲武威太守，伐叛柔服，開通河右，後以討張進及叛胡有功而封高陽鄉侯。裴松之注引《魏名臣奏》載雍州刺史張既表言："領太守毌丘興到官，内撫吏民，外懷羌、胡，卒使柔附，爲官效用。黄華、張進初圖逆亂，扇動左右，興志氣忠烈，臨難不顧，爲將校民夷陳說禍福，言則涕泣。于時男女萬口，咸懷感激，形毀髪亂，誓心致命。尋率精兵踰脅張掖，濟拔領太守杜通、西海太守張睦。張掖番和、驪靬二縣吏民及郡雜胡棄惡詣興，興皆安恤，使盡力田。興每所歷，盡竭心力，誠國之良吏。"③ 文帝遂納其言，入興爲將作大匠。然《三國志》未言其生卒年，據酈注所言，則毌丘興卒後，葬于京師洛陽之郊新安。

毌丘興之子毌丘儉，字仲恭，其事亦見《三國志·魏書·毌丘儉傳》。儉襲父爵，初爲平原侯文學；魏明帝即位，爲尚書郎，遷羽林監；後歷任洛陽典農、幽州刺史、度遼將軍、護烏丸校尉，青龍中（233~237）以平遼東公孫淵有功封安邑侯，食邑三千九百戶。正始七年（246），以征高句驪有功遷左將軍、假節監豫州諸軍事、領豫州刺史，轉爲鎮南將軍④，正

---

① （漢）司馬遷撰、（劉宋）裴駰集解、（唐）司馬貞索隱、（唐）張守節正義《史記》卷四六《田敬仲完世家》："宣公與鄭人會西城，伐衛，取毌丘。"《索隱》案："毌音貫，古國名，衛之邑。"中華書局，1959，第1886頁。
② （宋）洪适撰《隸釋》卷二七，中華書局，2003，第284頁。
③ （西晉）陳壽撰、（劉宋）裴松之注《三國志·魏書·毌丘儉傳》，中華書局，1964，第762頁。
④ （西晉）陳壽撰、（劉宋）裴松之注《三國志·魏書·三少帝紀》："（正始）七年春二月，幽州刺史毌丘儉討高句驪，夏五月，討濊貊，皆破之。"中華書局，1964，第121頁。

元二年（255）正月，儉與揚州刺史前將軍文欽"矯太后詔，罪狀大將軍司馬景王，移諸郡國，舉兵反"①。大將軍司馬景王親征之，後至閏月甲辰，儉軍敗，與小弟秀及孫重藏水邊草中，安風津都尉部民張屬就射殺儉，傳首京都②。

另據《三國志·魏書·管輅傳》言："輅隨軍西行，過毌丘儉墓下，倚樹哀吟，精神不樂。人問其故，輅曰：林木雖茂，無形可久；碑誄雖美，無後可守。玄武藏頭，蒼龍無足，白虎銜尸，朱雀悲哭，四危以備，法當滅族。不過二載，其應至矣。"③ 管輅，字公明，平原（今屬山東德州）人，裴松之注引《輅別傳》言其："明周易，仰觀、風角、占、相之道，無不精微"，其傳多記災異之事。時輅隨軍西行過毌丘儉墓下，當親見其碑，故有"碑誄雖美"之語。據《三國志·魏書·毌丘儉傳》言："儉子甸爲治書侍御史，先時知儉謀將發，私出將家屬逃走新安靈山上。別攻下之，夷儉三族。"管輅之"無後可守"當言此變。然毌丘儉謀反被殺之後，又被夷三族，則管輅經其墓時，毌丘儉早已身死夷族，何言"不過二載，其應至矣"？施蟄存先生以爲："此蓋《魏志》誤也。不過二載，其應至矣，可知是儉未舉兵以前事。"④ 施先生之言正誤各半，其言《魏志》之誤是也，然言"是儉未舉兵以前事"則不然。儉未舉兵則何以身死，其墓又怎爲管輅所見？以此推之，則《魏志》所載之誤在於"過毌丘儉墓下"當爲"過毌丘興墓下"，管輅所見之碑亦當爲酈注所言"毌丘興墓碑"，輅見其墓爲死地，而斷言法當滅族，後不過二載，其子毌丘儉遂因叛亂兵敗而被夷三族，此說遂通。以此推之，則毌丘興當卒於其子儉正元二年（255）叛亂被誅二年之前，即嘉平六年（253）之前，另《太平御覽》亦載此事："干寶《晉紀》曰：初，管輅過毌丘氏墓下，倚樹哀吟，

---

① （西晉）陳壽撰、（劉宋）裴松之注《三國志·魏書·毌丘儉傳》，中華書局，1964，第761~762頁。

② （西晉）陳壽撰、（劉宋）裴松之注《三國志·魏書·三少帝紀》："（正元）二年春正月乙丑，鎮東將軍毌丘儉、揚州刺史文欽反。（戊寅）大將軍司馬景王征之……閏月己亥，破欽于樂嘉。欽遁走，遂奔吳。甲辰，〔安風津〕都尉斬儉，傳首京都。"中華書局，1964，第132~133頁。

③ （西晉）陳壽撰、（劉宋）裴松之注《三國志·魏書·方技傳·管輅傳》，中華書局，1964，第825頁。

④ 施蟄存撰《水經注碑錄》卷四《魏毌丘興碑》，天津古籍出版社，1987，第140頁。

精神不樂，林木雖茂，無形可交，碑誄雖美，無後可守"①，然其文未言毌丘氏墓爲毌丘興或儉。此事酈注亦據《管輅別傳》載曰："輅嘗隨軍西征，過其墓而歎，謂士友曰：玄武藏頭，青龍無足，白虎銜尸，朱雀悲哭，四危已備，法應滅族。果如其言"，則酈注所言管輅所經之墓爲毌丘興之墓，可知《魏志》所言有誤，而酈注所言是也。

毌丘儉雖以謀反被殺，然其忠於魏之宗室，見司馬師廢齊王曹芳，魏之皇權旁落而憂心不已，其子甸見齊王之廢謂儉曰："大人居方嶽重任，國傾覆而晏然自守，將受四海之責。"儉然之②。後遂起兵討司馬師，然終以軍敗身死而族滅，世人皆爲歎息。故益州刺史習鑿齒論之曰："毌丘儉感明帝之顧命，故爲此役。君子謂毌丘儉事雖不成，可謂忠臣矣。夫竭節而赴義者我也，成之與敗者時也，我苟無時，成何可必乎？忘我而不自必，乃所以爲忠也。古人有言：'死者復生，生者不愧。'若毌丘儉可謂不愧也。"③ 其評可謂公允矣。

毌丘儉被族滅後，據《三國志》裴松之注引《世語》言毌丘儉之子宗兄弟四人逃吴④，可知毌丘興之族並未真正族滅。晉武帝太康元年（280），晉滅吴，毌丘宗兄弟遂皆歸，而後宗官至零陵太守，宗子奥官至巴東監軍、益州刺史。可知晉初時，武帝篡魏即位之初，爲籠絡人心、強化統治，遂對原曹魏宗室及臣僚予以安撫政策，毌丘儉因忠於魏室謀反被殺，至晉初亦已平反，故其子孫可爲晉臣。而毌丘興墓前二碑，其一爲管輅所見之毌丘興墓碑，當爲魏明帝時所立；其二或爲毌丘宗兄弟歸晉後葬其父毌丘儉於興之墓側，並爲之立碑，即毌丘儉碑，此爲西晉初時所立。

此二碑除酈注著錄以外，歐、趙、洪諸家皆未載，可知宋時已不存。唐人張懷瓘《書斷》云："（索靖）又善八分，韋鍾之亞，《毌丘興碑》，

---

① （宋）李昉等撰《太平御覽》卷五七"地部二十二林"條，中華書局，1960，第276頁。
② （西晉）陳壽撰、（劉宋）裴松之注《三國志·魏書·毌丘儉傳》裴松之注引《世語》曰："甸字子邦，有名京邑。齊王之廢也，甸謂儉曰：大人居方嶽重任，國傾覆而晏然自守，將受四海之責。儉然之。大將軍惡其爲人也。"中華書局，1964，第767頁。
③ （西晉）陳壽撰、（劉宋）裴松之注《三國志·魏書·毌丘儉傳》裴松之注，中華書局，1964，第767頁。
④ （西晉）陳壽撰、（劉宋）裴松之注《三國志·魏書·毌丘儉傳》裴松之注引《世語》曰："太康中，吴平，宗兄弟皆還中國。宗字子仁，有儉風，至零陵太守。宗子奥，巴東監軍、益州刺史。"中華書局，1964，第767~768頁。

毌丘儉是其遺迹也。大安二年卒，年六十，贈太常，章草入神，八分、草入妙。"① 李嗣真《書品》亦云："又《毌丘興碑》，云是索書，比蔡《石經》，無相假借。"② 可知酈注所載毌丘興墓南二碑中，其中必有一碑爲索靖所書。索靖，字幼安，敦煌龍勒（今甘肅敦煌西南）人，西晉著名書法家，官至贈司空封安樂亭侯，《晉書》有傳。靖尤善章草，武帝時與衛瓘俱爲尚書郎。《晉書》論之："靖與尚書令衛瓘俱以善草書知名，帝愛之。瓘筆勝靖，然有楷法，遠不能及靖。"③ 張懷瓘、李嗣真兩人皆當親見此碑，可知唐時尚存一碑，其碑文書體兩人皆以爲索靖之書。據此推知，此碑當爲毌丘儉之墓碑，爲其子宗兄弟四人在西晉初爲其父修墓補立之碑，而非管輅所見魏毌丘興墓碑。清光緒時張煦輯《山右金石記》補遺目亦著錄此碑，言："儉被害後，先墓俱夷，碑蓋晉時追立者。"④《山右金石記》謂毌丘興墓在河東聞喜，未知何據，或毌丘儉之故里聞喜亦有其墓碑。

另據《三國志·魏書·毌丘儉傳》，毌丘儉於正始中，數征高句驪而至肅慎氏南界，刻石紀功，刊於丸都山（即吉林通化集安市郊之丸都山）上⑤，王國維稱此碑爲"魏毌丘儉丸都山紀功刻石"，亦稱"魏毌丘儉紀功碑"。此碑酈注未載，宋元以來金石文獻亦未著錄，唯劉承幹《希古樓金石萃編》卷八載此碑，稱《魏丸都山毌丘儉紀功刻石》。1906年，吉林通化集安縣板岔嶺西北天橋溝山坡上發現此碑之殘碑（現存遼寧省博物館），赭紅色含石英粒岩石材質，爲全碑之左上角，其表面光潔，碑陰亦作修琢。其上以隸書陰刻文字共七行，行五十字，時引起學界極大重視。王國維先生對此碑進行考證，並撰寫《魏毌丘儉丸都山紀功石刻跋》一文收於其《觀堂集林》中，王國維對此碑詳加考證並訂補

---

① 黃簡編《歷代書法論文選》，（唐）張懷瓘《書斷中·神品·索靖》，上海書畫出版社，1979，第179頁。
② 黃簡編《歷代書法論文選》，（唐）李嗣真《後書品·上中品七人》，上海書畫出版社，1979，第137頁。
③ 《晉書》卷六〇《索靖傳》，中華書局，1974，第1648頁。
④ （清）王軒、楊篤等修《山西通志》卷八九至九八《山右金石記》，中華書局，1990，第3362頁。
⑤ （西晉）陳壽撰、（劉宋）裴松之注《三國志·魏書·毌丘儉傳》："正始中，儉以高句驪數侵叛，督諸軍步騎萬人出玄菟，從諸道討之。句驪王宮將步騎二萬人，進軍沸流水上，大戰梁口，宮連破走，儉遂東馬懸車，以登丸都，屠句驪所都，斬獲首虜以千數。……六年，復征之，宮遂奔買溝。儉遣玄菟太守王頎追之，過沃沮千有餘里，至肅慎氏南界，刻石紀功，刊丸都之山，銘不耐之城。"中華書局，1964，第762頁。

闕文爲："正始三年高句驪反（下闕）督七牙門討句驪五（下闕）復遺寇六年正月（下闕）討寇將軍魏烏丸單于（下闕）威寇將軍都亨侯（下闕）行裨將軍領玄（下闕）□裨將軍（下闕）云云。"① 據此文可知毌丘儉於正始三年、六年兩次征討高句驪，並攻克句驪之都丸都，於丸都山立此碑以紀功，即《魏志》所言"刊丸都之山"者。而"銘不耐之城"則另爲一碑，今世不傳。

圖 1-21　遼寧省博物館藏"魏毌丘儉丸都山紀功殘碑"原碑拓本②

---

① 王國維著《觀堂集林》卷二〇"史林二"《魏毌丘儉丸都山紀功石刻跋》，中華書局，1959，第 982 頁。
② 遼寧省博物館編《遼寧省博物館藏碑誌精粹》，上海古籍出版社，2000，第 44 頁；亦見於毛遠明《漢魏六朝碑刻校注》第二冊第一八六，線裝書局，2008，第 207 頁。

二十八　漢幽州刺史趙融碑考

汧水東南歷慈山，東南逕郁夷縣平陽故城南，《史記》：秦寧公二年徙平陽。徐廣曰：故郿之平陽亭也。城北有《漢邠州刺史趙融碑》，靈帝建安元年立。①

此處爲墓碑，碑石不存而碑文賴酈注而傳世，亦無拓本存世。酈注言此碑位於郁夷縣平陽故城北漢幽州刺史趙融墓前，碑名"漢邠州刺史趙融碑"，並載碑文局部："靈帝建安元年立。"然此碑之碑文、立碑者及其形制皆未言。

郁夷縣，西漢置縣；屬右扶風郡，新莽時改稱郁平縣②；東漢復名爲郁夷縣，後並入汧縣，仍屬右扶風；西晉改隴關縣，尋廢。平陽故城，春秋時爲秦之故都，《史記·秦本紀》："寧公二年，公徙居平陽。"徐廣《集解》曰："郿之平陽亭"，張守節《正義》引《帝王世紀》云："秦寧公都平陽。按：岐山縣有陽平鄉，鄉內有平陽聚"，又引《括地志》云："平陽故城在岐州岐山縣西四十六里，秦寧公徙都之處。"據此可知，秦寧公二年（前741），公自西垂宮徙居平陽，以之爲都；其子武公亦居於此，建平陽封宮，武公居此二十年，卒葬於此；封子白於平陽，立其弟爲德公，德公遂遷都於雍城，其故城依酈注當位於漢之郁夷縣故城。今陝西省寶雞陽平鎮寧王村北尚存"寧王遺址"，並出土西漢時期銘刻有"郁夷"文字圓形瓦當。據寶雞市博物館考古工作人員董衛劍先生考證，此遺址即秦之平陽、漢之郁夷故城所在地③，漢邠州刺史趙融墓及碑當位於此遺址之北，寶雞陽平鎮區域。

邠州，楊守敬《水經注疏》爲"幽州"，趙一清《水經注釋》以爲"豳州"，陳橋驛《水經注校證》以爲"邠州"。考《魏書·地形志》："幽

---

① 《水經注校證》卷一七《渭水注》"又東過陳倉縣西"條，第433頁。
② （東漢）班固著、（唐）顏師古注《漢書》卷二八《地理志上》："郁夷，《詩》周道郁夷。有汧水祠。莽曰郁平。"中華書局，1962，第1547頁；郁，《說文解字》："郁，右扶風郁夷也。從邑，有聲。"按今毛詩《小雅·四牡》："四牡騑騑，周道倭遲。"據學者考證，"周道倭遲"乃古文，韓、魯、齊等今文《詩》作"周道郁夷。"
③ 《隋書》卷二九《地理志上·北地郡》："後魏置豳州，西魏改爲寧州……大業初復曰豳州。"中華書局，1973，第810頁。

州，皇興二年爲華州，延興二年爲三縣鎮，太和十一年改爲班州，十四年爲邠州，二十年改焉，領郡三縣十。"① 可知，北魏孝文帝太和十四年（490）先改班州爲邠州，後於太和二十年（496）改邠州爲豳州，州治定安（今甘肅慶陽寧縣），領郡三縣十。西魏改爲寧州，隋煬帝大業（605~618）初復稱豳州②，幽州，漢武帝時設幽州刺史部，部刺燕地諸郡國，東漢轄郡國十一、縣九十，州治薊（今北京市西城區）；北魏時依漢制設幽州，州治薊城，領燕郡、范陽郡、漁陽郡三郡，縣十八。故漢世此三州，唯設幽州，至道元之世，豳州、邠州、幽州三州並存，而豳、邠二州實爲一州。故此碑名當爲"漢幽州刺史趙融碑"，楊守敬之說爲是。

趙融，據《魏書·趙逸傳》："趙逸，字思群，天水人也。十世祖融，漢光祿大夫。"③ 趙逸於北魏太武帝時任中書侍郎，上推十世當在東漢中晚期。靈帝中平五年（188）八月置西園八校尉，其中議郎曹操爲典軍校尉，趙融爲助軍校尉④，此趙融當爲趙逸所稱"十世祖融"者，其官至漢光祿大夫。另嚴可均《全隋文》卷三〇"闕名"類載有《金紫光祿大夫趙芬碑》，其碑文言："十一世祖融，字稚長，所謂荀令君（上闕）床。"可知趙融，字稚長。酈注言是碑"靈帝建安元年立"，然靈帝紀年唯有"建寧"，而無"建安"，"建安"爲獻帝紀年。趙融於靈帝中平五年（188）爲助軍校尉，不可能於靈帝建寧元年（168）先卒，故此"靈帝"當爲"獻帝"之誤⑤，則此碑當立於獻帝建安元年，即公元196年。趙融於靈帝時先與曹操、袁紹等同列"西園八校尉"，後出爲幽州刺史，官至光祿大

---

① （北齊）魏收撰《魏書》卷一〇六《地形志下》"豳州"條，中華書局，1974，第2627頁。
② （宋）王溥撰《唐會要》卷七〇"邠州"條："開元十三年二月二十二日。以豳字與幽字相涉。詔曰：魚魯變文，荆并誤聽。欲求辯惑，必也正名。改豳字爲邠。"中華書局，1985，第1245頁。
③ （北齊）魏收撰《魏書》卷五二《趙逸傳》，中華書局，1974，第1145頁。
④ （劉宋）范曄撰、（唐）李賢等注《後漢書》卷八《孝靈帝紀》："（中平五年）八月，初置西園八校尉。"又卷六九《何進傳》："是時（中平五年）置西園八校尉，以小黃門蹇碩爲上軍校尉，虎賁中郎將袁紹爲中軍校尉，屯騎都尉鮑鴻爲下軍校尉，議郎曹操爲典軍校尉，趙融爲助軍校尉，淳于瓊爲佐軍校尉，又有左右校尉。"中華書局，1965，第356、2247頁。
⑤ （清）楊守敬、熊會貞疏，段熙仲點校、陳橋驛復校《水經注疏》卷一七《渭水注》"又東過陳倉縣西"條："趙云靈帝紀元爲建寧，獻帝紀元爲建安，未知寧字誤也，抑安字訛耶？會貞按：靈與獻形不近，寧與安形近，此當建寧訛爲建安"，可知熊會貞以爲當爲"靈帝建寧元年"，江蘇古籍出版社，1989，第1515頁。

夫，於獻帝建安元年卒，葬於郁夷縣平陽故城北。此碑除酈注以外，歐、趙諸家皆未著録，唯洪适《隸釋》卷二〇、顧藹吉《隸辨》依酈注所載亦著有《趙融碑》，其文同，碑當久已亡佚。

二十九　梁嚴碑考

渭水又東會成國故渠。渠，魏尚書左僕射衛臻征蜀所開也，號成國渠，引以澆田。其瀆上承汧水于陳倉東，東逕郿及武功槐里縣北，渠左有安定梁嚴冢，碑碣尚存。①

此處爲墓碑，碑石及文皆已不存，亦無拓本傳世。酈注言此碑位於武功槐里縣北，成國故渠左安定梁嚴冢前，時碑碣尚存，當爲道元所親見。然碑文、立碑者、年代、緣由等皆未言，或時碑文已摩滅而不可識。

武功槐里縣，周時名犬丘；秦設廢丘縣；漢高祖三年（前204）更名爲槐里縣，屬右扶風②；新莽改爲槐治，東漢仍爲槐里縣，爲扶風郡治；曹魏改右扶風爲扶風郡，以其爲郡治；西晉初屬扶風國，治所由槐里移至郿縣（今陝西寶雞眉縣），泰始三年（267）爲始平郡治，屬雍州；東晉孝武帝太元十九年（394），後秦姚興稱帝於此縣，改元皇初元年③；劉宋於南陽僑置槐里縣，屬順陽郡；北魏屬雍州；北周廢縣。其故城位於今陝西興平。另據《晉書·食貨志》："青龍元年，開成國渠自陳倉至槐里。"此渠即酈注所言"成國故渠"。道元言此渠爲魏尚書左僕射衛臻征蜀所開，號成國渠，引以澆田，其瀆上承汧水於陳倉東，東逕郿及槐里縣北，梁嚴冢及碑位於此縣之境，成國渠左岸，熊會貞《水經注疏》言："冢在興平縣東北。"④

---

① 《水經注校證》卷一九《渭水注》"又東過霸陵縣北，霸水從縣西北流注之"條，第459頁。
② （東漢）班固著、（唐）顏師古注《漢書》卷二八上《地理志上》"右扶風"條言："槐里，周曰犬丘，懿王都之。秦更名廢丘。高祖三年更名。有黃山宮，孝惠二年起。莽曰槐治。"中華書局，1962，第1546頁。
③ 《晉書》卷一一七《姚興載記》："太元十九年，（姚興）僣即帝位於槐里，大赦境內，改元曰皇初，遂如安定。"中華書局，1974，第2976頁。
④ （清）楊守敬、熊會貞疏，段熙仲點校，陳橋驛復校《水經注疏》卷一九《渭水注》，江蘇古籍出版社，1989，第1619頁。

梁嚴，史書無傳，其名或據於墓碑殘文。安定，爲安定縣或安定郡。西漢宣帝本始元年（前73），封劉賢爲安定民侯，爲安定侯國，後兩世而免，改爲安定縣，故治今河北辛集安古城；平帝元始二年（2）爲安民縣，東漢初廢縣。安定郡，西漢武帝元鼎三年（前114）置①，郡治高平縣（今寧夏固原），漢魏因之，隋時廢除。而酈注所稱"安定"若爲安定縣，則梁嚴當卒於廢縣前，當爲西漢時人。然漢碑爲東漢初以後始盛行於世，故此"安定"指安定郡也。另《宋書·薛安都傳》載有劉宋武帝孝建元年（454），有梁嚴參與平定魯爽之亂，爲將軍鄭德玄帳下司馬，或爲此安定梁嚴，安定爲其郡望也。則此碑當立于南朝劉宋之時。此碑除酈注以外，歐、趙諸家皆未載，唯洪适《隸釋》卷二〇依酈注所載亦著有《梁嚴碑》，其文同。《嘉慶重修一統志》卷二二八"西安府"載有"梁嚴墓"，言："在興平縣東北。《水經注》：成國故渠東逕槐里縣北，渠左有安定梁嚴冢，碑碣尚存。"② 則清時梁嚴墓尚存，然未言有碑，當久已亡佚。

施蟄存先生以爲："酈道元著錄碑刻，必述其人字里官位，或立碑年歲，獨於此碑無一言，豈以其爲近世人，聲名不著，故不足錄耶。"③ 或此人即宋之司馬梁嚴，因其無盛名且爲劉宋臣民，故略言之耳。

三十　漢郭奉孝碑考

潁水自塢東逕陽翟縣故城北，夏禹始封于此爲夏國，故武王至周曰：吾其有夏之居乎？遂營洛邑。徐廣曰：河南陽城、陽翟，則夏地也。《春秋經》書：秋，鄭伯突入于櫟。《左傳·桓公十五年》，突殺檀伯而居之。服虔曰：檀伯，鄭守櫟大夫；櫟，鄭之大都。宋忠曰：今陽翟也。周末，韓景侯自新鄭徙都之。王隱曰：陽翟本櫟也。故潁川郡治也。城西有《郭奉孝碑》。④

---

① （南梁）沈約撰《宋書》卷八八《薛安都傳》："孝建元年，復除左軍將軍。二月，魯爽反叛……安都遣宗越及歷陽太守程天祚逆擊破之，斬胡與及其軍副。德玄復使其司馬梁嚴屯蜆東，安都幢主周文恭晨往偵候，因而襲之，悉禽。"中華書局，1974，第2217頁。
② （清）穆彰阿、潘錫恩等纂修《嘉慶重修一統志》卷二二八"西安府三陵墓"條，中華書局，1986，第26頁。
③ 施蟄存撰《水經注碑錄》卷四《梁嚴碑》，天津古籍出版社，1987，第165頁。
④ 《水經注校證》卷二二《潁水注》"又東南過陽翟縣北"條，第513頁。

第一章 陵墓類石刻 | 085

此處爲墓碑，碑石及文皆已亡佚，亦無拓本傳世。酈注言此碑位於陽翟縣故城西，碑名"郭奉孝碑"，碑文、立碑者、年代、緣由等皆未載，或非道元所親見。

陽翟縣，爲古夏禹國都，秦時置縣，爲潁川郡治；西漢因之，屬豫州刺史部；東漢因之①；三國曹魏時移潁川郡治于許昌，陽翟改屬司州河南尹；西晉屬河南郡；北魏時仍置陽翟縣，屬司州。即今河南許昌禹州市。

郭嘉，字奉孝，潁川陽翟人也，爲魏武之謀臣，其事見《三國志·魏書·郭嘉傳》。嘉少有遠量，生於漢末之世，時天下方亂，嘉自弱冠匿名跡，密交結英傑，不與俗接，故時人多莫知，惟識達者奇之。嘉年二十七，初仕辟司徒府，後經魏武之近臣荀彧推薦，爲魏武重用，以爲司空軍祭酒。後嘉隨魏武征呂布、破袁紹，屢進奇謀。及袁紹卒，又從魏武討袁譚、袁尚于黎陽，建安十年（205）冀州平②，魏武表封嘉爲洧陽亭侯。建安十一年（206），魏武征袁尚及烏丸，嘉深通算略，達於事情，力薦魏武密出盧龍塞，直指烏丸單于庭，遂大破之，斬蹋頓及名王已下，袁尚及兄熙走遼東。建安十二年（207）嘉自柳城還，疾篤，年三十八卒于易州（今河北保定易縣）。郭嘉病時，魏武問疾者交錯，及嘉薨，親臨其喪，哀甚，並爲嘉作哀表，諡貞侯，其子奕嗣。郭嘉卒後，當歸葬其故里潁川陽翟，故酈注所言陽翟故城西之"郭奉孝碑"當爲郭嘉之墓碑，其碑名當爲"漢司空軍祭酒洧陽亭貞侯郭君碑"，是碑當亦立于建安十二年，即公元207年，碑載魏武之哀表，其文見於《三國志·魏書·郭嘉傳》：

臣聞襃忠寵賢，未必當身，念功惟績，恩隆後嗣。是以楚宗孫叔，顯封厥子；岑彭既沒，爵及支庶。故軍祭酒郭嘉，忠良淵淑，體通性達。每有大議，發言盈庭，執中處理，動無遺策。自在軍旅，十有餘年，行同騎乘，坐共幄席，東禽呂布，西取眭固，斬袁譚之首，平朔土之眾，逾越險塞，蕩定烏丸，震威遼東，以梟袁尚。雖假天威，易爲指麾，至於臨敵，發揚誓命，凶逆克殄，勳實由嘉。方將表

---

① （劉宋）范曄撰、（唐）李賢等注《後漢書》"志二〇""郡國志二""潁川陽翟"條："陽翟，禹所都。有鈞臺。有高氏亭。有雍氏城。"中華書局，1965，第3421頁。
② （西晉）陳壽撰、（劉宋）裴松之注《三國志·魏書·武帝紀》："十年春正月，攻譚，破之，斬譚，誅其妻子，冀州平。"中華書局，1964，第27頁。

顯，短命早終。上爲朝廷悼惜良臣，下自毒恨喪失奇佐。宜追增嘉封，并前千戶，褒亡爲存，厚往勸來也。①

魏武於此以四言之文，哀思嘉之十餘年隨軍征討之功，而天妒英才，嘉短命早終，魏武深爲痛之，故撰此表以彰嘉之功德，追贈敕封。此碑除酈注以外，歐、趙諸家皆未載，唯洪适《隸釋》卷二〇、顧藹吉《隸辨》依酈注所載亦著有《郭嘉碑》，其文同，此碑當早已亡佚。今禹州城東八公里郭連鎮琅城崗原有郭嘉墓，毀於上世紀五十年代。

三十一　漢平陽侯相蔡昭墓碑考一
三十二　漢平陽侯相蔡昭墓碑考二

別汝又東逕蔡岡北，岡上有平陽侯相蔡昭冢。昭字叔明，周后稷之冑，冢有石闕，闕前有二碑，碑字淪碎，不可復識，羊虎傾低，殆存而已。②

此處爲墓碑，碑石及文皆不存，亦無拓本傳世。酈注言此兩碑時立於別汝側蔡岡上平陽侯相蔡昭冢石闕前，時碑字淪碎，不可復識，故酈注未載其碑文，碑之年代、立碑、緣由皆不可考。另其墓前神道有石闕、石羊石虎等石刻，然時羊虎傾低，殆存而已，可知此當爲道元所親見。別汝，酈注是卷所謂"汝水別瀆"③，即汝水（今汝河）之支流。蔡岡，酈注言與固始縣故城（今河南固始縣）、女陰縣（魏晉爲汝陰縣，即今安徽阜陽）相鄰。查譚其驤《中國歷史地圖集》"南北朝時期圖組"④，當在時汝南郡

---

① （西晉）陳壽撰、（劉宋）裴松之注《三國志·魏書·郭嘉傳》裴松之注引魚豢《魏書》，中華書局，1964，第435頁。
② 《水經注校證》卷二二《潁水注》"又東南至新陽縣北，薳蕩渠水，從西北來注之"條，第517頁。
③ 《水經注校證》是卷同條："潁水又東南，汝水枝津注之。水上承汝水別瀆於奇領，城東三十里，世謂之大㶟水也。"第517頁。
④ 譚其驤著《中國歷史地圖集》第四冊《南北朝時期圖組》"齊魏時期全圖"，中國地圖出版社，1982，第19頁。

汝陰縣境內。而正史所載"蔡岡"多謂上蔡之蔡岡①，其故址位於今河南駐馬店上蔡縣，並非此之蔡岡。楊守敬《水經注疏》亦謂此岡位於阜陽縣西，即今安徽阜陽西一帶。

　　蔡昭，酈注言其字叔明，周后稷之胄。此或據其碑之殘文而錄之。蔡昭者，史書無傳，其事不可考。平陽侯，即漢之平陽侯國。據《史記·高祖功臣侯者年表》及《曹相國世家》，漢高帝六年（前202）十二月甲申封曹參爲平陽侯於平陽縣②，置平陽侯國，屬河東郡，即今山西省臨汾市西南。參爲平陽懿侯，傳五世，武帝征和二年（前91）中，第六代平陽侯曹宗坐太子巫蠱之禍而死，國除。漢哀帝時封曹參九世孫曹本始爲平陽侯，二千戶，新莽時薨，其子曹宏歸順光武帝，東漢初仍封平陽侯③。據《漢書·高惠高后文功臣表》，宏卒後，章帝建初二年（77），封其子湛爲平陽侯，即班固時之平陽侯。然據《後漢書·馮勤傳》，建初八年（83），帝封平陽長公主劉奴之子馮奮爲平陽侯，如此則時有二位平陽侯。近人盧弼集解《三國志·魏書·武帝紀》言："《和帝紀》：永元三年，詔曰：曹相國后容城侯無嗣，須景風紹封。錢大昕曰：班《表》、韋《傳》皆云'平陽侯'，此詔稱'容城侯'，可疑。侯康曰：此必章帝建初二年復封曹湛，已改國容城，未幾又絕。故詔云然，韋《傳》偶沿舊名而誤耳。據《後紀》，明帝永平三年封皇女奴爲平陽公主，建初八年，公主子襲主爵爲平陽侯，一地固不容兩封，同時不應有兩平陽侯也。"④依侯康之言，則章帝建初二年（77）封曹湛爲平陽侯，後改國容城（今河北保定容城縣），

---

① （漢）司馬遷撰、（劉宋）裴駰集解、（唐）司馬貞索隱、（唐）張守節正義《史記》卷四《周本紀》："封弟叔鮮於管，弟叔度於蔡。"《史記正義》引《括地志》云："豫州北七十里上蔡縣，古蔡國，武王封弟叔度於蔡是也。縣東十里有蔡岡，因名也。"中華書局，1959，第127~128頁。

② （漢）司馬遷撰、（劉宋）裴駰集解、（唐）司馬貞索隱、（唐）張守節正義《史記》卷二四《曹相國世家》："高帝以長子肥爲齊王，而以參爲齊相國。以高祖六年賜爵列侯，與諸侯剖符，世世勿絕。食邑平陽萬六百三十戶，號曰平陽侯，除前所食邑。"中華書局，1959，第2028頁。

　　（東漢）班固著、（唐）顔師古注《漢書》卷三九《曹參傳》："至哀帝時，乃封參玄孫之孫本始爲平陽侯，二千戶，王莽時薨。子宏嗣，建成中先降河北，封平陽侯。至今八侯。"中華書局，1962，第2021頁。

③ （劉宋）范曄撰、（唐）李賢等注《後漢書》卷二六《韋彪傳》："建初二年已封曹參後曹湛爲平陽侯，故不復及焉。"中華書局，1965，第917頁。

④ （晉）陳壽撰、（劉宋）裴松之注、盧弼集解《三國志》卷一《武帝紀》，中華書局，1982，第2頁。

即容城侯，故曹參後裔非爲平陽侯，而爲容城侯，至曹魏時仍不絕。裴松之於《三國志·魏書·武帝紀》亦注曰："漢高祖之起，曹參以功封平陽侯，世襲爵土，絕而復紹，至今適嗣國於容城。"① 故建初八年（83）後，平陽侯爲馮奮之族，奮卒後，勁、卬、留相繼嗣平陽侯②，漢末董卓之亂，卓封其部將李榷、郭汜、張濟爲列侯，以張濟爲平陽侯③，可知至漢末馮氏平陽國已不存。

蔡昭任平陽侯相（即平陽侯國相），當在兩漢之時，然西漢時尚無墓碑之說，自東漢始有，則其當爲東漢時人。另據《後漢書·百官表》，漢世於列侯食縣置相一人，其秩比千石，主治民，以戶數爲限納租于侯④，則蔡昭亦當如其例。施蟄存以爲"此蔡昭非建武時國相，必建初時國相"⑤，然未有所據，當爲建初八年後馮氏之平陽侯國相也。

此兩碑除酈注著錄以外，歐、趙、洪諸家皆未著錄，恐早已不存。另宋人《天下碑錄》載有《漢蔡昭碑》，言"在隨州光化縣墓前"⑥，即今湖北隨州光化鎮。《通志·金石略》亦載有《蔡昭碑》，言在隨州。隨州，漢魏之世爲荆州地境，與酈注所言蔡昭墓及二碑在汝南郡汝陰縣蔡岡，非爲一處，此蔡昭者爲另一人也，光化之蔡昭碑非酈注所載之蔡昭二碑。

---

① （西晉）陳壽撰、（劉宋）裴松之注《三國志·魏書·武帝紀》裴松之注引王沈《魏书》。中華書局，1964，第1頁。
② （劉宋）范曄撰、（唐）李賢等注《後漢書》卷二六《馮勤傳》，中華書局，1965，第911頁。
③ （西晉）陳壽撰、（劉宋）裴松之注《三國志·魏書·董卓傳附李傕、郭汜傳》："傕爲車騎將軍、池陽侯，領司隸校尉、假節。汜爲後將軍、美陽侯。稠爲右將軍、萬年侯。傕、汜、稠擅朝政。濟爲驃騎將軍、平陽侯，屯弘農"中華書局，1964，第181頁。
④ （劉宋）范曄撰、（唐）李賢等注《後漢書》卷一一八《百官志五》"列侯"條："列侯所食縣爲侯國……每國置相一人，其秩各如本縣。本注曰：主治民，如令、長，不臣也。但納租于侯，以戶數爲限。"又曰"屬官，每縣、邑、道，大者置令一人，千石；其次置長，四百石；小者置長，三百石；侯國之相，秩次亦如之。"中華書局，1965，第3629頁。
⑤ 施蟄存撰《水經注碑錄》卷五《漢蔡昭墓碑》，天津古籍出版社，1987，第193頁。
⑥ （宋）洪适撰《隸釋》卷二七《天下碑錄》，中華書局，2003，第287頁。

三十三　漢國三老袁良碑考

> 沙水又東南逕大扶城西，城即扶樂故城也。城北二里有《袁良碑》，云良，陳國扶樂人。後漢世祖建武十七年，更封劉隆爲扶樂侯，即此城也。①

此處爲墓碑，碑石及文皆已亡佚，亦無拓本傳世。酈道元言此碑位於大扶城北二里，碑名袁良碑，碑文言："良，陳國扶樂人。"然此碑文全文、立碑年代及緣由皆未有言及，或非道元所親見。

大扶城，即東漢之夫樂城，屬陳國，東漢光武帝建武十七年（92），更封劉隆爲扶樂侯於此②。三國魏屬陳郡，廢縣；隋開皇十六年（596），復置扶樂縣，屬陳州；唐貞觀初廢。即今河南周口太康縣清集鄉扶樂城村。

"漢國三老"袁良，史書無載，酈注言是碑文稱袁良爲陳國扶樂人，則良當爲東漢時人，而碑亦立於其故里，當爲其墓碑。此碑除酈注外，歐、趙、洪諸家皆載有《漢國三老袁良碑》，即此碑也。然《水經注》武英殿聚珍本、楊熊合校本皆作"袁梁"，蓋"梁"、"良"古音同互用。歐陽修《集古錄》卷一載有《後漢袁良碑跋》（永建六年），言："右漢《袁良碑》，云君諱良，字卿。"③其後載碑文殘文，言碑首題云"漢故國三老袁君碑"，趙明誠《金石錄》卷一目錄一第五十一著錄《漢國三老袁君碑》，言爲永建六年（131）二月立，然碑文亦殘缺不全。唯洪适《隸釋》卷六《國三老袁良碑》始載碑之全文（另於卷二〇據酈注載有《袁梁碑》，其文同），跋云："篆額，在開封之扶溝。"④嚴可均《全後漢文》卷九八亦據《隸釋》載之，兩者文同，其碑名曰"漢國三老袁良碑"，與歐、趙同。

---

① 《水經注校證》卷二二《渠水注》"又屈南至扶溝縣北"條，第534頁。
② （劉宋）范曄撰、（唐）李賢等注《後漢書》卷二二《劉隆傳》："明年（建武十七年），復封爲扶樂鄉侯。"中華書局，1965，第781頁。
③ （宋）歐陽修著，鄧寶劍、王怡林箋注《集古錄跋尾》卷一，人民美術出版社，2010，第27頁。
④ （宋）洪适撰《隸釋》卷六，中華書局，2003，第71頁。

此碑文述袁氏世系及良生平甚詳，文首行言："君諱良，字厚卿，陳國扶（樂人）也。"① 此與酈注所言同。其後追述袁氏族望世系："厥先舜苗，世爲封君"，袁良爲西漢關内侯袁山之曾孫。碑文述良之仕宦："舉孝廉、郎中、謁者、將作大匠、丞相令、廣陵太守，討江賊張路等，威震徐方"②，後良"謝病歸家。孝順初政，咨□□白。三府舉君，徵拜議郎符節令。時元子光，博平令；中子騰，尚書郎；少子璋，謁者。詔書辟□□可父事。群司以君父子俱列三臺，夫人結髮，上爲三老"③。據此可知，袁良爲東漢安帝、順帝時人，而《後漢書·袁安傳》言："袁安，字邵公，汝南汝陽人也。祖父良，習《孟氏易》。平帝時舉明經，爲太子舍人。建武初，至成武令。"④ 此乃汝南汝陽之袁良，爲西漢末人，當爲另一人也。碑文稱袁良有三子：元子光爲博平令，中子騰爲尚書郎，少子璋爲謁者，皆同朝爲臣，故有司以其父子四人位列三臺，表上爲國三老。

"三老"者，自漢高帝置之，初爲縣、鄉二級之官名。《漢書·百官公卿表》言："十亭一鄉，鄉有三老、有秩、嗇夫、遊徼……三老掌教化。"⑤ 爲鄉聚推舉德高望重者，執掌教化民衆之職⑥。縣則擇鄉三老一人爲縣三老，後又有郡三老之設，東漢以降，則又于朝設國三老之位，帝多尊之。《後漢書·孝明帝紀》言："尊事三老，兄事五更，安車軟輪，供綏執授。"國三老多選有首妻男女全具者⑦，並以隆重禮儀迎封之。據《後漢書·孝明帝紀》李賢注引《續漢志》曰："養三老、五更，先吉日，司徒上太傅若講師故三公人名，用其德行年耆高者，三公一人

---

① （清）嚴可均輯《全後漢文》卷九八闕名三《國三老袁良碑》，中華書局，1958，第999頁。
② （清）嚴可均輯《全後漢文》卷九八闕名三《國三老袁良碑》，中華書局，1958，第999頁。
③ （清）嚴可均輯《全後漢文》卷九八闕名三《國三老袁良碑》，中華書局，1958，第999頁。
④ （劉宋）范曄撰、（唐）李賢等注《後漢書》卷四五《袁安傳》，中華書局，1965，第1517頁。
⑤ （東漢）班固著、（唐）顏師古注《漢書》卷一九《百官公卿表》，中華書局，1962，第742頁。
⑥ （東漢）班固著、（唐）顏師古注《漢書》卷一《高帝紀》："舉民年五十以上，有修行，能帥衆爲善，置以爲三老，鄉一人。擇鄉三老一人爲縣三老，與縣令丞尉以事相教，復勿繇戍。"中華書局，1962，第33~34頁。
⑦ （劉宋）范曄撰、（唐）李賢等注《後漢書》卷二《孝明帝紀》李賢注引《漢官儀》曰："三老、五更，皆取有首妻男女全具者。"中華書局，1965，第103頁。

爲三老，次卿一人爲五更，皆服絺紵大袍單衣，皁緣領袖中衣，冠進賢，扶王杖。五更亦如之，不杖。皆齊于太學講堂。其日乘輿先到辟雍禮殿，坐于東廂，遣使者安車迎三老、五更，天子迎於門屏，交拜，導自阼階，三老自賓階升，東面。三公設幾杖。九卿正履。天子親袒割牲，執醬而饋，執爵而酳。五更南面，三公進供，禮亦如之。明日皆詣闕謝，以其於已禮太隆也。"① 可見國三老者，爲德行年耆高者，且居三公之位，爲國之教化者。袁良出於詩禮望族，歷任高位，又于順帝初經三府舉薦，徵拜爲議郎符節令，與其三子位列三臺，故得以被表爲國三老。碑文詳細記載了順帝詔拜之詳況："使者□節，安車親□，几杖之尊，袒割之養，君實饗之。後拜梁相。帝御九龍殿，引君對覿，賜酒飯，賜飲宴。"② 並下詔冊封，碑文載時詔書全文。碑文又言："載八十五，久病致仕，永建六年二月戊辰卒。居罔室廬，殯於假館。昔行父平仲，小國之卿，其儉猶稱，況漢大夫，父子同升，而無環堵，不遭丘明實錄之時，使前喆孤名，而君獨立。於是厥孫衛尉滂、司徒掾弘口乃刊石作銘。"③ 由是可知袁良卒於漢順帝永建六年（132）二月戊辰，年八十五，歸葬故里陳國扶樂，由其孫衛尉袁滂、司徒掾袁弘刊石作銘。立碑之具體年月不詳。依碑文所言，良有三子，然立碑者爲其孫袁滂、袁弘，故此碑立時，良之三子皆歿。據《後漢書·靈帝紀》："（光和五年二月）癸丑，光祿勳陳國袁滂爲司徒。"袁滂於光和五年（182）由光祿勳升爲司徒，則其爲衛尉，當在桓、靈之際。司徒掾袁弘史書未載，此碑或立於此時，爲兩人所立也。洪适《隸釋》則以其孫衛尉滂立此石，滂以光和年爲相，其作九卿，當在靈帝之初。

此碑歐、趙、洪皆言在開封扶溝，宋人《天下碑錄》言："在太康縣圍城鎮西南三十里扶樂城石牛廟，又云在縣西北三十里陽夏鄉墓下，永建六年卒葬於此。"④ 並於碑題"漢三老袁良碑"之"良"下注云："一作

---

① （劉宋）范曄撰、（唐）李賢等注《後漢書》卷二《孝明帝紀》，中華書局，1965，第103頁。
② （劉宋）范曄撰、（唐）李賢等注《後漢書》卷二《孝明帝紀》，中華書局，1965，第103頁。
③ （清）嚴可均輯《全後漢文》卷九八闕名三《國三老袁良碑》，中華書局，1958，第999頁。
④ （宋）洪适撰《隸釋》卷二七，中華書局，2003，第284頁。

貢。"鄭樵《通志·金石略》載有《三老袁貢碑》，注云："永建六年立，在東京。"① 則此"袁貢"即"袁良"也。可知此碑宋時尚存，鄭樵以此碑爲永建六年袁良卒時所立，誤也。宋以後，明人趙均《寒山堂金石林時地考》，于奕正《天下金石志》、《古今碑刻》，清人黃叔璥《中州金石考》，翁方綱《兩漢金石記》等皆有著錄，然多沿襲宋說，不可信。如《古今碑刻》云"三老袁良碑，太康、扶溝俱有"，似此碑有二刻，然《天下碑錄》稱碑在太康，歐、趙、洪稱在扶溝。太康、扶溝宋時皆屬開封，《太平寰宇記》卷一"河南道開封太康縣條"載有"扶樂故城"，言："在縣西北四十里。《地理志》云：'扶樂，屬陳國。'隋開皇六年分太康置。大扶縣，酈善長注《水經》云：'即扶樂古城也。'"② 可知扶樂城非在扶溝，《天下碑錄》所言爲是，當在太康，《古今碑刻》以爲有二刻，當誤。此碑宋以後當不存，今世亦無拓本傳世。

清咸豐二年（1852），浙江餘姚縣客星山出土"漢三老諱字忌日記"碑，爲東漢建武二十八年（52）所立隸書碑，今存清周清泉咸豐初拓本，後爲梁啟超藏，其上有梁任公之題跋，現存杭州西泠印社，北京國家圖書館及湖南省博物館分別藏有此碑咸豐初拓本及同治拓本。三老諱通，字小父，名不存。此碑爲三老之孫所立，以記載三老及祖之忌日，以爲後世子孫避諱、祭祀所用。此三老當爲西漢時人，然未知爲鄉三老，或爲縣三老。此亦爲今世所存時代最早之東漢"三老碑"。

---

① （南宋）鄭樵撰、馮克誠整理《通志》卷三《金石略》，《四庫家藏》"史部"，山東畫報出版社，2004，第39頁。
② （宋）樂史撰、王文楚等點校《太平寰宇記》卷一"河南道開封太康縣條"，中華書局，2007，第29頁。

第一章　陵墓類石刻　|　093

圖 1-22　國家圖書館藏"漢三老諱字忌日記"原碑清咸豐初拓本[1]

---

[1] 《北京圖書館藏中國歷代石刻拓本匯編》，第一冊，中州古籍出版社，1997，第 22 頁。

圖 1-23　湖南省博物館藏"漢三老諱字忌日記"原碑清同治拓本

三十四　漢袁氏諸碑考

　　濄水逕大扶城西，城之東北，悉諸袁舊墓，碑宇傾低，羊虎碎折，惟司徒滂、蜀郡太守騰、博平令光。碑字所存惟此，自餘殆不可尋。①

　　此處爲墓碑，爲東漢陳國扶樂袁氏家族墓碑群，非爲一碑也，然今皆已不存，唯碑文存殘文，亦無拓本傳世。酈道元言大扶城東北悉存諸袁舊墓，時碑宇皆已傾低毀損，墓前之石羊、虎皆已碎折，惟司徒袁滂、蜀郡太守袁騰、博平令袁光三人之碑，尚存數字，可識其名，餘則殆不可尋，此皆爲道元所親見。

　　漢代袁氏家族爲儒學世家，其中以汝南、陳郡袁氏二家族爲主。汝南袁氏家族，自西漢平帝時袁良起②，以《孟氏易》世傳，其孫袁安歷明、章、和三帝，位極三公，自此以後形成漢末政壇舉足輕重的袁氏家族政治集團，四世三公。如袁安之孫袁逢位至司空、執金吾、國三老，"袁逢之弟袁隗亦位及三公，汝南袁氏家族至漢末袁紹、袁術時達到頂峰，"故袁氏貴寵于世，富奢甚，不與它公族同"③。然酈注所言陳國扶樂袁氏家族則非爲汝南袁氏家族，而爲魏晉南北朝時期陳郡袁氏望族。汝南袁氏家族於漢末袁紹、袁術兵敗以後湮沒無聞，唯陳郡袁氏家族崇尚清虛，世代簪纓。據《隸釋》所載《漢故國三老袁君碑》，碑主國三老袁良爲東漢安帝、順帝時人，陳國扶樂人，非汝南袁氏家族之祖西漢平帝時汝南袁良。酈注言扶樂袁氏家族墓，葬有司徒袁滂、蜀郡太守袁騰、博平令袁光等人，此皆爲漢國三老袁良子孫④。博平令袁光爲良之元子，殆早卒。蜀郡太守袁騰爲袁良之中子，"袁良碑"言騰爲尚書郎，而良碑爲袁良之孫袁滂、袁

---

① 《水經注校證》卷二三《陰溝水注》"東南至沛，爲濄水"條，第551頁。
② （劉宋）范曄撰、（唐）李賢等注《後漢書》卷四五《袁安傳》："袁安字邵公，汝南汝陽人也。祖父良，習《孟氏易》，平帝時舉明經，爲太子舍人；建武初，至成武令。"中華書局，1965，第1517頁。
③ （劉宋）范曄撰、（唐）李賢等注《後漢書》卷四五《袁安傳》，中華書局，1965，第1517頁。
④ （宋）洪适撰《隸釋》卷六《漢故國三老袁君碑》："三府舉君，徵拜議郎符節令。時元子光，博平令；中子騰，尚書郎；少子璋，謁者。"中華書局，2003，第71頁。

弘所立，則時騰當已卒，故"尚書郎"當爲其卒前之官位，然酈注言騰碑稱"蜀郡太守騰"，當據其碑文，而非碑額之名。又據《後漢書·寇榮傳》，袁騰嘗於桓帝延熹中（158～167）爲洛陽令，則自袁良卒之永建六年（131）至延熹中，三十年左右，袁良卒時年八十五，則袁騰時當過而立之年，故騰卒時，當亦爲耄耋矣。

司徒袁滂爲良之孫，於光和五年（182）由光祿勳升爲司徒①。又《後漢書·董卓傳》云："中平二年，以司空張溫爲車騎將軍、假節，執金吾袁滂爲副。"然則滂蓋自衛尉轉光祿，拜司徒，免爲執金吾，其遷轉之跡，與《後漢書》合。計其歷仕在五十年以上，亦齒爵俱尊者矣。《後漢書·靈帝紀》李賢注云："滂，字公喜。"《董卓傳》李賢注引袁宏《漢紀》云："滂，字公熙。純素寡欲，終不言人短。當權寵之盛，或以同異致禍，滂獨中立於朝，故愛憎不及焉。"袁宏亦良之後裔，李注據袁氏《世紀》，則滂之字當以公熙爲是。

袁滂一支於漢末、曹魏初亦爲世家大族。據《三國志·魏書·袁渙傳》，袁滂之子袁渙父子皆仕魏，渙官至郎中令，行御史大夫事。而據裴松之注引袁宏《袁氏世紀》，渙有四子，侃、寓、奧、準。侃，歷黃門選部郎，位至尚書。袁宏亦良之後裔，其言當是。又引荀綽《九州記》稱渙子準"有儁才，泰始中爲給事中。袁氏子孫世有名位，貴達至今。"② 袁渙從弟霸，霸弟徽，徽弟敏，皆居高位，從而形成魏晉南北朝時期陳郡袁氏家族，與清河崔氏、琅琊王氏、陳郡謝氏等皆爲時之世家大族。

袁氏諸碑，當皆爲陳郡袁氏家族人墓碑，皆爲國三老袁良後裔。然至道元之世，諸碑破損，唯司徒袁滂、蜀郡太守袁騰、博平令袁光三人之碑尚存殘文。此三碑，歐、趙皆未著錄，唯洪适《隸釋》卷二〇、顧藹吉《隸辨》依酈注亦著有《袁滂碑》、《袁騰碑》、《袁光碑》，其文同。另宋人《天下碑錄》載有《漢袁騰碑》，注云："貢之中子也。並

---

① （宋）洪适撰《隸釋》卷六《漢故國三老袁君碑》："於是厥孫衛尉滂、司徒掾弘口乃刊石作銘。"中華書局，2003，第71頁；（劉宋）范曄撰、（唐）李賢等注《後漢書》卷八《孝靈帝紀》："（光和五年二月）癸丑，光祿勳陳國袁滂爲司徒。"中華書局，1965，第340頁。

② （西晉）陳壽撰、（劉宋）裴松之注《三國志·魏書·袁渙傳》，中華書局，1982，第336頁。

在太康縣。"② 此碑亦載于鄭樵《通志·金石略》、明趙均《寒山堂金石林時地考》。《天下碑錄》另載有《魏御史大夫袁渙碑》，亦言"在太康縣"③，此爲道元所遺漏。此碑亦載于鄭樵《通志·金石略》、明趙均《寒山堂金石林時地考》。袁渙爲袁滂之子，其墓當在此大扶城（今河南省周口太康縣清集鄉扶樂城村）東北諸袁舊墓中，未知酈注爲何未載。袁氏諸碑今皆已不存，亦無拓本傳世。唯汝南袁氏家族有諸碑存世，如袁安碑（"漢司徒袁安碑"，東漢永元四年（92）立，1929 年河南偃師縣南辛家村出土，現存河南省博物館）、袁敞碑（"漢司空袁敞碑"，東漢元初四年（117）立，1923 年河南洛陽出土，現藏遼寧省博物館）、袁博碑（"漢甘陵相袁博碑"，1923 年河南孟津縣張羊村北魏皇室墓出土，現存河南偃師文化館）等，北京國家圖書館皆存其拓本。

圖 1-24 "漢甘陵相尚書袁博碑"原碑拓本局部①

---

① 〔日〕永田英正編《漢代石刻集成》（京都大學人文科學研究所研究報告，圖版），同朋社出版，1994，第 281 頁。"漢甘陵相尚書袁博碑"，據郭玉堂《洛陽出土石刻時地記》記載，1923 年洛陽城北獐羊村北陵，北魏元譿、元懷皇室墓東出土殘碑二片，篆額題"甘陵相府君之碑"，碑文隸書殘存六行共一百七十二字，現存河南省偃師市文化館。
② （宋）洪适撰《隸釋》卷二七，中華書局，2003，第 284 頁。
③ （宋）洪适撰《隸釋》卷二七，中華書局，2003，第 284 頁。

三十五　漢溫令許續碑考

　　渦水之北有《漢溫令許續碑》。續字嗣公，陳國人也，舉賢良，拜議郎，遷溫令，延熹中立。①

　　此處爲墓碑，碑石不存而文酈注存其局部，無拓本傳世。酈注言此碑立于武平縣鹿邑城南、渦水（今淮河支流渦河）之北，碑名"漢溫令許續碑"，並據碑文言此碑立於東漢桓帝延熹中，延熹共十年，即公元158年至167年。此碑當爲道元所親見，時碑存而碑文已殘缺不全，故酈注唯載其碑文局部，而碑之全文、立碑者、緣由、形制皆未載。

　　武平縣，東漢初置縣，屬豫州陳國，其城西南有鹿邑城②，漢末建安元年（196），獻帝封魏武爲武平侯於此③；晉改屬梁國陳郡；劉宋時廢縣；北魏宣武帝正始間重置武平縣，屬兗州陳留郡；隋文帝開皇十八年（599）改武平縣爲鹿邑縣，屬亳州④，並另置新縣。另據清光緒《鹿邑縣志》言："武平城，漢縣。《水經注》：渦河又東，逕武平城故城北。建安元年，獻帝以操爲大將軍，封武平侯，以此城爲封邑。考《魏書·地形志》，正始中，置有武平城。據此，知武平嘗廢。至魏宣武時，始復置縣。縣既復矣，而境內又有故城，新舊建置不於一地，了無可疑。今之遺址，爲漢爲魏，則莫能定矣。"⑤今河南周口鹿邑市邱集鄉武平城村尚存是縣遺址。

　　許續，史書無載，酈注據其碑文言："續字嗣公，陳國人也，舉賢良，拜議郎，遷溫令。"可知許續字嗣公，爲漢末陳國人，此碑立於鹿邑城南，

---

① 《水經注校證》卷二三《陰溝水注》"東南至沛，爲渦水"條，第551頁。
② （劉宋）范曄撰、（唐）李賢等注《後漢書》"志二〇"《郡國志二》"陳國武平縣"條"陳國有武平縣"，李賢注曰："《左傳》成十六年，諸侯侵陳鳴鹿，杜預曰縣西南有鹿邑。"中華書局，1965，第3429頁。
③ （西晉）陳壽撰、（劉宋）裴松之注《三國志·魏書·武帝紀》："（建安元年）九月，車駕出轘轅而東，以太祖爲大將軍，封武平侯。"中華書局，1982，第13頁；（宋）樂史撰、王文楚等點校《太平寰宇記》卷一二"河南道亳州鹿邑"條："武平故城，在縣東北十八里。建安元年，獻帝以操爲大將軍，封武平侯，以此城爲封邑。"中華書局，2007，第235頁。
④ 《隋書》卷三〇《地理志中》"淮陽郡"條："鹿邑舊曰武平，開皇十八年改名焉。"中華書局，1973，第839頁。
⑤ 鹿邑縣地方史志辦公室編《清光緒鹿邑縣志點注》，中國社會科學出版社，2002，第328頁。

酈注所言"鹿邑城"東漢時屬陳國武平縣，即酈注所言"《春秋》之鳴鹿矣，杜預曰：陳國武平西南有鹿邑亭是也"①。許續爲漢末陳國人，其卒後歸葬故里，即陳國武平縣西南之鹿邑城南，可知此碑當爲墓碑。然酈注未言有墓者，或時僅碑存。許續當卒於桓帝延熹中，官至溫令。溫縣，西周初封蘇忿生於此，爲溫國；後爲溫邑；西漢初置溫縣，屬河内郡，因境有溫泉而故名，東漢因之②。許續當于桓帝時曾任溫令之職，此碑除酈注以外，歐、趙諸家皆未載，唯洪适《隸釋》卷二〇、顧藹吉《隸辨》依酈注亦著有《許續碑》，其文同，當早已亡佚。

三十六　漢尚書令虞詡碑考

　　渦水又東逕武平縣故城北，城之西南七里許有《漢尚書令虞詡碑》，碑題云：虞君之碑。諱詡，字定安，虞仲之後，爲朝歌令、武都太守。文字多缺，不復可尋。按范曄《漢書》，詡字升卿，陳國武平人，祖爲縣獄吏，治存寬恕，嘗曰：于公爲里門，子爲丞相，吾雖不及于公，子孫不必不爲九卿。故字詡曰升卿。定安，蓋其幼字也。魏武王初封於此，終以武平華夏矣。③

　　此處爲墓碑，碑石不存而碑文酈注存其局部，無拓本傳世。酈注言此碑立於時武平縣故城（今河南周口鹿邑市邱集鄉武平城村）西南七里，碑名"漢尚書令虞詡碑"，碑額題云"虞君之碑"，碑文言："諱詡，字定安，虞仲之後，爲朝歌令、武都太守。"然此碑時"文字多缺，不復可尋"，故酈注僅載其碑額題名及碑文局部，而碑之全文、年代、立碑者、緣由、形制皆未載。

　　虞詡，字升卿，陳國武平人，爲東漢安帝、順帝朝名臣，其事見《後漢書·虞詡傳》。詡年十二通《尚書》，早孤，孝養祖母。祖母終，初辟太

---

① 《水經注校證》卷二三《陰溝水注》"東南至沛，爲渦水"條，第551頁。
② （東漢）班固著、（唐）顏師古注《漢書》卷二八《地理志》"河内郡"條："溫，故國，己姓，蘇忿生所封也。"中華書局，1962，第1554頁；（劉宋）范曄撰、（唐）李賢等注《後漢書》"志一九"《郡國志一》"河内郡"條："溫，蘇子所都。濟水出，王莽時大旱，遂枯絕。"中華書局，1965，第3395頁。
③ 《水經注校證》卷二三《陰溝水注》"東南至沛，爲渦水"條，第551頁。

尉李脩府，後拜郎中，歷任朝歌長、懷令，安帝永初年間（107~113），羌寇武都，以詡有將帥之略，遷武都太守。詡到郡，兵不滿三千，而羌眾萬餘，然詡以少勝多，大破羌人，斬獲甚眾。永建元年（126），代陳禪爲司隸校尉，因彈劾中常侍張防而下獄，後得出，復徵拜議郎，數日遷尚書僕射。永和（136~141）初，遷尚書令，以公事去官。朝廷思其忠，復徵之，會卒。其子恭有俊才，官至上党太守。然詡之具體卒年，《後漢書》未載，當在順帝永和年間。詡剛直不阿，彈劾閹黨，不避權貴，清正廉守，故《後漢書》讚之："詡好刺舉，無所回容，數以此忤權戚，遂九見譴考，三遭刑罰，而剛正之性，終老不屈。"① 虞詡卒後，當歸葬其故里陳國武平，可知此碑當爲其墓碑，然酈注未言其墓，或時僅碑存。

酈注所載碑文述其家世生平，言其字定安，與《後漢書》所言其字升卿相異。碑稱詡歷任朝歌令、武都太守，與《後漢書》所載相符。《水經注》記載石刻時，多僅載其存佚及銘文等情況，一般不加考辨，唯此碑特例。酈注於是碑按范曄《漢書》云："詡字升卿，陳國武平人，祖爲縣獄吏，治存寬恕，嘗曰：于公爲里門，子爲丞相，吾雖不及于公，子孫不必不爲九卿。故字詡曰升卿。安定，蓋其幼字也。魏武王初封於此，終以武平華夏矣。"其文所載與今之《後漢書·虞詡傳》基本文同②，而詡字"安定"，道元以爲其幼字，而李賢注《後漢書》以爲其別字③。

此碑當爲虞詡卒後，其子上党太守虞恭及其族人爲之所立墓碑，碑載其家世生平及仕宦經歷。詡卒於順帝永和年間（136~141），此碑當亦立於其時④。此碑除酈注以外，歐、趙諸家皆未載，唯洪适《隸釋》卷二〇、顧藹吉《隸辨》依酈注亦著有《虞詡碑》，其文同，當早已亡佚。嚴可均

---

① （劉宋）范曄撰、（唐）李賢等注《後漢書》卷五八《虞詡傳》，中華書局，1965，第1873頁。
② （劉宋）范曄撰、（唐）李賢等注《後漢書》卷五八《虞詡傳》："虞詡，字升卿，陳國武平人也。祖父經，爲郡縣獄吏，案法平允，務存寬恕，每冬月上其狀，恒流涕隨之。嘗稱曰：東海于公高爲里門，而其子定國卒至丞相。吾決獄六十年矣，雖不及于公，其庶幾乎！子孫何必不爲九卿邪？故字詡曰升卿。"中華書局，1965，第1865頁。
③ （劉宋）范曄撰、（唐）李賢等注《後漢書》卷五八《虞詡傳》"虞詡字昇卿，陳國武平人也。"李賢注曰："武平故城在今亳州，鹿邑縣東北。酈元《水經注》云武平城西南七里有漢尚書令虞詡碑，題云：'君諱詡，字定安，虞仲之後。'定安蓋詡之別字也。"中華書局，1965，第1865頁。
④ 施蟄存撰《水經注碑錄》卷五《漢尚書令虞詡碑》，以爲"其碑書在永和、漢安間所立"，天津古籍出版社，1987，第203頁。

《全後漢文》卷一〇六闕十載有《虞詡碑》，其文亦據酈注，文同。《大明一統志》、《大清一統志》、清乾隆修《河南通志》、清光緒《鹿邑縣志》、楊守敬《水經注疏》等皆言鹿邑西北四十里有"虞詡墓"，《鹿邑縣志》載有"虞尚書墓"，言："在鹿邑西北四十七里，今墓尚存，其碑不知處。"《清史稿·地理志》"歸德府"條言："清水河，渦支津，舊自淮寧入，今首虞詡墓北，逕彙城東南，爲練溝，並入安徽亳州。"① 可知其墓至清末民國時尚存，然其碑則未知亡於何時。今河南鹿邑西北高集鄉田樓村東南存"田堌堆古墓"，當地傳爲"漢尚書令虞詡墓"，尚待考古發掘。

三十七　漢陽臺令許叔種碑考
三十八　漢故樂成陵令太尉掾許嬰碑考

（柘）城西南里許，有《漢陽臺令許叔種碑》，光和中立；又有《漢故樂成陵令太尉掾許嬰碑》，嬰字虞卿，司隸校尉之子，建寧元年立。餘碑文字碎滅，不復可觀，當似司隸諸碑也。②

此二處皆爲墓碑，立於柘縣境內，原碑石不存而碑文酈注存局部，亦無拓本傳世。"漢陽臺令許叔種碑"，酈注言此碑立于時柘縣故縣城西南里許，東漢末靈帝光和中立。光和紀年共七年，即公元 178 年至 184 年，此碑當立於期間。

"漢故樂成陵令太尉掾許嬰碑"，酈注言此碑與"許叔種碑"毗鄰，"漢故樂成陵令太尉掾許嬰碑"當爲碑額題名，爲東漢靈帝建寧元年（168）立，其碑文言："嬰字虞卿，司隸校尉之子。"此碑時爲殘碑，文字碎滅不復可觀，酈注言"當似司隸諸碑"。司隸，東漢於右扶風設"右司隸校尉部"，下轄郡七，縣、邑、侯國百六，即槐里、安陵、平陵、茂陵、鄠、郿、武功、陳倉、雍等地③，即今陝西省境內。北魏之時，司隸境內

---

① （民國）趙爾巽等撰《清史稿》卷六二《地理志九》"河南歸德府"條，中華書局，1976，第 2070 頁。
② 《水經注校證》卷二三《陰溝水注》"東南至沛，爲渦水"條，第 552 頁。
③ （劉宋）范曄撰、（唐）李賢等注《後漢書》"志一九"《郡國志一》"右扶風"條："右司隸校尉部，郡七，縣、邑、侯國百六。"中華書局，1965，第 3407 頁。

諸漢魏石刻多因戰亂而毀壞不存，或僅存殘碑，道元于《渭水注》中所載石刻，多已傾毀，故於此言此二碑"當似司隸諸碑"。此當爲道元所親見。

柘縣，秦時置縣，以邑有柘溝環流故名①。西漢時屬淮陽國，即酈注引《漢書・地理志》言"淮陽之屬縣也"；東漢、魏屬陳郡；西晉省縣；隋文帝開皇十六年（596）更名爲柘城縣②。其故城位於今河南商丘柘城北。

許叔種、許嬰，此二人皆史書無載。許叔種，叔種當爲其字，當於靈帝時任陽臺縣令，其事不可考。陽翟縣，東漢時屬潁川郡，爲夏禹之國都，潁川郡治③，即酈注於卷二二《潁水注》所言："夏禹始封於此，爲夏國……故潁川郡治也。"樂成陵，爲東漢桓帝之高祖、章帝之子河間孝王劉開之墓，質帝本初元年（146），桓帝由大將軍梁冀擁立爲帝，梁太后下詔追尊其高祖河間孝王開爲孝穆皇，並以其邑奉山陵，遂將河間國治樂成改稱樂成陵④，許嬰當于靈帝時任此縣令，其碑稱嬰字虞卿，爲司隸校尉之子。據《後漢書・黨錮列傳・羊陟傳》："（羊陟）以前太尉劉寵、司隸校尉許冰、幽州刺史楊熙、涼州刺史劉恭、益州刺史龐艾清亮在公，薦舉升進。"⑤ 羊陟爲漢末桓靈之世人，官至河南尹。靈帝時因黨錮之禍免官禁錮，卒於家。陟清直有學行，奏案貪濁，舉薦清公。此所舉"司隸校尉許冰"或即許嬰之父，然許冰亦史書無傳。"漢陽臺令許叔種碑"、"漢故樂成陵令太尉掾許嬰碑"並立於柘縣故縣城西南里許，則此二人皆爲漢末時吏，或爲同族之人。漢世官吏卒後多歸葬故里，則此二碑當爲二人之墓碑，陽臺令、樂成陵令太尉掾皆爲兩人卒前所任官職之名；許叔種當卒於光和中（178～184），許嬰卒于建寧元年（168）。

此二碑除酈注以外，歐、趙、洪皆未著録，宋人《天下碑録》載有

---

① （宋）樂史撰、王文楚等點校《太平寰宇記》卷一二"河南道宋州柘城縣"條："漢爲柘縣以邑有柘溝，以此名縣。漢獻帝封曹操爲武平侯，兼食柘、長平、陽夏三縣"，中華書局，2007，第223頁。

② 《隋書》卷三〇《地理志中》"梁郡"條："柘城，舊曰柘，久廢。開皇十六年置，曰柘城。"中華書局，1973，第836頁。

③ （劉宋）范曄撰、（唐）李賢等注《後漢書》"志一九"《郡國志一》"冀州潁川郡"條："陽翟，禹所都。有鈞臺。有高氏亭。有雍氏城。"中華書局，1965，第3406頁。

④ 《水經注校證》卷一〇《濁漳水注》"又東北至樂成陵縣北別出"條："章帝封子開於此。桓帝追尊祖父孝王開爲孝穆皇，以其邑奉山陵，故加諡曰樂成陵也。"第269頁。

⑤ （劉宋）范曄撰、（唐）李賢等注《後漢書》卷六七《黨錮列傳・羊陟傳》，中華書局，1965，第2209頁。

《漢陽臺令許叔種碑》，又有《漢樂陵令太尉掾許嬰碑》，皆言在柘城縣西南①，即酈注所載二碑，可知宋時尚存。鄭樵《通志·金石略》載有《陽臺令許叔種碑》，言在南京，而非柘城縣，或爲此碑後世翻刻之碑。後世文獻未有著録，未知兩碑亡於何時。

三十九　晉譙定王司馬隨墓碑考
四十　晉譙定王司馬隨墓石柱銘考

（大饗之碑）碑之東北，渦水南，有譙定王司馬士會冢。冢前有碑，晉永嘉三年立。碑南二百許步有兩石柱，高丈餘，半下爲束竹交文，作制極工。石榜云：晉故使持節散騎常侍都督揚州江州諸軍事、安東大將軍譙定王河內溫司馬公墓之神道。②

此兩處皆爲晉譙定王司馬隨墓之石刻，前者爲墓碑，其碑石及文皆已亡佚；後者爲墓石柱，上刻有銘文，其銘文存世而石柱不存。兩石皆無拓本傳世。此兩石，酈注言位於譙城曹太祖舊宅、"魏大饗碑"東北、渦水之南岸，晉譙定王司馬隨墓前。

"司馬隨墓碑"，酈注言立於西晉懷帝永嘉三年（309），然未載其文。"司馬隨墓石柱"，酈注言其距司馬隨墓碑南二百許步，兩方，皆高丈餘，柱之下半部分縱向鏤刻束竹交花紋，作制極工，石柱上刻"晉故使持節散騎常侍都督揚州江州諸軍事、安東大將軍譙定王河內溫司馬公墓之神道"銘文，此石柱當於墓碑同時而立。此兩處石刻，當爲酈道元親所經見，酈注於前者所言甚少，或碑時已殘缺，其於後者，所言甚詳，則此兩石柱時當保存完好。

司馬隨，子士會，爲西晉初譙剛王司馬遜之長子，其事見《晉書·宗室傳》："譙剛王遜，字子悌，宣帝弟魏中郎進之子也。仕魏關內侯，改封城陽亭侯，參鎮東軍事，拜輕車將軍、羽林左監。五等建，徙封涇陽男。武帝受禪，封譙王，邑四千四百戶。泰始二年薨。二子：隨、承。定王隨

---

① （宋）洪适撰《隸釋》卷二七，中華書局，2003，第285頁。
② 《水經注校證》卷二三《陰溝水注》"東南至沛，爲渦水"條，第553~554頁。

立。薨，子邃立，沒于石勒，元帝以承嗣遜。"① 由此可知，西晉武帝泰始元年（265）大封諸王，司馬隨之父司馬遜被封於譙城以爲譙王，第二年即薨，故司馬隨當於泰始二年（266）繼其父之位而爲譙王，"定"當爲其謚號，故又稱"譙定王"。另據《晉書·惠帝紀》："太安元年春正月庚子，安東將軍、譙王隨薨。"② 譙王隨即司馬隨，則其薨於惠帝太安元年（302）春正月庚子，在位共三十六年，時爲安東將軍。而據酈注所錄其墓石柱銘文可知，隨薨時封號，除安東將軍、譙王外，尚有"散騎常侍、都督楊州江州諸軍事"等封號。"河內溫"爲其郡望，晉之司馬氏皇族皆出於此。酈注又言其墓爲"司馬士會冢"，"士會"當爲其字。此皆正史無載，可補《晉書》之缺。然其墓碑所立之時爲懷帝永嘉三年（309），距其薨已近七年，則"譙定王"當爲後之追封謚號。此兩處石刻，於道元時尚存，其中"晉譙定王司馬隨墓石柱"保存完好，依其石柱銘文可知此兩石柱爲神道柱。

　　神道柱，亦稱華表，宋以來金石學家則常稱之爲墓表、表、墓闕、石闕，常立於宮室、祠廟以及陵墓之兩側，初多以木製成（最初之華表爲上古時期唐堯所立"誹謗之木"，立於交通要道以求臣民諫言），漢代以來，則多石柱形制，常立於帝王、官吏陵墓神道兩側，以爲標示之用，石柱上常刻銘文以旌表墓主之生平行狀，即爲文以表其人，故後人又爲墓表。唐封演《封氏聞見記》言："墓前石人、石獸、石柱之屬，自漢代而有之。"③ 楊曉春《南朝陵墓神道石刻淵源研究》一文據趙明誠《金石錄》所載"漢逄府君墓石柱篆文"、陳思《寶刻叢編》所載《漢博士趙傅逄君神道》，認爲兩處文獻所載西漢末年逄府君墓之石柱爲現存陵墓神道石柱最早文獻記載，並據此而推斷："神道石柱最早使用于西漢，東漢時期已較爲流行。"④

　　魏晉以來，神道柱之形制漸爲定型。今南京地區所發現之南朝神道柱（如南京堯化門南梁蕭景墓神道石柱），多由柱頂、柱身和柱跌構成。柱頂往往爲圓形覆蓮蓋，其蓋上則多立以獅、虎、辟邪等石獸；而柱身上半部分，在與柱頂相連之處則多飾以一長方形石牓，其上多刻以銘文，以表墓主之生平形狀，並與墓碑相爲呼應；而柱跌多爲圓形覆盆狀，上飾以螭

---

① 《晉書》卷三七《宗室傳·譙剛王遜傳》，中華書局，1974，第1103頁。
② 《晉書》卷四《惠帝紀》，中華書局，1974，第99頁。
③ （唐）封演撰、趙貞信校注《封氏聞見記校注》卷六《羊虎》，中華書局，2005，第60頁。
④ 楊曉春：《南朝陵墓神道石刻淵源研究》，《考古》2006年第8期，第75頁。

紋。柱身多高丈餘，橢圓形制，並刻以縱向"瓦楞紋"或"束竹紋"。酈注此處所言"晉譙定王司馬隨墓石柱"，柱身即飾以縱向束竹交花紋。據王偉《漢晉六朝神道柱與外來文化研究》所言："束竹應當是一種圓弧向外而尖角向內的式樣，故這種柱式又被稱爲瓜棱柱。"[1] 目前所見出土瓜棱柱之最早實物爲山東省圖書館藏漢琅琊相劉君石柱殘石，現存文獻最早所見瓜棱柱則當爲酈注此處所言"晉譙定王司馬隨墓石柱"。酈注所載漢魏以來神道石柱，除此尚有卷二三《汳水注》所載《漢鴻臚橋仁祠銘》、卷九《清水注》所載《漢桂陽太守趙越碑》、《漢李雲墓表》等十餘處，其中多爲後漢末期官吏墓道石柱，而於此處所述最爲詳細。

酈注以外，此兩處石刻，歐、趙、洪諸家皆未著錄，唯鄭樵《通志·金石略》載有《司馬士會碑》，並言"在亳州"，則當爲《晉譙定王司馬隨墓碑》。南宋時亳州爲淮南路，下轄譙縣，即爲碑之所立譙城，然亦未載其碑文，殆早已亡佚矣。

圖 1-25 "南梁蕭景神道石柱銘"原石拓本[2]

---

[1] 王偉：《漢晉六朝神道柱與外來文化研究》，《藝術研究》2009 年第 1 期，第 9 頁。
[2] 《北京圖書館藏中國歷代石刻拓本匯編》第二冊，中州古籍出版社，1997，第 155 頁。蕭景墓神道石柱上部長方形柱額刻楷書反體"梁故侍中中撫將軍開府儀同三司吳平忠侯蕭公之神道"。

四十一　漢文穆冢碑考

　　北肥水又東逕山桑縣故城南，俗謂之都亭城，非也。今城內東側猶有山亭奕立，陵阜高峻，非洪臺所擬。《十三州志》所謂山生于邑，其亭有桑，因以氏縣者也。郭城東有《文穆冢碑》，三世二千石，穆郡戶曹史，徵試博士太常丞，以明氣候，擢拜侍中右中郎將，遷九江、彭城、陳留三郡，光和中卒，故吏涿郡太守彭城呂虔等立。①

　　此處爲墓碑，碑石不存而碑文賴酈注存世，無拓本傳世。酈注言此碑位於山桑縣故城東，碑名"文穆冢碑"，並載碑文局部："三世二千石，穆郡戶曹史，徵試博士太常丞，以明氣候，擢拜侍中右中郎將，遷九江、彭城、陳留三郡，光和中卒，故吏涿郡太守彭城呂虔等立。"然碑立年代則未言。此碑當爲道元所親見，爲漢末所立，時碑存文晰。

　　山桑縣，西漢初置縣，屬沛郡；後爲山桑侯國②，酈注引《十三州志》言所謂山生於邑，其亭有桑，因以氏爲縣名，故曰山桑；東漢改屬汝南郡，建武（25～56）初封橫野大將軍王常於此爲山桑侯③，建武末國除爲縣；曹魏屬沛郡，後改屬汝陰郡、譙郡，晉因之；東晉末僑置山桑縣爲南譙郡治，宋齊梁因之。其故城位於今安徽亳州蒙城縣檀城鎮。

　　文穆，或爲人名，或爲碑主之諡號。酈注言其於靈帝光和（178～184）中卒，當爲漢末桓、靈之時人也。然史書所載名爲文穆者，《後漢書·竇固傳》有護烏桓校尉文穆④，漢明帝永平時人，距靈帝光和中近百

---

① 《水經注校證》卷二三《陰溝水注》"又東南至下邳淮陵縣，入于淮"條，第555頁。
② （東漢）班固著、（唐）顏師古注《漢書》卷二八《地理志》"沛郡"條："山桑，公丘，侯國。故滕國，周懿王子錯叔繡所封，三十一世爲齊所滅。"中華書局，1962，第1572頁。
③ （劉宋）范曄撰、（唐）李賢等注《後漢書》卷一五《王常傳》："建武二年夏，常將妻子詣洛陽，肉袒自歸……（帝）特加賞賜，拜爲左曹，封山桑侯。"中華書局，1965，第580頁。
④ （劉宋）范曄撰、（唐）李賢等注《後漢書》卷二三《竇容傳附弟子固傳》："（明帝永平十五年）騎都尉來苗、護烏桓校尉文穆將太原、雁門、代郡、上谷、漁陽、右北平、定襄郡兵及烏桓、鮮卑萬一千騎出平城塞。"中華書局，1965，第810頁。

餘年，當非此碑之主。其"三世二千石"者，可知出身於仕宦世家。呂虔，字子恪，任城人，其事見《三國志·魏書·呂虔傳》。漢末建安（196~220）中，魏武在兗州聞其有膽策，以之領泰山太守，後舉茂才，加騎都尉。虔在泰山十數年，甚有威惠。文帝即王位，加裨將軍，封益壽亭侯，遷徐州刺史，加威虜將軍。明帝即位，又徙封萬年亭侯，薨。史書未言其任涿郡太守之職。文穆卒於光和中，呂虔等爲其立墓碑當在其後，任涿郡太守或在靈帝末、獻帝之時，或於建安年間又任泰山太守。然酈注碑文言其爲彭城人也，《三國志》所載呂虔爲任城人，是非一人也。據此，則碑主、立碑人皆史書無載。

此碑除酈注外，歐、趙皆未著録，洪适《隸釋》卷二〇據酈注而載之，其文同；顧藹吉《隸辨》亦據酈注載此碑，然所載其碑文言文穆遷九江、彭城、陳留四郡，而非三郡，或所據之本不同（今世《水經注》皆爲"三郡"）。此碑當早已亡佚不存。

四十二　漢熹平某君碑考

又東逕夏侯長塢。《續述征記》曰：夏侯塢至周塢，各相距五里。汳水又東逕梁國睢陽縣故城北，而東歷襄鄉塢南。《續述征記》曰：西去夏侯塢二十里，東一里，即襄鄉浮圖也。汳水逕其南，漢熹平中某君所立。死因葬之，其弟刻石樹碑，以旌厥德。隧前有獅子、天鹿，累磚作百達柱八所，荒蕪頹毀，彫落略盡矣。①

此處爲墓碑，碑石及文皆不存，亦無拓本傳世。酈注言此碑位於梁國睢陽縣故城（今河南商丘睢陽區）北襄鄉塢汳水（後稱汴水）北側襄鄉浮圖前，並據其碑文言浮圖爲"漢熹平中某君所立，死因葬之，其弟刻石樹碑，以旌厥德"。此襄鄉浮圖當建於東漢靈帝熹平中（172~178），然碑所立年代未知，當在熹平後漢末之時。碑主之名亦未言，碑爲其弟所立，以旌其德，文當述某君之家世生平仕宦，並作銘辭以讚其德，惜酈注未載碑之全文。此碑當爲道元所親見，時碑尚存，墓前隧道兩側有獅子、天禄等石獸等，另建有浮圖，累磚作百達柱八所，然至道元之世，皆荒蕪頹毀，

---

① 《水經注校證》卷二三《汳水注》"汳水出陰溝於浚儀縣北"條，第557頁。

彫落略盡。

"襄鄉浮圖",爲我國至今所知建造最早之民間佛塔,其所處方位,據酈注引東晉郭緣生《續述征記》曰:"西去夏侯塢二十里,東一里,即襄鄉浮圖也。"可知其當在時睢陽縣境内,夏侯塢附近,夏侯塢,按《三國志·魏書·武帝紀》言:"(建安四年)術退保封丘,遂圍之,未合。術走襄邑,追到太壽,决渠水灌城。走寧陵,又追之,走九江。"①袁術所决渠水灌城之地即太壽,在寧陵、襄邑之間。又《三國志·魏書·夏侯惇傳》:"領陳留、濟陰太守,加建武將軍,封高安鄉侯。時大旱,蝗蟲起,惇乃斷太壽水作陂,身自負土,率將士勸種稻,民賴其利。"②夏侯惇引水作陂之地亦爲太壽,因其造福於民,故當地稱之爲夏侯塢。熊會貞《水經注疏》以此塢在商丘縣西北,即今河南商丘睢陽區與寧陵縣、睢縣交界之處,爲漢地佛教最初流傳之地域。

浮圖,梵文 Stupa,漢譯窣堵坡、塔婆、浮屠、浮圖、浮屠祠③,即"塔"之意,印度吠陀時代(前1500~前700)始有以窣堵坡埋葬逝者之墓,婆羅門教、佛教皆有以浮屠埋葬僧侣骨灰之俗。孔雀王朝時期(前324~前187),阿育王以佛教爲國教,推行佛法,造八萬四千佛塔,酈注於卷一《河水注》"屈從其東南流,入於渤海"條所載《阿育王大塔石柱》及《泥犁城石柱》即爲其例。佛教自東漢初年,漢明帝西域求法以來,始傳入中土,據《魏書·釋老志》:"帝遣郎中蔡愔、博士弟子秦景等使於天竺,寫浮屠遺範。愔仍與沙門攝摩騰、竺法蘭東還洛陽。中國有沙門及跪拜之法,自此始也。愔又得佛經《四十二章》及釋迦立像。明帝令畫工圖佛像,置清涼臺及顯節陵上,經緘於蘭臺石室。愔之還也,以白馬負經而至,漢因立白馬寺於洛城雍門西。"④《四十二章》亦爲傳入中土第一部佛經,其序文有言:"於是上悟。即遣使者張騫羽林中郎將秦景博士弟子王遵等十二人。至大月氏國寫取佛經。四十二章

---

① (西晉)陳壽撰、(劉宋)裴松之注《三國志·魏書·武帝紀》,中華書局,1964,第10頁。
② (西晉)陳壽撰、(劉宋)裴松之注《三國志·魏書·夏侯惇傳》,中華書局,1964,第268頁。
③ (劉宋)范曄撰、(唐)李賢等注《後漢書》卷四二《光武十王傳·楚王英傳》:"(明帝)詔報曰:楚王誦黄老之微言,尚浮屠之仁祠,絜齋三月,與神爲誓,何嫌何疑,當有悔吝?其還贖,以助伊蒲塞桑門之盛饌。"中華書局,1965,第1428頁。
④ (北齊)魏收撰《魏書》卷一一四《釋老志》,中華書局,1974,第3025~3026頁。

在十四石函中。登起立塔寺。於是道法流布，處處修立佛寺。"① 可知自東漢明帝時漢地即有建塔之風俗②。而建造浮圖祠，於東漢之時，始流行於王公貴戚，如明帝異母弟楚王劉英"更喜黃老，學爲浮屠齋戒祭祀"；中後期又逐漸流行於民間，如《三國志·吳書·劉繇傳》："笮融者，丹陽人。初聚衆數百，往依徐州牧陶謙。謙使督廣陵彭城運漕，遂放縱擅殺，坐斷三郡委輸以自入。乃大起浮圖祠，以銅爲人，黃金塗身，衣以錦采。垂銅槃九重，下爲重樓閣道，可容三千餘人，悉課讀佛經。令界內及旁郡人好佛道者聽受道，復其他役以招致之。由此遠近前後至者五千餘人戶。每浴佛，多設酒飯，布席於路，經數十里。"③ 笮融爲漢末建安年間徐州牧陶謙之僚佐，其於廣陵修建之浮圖祠，立有九重浮圖，下有重樓閣道，可容達三千人，可見規模之大，然此浮圖爲誦讀佛教場所。

以浮圖爲陵墓者，始於漢明帝時。楊衒之《洛陽伽藍記》卷四"白馬寺"條言："（漢）明帝崩，起祇洹於陵上。自此從後，百姓冢上，或作浮圖焉。"④ 漢明帝以後，民間逐漸亦有以浮圖爲墳墓者，建浮圖於墓前，酈注所言熹平中某君所立襄鄉浮圖，則建於漢末。襄鄉浮圖，當建於某君墓前，仿天竺佛教之俗，以佛塔爲往生之徑，其累磚作百達柱八所，可知爲磚石建造，文或有脫字，"百達"當爲"達百口"，內有"柱八"，則塔身或達百尺，塔內以八柱架構。陳橋驛先生以爲此爲我國建塔最早之資料⑤，此碑文當述建造浮圖之事，惜碑文未傳，其建造結構、規模亦不可考。此碑除酈注以外，歐、趙諸家皆未載，唯洪适《隸釋》卷二〇、顧藹吉《隸辨》依酈注亦著有《熹平君碑》，其文同，可知此碑當早已亡佚。

---

① （北齊）魏收撰《魏書》卷一一四《釋老志》，中華書局，1974，第3025~3026頁。
② （北齊）魏收撰《魏書》卷一一四《釋老志》："自洛中構白馬寺，盛飾佛圖，畫跡甚妙，爲四方式。凡宮塔制度，猶依天竺舊狀而重構之，從一級至三、五、七、九。世人相承，謂之'浮圖'，或云'佛圖'。"中華書局，1974，第3029頁。
③ （西晉）陳壽撰、（劉宋）裴松之注《三國志·吳書·劉繇傳》，中華書局，1964，第1185頁。
④ （北魏）楊衒之撰、范祥雍校注《洛陽伽藍記校注》卷四"城西白馬寺"條，上海古籍出版社，1978，第196頁。
⑤ 陳橋驛撰《水經注研究二集》，山西人民出版社，1987，第532頁。

四十三　漢太尉掾橋載墓碑考

　　汳水又東逕蒙縣故城北，俗謂之小蒙城也。《西征記》：城在汳水南十五六里，即莊周之本邑也，爲蒙之漆園吏。郭景純所謂漆園有傲吏者也。悼惠施之沒，杜門于此邑矣。汳水自縣南出，今無復有水。惟睢陽城南側有小水，南流入于睢城。南二里有《漢太傅掾橋載墓碑》，載字元賓，梁國睢陽人也，睢陽公子，熹平五年立。①

　　此處爲墓碑，原碑已不存，唯碑文酈注載其局部，無拓本傳世。此碑酈注言立於梁郡睢陽城南二里，即今河南商丘睢陽區。酈注載其碑名"漢太傅掾橋載墓碑"，並録其碑文局部："載字元賓，梁國睢陽人也，睢陽公子，熹平五年立。"則碑立於東漢靈帝熹平五年（176）。然此碑之立碑者、緣由、碑之形制酈注皆未載，或時碑已殘缺。

　　太傅掾，爲漢代三公太傅之僚屬，據《後漢書·百官志》"太傅"條李賢注引《漢官》云："太傅長史一人，秩千石，掾屬二十四人，令史、御屬二十二人。"② 又引晉荀綽《晉百官表注》曰："漢太傅置掾屬十人，御屬一人，令史十二人，置長史，與漢異。"③ 可知至晉時尚有此職，其正者曰掾，即《漢書音義》所言："正曰掾，副曰屬。"漢之三公太傅、太尉、司徒其下皆有掾屬。

　　橋載，史書無載，酈注言其字元賓，爲漢末梁國睢陽人，睢陽公之子。睢陽公即漢末太尉橋玄，其事見《後漢書·橋玄傳》，玄字公祖，梁國睢陽人也，官至太尉、太中大夫，靈帝光和六年（183）卒，時年七十五。《後漢書》言其子羽官至任城相。除橋羽外，《後漢書》又言："玄少子十歲，獨遊門次，卒有三人持杖劫執之，入舍登樓，就玄求貨，玄不與。有頃，司隸校尉陽球率河南尹、洛陽令圍守玄家。球等恐並殺其子，

---

① 《水經注校證》卷二三《汳水注》"又東至梁郡蒙縣，爲獲水，餘波南入睢陽城中"條，第 557~558 頁。
② （劉宋）范曄撰、（唐）李賢等注《後漢書》"志二四"《百官志》，中華書局，1965，第 3555 頁。
③ （劉宋）范曄撰、（唐）李賢等注《後漢書》"志二四"《百官志》，中華書局，1965，第 3556 頁。

未欲迫之。玄瞋目呼曰：姦人無狀，玄豈以一子之命而縱國賊乎！促令兵進。於是攻之，玄子亦死。"① 此爲姦人劫殺之子爲其之少子，則橋載或爲其中子也。

另據嚴可均《全後漢文》卷七七所載蔡邕《太尉喬玄碑》言玄"春秋七十五，光和七年五月甲寅薨"② 與《後漢書》所言稍異。此碑酈注言立于熹平五年（176），則橋載或卒於是年。酈注於卷二四《睢水注》"東過睢陽縣南"條載有太尉橋玄墓碑，並録其碑文，然皆未言其子有橋載者，其事遂不可考。橋玄之碑，酈注言立于睢陽城北五六里，與橋載之碑皆在睢陽故城之側。

此碑除酈注著録以外，歐、趙諸家皆未著録，洪适《隸釋》卷二〇、顧藹吉《隸辨》依酈注亦著有《橋載碑》，其文同。宋人《天下碑録》載此碑，稱"漢太尉掾橋載碑"，言"在宋城縣五里"③，則其官職非"太傅掾"而爲"太尉掾"。《通志·金石略》據之亦載此碑，言在宋城縣五里，可知宋時尚存。宋以後，唯明人趙均《寒山堂金石林時地考》載此碑之目，然無跋。其後未見其他文獻著録，未知亡於何時。

四十四　漢司徒盛允墓碑考

獲水又東逕虞縣故城北，古虞國也。昔夏少康逃奔有虞，爲之庖正，虞思于是妻之以二姚者也。王莽之陳定亭也。城東有《漢司徒盛允墓碑》。允字伯世，梁國虞人也。其先奭氏，至漢中葉，避孝元皇帝諱，改姓曰盛。世濟其美，以迄于公，察孝廉，除郎，累遷司空、司徒。延熹中立墓，中有石廟，廟宇傾頹，基構可尋。④

此處爲墓碑，原碑石不存，而碑文酈注載其局部，無拓本傳世。酈注言此碑立於虞縣故城東，碑名曰"漢司徒盛允墓碑"。墓立於東漢桓帝延熹中（158～167），則碑當亦立於其時。此碑當爲道元所親見，時

---

① （劉宋）范曄撰、（唐）李賢等注《後漢書》卷五一《橋玄傳》，中華書局，1965，第1696頁。
② （清）嚴可均輯《全後漢文》卷七七蔡邕《太尉喬玄碑》，中華書局，1958，第888頁。
③ （宋）洪适撰《隸釋》卷二七，中華書局，2003，第285頁。
④ 《水經注校證》卷二三《汳水注》"獲水出汳水于梁郡蒙縣北"條，第559頁。

當碑存文晰，除此碑外，時墓前另有石廟，然廟宇傾頹，唯餘廟之基構可尋。

虞縣，酈注言爲古虞國也，昔夏少康逃奔有虞，爲之庖正，虞思於是妻之以二姚者也。事見《左傳·哀公元年》："（少康）逃奔有虞，爲之庖正，以除其害。虞思於是妻之以二姚，而邑諸綸。"杜預注曰："虞舜後諸侯也，梁國有虞縣。"① 知兩漢時之虞縣，屬梁國，少康逃至此處，娶虞之二姚，以綸城爲邑②。此縣，新莽時改稱陳定亭；北魏廢縣。其故城在今河南商丘虞城縣西南利民鎮。另酈注於卷四《河水注》"又東過大陽縣南"條言："（軨）橋之東北有虞原，原上道東有虞城，堯妻舜以嬪于虞者也。"③ 此虞城爲今陝西平陸縣，北魏時爲大陽縣④。

盛允，據酈注所載，允字伯世，梁國虞縣人。《後漢書》無傳，其事唯見《後漢書·孝桓帝紀》。盛允於東漢桓帝延熹二年（159）秋由大鴻臚升任司空，延熹三年秋又遷司徒，位極三公。然至延熹四年二月壬辰，桓帝因武庫失火，遂免去允司徒之職，故其任司徒尚未過半載，然其免職後之去向及卒年《後漢書》皆未有言⑤。《後漢書》李賢注曰"允字伯代"，此與其碑文所言"允字伯世"相異，當以碑文爲準，李賢所言或有誤。酈注於是條又據其碑文述允之家世、仕宦："其先奭氏，至漢中葉，避孝元皇帝諱，改姓曰盛。世濟其美，以迄于公，察孝廉，除郎，累遷司空、司徒。"奭，《說文》："奭，盛也，從大從皕，皕亦聲。此燕召公名也。"⑥

---

① （清）阮元編《十三經注疏》，《春秋左傳正義》卷五七《哀公元年》，北京大學出版社，1999，第1611頁。
② （劉宋）范曄撰、（唐）李賢等注《後漢書》"志二○"《郡國志二》"梁國"條："虞，有空桐地，有桐地，有桐亭。有綸城，少康邑。"中華書局，1965，第3426頁。
③ 《水經注校證》卷四《河水注》"又東過大陽縣南"條，第559頁。
④ （漢）司馬遷撰、（唐）張守節正義《史記·五帝本紀》張守節《正義》引《括地志》云："故虞城在陝州河北縣東北五十里虞山之上。酈元注《水經》云幹橋東北有虞城，堯以女嬪於虞之地也。又宋州虞城大襄國所封之邑，杜預云虞後諸侯也。又越州餘姚縣，顧野王云舜後支庶所封之地。舜姚姓，故云餘姚。縣西七十里有漢上虞故縣。"中華書局，1959，第31頁。
⑤ （劉宋）范曄撰、（唐）李賢等注《後漢書》卷八《孝桓帝紀》："（延熹二年秋七月壬午）大鴻臚梁國盛允爲司空……（延熹三年）秋七月，司空盛允爲司徒，太常虞放爲司空……（延熹四年）二月壬辰，武庫火。司徒盛允免，大司農種暠爲司徒。"中華書局，1965，第306頁。
⑥ （東漢）許慎撰、（清）段玉裁注《說文解字注》第四，上海古籍出版社，1981，第137頁。

鄭樵《通志·氏族略》：“盛氏，周之同姓國也。後爲齊所滅。《穆天子傳》云：‘盛，姬姓之國。’《公羊傳》云：‘成降于齊師。成者盛也。以諱滅同姓，故言成也。’又有奭氏，召公奭之後也。蓋以名爲氏。後避漢元帝諱，改奭氏爲盛氏焉。漢有司徒盛吉。後漢有北海太守盛苞。”① 可知“奭”初爲西周初召公之名，後召公封于燕，又封支子於奭，其後人遂以召公之名“奭”爲氏，即“奭氏”，至西漢元帝時，因避元帝之諱“奭”姓改以周時封地“盛”爲氏②。如南齊王儉修《姓譜》言：“北海太守奭偉，避元帝諱，改姓盛。”③ 盛允之祖當於西漢元帝時改姓盛，此爲後世盛氏淵源之一。允於桓帝時官至司徒，位極三公，故其碑文稱“世濟其美，以迄于公”。允舉孝廉出身，除郎，累遷大鴻臚、司空、司徒。酈注言此墓爲延熹中立，桓帝延熹共十年，盛允於延熹四年二月壬辰（161）被免去司徒之職，後於延熹四年至延熹十年（167）卒，歸葬其故里虞縣故城東，此碑亦當立於此時。其墓前建有祠廟及墓碑，然至道元之世，其廟毀，唯存殘碑。

此碑除酈注以外，歐、趙諸家皆未載，唯洪适《隸釋》卷二〇、顧藹吉《隸辨》依酈注亦著有《盛允碑》，其文同。另楊守敬《水經注疏》言漢司徒盛允墓尚在時“虞城縣東三里”④，可知其墓清末尚存。然皆未言有碑，當早已不存。

四十五　晉梁王妃碑考一
四十六　晉梁王妃碑考二

　　城內東西道北，有晉梁王妃王氏陵表，並列二碑，碑云：妃諱粲，字女儀，東萊曲城人也。齊北海府君之孫，司空東武景侯之季女，咸熙元年嬪于司馬氏，泰始二年妃于國，太康五年薨，營陵于新

---

① （南宋）鄭樵撰、馮克誠等整理《通志》卷二《氏族略》“以國爲氏”篇《盛氏》，《四庫家藏》“史部政書”，山東畫報出版社，2004，第40頁。
② （東漢）班固著、（唐）顏師古注《漢書》卷九《元帝紀》：“孝元皇帝，宣帝太子也。”顏師古注引荀悅曰：“諱奭之字曰盛。”中華書局，1962，第277頁。
③ （清）張玉書等編纂《康熙字典》（標點整理本），漢語大詞典出版社，2002，第189頁。
④ （清）楊守敬、熊會貞疏，段熙仲點校、陳橋驛復校《水經注疏》卷二三《汳水注》，江蘇古籍出版社，1989，第1977頁。

蒙之，太康九年立碑。①

此兩碑皆爲墓碑，碑石皆已亡佚，唯銘文存世，無拓本傳世。酈注以外，嚴可均《全晉文》卷一四六闕名二載有《晉梁王妃王氏陵碑》一文，與酈注略同。酈注言晉梁王妃墓位於睢陽縣城內東西道北，墓前並列二碑，碑立於晉武帝太康九年（288），並載其碑文。此兩碑當爲道元當親見，時碑石尚存，碑文尚清晰可識。

睢陽，周武王封微子啟于宋，以嗣殷後，都睢阳，位於睢水之南，故名也。秦時置縣；西漢高帝六年（前201）置梁國，以睢陽爲梁國都；西晉初年，晉武帝封司馬肜于梁國，國都睢陽。即今之河南商丘。

梁王妃，名王粲，字女儀，爲西晉初梁王司馬肜之妃，正史無傳，其生平事跡唯見於此兩碑。梁王司馬肜，字子徽，爲宣帝張夫人所生，其事見《晉書·宣五王傳》：“梁孝王肜，字子徽，清修恭慎，無他才能，以公子封平樂亭侯。及五等建，改封開平子。武帝踐阼，封梁王，邑五千三百五十八戶。及之國，遷北中郎將，督鄴城守事……永康二年薨，喪葬依汝南文成王亮故事。”② 故司馬肜被封爲梁王，當在晉武帝泰始元年（265）大封諸王之時，酈注言梁王妃於曹魏咸熙元年（264）嬪於司馬氏，後於泰始二年妃於國，當在司馬肜被封爲梁王之後，旋封爲梁王妃。司馬肜薨於惠帝永康二年（301），距梁王妃粲薨於太康五年（284）已十七年，酈注言梁王妃粲薨後營陵於新蒙之（後疑有脫字），太康九年（288）又於墓前立此兩碑，當爲梁王司馬肜所立。酈注言王粲爲“齊北海府君之孫，司空東武景侯之季女”，“司空東武景侯”爲魏王基，“北海府君”即王基之父魏王豹，“齊”當爲“魏”。據《三國志·魏書·王基傳》：“王基字伯輿，東萊曲城人也……是歲（甘露三年）基母卒，詔祕其凶問，迎基父豹喪合葬洛陽，追贈豹北海太守……是歲（景元二年），基薨，追贈司空，諡曰景侯。”③ 可知王基之父王豹於魏甘露三年（258）被追封爲北海太守，王基於魏景元二年（261）薨後被追贈司空，諡爲景侯。

梁王妃粲太康五年（284）薨後葬於封國都城睢陽城內，酈注言其

---

① 《水經注校證》卷二四《睢水注》“東過睢陽縣南”條，第568頁。
② 《晉書》卷三八《宣五王傳·梁王肜傳》，中華書局，1974，第1127頁。
③ （西晉）陳壽撰、（劉宋）裴松之注《三國志·魏書·王基傳》，中華書局，1982，第750、755、756頁。

墓"碑東即梁王之吹宫也,基陛階礎尚存在"。吹宫爲西漢梁孝王時所建之離宫,又稱平臺,北魏時尚存部分建築,時梁王妃墓及碑皆存。梁王肜永康二年(301)薨後,當歸葬於其封國國都睢陽,與梁王妃合葬。然酈注於睢陽城内僅言梁王妃墓及二碑,而未言梁王墓及碑,疑梁王妃墓之二碑,其一碑當爲梁王司馬肜之碑,因碑文摩滅,故酈注僅言梁王妃墓碑文。此二碑,除酈注以外,歐、趙諸家皆未載,唯洪适《隸釋》卷二〇、顧藹吉《隸辨》依酈注亦著有《梁王妃碑》,其文同,殆早已亡佚矣。

四十七　漢豫州從事皇毓碑考

睢水又東逕芒縣故城北,漢高帝六年,封耏跖爲侯國,王莽之傳治,世祖改曰臨睢。城西二里,水南有《豫州從事皇毓碑》,殞身州牧,陰君之罪,時年二十五。臨睢長平輿李君,二千石丞綸氏夏文則,高其行而悼其殞,州國咨嗟,旌閭表墓,昭敘令德,式示後人。①

此處爲墓碑,碑石不存而碑文酈注載其局部,無拓本傳世。酈道元言此碑立於芒縣故城西二里睢水之側,碑名"豫州從事皇毓碑",並載其碑文局部言:"殞身州牧,陰君之罪,時年二十五。臨睢長平輿李君,二千石丞綸氏夏文則,高其行而悼其殞,州國咨嗟,旌閭表墓,昭敘令德,式示後人。"可知此碑爲皇毓之豫州同僚哀悼其英年早逝,立此碑以祭之。然是碑所立之年代、形制則未有言。此碑當爲道元親眼所見,時碑存文晰。

芒縣,西漢初置縣,屬沛郡,酈注言"漢高帝六年,封耏跖爲侯國",即《漢書·功臣表》所載漢高祖六年(前201)封耏跖於此爲芒侯,高祖九年侯昭嗣②;新莽時改稱博治;東漢光武帝時改稱臨睢,屬沛國③;三國時魏省縣。其故城位於今河南商丘永城市東北。

---

① 《水經注校證》卷二四《睢水注》"東過睢陽縣南"條,第570頁。
② (東漢)班固著、(唐)顏師古注《漢書》卷一六《高惠高后文功臣表》,中華書局,1962,第562頁。
③ (東漢)班固著、(唐)顏師古注《漢書》卷二八《地理志》"沛郡"條:"芒,莽曰博治。"中華書局,1962,第1572頁;(劉宋)范曄撰、(唐)李賢等注《後漢書》"志二〇"《郡國志二》"沛國"條:"臨睢,故芒,光武更名。"中華書局,1965,第3427頁。

皇毓，史書未載，"豫州從事"爲其卒時所任之職。從事，即從吏史，亦稱從事掾，爲漢州郡刺史之佐吏，北魏後改稱參軍。皇毓當卒於豫州從事任內，時年僅二十五歲。"殞身州牧，陰君之罪"，或其卒與豫州刺史不無干係。皇毓卒後葬於時之沛國臨睢城西睢水之側，則其故里當亦爲臨睢。皇毓早逝，其同僚臨睢縣令平輿李君、二千石丞綸氏夏文高其行而悼其殞，遂爲之旌閭表墓以讚其德。平輿李君，即平輿人李君，其名及事未詳，時爲臨睢縣長，而此縣唯東漢時存，故是碑當爲東漢所立。平輿，東漢時屬豫州汝南郡，即今河南駐馬店平輿縣。二千石丞①，漢制，每郡國設國相、太守及丞一人，秩比二千石，則此"二千石丞"當指豫州沛國丞。綸氏，《後漢書·郡國志》冀州潁川郡有輪氏縣，西漢稱綸氏縣，章帝建初四年（79）改稱輪氏縣，即今河南登封。此夏文則爲綸氏縣人，時任沛國丞，其碑稱"綸氏"者，可知此碑當立于東漢初。此三人皆史書無載，皇毓之事亦不可考。

此碑除酈注以外，歐、趙諸家皆未載，唯洪适《隸釋》卷二〇、梅鼎祚《東漢文紀》卷三二、顧藹吉《隸辨》卷八依酈注亦著有《皇毓碑》，其文同，此碑當早已亡佚。施蟄存《水經注碑錄》卷六載有《漢豫州從事皇毓碑》②，亦即此碑也，"宣毓碑"當爲"皇毓碑"之誤。今河南許昌鄢陵縣縣初中（原文廟）存"漢豫州從事尹宙碑"，其碑額篆書"漢故豫州從事尹君之銘"，爲東漢熹平六年（177）立，存碑文全文，存世漢碑名碑之一，其碑文述東漢豫州從事鄢陵人尹宙之家世及仕宦經歷，所任官職與"皇毓"同。

四十八　漢東平憲王碑闕考

汶水又西南，長直溝水注之，水出須昌城東北穀陽山南，逕須昌城東，又南，漆溝水注焉。水出無鹽城東北五里阜山下，西逕無鹽縣故城北，水側有東平憲王倉冢，碑闕存焉。元和二年，章帝幸東平，

---

① （劉宋）范曄撰、（唐）李賢等注《後漢書》"志二八"《百官志五》"州郡條"："每屬國置都尉一人，比二千石，丞一人……每郡置太守一人，二千石，丞一人。"中華書局，1965年，第3621頁。

② 施蟄存撰《水經注碑錄》卷六《豫州從事皇毓碑》，天津古籍出版社，1987年，第243頁。

祀以太牢，親拜祠坐，賜御劍於陵前。①

此處爲墓碑，碑石及文皆不存，亦無拓本傳世。酈注言此碑位於無鹽縣故城北漆溝水側東平憲王劉蒼冢前，時碑闕存焉。此碑之碑文、年代、立碑者、緣由等酈注皆未言。酈注於卷一一《易水注》"又東過容城縣南"條載有漢中山簡王焉墓碑獸。中山簡王劉焉爲東平憲王劉蒼之異母兄，封於中山國，都盧奴（今河北定州）。

無鹽縣，秦時置縣，屬薛郡；西漢先後屬梁國、濟東國、大河郡；宣帝甘露二年（前52）秋九月，立皇子宇爲東平王，以無鹽爲都②。東漢初，光武封其子劉蒼爲東平王，仍都無鹽③；魏晉因之；東晉改東平國爲東平郡，無鹽屬之；北魏時屬兗州東平郡。其故治位於今山東泰安東平縣東平鎮無鹽村南。

劉蒼，東漢光武帝之嫡子，光烈陰皇后麗華所生，孝明帝之同母弟，章帝之叔父，其事見《後漢書·光武十王傳·東平憲王蒼傳》。蒼於建武十五年（39）被封爲東平公，十七年進爵爲王，都無鹽。其少好經書，雅有智思，爲人美須髯，腰帶八圍，明帝甚愛重之。明帝初即位，拜蒼爲驃騎將軍④，于其國置長史掾史員四十人，位在三公之上。蒼在朝數載，多所隆益，而自以至親輔政，聲望日重，意不自安，上疏歸職。帝優詔不聽，其後數陳乞，辭甚懇切，後於永平五年（62）還國。其後，明帝數次徵蒼還京師，並常賞賜錢帛衆多。章帝即位，尊重恩禮逾於前世，諸王莫與爲比。蒼於建初八年（82）正月薨，立四十五年，以其子懷王忠嗣，另

---

① 《水經注校證》卷二四《汶水注》"又西南過無鹽縣南，又西南過壽張縣北，又西南至安民亭，入於濟"條，第585頁。
② （東漢）班固著、（唐）顏師古注《漢書》卷二八《地理志》"東平國"條曰："故梁國，景帝中六年別爲濟東國，武帝元鼎元年爲大河郡，宣帝甘露二年爲東平國。莽曰有鹽。屬兗州。"又曰："縣七：無鹽，任城，東平陸……"中華書局，1962，第1637頁。
③ （劉宋）范曄撰、（唐）李賢等注《後漢書》卷一《光武帝紀》："（建武十五年）夏四月戊申，以太牢告祠宗廟。丁巳，使大司空融告廟，封皇子輔爲右翊公，英爲楚公，陽爲東海公，康爲濟南公，蒼爲東平公……。"中華書局，1965，第66頁。
④ （劉宋）范曄撰、（唐）李賢等注《後漢書》"志二一"《郡國志三》"東平國"條："故梁，景帝分爲濟東國，宣帝改。"又於"無鹽"下曰："本宿國，任姓。有章城。"中華書局，1965，第3451～3452頁。
　　（劉宋）范曄撰、（唐）李賢等注《後漢書》卷二《孝明帝紀》："（中元二年詔曰）高密侯禹元功之首，東平王蒼寬博有謀，並可以受六尺之託，臨大節而不撓。其以禹爲太傅，蒼爲驃騎將軍。"中華書局，1965，第96頁。

封其子尚爲任城王。時章帝哀之，封其生平所作之文並集覽之，又令諸王會東平奔喪，以盛禮葬之①，並詔策曰："惟建初八年三月己卯，皇帝曰：咨王丕顯，勤勞王室，親受策命，昭于前世。出作蕃輔，克愼明德，率禮不越，傅聞在下。昊天不弔，不報上仁，俾屏餘一人，夙夜煢煢，靡有所終。今詔有司加賜鸞輅乘馬，龍旂九旒，虎賁百人，奉送王行。匪我憲王，其孰離之！魂而有靈，保茲寵榮。嗚呼哀哉！"②據此文可知時送葬劉蒼之時，帝特詔有司加賜鸞輅乘馬，龍旂九旒，虎賁百人，奉送王行，可謂至榮矣③。《後漢書·章帝紀》亦言："（建初）八年春正月壬辰，東平王蒼薨。三月辛卯，葬東平憲王，賜鑾輅、龍旂。"④與詔文相符。可知酈注所載無鹽城縣故城北漆溝水側東平憲王倉冢及碑闕，皆當立於此時，即章帝建初八年三月辛卯，其墓及碑闕皆當爲章帝詔敕修立，而碑文當銘刻有章帝哀悼之詔策。

酈注又言："元和二年，章帝幸東平，祀以太牢，親拜祠坐，賜御劍於陵前。"此或據其碑文。此事亦見於《後漢書·章帝紀》："（元和二年）三月己丑，進幸魯，祠東海恭王陵。庚寅，祠孔子於闕里，及七十二弟子，賜褒成侯及諸孔男女帛。壬辰，進幸東平，祠憲王陵。"⑤此碑及闕除酈注以外，歐、趙諸家皆未載，唯洪适《隸釋》卷二〇、顧藹吉《隸辨》卷八依酈注亦著有《東平憲王碑》，其文同，當早已亡佚。今山東泰安東平縣東平鎮無鹽村南尚存漢時無鹽故城遺址，東平縣城北水河鎮北橋村大清河北岸王陵山南坡存有一漢代古墓群，爲山東省文物保護單位，當地稱爲"王陵山漢墓群"、"九子墓"，其墓群原有

---

① （劉宋）范曄撰、（唐）李賢等注《後漢書》卷四二《光武十王傳·東平憲王蒼傳》："（建初七年）明年正月薨，詔告中傅，封上蒼自建武以來章奏及所作書、記、賦、頌、七言、別字、歌詩，並集覽焉。遣大鴻臚持節，五官中郎將副監喪，及將作使者凡六人，令四姓小侯諸國王主悉會詣東平奔喪，賜錢前後一億，布九萬匹。"中華書局，1965，第1441頁。
② （劉宋）范曄撰、（唐）李賢等注《後漢書》卷四二《光武十王傳·東平憲王蒼傳》，中華書局，1965，第1441頁。
③ （西晉）陳壽撰、（劉宋）裴松之注《三國志·魏書·任城威王彰傳》："（黃初）四年，朝京都，疾薨于邸，諡曰威。至葬，賜鑾輅、龍旂，虎賁百人，如漢東平王故事。"中華書局，1964，第556頁。
④ （劉宋）范曄撰、（唐）李賢等注《後漢書》卷三《孝章帝紀》，中華書局，1965，第144頁。
⑤ （劉宋）范曄撰、（唐）李賢等注《後漢書》卷三《孝章帝紀》，中華書局，1965，第144頁。

九座古墓，其中五、六、七號墓於"文革"時毀壞，其餘六墓目前尚保存完好。1958年山東省文物管理處對其中三號墓進行考古發掘，考證爲東平憲王後代墓葬①，"王陵山漢墓群"當爲東平憲王劉蒼及其後代墓葬群。

據清光緒《東平州志》："王陵山，縣治北五里也，以爲嶮山，非也，漢東平憲王墓在焉……其西爲杏花崗，南枕大清河。"②是墓位於王陵山下，大清河北。大清河即北魏之漆溝水③。"王陵山漢墓群"與酈注所言之方位相符，可知至清末民國時其墓尚在，今據考古鑒定王陵山漢墓群一號大墓即東平憲王劉蒼冢。康熙時王士禛《東平憲王墓》詩云："鄉是人亡萬古悲，東平宮殿草離離。陵前賜劍知何處，金粟飄零剩斷碑。"④則清初時其墓尚存殘碑，然今世其墓尚在，碑已不存，當亡於近世。

四十九　漢龔勝墓碑考

泗水又逕龔勝墓南，墓碣尚存。又經亞父冢東。⑤

此處爲墓碑，碑石及文皆不存，亦無拓本傳世。酈注言此碑立于彭城縣泗水之北龔勝墓前，時墓碣尚存，然未言是碑之碑文、年代、立碑之人、緣由等，或非道元所親見。此碑除酈注以外，歐、趙、洪諸家皆未有著錄，蓋亡佚已久。

龔勝，字君賓，西漢末名臣，楚之彭城人也，與同郡龔舍齊名，世謂之楚兩龔⑥，其事見《漢書·兩龔傳》。龔勝之友龔舍，字君倩。二人

---

① 蔣英炬、唐士和：《山東東平王陵山漢墓清理簡報》，《考古》1966年第4期，第189頁。
② （民國）張志熙等修，劉靖宇纂《東平縣志》，《中國方志叢書》"華北地方"46號，成文出版有限公司，1996，第70頁。
③ （清）蔣作錦：《漆溝水考》："城北大清河，本漆溝故瀆。"見中國人民政治協商會議梁山縣委員會文史資料研究委員會：《梁山文史資料》第四輯，1988，第119頁。
④ （清）王士禛著，惠棟、金榮注《漁洋精華錄集注》下冊《東平憲王墓》，齊魯書社，1992，第1254頁。
⑤ 《水經注校證》卷二五《泗水注》"又東南過彭城縣東北"條，第601頁。
⑥ （劉宋）范曄撰、（唐）李賢等注《後漢書》卷二七《宣秉傳》："帝嘗幸其府舍，見而嘆曰：'楚國二龔，不如雲陽巨公。'"李賢注曰："二龔謂龔勝字君賓，龔舍字君倩，二人皆以清苦立節著名，事見《前書》。"中華書局，1965，第928頁。

相友，並著名節，少皆好學明經，兩人俱求學于時之大儒薛廣德，習《魯詩》①。勝初爲郡吏，後三舉孝廉，仕於楚王，爲楚之尉、丞，州舉茂才，又爲重泉令，病去官。時大司空何武、執金吾閻崇薦勝，哀帝初爲定陶王時已聞其名，徵勝爲諫大夫，後勝歷任丞相司直、光祿大夫、守右扶風、諸吏給事中，因不滿哀帝寵倖董賢，勝上書諫言董賢亂制度，因逆上旨；又因事與同僚相非恨，下御史而去官。哀帝末，復徵勝爲光祿大夫，勝常稱疾臥，數使子上書乞骸骨，會哀帝崩，王莽秉政，勝致仕歸故里彭城。其友龔舍因龔勝之薦，亦被哀帝徵爲諫大夫，後因病免，復徵爲博士、太山太守、光祿大夫，舍皆以病辭，歸居彭城。龔勝、龔舍二人爲同郡摯友，其仕途經歷相近，且皆崇儒學，雖居鄉里，郡二千石長吏初到官皆至兩人家，如師弟子之禮，名重於世，謂之"楚兩龔"。龔舍於鄉里通《五經》，以《魯詩》教授，後至漢孺子嬰居攝中（6~8）卒，年六十八。

新莽始建國元年（9），王莽詔令勝爲講學祭酒，然勝以病辭。後莽再次以太子師友祭酒徵勝，並以使臣攜詔書、印綬、安車駟馬而迎之，時郡縣守吏、三老、諸生等千人並爲致詔，勝仍以病篤而堅辭，並言："吾受漢家厚恩，無以報，今年老矣，且暮入地，誼豈以一身事二姓，下見故主哉？"② 可見其忠節之志。後勝遂對家人交待棺斂之事，曰："衣周於身，棺周於衣。勿隨俗動吾冢，種柏，作祠堂。"③ 語畢，絕食十四日而死，時勝七十九歲，故勝當卒於新莽始建國三年，即公元11年。龔勝卒後，使者、太守臨斂，賜複衾祭祠如法，門人衰絰治喪者百數，葬於彭城泗水北側。《漢書》言："勝居彭城廉里，後世刻石表其里門。"④ 酈注卷二三《獲水注》言："（彭）城西北舊有楚大夫龔勝宅，即楚老哭勝處也。"⑤ 此楚大夫龔勝宅當即《漢書》所言後世刻石表其里門者。龔勝之墓及碑至道元之

---

① （東漢）班固著、（唐）顏師古注《漢書》卷七一《薛廣德傳》："以《魯詩》教授楚國，龔勝、舍師事焉。"中華書局，1962，第3046頁。
② （東漢）班固著、（唐）顏師古注《漢書》卷七二《兩龔傳》，中華書局，1962，第3085頁。
③ （東漢）班固著、（唐）顏師古注《漢書》卷七二《兩龔傳》，中華書局，1962，第3085頁。
④ （東漢）班固著、（唐）顏師古注《漢書》卷七二《兩龔傳》，中華書局，1962，第3085頁。
⑤ 《水經注校證》卷二三《獲水注》"又東至彭城縣北，東入於泗"條，第562頁。

世尚存。另據《魏書·地形志》"徐州"條言彭城有龔勝冢[①]，可知北魏末其墓尚存，然未言有碑。

《太平御覽》引東晉戴延之《西征記》言："泗水東三里，有漢大夫龔勝冢，石碣猶存。"[②] 酈注之言或據於此。《太平寰宇記》卷一五"河南道徐州彭城縣"載有"廉里"及"龔勝墓"，言在"縣東南三里……石碣猶存，至今禁芻牧"[③]，可知至北宋時龔勝所居之故里彭城廉里及其墓及碑碣皆尚存，且處於官府保護之下，然龔勝碑，除酈注及戴延之《西征記》以外，唯鄭樵《通志·金石略》載有《太傅龔勝碑》，然據《漢書·兩龔傳》，龔勝於哀帝時位至光祿大夫，未曾居太傅之職。至新莽時，莽曾遣使者以太子師友、祭酒之印綬徵勝，或後世之人爲之立碑，因莽徵太子師友之故，而稱其碑名爲"太傅龔勝碑"。但新莽爲篡逆之朝，後世恥之且龔勝至死未應，不可能以此"太傅"題於碑額，故"太傅"或爲"光祿大夫"之訛，亦或爲東漢時追贈之位。據《後漢書·卓茂傳》，東漢建武（25～56）初年，光武帝嘉卓茂、孔休、蔡勳、劉宣、龔勝、鮑宣六人同志不仕，遂徵其六人之子孫封侯賜官，而龔勝之子龔賜遂被封爲上谷太守[④]，則龔勝或亦於其時追贈爲太傅，故其墓碑額題曰"太傅龔勝碑"。此碑及其故宅里門石表者，或立於東漢初年，爲其子龔賜所立，惜《通志》未載其碑文，而後世未有文獻著録此碑，當早已不存。

清同治年修《徐州府志》亦載有"龔勝墓"，可知至清末其墓尚存。楊守敬《水經注疏》以爲"墓在今銅山縣東南三里"[⑤]，即今江蘇徐州故黃河東岸和平路一帶，然其墓及碑今世皆已不存，其墓毀於近世。

---

① （北齊）魏收撰《魏書》卷一〇六《地形志中》"徐州彭城郡"條："彭城，前漢屬楚國，後漢、晉屬。有寒山、孤山、龜山、黃山、九里山、桓魋冢、亞父冢、楚元王冢、龔勝冢。"中華書局，1974，第2538頁。

② （宋）李昉等撰《太平御覽》卷五六〇"禮儀部三十九冢墓四"條，中華書局，1960，第2530頁。

③ （宋）樂史撰、王文楚等點校《太平寰宇記》卷一五"河南道徐州彭城縣"條，中華書局，2007，第300頁。

④ （劉宋）范曄撰、（唐）李賢等注《後漢書》卷二五《卓茂傳》："初，茂與同縣孔休、陳留蔡勳、安衆劉宣、楚國龔勝、上党鮑宣六人同志，不仕王莽時，並名重當時……光武即位，求休、勳子孫，賜穀以旌顯……光武以宣襲封安衆侯。擢龔勝子賜爲上谷太守。"中華書局，1965，第872頁。

⑤ （清）楊守敬、熊會貞疏，段熙仲點校、陳橋驛復校《水經注疏》卷二五《泗水注》"泗水又逕龔勝墓南"條，江蘇古籍出版社，1989，第2146頁。

五十　漢太尉陳球墓碑考一
五十一　漢太尉陳球墓碑考二
五十二　漢太尉陳球墓碑考三

泗水東南逕下相縣故城東，王莽之從德也。城之西北有漢太尉陳球墓，墓前有三碑，是弟子管寧、華歆等所造。①

此三處皆爲墓碑，碑石不存，碑文賴酈注而存世，有拓本傳世。酈道元言此三碑皆立於下相縣故城西北漢太尉陳球墓前，爲其弟子管寧、華歆等所造，然未載碑文，此三碑或非道元所親見，當引自他文。嚴可均《全後漢文》卷七七載有蔡邕所作《太尉陳球碑》，即《隸釋》卷一〇所載《陳球後碑》，《全後漢文》卷一〇三闕名七載《太尉陳球碑》（光和二年卒）、《陳球碑陰》，即《隸釋》卷一〇所載《太尉陳球碑》及《陳球碑陰》，其文皆同，當爲酈注所載三碑之二。

下相縣，因處於古相水下游故名②，爲項羽之故里。西漢時置縣，屬楚國；漢高祖十二年（前195），以下相爲侯國；景帝前元三年（前154）廢侯國，仍爲下相，屬臨淮郡；新莽改爲從德；東漢改屬下邳國；曹魏屬下邳郡；晉改屬臨淮郡；南朝劉宋時廢縣，北魏復縣，爲盱眙郡治。其故城位於今江蘇宿遷宿城區西南古城村。

陳球，字伯真，下邳淮浦人，廣漢太守陳亹之子，其事見《後漢書·陳球傳》。球出生世家，歷世著名，自幼涉儒學，善律令，順帝陽嘉（132~135）中，初舉孝廉，稍遷繁陽令，復辟公府，舉高第，拜侍御史。桂陽賊亂，太尉楊秉表球爲零陵太守。球到，設方略，朞月間，賊虜消散，因功遷魏郡太守。後徵拜將作大匠，作桓帝陵園，遷南陽太守，徵拜廷尉。靈帝熹平六年（177），遷司空，以地震免。拜光祿大夫，復爲廷

---

① 《水經注校證》卷二五《泗水注》"又東南過下邳縣西"條，第603頁。
② （漢）司馬遷撰、（劉宋）裴駰集解《史記》卷七《項羽本紀》："項籍者，下相人也。"裴駰《集解》引應劭云："相，水名，出沛國。沛國有相縣，其水下流，又因置縣，故名下相也。"中華書局，1959，第295頁。

尉、太常。光和元年（178），遷太尉，數月，以日食免。復拜光祿大夫。光和二年（179），爲永樂少府，與司徒劉郃謀誅中常侍曹節，事泄，因曹節之誣，下獄死，年六十二。陳球三剖郡符，五入卿寺，再爲三公，其清廉自持，正直敢爲，於南陽太守之任，糾舉豪右，仇視閹黨，終招禍端。其子瑀，爲吳郡太守；瑀弟琮，爲汝陰太守；弟子珪，爲沛相；珪子登，爲廣陵太守，並爲漢末名臣。

靈帝光和二年（179），陳球於永樂少府之任下獄卒，其後當歸葬其故里下邳淮浦，即酈注所言下相縣故城西北漢太尉陳球墓，因其官至太尉，故碑額題名當爲"漢太尉陳君碑"。此碑除酈注録以外，《太平御覽》引東晉郭緣生《述征記》曰："下相城西北，漢太尉陳球墓，有三碑。近墓一碑，記弟子盧植、鄭玄、管寧、華歆等六十人，其一碑陳登碑，文並蔡邕所作。"① 所記與酈注同而信息更爲豐富。可知其墓前至東晉時立有三碑，近墓一碑，爲其弟子盧植、鄭玄、管寧、華歆等六十人所立，另一碑爲陳登所立，此兩碑皆爲蔡邕書文。另一碑，則語皆不涉，未知立碑之人。

北宋歐陽修《集古録》卷三載有《後漢太尉陳球碑》（光和元年），跋曰："右漢太尉陳球碑，云'君諱球，字伯真，廣漢太守之元子也'。又云'除郎中，尚書符節郎，慎陵園令，換中東城門候，遷繁陽令，拜侍御史'。其後又云'拜將作大匠'，其餘摩滅僅存。按《後漢書》球傳……球在零陵，破賊胡蘭、硃蓋有功，威著南邦。今碑破蘭、蓋事班班可讀，與傳皆合，惟不著誅宦官事。至其卒時，文字摩滅不可識，惟云六十有三，亦與傳合。余所集録古文，與列傳多異，惟此碑所載與史傳同也。"② 歐陽修所見之陳球碑，爲其墓前所立三碑之一，時已破損，碑文僅餘上部，其下文字摩滅，僅存數行，其碑文所述球之生平與《後漢書》基本一致，並略詳，可補正史之缺，然未言立碑者及年代。

趙明誠《金石録》卷一目録一載有《太尉陳球碑》及碑陰和《陳球後碑》三目③，並於卷一七載《漢太尉陳球碑》跋，其文曰："球有二碑，

---

① 《太平御覽》卷五八九"文部五碑"，中華書局，1960，第2654頁。
② （宋）歐陽修著，鄧寶劍、王怡林箋注《集古録跋尾》卷三，人民美術出版社，2010，第71頁。
③ （宋）趙明誠著、金文明校證《金石録校正》目録第一百四十九《漢太尉陳球碑》，光和元年；第一百五十《漢陳球後碑》；第一百五十一《漢陳球碑陰》，廣西師範大學出版社，2005，第439頁。

皆在下邳，其一已殘缺，此碑差完可。考前代碑碣，與史傳多抵牾。而《球碑》所載官閥、事跡與傳合。"① 可知趙氏當親見陳球墓前之碑，時尚存二碑，一碑已殘缺不識，即歐陽修所見之拓本，而另一碑尚完可，歐氏未見也。然趙氏亦未錄二碑之文，僅言碑所述與史傳相合，爲漢碑之罕見者。歐、趙以外，洪适《隸釋》卷一〇、卷一一載有《太尉陳球碑》《太尉陳球碑陰》《陳球後碑》三目（另於卷二〇據酈注載有"陳球三碑"，其文同），前二文爲趙氏所見碑尚完整者之碑陽、碑陰之文，而"陳球後碑"爲歐氏所言殘碑者。

洪适《隸釋》卷一〇所載《太尉陳球碑》，爲酈注所言墓前三碑之一。洪景伯言此碑篆額書"漢故太尉陳公之碑"，題"光和二年卒"，碑文言"君諱球，字伯真，有虞氏之裔也"，述其家世，爲虞舜之後。後言其仕宦經歷，然僅言至復拜永樂少府，而未載其謀誅曹節之事。最後乃銘文，然僅可識數字，其餘缺失。洪氏跋曰："陳公名球，下邳淮浦人，三剖郡符，五入卿寺，再爲三公，靈帝光和二年卒……其存者皆與史傳合。至廷尉永樂時，則一辭不措，故熹平之議、光和之謀咸無焉，殆有所畏而然也。嗚呼，東漢閹寺之盛，人主拱手，君子喪氣，然剛毅之士寧接踵以赴死，不詘身以媚竈，故漢道雖日陵遲，無法度紀綱可以憑藉，而能立國又百余年者，皆義士忠臣之力也。"② 其碑文不言陳球光和二年謀誅閹黨而身死之事，亦不言刊石立碑之人，或此碑立於光和二年陳球卒時，立碑者有所畏憚故爲之。漢末陳球、陳蕃、李膺等清流名士，剛毅勇直，不屈身於權貴，敢於與閹黨鬥爭，慷慨赴死，爲後世所傳誦。

《隸釋》卷一〇所載《陳球碑陰》，則爲此碑陰題文，其文載"故民繁口嚴口子夏二百"、"故吏口口周清文德五百"等題名，其中多有缺漏，皆爲其故吏民之題名及所捐錢物，然未見酈注所言弟子管寧、華歆等人之名。洪景伯跋曰："故吏故民凡四十人，各有出錢之數。陳公兩碑書法皆不精，此則遠過之。球一爲令三爲守，繁陽既有異政，復典其郡，則惠露所霑爲多。南陽零陵去下邳道遠，故立碑皆魏郡之民吏，惟一孟條則鄰郡

---

① （宋）趙明誠著、金文明校證《金石錄校正》目錄第一百四十九《漢太尉陳球碑》，光和元年；第一百五十《漢陳球後碑》；第一百五十一《漢陳球碑陰》，廣西師範大學出版社，2005，第439頁。

② （宋）洪适撰《隸釋》卷一〇，中華書局，2003，第111頁。

鉅鹿之人也。此碑惟存穿之下橫兩列，餘皆剝落矣。"① 可知此碑至宋時已殘缺，碑陽下部之文摩滅不可識，碑陰唯存碑穿之下兩列文，此碑當爲其故吏民四十人於光和二年（179）刻石立碑，其中多爲陳球任魏郡太守時魏郡繁陽、陰安、內黃等之故吏，當非管寧、華歆等弟子及陳登所立之碑，非蔡邕所書，其書撰者不可知。此碑郭緣生《述征記》、酈注皆未載，未知其故。洪景伯又云："其全行之上皆云故吏，其中皆有息字。次行'息'之上，又有'早終'字，蓋謂二人者已卒，所出緡錢，則其子也。"② 可知此碑陰與碑陽題文，非同時所刻，碑陰之文當爲後世補刻，而立碑之人有故吏二人已卒，故由其子出錢助建。此碑陽及碑陰之文除《隸釋》之外，明梅鼎祚《東漢文紀》卷二一載《漢故太尉陳公之碑》、《陳球碑陰》，嚴可均《全後漢文》卷一〇三闕名七亦載有《太尉陳球碑》、《陳球碑陰》，其文同。

《隸釋》卷一一載《陳球後碑》，即歐陽修《集古錄》所載之碑，爲蔡中郎所書，《文選》卷二四陸機《贈交趾太守顧公真》詩云："發跡翼藩後，改授撫南裔。"李善注引蔡邕《陳球碑》云："遠鎮南裔，近撫侯服。"③ 可知李善所見六朝唐初本《蔡中郎集》即有此碑。洪景伯亦言此碑篆額書"漢故太尉陳公之碑"，其碑文言："君諱球，字伯真，廣漢太守之元子也。蓋周存六代，媯滿繼虞，建國于陳，逮完徂齊，實爲陳氏。"其文如"太尉陳球碑"亦言其家世仕宦經歷，前段敘球之歷官治績，差強可讀，後段則殘缺特甚。兩碑之文多有不同，皆可補正史之缺。洪氏跋曰："公既不得其死，門人或畏憚凶焰，必不敢立石雙表也。兩碑之前幾二百字可讀，其末則文字凋落如晨星相望，豈其間蓋有憤懟哀切之語，後來益有所懼而剔之乎？"④ 洪氏以爲，此碑之下文文字模糊不清者，爲球之門人懼而剔之也，故後世不傳。此碑文亦未言管寧、華歆等人，其弟子盧植、鄭玄、管寧、華歆等六十人所立之碑，當爲《述征記》所曰"其一碑陳登碑，文並蔡邕所作"者。陳登者，字元龍，漢末名臣，陳球弟沛相陳珪之子，爲廣陵太守，聞名於廣陵，其事見《三國

---

① （宋）洪适撰《隸釋》卷一〇，中華書局，2003，第112頁。
② （宋）洪适撰《隸釋》卷一〇，中華書局，2003，第112頁。
③ （南梁）蕭統編、（唐）李善注《文選》卷二四陸機《贈交趾太守顧公真》，上海古籍出版社，1986，第1146頁。
④ （宋）洪适撰《隸釋》卷一〇，中華書局，2003，第113頁。

志・魏書・陳登傳》及裴松之注引《先賢行狀》。登年二十五，舉孝廉，除東陽長，建安初魏武表爲廣陵太守。建安三年（198），隨魏武征呂布於下邳，因功進封伏波將軍①，則此碑當爲建安三年，登至下邳見其伯祖陳球之墓，爲之補立新碑，其碑文爲蔡邕書，故其文有"嗚呼哀哉"、"泣涕漣如"之語。

綜上所述，酈注所言太尉陳球墓前三碑，其第一碑爲其故吏民四十人於光和二年所立，其後又於碑陰補刻立碑之人姓名，即趙明誠《金石録》、洪适《隸釋》所載《太尉陳球碑》及碑陰，然郭緣生《述征記》、酈注皆未載；第二碑爲陳球弟陳珪之子陳登于建安三年（198）所立、蔡邕書文，即歐陽修《集古録》所載《陳球碑》、趙明誠《金石録》及洪适《隸釋》均載《陳球後碑》；第三碑則爲其弟子盧植、鄭玄、管寧、華歆等六十人於光和二年（179）所立，亦爲蔡邕書文，即郭緣生《述征記》所言"近墓一碑"，酈注所言"弟子管寧、華歆等所造"，然此碑唐宋以來皆無著録，則早已不存②，前二碑則至宋時尚存。洪适《隸續》卷五《碑圖》載《太尉陳球碑》之形制，言："篆額兩行黑字，圭首甚大，一暈覆之其右，復有二暈；文在穿下，凡十九行，後有裂者，石又下斷，所存者行二十四字。碑陰穿暈皆同，縱橫亦有裂，文前兩行書二人之事，餘存二十行，行二人。"③爲故吏民四十人所立碑者。亦載《陳球後碑》："復有一碑，篆額二行，穿暈略同，文二十行，行三十七字，其下亦有斷者。"④爲陳登所立碑者，此皆爲宋時所傳拓，後世無傳。

除歐、趙、洪外，鄭樵《通志・金石略》著録《太尉陳球碑》亦三通，

---

① （西晉）陳壽撰、（劉宋）裴松之注《三國志・魏書・陳登傳》，裴松之注引《先賢行狀》："（建安三年）太祖到下邳，登率郡兵爲軍先驅。時登諸弟在下邳城中，布乃質執登三弟，欲求和同。登執意不撓，進圍日急。布刺奸張弘，懼於後累，夜將登三弟出就登。布既伏誅，登以功加拜伏波將軍，甚得江、淮間歡心。"中華書局，1964，第231頁。

② （清）趙一清撰《水經注釋》第九冊，卷二五《洍水注》，一清按："洪景伯之言非也。酈注明云墓前有三碑，弟子管寧、華歆等所造。今《隸釋》所載二碑，皆無管、華姓名，則弟子所立一碑已亡。故《金石録》僅有二碑，而乃以碑陰充數，何耶？"光緒六年八月會稽章氏重刊本，第21頁。

③ （宋）洪适撰《隸續》卷五，中華書局，2003，第334頁。

④ （宋）洪适撰《隸續》卷五，中華書局，2003，第334頁。

與趙、洪二家同，唯於《陳球碑》下注云："蔡邕文並書，光和元年。徐州"① 陳球卒於光和二年，光和元年陳球尚存，安得立碑，必誤錄也。南宋陳思《寶刻叢編》亦據趙、洪二家載有《陳球碑及碑陰》、《陳球後碑》，其文同，皆言"光和二年"。然宋以後此碑未有著錄，未知亡於何時，其拓本亦不傳。

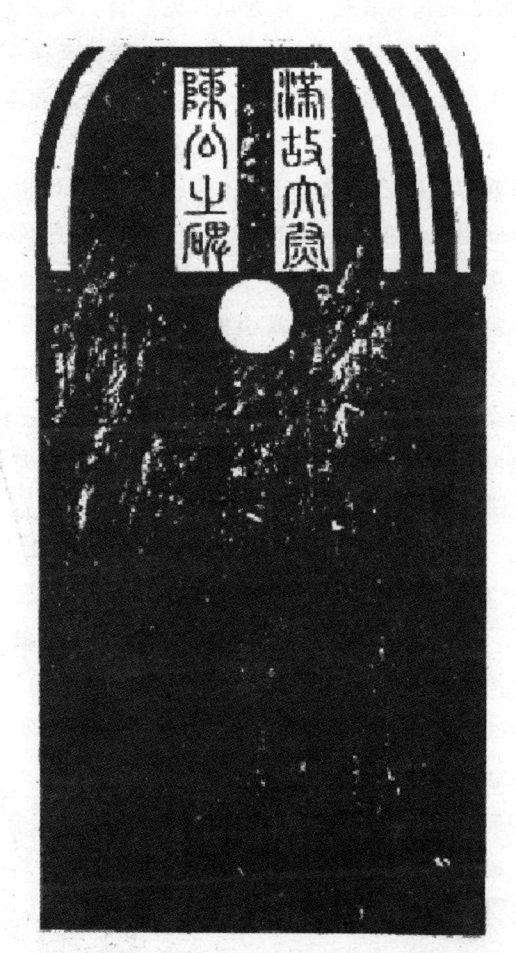

圖1-26 "漢太尉陳球碑"原碑宋拓本②

---

① 《通志》第四冊，卷三《金石略》，《四庫家藏》"史部書"，山東畫報出版社，2004，第40頁。
② （宋）洪适撰《隸續》卷五《碑圖》，中華書局，2003，第333頁。

五十三　魏獨行君子管寧碑考
五十四　魏徵士邴原墓碑考

汶水自縣東北逕鄣城北，《地理風俗記》曰：朱虛縣東四十里有鄣城亭，故縣也。又東北逕管寧冢東，故晏謨言，柴阜西南有魏獨行君子管寧墓，墓前有碑。又東北逕柴阜山北，山之東有徵士邴原冢，碑誌存焉。①

此兩處皆爲墓碑，碑石及文皆已亡佚，亦無拓本傳世。酈道元言管寧碑立于朱虛縣柴阜山之魏獨行君子管寧墓前西南，邴厚碑則立于柴阜山東徵士邴原冢側，酈注僅言其"碑誌存焉"，然兩碑文及立碑之緣由、年代皆未載。此兩碑皆非道元所親見，當引據他書。據酈注所言，則北魏時管寧、邴厚兩人墓及碑皆存於世。

管寧，字幼安，三國曹魏時北海朱虛人，其事見《三國志·魏書·管寧傳》。寧爲管仲後人，自幼好學，飽讀經書，"與平原華歆、同縣邴原相友，俱遊學於異國，並敬善陳仲弓"②。寧與華歆、邴原皆爲漢末名士，時人號爲"一龍"，以華歆爲龍頭，邴原爲龍腹，管寧爲龍尾。寧鄙棄富貴、清高恬泊、德行卓絕、海內無偶，《世說新語·德行》載有其與華歆"割席斷袍"之典故。寧於遼東因山爲廬，鑿土爲室，講《詩》、《書》，陳俎豆，飾威儀，明禮讓，名動天下。魏文帝黃初四年（223），帝詔公卿舉獨行君子，司徒華歆薦寧。文帝征寧，詔以爲大中大夫。明帝即位，太尉華歆遜位讓寧，帝詔以爲光禄勳，皆推辭不就。正始二年（241）帝以安車蒲輪、束帛加璧聘之，而寧卒，時年八十四。寧終身未仕，而名高天下，故其墓碑題曰"魏獨行君子"，碑當立於是年。

酈注據晏謨言："柴阜西南有魏獨行君子管寧墓，墓前有碑。"晏謨，十六國南燕青州人，著有《齊地記》，酈注之言當引自此書，然此書早已亡佚。柴阜，即時朱虛縣柴阜山，《太平寰宇記》卷二四"河南道密州諸城縣"條言："柴阜，《齊記》云：'柴阜榛莽森然，云柴阜。'"即邴原所

---

① 《水經注校證》卷二六《汶水注》"北過其縣東"條，第629頁。
② （西晉）陳壽撰、（劉宋）裴松之注《三國志·魏書·管寧傳》，中華書局，1964，第354頁。

葬之處。"① 此碑除酈注以外，《太平御覽》引東晉伏琛《齊地記》云："朱虎城東二十里有柴阜，其西南隅有魏獨行君子管寧墓，石碑猶存。"② 朱虎城即朱虛城，可知東晉時此碑尚存，位於時朱虛城西南隅。然歐、趙、洪諸家皆未著錄，陳思《寶刻叢編》據《太平寰宇記》言："管寧，字幼安，東筦朱虛人也，自黃初至青龍末徵命十至、輿服四錫，俱不應命，碑在安丘縣西十二里墓前。"③ 宋人編《天下碑錄》言此碑"在安丘縣西南五十里冢前"④，則可知此碑至宋時尚存。安縣古稱渠丘，西漢時置縣，宋時稱安丘，即今山東濰坊安丘市。而酈注言此碑存於朱虛縣境內。朱虛縣，西漢時置，屬琅邪郡，東漢時屬北海國治，魏晉時屬東莞郡，其故城位於今山東濰坊臨朐縣臨朐鎮東南，安丘市之西南。可知管寧碑當位於今濰坊市境內，臨朐與安丘交界處。今山東濰坊安丘市城南管公鎮老管公村東南尚存其墓，然碑早已不存，未知亡於何時。後人以寧之名節，而多立祠廟以祭之，今管公村西埠嶺，曾有管寧祠，惜於清末廢棄。

邴原，字根矩，與寧同爲三國曹魏時北海朱虛人，其事見《三國志·魏書·邴原傳》。少與管寧俱以操尚稱，州府辟命皆不就。孔融爲北海相，舉原有道，魏武辟原爲司空掾，後代涼茂爲五官將長史。閉門自守，非公事不出。魏武征吳，原從行而卒，後歸葬故里朱虛縣。魏武征吳之事當爲建安二十年（220）逍遙津之戰，則原當卒於是年，此碑當立于建安二十五年後，而酈注稱爲"徵士邴原冢"，"徵士"亦稱"征士"、"隱士"，邴原早年與管寧皆隱居於遼東，州府辟命而不仕，後雖爲魏武所用，然常以疾病，終不任事。《三國志·魏書·邴原傳》裴松之注又引《邴原別傳》言："原雖在軍歷署，常以病疾，高枕里巷，終不當事，又希會見。"⑤ 故魏武有"邴原名高德大，清規邈世，魁然而峙，不爲孤用"之歎。酈注言其冢居於柴阜山東，時碑誌存焉。今山東濰坊安丘市紅沙溝鎮李家赤埠村東赤埠嶺尚存邴原墓遺址，1982年當地文物普查時，此墓已無封土，碑早已不存。

---

① （宋）樂史撰、王文楚等點校《太平寰宇記》卷二四"河南道密州諸城縣"條，中華書局，2007，第495頁。
② 《太平御覽》卷五六〇"禮儀部三十九·冢墓四"條，中華書局，1960，第2531頁。
③ （南宋）陳思纂輯《寶刻叢編》卷一"京東路密州"條，《石刻史料新編》第一輯第二十四冊，新文豐出版公司，1977，第18096頁。
④ （宋）洪适撰《隸釋》卷二七，中華書局，2003，第287頁。
⑤ （西晉）陳壽撰、（劉宋）裴松之注《三國志·魏書·邴原傳》，中華書局，1982，第353頁。

除以上文獻著録外，另鄭樵《通志·金石略》、陳思《寶刻叢編》、趙均《寒山堂金石林時地考》、《古今碑刻》、《天下金石志》、清乾隆《山東通志》均載此二碑，然皆未載其碑文及立碑之緣由、時代。管寧、邴原皆爲漢末北海朱虛人，皆葬於故里朱虛縣柴阜山，管寧卒於魏文帝正始二年（241），邴原卒於建安末、魏初，則兩碑所立時代當相近。此兩碑宋以後皆亡，具體時間不可考。近世忽傳有管寧碑出土，碑稱"大儒管夫子碑"，隸書，其文著有"魏正始二年十月一日"之語，然非管寧墓原碑也，爲近人"以徐君夫人管洛小碑之形式與書法造之"，爲僞刻也①。

圖 1-27 國家圖書館藏"魏管寧墓志"拓本②

---

① 趙超撰《中國古代石刻概論》第五章"石刻及其拓本的辨僞鑒定與編目整理"，文物出版社，1997，第 298 頁。
② 《北京圖書館藏中國歷代石刻拓本匯編》第二冊，中州古籍出版社，1997，第 10 頁。"魏管寧墓志"，近世所傳僞刻，碑稱"大儒管夫子碑"，隸書，其文著有"魏正始二年十月一日"之語，非管寧墓原碑，爲近人"以徐君夫人管洛小碑之形式與書法造之"之僞刻，北京圖書館金石組以爲翻刻，未知其據。

五十五　晉鄒恢碑考

沔水又東逕萬山北，山上有《鄒恢碑》，魯宗之所立也。①

此處爲墓碑，碑石及文皆已亡佚，亦無拓本傳世。《水經注》所記載東晉石刻甚少，除此碑外，尚有同卷"晉鎮南將軍桓宣碑"、卷三五《江水注》"又東北至江夏沙羨縣西北，沔水從北來注之"條所載"平南將軍王世將刻石"，其碑主皆爲北方士族宦吏。酈道元言此碑立於襄陽萬山之上，碑名爲"鄒恢碑"，並言爲"魯宗之所立"，而碑之年代、碑文及立碑緣由則未爲提及，此碑當非道元所親見。

萬山，自古以來爲襄陽之名山，位於襄陽故城之南，今湖北襄陽城西北十里，毗鄰漢江。其山雖不高，然山勢峻拔，絕壁臨於漢江，拔江而起，高聳兀立，懸崖磷峋，雄奇俊秀，因其地勢險要，爲兵家必爭之地。登臨此山，可遠眺襄陽、樊城之景，漢江飄逸東逝，猶如水墨山水長卷，唐人孟浩然登臨此山，以《秋登蘭山寄張五》詩云："北山白雲里，隱者自怡悅。相望試登高，心飛逐鳥滅。愁因薄暮起，興是清秋發。時見歸村人，沙行渡頭歇。天邊樹若薺，江畔舟如月。何當載酒來，共醉重陽節。"②

鄒恢，史書無傳，未知何人。楊守敬《水經注疏》："《晉書》，郗恢鎮襄陽得民和。鄒恢疑是郗恢之誤。"③ 郗恢，字道胤，東晉孝武帝時人，爲東晉名臣郗鑒次子郗曇之子，其事見《晉書·郗恢傳》。恢少襲父爵，任散騎侍郎，累遷給事黃門侍郎，領太子右衛率。恢身長八尺，美鬚髯，且以才學文章見長，孝武帝深器之，"時帝雅好典籍，珣與殷仲堪、徐邈、王恭、郗恢等並以才學文章見昵於帝"④。孝武帝太元十七年（392），雍州刺史朱序自表去職，孝武帝遂擢恢爲梁秦雍司荊揚并等州諸軍事、建威將

---

① 《水經注校證》卷二八《沔水注》"又東過襄陽縣北"條，第662頁。
② （清）彭定求等編、中華書局編輯部點校《全唐詩》卷一五九孟浩然《秋登蘭山寄張五》，中華書局，1960，第1618頁。
③ （清）楊守敬、熊會貞疏，段熙仲點校，陳橋驛復校《水經注疏》卷二八《沔水注》，江蘇古籍出版社，1989，第2369頁。
④ 《晉書》卷六五《王導傳附子珣傳》，中華書局，1974，第1756頁。

軍、雍州刺史、假節,鎮襄陽。郗恢於任内,當有緣登臨襄陽名山萬山。後恢爲尚書,將家還都,至楊口,逢殷仲堪之亂,"仲堪陰使人於道殺之,及其四子,託以群蠻所殺。喪還京師,贈鎮軍將軍。子循嗣"①。此事亦見於《晉書·五行志》:"安帝隆安三年五月,荆州大水,平地三丈。去年殷仲堪舉兵向京師,是年春又殺郗恢,陰盛作威之應也。仲堪尋亦敗亡。"② 由此可知,郗恢當卒於東晉安帝隆安三年(399)春,其後葬於襄陽萬山之上。

酈注言萬山郗恢碑爲魯宗之所立。魯宗之,字彦仁,東晉末年將領,爲魯爽之祖,其事見《宋書·魯爽傳》。東晉孝武帝太元(376~396)年末,宗之自鄉里出襄陽,歷官至南郡太守。晉安帝義熙元年(405)襲僞雍州刺史桓蔚,進向江陵。以功爲輔國將軍、雍州刺史,封霄城縣侯,食邑千五百户。東晉時雍州州治爲襄陽(東晉大元中於襄陽僑置雍州),魯宗之於義熙中襄陽任内,亦曾登臨萬山,見郗恢之墓,而立此碑。碑當記郗恢之生平事跡。此碑,酈注之外,南宋王象之《輿地紀勝》云:"萬山寺在襄陽縣,晉太興中立寺,有郄恢碑,其下有大石龜。"③ 此"郄恢碑"當爲"郗恢碑",可知此碑至南宋時尚存於時襄陽縣萬山寺,然歐、趙、洪諸家皆未有著録,則未知亡於何時。

五十六　晉鎮南將軍桓宣碑考

> 沔水又徑桃林亭東,又逕峴山東,山上有桓宣所築城,孫堅死于此。又有《桓宣碑》。④

此處爲墓碑,亦爲東晉時碑,碑石及文皆已亡佚,亦無拓本傳世。酈道元言此碑立於襄陽之峴山,僅言有《桓宣碑》,然未言此碑之年代、碑文及立碑緣由,當非道元所親見。

峴山,位於今湖北襄陽市襄城區以南,其峰巖直插漢水,山勢峻拔,

---

① 《晉書》卷六七《郗恢傳》,中華書局,1974,第1806頁。
② 《晉書》卷二七《五行志》,中華書局,1974,第817頁。
③ (南宋)王象之撰《輿地紀勝》卷八二"京西南路襄陽府景物下"條,中華書局,1992,第2658頁。
④ 《水經注校證》卷二八《沔水注》"又從縣東屈西南,清水從北來注之"條,第664頁。

與鹿門山隔江相望。峴山自古以來，爲襄陽之名山，歐陽修《峴山亭記》曰："峴山臨漢上，望之隱然，蓋諸山之小者。而其名特著於荆州者，豈非以其人哉？其人謂誰？羊祜叔子、杜預元凱是已。"① 可知此山以有"晉羊祜墮淚碑"、"晉杜預沉潭碑"而知名於世，"晉桓宣碑"亦立於此山。

　　桓宣者，譙國銍縣人，東晉初年將領，義陽太守桓詡之孫，冠軍長史桓弼之子，其事見《晉書·桓宣傳》。東晉成帝咸和七年（332），桓宣隨陶侃敗石趙收復襄陽，侃使桓宣鎮之，此後十餘年間，桓宣於襄陽"招懷初附，勸課農桑，簡刑罰，略威儀，或載鉏耒於軺軒，或親芸穫於隴畝。十餘年間，石季龍再遣騎攻之，宣能得衆心，每以寡弱距守，論者以爲次於祖逖、周訪"②。晉康帝建元元年（343），庾翼北伐，以宣爲都督司梁雍三州荆州之南陽襄陽新野南鄉四郡軍事、梁州刺史、持節、平北將軍。庾翼鎮襄陽，令宣北伐石季龍之將李羆。宣軍次於丹水，爲李羆所敗。庾翼大怒，遂貶宣爲建威將軍，使之移戍峴山。而酈注所言"（峴）山上有桓宣所築城"，則此城當爲桓宣經丹水之敗後，於建元二年（344）戍守峴山時爲軍事防守之需所建之城。另據《晉書·桓宣傳》："（後）翼以桓宣爲鎮南將軍、南郡太守，代恣期。宣不得志，未之官，發憤卒。追贈鎮南將軍。"③。可知，桓宣於戍守峴山之後，被庾翼遷任爲鎮南將軍、南郡太守，然桓宣因丹水之敗而鬱鬱不得志，未及上任，發憤而卒於峴山。因桓宣鎮守襄陽達十餘年，悉心爲民，且多次擊退石趙侵軍，時人多以之與祖逖、周訪媲美，故其卒後，襄陽吏民感念其恩，將之葬於峴山，並立此碑，故此碑當立於桓宣卒後，即建元二年（344），碑文當述宣生平事跡及戍守峴山並於此建城之事。桓宣卒時，未就南郡太守之職，後被追贈鎮南將軍，故其碑額當題爲"晉鎮南將軍桓君碑"。此碑，酈注以外，歐、趙、洪諸家皆未有著錄，當早已亡佚。

---

① （宋）歐陽修撰、李逸安點校《歐陽修全集》第一冊，《居士集》卷四〇《峴山亭記》，中華書局，1996，第588頁。
② 《晉書》卷八一《桓宣傳》，中華書局，1974，第2117頁。
③ 《晉書》卷八一《桓宣傳》，中華書局，1974，第2117頁。

五十七　晉征西將軍周訪碑考

又有《征西將軍周訪碑》。①

此處爲墓碑，亦爲東晉時碑，碑石及文皆已亡佚。《水經注》言此碑與晉羊祜墮淚碑、晉征南將軍胡羆碑、晉鎮南將軍桓宣碑俱位於襄陽城南峴山之上，此碑之年代、碑文、形制皆未爲提及，亦非道元所親見。

周訪，字士達，東晉初名將，吳威遠將軍周纂之孫，晉左中郎將周敏之子，《晉書》有傳。其祖本汝南安成（今江西安福縣）人，東漢末家族避地江南，家於廬江尋陽（今江西九江）。訪少沈毅，謙而能讓，果於斷割，周窮振乏，家無餘財，爲縣功曹時與陶侃相與結友。元帝渡江，命訪爲參鎮東軍事，後以戰功累遷揚烈將軍、振武將軍、龍驤將軍、南中郎將，歷任豫率內史、尋陽太守、豫章太守，加征討都督，賜爵尋陽縣侯。周訪自永嘉之亂（發生於永嘉五年，311）至元帝建武年間（317~318），先後討伐華軼、平杜弢之亂②，智勇過人，爲東晉中興名將。建武元年（317），訪於沌陽，以八千之衆敗杜曾亂軍，遂平漢、沔之地。其後，訪因功遷南中郎將、督梁州諸軍、梁州刺史，亦爲襄陽都督，屯襄陽③。依《晉書·周訪傳》所載，訪於襄陽之任，務農訓卒，勤於採納，遠近悅服，襄陽臣民念其恩德，於城南峴山之上建祠廟立碑以頌其功德。訪後於大興二年（319）遷安南將軍④，並持節，都督、刺史如故。越明年，卒于梁州刺史、襄陽都督任內⑤，年六十一。元帝哭之甚慟，詔贈征西將軍，諡曰"壯"，並立碑於本郡。《晉書》所言"立碑於本郡"者，或可理解爲於周訪之故里廬江尋陽葬訪並立墓碑以誌之，或可理解爲於其任所襄陽立碑。

---

① 《水經注校證》卷二八《沔水注》"又從縣東屈西南，清水從北來注之"條，第664頁。
② 《晉書》卷五《孝愍帝紀》："（建興三年）三月，豫率內史周訪擊杜弘，走之，斬張彥於陳。"中華書局，174，第129頁。
③ 《晉書》卷四三《郭舒傳》："王敦召（舒）爲參軍，轉從事中郎。襄陽都督周訪卒，敦遣舒監襄陽軍。"中華書局，1974，第1242頁。
④ 《晉書》卷六《元帝紀》："（大興二年）甲子，梁州刺史訪及杜曾戰於武當，斬之，禽第五騎。六月丙子，加周訪安南將軍。"中華書局，1974，第152頁。
⑤ 《晉書》卷六《元帝紀》："（大興三年）辛未，梁州刺史、安南將軍周訪卒。"中華書局，1974，第154頁。

以後者而言，則酈注此處所言峴山之晉征西將軍周訪碑當爲《晉書》所言元帝詔立之碑，其碑立於周訪墓前，碑載元帝詔告之文，因其卒後追贈征西將軍，故其碑額題名"晉征西將軍周君碑"，其碑當立於大興三年、四年之間（320～321）。自訪之後，其子孫三代皆任梁州刺史、督梁益諸軍，子撫爲益州刺史，其孫楚"監梁、益二州"。

此碑酈注以外，歐、趙、洪諸家皆未有著録，當早已亡佚。除此碑外，酈注所載荆襄之碑近十餘處，《隋書·經籍志》載有《羊祜墮涙碑》一卷、《桓宣武碑》十卷、《荆州雜碑》三卷，皆爲荆襄碑刻之著録，然此三書唐已不存，此十餘碑銘今皆已不存。

五十八　漢太尉長史邑人張敏碑考

湍水又逕冠軍縣故城東，縣，本穰縣之盧陽鄉，宛之臨駣聚，漢武帝以霍去病功冠諸軍，故立冠軍縣以封之。水西有《漢太尉長史邑人張敏碑》。①

此處爲墓碑，碑石及文皆已亡佚，亦無拓本傳世。酈注言此碑位於南陽冠軍縣故城東湍水西側，碑題名爲"漢太尉長史邑人張敏碑"，然此碑之年代、碑文、形制及立碑緣由皆未載，當非道元所親見。

冠軍縣，西漢武帝時置縣，屬南陽郡。據《漢書·霍去病傳》，武帝元朔六年（前123），霍去病爲票姚校尉，隨衛青出戰定襄，以八百騎兵斬匈奴兵二萬餘人，武帝因霍去病遠征匈奴，功冠諸軍，下詔以二千五百户封去病於此縣爲冠軍侯②。酈注言"縣，本穰縣之盧陽鄉，宛之臨駣聚"；東漢和帝封竇憲於此，魏、晉、宋、梁因之；唐貞觀年間廢縣。其故城位

---

① 《水經注校證》卷二九《湍水注》"湍水出酈縣北芬山，南流過其縣東，又南過冠軍縣東"條，第689頁。
② （東漢）班固著、（唐）顔師古注《漢書》卷五五《霍去病傳》："票姚校尉去病斬首捕虜二千二十八級，得相國、當户，斬單于大父行籍若侯産，捕季父羅姑比，再冠軍，以二千五百户封去病爲冠軍侯。"中華書局，1962，第2478頁；（漢）司馬遷撰、（劉宋）裴駰集解、（唐）司馬貞索隱、（唐）張守節正義《史記》卷一一一《衛將軍驃騎列傳》："於是天子曰：票姚校尉去病斬首虜二千二十八級，及相國、當户，斬單于大父行籍若侯産，生捕季父羅姑比，再冠軍，以千六百户封去病爲冠軍侯。"中華書局，1959，第2928頁。

於今河南鄧州市張村鎮冠軍村。

張敏，酈注稱其爲"邑人"，則其故里當爲冠軍縣，卒時爲漢太尉長史。《後漢書》有《張敏傳》，言"張敏，字伯達，河間鄚人也。建初二年，舉孝廉，四遷，五年，爲尚書……九年，拜司隸校尉。視事二歲，遷汝南太守……延平元年，拜議郎，再遷潁川太守。永初元年，徵拜司空"①，後卒於官。此張敏雖爲東漢章帝、和帝時人，然其故里爲河間鄚縣，非南陽之冠軍，且其仕宦未曾任太尉長史之職，顯非此碑之張敏。另《晉書》載有益州刺史張敏②，有《張敏集》傳世（見《隋書·經籍志》），然亦非此碑之主。此碑之張敏無考，其卒後葬於故里，墓碑題云"漢太尉長史邑人張敏碑"，其碑文當載敏之生平仕宦經歷，碑當東漢時所立。

此碑除酈注外，歐、趙皆未著錄，唯洪适《隸釋》卷二〇、顧藹吉《隸辨》依酈注亦著有《張敏碑》，其文同，當已亡佚。

五十九　晉立魏征南軍司張詹碑考

（張敏）碑之西有魏征南軍司張詹墓，墓有碑，碑背刊云：白楸之棺，易朽之裳，銅鐵不入，丹器不藏，嗟矣後人，幸勿我傷。自後古墳舊冢，莫不夷毀，而是墓至元嘉初尚不見發。六年大水，蠻饑，始被發掘。說者言：初開，金銀銅錫之器，朱漆雕刻之飾爛然，有二朱漆棺，棺前垂竹簾，隱以金釘。墓不甚高，而內極寬大。虛設白楸之言，空負黃金之實，雖意錮南山，寧同壽乎？③

此處爲墓碑，碑石及文皆已亡佚，酈注言此碑立於"漢太尉長史邑人張敏碑"之西，魏征南軍司張詹墓前，則亦在南陽冠軍縣故城東湍水西側，其碑陰題云："白楸之棺，易朽之裳，銅鐵不入，丹器不藏，嗟矣後人，幸勿我傷。"然碑陽之文、年代、立碑者、形制皆未載，當非道元所親見，其文應引於他書。

---

① （劉宋）范曄撰、（唐）李賢等注《後漢書》卷四四《張敏傳》，中華書局，1965，第1504頁。
② 《晉書》卷五五《張載傳》："益州刺史張敏見而奇之，乃表上其文，武帝遣使鐫之於劍閣山焉。"中華書局，1974，第1517頁。
③ 《水經注校證》卷二九《湍水注》"湍水出酈縣北芬山，南流過其縣東，又南過冠軍縣東"條，第689頁。

魏征南軍司張詹，史書無載。"軍司"即軍師之意，"司"與"師"音相近，軍師之職，設於東漢，爲監察軍務之職。唐杜佑《通典》言："初隗囂軍中嘗置軍師，至魏武帝又置師官四人。晉避景帝諱，改爲軍司，凡諸軍皆置之，以爲常員，所以節量諸宜，亦監軍之職也……宋齊以來此官頗廢，至梁大通四年，元法僧北討，復以羊侃爲大軍司，後代多不置。"① 軍師之職，始於東漢之初，隗囂聘平陵人方望以爲軍師②。漢末，魏武於軍中置師官四人，其中軍師爲荀攸。據《三國志·魏書·荀攸傳》，建安初，曹操以荀攸爲軍師，滅袁紹後，以爲中軍師，軍國選舉及刑獄法制皆使決焉③。以東武亭侯鍾繇爲前軍師、涼茂爲左軍師、毛玠爲右軍師。據《三國志·蜀書·諸葛亮傳》，劉備以諸葛亮爲軍師中郎將，使之掌兵權，後進爲軍師將軍。西晉時，避司馬師之諱，改軍師爲軍司。魏晉官品中有諸軍司之職，爲第五品。"征南軍司"，即征南將軍軍師、司馬之職，魏武曾以楊俊爲征南軍師，爲魏特置之官④，晉時改稱"征南軍司"。《晉書·杜預傳》："祜病，舉預自代，因以本官假節行平東將軍，領征南軍司。"⑤ 羊祜因病而推薦杜預代己，時祜爲征南將軍、開府儀同三司，故杜預則爲平東將軍、領征南軍司。而"魏征南軍司張詹"，則當爲魏晉之際時人。

此碑除酈注外，歐、趙諸家皆未著錄，《隸釋》卷二○據酈注載有《張敏碑》及《魏張詹碑》，其文言："冠軍縣有漢太尉長史邑人張敏碑，碑之西有魏征南軍司張詹墓，墓有碑。"⑥ 其文與酈注同。《藝文類聚》卷四○引盛弘之《荆州記》云："冠軍縣東有魏征南軍司張詹，刻其碑背曰：白楸之棺，易朽之裳，銅鐵不入，凡器不藏，嗟矣後人，幸勿我傷。至元

---

① （唐）杜佑撰、王文錦等校點《通典》卷二九"職官十一武官下"，中華書局，1988，第805頁。
② （劉宋）范曄撰、（唐）李賢等注《後漢書》卷一三《隗囂傳》："囂既立，遣使聘請平陵人方望，以爲軍師。"中華書局，1965，第514頁。
③ （西晉）陳壽撰、（劉宋）裴松之注《三國志·魏書·武帝紀》裴松之注曰："（操）前後三讓。於是中軍師陸樹亭侯荀攸、前軍師東武亭侯鍾繇、左軍師涼茂、右軍師毛玠……等勸進……"中華書局，1964，第40頁。
④ （西晉）陳壽撰、（劉宋）裴松之注《三國志·魏書·楊俊傳》："太祖除俊曲梁長，入爲丞相掾屬，舉茂才，安陵令，遷南陽太守。宣德教，立學校，吏民稱之。徙爲征南軍師。"中華書局，1964，第663頁。
⑤ 《晉書》卷三四《杜預傳》，中華書局，1974，第1028頁。
⑥ （宋）洪适撰《隸釋》卷二○，中華書局，2003，第208頁。

嘉六年，民饑始被發，金銀朱漆之器雕刻爛然。"① 由此可知，酈注所言當源於《荆州記》。另《太平御覽》亦引盛弘之《荆州記》云："冠軍縣東一里有張詹墓，魏太和時人也。刻碑背曰：白楸之棺，易朽之裳，銅錢不入，瓦器不藏，嗟爾後人，幸勿我傷。自胡石之亂，墳墓莫不夷毀，此墓元嘉初猶儼然。六年大水，民饑始被發，初開金銀銅錫之器爛然，畢備有二朱漆棺，棺前垂竹薄簾，金釘釘之。"② 所言詳於《藝文類聚》、《水經注》，而《北堂書鈔》卷七九、卷一一〇二，《太平御覽》卷五八九、卷七六七皆載盛弘之《荆州記》之言，互有詳略，但皆以爲張詹碑。

《太平寰宇記》卷一四二"山南東道鄧州南陽縣"條載有"張澹冢"，引《隋圖經》云"魏征南軍司張詹冢有碑刻，其背文曰……"③，碑陰所載之文與酈注同。據《太平御覽》，張詹爲魏太和時人，太和爲魏明帝曹叡年號，共七年，即公元227年至233年。然《三國志》、《晉書》皆無張詹之人，唯《宋書》載有武陵内史張澹④，爲劉宋順帝時人，而非魏明帝太和時人，故其名其事無考。

酈注言其墓爲"魏征南軍司張詹墓"，碑額當題"魏征南軍司張君碑"，其碑文當載詹之生平仕宦經歷，而稱征南軍司，則此碑當爲西晉時所立，避景帝諱也。此碑之碑陰刊"白楸之棺，易朽之裳，銅鐵不入，丹器不藏，嗟矣後人，幸勿我傷"之句，以告世人爲薄葬之墓，無掘發之資，故此墓後屢經戰亂，周圍之墳墓莫不夷毀，唯此墓至劉宋文帝元嘉初依然完好。元嘉六年（429），漢中大水（《宋書·五行志》未載），民饑始發此墓，其墓奢華之極。酈注言："初開金銀銅錫之器爛然，有二朱漆棺，棺前垂竹薄簾，隱以金釘。墓不甚高，而内極寬大。"《太平御覽》引《荆州記》則言"有二朱漆棺，棺前垂竹薄簾，金釘釘之。"⑤ 此與其碑陰之辭大相逕庭，道元於此厚葬之俗大加鞭撻，並以"虛設白楸之言，空負黃金之實，雖意錮南山，寧同壽乎"而嘲之。兩漢以降，厚葬之風盛行於

---

① （唐）歐陽詢撰、汪紹楹校《藝文類聚》卷四〇《禮部下》"冢墓"條，上海古籍出版社，1982，第731頁。
② 《太平御覽》卷五五一"禮儀部三十棺"條，中華書局，1960，第2496頁。
③ （宋）樂史撰、王文楚等點校《太平寰宇記》卷一四二"山南東道鄧州南陽縣"條，中華書局，2007，第2755頁。
④ （南梁）沈約撰《宋書》卷一〇《順帝紀》："（升明二年八月）癸酉，武陵内史張澹有罪，下獄死。"，中華書局，1974，第198頁。
⑤ 《太平御覽》卷五五一"禮儀部三十棺"條，中華書局，1960，第2493頁。

世，魏武則多次下令禁厚葬及立碑石、祠廟之風，然依然屢禁不止，張詹之墓即此。魏晉南北朝時期，戰亂頻仍、災荒連年，民多盜墓掘墳以求財，此碑文雖妄言薄葬而防盜，然最終亦難以逃脫盜掘破毀之命運，亦印證曹丕《終制》云："自古及今，未有不亡之國，亦無不掘之墓也。"① 此碑於元嘉六年張詹墓盜發之時，或已損壞，故後世無載其碑文，唯其碑陰賴《荆州記》而傳世。另嚴可均《全三國文》卷五六、魏五十六、闕名二載有《張詹碑陰》，其文據酈注之言。

六十　漢左雄二碑考

湍水東南流，涅水注之，水出涅陽縣西北岐棘山東南，逕涅陽縣故城西，漢武帝元朔四年，封路最爲侯國，王莽之所謂前亭也。應劭曰：在涅水之陽矣。縣南有二碑，碑字紊滅，不可復識，云是《左伯豪碑》。②

此二碑皆爲墓碑，碑石及文已佚，亦無拓本傳世。酈注言此二碑位於涅陽縣故城南，時"碑字紊滅，不可復識"，可知道元當親見之。時碑文摩滅不可識，唯知爲"左伯豪碑"，而碑之年代、形制、立碑緣由皆不可知。

涅陽，西漢初，高帝封呂勝爲涅陽侯於此，漢文帝前元五年（前175）除涅陽侯國，置縣，屬南陽郡；武帝元朔四年（前125），封路最爲侯國；新莽改稱前亭；東漢分爲涅陽、安眾二縣，魏晉因之。其故城據《括地志》云："涅陽故城在鄧州穰縣東北六十里，本漢舊縣也。應劭云在涅水之陽。"③ 即今河南南陽鎮平縣南侯集鎮。

左雄，字伯豪，南陽涅陽人也，《後漢書》有傳。安帝時，左雄舉孝廉，後遷冀州刺史。時州部多豪族，好請託，雄常閉門不與交通。順帝永建（126～132）初，公車徵拜雄爲議郎。時，順帝新立，大臣懈怠，朝多

---

① （西晉）陳壽撰、（劉宋）裴松之注《三國志·魏書·文帝紀》裴松之注，中華書局，1964，第82頁。
② 《水經注校證》卷二九《湍水注》"又東過白牛邑南"條，第690頁。
③ （唐）李泰等著、賀次君輯校《括地志輯校》卷四"鄧州穰縣"，中華書局，1980，第193頁。

闕政，雄數言事，其辭深切，帝深議爲重，拜雄爲尚書，再遷尚書令。雄奏徵海內名儒爲博士，使公卿子弟爲諸生，凡有志操者，則加其俸祿。及汝南謝廉、河南趙建，年始十二，各能通經，雄並奏拜童子郎，一時天下儒生雲集京師。後再遷司隸校尉自雄掌納言，多所匡肅。每有章表奏議，臺閣以爲故事。永和三年（138）卒，其後當歸葬故里涅陽。酈注此處所載之"左伯豪碑"當立於左雄墓前，有兩碑，所立年代當在順帝永和三年之後，碑文當記左雄之生平仕宦。

《魏書·地形志》"濮陽郡"條言"廩邱縣有左伯桃冢"①，然未言有碑。宋人《天下碑錄》載有《漢左伯桃碑》，言："在安肅軍安肅縣西十五里墓前。"② 陳思《寶刻叢編》亦載之，引《訪碑錄》言："在安肅縣西十五里墓前。"鄭樵《通志·金石略》亦載之，然此左伯桃爲春秋時人，其與羊角哀結爲死友。明人據劉向《列士傳》撰有話本小說《羊角哀捨命全交》③，言楚王招賢，左伯桃應招前往，路遇羊角哀，結爲異姓兄弟，同赴楚都。時值嚴冬，途遇大風雪，凍餓將死，左伯桃捨命助羊角哀成名，羊角哀奏請楚王，爲左伯桃建墓立祠。左伯桃捨命助友，其行感人至深，爲後人傳頌。然非左雄，安肅去涅陽甚遠，故此碑非酈注所載"左伯豪碑"。

此兩碑除酈注外，歐、趙諸家皆未載，唯洪适《隸釋》卷二〇、顧藹吉《隸辨》卷八依酈注亦著有《左伯豪碑》，其文同。明周宏祖《古今碑刻》載有《左雄碑》碑目，並注云："在故涅陽城，今鄧州東。"明于奕正《天下金石志》亦載有《漢中書令左雄碑》，趙均《寒山堂金石林時地考》亦載此碑，然皆據酈注，亦未載其碑文。未知此碑亡於何時。

六十一　漢日南太守胡著碑考
六十二　漢石祠銘考

比水于岡南西南流，戍在岡上。比水又西南與南長、阪門二水

---

① （北齊）魏收撰《魏書》卷一〇六《地形志中》"濮陽郡廩邱縣"條，中華書局，1974，第2460頁。
② （宋）洪适撰《隸釋》卷二七，中華書局，2003，第285頁。
③ （明）馮夢龍撰、何草點校《喻世明言》卷七，中華書局，2002，第285頁。

合。其水東北出湖陽東隆山，山之西側有漢日南太守胡著碑。子珍，騎都尉，尚湖陽長公主，即光武之伯姊也。廟堂皆以青石爲階陛，廟北有石堂。珍之玄孫桂陽太守瑒，以延熹四年遭母憂，于墓次立石祠，勒銘于梁，石宇傾頹，而梁字無毀。盛弘之以爲樊重之母畏雷室，蓋傳疑之謬也。隆山南有一小山，山阪有兩石虎，相對夾隧道，雖處蠻荒，全無破毀，作制甚工，信爲妙矣，世人因謂之爲石虎山。①

前者爲墓碑，後者爲石祠石梁銘文，其原碑石及文已亡佚。酈注言"漢日南太守胡著碑"位於南陽郡湖陽縣城東隆山之西胡著墓前，即今河南南陽唐河縣湖陽鎮之蓼山附近，墓側另建石祠廟，爲胡著之子珍玄孫桂陽太守瑒於桓帝延熹四年（161）所立，並勒銘於廟內石梁。道元之世，此碑尚存，然碑文、立碑者、年代皆未載；碑側石祠時已傾頹，石梁銘文尚存，載桂陽太守胡瑒立石祠、勒銘於梁事。此當爲道元所親見。石祠皆以青石爲階陛，石祠北又有石室，然未言有石刻畫像，隆山南小山山阪又有兩石虎夾隧道而立，時保存完好、作制甚工，此隧道及兩石虎疑爲胡著墓之所屬石刻。

胡著，正史無載，當爲南陽湖陽人，其官至日南太守之職，卒後歸葬故里，葬於隆山之西。酈注言其子珍爲騎都尉，尚湖陽長公主。湖陽長公主，名黃，光武帝之伯姊，建武二年（26）封於湖陽。據《後漢書·宋弘傳》，湖陽長公主新寡，意尚大司空、宣平侯宋弘，然弘以"臣聞貧賤之知不可忘，糟糠之妻不下堂"拒之②。弘在大司空位五年，故湖陽長公主喪夫，當在建武二年至七年之間（26～31）。而據酈注所言，湖陽長公主改嫁胡著之子胡珍，當在宋弘拒絕之後，而胡著則亦當於光武帝建武初爲日南太守。

---

① 《水經注校證》卷二九《比水注》"又西至新野縣，南入于淯"條，第693頁。
② （劉宋）范曄撰、（唐）李賢等注《後漢書》卷二六《宋弘傳》："時帝姊湖陽公主新寡，帝與共論朝臣，微觀其意。主曰：'宋公威容德器，群臣莫及。'帝曰：'方且圖之。'後弘被引見，帝令主坐屏風後，因謂弘曰：'諺言貴易交，富易妻，人情乎？'弘曰：'臣聞貧賤之知不可忘，糟糠之妻不下堂。'帝顧謂主曰：'事不諧矣。'"中華書局，1965，第904～905頁。

日南，漢之郡名，原爲秦之象郡，漢武帝元鼎六年（前111）更名爲日南郡[1]；漢末以後，屬林邑國，位於今越南中部。據《後漢書·光武紀》，建武五年（29），交阯牧鄧讓率七郡太守遣使奉貢[2]，胡著當此時爲日南太守，一同進京。另據《後漢書·董宣傳》，宣爲洛陽令，時湖陽公主蒼頭白日殺人，因匿主家，吏不能得。及主出行，而以奴驂乘，宣於夏門亭候之，乃駐車叩馬，以刀畫地，大言數主之失，叱奴下車，因格殺之。主即還宮訴帝，帝大怒，召宣，欲箠殺之。……宣以頭擊楹，流血被面。帝令小黃門持之，使宣叩頭謝主，宣不從，強使頓之，宣兩手據地，終不肯俯。帝感其剛直不阿而赦之。宣由是搏擊豪強，莫不震慄，京師號之爲"臥虎"[3]。時蔡茂爲廣漢太守，喜宣之剛正，上書朝廷禁制貴戚，光武納之。茂以建武二十年（45）代戴涉爲司徒，而宣爲洛陽令凡五年。可知湖陽公主蒼頭白日殺人之事，爲建武十五年至二十年間（40~45），時公主年在五十外矣。史不載湖陽公主前後所适何人，酈氏此注，可補史闕。然胡著及其子胡珍，珍之玄孫桂陽太守胡瑒，史書皆未載。瑒於漢桓帝延熹四年遭母憂至故里湖陽，爲其祖胡著修墓建石祠，並勒銘於石梁。胡著之碑，酈注未言其所立年代及立碑者，其碑文亦未載，或立於東漢初，胡著卒後。

　　《後漢書·郡國志》南陽郡"湖陽邑"條，李賢注引盛弘之《荆州記》云："樊重母畏雷，爲石室避之，悉以文石爲階，今存。"[4] 此即酈氏所言："盛弘之以爲樊重之母畏雷室，蓋傳疑之謬也。"樊重，光武帝之外王父也。此石室，漢時多以爲"樊重之母畏雷室"，道元親至此處，經實地考察而推斷此論乃"傳疑之謬也"。此碑及祠銘，酈注以外，歐、趙諸家皆未載，唯洪适《隸釋》卷二〇、顧藹吉《隸辨》卷八依酈注著有《胡著碑》，其文同，當早已亡佚。

---

[1] （東漢）班固著、（唐）顏師古注《漢書》卷六《武帝紀》："（元鼎六年）遂定越地，以爲南海、蒼梧、郁林、合浦、交阯、九真、日南、珠崖、儋耳郡。"中華書局，1962，第188頁。

[2] （劉宋）范曄撰、（唐）李賢等注《後漢書》卷一《光武紀》："（建武五年十二月）交阯牧鄧讓率七郡太守遣使奉貢。"中華書局，1965，第41頁。

[3] （劉宋）范曄撰、（唐）李賢等注《後漢書》卷七七《酷吏列傳·董宣傳》，中華書局，1965，第2490頁。

[4] （劉宋）范曄撰、（唐）李賢等注《後漢書》"志二二"《郡國志四》"南陽郡"條，中華書局，1965，第3478頁。

六十三　漢若令樊萌碑考
六十四　漢中常侍樊安碑考
六十五　湖陽縣城南碑考

其水四周城溉，城之東南，有若令樊萌、中常侍樊安碑。城南有數碑，無字。又有石廟數間，依于墓側，棟宇崩毀，惟石壁而已，亦不知誰之胄族矣。①

此三處當皆爲墓碑，除樊萌、樊安碑外，其餘一處又有數碑，文皆已不存。酈道元言樊萌、樊安碑位於湖陽縣故城（今河南南陽唐河縣湖陽鎮）東南，兩碑之碑文、形制、年代皆未載。而於湖陽縣城南數碑，亦未言具體數額，且皆無碑文。墓側又有石廟數間，時棟宇崩毀，惟石壁尚存，依其墓碑即石祠之規制，當亦爲貴胄之墓也。樊萌、樊安之碑所在地，當爲湖陽城東南樊氏家族墓；而其城東無字數碑，當爲湖陽某一仕宦家族墓地，其碑主已不可知，其年代及碑文皆無可考。此數碑，除酈注以外，皆未見其他文獻記載，當早已不存。

漢若令樊萌、漢中常侍樊安，皆史書無載，其碑亦無可考。然其碑立於光武帝外王父樊重故里湖陽城，則當爲樊氏之族人。若令、中常侍，據《後漢書·百官志》皆爲千石之秩，位據樞機。樊萌碑，歐、趙、洪諸家皆未著錄，當早已亡佚。樊安碑則除酈注外，亦見於歐陽修《集古錄》卷二，稱《後漢樊常侍碑》（永壽四年）。載碑文數語，言安之生平仕宦，並跋云："余少家漢東，天聖四年舉進士，赴尚書禮部，道出湖陽，見此碑立道左，下馬讀之，徘徊碑下者久之。後三十年，始得而入《集錄》。蓋初不見錄於世，自余集錄古文，時人稍稍知爲可貴，自此古碑漸見收采也。"② 可知時此碑北宋時尚存於湖陽故城。

歐陽棐《集古錄目》卷一載《樊常侍碑》云："右漢隸，不著書撰人

---

① 《水經注校證》卷二九《比水注》"又西至新野縣，南入於淯"條，第693~694頁。
② （宋）歐陽修著，鄧寶劍、王怡林箋注《集古錄跋尾》卷二，人民美術出版社，2010，第47頁。

名氏，常侍各安，字子祐，南陽湖陽人，官至中常侍，追贈騎都尉，此碑並追贈制書同刻，以延熙三年（160）立在唐州湖陽縣"①，歐陽棐言此碑即"樊安碑"，然言此碑立於延熙三年，與其父歐陽修《集古錄》"永壽四年"之說相異。婁機《漢隸字源》亦載有《中常侍樊安碑》，言："延熹三年立，在唐州，碑後又刻安贈騎都尉詔。"② 婁氏據碑文明確言此碑爲靈帝延熹三年（160）所立，其碑陰刻有桓帝贈安騎都尉之詔書，然亦未載其文。

洪适《隸釋》卷六亦載此碑，稱《漢故中常侍樊安碑》，首載碑之全文，跋云："右漢故中常侍騎都尉樊君之碑，無額……碑在唐州湖陽，三五十年來椎拓，已漫滅其半矣。治平中，縣令樂京亦嘗爲之再刻。"③ 可知此碑自歐陽公集錄以來，時人爭拓，三四十年後，其碑文已漫滅殆半，毀損殊甚。考洪氏《隸釋》作於乾道三年（1167），其上溯五十年，則在北宋徽宗正和七年（1117），治平（1064～1067）乃北宋英宗年號，時歐陽修《集古錄》已書成，時人始拓之，湖陽縣令樂京故爲之翻刻一碑，而宋人《天下碑錄》稱此碑"在縣南門外二里許道側"④，則原碑時尚存。《隸釋》載其碑文全文，故可知其文當以漢隸篆刻。嚴可均《全後漢文》卷九九亦據而載之，其文云："君諱安，字子仲，南陽湖陽人也。厥祖曰仲山父……而樊氏以帝元舅，顯受茅土，封寵五國……爲天下著姓。"⑤ 其文以四言之句，述安之家世，爲仲山父之後人，光武帝舅湖陽樊氏之族人，爲天下著姓。其後言安幼以好學，治《韓詩》《論語》《孝經》，兼通記傳古今異義，且天姿淑慎，稟性有直，秉操不移，不以覬貴。進而述其仕宦經歷：宦於王室，歷中黃門，冗從假史，拜小黃門右史，遷臧府令、中常侍，漢桓帝永壽四年（158）二月甲辰卒，年五十六。朝思其忠，追拜爲騎都尉，故其碑題"漢故中常侍騎都尉樊君之碑"。碑文言此碑："以延熹三年冬十有一月自上烝祭，乃尋惟烈考恭脩之懿，勒之碑石，俾

---

① （宋）歐陽棐撰《集古錄目》卷一《樊常侍碑》，《石刻史料新編》第一輯第二十四冊，新文豐出版公司，1977，第17948頁。
② （宋）婁機撰《漢隸字源》卷一《中常侍樊安碑》，《景印摛藻堂四庫全書薈要》第八十冊經部小學類，世界書局，1985，第668頁。
③ （宋）洪适撰《隸釋》卷六，中華書局，2003，第79頁。
④ （宋）洪适撰《隸釋》卷二七，中華書局，2003，第287頁。
⑤ （清）嚴可均輯《全後漢文》卷九九闕名九《中常侍樊安碑》，中華書局，1958，第1008頁。

不失隧"①。則碑當立於安卒之第三年,由嗣子遷所立。婁氏所言爲是。趙明誠《金石錄》卷一目錄一第八十載《漢中常侍樊安碑》,注:"延熹元年八月。"另鄭樵《通志·金石略》亦言爲"延熹元年",皆誤,乃未據碑文而以安之卒年即爲碑立年代之故。碑文末有四言之銘辭,碑陰附以桓帝延熹元年之追贈騎都尉之詔書:"中常侍樊安,宿衛歷年,恭恪淑慎,嬰被疾病,不幸蚤終。今使湖陽邑長劉操追號安爲騎都尉,贈印綬。魂而有靈,嘉其寵榮,烏呼哀哉!延熹元年八月廿四日丁酉下。"②樊安以騎都尉之印綬隨葬,漢碑之載詔書者,此亦爲一例也。此碑之文,除《隸釋》外,宋人編《古文苑》卷九、明梅鼎祚《東漢文紀》卷二八、嚴可均《全後漢文》卷九九亦載碑之全文,其文略同。

此碑之形制,洪适《隸續》卷七《碑式》載之:"碑首穿暈與圉令同有額,而無字,若非漫滅,則是首行已有標題,故不再書也。其題一行,文十一行,銘三行,詔二行,行三十五字。"③此碑之原石及治平年間之翻刻碑,宋以後均不復見著錄,恐已亡佚。另洪适《隸釋》卷二〇、明于奕正《天下金石志》、顧藹吉《隸辨》卷八依酈注著有《樊重碑》、《樊蔭碑》、《樊安碑》,其文同。

六十六　漢陽侯焦立碑考

　　滍水又東北合牛蘭水,水發縣北牛蘭山,東南逕魯陽城東,水側有漢陽侯焦立碑。④

　　此處爲墓碑,碑石及文皆早已不存,亦無拓本傳世。酈注言此碑立於魯陽縣城東、牛蘭水側,碑名爲"漢陽侯焦立碑"。此碑之立碑年代、緣由、碑文、形制皆未爲提及,酈注以外,歐、趙諸家皆未著錄,當久已亡佚。

---

① (清)嚴可均輯《全後漢文》卷九九闕名九《中常侍樊安碑》,中華書局,1958,第1008頁。
② (清)嚴可均輯《全後漢文》卷九九闕名九《中常侍樊安碑》,中華書局,1958,第1008頁。
③ (宋)洪适撰《隸續》卷七,中華書局,2003,第384頁。
④ 《水經注校證》卷三一《滍水注》"滍水出南陽魯陽縣西之堯山"條,第723頁。

魯陽，夏時稱魯城，因城東北有魯山，城居其南，故商時又名魯陽。原爲鄭之屬地，後歸楚，楚惠王以魯陽封予文子（楚平王之孫，司馬子期之子），即《國語》所稱魯陽文子也①。另據《左傳·昭公二十九年》云："有陶唐氏既衰，其後有劉累，學擾龍于豢龍氏，以事孔甲，能飲食之，夏后嘉之，賜姓曰御龍，以更豕韋之後。龍一雌死，潛醢以食夏后。夏后饗之，既而使求之，懼而遷于魯縣。"② 魯縣即後世之魯陽，亦即酈注所言"劉累之故邑也"。魯陽縣，西漢初置縣，屬南陽郡；魏晉屬南陽國；北魏孝文帝時改名山北縣，並置魯陽鎮，太和十八年（494）爲荆州治所，太和二十二年（498），兼魯陽郡治所，宣武帝永平二年（509），酈道元除魯陽郡太守③，當親至此處，時此碑尚存於魯陽故城內。即今河南平頂山魯山縣。

　　焦立，史書無載。"漢陽侯"者，或爲"漢時之陽侯"，亦或爵名爲"漢陽侯"。然遍查史册，全無"漢陽侯"之爵名，當釋爲"漢時之陽侯"，此碑當爲東漢時碑，碑主爲陽侯焦立。《後漢書》中載有西陽侯、邵陽侯、細陽侯、平陽侯等爵名，而無"陽侯"之爵名，據此推斷，此碑名當爲"漢囗陽侯焦立碑"，碑名缺一字，立於魯陽城東。焦立，或爲魯陽侯，卒而葬於其封地。另據《三國志·魏書·燕王宇傳》："燕王宇字彭祖。建安十六年，封都鄉侯。二十二年，改封魯陽侯。"④ 可知漢末建安時即有魯陽侯之爵名，東漢上承漢制，當有此爵名。焦立卒後，葬於其封地，其墓碑或爲"漢魯陽侯焦君之碑"。此碑酈注以外，歐、趙諸家皆未載，唯洪适《隸釋》卷二〇、顧藹吉《隸辨》卷八依酈注所載亦著有《焦立碑》，其文同，碑當早已亡佚。

---

① 徐元誥撰，王樹民、沈長雲點校《國語集解》卷一八《楚語下》："惠王以梁與魯陽文子，文子辭……王曰：'子之仁，不忘子孫，施及楚國，敢不從子。'與之魯陽。"中華書局，2002，第527頁。

② （清）阮元編《十三經注疏》，《春秋左傳正義》卷五三《昭公二十九年》，北京大學出版社，1999，第1505頁。

③ 張鵬飛：《酈道元年譜考略》，《湖北大學學報》2006年第4期，第480頁。

④ （西晉）陳壽撰、（劉宋）裴松之注《三國志·魏書·武文世王公傳》，中華書局，1964，第582頁。

六十七　漢王子雅石樓銘考一
六十八　漢王子雅石樓銘考二

水南道側有二石樓，相去六七丈，雙跱齊竦，高可丈七八，柱圓圍二丈有餘，石質青綠，光可以鑒，其上欒櫨承栱；雕簷四注，窮巧綺刻，妙絕人工。題言：蜀郡太守姓王，字子雅，南陽西鄂人，有三女無男，而家累千金，父沒當葬，女自相謂曰：先君生我姊妹，無男兄弟，今當安神玄宅，翳靈后土，冥冥絕後，何以彰吾君之德？各出錢五百萬，一女築墓，二女建樓，以表孝思。銘云：墓樓東，平林下，近墳墓，而不能測其處所矣。①

此二處皆爲石樓銘石，今皆不存，唯銘文賴酈注而傳世。酈注言此二石樓皆立於西鄂縣（今河南南陽南召縣南），淯水之南道側，毗鄰"漢張平子墓"，道元當親至此地，故能詳言此兩石樓時之情況。然其所建年代則未言。除此處外，酈注於卷二二《洧水注》"洧水出河南密縣西南馬領山"條所載《漢弘農太守張伯雅墓》，亦建有石樓，可知爲漢代墓葬之常制。張伯雅墓除石樓外，另建有石廟、石碑、石獸等，形成較爲完整之漢墓葬石刻群。

王子雅，據銘文所言，"子雅"爲其字，其名不可知，南陽西鄂人，曾任蜀郡太守，卒後歸葬故里西鄂，其事正史無載。除酈注以外，《太平御覽》引盛弘之《荊州記》曰："西鄂城東有三女稚歿，三女造此樓於墓所。"② 與酈注所言合。趙明誠《金石錄》卷一九載有《漢蜀郡屬國都尉王君神道》，注曰："王君，字子雅，佚其名。"可知爲此蜀郡太守王子雅也。其跋文言："右《漢王君神道》，在南陽，云：'漢故蜀郡屬國都尉王君神道封陌'……今此碑後有唐向城令張璿之所撰《孝女雙石樓記》，所書與《水經注》合，唯《水經》誤以'都尉'爲'太守'爾。"③ 屬國都

---

① 《水經注校證》卷三一《淯水注》"淯水出弘農盧氏縣支離山，東南過南陽西鄂縣西北，又東過宛縣南"條，第726頁。
② 《太平御覽》卷一七六"居處部四樓"條，中華書局，1960，第859頁。
③ （宋）趙明誠著、金文明校正《金石錄校正》卷一九，廣西師範大學出版社，2005，第327頁。

尉，據《後漢書·百官志》，爲漢武帝初置，主蠻夷降者①，東漢多爲邊郡所置。蜀郡屬國都尉，《後漢書·郡國志》"蜀郡屬國"條言："故屬西部都尉，延光元年以爲屬國都尉，別領四城。"② 可知自安帝延光元年（122）始設此官職，故王子雅當爲其後之人。封陌，阡表也，此當爲王君墓前神道之石闕。趙明誠言其碑後有唐玄宗天寶七年（748）向城令張璿之所撰《孝女雙石樓記》，所書與《水經注》合，唯酈注誤以"屬國都尉"爲"郡守"，而酈注所言銘辭趙録未言，則酈注所載爲石樓銘文，而趙氏所見當爲其神道石闕之兩面，所謂"碑後"者，非碑陰之謂也，爲闕之背面。另陳思《寶刻叢編》據趙跋而録之，其後未有文獻著録，其石或宋後已不存。酈注於卷一九《渭水注》"又東過鄭縣北"條載有《漢五部神廟碑》（光和四年，《集古録》稱《殷阮君神祠碑》），其碑陰題名中有"長安有秩王頌字子雅"者③，與此西鄂王子雅不涉。

六十九　漢孝女碑考

　　（符）縣治安樂水會，水源南通寧州平夷郡鱉縣，北迳安樂縣界之東，又迳符縣下，北入江。縣長趙祉遣吏先尼和，以永建元年十二月，詣巴郡，没死成湍灘，子賢求喪不得，女絡年二十五歲，有二子，五歲以還，至二年二月十五日，尚不得喪，絡乃乘小船至父没處，哀哭自沈，見夢告賢曰：至二十一日與父俱出。至日，父子果浮出江上。郡縣上言，爲之立碑，以旌孝誠也。④

此處爲畫像石碑，爲東漢順帝永建二年（127）符縣官吏感孝女先尼絡之行，而爲之所立墓碑，以旌其孝誠也。碑立於符縣（亦稱符信縣，漢

---

① （劉宋）范曄撰、（唐）李賢等注《後漢書》"志二八"《百官志五》"州郡"條："（武帝）又置屬國都尉，主蠻夷降者。中興建武六年，省諸郡都尉，並職太守，無都試之役。省關都尉，唯邊郡往往置都尉及屬國都尉，稍有分縣，治民比郡。"中華書局，1965，第3621頁。
② （劉宋）范曄撰、（唐）李賢等注《後漢書》"志二三"《郡國志五》，中華書局，1965，第3515頁。
③ （宋）洪适撰《隸釋》卷一，中華書局，2003，第32頁。
④ 《水經注校證》卷三三《江水注》"又東過符縣北邪東南，鰼部水從符關東北注之"條，第772頁。

時屬益州犍爲郡，即今四川瀘州合江縣）境内，碑之原石及文皆早已亡佚。酈注於此碑之碑名、碑文、形制皆未載，當非親見此碑。酈道元於《水經注》中多載孝女、孝子之碑以彰顯其德，此碑即爲其例。此碑之外，卷一一《滱水注》"又東過安憙縣南"條所載《漢孝子王立碑》、卷三三《江水注》"岷山在蜀郡氐道縣，大江所出，東南過其縣北"條所載《漢姚氏二女碑》、卷四〇《漸江水注》"北過餘杭，東入於海"條所載《漢孝女曹娥碑》，皆爲此類之石刻。此事，除酈注外，《後漢書》、《華陽國志》、《搜神記》皆載有此事。

《後漢書·列女傳》："孝女叔先雄者，犍爲人也。父泥和，永建初爲縣功曹。縣長遣泥和拜檄謁巴郡太守，乘船墮湍水物故，尸喪不歸。雄感念怨痛，號泣晝夜，心不圖存，常有自沈之計。所生男女二人，並數歲，雄乃各作囊，盛珠環以繫兒，數爲訣别之辭。家人每防閑之，經百許日後稍懈，雄因乘小船，於父墮處慟哭，遂自投水死。弟賢，其夕夢雄告之：'卻後六日，當共父同出。'至期伺之，果與父相持，浮於江上。郡縣表言，爲雄立碑，圖像其形焉。"①

《華陽國志》卷三《蜀志》"符縣"條："郡東二百里。元鼎二年置。治安樂水會。東接巴蜀樂城，南水通平夷、鬱縣。永建元年十二月，縣長趙祉遣吏先尼和拜檄巴郡守，過成湍灘，死。子賢求喪，不得。女絡年二十五，有二子並數歲，迺分金珠，作二錦囊繫兒頭下。至二年二月十五日，女絡乃乘小船，至父没所，哀哭自沈。見夢告賢曰：'至二十一日與父屍俱出。'至日，父子浮出。縣言郡，太守蕭登高之，上尚書遣户曹掾爲之立碑。人爲語曰：'符有先絡，僰道張帛求其夫，天下無有其偶者矣。'"②

《搜神記》卷一一《犍爲孝女》亦載此事："犍爲叔先泥和，其女名雄。永建三年，泥和爲縣功曹。縣長趙祉，遣泥和拜檄謁巴郡太守。以十月乘船，於城湍墮水死，尸喪不得。雄哀慟號咷，命不圖存，告弟賢及夫人，令勤覓父尸，若求不得，吾欲自沉覓之。時雄年二十七，有子男貢，

---

① （劉宋）范曄撰、（唐）李賢等注《後漢書》卷八四《列女傳》，中華書局，1965，第2799～2800頁。
② （東晉）常璩撰、任乃强校注《華陽國志校補圖注》卷三《蜀志》"符縣"條，上海古籍出版社，1987，第180～181頁。

年五歲；貳，年三歲。乃各作繡香囊一枚，盛以金珠環，預嬰二子。哀號之聲，不絕於口，昆族私憂。至十二月十五日，父喪不得。雄乘小船，於父墮處，哭泣數聲，竟自投水中，旋流沒底。見夢告弟云：至二十一日，與父俱出。至期，如夢，與父相持，並浮出江。縣長表言，郡太守肅登，承上尚書。乃遣戶曹掾爲雄立碑，圖像其形，令知至孝。"①

　　以上四者所述基本相似，酈注與《華陽國志》相近，或據於此。《搜神記》所記最詳，且與《後漢書》相近。孝女之名，或曰先尼絡（酈注、《華陽國志》）或曰叔先雄（《後漢書》）、或曰先泥雄（《搜神記》），未知何以歧異至此。叔先、先尼、先泥者爲復姓，然後世多有叔先之姓，先尼、先泥者未有所見，故《後漢書》之說可信。《搜神記》稱孝女之父溺水在永建三年十月，孝女與父尸同浮出，在十二月二十一日，期間相隔甚久，且與諸書不同，或爲有誤。《後漢書》、《搜神記》俱以之爲犍爲人（漢之犍爲郡，今四川樂山犍爲縣），孝女之父符縣功曹叔先泥和（或曰先尼和、泥和）于永建元年赴巴郡途中，沒死于成湍灘，尸喪而不得，孝女哀慟號咷，於永建二年，乘小船至父沒處，哀哭自沈，故此碑當於漢順帝永建二年（127）立於符縣，其碑當載孝女自沈以求父尸之事，碑陰載立碑之郡守縣吏題名。另《後漢書》及《搜神記》皆言除立碑之外，圖像其形，以令後世之人知至孝，故其碑當亦雕以石刻畫像。

　　此碑除酈注外，歐、趙諸家皆未載，唯洪适《隸釋》卷二〇、顧藹吉《隸辨》卷八依酈注亦著有《光尼和碑》，其文同，唯言孝女之父爲"光尼和"而非"先尼和"，或涉形近而誤。宋王象之《輿地碑記目》載有《孝女碑》，言在犍爲清溪口楊洪山下，並記其事曰："東漢永建初，孝女叔先雄以父泥和墜湍水，尸喪不歸，雄於父溺處自投水死。後五日，與父尸相持浮江上。郡表言爲雄立碑，國朝元祐中重立。"② 其述與《後漢書》相近，並言北宋元祐中（1086~1093）曾重立此碑，則未知爲據拓本或碑文翻刻漢碑，或因漢碑久佚，別爲撰文而立新碑。然此漢碑及元祐重立之碑皆後世不傳，未知亡於何時。

---

① （東晉）干寶撰、汪紹楹校注《搜神記》卷一一《犍爲孝女》，中華書局，1979，第140頁。
② （南宋）王象之撰《輿地碑記目》卷四《嘉定府碑記》，見《歷代碑誌叢書》第二冊，江蘇古籍出版社，1998，第42頁。

第二章　祠廟類石刻

一　漢龍門禹廟碑考一

二　漢龍門禹廟碑考二

三　北魏龍門禹廟碑考

昔者，大禹導河積石，疏決梁山，謂斯處也，即《經》所謂龍門矣。《魏土地記》曰：梁山北有龍門山，大禹所鑿，通孟津河口，廣八十步。巖際鐫跡，遺功尚存。岸上竝有廟祠，祠前有石碑三所：二碑文字紊滅，不可復識，一碑是太和中立。①

此三碑爲祠廟頌德碑，酈注言皆立於龍門縣龍門之禹廟，以紀夏禹治水之功德，故又稱爲禹廟碑，原碑及文皆已亡佚，亦無拓本傳世。酈注所言"龍門"，位於今山西運城河津市與陝西渭南韓城市之間黃河峽谷之中，黃河經壺口之後，流經晉陝大峽谷，至龍門山（古稱梁山），河道最爲狹窄，水勢洶猛，兩岸高山危崎，壁立千仞，水流其中，故稱龍門。酈注於此引《魏土地記》言龍門山爲大禹所鑿，故此又被稱爲"禹門口"，與孟津同爲黃河中上游著名古渡口。《史記·夏本紀》唐張守節《正義》引《括地志》："李奇云禹鑿通河水處，廣八十步。"②《尚書·禹貢》亦言大禹治水"浮於積石，至於龍門西河"③，《漢書·溝洫志》則稱："昔大禹治水，山陵當路者毀之，故鑿龍門，辟伊闕。"④因龍門山兩崖皆斷山絕

---

① 《水經注校證》卷三《河水注》"又南出龍門口，汾水從東來注之"條，第103頁。
② （漢）司馬遷著、（唐）張守節正義《史記》卷二《夏本紀》，中華書局，1959，第67頁。
③ （清）阮元編《十三經注疏》，《尚書正義》卷六《禹貢》，北京大學出版社，1999，第156頁。
④ （東漢）班固著、（唐）顏師古注《漢書》卷二九《溝洫志》，中華書局，1962，第1694頁。

壁，相對如門，世傳唯神龍可越，故曰龍門。後世之人，爲紀念大禹治水之功德，遂於山巖刻石銘文以頌之。其石銘至道元之世，"巖際鐫跡，遺功尚存"，然酈注未載摩崖題刻之文，其銘文後世文獻亦未載，遂不可知。

龍門禹廟，興修於東漢靈帝光和（178～184）中，位於龍門河之東岸。夏禹治水之功，爲歷代所頌讚，故後世之人多於其治水處修建禹廟以祭之，如會稽大禹陵禹廟（今浙江紹興大禹陵）①、當塗禹廟（今安徽蚌埠西郊塗山）②、陳留禹廟（今河南開封）等③，酈注亦多載之，"龍門禹廟"爲其一也。廟旁有祠，祠前有石碑三所，其二碑至道元所見之時已文字摩滅不可識，當爲漢時所立，另一碑爲太和中（477～499）立。此三碑酈注皆未載其碑文，其碑名、年代、立碑者亦未言，後世金石文獻則多有著錄。

龍門碑一，東漢靈帝光和二年（179）十二月立，趙明誠《金石錄》卷一載之，稱《漢劉尋禹廟碑》，並於卷一七《漢禹廟碑》跋云："右《漢禹廟碑》，云'光和二年十二月丙子朔十九日甲午，皮氏長南陽章陵劉尋孝嗣、丞安定烏氏樊璋元孫'。其後敘禹平水土之功，而最後有銘。文多殘闕，不能盡識。碑在龍門禹廟。"④可知此碑爲光和二年皮氏縣令劉尋及吏佐於龍門修禹廟而立此碑，以讚夏禹治水之功，亦爲鎮水之神廟也。漢之皮氏縣，屬河東郡；北魏時改稱龍門縣，屬北鄉郡，因龍門山故名。此碑又存於洪适《隸續》，題爲"禹廟殘碑"。洪氏收其碑文凡一百二十字，其跋云："右禹廟一小碑，其上漫滅五之三，其前漫滅四之一，所存者少成句讀。唐寶歷中三人同觀，刻名其上。趙氏有禹廟二碑，其一有皮氏長劉尋姓名。其一云'字畫淺細，有皮氏長安定蘇'字，恐是此一

---

① （漢）司馬遷著、（唐）張守節正義：《史記》卷一三〇《太史公自序》張守節《正義》引《吳越春秋》云："啟使歲時祭禹於越，立宗廟南山之上，封少康庶子無餘於越，使祠禹，至句踐遷都山陰，立禹廟爲始祖廟，越亡遂廢也……案今禹廟在會稽山下。"中華書局，1959，第3309頁。

② （漢）司馬遷著、（唐）司馬貞索隱：《史記》卷二《夏本紀》司馬貞《索隱》："杜預云：'塗山在壽春東北。'皇甫謐云：'今九江當塗有禹廟。'"中華書局，1959，第80頁。

③ （劉宋）范曄撰、（唐）李賢等注《後漢書》"志二一"《郡國志三》"陳留郡"條李賢注："曹植《禹廟讚》曰：有禹祠，植移于其城，城本名杞城。"中華書局，1965，第3437頁。

④ （宋）趙明誠著、金文明校正《金石錄校正》卷一七，廣西師範大學出版社，2005，第293頁。

碑。"① 洪景伯所見"禹廟殘碑"尚存碑文大半，據其文可知即《金石録》所載"漢劉尋禹廟碑，其上有唐人題跋，至南宋時尚存殘文，然宋以後無著録者，當已不存"。

龍門碑二，當即《金石録》卷二所載《漢禹廟碑》、《漢禹廟碑陰》二目。"漢禹廟碑"趙氏跋云："右《漢禹廟碑》，字畫淺細，故摩滅尤甚。其字跡歲月皆不可考，略可見者云'皮氏長安定蘇'，而名字亦不能辨矣。"此碑陰，趙跋云："右《漢禹廟碑陰》，自'侯長汾陰趙遺子宣'而下凡數十人，姓名、官爵具存，又有故督郵、曹史、縣功曹、鄉部吏柏昱等人名，最後有龍門復民三十五户人名。在今龍門禹廟殘碑之陰。而《集古録》云：'在閿鄉楊震墓側。'又云'楊氏子孫，當時皆葬閿鄉，碑碣往往摩滅，此不知爲誰碑'者，蓋誤也。"②《集古録》卷三所載《後漢碑陰題名》，以此碑不知爲誰碑也，而趙氏以爲即龍門禹廟一碑之陰，歐、趙所載碑陰之文相同，可知是一碑也，即"龍門碑二"。此碑爲皮氏縣長蘇某及吏佐、鄉民共立於龍門禹廟。宋時碑尚存，歐陽公見之立於"楊震墓側"，遂以爲楊震後人之碑，誤也。此碑當立於光和二年所立龍門禹廟碑後。

龍門碑三，北魏孝文帝時所立碑。據《魏書·高祖紀》："（太和二十一年）夏四月庚申，幸龍門，遣使者以太牢祭夏禹。癸亥，行幸蒲坂，遣使者以太牢祭虞舜。戊辰，詔修堯、舜、夏禹廟。"③ 由此可知，此碑立於北魏孝文帝太和二十一年（497）修禹廟時。《元和郡縣圖志》卷一二"河東道隰川縣"條載有"倚梯故城"，言："在縣西南一百五十里。累石爲之，東北兩面據嶺臨谷，西南兩面俯眺黃河，懸崖絕壁百餘尺，其西南角即龍門之上口也，以城在高嶺，非倚梯不得上，因以爲名。城中有禹廟，後魏孝文帝西巡，至此立碑，碑今現在。禹廟，在縣西南一百五里龍門東岸上，其碑後魏孝文帝所立。"④ 此碑，唐時尚存。《元和郡縣圖志》所言"倚梯故城"位於今山西臨汾鄉寧縣西南石鼻子（又名石壁、石梯城、倚梯城），緊鄰黃河龍門之上口。依《志》所言，孝文帝西巡時所立禹廟碑

---

① （宋）洪适撰《隸續》卷一九，中華書局，2003，第441頁。
② （北宋）趙明誠著、金文明校正《金石録校正》卷一七，廣西師範大學出版社，2005，第330頁。
③ （北齊）魏收撰《魏書》卷七《高祖紀》，中華書局，1974，第181頁。
④ （唐）李吉甫撰、賀次君點校《元和郡縣圖志》卷一二"河東道河中府隰州隰川縣"條，中華書局，1983，第344頁。

當有兩所，一處立於"倚梯故城"中之禹廟，另一處則爲龍門禹廟碑，兩碑所立年代相近，且唐時皆存於世，然未著碑文。至北宋時，歐陽修《集古錄》卷四載有《後魏孝文北巡碑》（太和二十一年），並跋言："右《魏孝文北巡碑》，云：'太和二十一年，修省方之典，北臨舊京。'又云：'涉西河，出平陽，斜順唐迯，指遊咸櫟。路邇龍門，遂紆雕軒。'按《後魏》本紀：是歲正月乙巳北巡，二月，次太原，至平城。四月，幸龍門，以太牢祭夏禹，遂幸長安，泛渭浮河，乃東歸。與此碑所書皆合也。碑無題首，故依《本紀》爲《北巡碑》也。"[1] 歐陽氏所言此碑，時已失去題額，僅存部分碑文，而"北巡"之目乃其以己意所加。據《魏書·高祖紀》記載，孝文帝於太和二十一年（497）正月乙巳，車駕北巡，二月癸酉，至平城，三月乙未，車駕南巡，夏四月庚申至龍門祭夏禹，辛未，幸長安。故碑文中言"修省方之典，北臨舊京"，即孝文帝於是年二月癸酉至平城之事，而"涉西河，出平陽，斜順唐迯，指遊咸櫟。路邇龍門，遂紆雕軒"則爲三月乙未後南巡之事，與"北巡"無關，故歐陽氏以"北巡碑"命名似不妥。據碑文所言"路邇龍門，遂紆雕軒"推論，孝文帝南巡至龍門，修繕禹廟以祭祀夏禹，並立碑於禹祠之前，故此碑當稱"北魏龍門禹廟碑"。趙明誠《金石錄》卷二亦沿襲歐陽修言，載有《後魏北巡碑》、《後魏北巡碑陰》（太和二十一年四月），然無跋。是年四月即孝文帝至龍門之時，此尤可證此碑爲禹廟碑矣，惜此二目皆無跋文。此碑至南宋初時尚存，然碑文僅存數語。宋以後，此碑不復有著錄，恐已亡佚。清楊篤《山右金石記》亦著錄《禹廟碑》二處：其一名爲《禹廟碑》，太和十九年立，舊在鄉寧縣梯子崖。然史無太和十九年西巡祭禹廟事，此必史有闕文矣。其二曰《龍門禹廟碑》，太和十九年立，舊在河津縣龍門口。其下即引《水經注》此條爲注。然酈道元未言碑立於太和十九年，此所云不知何據，或因前碑而誤也。

　　洪适《隸續》卷三又載有《龍門禹廟宗季方題名》一刻，著錄宗季方、賈冬方等四十一人題名，凡一百二十四字。"題名之上，有文十餘行，乃唐開元中龍門令呂延祐所作《禹廟頌》，楚順八分書，亦猶魏《老子廟

---

[1]（宋）歐陽修著，鄧寶劍、王怡林箋注《集古錄跋尾》卷四，人民美術出版社，2010，第98頁。

碑》，後人刻於石之空處爾。"① 洪氏以爲此碑文字與趙氏所記二碑不合，故斷爲別一碑。又以爲若趙氏所見即此，則呂延祐所制頌當亦見錄於《金石錄》唐碑之列矣。綜合歐、趙、洪三家之著錄，禹廟漢碑，至少當有三碑。然則酈道元所謂"文字紊滅，不可復識"者，必在其中矣。酈氏豈知六百年後，猶有好古如三公者，得尋錄其數十百言耶！此諸碑今皆亡佚，《禹廟殘碑》（龍門碑一）有數字摹錄于洪适《隸續》及婁機《漢隸字源》，可仿佛其字畫。

漢世之建龍門禹廟，至北魏孝文帝時得以修繕。《元和郡縣圖志》卷一二"河東道絳州龍門縣"載有"大禹祠"，言："在縣西二十五里龍門山上。隋末摧毀，貞觀九年奉敕更令修理。"② 可知此廟於隋末毀壞，唐貞觀年間（627～649）太宗下詔重修，並立碑曰《太常寺掌禮院請創夏禹廟事碑》③。然唐所建祠至金末又毀於戰亂，至元初時重建，即近世之龍門禹廟。據《元史·世祖紀》："（中統三年）辛卯，修河中禹廟，賜名建極宮。丁酉，龍門禹廟成，命侍臣阿合脫因代祀。"④ 故元代所修龍門禹廟已不在原址，而更建于龍門河中之島上，名爲"建極宮"。清光緒年修《山西通志》亦載此事："河津縣大禹廟，在縣西北二十五里龍門東山岩上。元至元初，道士姜善信奉敕重建，七月廟成，賜名建極宮，命侍臣特致祭，有祝文。"⑤ 道士姜善信奉敕重建之事詳見於乾隆年修《韓城縣志》卷一〇王鶚《龍門建極宮記》碑文。今龍門禹廟及禹廟諸碑皆已不存，唯清咸豐五年（1855）二月李玉堂繪、趙英俊鐫刻"龍門山全圖"石刻畫像尚存於韓城市文廟內，北京國家圖書館藏有陸和九舊藏拓本，其上有武驪珠正書跋文、陸和九之題記。此石刻畫像圖畫明清時期龍門山全景，龍門山東西對峙，河水於其間奔流東逝，氣勢雄渾，龍門禹廟（建極宮）則位於河中島上，與龍門縣隔河相望⑥。然此廟後於1942年因日軍侵略而被毀，今陝西渭南韓城市尚存有元大德五年所修大禹廟，非龍門之禹廟也。

---

① （宋）洪适撰《隸續》卷三，中華書局，2003，第309頁。
② （唐）李吉甫撰、賀次君點校《元和郡縣圖志》卷一二"河東道絳州龍門縣"，中華書局，1983，第336頁。
③ （明）胡謐撰《山西金石記》卷三，《石刻史料新編》第三輯第三十冊，新文豐出版公司，1986，第351頁。
④ （明）宋濂等撰《元史》卷五《世祖紀》，中華書局，1976，第84頁。
⑤ （清）王軒、楊篤等修《山西通志》第十一卷"秩祀略上"，中華書局，1990，第5051頁。
⑥ 劉家信：《龍門山全圖考》，《地圖》1998年第1期，第31頁。

156 | 《水經注》石刻文獻叢考

圖 2-1　國家圖書館藏清"龍門山全圖"石刻拓本①

---

① "龍門山全圖"石刻畫像，清咸豐五年（1855）二月李玉堂繪、趙英俊鐫刻、武驪珠正書跋文、陸和九之題記，存陝西省韓城市文廟内，北京國家圖書館藏陸和九舊藏朱拓本。

四　文母廟碑考

　　河水又逕郃陽城東，周威烈王之十七年，魏文侯伐秦至鄭，還築汾陰郃陽，即此城也。故有莘邑矣，爲太姒之國。《詩》云：在郃之陽，在渭之涘。又曰：纘女維莘，長子維行。謂此也。城北有瀵水，南去二水各數里，其水東逕其城內，東入于河。又于城內側中，有瀵水東南出城，注于河。城南又有瀵水，東流注于河。水南猶有文母廟，廟前有碑，去城十五里，水，即郃水也，縣取名焉。①

　　此處爲祠廟頌德碑，碑石及文皆早已亡佚，亦無拓本傳世。此碑僅見于《水經注》。酈道元言此碑位於郃陽城南郃水南岸文母廟前，距郃陽城十五里，然未載其碑文，其所立年代及立碑者不詳。

　　郃陽，故有莘氏之邑，文母太姒之國。戰國時爲魏之"合陽"。《史記·高祖本紀》張守節《正義》引《括地志》云："郃陽故城在同州河西縣三里。魏文侯十七年，攻秦至鄭而還築，在郃水之陽也。"② 魏文侯十七年，即周威烈王十八年（前429），魏文侯攻伐秦國，取秦河西之地而還，至鄭地，於洽水（後稱郃水）北岸築城，因位於洽水之陽，故取名曰合陽。漢景帝前元二年（前155），改合陽爲郃陽，設郃陽縣，屬左馮翊；東漢初入夏陽縣，後復置，魏晉因之；北魏改屬華山郡。其故城位於今陝西渭南合陽縣洽川鎮莘里村。

　　文母，太姒也。有莘氏之女，周文王之妃，武王之母。據《史記·管蔡世家》張守節《正義》引《列女傳》云："太姒者，武王之母，禹後姒氏之女也。在郃之陽，在渭之涘。仁而明道，文王嘉之，親迎於渭，造舟爲梁。及入，太姒思媚太姜、太任，旦夕勤勞，以進婦道。太姒號曰文母。文王理外，文母治內。太姒生十男，教誨自少及長，未嘗見邪僻之事，言常以正道持之也。"③ 文母爲有莘氏之女。有莘國爲夏啟支子封國，

---

① 《水經注校證》卷四《河水注》"又南過汾陰縣西"條，第105頁。
② （漢）司馬遷撰、（唐）張守節正義《史記》卷八《高祖本紀》，中華書局，1959，第386頁。
③ （漢）司馬遷撰、（唐）張守節正義《史記》卷三五《管蔡世家》，中華書局，1959，第1563頁。

原爲姒氏，因封於莘，以之爲姓，故《列女傳》言文母爲"禹后姒氏之女"。莘地位於洽水之陽，即後世之郃陽。考《詩經·大雅·大明》云："有命自天，命此文王。于周于京，纘女維莘，長子維行，篤生武王。"朱熹注曰："天既命文王于周京矣，而克纘大任之女事者，維此莘國，以其長女求嫁于我也。天又篤厚之，使生武王、保之、助之、命之，而使之順天命以伐商也。"① 朱熹言太姒爲有莘氏之長女，因太姒仁而明道，周文王嘉之，親迎於渭，娶之爲妃，太姒旦夕勤勞，以進婦道，並生伯夷考、周武王、周公旦等十子，故後人稱之爲文母，即有文德之母。歷代以來，文人典籍多有盛讚其德，如《詩經·周頌·雝》以"綏我眉壽，介以繁祉。既右烈考，亦右文母"之語②，將"文母"與"烈考"等而言之，皆加以祭祀。酈道元所見之郃陽故城南之"文母廟"，則爲後人祭祀文母所建，其所建年代不可考，而廟前所立"文母廟碑"則當爲記建文母祠廟之事，道元見之然未載其碑文，或時碑文已殘缺不可識。

酈注之後，歐、趙、洪諸家皆未載，唯《太平寰宇記》卷二八"關西道同州郃陽"條載有"太姒廟"，言："周文王娶有莘氏之女太姒，即邑人。今郡有文母祠，存祀典。"③ 由此可知，文母廟至南宋時尚存，當地百姓一直長祀不衰。然樂史亦未提及文母廟碑，蓋此碑宋以前早已亡佚不存。

五　前秦立魏鄧艾廟碑考

河水又東逕鄄城縣北，故城在河南十八里，王莽之鄄良也，沇州舊治。魏武創業始自于此。河上之邑最爲峻固。《晉八王故事》曰：東海王越治鄄城，城無故自壞七十餘丈，越惡之，移治濮陽。城南有魏使持節征西將軍太尉方城侯鄧艾廟，廟南有艾碑，秦建元十二年，

---

① （宋）朱熹注、趙長征點校《詩集傳》卷一六《大雅·大明》，中華書局，2011，第237~238頁。
② （宋）朱熹注、趙長征點校《詩集傳》卷一九《周頌·臣工之什·雝》，中華書局，2011，第306頁。
③ （宋）樂史撰、王文楚等點校《太平寰宇記》卷二八"關西道同州郃陽"條，中華書局，2007，第596頁。

廣武將軍沇州刺史關內侯安定彭超立。①

　　此處爲祠廟頌德碑，碑石及文皆已不存，亦無拓本傳世。酈道元言此碑立於時鄄城縣城南"魏使持節征西將軍太尉方城侯鄧艾廟"南，其碑名及文皆未言，唯言是碑立於前秦建元十二年（376），爲廣武將軍沇州刺史關內侯安定彭超立，可知時當存碑文局部，其碑額題名或與廟名同，爲"魏使持節征西將軍太尉方城侯鄧艾碑"。

　　鄄城縣，西漢初置縣，爲沇州州治；新莽改稱鄄良；東漢初復稱鄄城；三國時屬兖州東郡，酈注言爲魏武創業之地，亦爲鄄城王曹植所封之地②；西晉屬兖州濮陽國。酈注引東晉盧綝《晉八王故事》："東海王越治鄄城，城無故自壞七十餘丈，越惡之，移治濮陽"，此事亦見於《晉書·五行志》："（永嘉）二年八月乙亥，鄄城城無故自壞七十餘丈，司馬越惡之，遷於濮陽，此見沴之異也。越卒以陵上受禍。"③東海孝獻王司馬越，字元超，惠帝永平年間（291）封爲東海王，初治鄄城，後於永嘉二年（308）遷於濮陽④，東晉時，先後屬後趙兖州濟陰郡、前燕兖州東郡，前秦時爲兖州州治。其故城位於今河南濮陽范縣濮城鎮。

　　鄧艾，字士載，義陽棘陽（今河南南陽新野縣）人，三國曹魏名將，其事見《三國志·魏書·鄧艾傳》。艾少孤，魏初爲典農綱紀，上計吏，因使見太尉司馬宣王，宣王奇之，辟之爲掾，後遷尚書郎、南安太守。嘉平元年（249），因與征西將軍郭淮拒蜀姜維之功，賜爵關內侯，加討寇將軍，後累遷城陽太守、汝南太守。正元元年（254）進封方城亭侯、長水校尉，又以功封方城鄉侯，行安西將軍、假節、領護東羌校尉。甘露元年（254），詔封鎮西將軍、都督隴右諸軍事、進封鄧侯。征蜀，景元四年（263）冬十月破蜀，帝詔爲太尉，然因鍾會誣謀逆而被囚，檻車送京。鍾會之亂，艾與子忠俱死，餘子在洛陽者悉被誅，其妻子及孫徙於西域。鄧艾心懷至忠而荷反逆之名，平定巴蜀而受夷滅之誅，令人歎惋。西晉泰始

---

① 《水經注校證》卷五《河水注》"又東北過衛縣南，又東北過濮縣北，瓠子河出焉"條，第141頁。
② （西晉）陳壽撰、（劉宋）裴松之注《三國志·魏書·陳思王植傳》："（黃初）三年，立爲鄄城王，邑二千五百戶。"中華書局，1964，第561頁。
③ 《晉書》卷二九《五行志》，中華書局，1974，第899頁。
④ 《晉書》卷五《孝懷帝紀》："（永嘉二年）八月丁亥，東海王越自鄄城遷屯於濮陽。"中華書局，1974，第118頁。

元年（265），武帝赦艾之族人，泰始九年（273），詔封艾嫡孫朗爲郎中。艾卒後，葬於劍閣孤玉山，墓前有鄧艾廟及碑，爲唐人所修立①。

酈注所載鄴城縣城南鄧艾廟碑，爲前秦建元十二年廣武將軍沇州刺史關內侯安定彭超所立。其於是年修建鄧艾廟，並刻石立碑以記之，其文當述艾之生平事跡及彭超修廟之事。另歐陽修《集古錄》卷四載《魏鄧艾碑》，然未載其文，跋曰："右《鄧乂碑》，考其事跡終始，即魏鄧艾碑也。艾嘗爲兗州刺史，據碑云，晉初嘗發兗州兵討叛羌，艾降巫者傳言，授以用兵之法，因以破羌。兗人神之，遂爲艾立廟，建碑紀其事。艾於三國時爲名將，嘗有大功，其姓名聞於世甚顯，史與兗人皆不應誤。"② 依歐陽公之言，此碑碑額題名爲"鄧乂碑"，"艾"、"乂"通用，故即鄧艾之廟碑，爲西晉初兗州吏民感艾爲兗州刺史，傳授兵法破羌之故，爲之建廟立碑以紀其事。此碑當在兗州，而鄴城爲兗州州治，酈注所言沇州即兗州，故此碑與道元所言前秦所立之碑當皆在鄴城，然非同一碑。趙明誠《金石錄》卷二〇載有《鄧艾碑》，跋言："右《鄧艾碑》，其額題'魏使持節征西將軍太尉方城侯鄧公之碑'，碑無建立年月，以詞考之，蓋晉初立。"③ 此與《集古錄》所言爲一碑，歐陽公與趙明誠皆以其碑文之言考論此碑爲西晉初立。鄧艾卒時已爲鎮西將軍、太尉，進封鄧侯，而碑額皆題爲"魏使持節征西將軍太尉方城侯鄧公之碑"，艾於正元元年（254）爲方城鄉侯，景元四年（263）進封鄧侯，而碑仍稱方城侯者，當其所封鄧侯未及加封而受鍾會之禍而卒，晉初武帝赦免鄧艾，故兗州之民所立廟碑，碑額所題爲其卒時之爵位。另南宋董逌《廣川書跋》、鄭樵《通志·金石略》皆載有《方城侯鄧艾碑》，皆爲晉初所立之碑。

酈注所載之碑言爲前秦所立，前秦去西晉未遠，或西晉初兗州吏民於州治鄴城建鄧艾廟及碑，至前秦建元十二年，時沇州刺史彭超重修其廟並增立新碑。兗州刺史彭超，其事見《晉書·苻堅載記》。然道元未言西晉初之碑，或時已不存，唯存前秦之碑。此二碑宋以後皆未見文獻著錄，當早已不存。

除兗州之鄧艾廟碑外，蜀中及關中皆有後世之人所立祠廟及碑，南宋王

---

① 王興志、楊仕甫：《劍閣鄧艾墓真僞考》，《四川文物》1988 年第 4 期，第 60 頁。
② （宋）歐陽修著，鄧寶劍、王怡林箋注《集古錄跋尾》卷四，人民美術出版社，2010，第 85 頁。
③ （宋）趙明誠著、金文明校正《金石錄校正》卷二〇，廣西師範大學出版社，2005，第 349 頁。

象之《輿地碑記目》、陳思《寶刻叢編》均載有《魏太尉鄧艾神廟碑》，爲唐長慶四年（824）劍州刺史邢丹於蜀中劍閣所立。世傳鄧艾卒後葬於蜀中劍閣孤玉山，此碑或爲其墓前之廟碑。明人曹學佺《蜀中名勝記》言劍閣有"魏太尉鄧公神廟記碑"，爲唐劍州刺史邢丹題，即爲此碑。又有"鄧衛聖侯碑"，爲唐刺史郭淮所立。此兩碑今世亦不傳。另清陸增祥《八瓊室金石補正》卷一〇載有《鄭能邈進修鄧太尉祠碑》，言在陝西蒲城，並詳載其碑文及碑之形制[1]。此碑爲前秦建元三年（367）馮翊護軍建威將軍奉車都尉城安縣侯華山鄭能邈所修立，清吳玉搢《金石存》、錢大昕《潛研堂金石文跋尾》、武億《授堂金石跋》、顧藹吉《隸辨》皆載此碑，即酈注於卷一八《渭水注》所言"（渭水）東流，鄧公泉注之，水出鄧艾祠北，故名曰鄧公泉。數源俱發於雍縣故城南"者[2]。此碑爲穹窿圭首碑，隸書，碑中有穿，原立於陝西渭南蒲城縣東北鄧艾祠，現存於陝西省西安碑林博物館，北京國家圖書館存此碑之清拓，爲梁啟超之舊藏，其上有任公之題跋。

今蒲城縣洛濱鎮後阿村尚有鄧艾墓（世多以劍閣之鄧艾墓爲是），墓前原有鄧公祠，今已不存，其墓前尚有"魏鄧艾祠記"正書碑一方，爲金承安四年（1199）十月鄧氏後裔鄧永等重修祠堂所立，鄉貢進士段繼昌撰文，昌黎韓沖書丹，權周刊刻。清魏錫曾《續語堂碑錄》載《魏鄧太尉祠記》，錄此碑文全文，其文略云："晉室爰興，泰始三年，議郎段灼知太尉死非其罪，乃上疏理之曰：'公心懷至忠，而荷反逆之名，平定巴蜀，而受夷滅之誅，臣竊悼之。'賴朝廷清明，遂從其請，得從吳人伍子胥故事，收葬立祠，以旌節義。距蒲城東北五十餘里，洛水西浹，廟貌斯在。有碑，銳上而竅，文多漫滅，首云：故魏太尉鄧公祠碑……惟魏碑屹立，斯爲可據，信不誣矣。"[3] 可知蒲城鄧艾祠建于晉泰始三年（267），從議郎段灼之請，命馮翊令張君起造者也。其碑陰亦刻有苻秦時鄭能邈修祠記。此碑北京國家圖書館亦存拓本，爲陸和九舊藏。

---

[1] （清）陸增祥撰《八瓊室金石補正》，《石刻史料新編》第一輯第六冊，新文豐出版公司，1977，第4385頁。
[2] 《水經注校證》卷一八《渭水注》"又東過武功縣北"條，第441頁。
[3] （清）魏錫曾撰《續語堂碑錄》，《石刻史料新編》第二輯第一冊，新文豐出版公司，1979年影印本，第395頁。

162 | 《水經注》石刻文獻叢考

圖 2-2　國家圖書館藏 "前秦立魏鄧太尉祠碑" 原碑拓本①

---

① 《北京圖書館藏中國歷代石刻拓本匯編》第二冊，中州古籍出版社，1997，第 120 頁。前秦建元三年（367）立，鄭能邈修，隸書，原碑立於鄜城縣城南 "魏使持節征西將軍太尉方城侯鄧艾廟" 南，今存西安碑林博物館，北京國家圖書館藏梁啟超舊藏清拓本。

圖 2-3　西安碑林博物館藏"前秦立魏鄧太尉祠碑"原碑局部拓本①

---

① 高峽等編《西安碑林全集》卷二《碑刻》,廣東經濟出版社、海天出版社,1999,第 147 頁。

图 2-4 國家圖書館藏"魏鄧艾祠記"金翻刻碑拓本①

① 《北京圖書館藏中國歷代石刻拓本匯編》，中州古籍出版社，1997，第 171 頁。原碑立於陝西渭南蒲城縣洛濱鎮後阿村鄧艾墓，金承安四年（1199）立，段繼昌撰、黎韓沖書丹、權周刊，陸和九舊藏。

六　晉西河穆王司馬子政廟碑考

　　（茲氏）縣，故秦置也，漢高帝更封沂陽侯嬰爲侯國，王莽之茲同也。魏黄初二年，分太原，復置西河郡。晉徙封陳王斌于西河，故縣有西河繆王司馬子政廟。《碑文》云：西河舊處山林，漢末擾攘，百姓失所。魏興，更開疆宇，分割太原四縣，以爲邦邑，其郡帶山側塞矣。王以咸寧三年，改命爵土，明年十二月喪國。臣太農閻崇、離石令宗群等二百三十四人，刊石立碑，以述勳德。碑北廟基尚存也。①

　　此處爲祠廟頌德碑，碑石已亡佚，碑文賴酈注存世，亦無拓本傳世。除酈注之外，嚴可均《全晉文》卷一四六闕名二據酈注亦載其碑文，題曰"西河繆王司馬子政廟碑"，與酈注同。酈注言此碑立於西河郡茲氏縣故城晉西河穆王司馬子政廟南。《水經注》載其碑文，文述立碑緣由、時間及立碑者。此碑當爲酈道元所親見，殆時碑身完整、銘文清晰可識，然碑北之司馬子政廟時已毀壞殆盡，唯廟基尚存。此碑碑額當題"西河繆王司馬子政廟碑"，碑陽刻酈注所錄碑文，碑陰列太農閻崇、離石令宗群等二百三十四人之題名。

　　司馬子政，晉武帝時人，晉宣帝之弟魏司隸從事安城亭侯司馬通之子，魏習陽亭侯司馬順弟，其事見《晉書·宗室傳》："西河繆王斌，字子政，魏中郎。武帝受禪，封陳王，邑千七百一十戶。三年，改封西河。咸寧四年薨，子隱立。"② 酈注所云"西河繆王司馬子政"即司馬斌，其於魏時爲中郎將，晉武受禪，於泰始元年（265）封爲陳王，咸寧三年（277）改封爲西河王，咸寧四年（278）薨，諡曰繆，故又稱"晉西河繆王"。酈注所載碑文與《晉書》所言相符。然永樂大典本《水經注》於"西河繆王司馬子政"爲"西河恭王司馬子盛"，趙一清於此校釋云："按此碑文，多與史異。晉宗室傳無司馬子盛其人者。《晉書》云，西河繆王斌，字子政，魏中

---

① 《水經注校證》卷六《原公水注》"原公水出茲氏縣西羊頭山，東過其縣北"條，第172頁。
② 《晉書》卷三七《宗室傳·任城景王陵傳附弟斌傳》，中華書局，1974，第1114頁。

郎。武帝受禪，封陳王，三年改封西河。咸寧四年薨。其薨年與碑同，而改封之歲，碑在四年，《傳》在三年。《傳》云字子政，碑云子盛。《傳》云諡繆，碑云諡恭。善長親見其碑，或是史誤。"① 趙一清以酈道元親見此碑，認爲《晉書》所言有誤。而戴震於《水經注》武英殿本依《晉書》司馬斌本傳而將"恭"改作"繆"，將"盛"改作"政"，故今世所見之本多言"西河繆王司馬子政"。"政"與"盛"音近，當爲傳訛也。又《晉書·石勒載記》有西河王司馬喜，曾爲石勒所執②，非此"西河繆王"也。

茲氏縣，秦時所置；西漢初屬太原郡，漢高祖更封沂陽侯夏侯嬰爲茲氏侯，以爲侯國，《史記·樊酈滕灌列傳》言"漢王既至滎陽，收散兵，復振，賜（夏侯）嬰食祈陽。復常奉車從擊項籍，追至陳，卒定楚，至魯，益食茲氏"③，即此縣也；新莽改稱"茲同"；三國魏時爲西河郡治；晉時改稱隰城縣，爲西河國治。其故城位於今山西汾陽南鞏村。西河郡，西漢武帝元朔四年（前125）置，郡治平定縣；東漢順帝永和五年（前140）移治離石（今山西呂梁離石區）。東漢末年，天下紛亂，匈奴侵邊，故碑文言："西河舊處山林，漢末擾攘，百姓失所。"至魏文帝黃初二年（221），分太原郡四邑重立西河郡，即碑文所言："魏黃初二年，分太原，復置西河郡。"晉時爲西河國，郡治隰城即茲氏縣，故碑文云："魏興，更開疆宇，分割太原四縣，以爲邦邑。"司馬斌於咸寧三年（277）改封西河王，翌年十二月即薨於封國，遂葬於封地隰城，其臣民於城中建祠廟以祭之，並於廟南立此碑以述其勳德，碑文言："臣太農閻崇、離石令宗群等二百三十四人，刊石立碑，以述勳德。"太農即"太農令"，亦稱"大農令"，爲漢官九卿之一，主掌天下穀貨之事，初稱"治粟內史"，景帝時改稱"大農令"，武帝時又更名"大司農"④。據此碑文可知，晉時尚有"太

---

① （清）趙一清撰《水經注釋》第三冊卷六《原公水注》，光緒六年八月會稽章氏重刻本，第26頁。
② 《晉書》卷一〇四《石勒載記上》："（石勒）於是執衍及襄陽王範、任城王濟、西河王喜、梁王禧、齊王超、吏部尚書劉望、豫州刺史劉喬、太傅長史庚敳等，坐之於幕下，問以晉故。"中華書局，1974，第2713頁。
③ （漢）司馬遷撰、（劉宋）裴駰集解、（唐）司馬貞索隱、（唐）張守節正義《史記》卷九五《樊酈滕灌列傳》，中華書局，1959，第2666頁。
④ （東漢）班固著、（唐）顏師古注《漢書》卷一九《百官公卿表》："治粟內史，秦官，掌穀貨，有兩丞。景帝后元年更名大農令，武帝太初元年更名大司農。"中華書局，1962，第731頁。

農"之官名。閻崇,《晉書》無傳,唯《後漢書·孫程傳》載有"虎賁中郎將閻崇",爲漢末時人,非此晉之閻崇。"離石令宗群","宗郡"疑爲"廣宗郡"①之訛,爲"離石令"之郡望,而非其名,當爲西河國之官吏,其事皆不可知。

另據《元和郡縣圖志》卷一三"河東道汾州西河縣"條:"本漢茲氏縣也,曹魏後於此置西河郡,晉改爲國,仍改茲氏縣爲隰城縣,上元元年改爲西河縣。今城内有晉西河王斌碑,文字殘缺。"② 其中所言"汾州"爲北魏太和年間置,唐時州治西河縣(即茲氏縣),可知唐時西河縣内尚存有"晉西河王斌碑",而碑文已殘缺。另據《山右金石記》引《汾州府志》云:"晉西河王司馬斌墓在汾陽縣西七里,唐賈耽剌汾州,於古寺中掘得司馬子盛碑。太康中,尚書郎索靖八分書,辨者大半,今其碑不知所在矣。"此當即爲道元所見"晉西河繆王司馬子政廟碑","子政"寫作"子盛",正與《永樂大典》本《水經注》合。據《舊唐書·賈耽傳》記載,賈耽於唐代宗大曆八年(773)改任汾州刺史,"在郡七年,政績茂異"③,或即於期間於古寺中掘得司馬子盛碑。碑文曰"太康中,尚書郎索靖八分書",且"辨者大半",可補酈注之缺。索靖,字幼安,敦煌人也,西晉武帝、惠帝時人,官至尚書郎、雁門太守、左衞將軍,《晉書》有傳。索靖與尚書令衞瓘俱以善草書而知名於世,然其本傳未言撰此碑文之事。太康,晉武帝年號,公元280年至289年,距司馬斌咸寧四年(278)薨時已逾數年。八分書,又稱"真書",爲東漢王次仲割程邈隸字八分取二分、割李斯小篆二分取八分,故名八分,即漢隸。故可知此碑爲太康中尚書郎索靖以隸書所書碑,至中唐大曆年間此碑尚存,且碑文大半可識。其後至元和八年(813),李吉甫編纂《元和郡縣圖志》時,此碑尚存於西河縣,但已文字殘缺。至宋時碑或已不存,故歐、趙、洪、鄭諸家均無著録。另據《大清一統志》云:"三國魏司馬斌墓,在汾陽縣西七里許,一名陳王墓。"④ 因司馬

---

① 《晉書》卷一四《地理志》"冀州"條:"廣宗郡,有離石,屬并州。"中華書局,1974,第423頁。
② (唐)李吉甫撰、賀次君點校《元和郡縣圖志》卷一三"河東道汾州西河縣"條,中華書局,1983,第377頁。
③ 《舊唐書》卷一三八《賈耽傳》,中華書局,1975,第3783頁。
④ (後晉)劉昫等撰《嘉慶重修一統志》卷一四四"汾州府陵墓"條,中華書局,1986,第25頁。

斌初封陳王，後改封西河王，故又稱之爲陳王墓。汾陽縣即西河縣、兹氏縣司馬斌祠廟至北魏時已不存，碑至唐以後亡佚，唯其墓則至清時尚存，今汾陽市此墓亦已不存，未知毀於何時。

七　魏李勝"石的"銘考

　　索水又東逕滎陽縣故城南。漢王之困滎陽也，紀信曰：臣詐降楚，王宜間出。信乃乘王車出東門，稱漢降楚。楚軍稱萬歲，震動天地，王與數十騎出西門得免楚圍。羽見信大怒，遂烹之。信冢在城西北三里。故蔡伯喈《述征賦》曰：過漢祖之所臨，弔紀信于滎陽。其城跨倚岡原，居山之陽，王莽立爲祈隊，備周六隊之制。魏正始三年，歲在甲子，被癸丑詔書，割河南郡縣，自鞏、闕以東，創建滎陽郡，並戶二萬五千，以南鄉筑陽鄉亭侯李勝，字公昭，爲郡守。故原武典農校尉，政有遺惠，民爲立祠于城北五里，號曰李君祠。廟前有石躓，躓上有石的，石的銘具存。其略曰：百族欣戴，咸推厥誠。今猶祀禱焉。①

　　此處爲祠廟頌德"石的"，原石早已亡佚，唯銘文賴此注而傳於後世，亦無拓本傳世。酈注以外，嚴可均《全三國文》卷五六載有《李勝祠前石的銘》，銘文與酈注同。酈注言此石銘位於滎陽城北五里李君祠前石躓，石躓上有"石的"，其刻四言銘文一句："百族欣戴，咸推厥誠。"可知爲盛讚李君之辭。酈道元當親見此石銘，時石與銘俱存於世。

　　滎陽縣，秦莊襄王時置縣，因其故城位於滎水之北而得名，屬三川郡；漢時屬河南郡；三國魏文帝正始三年（242）割河南郡鞏縣以東建滎陽郡，治滎陽縣，酈注言"魏正始三年，歲在甲子，被癸丑詔書，割河南郡縣，自鞏、闕以東，創建滎陽郡，並戶二萬五千"即此郡創建之時，而李勝則爲首任郡守。其故城位於今河南鄭州邙山區古滎鎮。

　　李勝，字公昭，魏司馬李休之子，其事見《三國志·魏書·曹爽傳》。勝少遊京師，雅有才智，與曹爽善。時南陽何晏、鄧颺、李勝，沛國丁

---

① 《水經注校證》卷七《濟水注》"與河合流，又東過成皋縣北，又東過滎陽縣北，又東至北礫溪南，東出過滎澤北"條，第193頁。

謐，東平畢軌咸有聲名，進趣於時，明帝以其浮華，皆抑黜之。而人白李勝堂有四窗八達，各有主名，而被禁錮數歲，及明帝崩，曹爽秉政，乃復爲洛陽令，旋改原武典農校尉。魏正始三年（242），爲滎陽太守。正始五年（244），夏侯玄爲征西將軍，以勝爲長史。玄亦宿與勝厚。駱穀之役，議從勝出，由是司馬宣王不悅於勝，後爲河南尹。正始九年（248）冬，李勝出爲荆州刺史，往詣司馬懿。懿稱疾困篤，示以羸形。勝不能覺，歸而告曹爽，謂之信然。李勝見司馬懿之事，《三國志》引《魏末傳》，所載甚爲詳細①。曹爽聽信李勝之言，正始十年（249）正月，車駕朝高平陵，爽兄弟皆從，司馬懿趁機發難，盡收曹爽兄弟及李勝等人，皆伏誅，夷三族，李勝時尚未及之官而敗。

李勝歷任洛陽令、原武典農校尉、滎陽太守、長史、河南尹、荆州刺史等職，其中出任滎陽太守在正始三年，依酈注所言正始三年置滎陽郡，遂"以南鄉筑陽鄉亭侯李勝，字公昭，爲郡守。故原武典農校尉，政有遺惠"，可知其出任滎陽太守之前任原武典農校尉，"勝前後所宰守，未嘗不稱職"，李勝當爲廉潔賢能官吏，惜受曹爽之難而被夷三族，滎陽民眾感念其恩，無所避忌，猶爲之建祠廟於滎陽城北五里，稱"李君祠"，並於祠前石蹠上刻銘文以頌之，可見其必有遺愛在民矣。

石蹠，"蹠"通"跖"。《說文》言："跖，足下也。"②"石蹠"當爲腳踏之石板或石塊。其上有"石的"，當爲表碣之類，其形制矮小，銘文較少，如孔靈符《會稽記》言："縣東有射的山。東高岩臨潭。有射的石，遠望有白點，的的如射侯。"③則此"石的"，即其類也。滎陽民眾未按常例樹豐碑，以片石代之，當因李勝被夷三族而死，法令不許樹碑之故。李君祠及此石銘皆當立於正始十年（249）之後，曹魏之世，其具體年代及刻石者皆不可知。此"李君祠"及"石的銘"至酈道元之世，皆存於世，道元親經此地，見當地民眾猶於廟中祀禱之，正如此銘所言："百族欣戴，咸推厥誠。"此石銘，除酈注所載之外，歐、趙、洪諸家皆未著錄，當久已亡佚。

---

① （西晉）陳壽撰、（劉宋）裴松之注《三國志·魏書·曹爽傳》，中華書局，1982，第285頁。
② （漢）許慎撰、（清）段玉裁注《說文解字注》第二，上海古籍出版社，1981，第81頁。
③ 魯迅著《魯迅全集》卷二《會稽郡故書雜集》，中國人事出版社，1998，第1481頁。

八　漢魯國孔明碑考

清河又東北逕邸閣城東，城臨側清河，晉脩縣治。城內有縣長魯國孔明碑。①

此處爲祠廟頌德碑，碑石及文皆已亡佚，亦無拓本傳世。酈注言此碑位於脩縣邸閣城內，然碑之年代、碑文及立碑緣由則未爲提及，此碑非爲道元所親見。酈注以外，歐、趙、洪諸家皆未載，當久已亡佚。

脩，或作"蓚"，或作"修"，此音"條"。脩縣，西漢初置縣，屬冀州信都國（今河北衡水冀州市），故治南脩城（今河北衡水景縣城南）；漢文帝后元二年（前87）封周亞夫於此爲條侯國，其故城爲北脩城，亦名亞夫城（今景縣城）；景帝時國除，仍爲脩縣；新莽改稱脩治，東漢復稱脩；曹魏屬冀州渤海郡；西晉縣治移至邸閣城（今景縣城東北古城村），即酈注所言之"邸閣城，城臨側清河，晉脩縣治"；隋文帝開皇年間（581～604）脩縣改稱蓚縣，其治所又移至北脩城。邸閣城，酈注言其城臨側清河，爲晉脩縣治所。

孔明，正史無載晉魯國孔明，當"孔翊"之誤。宋樂史《太平寰宇記》卷六三"河北道冀州蓚縣"條下載有"九城"，云："在縣西，有邸閣，城內有晉蓚縣令魯國孔翼清德碑存焉。"② 孔翊，漢末桓靈之世人，字元世，歷任脩縣令、御史、洛陽令，正史無傳，其事唯見《後漢書·皇甫規傳》："前太尉陳蕃、劉矩，忠謀高世，廢在里巷；劉祐、馮緄、趙典、尹勳，正直多怨，流放家門；李膺、王暢、孔翊，絜身守禮，終無宰相之階。"③ 可知孔翊與李膺、王暢等皆爲漢末清流名士，其潔身守禮，未居高位。另據《太平御覽》引《魯國先賢志》曰："孔翊爲洛陽令，置器水於前庭，得私書，皆投其中，一無所發，彈治貴戚，無所回避。"④ 孔翊於洛

---

① 《水經注校證》卷九《淇水注》"又東過脩縣南，又東北過東光縣西"條，第241頁。
② （宋）樂史撰、王文楚等點校《太平寰宇記》卷六三"河北道冀州蓚縣"條，中華書局，2007，第1290頁。
③ （劉宋）范曄撰、（唐）李賢等注《後漢書》卷六五《皇甫規傳》，中華書局，1965，第2136頁。
④ 《太平御覽》卷五九五"文部十一書記"條，中華書局，1960，第2683頁。《藝文類聚》卷五八"雜文部四"亦載有此文，文同。

陽令任上，秉公爲政，所得親舊請託之私書，皆毀之而不讀，王公貴戚，皆執法威嚴，無慮一己之得失，實爲剛直不阿、清廉自持之能吏，此即"孔翊絕書"之典故。《隸釋》卷一載《魯相韓勑造孔廟禮器碑》碑陰中有"御史魯孔翊元世千"之語①，禮器碑爲東漢桓帝永壽二年（156）立，孔氏爲望族，又同籍魯地，未必先後有同名者，此御史孔翊當與《後漢書·皇甫規傳》及《魯國先賢傳》所指爲同一人，可知孔翊爲魯地人，字元世，時任御史，捐錢千。《孔氏譜》載孔翊爲孔子十九世孫。《太平寰宇記》所言《晉蓨縣令魯國孔翼清德碑》，"翼"古同"翌"，則當爲"翊"之誤字，此碑與酈注所言"縣長魯國孔明碑"當爲同一碑。時孔翊任脩縣令，此碑當爲脩縣百姓感念孔翊之清廉爲官而立祠廟及頌德碑以記之，當爲漢末所立。至道元之世，此碑尚存於邸閣城內，而祠廟已不存。《太平寰宇記》言爲晉時碑，當有誤，而施蟄存先生亦據《太平寰宇記》言爲晉碑，亦誤也。

此碑南宋時尚存，然歐、趙、洪諸家皆未載，後世不傳，未知亡於何時。又陳思《寶刻叢編》載有《漢御史孔翊碑》，爲熹平元年（172）立，在兗州其冢前，見《闕里記》，則其冢墓碑也。

九　漢孝子王立碑考

　　滱水又東逕鄉城北，舊盧奴之鄉也。《中山記》曰：盧奴有三鄉，斯其一焉，後隸安熹。城郭南有漢明帝時孝子王立碑。②

此處爲祠廟頌德碑，碑石及文皆已亡佚，亦無拓本傳世。酈注言此碑立於安喜縣鄉城南，碑名爲"漢孝子王立碑"，漢明帝時所立。然未載其碑文、立碑緣由、形制等，此碑當爲道元所親見，時碑已文字摩滅不可識，唯碑額文字可別，故僅錄碑名。酈道元於《水經注》中多載有孝女、孝子之碑以彰顯其德，此碑之外，卷三三《江水注》"又東過符縣北邪東南，鱓部水從符關東北注之"條所載"漢孝女碑"、"漢姚氏二女碑"，卷四〇《漸江水注》"北過餘杭，東入於海"條所載"漢孝女曹娥碑"，皆

———
① （宋）洪适撰《隸釋》卷一，中華書局，2003，第21頁。
② 《水經注校證》卷一一《滱水注》"又東過安熹縣南"條，第289頁。

爲此類。

安喜縣,西漢初置安險縣,漢武帝元朔五年(前124)封中山靖王子劉應爲安險侯於此;王莽更名寧險;章帝時改稱安熹,三國魏稱安喜。酈注於是條引《中山記》曰:"縣在唐水之曲,山高岸險,故曰安險;邑豐民安,改曰安喜。"① 其故城位於今河北定州東。鄉城,酈注言爲"舊盧奴之鄉"。盧奴,西漢初置,漢景帝三年(前154)封勝爲中山靖王於此②;漢晉時中山國屢廢爲中山郡,然屢屢廢而復置,皆以盧奴爲國治所;十六國時燕慕容垂定都於此,改名弗違;北魏復名盧奴,爲中山郡及定州治所③,其下有二鄉城,然酈注引《中山記》曰:"盧奴有三鄉,斯其一焉,後隸安喜",可知爲卿城、樂陽城即爲另外二鄉。"鄉城"者當非城之名,因其爲盧奴三鄉之一,故曰"鄉城"。《魏書·地形志》言安喜城有"天井澤、安喜城、趙堯祠"三鄉城④,其一必爲原盧奴之鄉城,即"漢孝子王立碑"所處之城邑。

酈注言此碑立於漢明帝之時,則"孝子王立"者,當爲東漢建武(25~57)、永平(58~75)年間人,今傳世諸本《孝子傳》無其人。考《後漢書·獻帝紀》及《後漢書·五行志》"日蝕"條俱載有太史令王立上奏日蝕之事⑤,《後漢書·皇后紀上·明德馬皇后紀》載有漢成帝封太后弟王譚、王商、王立、王根、王逢時等同時爲關內侯之事⑥。太史令王立者,爲東漢末建安(196~219)時人,當非此碑之主。關內侯王立者,字

---

① 《水經注校證》卷一一《滱水注》"又東過安意縣南"條,第289頁。
② (東漢)班固著、(唐)顏師古注《漢書》卷二八《地理志》:"中山國,高帝郡,景帝三年爲國。"中華書局,1962,第1632頁。
③ (北齊)魏收撰《魏書》卷一〇六《地形志上》"定州中山郡"條:"盧奴州、郡治,有爲卿城、樂陽城。"中華書局,1974,第2462頁。
④ (北齊)魏收撰《魏書》卷一〇六《地形志上》"定州中山郡"條:"安喜,二漢、晉屬,前漢曰安險,後漢章帝改。有天井澤、安喜城、趙堯祠。"中華書局,1974,第2462頁。
⑤ (劉宋)范曄撰、(唐)李賢等注《後漢書》卷九《孝獻帝紀》李賢注引《袁宏紀》曰:"時未晡八刻。太史令王立奏曰:'晷過度,無變也。'朝臣皆賀。帝令候焉,未晡一刻而食。賈詡奏曰:'立司候不明,疑誤上下,請付理官。'帝曰:'天道遠,事驗難明,欲歸咎史官,益重朕之不德也。'"中華書局,1965,第373頁。
⑥ (劉宋)范曄撰、(唐)李賢等注《後漢書》卷一〇上《皇后紀·明德皇后紀》李賢注:"成帝封太后弟王譚、王商、王立、王根、王逢時等,同時爲關內侯。其時黃霧四塞,不聞澍雨之應。又田蚡、竇嬰,寵貴橫恣,傾覆之禍,爲世所傳。"中華書局,1965,第411頁。

子叔，漢元帝及漢成帝時大將軍王鳳之弟，河平二年（前27）成帝封王立與王譚、王商、王根、王逢時五兄弟皆爲關內侯，立爲紅陽侯，史稱"五侯"。至成帝元始四年（4），立因呂寬、王宇之事自殺，諡曰荒侯，其子王丹於哀帝、平帝時爲中山郡守，東漢初降光武帝爲將軍，其事見《漢書》卷一八《外戚恩澤侯表》、卷一九下《百官公卿表第七下》、卷九八《元后傳》。此碑或爲王立之子中山郡守王丹於中山郡治盧奴，爲其父所修祠廟之碑，然其文已不可知。

此碑除酈注外，歐、趙諸家皆未著錄，洪适《隸釋》卷二〇、顧藹吉《隸辨》卷八依酈注亦著有《王立碑》，然亦未載其文。宋人《天下碑錄》及陳思《寶刻叢編》卷六亦載之，稱《漢孝子王立碑》，云"在安喜縣東三十里"①，明周弘祖《古今書刻》載有《漢孝子王玄碑》之碑目，亦當爲此碑，"王玄"或爲"王立"之誤，然皆不載其文，故此碑當早已不存。

十　郎山君碑考

十一　觸鋒將軍廟碑考

十二　太白君碑考

　　徐水東北屈逕郎山，又屈逕其山南，眾岑競舉，若豎鳥翅，立石嶄巖，亦如劍秒，極地險之崇峭。漢武之世，戾太子以巫蠱出奔，其子遠遁斯山，故世有郎山之名。山南有郎山君碑，事具其文。徐水又逕郎山君中子觸鋒將軍廟南，廟前有碑，晉惠帝永康元年八月十四日壬寅，發詔錫君父子，法祠其碑。劉曜光初七年，前頓丘太守郎宣、北平太守陽平邑振等，共脩舊碑，刻石樹頌焉。……徐水又東南流歷石門中，世俗謂之龍門也。其山上合下開，開處高六丈，飛水歷其間，南出乘崖，傾澗洩注，七丈有餘，滈溢之音，奇爲壯猛，觸石成井，水深不測，素波自激，濤襄四陸，瞰之者驚神，臨之者駭魄矣。東南出山逕其城中，有故碑，是太白君碑，郎山君之元子也。②

---

① （宋）陳思纂輯《寶刻叢編》卷六"定州"《漢孝子王立碑》，《石刻史料新編》第一輯第二十四冊，新文豐出版公司，1977，第18180頁。
② 《水經注校證》卷一一《滱水注》"又東過博陵縣南"條，第292~293頁。

此三處皆爲祠廟頌德碑，爲父子三人之祠碑，太白君爲郎山君之元子，觸鋒將軍爲郎山君之中子。"郎山君碑"，其碑石及文皆早已不存。酈注言此碑立於廣昌縣（今河北保定易縣）郎山之南，碑名"郎山君碑"，又言"事具其文"，則碑文當載漢武帝時戾太子之子遠遁此山之事，然其碑文、年代、立碑者、緣由等皆未載。觸鋒將軍廟碑，碑石不存而碑文酈注載其局部。酈注言此碑立於廣昌縣徐水之北，郎山君中子觸鋒將軍廟前，爲晉惠帝永康元年（300）時立。太白君碑，其碑石及文皆不存，酈注言此碑立於北平縣城（今河北保定滿城縣）中，其碑文、年代、立碑者、緣由等亦未載。此三碑當皆爲道元所親見，皆無拓本傳世。

郎山，亦稱"狼山"，即今河北保定易縣西南狼牙山，徐水（今易縣境內之漕河）流經其山南。其山之得名，酈注言因"漢武之世，戾太子以巫蠱出奔，其子遠遁斯山，故世有郎山之名"。故郎山君者，實爲戾太子之子，其名史書未載。戾太子劉據，武帝子，宣帝之祖父，武帝元狩元年（前122）立爲皇太子，其事見《漢書·武五子傳·戾太子傳》及《漢書·宣帝紀》。戾太子於武帝征和二年因巫蠱之禍而外逃至湖縣（今河南三門峽靈寶西）泉鳩里一賣屨者家，後被官吏發現太子自度不得脫，乃入室距戶自盡，其二子皆並遇害①。據《漢書·戾太子傳》，戾太子之子有三男一女，其一子名進，史稱史皇孫，爲宣帝之生父②，另二男一女之名，史書未載。巫蠱之禍起，戾太子之母皇后衛子夫自殺，其妻史良娣、其子史皇孫與皇孫妃、皇女孫皆遇害，衛后、史良娣葬於長安城南，史皇孫、皇孫妃王夫人及皇女孫葬於廣明，太子與隨行二子並葬於湖縣。宣帝即位，追諡劉劇曰戾，以哀其屈也③。並以湖縣閿鄉邪里聚爲戾園，長安白亭東爲戾后園，廣明成鄉爲悼園，皆改葬焉。顏師古注曰："今太子冢北

---

① （東漢）班固著、（唐）顏師古注《漢書》卷六三《武五子傳·戾太子傳》："太子之亡也，東至湖，藏匿泉鳩里。主人家貧，常賣屨以給太子。太子有故人在湖，聞其富贍，使人呼之而發覺。吏圍捕太子，太子自度不得脫，即入室距戶自經。山陽男子張富昌爲卒，足蹋開戶，新安令史李壽趨抱解太子，主人公遂格鬥死，皇孫二人皆並遇害。"中華書局，1962，第2746頁。

② （東漢）班固著、（唐）顏師古注《漢書》卷八《宣帝紀》："孝宣皇帝，武帝曾孫，戾太子孫也。太子納史良娣，生史皇孫。皇孫納王夫人，生宣帝，號曰皇曾孫。生數月，遭巫蠱事，太子、良娣、皇孫、王夫人皆遇害。"中華書局，1962，第235頁。

③ （漢）許慎撰、（清）段玉裁注《說文解字注》第十："戾，曲也，從犬出戶下。犬出戶下爲戾者，身曲戾也。"上海古籍出版社，1981，第475頁。

有二冢相次，則二皇孫也。"① 今河南三門峽靈寶市豫靈鎮底董村尚有戾太子墓及皇孫二冢，據此可知戾太子之三子一女皆遇害，唯史皇孫之子劉詢賴廷尉監邴吉之私養而逃生，即孝宣帝②。酈注言戾太子有一子遠遁於郎山，則未知其據，或爲民間傳聞。

觸鋒將軍，爲郎山君之中子；太白君，郎山君之元子，皆爲戾太子之曾孫也，其名及事皆史書無載，不可考。酈注錄"觸鋒將軍廟碑"，文曰："晉惠帝永康元年八月十四日壬寅，發詔錫君父子，法祠其碑。劉曜光初七年，前頓丘太守郎宣、北平太守陽平邑振等，共修舊碑，刻石樹頌焉。"可知惠帝永康元年（300）八月十四日壬寅，詔賜郎山君父子，修祠立碑，惠帝元康（191～299）、永康（300～301）之時，多次下詔遣使於域內名山大川建祠立碑以祀山神，此觸鋒將軍廟碑及郎山君碑當爲其時所立。酈注於卷一五《洛水注》"又東過偃師縣南"條載"晉九山廟碑"，亦元康二年（292）惠帝下詔所立，以祀九山之神。後至前趙劉曜光初七年，即東晉明帝太寧二年（324），前頓丘太守郎宣、北平太守陽平邑振等，又共修晉碑，刻石樹頌，或在其碑陰增刻頌文。頓丘太守郎宣、北平太守陽平邑振，皆史書無載。此三碑或皆於永康元年惠帝下詔分別於郎山、北平城中修此三廟時所立，後於光初七年得以補刻增修，至道元之世皆存。

此三碑，除酈注著錄以外，歐、趙、洪諸家皆未載，唯《太平寰宇記》卷四六"河東道蒲州永樂縣"載有"郎山"言："《隋圖經》云：'永樂郎山，漢武戾太子以巫蠱事出奔，其子遁於此山，因名。'郎山君祠下有郎山君之次子觸峰將軍廟。"③ 可知至唐宋時郎山君祠及觸峰將軍廟皆尚存，且互爲毗鄰。然太白君祠及此三碑則未有著錄，或宋時已不存。清孫星衍《寰宇訪碑錄》及《京畿金石考》亦據酈注載有此三碑，稱《漢郎山君碑》《漢觸鋒將軍廟碑》《漢太白君碑》，然此三碑皆爲晉惠帝時所立，非漢碑，其稱有誤。

---

① （東漢）班固著、（唐）顏師古注《漢書》卷六三《武五子傳·戾太子傳》，中華書局，1962，第 2748 頁。
② （東漢）班固著、（唐）顏師古注《漢書》卷八《宣帝紀》："曾孫雖在襁褓，猶坐收繫郡邸獄。而邴吉爲廷尉監，治巫蠱於郡邸，憐曾孫之亡辜，使女徒復作淮陽趙徵卿、渭城胡組更乳養，私給衣食，視遇甚有恩。"中華書局，1962，第 235 頁。
③ （宋）樂史撰、王文楚等點校《太平寰宇記》卷四六"河東道蒲州永樂縣"，中華書局，2007，第 960 頁。

十三　晉康王碑考
十四　晉范陽王廟碑考

桃水又東逕涿縣故城北，王莽更名垣翰，晉大始元年，改曰范陽郡。今郡理涿縣故城，城内東北角有晉康王碑，城東有范陽王司馬虓廟碑。①

此兩處皆爲祠廟頌德碑，碑石及文皆早已亡佚，亦無拓本傳世。酈注僅載其碑名"晉康王碑"、"范陽王司馬虓廟碑"，並言"晉康王碑"立於時范陽郡治涿縣（今河北保定涿州市）故城内東北角，"晉范陽王廟碑"則立於城東，然皆未載碑文。酈注以後，歐、趙、洪諸家皆未有著録，殆早已亡佚矣。

涿縣，秦始皇二十六年置縣，屬廣陽郡；西漢初置涿郡，郡治涿縣；新莽改稱垣翰，東漢復稱涿郡；魏文帝黄初七年（226），改稱范陽郡，郡治涿縣；晉武帝泰始元年（265）封范陽王司馬綏於此地，范陽郡改稱范陽國，國都涿縣；北魏道武帝登國元年（386），范陽國改爲范陽郡，郡治涿縣。其故城位於今河北保定涿州市。

晉康王者，晉武帝時范陽康王司馬綏，其事見《晉書·宗室傳》："范陽康王綏，字子都，彭城王權季弟也，初爲諫議大夫。泰始元年受封，在位十五年。咸寧五年薨，子虓立焉。"② 由此可知，司馬綏於泰始元年（265）受封於范陽郡爲范陽王，在位十五年，薨於咸寧五年（279），其後當葬於其封國范陽國都涿縣故城，此碑當爲郡國官吏爲之所立，其碑額當題"晉范陽康王綏廟碑"，"康"當爲其諡號。

晉范陽王司馬虓者，爲范陽康王司馬綏之子，其事見《晉書·宗室傳》。虓字武會，少好學馳譽，研考經記，清辯能言論。以宗室選拜散騎常侍，累遷尚書。出爲安南將軍、都督豫州諸軍事、持節，鎮許昌，進位征南將軍，咸寧五年承其父范陽康王司馬綏之位，爲范陽王。永興二年（305），八王之

---

① 《水經注校證》卷一二《聖水注》"又東過陽鄉縣北"條，第301頁。
② 《晉書》卷三七《范陽康王綏傳》，中華書局，1974，第1099頁。

亂起，惠帝被張方挾持至長安，時虓推東海王司馬越爲盟主，並都督河北諸軍事、驃騎將軍、持節，領豫州刺史，參與平亂，後斬張方，與越西迎惠帝，奉天子還都，帝拜虓爲司徒。永興三年（306）暴疾薨，時年三十七。又據《晉書·惠帝紀》，光熙元年，虓與司馬越迎惠帝返舊都洛陽，"八月，以太傅、東海王越錄尚書，驃騎將軍、范陽王虓爲司空……冬十月，司空、范陽王虓薨"①，則司馬虓當於光熙元年任司空之職，於冬十月薨於洛陽。"永興三年"六月辛未，即改年號爲"光熙元年"②，司馬虓薨於是年冬十月，故當爲光熙元年薨，時年三十七，其後歸葬於封地范陽國都涿縣故城，其封國官吏於此城東建祠廟並立碑以祭之，故此碑當立於光熙元年（306）。

酈道元之故里即爲時之涿縣，故於此地風土遺跡極爲熟知，此范陽王司馬綏、司馬虓父子兩碑，酈道元當親所經見，然其於注中僅言其碑名及所處方位，而未載其碑文，可知此兩碑碑文時已磨滅而不可識。酈注之後，此兩碑未見其他文獻著錄，當早已亡佚不存。

十五　晉立魏征北將軍建成鄉景侯劉靖碑考

（薊縣）大城東門內道左，有魏征北將軍建成鄉景侯劉靖碑。晉司隸校尉王密表靖，功加于民，宜在祀典。以元康四年九月二十日刊石建碑，揚于後葉矣。③

此處爲祠廟頌德碑，碑石不存而文賴酈注而存世，無拓本傳世。此碑酈注言立於時范陽郡治薊縣（今北京市）大城東門內道左，碑名曰"魏征北將軍建成鄉景侯劉靖碑"。西晉惠帝元康年間，司隸校尉王密表劉靖之功澤民衆，故立此碑，立於惠帝元康四年（294），然未載碑文。碑文當述劉靖爲征北將軍鎮守薊時，興修水利之事，並頌其德。酈注所載"劉靖碑"者有兩處，除此處外，又於將卷一四《鮑丘水注》"又南過潞縣西"

---

① 《晉書》卷四《孝惠帝紀》，中華書局，1974，第107頁。
② 《晉書》卷四《惠帝紀》："（永興三年六月）辛未，大赦，改元。"中華書局，1974，第107頁。
③ 《水經注校證》卷一三《灅水注》"過廣陽薊縣北"條，第325頁。

條載有"晉戾陵遏表"，酈注稱爲"劉靖碑"，立於漁陽郡潞縣戾陵堰，碑載劉靖修堰治水之事，兩碑分立於兩縣，且所述亦有別，故分而論之。

劉靖，沛國相人，漢揚州刺史劉馥之子，其事見《三國志·魏書·劉馥傳》①。靖於魏文帝黃初中（220～226）從黃門侍郎遷廬江太守，後轉在河內，遷尚書，賜關內侯，出爲河南尹。因母喪去官，後爲大司農衛尉，進封廣陸亭侯，後遷鎮北將軍，假節都督河北諸軍事。嘉平六年（254）薨，追贈征北將軍，進封建成鄉侯，謚曰景侯。劉靖之父劉馥爲漢末名臣，馥於建安初年爲揚州刺史，於任內立學校，廣屯田，興治芍陂、茹陂、七門、吳塘諸堨以溉稻田，恩化大行，百姓樂其政，流民越江山而歸者以萬數，其境內大治。時天下方亂，流民四起，民不聊生，而揚州境內則爲一番太平盛世之景，實劉馥之功。馥善爲水利，重視民生，其子靖亦承父德，有馥遺風，爲鎮北將軍駐守薊，期間興修戾陵渠，引水灌溉薊城境內之田畝，而使薊境邊民漸爲富庶。此事亦見於《水經注》卷一四《鮑丘水注》條所載《晉戾陵遏表》："魏使持節都督河北道諸軍事征北將軍建城鄉侯沛國劉靖，字文恭，登梁山以觀源流，相漯水以度形勢，嘉武安之通渠，羨秦民之殷富。乃使帳下丁鴻，督軍士千人，以嘉平二年，立遏于水，導高梁河，造戾陵遏，開車箱渠。"② 此可補《魏志》及薊縣"劉靖碑"之缺。靖卒於魏嘉平六年，其後至晉惠帝元康四年（294），時司隸校尉王密表靖功加於民，宜在祀典，遂於是年九月二十日刊石建碑，其碑額題"魏征北將軍建成鄉景侯劉靖碑"，與《魏志》所言合。王密所表靖之功，當在其於薊修廣戾陵渠大遏之功。王密，史書無傳，碑當爲密所立。

此碑除酈注以外，北宋以降，歐、趙、洪諸家皆未有著錄，唯明楊慎《金石古文》及《水經注所載碑目》載有《魏建成鄉侯劉靖碑》，然其將卷一四《鮑丘水注》"又南過潞縣西"條所載《晉戾陵遏表》合爲一碑。曾國藩《經史百家雜鈔》亦合爲一碑，稱《晉造戾陵遏記》③，兩者皆誤。兩碑一在范陽郡治薊縣，一在漁陽郡潞縣，其潞縣碑稱："晉元康四年，君少子驍騎將軍平鄉侯弘，受命使持節監幽州諸軍事，領護烏丸校尉寧朔

---

① （西晉）陳壽撰、（劉宋）裴松之注《三國志·魏書·劉馥傳》，中華書局，1982，第463頁。
② 《水經注校證》卷一四《鮑丘水注》"又南過潞縣西"條，第339頁。
③ （清）曾國藩纂、孫雍長標點《經史百家雜鈔》卷二六"雜記之屬"《晉造戾陵遏記》，嶽麓書社，1987，第1341頁。

將軍……追惟前立遏之勳，親臨山川，指授規略……於是二府文武之士，感秦國思鄭渠之績，魏人置豹祀之義，乃遐慕仁政，追述成功。元康五年十月十一日，刊石立表，以紀勳烈。"① 可知後者立於薊縣劉靖碑之次年，爲劉靖之少子、時驍騎將軍平鄉侯劉弘，修復其父所建戾陵遏，而薊、潞兩縣吏民吏民立碑以讚劉靖父子之德。范陽郡、漁陽郡時皆屬幽州之境，而劉弘時爲持節監幽州諸軍事，故司隸校尉王密於元康四年表靖之德而立碑於薊者，當因劉弘之故。據清孫星衍《京畿金石考》卷上"順天府"載《晉王密立魏征北將軍建成鄉侯劉靖碑》云："其碑當在阜成門外，今未見。"② 可知此碑亡佚已久。

十六　晉司空鄭袤廟碑考
十七　晉鄭仲林碑考

休水又逕延壽城南，緱氏縣治，故滑費，春秋滑國所都也。王莽更名中亭，即緱氏城也。城有仙人祠，謂之仙人觀。休水又西轉北屈，逕其城西，水之西南有《司空密陵元侯鄭袤廟碑》，文缺不可復識。又有《晉城門校尉昌原恭侯鄭仲林碑》，晉泰始六年立。③

此兩處皆爲祠廟頌德碑，碑石及文皆已不存，亦無拓本傳世。酈注言此兩碑立於河南郡緱氏縣城西、休水西南，前者碑名"司空密陵元侯鄭袤廟碑"，時其碑文已殘缺不可復識；後者碑名"晉城門校尉昌原恭侯鄭仲林碑"。鄭仲林碑，酈注言爲晉武帝泰始六年（270）立，於鄭袤廟碑則未言其年代。兩碑當皆立於緱氏縣城鄭袤廟內，然酈注未言此廟，可知時廟已不存。

緱氏縣，酈注言爲故滑費，春秋滑國所都；秦時置縣，屬三川郡；西漢屬河南郡，縣治延壽城；王莽更名中亭，即緱氏城，東漢、魏晉

---

① 《水經注校證》卷一四《鮑丘水注》"又南過潞縣西"條，第339頁。
② （清）孫星衍撰《京畿金石考》卷上"順天府"，《石刻史料新編》第二輯第十二冊，新文豐出版公司，1979，第8746頁。
③ 《水經注校證》卷一五《洛水注》"又東過偃師縣南"條，第371頁。

因之；北魏太和十七年（493）廢縣。其故城位於今河南偃師中部緱氏鎮。

晉司空鄭袤，字林叔，滎陽開封人，漢末揚州刺史鄭泰之子，仕魏晉兩朝，八十五歲而卒，官至晉司空、密陵元侯，其事見《晉書·鄭袤傳》。袤少孤，早有識鑒，隨叔父渾避難江東，豫章太守華歆素與泰善，撫養袤如己子。袤年十七，還鄉里。性清正，魏武初封諸子爲侯，精選賓友，袤與徐幹俱爲臨淄侯曹植文學，後轉司隸功曹從事，歷任魏尚書郎、黎陽令、尚書右丞、濟陰太守、大將軍從事中郎，拜散騎常侍、廣平太守、侍中、少府、光祿勳、光祿大夫，封密陵伯，西晉建立，又進爵爲密陵侯，泰始中，武帝下詔言其"履行純正，守道沖粹，退有清和之風，進有素絲之節"①，而進封司空，袤固辭終不就，後許以侯就第，拜儀同三司，置舍人官騎。鄭袤於泰始九年（273）薨，年八十五，時武帝"於東堂發哀，賜秘器、朝服一具、衣一襲、錢三十萬、絹布各百匹，以供喪事。諡曰元"②，可謂至榮矣。鄭袤爲官清廉，於州郡崇學勸教，如於濟陰太守任內，下車旌表孝悌，敬禮賢能，興立庠序，開誘後進。而在廣平，以德化爲先，善作條教，郡中民眾愛之。後袤徵拜侍中去職，此郡百姓戀慕不舍，涕泣路隅，可見其澤被一方、恩惠民眾之德。酈注言此碑爲"司空密陵元侯鄭袤廟碑"，則緱氏城必有縣民爲鄭袤所建祠廟，袤或曾任緱氏令，於任內多有作爲，故民建祠立碑以祀之。此碑言"司空密陵元侯"，然鄭袤生前堅辭司空之位，故此司空當爲其卒後追贈之號，可見此碑當立於其卒後，即泰始九年之後，碑文當述鄭袤之生平仕宦及于緱氏任內之善政，以頌其德也。

晉城門校尉昌原恭侯鄭仲林者，史書無載。城門校尉，西漢時始置，掌京師城門屯兵，秩比二千石，下設司馬、十二門候，東漢、魏、晉因之③。昌原，魏晉時無此縣名，唐時始於昌州設昌原縣④，或爲"長垣"之誤，兩者音近，或爲傳抄之誤，據此則鄭仲林爲晉之陳留郡長垣人。原恭侯，曹魏時

---

① 《晉書》卷四四《鄭袤傳》，中華書局，1974，第1250頁。
② 《晉書》卷四四《鄭袤傳》，中華書局，1974，第1250頁。
③ （東漢）班固著、（唐）顏師古注《漢書》卷一九《百官公卿表》："城門校尉掌京師城門屯兵，有司馬、十二城門候。"中華書局，1962，第737頁。
④ 《舊唐書》卷三九《地理志二》"河東道條"："武德二年，置昌州，領蒲、作城、常武、昌原四縣。"中華書局，1975，第1474頁。

有恭侯，如曹暢、曹洪、韓暨、臧艾等人皆被封爲恭侯①，而晉時未有所見，可知其或於魏時封爲恭侯，而晉時未加封。此碑立於泰始九年，即鄭袤之卒年，且兩碑相鄰，鄭仲林或爲鄭袤之族人，與袤同朝爲官。鄭仲林，仲林或爲其字，袤字林叔，據此推之，則當爲袤之族兄，其官至晉城門校尉。

此兩碑除酈注以外，歐、趙、洪諸家皆未著錄，當久已亡佚。另嚴可均《全晉文》卷九三據《文選·齊竟陵王行狀》李善注、《藝文類聚》卷四七載有潘岳《司空密陵侯鄭袤碑》，其文未有言及緱氏城及祠廟者，其銘文曰："於鑠元侯，則大垂象。弘操嶽峻，宇量深廣。允恭克讓，宣哲清朗。有始有卒，可大可久。言由忠信，行履孝友。光光金貂，再冠其首。赫赫皇符，仍折其部。義格皇穹，德冠群后。清風顯烈，沒而不朽。"② 據此可知此當爲泰始六年鄭袤卒後，潘岳爲之所撰墓碑文，非緱氏鄭袤廟碑。袤卒後，或葬於時京都洛陽北邙，然此碑亦後世不傳。

十八　魏雍州刺史郭淮碑考

渭水東分爲二水，《廣雅》曰：水自渭出爲榮，其猶河之有雍也。此瀆東北流逕魏雍州刺史郭淮碑南。③

此處爲祠廟頌德碑，碑石及文皆不存，亦無拓本傳世。酈注言此碑位於雍州渭水之側，熊會貞以爲："此碑蓋淮廟前之碑也，當在今長安縣西北"④，即今陝西西安長安區，碑名"魏雍州刺史郭淮碑"。此碑之碑文、年代、立碑者、緣由及其形制皆未言，當非爲道元所親見。是碑爲雍州吏民爲之建祠立碑以讚頌其德。

魏雍州刺史郭淮，字伯濟，太原陽曲人，曹魏名將，漢大司農郭全之孫、雁門太守郭縕之子，其事見《三國志·魏書·郭淮傳》。淮於漢末建安

---

① （西晉）陳壽撰、（劉宋）裴松之注《三國志·魏書·文昭甄皇后傳》："嘉平三年正月，暢薨，追贈車騎將軍，諡曰恭侯。"中華書局，1982，第163頁；《三國志·魏書·曹洪傳》："（曹洪）太和六年薨，諡曰恭侯。"中華書局，1982，第278頁。

② （清）嚴可均輯《全晉文》卷九三，潘岳《司空密陵侯鄭袤碑》，中華書局，1958，第1996頁。

③ 《水經注校證》卷一九《渭水注》"又東過長安縣北"條，第449頁。

④ （清）楊守敬、熊會貞疏，段熙仲點校、陳橋驛復校《水經注疏》卷一九《渭水注》，江蘇古籍出版社，1989，第1579頁。

中舉孝廉，除平原府丞，後被五官中郎將曹丕徵召淮署爲門下賊曹，轉爲丞相兵曹議令史，從魏武征漢中，爲征西將軍夏侯淵司馬。建安二十五年（220），魏武薨，曹丕即魏王位，賜淮爵關內侯，轉爲鎮西長史。魏文帝黄初元年（220），淮奉使賀文帝踐阼，帝悅之，擢淮領雍州刺史，封射陽亭侯，明帝太和二年（228）淮爲建威將軍，隨司馬懿迎戰諸葛亮，屢建戰功，後歷任左將軍、前將軍、都鄉侯、征西將軍、都督雍涼諸軍事，嘉平二年（250）遷爲車騎將軍、儀同三司、持節、都督如故，進封陽曲侯。正元二年（255）薨，追贈大將軍，諡貞侯。其子統嗣，官至荆州刺史。據《三國志·魏書·郭淮傳》，郭淮於黄初元年始任雍州刺史，嘉平元年遷征西將軍，都督雍、涼諸軍事，陳泰代之爲雍州刺史，後郭淮一直都督雍、涼諸軍事直至正元二年卒後，由陳泰繼任①。此碑若爲其墓碑，當立於正元三年，其碑名當言"魏大將軍陽曲貞侯郭淮碑"，然酈注言此碑名"魏雍州刺史郭淮碑"，淮任雍州刺史在黄初元年至嘉平元年（220~249），故此碑當爲嘉平元年其遷征西將軍、都督雍涼諸軍事時，雍州吏民於此地爲之建祠立碑以讚頌其德。淮於雍州刺史任內，屢次平定境內羌人叛亂，使關中大定，對歸降之羌人、涼州休屠人，郭淮皆加以安撫定置，民皆稱之神明②。雍州吏民感念其恩德，遂於長安城北、渭水之側爲其建祠立碑以頌之，碑當立於嘉平元年（249）。然酈注僅言此碑，而未言有廟，則或時廟已不存，唯餘殘碑爾。另據《魏書·郭祚傳》："（高祖）車駕幸長安，行經渭橋，過郭淮廟，問祚曰：是卿祖宗所承也？祚曰：是臣七世伯祖。高祖曰：先賢後哲，頓在一門。祚對曰：昔臣先人以通儒英博，唯事魏文。微臣虛薄，遭奉明聖，自惟幸甚。因敕以太牢祭淮廟，令祚自撰祭文。"③ 則至北魏太和年間（477~499），淮之七世族孫郭祚隨高祖經淮廟，而另立新碑以祭之。

郭祚，字季祐，太原晉陽人，爲魏車騎將軍郭淮弟亮之後，時郭祚爲

---

① （西晉）陳壽撰、（劉宋）裴松之注《三國志·魏書·陳群傳附子泰傳》："嘉平初，代郭淮爲雍州刺史，加奮威將軍。淮薨，泰代爲征西將軍，假節都督雍、涼諸軍事。"中華書局，1964，第638頁。
② （西晉）陳壽撰、（劉宋）裴松之注《三國志·魏書·郭淮傳》："征羌護軍，護左將軍張郃、冠軍將軍楊秋討山賊鄭甘、盧水叛胡，皆破平之。關中始定，民得安業……安定羌大帥辟汜反，討破降之。每羌、胡來降，淮輒先使人推問其親理，男女多少，年歲長幼；及見，一二知其款曲，訊問周至，咸稱神明……涼州休屠胡梁元碧等，率種落二千餘家附雍州。淮奏請使居安定之高平，爲民保障。"中華書局，1964，第734頁。
③ （北齊）魏收撰《魏書》卷六四《郭祚傳》，中華書局，1976，第1422頁。

尚書左丞長兼給事黃門侍郎，隨孝文帝南征，而據《魏書·高祖紀》，孝文帝於太和二十一年（497）夏四月辛未行幸長安，經郭淮廟，敕以太牢祭淮廟，並令郭祚作文以祭之，可知太和之時，晉時所立之廟尚存，在渭橋之側，時郭祚所作祭文當刊刻新碑，立於其廟前，故此廟道元之世當有二碑，一爲魏嘉平元年雍州吏民所立頌德碑，一爲北魏太和二十一年郭祚所立，碑題祚之祭文，然酈注僅言一碑，而郭祚所立新碑則未載，或其所經見之時，在太初二十一年之前，而新碑未立，故僅言魏碑。另《太平御覽》引東晉郭緣生《述征記》云"青門外有魏車騎將軍郭淮碑"①。青門，又名霸城門，爲漢魏長安城東第三門②。《述征記》所言碑名亦未稱"大將軍貞侯"，可知此碑即魏嘉平元年雍州吏民所立頌德碑，然未言郭淮廟，未知其因。此廟及二碑，除酈注、《述征記》、《魏書》以外，後世未見文獻著錄，當早已不存，未知亡於何時。

十九　漢京兆尹司馬文預碑考

　　明渠又東逕漢高祖長樂宮北，本秦之長樂宮也。周二十里，殿前列銅人，殿西有長信、長秋、永壽、永昌諸殿，殿之東北有池，池北有層臺，俗謂是池爲酒池，非也。故渠北有樓，暨漢京兆尹司馬文預碑。③

　　此處爲祠廟頌德碑，爲近世出土殘碑，有碑文殘文及拓本傳世。酈注言此碑位於長安城明渠北，渠前有樓，樓前樹此碑，碑名"漢京兆尹司馬文預碑"，然未言其爲墓碑或廟碑。楊守敬《水經注疏》以爲文當作"故渠北有漢京兆尹司馬文預碑"，"有樓"、"樹"二字爲衍文④。趙一清《水經注釋》、全祖望合校《水經注》、陳橋驛《水經注校證》本皆有此二字，本文以陳本之說爲是。則此樓當爲石樓，立於其祠廟前。樓前立有此碑，

---

① 《太平御覽》卷一八三"居處部二門下"條，中華書局，1960，第890頁。
② （東漢）班固著、（唐）顏師古注《漢書》卷九九《王莽傳》："七月辛酉，霸城門災，民間所謂青門也。"顏師古注曰："《三輔黃圖》云長安城東出南頭名霸城門，俗以其色青，名曰青門。"中華書局，1962，第4144頁。
③ 《水經注校證》卷一九《渭水注》"又東過長安縣北"條，第455頁。
④ （清）楊守敬、熊會貞疏，段熙仲點校、陳橋驛復校《水經注疏》卷一九《渭水注》，江蘇古籍出版社，1989，第1600頁。

可知此碑當爲其祠廟之碑，而非墓碑也。此碑之碑文、年代、立碑者、緣由及其形制皆未言，當非爲道元所親見。

司馬文預，名司馬防，字建公，河内溫縣人，晉宣王司馬懿之父，其事見《三國志·魏書·司馬朗傳》及《晉書·武帝紀》。防爲楚漢間殷王司馬卬十一世孫，漢豫章太守司馬量之孫，漢潁川太守司馬儁之子①。防性質直公方，雅好《漢書》名臣列傳，所諷誦者數十萬言。少仕州郡，歷官洛陽令、京兆尹，後以年老轉拜騎都尉，養志閭巷，闔門自守。年七十一，建安二十四年（219）終，《三國志·魏書·武帝紀》裴松之注引《曹瞞傳》言："爲尚書右丞司馬建公所舉。及公爲王，召建公到鄴，與歡飲，謂建公曰：孤今日可復作尉否？建公曰：昔舉大王時，适可作尉耳。王大笑。建公名防，司馬宣王之父。"② 可知防亦曾任尚書右丞之職，於靈帝中平五年（188）舉魏武爲助軍校尉。防有八子，其字皆有"達"字，時謂之"八達"③，其元子司馬朗爲魏武之丞相主簿，官至兗州刺史，次子即宣王司馬懿。

此碑除酈注以外，歐、趙、洪諸家皆未著錄，似亡佚已久。然至1952年秋，陝西西安長安區西大街整修下水道時，於廣濟街口出土一殘碑，時碑存上半部分，中裂爲三，殘碑高106釐米、寬98釐米，爲螭首圓碑，其碑額雕蟠螭文，題篆文十五字云"漢故司隸校尉京兆尹司馬君之碑頌"，共四行，行四字（第四行三字）。碑陽陰刻楷書十六行共一百四十二字，其中第九行缺失，每行六七字不等，其文界於隸楷之間，筆畫堅勁險利④。據日人井波陵一《魏晉石刻資料選注》所載是碑拓本可知，其碑文首行稱"君諱芳字文豫河内口（下缺）"，溫字存半。另第五行言"顯考儁以資望之重識（下缺）"⑤，可知其碑主即《三國志》及《晉書》所言宣王之父司

---

① 《晉書》卷一《高祖宣帝紀》："楚漢間，司馬卬爲趙將，與諸侯伐秦。秦亡，立爲殷王，都河内。漢以其地爲郡，子孫遂家焉。自卬八世，生征西將軍鈞，字叔平。鈞生豫章太守量，字公度。量生潁川太守儁，字元異。儁生京兆尹防，字建公。帝即防之第二子也。"中華書局，1974，第1頁。
② （西晉）陳壽撰、（劉宋）裴松之注《三國志·魏書·武帝紀》，中華書局，1982，第47頁。
③ 《晉書》卷三七《安平獻王孚傳》："初，孚長兄朗字伯達，宣帝字仲達，孚弟馗字季達，恂字顯達，進字惠達，通字雅達，敏字幼達，俱知名，故時號爲'八達'焉。"中華書局，1974，第1081頁。
④ 路遠：《司馬芳碑刻立年代考辯》，《文博》1998年第2期，第71頁。
⑤ 〔日〕井波陵一著《魏晉石刻資料選注》第二十六《漢故司隸校尉京兆尹司馬君之碑頌》，京都大學人文科學研究所，2005，第64頁。

馬防也。此碑當爲酈注所言"漢京兆尹司馬文預碑","防"與"芳"音同形近,《三國志》之言當爲傳抄之誤,其本名司馬芳,字"文豫",酈注以爲"文預","豫"與"預"亦音同形近,此當酈注之誤。其碑陽末一行以小字刻云"晉故扶風王六世孫寧遠將軍樂陵侯追(下缺)"[1],或爲立此碑之人。扶風王,《晉書·武帝紀》載武帝於泰始元年(265)十二月踐帝位,封皇叔父司馬亮爲扶風王[2],亮爲宣王之四子,而據《晉書·汝南文成王亮傳》及《扶風王駿傳》,咸寧三年(277),司馬亮徙封汝南王,而其弟司馬駿於泰始元年(265)初封爲汝陰王,後於咸寧三年(277)改封扶風王,則此立碑者或爲司馬亮(或司馬駿)之六世孫。

然是碑所立年代碑文未有言,此碑陰上半列故吏題名十四行十四人,如"故吏□曹史杜縣韋□字子茂、故吏□簿杜縣杜幾字伯侯、故吏□曹霸城王淮字玄□、故吏租曹新豐張□字子正、故吏賊曹長安縣萬忠字子侃、故吏兵曹佐藍田縣朱青字子絜"等[3],皆爲漢世京兆尹下屬杜縣、霸城、新豐、長安縣、藍田縣之吏佐[4]。此碑陰下另有一文存十八行,行一字至三字,不成文句。此碑出土後,初存於陝西省博物館,後存於西安市碑林博物館。段紹嘉《司馬芳殘碑出土經過及初步研究》、楊勵三《司馬芳殘碑》二文皆考訂碑主司馬芳爲《三國志》所言司馬防。而關於是碑之所立時代,段氏以碑文末所言立碑者"晉故扶風王六世孫寧遠將軍樂陵侯",認爲立碑者爲司馬宣王七子扶風王駿之六世孫,碑立於東晉時期[5];施蟄存先生亦以爲此碑爲晉時所立[6];楊氏之文[7],及路遠《司馬芳碑刻立年代考辯》,皆據《魏書·司馬景之傳》以爲此扶風王六世孫爲北魏明元帝泰常末降魏之密陵侯平遠將軍司馬準,路氏進而考訂是碑立於"北魏

---

① 路遠:《司馬芳碑刻立年代考辯》,《文博》1998年第2期,第73頁。
② 《晉書》卷三《世祖武帝紀》:"封皇叔父孚爲安平王,皇叔父幹爲平原王,亮爲扶風王,伷爲東莞王,駿爲汝陰王……"中華書局,1974,第52頁。
③ 《晉書》卷三《世祖武帝紀》:"封皇叔父孚爲安平王,皇叔父幹爲平原王,亮爲扶風王,伷爲東莞王,駿爲汝陰王……"中華書局,1974,第52頁。
④ (劉宋)范曄撰、(唐)李賢等注《後漢書》"志一九"《郡國志一》:"京兆尹,秦內史,武帝改。其四縣,建田十五年屬。雒陽西九百五十里。十城,長安、霸陵、杜陵、鄭、新豐、藍田、長陵、商、上雒、陽陵。"中華書局,1965,第3403頁。
⑤ 段紹嘉著《司馬芳殘碑出土經過及初步研究》,《人文雜志》1953年第3期,第69頁。
⑥ 施蟄存撰《水經注碑錄》卷四《晉立漢京兆尹司馬文預碑》,天津古籍出版社,1987,第163頁。
⑦ 楊勵三著《司馬芳殘碑》,《文物》1965年9期,第22~25頁。

神䴥三年長安歸屬北魏之後，興光元年司馬准去世之前，即公元430年至454年之間。"① 司馬準，司馬景之兄長，字巨之。司馬景之，字洪略，《魏書·司馬景之傳》言其爲晉汝南王亮之後，汝南王亮泰始初封諸王時爲扶風王，故司馬準爲扶風王亮之後。《魏書·司馬景之傳》言司馬準："以泰常末，率三千餘家歸國。時太宗在虎牢，授寧遠將軍、新蔡公、假相州刺史。隨駕至京。出除廣寧太守。悅近來遠，清儉有稱。世祖嘉之，賜布六百匹。後降號爲平遠將軍，改爲密陵侯。興光初卒。子安國襲爵。"② 可知司馬準於北魏文成帝泰常末自劉宋降魏，後封爲平遠將軍、密陵侯，此與碑文末所題"晉故扶風王六世孫寧遠將軍樂陵侯"大致相符，《魏書》所言"密陵侯"者或爲"樂陵侯"之誤，故楊氏及路氏之說當是。

另此碑碑陰第二行題名爲"故吏□簿杜縣杜幾字伯侯"。此"杜縣杜幾"者，或即《三國志·魏書·杜畿傳》所言漢末京兆杜陵人杜畿③。杜畿字伯侯，爲魏之太僕、戴侯，文帝黃初（220）初卒。其少時當在漢末建安之時，又曾任京兆郡功曹。據此可知，其碑陰題名十四人皆當爲漢末建安時司馬防任京兆尹時之故吏，此碑當立於司馬防離任或去世之後，即建安二十年（219），由其任京兆尹時之故吏杜畿等十四人於長安城明渠北爲之建廟立石樓、石碑，其碑陽題文當爲時之郡民所題，其文述司馬防之家世。而碑文末所題小字"晉故扶風王六世孫寧遠將軍樂陵侯"者，當爲北魏初太武帝、道武帝之時西晉扶風王司馬亮之六世孫魏寧遠將軍、樂陵侯司馬准，將漢末所立碑翻刻或補刻其名於碑文之末④，碑陰下所存殘文，其字體及刻工與碑陰上部題名差異較大，而與碑陽末之小字題名字形相似，或爲司馬准補刻之文，然其文已殘缺不可讀。此碑及石樓於道元之世尚存，後祠廟及石樓傾毀，是碑亦傾倒毀損，其殘碑埋於塵土中至近世而重見於世。另《太平御覽》卷一八三"居處部門下"條引東晉郭緣生《述征記》云："青門外有魏車騎將軍郭淮碑。小城最東一門名落索門，門裏有司馬京兆碑，郡民所立。"⑤ 青門，又名霸城門，爲漢魏長安城東第三

---

① 路遠：《司馬芳碑刻立年代考辯》，《文博》1998年第2期，第71頁。
② （北齊）魏收撰《魏書》卷三七《司馬景之傳附兄準傳》，中華書局，1976，第860頁。
③ （西晉）陳壽撰、（劉宋）裴松之注《三國志·魏書·杜畿傳》："杜畿字伯侯，京兆杜陵人也……年二十，爲郡功曹，守鄭縣令。"中華書局，1964，第493頁。
④ 仇鹿鳴：《司馬芳殘碑補釋——以中正成立的年代爲中心》，《史林》2009年第1期，第130頁。
⑤ 《太平御覽》卷一八三"居處部二門下"條，中華書局，1960，第890頁。

門，落索門裏之"司馬京兆碑"當即酈注此所載"漢京兆尹司馬文預碑"，爲郡民所立，此與本文考證結論相符，可知此碑東晉時尚存於長安城。

施蟄存先生認爲此碑主司馬芳非宣王之父司馬防，"余以爲恐不然。防乃宣帝之父，晉既受禪，必上尊號，豈可仍以漢官題碑額。芳必防之昆季，《晉書》失錄耳。"① 然施先生未詳此碑原刻實當立於漢末之世，而非晉世，故其碑額僅稱其漢官爵位。而是碑陽題文末所言"寧遠將軍樂陵侯追"者，施先生誤以爲"寧遠將軍樂陵侯阜"，遂認爲"寧遠將軍樂陵侯"當名司馬阜，而司馬準爲密陵侯，故"樂陵侯阜與密陵侯准，顯非一人。當時司馬氏以亂亡歸命拓跋者甚衆，阜亦其一，當是准之昆仲行，史未著耳"②。其說有誤，此"阜"當爲"追"字，其後所缺之文當述"樂陵侯追慕其先祖司馬防"之言也，密陵侯司馬準即補刻者"寧遠將軍樂陵侯"也，《魏書》稱其"密陵侯"者當爲"樂陵侯"之誤。

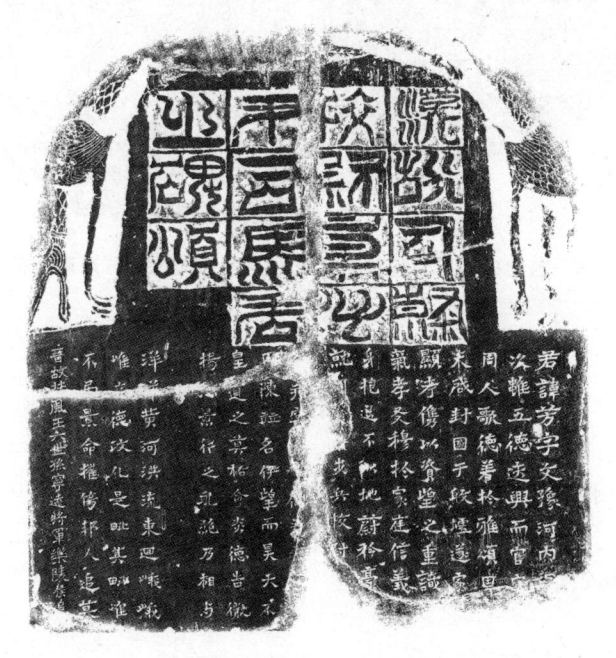

圖 2-5 西安碑林博物館藏"漢京兆尹司馬文預碑"原碑陽拓本③

---

① 施蟄存撰《水經注碑錄》卷四《晉立漢京兆尹司馬文預碑》，天津古籍出版社，1987，第 163 頁。
② 施蟄存撰《水經注碑錄》卷四《晉立漢京兆尹司馬文預碑》，天津古籍出版社，1987，第 163 頁。
③ 東漢建安二十年（215）立，篆額"漢故司隸校尉京兆尹司馬君之碑頌"，碑陽隸書，1952 年陝西西安廣濟街出土殘碑，現存西安碑林博物館。

圖 2-6　西安碑林博物館藏"漢京兆尹司馬文預碑"原碑陰拓本①

二十　晉順陽太守丁穆碑考

丹水又東逕南鄉縣北,興寧末,太守王靡之改築今城,城北半據在水中,左右夾澗深長,及春夏水漲,望若孤洲矣。城前有晉順陽太守丁穆碑,郡民范寧立之。②

此處爲祠廟頌德碑,碑石及文皆早已亡佚,亦無拓本傳世。酈注言此

---

① 高峽等編《西安碑林全集》卷二《碑刻》,廣東經濟出版社、海天出版社,1999,第 143 頁。
② 《水經注校證》卷二〇《丹水注》"又東南過商縣南,又東南至於丹水縣,入于均"條,第 488 頁。

碑立於南陽郡南鄉縣城前，碑名"晉順陽太守丁穆碑"，爲南陽郡民范寧所立。然未載其碑文、立碑緣由、形制等。此碑當爲道元所親見，時碑尚存，立於城前，然碑文已殘缺不可識，唯碑額文字可别，故酈注僅録其碑名。

南鄉縣，東漢順帝永和六年（141），封中山穆王暢弟荆爲南鄉侯，即南鄉侯國，都南鄉縣①；漢末建安十三年（208）改爲南鄉郡治；西晉太康十年（289）改爲順陽郡②；東晉成帝咸康四年（338）復置南鄉郡③，後復爲順陽郡，宋齊因之；北魏爲順陽郡治④。其故城位於今河南南陽淅川縣西南。道元所經見南鄉縣，晉時即爲順陽郡治，其城北半據於丹水（今漢江最大支流丹江）中，左右夾澗深長，及春夏水漲，望若孤洲。

丁穆，字彦遠，東晉武帝時譙國人，其事見《晉書·忠義傳·丁穆傳》。丁穆初積功勞，封真定侯，累遷爲順陽太守，晉孝武帝太元四年（379），除振武將軍、梁州刺史，然受詔未至任，秦苻堅遣衆寇順陽，穆戰敗，與魏興太守周訪皆被執至長安，丁穆稱疾不仕秦，爲苻堅所嘆服⑤。太元八年（383），苻堅傾國南寇，穆與關中人士謀襲長安，事泄而遇害，臨死作表付其妻周，後周歸東晉，詣闕上之，孝武帝嘉其忠義，詔敕追封穆爲龍驤將軍、雍州刺史。故丁穆當葬於前秦之都長安，而非南鄉，丁穆於武帝太元四年（379）前曾任順陽太守，時南鄉縣爲順陽郡治，故此碑當爲太元四年其離任後，順陽郡民范寧等所立。

范寧，字武子，南陽順陽人，范曄祖父，其事見《晉書·范汪傳附子寧傳》。寧少篤學，多所通覽，孝武帝雅好文學，甚被親愛，朝廷疑議，

---

① （劉宋）范曄撰、（唐）李賢等注《後漢書》卷四二《光武十王傳·中山簡王焉傳》："永和六年，封暢弟荆爲南鄉侯。"中華書局，1965，第1450頁。
② 《晉書》卷一五《地理志下》"荆州"條："後漢獻帝建安十三年，魏武盡得荆州之地，分南郡以北立襄陽郡，又分南陽西界立南鄉郡……及武帝平吴，分南郡爲南平郡，分南陽爲義陽郡，改南鄉爲順陽郡。"中華書局，1974，第454頁。
③ （南梁）沈約撰《宋書》卷三七《州郡志三》"雍州"條："順陽太守，魏分南陽立曰南鄉，晉武帝更名。成帝咸康四年，復立南鄉，後復舊。"中華書局，1974，第1137頁。
④ （北齊）魏收撰《魏書》卷一〇六《地形志下》"荆州"條："順陽郡，魏分南陽置，曰南鄉，司馬衍更名，魏因之。南鄉後漢屬南陽，晉屬南鄉。"中華書局，1974，第2634頁。
⑤ 《晉書》卷五八《周訪傳》："後堅復陷順陽、魏興，獲二守，皆執節不撓，堅歎曰：周孟威不屈於前，丁彦遠潔己於後，吉祖沖不食而死，皆忠臣也。"中華書局，1974，第1585頁。

輒咨訪之。其任餘杭令，在縣六年，興學校，養生徒，潔己修禮，志行之士莫不宗之。期年之後，風化大行，《晉書》稱之："自中興已來，崇學敦教，未有如甯者。"① 後累遷臨淮太守、陽遂鄉侯、中書侍郎，太元中，爲豫章太守，而穆於太元四年離任，被俘於長安，堅貞不屈，寧曾爲順陽之民，崇儒敬忠，感念丁穆於順陽之善政行，故於其故里南鄉城前爲之建祠立碑以頌其德，而碑僅稱穆被俘之前之官職"晉順陽太守"，而未稱其卒後追贈之爵"龍驤將軍、雍州刺史"者，可知此碑當非穆卒後所立，當立於太元四年至太元八年之間，其碑文當述丁穆於順陽太守任內之善政也。施蟄存先生以爲此碑"當在太元十年至二十一年間，孝武之世"所立②，或有誤也。太元十年（385）之後，丁穆已卒，武帝追贈之號，當在碑中已。此碑或爲范寧撰文且書。寧善爲文，曾爲《春秋穀梁傳集解》十二卷。

此碑除《水經注》外，歐、趙諸家皆未有著錄，唯洪适《隸釋》卷二〇、顧藹吉《隸辨》卷八依酈注亦著有《丁穆碑》，其文同，此碑當早已亡佚。另酈注於卷四〇《漸江水注》"北過餘杭，東入於海"條載有餘杭縣南三碑，其中一碑即《范寧碑》，爲餘杭吏民感念其任餘杭令間崇學勸教之功德而爲之立碑以頌其德也。

二十一　葉公子高諸梁碑考
二十二　魏葉公廟碑考

　　醴水又屈而東南流，逕葉縣故城北，《春秋·昭公十五年》，許遷于葉者也……楚惠王以封諸梁子高，號曰葉公城。即子高之故邑也。葉公好龍，神龍下之。河東王喬之爲葉令也，每月望，常自詣臺朝帝，怪其來數而不見車騎，顯宗密令太史伺望之，言其臨至，輒有雙鳧從東南飛來，于是候鳧至，舉羅張之，但得一隻舄，乃詔尚方診視，則四年中所賜尚書官屬履也。每當朝時，葉門下鼓不擊自鳴，聞于京師。後天下玉棺於堂前，吏民推排，終不搖動。喬曰：天帝獨欲召我耶？乃沐浴服飾寢其中，蓋便立覆，宿昔葬于城東，土自成墳。

---

① 《晉書》卷七五《范汪傳附子寧傳》，中華書局，1974，第1985頁。
② 施蟄存撰《水經注碑錄》卷四《晉順陽太守丁穆碑》，天津古籍出版社，1987，第177頁。

其夕，縣中牛皆流汗喘乏，而人無知者。百姓爲立廟，號葉君祠，牧守每班錄，皆先謁拜之，吏民祈禱，無不如應，若有違犯，亦立能爲祟。帝乃迎取其鼓，置都亭下，略無復聲焉。或云，即古仙人王喬也，是以干氏書之於神化。醴水又逕其城東與燒車水合，水西出苦菜山，東流側葉城南，而下注醴水。醴水又東逕葉公廟北，廟前有沈子高諸梁碑，舊秦漢之世，廟道有雙闕几筵，黃巾之亂，殘毀頹闕。魏太和、景初中，令長脩飾舊宇，後長汝南陳晞，以正始元年立碑，碑字破落，遺文殆存，事見其碑。①

此兩處皆爲祠廟頌德碑，碑石及文皆已亡佚，亦無拓本傳世。酈注言此兩碑立於時之葉縣醴水（今河南平頂葉縣澧河）之南葉公廟前，其一碑名"沈子高諸梁碑"，爲楚之諸梁子高碑，其碑之碑文、立碑者、年代、緣由等皆未言；一碑爲曹魏葉縣令修建葉公廟所立記事碑，其碑名未知。酈注言秦漢之世，葉公廟道尚有雙闕几筵，然經漢末黃巾之亂，則殘毀頹闕，可知此廟當建於漢代，廟前神道原有雙石闕，"沈子高諸梁碑"與石闕當立於東漢之時。

酈注言"魏太和、景初中，令長修飾舊宇"。太和、景初爲魏明帝年號，可知此廟重修於曹魏太和末、景明初年，即公元233～238年，然此葉令姓名未言。其後，繼任葉令汝南陳晞，又於魏正始元年（240）立碑以記之，故"葉公廟碑"當立於曹魏正始元年，此兩碑當爲酈所親見，時碑字破落，遺文殆存，惜酈注皆未載碑文。

葉縣，春秋時爲古許國之都，酈注言爲《春秋·昭公十五年》許遷於葉者。《左傳·成公十五年》："（冬十一月）許遷于葉。"孔穎達疏云："許畏鄭，南依楚，故以自遷爲文。葉，今南陽葉縣也。"② 可知酈注所言有誤，許遷葉其年在魯成公十五年，即公元前576年，非昭公十五年（前527）。許畏鄭而遷都於葉，後至魯昭公十八年（前520），許又遷都於白羽，歷二十四世終爲楚所滅③。許滅後，楚惠王以葉封諸梁子高，號曰葉

---

① 《水經注校證》卷二一《汝水注》"又東南過郾縣北"條，第503～504頁。
② （清）阮元編《十三經注疏》，《春秋左傳正義》卷二五《成公十五年》，北京大學出版社，1999，第767頁。
③ （東漢）班固著、（唐）顏師古注《漢書》卷二八《地理志》："許，故國，姜姓，四嶽後，太叔所封，二十四世爲楚所滅。"中華書局，1962，第1560頁。

公城;後歸於秦,置葉陽縣;西漢初置葉縣,屬南陽郡,東漢因之①;魏晉時改稱堵陽,屬南陽國②;北魏復稱葉縣,屬南安郡。即今河南平頂山葉縣昆陽鎮。

子高諸梁,楚左司馬沈尹戌之子,楚之王室,羋姓,沈氏,名諸梁,字子高,爲楚大夫、左司馬,因楚惠王封其於葉地,故稱葉公③。酈注所言"楚惠王以封諸梁子高,號曰葉公城。即子高之故邑,葉公好龍,神龍下之",世傳"葉公好龍"之典故。《後漢書·襄楷傳》"葉公好龍,真龍游廷",李賢注引《新序》:"子張曰:君之好士有似葉公子高之好龍也。葉公子高好畫龍,天龍聞之,降之,窺頭於牖。葉公子高見之,棄而反走,五色無主。是葉公子高好夫似龍而非好真龍也。"④此亦見於劉向《新序·雜事》:"葉公子高好龍,鉤以寫龍,鑿以寫龍,屋室雕文以寫龍。於是天龍聞而下之,窺頭於牖,拖尾於堂。葉公見之,棄而還走,失其魂魄,五色無主。是葉公非好龍也,好夫似龍而非龍者也。"⑤葉公好僞徹天,遂爲後世恥笑,然此皆爲世俗傳聞,非爲可信。另據《荀子·非相》篇所論:"葉公子高,微小短瘠,行若將不勝其衣。然白公之亂也,令尹子西、司馬子期皆死焉,葉公子高入據楚,誅白公,定楚國,如反手爾。仁義功名善於後世。"⑥此葉公又爲楚安邦定國之柱石也,故葉公卒後葬於此地,後世之人遂建祠廟以祭祀之⑦,即酈注所言"葉公廟"也。酈注於

---

① (東漢)班固著、(唐)顏師古注《漢書·地理志》:"葉,楚葉公邑。有長城,號曰方城。"(劉宋)范曄撰、(唐)李賢等注《後漢書》"志二二"《郡國志四》"南陽"條:"葉有長山,曰方城。"中華書局,1965,第3475頁。

② 《晉書》卷一五《地理志下》"荆州"條:"堵陽,葉侯相。有長城山,號曰方城山。"中華書局,1974,第454頁。

③ (漢)司馬遷撰、(劉宋)裴駰集解、(唐)司馬貞索隱、(唐)張守節正義《史記》卷四七《孔子世家》:"葉公問孔子于子路,子路不對。"裴駰《集解》引孔安國曰:"葉公名諸梁,楚大夫,食菜于葉,僭稱公。不對,未知所以對也。"中華書局,1982,第1928頁;《新唐書》卷七四《宰相世系四》:"(沈尹戌)生諸梁,諸梁字子高,亦爲左司馬,食采于葉,號葉公",中華書局,1975,第3143頁。

④ (劉宋)范曄撰、(唐)李賢等注《後漢書》卷三〇《襄楷傳》,中華書局,1965,第1082頁。

⑤ (西漢)劉向編著、石光瑛校釋、陳新整理《新序》卷五《雜事》篇,中華書局,1985,第766頁。

⑥ (清)王先謙撰,沈嘯寰、王星賢點校《荀子集解》卷三《非相》篇,中華書局,1988,第73~74頁。

⑦ (東漢)應劭撰《風俗通義》卷二《葉令祠》:"葉公退老於葉,及其終也,葉人追思而立祠。"上海古籍出版社,1990,第37頁。

此又載葉令河東仙人王喬之異事。王喬，漢明帝時爲葉令，有神術，常以尚書官屬履爲雙鳧飛詣臺朝帝；每當朝時，葉之城門下鼓不擊自鳴；後天降玉棺於其堂前，喬以天帝欲召之，而沐浴服飾寢其中，蓋便立覆，宿昔葬於城東，土自成墳①，其夕，縣中牛皆流汗喘乏，而人無知者。此事亦見於《後漢書·方術列傳·王喬傳》及《風俗通義》、《搜神記·神化》篇，酈注之言皆引於《後漢書·王喬傳》，當爲虛妄之言。然葉之吏民以之爲神異，遂於縣立廟，號葉君祠，供郡之吏民拜祈，甚爲靈驗②。故酈注所言葉君祠者，爲仙人王子喬之廟也，其廟當建於東漢中期；而"葉公廟"者，則爲葉公子高之廟，則建於楚時。《明一統志》載有"王喬祠"，言："在葉縣南舊縣北門外，與葉公廟相鄰"③，故有葉公廟，亦有葉君祠（王喬祠），而葉公廟前所立"沈子高諸梁碑"者，或爲東漢時葉縣吏民追慕葉公之德，立雙闕及廟碑於其廟前。至曹魏時，廟闕皆毀，唯留殘碑，至太和末、景明初（233～238），葉令重修此廟，正始元年（240），葉令汝南陳晞，又立碑以記重修之事，即"魏葉公廟碑"。施蟄存先生以"太和"爲北魏孝文帝時之"太和"（477～499），故稱"後魏葉公廟碑"④，或有誤也。陳晞，史書無載，此兩碑之文皆不可知。

另據《後漢書·郡國志》李賢注引《皇覽》曰："（葉）縣西北去城三里葉公諸梁冢，近縣祠之，曰葉君丘。"⑤ 可知曹魏重修之葉公廟至唐時尚存，而葉公諸梁之冢則在祠側。《太平寰宇記》卷八"河南道汝州葉縣"條有"葉公廟"，言："在縣東北三里。唐開元二十一年，仙州刺史張景洪建，古冢在廟後。"⑥ 可知至唐開元時，此廟再次重修，至宋時廟及冢皆

---

① （唐）杜佑撰《通典》上冊，卷一七七"州郡七汝州葉縣"條："又有昆陽城，在今縣北二十五里，即光武破王尋之所。有古墓在東，俗云王喬墓。在今葉縣東南三十里。土自成墳。"中華書局，1988，第4660頁。
② （劉宋）范曄撰、（唐）李賢等注《後漢書》卷八二《方術列傳上·王喬傳》："牧守每班錄，皆先謁拜之。吏人祈禱，無不如應。若有違犯，亦立能爲祟。"中華書局，1962，第2712頁。
③ 《大明一統志》卷三十"南陽府祠廟"條，三秦出版社，1990，第524頁。
④ 施蟄存撰《水經注碑錄》卷四第一二六《後魏葉公廟碑》，天津古籍出版社，1987，第180頁。
⑤ （劉宋）范曄撰、（唐）李賢等注《後漢書》"志二二"《郡國志四》"南陽郡"條，中華書局，1965，第3477頁。
⑥ （宋）樂史撰、王文楚等點校《太平寰宇記》卷八"河南道汝州葉縣"條，中華書局，2007，第149頁。

存。此兩碑除酈注以外，歐、趙皆未載，唯洪适《隸釋》卷二〇、顧藹吉《隸辨》卷八依酈注亦著有此碑，其文同，此碑當早已亡佚。今河南平頂山葉縣舊縣鄉舊北村尚有葉公廟及葉公墓，其墓前尚立有"葉公沈諸梁之墓碑"，為近世重立。

二十三　漢張明府祠廟碑考

（汝水）又東逕平輿縣故城南，為溳水。縣，舊沈國也，有沈亭。《春秋·定公四年》，蔡滅沈，以沈子嘉歸，後楚以為縣。《史記》曰：秦將李信攻平輿，敗之者也。建武三十年，世祖封銚統為侯國，本汝南郡治……城南里餘有神廟，世謂之張明府祠，水旱之不節則禱之。廟前有圭碑，文字紊碎，不可復尋，碑側有小石函。按《桂陽先賢畫讚》：臨武張熹，字季智，為平輿令。時天大旱，熹躬禱雩，未獲嘉應，乃積薪自焚，主簿侯崇、小史張化從熹焚焉，火既燎，天靈感應，即澍雨，此熹自焚處也。[①]

此處為祠廟頌德碑，碑石及文皆已亡佚，亦無拓本傳世。酈道元言此碑立於平輿縣故城南里餘張明府祠廟前，為圭首碑，時文字紊碎，不可復尋，故此碑之碑文、年代、立碑者及緣由皆未載。碑側另有小石函。此碑當為道元所親見。

平輿縣，周時為古沈子國，有沈亭[②]，春秋時亡於蔡，即《左傳·定公四年》："沈人不會於召陵，晉人使蔡伐之。夏，蔡滅沈"[③]；秦時置平輿縣；西漢屬汝南郡，東漢因之。酈注言建武三十年（54）光武帝封銚統為侯國於此，本為汝南郡治，然《後漢書》無載，可補其缺。另據《三國志》載，建安二十三年（218）封魏武之少子曹茂於此位平輿侯，後茂於

---

① 《水經注校證》卷二一《汝水注》"又東南過平輿縣南"條，第506頁。
② （劉宋）范曄撰、（唐）李賢等注《後漢書》"志二〇"《郡國志二》"汝南郡"條："平輿，有沈亭，故國，姬姓。"中華書局，1965，第3424頁。
　　（西晉）陳壽撰、（劉宋）裴松之注《三國志·魏書·武文世王公傳》："樂陵王茂，建安二十二年封萬歲亭侯。二十三年，改封平輿侯。黃初三年，進爵，徙封乘氏公。"中華書局，1964，第589頁。
③ （清）阮元編《十三經注疏》，《春秋左傳正義》卷五四《定公四年》，北京大學出版社，1999，第1552頁。

文帝黃初三年（222），徙封乘氏公。魏晉宋齊因東漢制度，北魏時屬豫州汝南郡。其故城位於今河南駐馬店平輿縣城西南射橋鎮古城村，其地尚存沈子國故城遺址，亦爲漢魏平輿故城遺址①。

張明府祠，酈注言世人於水旱之不節則禱於此廟，並引《桂陽先賢畫讚》言"臨武張熹，字季智，爲平輿令。時天大旱，熹躬字禱雩……此熹自焚處也"，可知此廟爲平輿令臨武張熹之廟，其地爲張熹自焚處。《桂陽先賢畫讚》，《隋書·經籍志》著録，一卷，三國東吳左中郎張勝撰；《舊唐書·經籍志》、《新唐書·藝文志》皆載有五卷；今世有清人陳運溶輯《桂陽先賢傳》一卷。張熹之事收於《桂陽先賢畫讚》，可見其當爲漢末之人。另唐人類書《北堂書鈔》卷三五亦引《桂陽先賢傳》曰："張喜爲平輿令，天旱積柴自燒，甘雨即降。"② "喜"與"熹"古字通，當爲同一人。

張熹，史書無傳。《後漢書·獻帝紀》載有張喜，獻帝初平四年爲司空③當非卒於平輿令之張熹。酈注言其爲桂陽郡臨武人，臨武即今湖南郴州臨武縣，字季智。熹東漢時爲平輿令，時縣大旱，熹築臺親躬禱雨，未獲嘉應，爲救縣之民衆，熹竟積薪自焚，其志可嘉，然其行則甚愚也。酈注言熹自焚後，"火既燎，天靈感應，即澍雨"，或爲虛妄之詞也。漢末之世，讖緯災異之說、淫祀之風盛行於世④，若郡縣有水旱蝗蟲之災，世人多以其守令政行不德，而致天降災異。自三代商湯之時，即有湯因天下大旱，以身禱於桑林之說⑤。故後世上自帝王，下至邑宰，於水旱地震災異之時，多以身禱於天者，乃至以身自焚以望救蒼生於災禍之中者。張熹之事即爲其例。類此之事，漢世尤多。《北堂書鈔》是卷除載此事外，另載有諸多漢時郡縣守吏捨身救民於旱災、火災之異事，如"反風滅火"條引

---

① 許齊平：《射橋古城考》："今河南省平輿縣射橋鄉古城村，確系春秋沈子國、楚邑、秦縣、西漢平輿縣治遺址。"《中原文物》1995年第2期，第92頁。
② （唐）虞世南編撰《北堂書鈔》卷三五 "政術部德感篇甘雨即降"條，中國書店出版社，1989，第86頁。
③ （劉宋）范曄撰、（唐）李賢等注《後漢書》卷九《孝獻帝紀》："（初平四年）十二月辛丑，地震。司空趙溫免，乙巳，衛尉張喜爲司空。"中華書局，1965，第375頁。
④ （清）阮元編《十三經注疏》，《禮記正義》卷五《曲禮第二下》："非其所祭而祭之，名曰淫祀，淫祀無福。"北京大學出版社，1999，第155頁。
⑤ （唐）歐陽詢撰、汪紹楹校《藝文類聚》卷一〇〇《災異部》"祈雨"條引《呂氏春秋》曰："昔者殷湯，克夏而王天下。五年不雨，湯乃以身禱於桑林，於是翦其髮、割其爪，以爲犧，用祈福於上帝。"上海古籍出版社，1982，第1726頁。

《陳留耆舊傳》言："劉昆爲江陵令，民有火災，昆向天叩地，霈然下雨。"① "應時澍雨"條引《漢書》"周陽爲緱氏令，天旱自責，稽首流血，積薪自焚，火起而雨"等等②。又如《藝文類聚》卷一〇〇"災異部"引《搜神記》載有漢之五官掾廣漢新都人諒輔自焚禱於山川之事："輔爲郡股肱，不能進諫納忠，薦賢退惡，和調陰陽，至令天下否滿，萬物燋枯，百姓喁喁，無所告訴，咎盡在輔。太守內省責己，自曝中庭，使輔謝罪，爲民祈福。日無效，今敢自誓，至日中雨不降，請以身塞無狀。乃積薪柴，將自焚焉。至禺中時，山氣轉起，雷雨大作，一郡霑潤也，以稱其至誠。"③ 諒輔願積薪自焚以求雨，天感其至誠而雷雨大作，此皆與張熹之行相類也。熹卒後，平輿吏民感念其捨身爲民之恩德，歎其行致雨之靈驗，遂於其自焚處建祠廟立碑以祭之，即酈注所言"世謂之張明府祠"，其所立之時當爲東漢，具體年代不可知，當地民眾常於水旱之時禱之於廟。道元時碑猶存，然碑文已紊碎不可識，其碑側之小石函未知爲何物。

此碑除酈注外，歐、趙皆未載，唯洪适《隸釋》卷二〇、顧藹吉《隸辨》卷八依酈注亦著有《碑》，其文同，當早已亡佚。另《太平寰宇記》卷一一"河南道蔡州平輿縣"載有"張熹廟"："熹仕漢爲平輿令，天久旱，熹躬爲請雨，因焚身而雨澍，後人感德而廟存。"④ 可知此廟至宋時尚存。另據清康熙年修《汝陽縣志》卷二"古蹟類"⑤，言時之平輿縣尚有"燃身臺"："城東五十里，縣令張熹焚身救旱處"、"平輿令張熹墓"，"平輿故城東，祠地八畝"，而碑已不存。

今河南駐馬店平輿縣城射橋鎮古城村南尚有張明府廟，當地又名張令公廟，爲20世紀90年代重建。另有張熹焚火臺，皆爲河南省級文物保護單位。2004年2月湖南郴州蘇仙橋一古井中出土西晉竹簡940多枚，其中

---

① （唐）虞世南編撰《北堂書鈔》卷三五 "政術部德感篇反風滅火"條，中國書店出版社，1989，第86頁。

② （唐）虞世南編撰《北堂書鈔》卷三五 "政術部德感篇反風滅火"條，中國書店出版社，1989，第86頁。

③ （唐）歐陽詢撰、汪紹楹校《藝文類聚》卷一〇〇 "災異部祈雨"條，上海古籍出版社，1982，第1727頁。

④ （宋）樂史撰、王文楚等點校《太平寰宇記》卷一一 "河南道蔡州平輿縣"，中華書局，2007，第202頁。

⑤ （清）邱天英撰《汝陽縣志》卷二《輿地志下》"古蹟"、"冢墓"類，康熙二十九年刻本，《中國方志叢書》"華北地方"480號，成文出版有限公司，1966，第110、125頁。

編號爲 2-242 竹簡上載有"漢故平輿令張熹墓石虎"之字①，張熹爲桂陽郡臨武人，即今湖南郴州臨武縣人，其卒後當葬於故里臨武，可知其墓前另有石虎等石刻，今其墓及石虎皆不存。

二十四　魏豫州刺史賈逵祠碑考

（潁水）又東逕項城中，楚襄王所郭，以爲別都。都內西南小城，項縣故城也，舊潁州治。穀水逕小城北，又東逕魏豫州刺史賈逵祠北。王隱言，祠在城北。非也。廟在小城東，昔王淩爲宣王司馬懿所執，屆廟而歎曰：賈梁道，王淩魏之忠臣，惟汝有靈知之。遂仰鴆而死。廟前有碑，碑石金生。干寶曰：黃金可採，爲晉中興之瑞。②

此處爲祠廟頌德碑，碑石不存而文存局部，亦無拓本傳世。酈道元僅言此碑位於項縣故城東、谷水之側，魏豫州刺史賈逵祠前，碑石金生。然此碑之碑文、立碑年代及緣由皆未有言及，非道元所親見。

項縣，西漢置縣，爲古項子國，春秋齊師滅項，楚襄王徙都陳，以項爲別都；秦時置縣，西漢屬汝南郡，東漢因之；三國曹魏改屬豫州陳國；晉屬陳郡；劉宋改稱項城縣，北魏仍稱項縣，屬陳郡。其故城位於今河南周口沈丘縣。

賈逵，字梁道，河東襄陵人，曹魏名將，晉司空賈充之父，其事見《三國志・魏書・賈逵傳》。漢末初仕爲郡吏，守絳邑長。郭援攻絳，逵堅守，城潰俘，援欲使爲將，逵不從，將斬之，吏民乘城呼："負要殺我賢君，寧俱死爾！"遂得免。後舉茂才，除澠池令，以喪祖父去官，司徒辟爲掾，以議郎參司隸軍事，領弘農太守。後爲魏武所重，爲丞相主簿，遷諫議大夫，與夏侯尚並掌軍計。魏武崩，逵典喪事。魏文帝受禪，爲鄴令，遷魏郡太守、丞相主簿祭酒。黃初中，征吳破呂範有功，進封陽里亭侯，加建威將軍，遷豫州刺史。逵於豫州任內，考竟二千石以下阿縱不如法者，皆舉奏免之，爲文帝所嘉，詔令天下以豫州爲法，賜爵關內侯。太

---

① 湖南省文物考古研究所、郴州市文物處：《湖南郴州蘇仙橋下東門口龍門七古井 J10 西晉簡》，《光明日報》2004 年 3 月 3 日。
② 《水經注校證》卷二二《潁水注》"又東南至新陽縣北，蒗蕩渠水從西北來注之"，第 515 頁。

和二年（228），逵與曹休、司馬宣王東討吳，是年薨，謚曰肅侯。後當歸葬故里襄陵，故項縣之碑當爲其祠廟頌德碑。

賈逵卒後，其子賈充嗣，《魏志·賈逵傳》裴松之注引晉王沈《魏書》曰："逵時年五十五。子充嗣。豫州吏民追思之，爲刻石立祠。青龍中，帝東征，乘輦入逵祠，詔曰：昨過項，見賈逵碑像，念之愴然。古人有言，患名之不立，不患年之不長。逵存有忠勳，沒而見思，可謂死而不朽者矣。其布告天下，以勸將來。"① 可知逵於太和二年（228）卒于豫州刺史任內，豫州吏民爲之建祠立碑，刻石頌之，即酈注所言之碑，碑當立於是年。又據裴松之注引晉魚豢《魏略》曰："甘露二年，車駕東征，屯項，復入逵祠下，詔曰：逵沒有遺愛，歷世見祠。追聞風烈，朕甚嘉之。昔先帝東征，亦幸於此，親發德音，褒揚逵美，徘徊之心，益有慨然！夫禮賢之義，或掃其墳墓，或脩其門閭，所以崇敬也。其掃除祠堂，有穿漏者補治之。"② 此爲高貴鄉公曹髦於甘露二年（257）再次經項入逵祠祭拜之。逵爲二代魏帝先後祭拜，並下詔悼之，可謂至榮矣。據《太平廣記》卷二九二引《賈逵碑》曰："賈逵在豫郡亡，家迎喪去，去後，恆見形於項城，吏民以其戀慕彼境，因以立廟。"③ 故此碑當立於太和二年（228），賈逵卒後。酈注言"昔王淩爲宣王司馬懿所執，屆廟而歎曰：賈梁道，王淩魏之忠臣，惟汝有靈知之。遂仰鴆而死"，此亦見於《三國志·魏書·王淩傳》裴松之注引《魏略》云："淩行到項，夜呼掾屬與決曰：行年八十，身名並滅邪！遂自殺。"④ 裴注引干寶《晉紀》曰："淩到項，見賈逵祠在水側，淩呼曰：'賈梁道，王淩固忠於魏之社稷者，唯爾有神，知之。'其年八月，太傅有疾，夢淩、逵爲厲，甚惡之，遂薨。"⑤ 酈注所言或據於此。酈注又言："碑石金生，干寶曰：黄金可採，爲晉中興之瑞。"此亦見於宋吳淑《事類賦注》卷九引王隱《晉書》曰："永嘉初，陳國項縣賈逵石碑中生金，人盜鑿取賣，賣已復生，此江東之瑞。"⑥ 其文與干寶之言合。然

---

① （西晉）陳壽撰、（劉宋）裴松之注《三國志·魏書·賈逵傳》，中華書局，1964，第484頁。
② （西晉）陳壽撰、（劉宋）裴松之注《三國志·魏書·賈逵傳》，中華書局，1964，第484頁。
③ 《太平廣記》卷二九二"神二賈逵"條，中華書局，1961，第2322頁。
④ （西晉）陳壽撰、（劉宋）裴松之注《三國志·魏書·王淩傳》，中華書局，1964，第760頁。
⑤ （西晉）陳壽撰、（劉宋）裴松之注《三國志·魏書·王淩傳》，中華書局，1964，第760頁。
⑥ （宋）吳淑撰注、冀勤等校點《事類賦注》卷九《寶貨部一·金》，中華書局，1989，第173頁。

永嘉五年（311），匈奴攻滅洛陽俘懷帝，西晉亡，故此碑中生金實爲亂變之兆，故《晉書·五行志》及《宋書·五行志》皆言："懷帝永嘉元年，項縣有魏豫州刺史賈逵石碑，生金可採，此金不從革而爲變也。五月，汲桑作亂，群寇飆起。"①

此碑除酈注以外，《太平寰宇記》卷一〇"河南道陳州項城縣"條載有"賈逵碑"，言："在縣東南二里。詞云：'賈諱逵，字安道，河東襄陵人也。遷豫州刺史，魏明帝太和二年卒。'梁國劉舉等爲刻石立碑，史記上有二字生金。"②可知此碑至北宋初尚存，且有碑文傳世，而酈注未載，未知何故。樂史所録碑文言賈逵字"安道"，而《三國志》與酈注皆言爲"梁道"，當有誤。此碑宋時著名於世，歐陽修《集古録》、歐陽棐《集古録目》、趙明誠《金石録》、陳思《寶刻叢編》、鄭樵《通志·金石略》皆載有此碑。歐陽修《集古録》卷四載有《魏賈逵碑》，跋曰："右魏賈逵碑。"以碑文與《魏志》相校，《魏志》言逵守絳拒郭援，有絳人約而獻城、守者祝公道釋械二事，而碑文不載。碑文言逵年五十四而卒，而《魏志》言五十五，碑爲是也，此皆補正史之誤。歐公當得此碑之拓本，惜未傳世。歐陽棐《集古録目》亦載有《魏賈逵碑》，言："隸書，不著書撰人名氏。逵字安道，河東襄陵人。明帝時官至建威將軍、豫州刺史，故從事吳康等立此碑。"③樂史言此碑爲梁國劉舉等立，則豫州從事吳康、劉舉等皆爲豫州之吏，其人史書未載。另陳思《寶刻叢編》卷五"陳州"條亦載《魏賈逵碑》，並引《訪碑録》云："魏故建威將軍豫州刺史陽里亭侯賈君之碑，篆額，在項城縣本廟内。"④此言其碑爲篆額，碑額題名爲"魏故建威將軍豫州刺史陽里亭侯賈君之碑"。據《三國志·魏書·賈逵傳》⑤，賈逵於魏文帝黃初年間因功封封陽里亭侯，加建威將軍，然至卒時，爲豫州刺史，關內侯，諡曰肅侯，故其碑名當爲"魏故建威將軍豫州刺史關內

---

① 《晉書》卷二七《五行志上》，中華書局，1974，第810頁。
② （宋）樂史撰、王文楚等點校《太平寰宇記》卷一〇"河南道陳州項城縣"條，中華書局，2007，第189頁。
③ （宋）歐陽棐撰、（清）繆荃孫校輯《集古録目》卷三，《石刻史料新編》第一輯第二十四冊，新文豐出版公司，1977，第17956頁。
④ （南宋）陳思纂輯《寶刻叢編》卷五"陳州"，《石刻史料新編》第一輯第二十四冊，新文豐出版公司，1977，第18158頁。
⑤ （西晉）陳壽撰、（劉宋）裴松之注《三國志·魏書·賈逵傳》："黃初中，（逵）與諸將並征吳，破呂範於洞浦，進封陽里亭侯，加建威將軍。"中華書局，1964，第482頁。

肅侯賈君之碑"，而碑稱"陽里亭侯"者，蓋所諡"關內肅侯"之號或在其卒後第二年，而碑立之時，尚未尊諡號。

此碑宋以後無文獻著錄，蓋已不存，宋時拓本今亦不存。

二十五　魏中郎將徐庶碑考

> 雎水于彭城西南迴而北流，逕彭城……漢祖定天下，以爲楚郡，封弟交爲楚王，都之。宣帝地節元年，更爲彭城郡，王莽更之曰和樂郡也，徐州治。城内有漢司徒袁安、魏中郎將徐庶等數碑，並列植于街右，咸曾爲楚相也。①

此處爲祠廟頌德碑，碑石及文皆不存，亦無拓本傳世。酈注言此碑立于彭城故城内，碑名"魏中郎將徐庶碑"，此碑當爲道元所親見，然其碑文、立碑者、年代、緣由等皆未言，或時碑文已殘缺不可識。此碑與"漢司徒袁安碑"等數碑並列植於彭城街右。酈注言其碑主"咸曾爲楚相"，此碑當爲祠廟頌德碑，酈注未言有廟者，或時已不存。

徐庶，字元直，漢末潁川人，史書無傳，其事見《三國志·蜀書·諸葛亮傳》。庶與亮初共事劉備，及曹操征討荆州，獲庶母，庶無奈辭備歸魏。裴松之注所引魚豢《魏略》所述更詳："庶先名福，本單家子，少好任俠擊劍。中平末，嘗爲人報讎，白堊突面，被髮而走，爲吏所得，問其姓字，閉口不言。吏乃於車上立柱維磔之，擊鼓以令於市鄽，莫敢識者，而其黨伍共篡解之，得脱。於是感激，棄其刀戟，更疏巾單衣，折節學問。始詣精舍，諸生聞其前作賊，不肯與共止。福乃卑躬早起，常獨掃除，動靜先意，聽習經業，義理精熟。遂與同郡石韜相親愛。"②獻帝初平中，中原兵亂，庶與韜南客荆州，與諸葛亮相善，及魏武取荆州後，庶與石韜歸魏。魏文帝黄初年間，庶官至右中郎將、御史中丞。其卒年，據裴松之注引《魏略》云："逮大和中，諸葛亮出隴右，聞元直、廣元仕才如此，歎曰：'魏殊多士邪！何彼二人不見用乎？'庶後數年病卒，有碑在彭

---

① 《水經注校證》卷二三《獲水注》"又東至彭城縣北，東入于泗"條，第562頁。
② （西晉）陳壽撰、（劉宋）裴松之注《三國志·蜀書·諸葛亮傳》，中華書局，1964，第914頁。

城，今猶存焉。"① 故徐庶當卒於明帝太和末或青龍初年（232～233），而言"碑在彭城，今猶存焉"即酈注所見之碑。《三國志》及《魏略》皆未言徐庶曾任彭城國相之職，其碑名稱"魏中郎將"，而未稱"御史中丞"，可知非其墓碑也，則此碑當爲庶任職彭城時，當地吏民爲之所立頌德碑，惜碑文無傳。此碑，除酈注外，歐、趙皆未著錄，唯洪适《隸釋》卷二〇、顧藹吉《隸辨》卷八依酈注亦著有《魏中郎將徐庶碑》，其文同，蓋已佚。

二十六　漢沛縣城高祖廟三碑考
二十七　漢泗水亭高祖廟碑考

泡水又東逕沛縣故城南，秦末兵起，蕭何、曹參迎漢祖于此城。高帝十一年，封合陽侯劉仲子爲侯國。城內有漢高祖廟，廟前有三碑，後漢立。廟基以青石爲之，階陛尚存。②

泗水南逕小沛縣東，縣治故城南垞上。東岸有泗水亭，漢祖爲泗水亭長，即此亭也。故亭今有高祖廟，廟前有碑，延熹十年立。廟闕崩褫，略無全者。水中有故石梁處，遺石尚存。③

此四處皆爲祠廟頌德碑，皆位於沛縣境內，碑石及文皆不存，亦無拓本傳世。酈注言前三碑立於時沛縣故城內漢高祖廟前，東漢時立，廟基以青石爲之，時三碑及廟之階陛尚存。"漢泗水亭高祖廟碑"則立於泗水東岸泗水亭高祖廟前，爲東漢桓帝延熹十年（176）立，時廟闕崩褫，略無全者，唯水中有故石梁處，遺石尚存。此皆當爲道元親見。然此四碑之碑文、立碑者、緣由等皆未載，或時碑已殘缺，其文泯滅不可讀。

沛縣，春秋時爲宋之沛澤，因其境內有大澤，故名，後歸楚；秦時置沛縣，屬泗水郡，漢高祖劉邦即爲沛縣豐邑中陽里人。秦二世元年秋，陳勝吳廣兵起，蕭何、曹參率沛之民共殺沛令迎高祖爲沛公，其事見《史記·高祖本紀》及《漢書·高帝紀》，其言略同。西漢初，分泗水郡建沛

---

① （西晉）陳壽撰、（劉宋）裴松之注《三國志·蜀書·諸葛亮傳》，中華書局，1964，第914頁。
② 《水經注校證》卷二五《泗水注》"又東，過沛縣東"條，第600頁。
③ 《水經注校證》卷二五《泗水注》"又東，過沛縣東"條，第601頁。

郡，郡治相城，沛縣屬之，爲高祖湯沐邑①，故後世亦稱沛縣爲小沛；高帝十一年（前196），帝封合陽侯劉仲子爲沛侯，後其子濞嗣位，高帝十二年改封吳王；新莽改稱吾符；東漢初，復稱沛縣，光武徙封其子中山王輔爲沛王②，沛郡改爲沛國，沛縣屬之，魏武即沛國譙人也；曹魏、晉因之；宋、齊、北魏屬沛郡。即今江蘇徐州沛縣。沛縣境內，有泗水亭，即《史記·高祖本紀》所言秦末高祖初爲泗水亭長也。

據《史記·高祖本紀》，高帝十二年（前195）四月甲辰，高祖崩於長樂宮③，丙寅，葬。己巳，惠帝立，令郡國諸侯各立高祖廟。孝惠五年（前190），思高祖之悲樂沛，以沛宮爲高祖原廟④，並以高祖所教歌兒百二十人，皆令爲吹樂。其所吹樂之曲，即《漢書·禮儀志》所言高祖過沛所作"風起"，即《大風歌》也⑤。而此"沛宮"即高帝十二年十月擊黥布還歸過沛置酒沛宮者。此地據《史記》張守節《正義》引《括地志》云"沛宮故地在徐州沛縣東南二十里一步"，而言"泗水亭在徐州沛縣東一百步"，可知非一地也。故除"沛宮之高祖原廟"外，沛縣令據惠帝元年之詔令，在沛縣城及泗水亭分別建有高祖廟。施蟄存先生以爲"此泗水亭廟，疑即當時原廟"⑥，或誤。

"漢沛縣城高祖廟三碑"，道元之世尚存。《魏書·地形志》言沛縣有漢高祖廟，然未言有碑，或已亡佚。另據《後漢書·蓋延傳》："（建武二年）延遂定沛、楚、臨淮，修高祖廟，置嗇夫、祝宰、樂人。"⑦則東漢初建武二年（26），延遂於沛修高祖廟，或立沛縣城高祖廟三碑之一，其後東漢中後期或又分立二碑。然此三碑，僅見於《水經注》著録，歐、趙諸

---

① （東漢）班固著、（唐）顏師古注《漢書》卷二八《地理志》："沛郡，故秦泗水郡，高帝更名，莽曰吾符，屬豫州。"中華書局，1962，第1572頁。
② （劉宋）范曄撰、（唐）李賢等注《後漢書》卷一《光武帝紀》："（建武二十年六月）乙未，徙中山王輔爲沛王。"中華書局，1965，第72頁。
③ （漢）司馬遷撰、（劉宋）裴駰集解《史記》卷八《高祖本紀》裴駰《集解》引皇甫謐曰："高祖以秦昭王五十一年生，至漢十二年，年六十二。"中華書局，1959，第392頁。
④ （漢）司馬遷撰、（劉宋）裴駰集解《史記》卷八《高祖本紀》裴駰《集解》："徐廣曰：《光武紀》上幸豐，祠高祖于原廟。'駰案：謂'原'者，再也。先既已立廟，今又再立，故謂之原廟。"中華書局，1959，第393頁。
⑤ （東漢）班固著、（唐）顏師古注《漢書》卷二二《禮儀志》："初，高祖既定天下，過沛，與故人父老相樂，醉酒歡哀，作《風起》之詩，令沛中僮兒百二十人習而歌之。至孝惠時，以沛宮爲原廟，皆令歌兒習吹以相和，常以百二十人爲員。文、景之間，禮官肄業而已。"中華書局，1962，第1045頁。
⑥ 施蟄存撰《水經注碑録》卷七《漢高祖廟碑》，天津古籍出版社，1987，第277頁。
⑦ （劉宋）范曄撰、（唐）李賢等注《後漢書》卷一八《蓋延傳》，中華書局，1965，第686頁。

家皆未載，唯洪适《隸釋》卷二〇、顧藹吉《隸辨》卷八依酈注亦著有此碑，其文同。此三碑當早已不存，其碑文及所立具體年代亦不可知。

"漢泗水亭高祖廟碑"，另立於沛縣泗水亭高祖廟中。此廟據《史記·高祖本紀》司馬貞《索隱》引《括地志》言"泗水亭在徐州沛縣東一百步，有高祖廟"①，可知至唐時其廟尚存。而廟內之碑，酈注言爲桓帝延熹十年（176）立，未言立碑之人。據《後漢書·郡國志》"沛國"條云"沛有泗水亭"，李賢注云："亭有高祖碑，班固爲文，見《固集》。"② 此"高祖碑"即《漢書·高帝紀》顏師古注"班固《泗水亭碑》"者。然據《後漢書·班固傳》，固於和帝永元四年（92）被洛陽令種兢捕繫，卒於獄中③，而酈注所言泗水亭高祖廟碑則立於桓帝延熹十年（167），則在班固所立碑後，故當有二碑，然道元僅言其一，或班固所書碑時已不存。《藝文類聚》卷一二"帝王部"及宋人編《古文苑》，皆載有班固《泗水亭碑銘》碑文，然未言碑立之年代。此碑唐時或有拓本傳世，《史記·高祖本紀》司馬貞《索隱》言："（司馬）貞時打得班固泗水亭長古石碑文，其字分明作溫字，云母溫氏。"④ 此司馬貞所拓班固"泗水亭長古石碑文"，即《藝文類聚》、《古文苑》之碑文。然此拓本及原石至宋時已不存，故歐、趙諸家皆未載，唯洪适《隸釋》據酈注載此有碑，其文同。此碑當早已亡佚。

宋人《天下碑錄》載《漢高祖感應碑》，言："在豐縣北，延熹十年豐令劉甕立。"⑤ 豐、沛二縣皆屬沛郡且毗鄰，而《後漢書·郡國志》"沛國條"李賢注引戴延之《西征記》言："豐縣西北有漢祖廟，爲亭長所處。"⑥ 故此碑或即酈注所載延熹十年"漢泗水亭高祖廟碑"。另明人趙均《寒山堂金石林時地考》、于奕正《天下金石志》皆載此碑之目，然皆據酈注，未可信其尚存也。

---

① （漢）司馬遷撰、（唐）司馬貞索隱《史記》卷八《高祖本紀》，中華書局，1959，第342頁。
② （劉宋）范曄撰、（唐）李賢等注《後漢書》"志二〇"《郡國志二》"沛國"條，中華書局，1965，第3428頁。
③ （劉宋）范曄撰、（唐）李賢等注《後漢書》卷四〇《班彪傳附子固傳》："（永元四年）初，洛陽令種兢暑行，固奴干其車騎，吏椎呼之，奴醉罵，兢大怒，畏憲不敢發，心銜之。及竇氏賓客皆逮考，兢因此捕繫固，遂死獄中。時年六十一。"中華書局，1965，第1386頁。
④ （漢）司馬遷撰、（唐）司馬貞索隱：《史記》卷八《高祖本紀》，中華書局，1959，第342頁。
⑤ （宋）洪适撰《隸釋》卷二七《天下碑錄》，中華書局，2003，第286頁。
⑥ （劉宋）范曄撰、（唐）李賢等注《後漢書》"志二〇"《郡國志二》"沛國"條，中華書局，1965，第3428頁。

另徐州舊有"漢高祖頌碑",爲晉陸機撰文,唐王通篆書,唐憲宗元和三年(808)七月立,其文存於《昭明文選》卷四七,此碑原爲晉碑,唐元和三年翻刻,仍書陸機之文,今此碑亦不存。另清王昶《金石萃編》、吳玉搢《金石存》載有《漢大風歌碑》,言在沛縣歌風臺,東漢桓帝延熹十年(167)立。其碑高一丈一尺,廣四尺四寸,碑文大字篆書四行,行八字:"漢高祖皇帝歌,大風起兮雲飛揚,威加海內兮歸故鄉,安得猛士兮守四方。"① 傳爲蔡邕或曹憙所書,今存於江蘇徐州沛縣文化館内,存碑之上半部,殘高 17 米,寬 1.23 米,國家圖書館編《北京圖書館藏中國歷代石刻拓本彙編》載有此碑之舊拓。

圖 2-7　國家圖書館藏"漢大風歌碑"原碑拓本②

---

① (清)王昶著《金石萃編》卷二二《大風歌》,《石刻史料新編》第一輯第一冊,新文豐出版公司,1977,第 387 頁。
② 《北京圖書館藏中國歷代石刻拓本匯編》第一冊,中州古籍出版社,1997,第 202 頁。東漢桓帝延熹十年(167)立,篆書,蔡邕或曹憙書,今存江蘇徐州沛縣文化館。

二十八　晉大司馬石苞碑考
二十九　魏鎮東將軍胡質碑考
三十　晉司徒王渾碑考
三十一　晉監軍石崇碑考

　　泗水又東南逕下邳縣故城西，東南流，沂水流注焉，故東海屬縣也。應劭曰：奚仲自薛徙居之，故曰下邳也。漢徙齊王韓信爲楚王，都之。後乃縣焉，王莽之閏儉矣，東陽郡治。文穎曰：秦嘉，東陽郡人，今下邳是也。晉灼曰：東陽縣，本屬臨淮郡，明帝分屬下邳，後分屬廣陵。故張晏曰：東陽郡，今廣陵郡也，漢明帝置下邳郡矣。城有三重，其大城中有大司馬石苞、鎮東將軍胡質、司徒王渾、監軍石崇四碑。①

　　此四處皆爲祠廟頌德碑，原碑及文皆不存，亦無拓本傳世。酈注言此四碑立於時徐州下邳縣故城中，城有三重，其大城即外城中，有大司馬石苞、鎮東將軍胡質、司徒王渾、監軍石崇四碑。此四碑當因四人皆曾鎮守徐州，遺愛在人，州郡吏民爲之建祠立碑以祀之。

　　下邳，秦時置縣，屬東海郡，其名據酈注引應劭《風俗通義》："奚仲自薛徙居之，故曰下邳。"西漢初高祖封韓信於此爲楚王，後改封劉交楚王，治彭城，下邳屬之，即酈注所言"漢徙齊王韓信爲楚王，都之。後乃縣焉"。武帝時改屬臨淮郡；新莽改稱閏儉，東漢初爲臨淮郡治，明帝後爲下邳國治②，漢末爲徐州州治；曹魏爲下邳郡治；晉爲下邳國治；北魏爲下邳郡治，明帝孝昌時爲東徐州州治，後改屬南梁，爲武州州治。其故城位於今江蘇徐州睢寧縣古邳鎮東。酈注言漢之下邳故城至北魏時尚有三重，即大城、中城、内城，大城即外城，周圍四里，正門爲白門，即魏武

---

① 《水經注校證》卷二五《泗水注》"又東南過下邳縣西"條，第 602～603 頁。
② （劉宋）范曄撰、（唐）李賢等注《後漢書》"志二一"《郡國志三》"徐州下邳國"條言："武帝置爲臨淮郡，永平十五年更爲下邳國。"中華書局，1965，第 3461 頁。

擒呂布於白門者①，此四碑即立於外城之内。

　　石苞，字仲容，渤海南皮人，晉監軍石崇之父，其事見《晉書·石苞傳》。苞雅曠有智局，容儀偉麗，不修小節，時稱"石仲容，姣無雙"。初爲漢南皮之縣吏、給農司馬，曹魏初爲司馬師中護軍司馬，後歷任魏鄴城典農中郎將、東萊太守、琅邪太守、徐州刺史、奮武將軍假節監青州諸軍事，甘露二年（257）諸葛誕叛亂淮南，苞統青州諸軍破之，後拜爲鎮東將軍，封東光侯、假節，都督揚州諸軍事，又遷征東大將軍、驃騎將軍。武帝踐阼，苞因勸進之功，遷大司馬，封樂陵郡公，加侍中，後官至司徒，於武帝泰始八年（272）薨，其葬儀《晉書》所載甚詳："時帝發哀於朝堂，賜祕器，朝服一具，衣一襲，錢三十萬，布百匹。及葬，給節、幢、麾、曲蓋、追鋒車、鼓吹、介士、大車，皆如魏司空陳泰故事。車駕臨送於東掖門外。策謚曰武。咸寧初，詔苞等並爲王功，列於銘饗。"② 可謂至榮矣。苞好色薄行，司馬宣王惡之，武帝受禪，苞力爲之，可謂魏之貳臣也。酈注所言下邳大城内"大司馬石苞碑"者，稱其爲大司馬石苞，則當據於其碑額題名。而苞卒時官至司徒，謚曰舞，可知此碑當爲其生碑。稱大司馬者，當在武帝泰始元年，即公元265年之後。而石苞曾於魏明帝時任徐州刺史，曹魏初徐州州治下邳，苞當曾鎮守於此，故此碑當立於武帝泰始初，時苞爲大司馬，徐州官吏因苞曾任徐州刺史，而爲之立生碑以頌其德，實爲邀功獻媚於苞耳。

　　石崇，字季倫，生於青州，小名齊奴，晉大司馬石苞之六子，與賈謐、潘岳等人世稱"金谷二十四友"，其事見《晉書·石苞傳附崇傳》。崇少敏惠，勇而有謀。年二十餘初爲修武令，有能名，後因父功入爲散騎郎，遷城陽太守。武帝太康（280）初因伐吳之功封安陽鄉侯，拜黄門郎。武帝以崇爲功臣之子而深器重之。惠帝初崇出爲南中郎將、荆州刺史，領南蠻校尉，加鷹揚將軍。崇於荆州之任劫遠使商客而致富不貲，其家財産豐積，室宇宏麗。《晉書》言其宅"後房百數，皆曳紈繡，珥金翠。絲竹盡當時之選，庖膳窮水陸之珍。與貴戚王愷、羊琇之徒以奢靡相尚"③，並

---

① （劉宋）范曄撰、（唐）李賢等注《後漢書》卷七五《呂布傳》李賢注引宋武《北征記》曰："下邳城有三重，大城周四里，呂布所守也。魏武擒布於白門。白門，大城之門也。"中華書局，1965，第2452頁。

② 《晉書》卷三三《石苞傳》，中華書局，1974，第1007頁。

③ 《晉書》卷三三《石苞傳》，中華書局，1974，第1007頁。

載其與王愷鬥富之事，窮極奢靡。元康中，崇徵爲大司農，拜太僕，出爲征虜將軍，假節、監徐州諸軍事，鎮下邳，後官至衛尉。崇曾建別館於河陽之金谷，即後世所謂"金谷別業"，與賈謐、潘岳、劉琨、陸機、陸雲、左思等人常以文會於金谷之中，時稱"金谷二十四友"①，崇與潘岳皆諂媚於賈謐，然至永康元年（300），趙王倫專權，謐被誅②，崇亦免官，又因歌妓綠珠之事得罪孫秀，秀遂勸趙王倫誅崇，時崇與母兄妻子家人十五人皆被害，時年五十二。故崇當卒於永康元年，時其官至衛尉。酈注所言下邳外城之"監軍石崇碑"者，監軍當指石崇於元康中出爲征虜將軍，假節、監徐州諸軍事鎮下邳，故當生前所立碑。碑當亦立于元康中，爲時之州郡官吏爲崇立頌德碑，以獻媚於崇也。

胡質，字文德，楚國壽春人，少與蔣濟、朱績俱知名於江、淮間，其事見《三國志·魏書·胡質傳》。質初爲漢末州郡小吏，魏武召爲頓丘令，後入爲丞相東曹議令史、侍中、丞相屬。文帝受禪，質於黃初中徙爲吏部郎，又出爲常山太守，遷東莞太守。質在郡九年，使吏民便安、將士用命，當爲能吏。又遷荆州刺史，加振威將軍，賜爵關内侯。魏帝正始二年（241），遷征東將軍，假節都督青、徐諸軍事。質於任内廣農積穀，有兼年之儲，置東征臺，且佃且守，通渠諸郡，利舟楫，嚴設備，以待敵，海邊無事。嘉平二年（250）薨，時家無餘財，惟有賜衣書篋，其清廉至此。胡質卒後，又被追封陽陵亭侯，邑百户，諡曰貞侯。故其碑當稱"魏陽陵亭貞侯碑"，而酈注此所言碑未稱"陽陵亭貞侯""鎮東將軍者"，其當爲胡質於正始二年（250）後任征東將軍、假節都督青徐諸軍事，坐鎮下邳時，吏民所立頌德碑，"鎮東將軍"者當爲"征東將軍"之誤。此碑當立於魏正始二年至嘉平二年（241～250）之間。

王渾，字玄沖，太原晉陽人，魏司空王昶之子，其事見《晉書·王渾傳》。渾沈雅有器量，初襲父爵爲魏之京陵侯，後辟爲大將軍曹爽掾。爽誅而免官，後起爲懷令，累遷散騎黃門侍郎、散騎常侍、越騎校尉。武帝受禪，加揚烈將軍，遷徐州刺史、東中郎將監淮北諸軍事鎮許昌、征虜將

---

① 《晉書》卷六二《劉琨傳》："石崇、歐陽建、陸機、陸雲之徒，並以文才降節事謐，琨兄弟亦在其間，號曰二十四友。"中華書局，1974，第1679頁。

② 《晉書》卷四《孝惠帝紀》："（永康元年）癸巳梁王肜、趙王倫矯詔廢賈后爲庶人，司空張華、尚書僕射裴頠皆遇害，侍中賈謐及黨與數十人皆伏誅。甲午，倫矯詔大赦，自爲相國、都督中外諸軍，如宣文輔魏故事，追復故皇太子位。"中華書局，1974，第96頁。

軍監豫州諸軍事假節領豫州刺史。咸寧年間（275～280）遷安東將軍、都督揚州諸軍事鎮壽春，參與平吳之役，武帝因其功詔增封八千户，進爵爲公，轉征東大將軍，復鎮壽陽，後征拜尚書左僕射，加散騎常侍，太熙初遷司徒。惠帝即位，又加侍中，元康七年（297）薨，時年七十五，謚曰元。酈注於此所言"司徒王渾碑"者，稱其爲"司徒"，故當武帝太熙元年（290）後立。碑立於下邳外城者，殆渾曾於武帝泰始元年（265）爲徐州刺史，時年徐州歲饑，渾於任内開倉振贍，百姓賴之，感念其德，於下邳建祠立碑以祀之，所立年代當在武帝太熙元年至元康七年（290～297）之間。

此四碑者，或立於曹魏之世，如鎮東將軍胡質碑；或立於西晉之時，如大司馬石苞、司徒王渾、監軍石崇三碑，皆爲徐州吏民爲之所立生碑，可見魏晉之世，雖屢經禁碑，然州郡爲官吏立生碑以讚頌之事不絶。此四人，皆曾任職於徐州，其中石苞、石崇父子曾先後鎮守下邳，然崇於任内與州刺史爭酒相侮而至免官①，徐州官吏仍爲之立碑者，非念其恩德也，實爲獻媚邀寵也。而胡質廣農積穀、通渠諸郡，王渾賑濟災民，皆有恩澤於民，故此二人之碑當爲真正之頌德碑。

此四碑除酈注以外，歐、趙、洪諸家皆未著録，唯《太平寰宇記》卷一七"淮陽軍下邳縣"載有《司馬碑》，引東晉伏滔《北征記》云："下邳大城内有大司馬碑，石聲如磬。"此大司馬碑當爲"大司馬石苞碑"，則此碑至宋時尚存，而石崇、胡質、王渾之碑則未有著録，當早已不存。

三十二　晉太傅羊祜碑考
三十三　晉鎮南將軍杜預碑考
三十四　晉安南將軍劉儼碑考

（襄陽）城南門道東有三碑：一碑是晉太傅羊祜碑，一碑是鎮南將軍杜預碑，一碑是安南將軍劉儼碑，並是學生所立。②

---

① 《晉書》卷三三《石苞傳附崇傳》："至鎮，與徐州刺史高誕争酒相侮，爲軍司所奏，免官。"中華書局，1974，第1006頁。

② 《水經注校證》卷二八《沔水注》"又東過襄陽縣北"條，第663頁。

此三處皆爲祠廟頌德碑，碑石及文皆已亡佚，亦無拓本傳世。酈注言此三碑位於襄陽城南門道東，其碑題名爲"晉太傅羊祜碑""鎮南將軍杜預碑""安南將軍劉儼碑"，皆爲學生所立，然此三碑之年代、碑文、形制及立碑緣由則未爲提及。

　　襄陽，西漢初置縣，因居襄水之南，故曰襄陽。武帝時爲荆州之南郡，東漢因襲；漢末曹操置襄陽郡，郡治襄陽城；魏晉爲荆州州治所在；南北朝時喬置雍州南遷之民而以襄陽、南陽、順陽、新野、隨等五郡爲雍州，州治襄陽。其故城位於今湖北襄陽襄城區。酈道元爲北魏之臣，時襄陽爲齊梁之地，當未曾親至襄陽，故此三碑當非道元所親見，當引於他文。

　　羊祜，字叔子，泰山南城人，漢南陽太守續之孫、上党太守衡之子、蔡邕之外孫，西晉名臣，《晉書》有傳。祜年十二喪父，孝思過禮。及長，博學能屬文，身長七尺三寸，美鬚眉，善談論，於魏歷任中書侍郎、祕書監、相國從事中郎等。晉代魏後，爲武帝所重用，先後任尚書右僕射、衛將軍、鎮南將軍、荆州諸軍都督，後官至征南大將軍、開府儀同三司、南城侯。羊祜與杜預皆致力於滅吳統一南北，祜於荆州繕甲訓卒，廣爲戎備，並舉薦王濬爲益州刺史。武帝咸寧四年（278）十一月羊祜病卒於洛陽，年五十八歲，於卒前舉薦杜預代已鎮守荆州，爲西晉平吳奠定了基礎。祜卒後，武帝素服哭之，甚哀，並賜祜以東園祕器，朝服一襲，錢三十萬，布百匹，下詔追贈侍中、太傅，持節如故。羊祜卒後，所葬之地，據《晉書·羊祜傳》言："祜立身清儉，被服率素，祿俸所資，皆以贍給九族，賞賜軍士，家無餘財。遺令不得以南城侯印入柩。從弟琇等述祜素志，求葬於先人墓次。帝不許，賜去城十里外近陵葬地一頃，諡曰成。祜喪既引，帝於大司馬門南臨送。"① 羊祜清廉薄財，至死家無財，其弟琇向武帝述祜之素志，求將其葬于南城先人墓地，然武帝未允，葬之於洛陽城外帝陵側，並于喪時，至城門親送，可見其痛惜之深。其墓當立有石碑，清嚴可均《全晉文》卷六〇載有西晉孫楚所撰《故太傅羊祜碑》②，言碑約刻於武帝咸寧四年（278），碑文述讚太傅羊祜滅吳之功，以及勤爲善

---

① 《晉書》卷三四《羊祜傳》，中華書局，1974，第1021頁。
② （清）嚴可均輯《全晉文》卷六〇，孫楚《故太傅羊祜碑》，中華書局，1958，第1804頁。

政、教化士民之功，似爲其墓碑。孫楚，字子荆，太原中都人，《晉書》有傳。楚才藻卓絕，爽邁不群，多所陵傲。年四十餘，始參鎮東軍事，後遷佐著作郎、衛將軍司馬等職。惠帝初，爲馮翊太守，元康三年（293）卒。咸寧四年羊祜卒於京師洛陽，時孫楚亦仕於洛陽，因其才藻卓絕，羊祜陵墓之碑文許爲其所撰。《故太傅羊祜碑》早已亡佚而不可考，僅文存於《全晉文》。考《晉書·羊祜傳》，祜卒後葬於洛陽城十里外近陵處，此陵當爲洛陽城外西晉皇陵，20世紀80年代中國社會科學院考古研究所漢魏洛陽故城考古隊經實地考查，探明晉文帝崇陽陵、武帝峻陽陵位於今河南偃師西北面首陽山枕頭山、鏊子山，20世紀90年代，河南偃師首陽山鎮溝口頭村出土一處晉代殘碑，其碑額題"□□□將軍特進高陽元侯羊府君之碑"，經考證爲羊祜叔父羊耽之長子羊瑾之墓碑。殘碑長方形，碑兩面有字，碑言"酉陪葬崇峻之陽"。據《晉書》所載，羊瑾爲晉惠帝皇后羊獻容之祖父，其墓位於晉文帝司馬昭崇陽陵之側，則其當爲武帝時人，與羊祜時代大致相近，故羊祜之墓當亦在崇陽陵之側，即偃師首陽山鎮溝口頭村附近。

羊祜自泰始五年（269）都督荆州諸軍事、假節，出鎮襄陽以來，於荆襄之地，屯田練兵，興學勸民，綏懷遠近，安撫百姓，甚得江漢民眾之心。故祜卒後，"南州人征市日聞祜喪，莫不號慟，罷市，巷哭者聲相接。吳守邊將士亦爲之泣。其仁德所感如此"①。羊祜生前常於襄陽峴山遊憩，故其卒後，襄陽吏民感念羊祜恩澤荆州之德，於峴山建祠立碑，以爲每歲饗祭之用。襄陽民眾每於峴山望其碑，莫不流涕，故其繼任者杜元凱稱此碑爲"墮淚碑"②。酈注此處所言襄陽城南"晉太傅羊祜碑"非爲其墓碑，而爲襄陽生徒學子所立祠廟頌德碑，其碑文當述羊祜平生之功業，碑當立於咸寧四年（278）十一月之後。近世傳有"晉羊祜墓志"，收於《洛陽出土歷代墓誌輯繩》，言："太康元年（280）二月八日。原誌高46釐米，寬14釐米。石存洛陽。"其文曰："晉故使持節都督荆州諸軍事平南將軍軍司鉅平侯羊府君之墓。君諱祜，字叔子，太康元年歲在庚子二月八日葬於洛之西北也。夫人吳國劉氏。"③然據《晉書·羊祜傳》，祜卒于武帝咸寧四

---

① 《晉書》卷三四《羊祜傳》，中華書局，1974，第1021頁。
② 《水經注校證》卷二八《沔水注》"又從縣東屈西南，淯水從北來注之"條，第664頁。
③ 洛陽市文物工作隊編《洛陽出土歷代墓誌輯繩》，中國社會科學出版社，1991，第1頁。

年十一月，不可能至太康元年（280）二年後才下葬，且其卒時爲征南大將軍、開府儀同三司、南城侯，未有"鉅平侯"之説，此墓誌趙超《漢魏南北朝墓誌彙編》附録《僞誌（包括疑僞）目録》疑爲僞刻[1]，其言是也。

杜預，字元凱，京兆杜陵（今陝西西安東南）人，其祖杜畿爲魏尚書僕射，父恕，爲魏幽州刺史，西晉初著名將領，其事見《晉書·杜預傳》。杜預博學多通，明於興廢之道，時人稱之爲"杜武庫"，與羊祜、山濤等人爲司馬昭所賞識，晉初爲滅吴統一戰争的主要策劃者及統帥之一，歷任鎮西長史、魏尚書郎、河南尹、秦州刺史，領東羌校尉、度支尚書。咸寧四年十一月羊祜卒，薦杜預代己坐鎮襄陽，鎮南大將軍、都督荆州諸軍事、當陽縣侯[2]。預於太康五年（284）征爲司隸校尉，加位特進，行次鄧縣而卒，時年六十三。其後追贈征南大將軍、開府儀同三司，諡曰成[3]。杜預一生建樹頗多，功成之後，耽思經籍，博學多通，尤好《左傳》，著有《春秋左氏經傳集解》及《春秋釋例》。然尤好名，於襄陽萬山之下、峴山之上爲己立二碑以述功。其卒前，先爲遺令曰：

  吾往爲臺郎，嘗以公事使過密縣之邢山。山上有冢，問耕父，云是鄭大夫祭仲，或云子産之冢也，遂率從者祭而觀焉。其造冢居山之頂，四望周達，連山體南北之正而邪東北，向新鄭城，意不忘本也。其隧道唯塞其後而空其前，不填之，示藏無珍寶，不取於重深也。山多美石不用，必集洧水自然之石以爲冢藏，貴不勞工巧，而此石不入世用也。君子尚其有情，小人無利可動，歷千載無毁，儉之致也。吾去春入朝，因郭氏喪亡，緣陪陵舊義，自表營洛陽城東首陽之南爲將來兆域。而所得地中有小山，上無舊冢。其高顯雖未足比邢山，然東奉二陵，西瞻宫闕，南觀伊洛，北望夷叔，曠然遠覽，情之所安也。故遂表樹開道，爲一定之制，至時皆用洛水圓石，開遂道南向，儀制

---

[1] 趙超撰《漢魏南北朝墓誌彙編》，天津古籍出版社，2008，第56頁。
[2] 《晉書》卷三《武帝紀》："（咸寧四年十一月）辛卯，以尚書杜預都督荆州諸軍事。征南大將軍羊祜卒。"中華書局，1974，第69頁。
[3] 參見本書第七章第十三處"晉杜預述功碑考二"，第426頁。

取法於鄭大夫，欲以儉自完耳。棺器小斂之事，皆當稱此。①

據其遺令之文，杜預見密縣邢山上鄭大夫祭仲（或云子產）之冢，因其葬節儉而歷千載無毀，預感於此，一反漢魏以來厚葬之俗，於洛陽城東首陽南郊邢山，爲已建墓，以洛水自然之圓石，開遂道南向，以效法鄭大夫之冢，其子孫一以遵之。故杜預之陵墓當位於洛陽城東首陽山南，即今河南偃師首陽山。杜預滅吳後，鎮守襄陽，依然勤於講武，並於荆襄之地修立泮宫，江漢懷德，化被萬里，並修復漢之六門陂，灌溉田畝，荆襄民眾稱之爲"杜父"。酈注此處所言襄陽城南"鎮南將軍杜預碑"當爲襄陽生徒學子感念其恩而爲之所建祠廟之碑，而非首陽山其墓碑。碑文當述杜預之功業。酈注稱其碑爲"鎮南將軍"，而未稱其卒後所追封之號"征南大將軍"，可知碑當立於杜預任鎮南大將軍、都督荆州諸軍事之時，即咸寧四年（278）之後，與襄陽城南"晉太傅羊祜碑"所立之時相近。此碑酈注以外，《寶刻叢編》、《寰宇訪碑錄》、《湖北金石志》等皆載之，其言與酈注同，則碑早已不存。

劉儀，正史無載。然酈注言襄陽城南有"安南將軍劉儀碑"，與"晉太傅羊祜碑"、"鎮南將軍杜預碑"三碑並爲學生所立，羊祜、杜預皆曾鎮襄陽，並於任内崇學勸教、開墾農田、興修水利，恩澤被於荆襄之民②，劉儀或亦然，故三人卒後，其生徒俱爲之立碑。此三碑，酈注以外，歐、趙、洪諸家皆未著錄，當久已亡佚。

---

① 《晉書》卷三四《杜預傳》，中華書局，1974，第 1032~1033 頁。
② 《晉書》卷三四《羊祜傳》言："（羊祜）開設庠序，綏懷遠近。"中華書局，1974，第 1014 頁。《晉書·杜預傳》："（預）修立泮宫，江漢懷德。"中華書局，1974，第 1031 頁。

圖 2-8 "晉太傅羊祜墓志"僞刻拓本①

---

① 毛遠明撰《漢魏六朝碑刻校注》第二冊，線裝書局，2008，第 275 頁，西晉太康元年（280）二月八日立，河南洛陽，爲近世僞刻，亦見於《洛陽出土歷代墓志輯繩》。

三十五　晉征南將軍胡罴碑考

山上又有征南將軍胡罴碑。①

此處爲祠廟頌德碑，碑石及文皆已不存，亦無拓本傳世。酈注言此碑與"晉羊祜墮淚碑""晉征西將軍周訪碑""晉鎮南將軍桓宣碑"俱位於襄陽城南峴山之上，此碑之年代、碑文、形制皆未爲提及，當非道元所親見。

胡罴，字季象，西晉初時人，魏荆州刺史胡質之子，晉鎮東將軍胡威之弟，其事正史無傳，唯《三國志·魏書·胡質傳》裴松之注引《晉陽秋》言："威弟罴，字季象，征南將軍；威子奕，字次孫，平東將軍，並以潔行垂名。有殊績，歷三郡守，所在有名。"②其中所言胡威之弟胡罴爲征南將軍，當即酈注此碑碑主人。胡罴與胡威俱爲魏荆州刺史胡質之子。胡質，字文德，楚國壽春人也，官至魏荆州刺史、振威將軍，賜爵關內侯，魏嘉平二年（250）薨，時家無餘財，可知其清廉自持，爲世人所讚，故諡曰貞。質卒後，其子胡威嗣。裴松之注引《晉陽秋》言："威字伯虎。少有志尚，厲操清白……其父子清慎如此。於是名譽著聞，歷位宰牧。"③威官至前將軍、青州刺史，武帝太康元年（280）卒，追贈鎮東將軍。胡威與其父胡質皆以清慎而聞名於魏晉兩代，其子胡奕皆以潔行垂名後世。相較其兄，史書對胡罴的記載多少有點吝嗇，僅在《晉書·胡威傳》結尾處稱："威弟罴，字季象，亦有幹用，仕至益州刺史、安東將軍。"④

酈注言襄陽峴山上有"晉征南將軍胡罴碑"，僅言罴征南將軍之職，而未言益州刺史、安東將軍之職則碑立於其任益州刺史、安東將軍之前也。另據《晉書·胡奮傳》，奮于泰始初"以功累遷征南將軍、假節、都

---

① 《水經注校證》卷二八《沔水注》"又從縣東屈西南，清水從北來注之"條，第664頁。
② （西晉）陳壽撰、（劉宋）裴松之注《三國志·魏書·胡質傳附子威傳》，中華書局，1964，第743頁。
③ （西晉）陳壽撰、（劉宋）裴松之注《三國志·魏書·胡質傳附子威傳》，中華書局，1964，第743頁。
④ 《晉書》卷九〇《良吏傳·胡威傳》，中華書局，1974，第2331頁。

督荆州諸軍事,遷護軍,加散騎常侍"①,另《晉書·羊祜傳》"咸寧初,除征南大將軍、開府儀同三司,得專辟召"②,祜亦以征南將軍都督荆州諸軍事,可推知西晉初征南將軍多主政荆州鎮守襄陽。而襄陽峴山所立"晉羊祜墮淚碑""晉征西將軍周訪碑",其碑主皆曾於襄陽為官,故胡羆當於任征南將軍時鎮守襄陽。

另據清萬斯同《晉方鎮年表》,武帝太康元年(280),羆接任王濬為益州刺史,後至太康三年(283),由張敏接任,則羆為征南將軍,當在太康元年前,泰始元年後(265~280)。泰始初年(265),征南將軍為胡奮,而咸寧初(275),羊祜為征南將軍,故羆為征南將軍當在武帝泰始中後期,時羆鎮守襄陽,因其如父兄清慎為政,故襄陽官民為之立碑於襄陽城南峴山之上,其碑文當載羆於襄陽任內功勳之跡,以讚其德。此碑酈注以外,歐、趙、洪諸家皆未著錄,當久已亡佚。

三十六　漢樊重碑考一
三十七　漢樊重碑考二

其水西南流逕湖陽縣故城南,《地理志》曰:故廖國也。《竹書紀年》曰:楚共王會宋平公于湖陽者矣。東城中有二碑,似是樊重碑,悉載故吏人名。司馬彪曰:仲山甫封于樊,因氏國焉。爰自宅陽徙居湖陽,能治田殖,至三百頃,廣起廬舍,高樓連閣,波陂灌注,竹木成林,六畜放牧,魚蠃梨果,檀棘桑麻,閉門成市。兵弩器械,貲至百萬。其興工造作,為無窮之功,巧不可言,富擬封君。世祖之少,數歸外氏,及之長安受業,齎送甚至。世祖即位,追爵敬侯,詔湖陽為重立廟,置吏奉祠。巡祠章陵,常幸重墓。③

此二處為祠廟頌德碑,碑石及文皆已亡佚,亦無拓本傳世。酈道元言此兩碑位於湖陽縣故城東城中,似為"樊重碑",其碑悉載故吏之人名。然其碑文、形制、立碑年代緣由皆未載。據同卷"出比陽東北太胡山"條

---

① 《晉書》卷五七《胡奮傳》,中華書局,1974,第1557頁。
② 《晉書》卷三四《羊祜傳》,中華書局,1974,第1017頁。
③ 《水經注校證》卷二九《比水注》"又西至新野縣,南入于淯"條,第693頁。

記載："余以延昌四年，蒙除東荊州刺史，州治比縣故城。"① 則延昌四年（515），道元除東荊州刺史，其州治在湖陽故城之東北，道元當至湖陽故城，親見此二碑。時碑尚存，然文字摩滅，故稱"似爲樊重碑"。

湖陽，先秦時爲廖（亦作蓼）國②，國都湖陽城，春秋時歸楚，後歸韓。酈注引《竹書紀年》曰："楚共王會宋平公于湖陽"者。東漢光武帝建武二年（26），帝封其姐黃爲湖陽長公主於此，屬南陽郡，魏晉因之；道元之時，湖陽爲蠻僚之境，後歸於東荊州。其故城位於今河南南陽唐河縣湖陽鎮。

樊重，字君雲，南陽湖陽人，其女嫻都，爲光武帝之母，故重爲帝之外王父。有長羅侯樊宏、射陽侯樊丹，其事見《後漢書·樊宏傳》及《北海靖王傳》。樊氏之族，其先爲西周宣王之太宰仲山甫（一作仲山父，爲西周太王古公亶父之裔，其事見《史記·周本紀》），後封於樊，因而氏焉，爲鄉里著姓。樊重世善農稼，好貨殖。其性溫厚，有法度，三世共財，子孫朝夕禮敬，常若公家。酈注言其"爰自宅陽，徙居湖陽"，"宅陽"當爲"比陽"之誤，樊氏自比陽遷居於湖陽，遂於此立業。《後漢書·樊宏傳》言重善營理產業，"其營理產業，物無所棄，課役童隸，各得其宜，故能上下戮力，財利歲倍，至乃開廣田土三百餘頃。其所起廬舍，皆有重堂高閣，陂渠灌注。又池魚牧畜，有求必給。嘗欲作器物，先種梓漆，時人嗤之，然積以歲月，皆得其用，向之笑者咸求假焉。貲至巨萬，而賑贍宗族，恩加鄉閭。外孫何氏兄弟爭財，重恥之，以田二頃解其忿訟。縣中稱美，推爲三老，年八十餘終。"③ 樊重不僅善於治家理業而成巨富，且賑贍宗族、恩加鄉閭，解鄉里之糾訟，而爲縣三老。酈注亦載樊重善理產業之事："能治田殖，至三百頃，廣起廬舍，高樓連閣，波陂灌注，竹木成林，六畜放牧，魚蠃梨果，檀棘桑麻，閉門成市。兵弩器械，貲至百萬。其興工造作，爲無窮之功，巧不可言，富擬封君。"其所言較《後漢書》更爲詳細地記載了樊重於湖陽所經營之巨業。

---

① 《水經注校證》卷二九《比水注》"出比陽東北太胡山"條，第629頁。

② （東漢）班固著、（唐）顏師古注《漢書》卷二八《地理志》"南陽郡"條："湖陽縣，故廖國也。"中華書局，1962，第1564頁。《漢書》卷二九《溝洫志》："蓼，故國，皋繇後，爲楚所滅。"中華書局，1962，第1638頁。

③ （劉宋）范曄撰、（唐）李賢等注《後漢書》卷三二《樊宏傳》，中華書局，1965，第1119頁。

樊重之女樊嫺，字嫺都，性婉順，嫁於舂陵宗室南頓令劉欽，而生三男三女：長男劉演；次劉仲，爲魯哀王；次劉秀，爲光武帝；長女黃，爲湖陽公主；次元，爲新野長公主；次伯姬，爲寧平長公主①。據《後漢書·樊宏傳》，建武十八年（42），光武帝南祠章陵，過湖陽，遂祠樊重之墓，追爵謐爲壽張敬侯，壽張爲侯名，敬爲謐號，並立廟於湖陽。後車駕每南巡，帝常幸重之墓，賞賜大會。所載與酈注。

樊重年八十餘終，當在兩漢之交、新莽之時，卒後葬於湖陽故城。建武十八年後，光武帝數次至湖陽祠樊重之墓，當於墓前建祠立碑，則此二碑，或立於其時。樊重終身未仕，當無故吏爲之樹碑，則此二碑，當爲光武帝所修樊重之祠廟碑，其碑陽當刊刻帝追封樊重爲壽張敬侯之詔書，其陰當題刻湖陽城立碑之吏民之名。此二碑，除酈注外，歐、趙諸家皆未著録，唯洪适《隸釋》卷二〇、顧藹吉《隸辨》卷八依酈注亦著有《樊重樊萌碑》，其文同。

三十八　漢新息長賈彪廟碑考
三十九　魏汝南太守程曉碑考

淮水又東逕新息縣故城南，應劭曰：息後徙東，故加新也。王莽之新德也。光武十九年，封馬援爲侯國。外城北門内有新息長賈彪廟，廟前有碑。面南又有魏汝南太守程曉碑。②

此兩處皆爲祠廟頌德碑，碑石及文皆已佚，亦無拓本傳世。酈注言前碑立於新息縣故城外城北門内新息長賈彪廟前，後碑在前碑南，可知北魏時兩碑皆存。然道元未載碑文，碑之形制、年代、立碑緣由皆未言。

---

① （劉宋）范曄撰、（唐）李賢等注《後漢書》卷一四《宗室四王三侯列傳·北海靖王興傳》："初，南頓君娶同郡樊重女，字嫺都。嫺都性婉順，自爲童女，不正容服不出於房，宗族敬焉。生三男三女：長男伯升，次仲，次光武；長女黃，次元，次伯姬。皇妣以初起兵時病卒，宗人樊巨公收斂焉。建武二年，封黃爲湖陽長公主，伯姬爲寧平長公主。元與仲俱歿於小長安，追爵元爲新野長公主，十五年，追謐仲爲魯哀王。"中華書局，1965，第555頁。

② 《水經注校證》卷三〇《淮水注》"又東過新息縣南"條，第704頁。

新息縣，古息國，西周初武王封文王之子羽達爲息侯於此，爲息侯國，其舊址位於今河南信陽息縣西南青龍寺古息國遺址。《水經注》引應劭《風土記》云："息後徙東，故加新也。王莽之新德也。""息後徙東"之事亦見於《左傳·隱公十一年》："鄭、息有違言，息侯伐鄭。鄭伯與戰于竟，息師大敗而還。君子是以知息之將亡也。"① 息國大敗之後，息侯遂將國都東徙至新息，即今河南信陽息縣。周莊王十五年（前682），楚滅息，置息縣，秦因之，屬陳郡；西漢初置新息縣，屬汝南郡；東漢爲新息侯國，即酈注所言"光武十九年，封馬援爲侯國"，魏因之；晉時爲汝南國都；北魏太和十九年（495），置東豫州，郡治新息，故道元當有緣親至而見此二碑。

賈彪，字偉節，潁川定陵人也，漢末黨人領袖之一，與陳蕃、郭泰、李膺等人齊名②，其事見《後漢書·黨錮傳》。賈彪少遊京師，其志節慷慨，與同郡荀爽齊名。初仕州郡，舉孝廉，補爲新息長。時新息之民困貧，多不養子，彪遂嚴爲其制，與殺人同罪。數年間，其民養子者以千數，稱爲賈父所長，生男名曰賈子，生女則名曰賈女。桓帝延熹九年（166），黨事起，太尉陳蕃爭之不能得，朝廷寒心，莫敢復言。彪獨入洛陽，說城門校尉竇武、尚書霍諝等訟之於桓帝，使禁錮之黨人得以大赦，然彪終亦以黨禁錮而卒於家。賈彪兄弟三人，並有高名，而彪最優，故天下稱曰："賈氏三虎，偉節最怒。"③ 酈注此處所載"漢新息長賈彪廟碑"，當爲賈彪舉孝廉補爲新息令後，其於任內治理有方，使此縣人丁興旺，縣之吏民感念其恩，於其任後在城北門內修祠廟以祭之。此碑當爲漢末桓帝初祠廟落成時所建，碑文當頌賈彪於新息長任內生生之功德。此碑除酈注外，後世無錄，唯《元和郡縣志》卷九"蔡州新息縣"條載"賈君祠"云："在縣北一里。名彪，字偉節，後漢時爲新息長，時小民多不養子，彪嚴其制，所活數千，僉曰賈父，後爲立祠。新息故城在縣西南一十里。"④ 其所言新息故

---

① （清）阮元編《十三經注疏》，《春秋左傳正義》卷四《隱公十一年》，北京大學出版社，1999，第128頁。
② （劉宋）范曄撰、（唐）李賢等注《後漢書》卷六七《黨錮列傳》："因此流言轉入太學，諸生三萬餘人，郭林宗、賈偉節爲其冠。"中華書局，1965，第2186頁。
③ （劉宋）范曄撰、（唐）李賢等注《後漢書》卷六七《黨錮列傳》，中華書局，1965，第2217頁。
④ （唐）李吉甫撰、賀次君點校《元和郡縣圖志》卷九"河南道蔡州新息縣"條，中華書局，1983，第241頁。

城即原古息國之都城，即故息城。《太平寰宇記》卷一一"河南道蔡州新息"條亦言新息有"賈君祠"："後漢賈彪，字偉節，與荀爽齊名，爲新息長。初，縣例不養子，彪嚴其志，數年之間，養子千數，僉曰賈文所長。人思其德，故有祠焉。"①爲後漢賈彪之祠廟，可知至唐宋時賈彪祠尚存，然未言此碑之存佚，未知其亡於何時。

程曉，字季明，東郡東阿人，爲曹魏衛尉程昱之孫，其事見《三國志·魏書·程昱傳》。魏明帝嘉平年間（249~253），程曉爲黃門侍郎，時校事放曠，曉上疏彈劾之。校事之官②，爲魏武所創，後爲常設之官，其上察宮廟、下攝眾司，誣害良善，猶如明時之錦衣衛。程曉直陳其弊，帝遂罷校事官。曉後遷汝南太守，年四十餘薨。《三國志》裴松之注並引曉別傳曰："曉大著文章多亡佚，今之存者不能十分之一。"③可知曉善於文辭，然其文傳於後世甚少，賴《三國志·魏書·程昱傳》載其駁校事之疏，《隋書·經籍志》有《魏汝南太守程曉集》二卷，亦見於《藝文類聚》及《古文苑》。程曉初爲黃門侍郎，後於魏明帝嘉平後任汝南太守。曹魏之時，新息縣屬豫州汝南郡，酈注言"魏汝南太守程曉碑"亦在新息城，與賈彪祠及碑相鄰，疑曹魏時以新息爲汝南郡治。程曉之碑當亦立於其祠前，爲汝南郡吏民感程曉之善政而建祠立碑以頌其德，碑當題立碑吏民之名。此碑酈注以外，歐、趙、洪諸家皆未有著錄，當早已失傳。

四十　漢安邑長尹儉廟碑闕考

彭水逕其西北，漢安邑長尹儉墓東，冢西有石廟，廟前有兩石闕，闕東有碑，闕南有二獅子相對，南有石碣二枚，石柱西南有兩石羊，中平四年立。④

---

① （宋）樂史撰、王文楚等點校《太平寰宇記》卷一一"河南道蔡州新息縣"條，中華書局，2007，第205頁。
② （西晉）陳壽撰、（劉宋）裴松之注《三國志·魏書·程昱傳附孫曉傳》："昔武皇帝大業草創，眾官未備，而軍旅勤苦，民心不安，乃有小罪，不可不察，故置校事，取其一切耳，然檢御有方，不至縱恣也。此霸世之權宜，非帝王之正典。"中華書局，1964，第430頁。
③ （西晉）陳壽撰、（劉宋）裴松之注《三國志·魏書·程昱傳附孫曉傳》，中華書局，1964，第431頁。
④ 《水經注校證》卷三一《溳水注》"溳水出南陽魯陽縣西之堯山"條，第724頁。

此處爲祠廟頌德碑，實共有七處石刻：漢安邑長尹儉廟碑、廟雙石碣、廟闕及兩石獅、兩石羊，皆立於漢安邑長尹儉墓西石廟前，從而組成一完整的漢墓葬石刻群。酈注言此諸石刻立於東漢靈帝中平四年（186），然所立之人及碑文、闕銘則未載，此當爲道元所親見。

尹儉，正史無載，酈注言其碑闕爲靈帝中平四年所立，則當爲東漢末年桓靈時人，卒前任安邑縣長。安邑，戰國魏之都城；西漢時置縣，屬河東郡。即今山西運城夏縣。尹儉之墓，熊會貞《水經注疏》言在今河南平頂山魯山縣東南，未知何據。酈注所載魯山境內有漢碑四通，除此碑外，尚有同卷所載《南陽都鄉正衛爲碑》、《漢陽侯焦立碑》、《漢彭山廟碑》、《漢中常侍吉成侯州苞墓碑及石獸》、《皇女湯石銘》等，然皆未載碑文，遂使其人其事，杳不可知（惟《南陽都鄉正衛爲碑》久佚復出，幸存片石）。尹儉墓西石廟前立有兩對石獅、石羊，爲漢代墓葬之常見形制。漢代墓葬，自西漢時起常於墓前設石獸、石人，如西漢武帝時霍去病墓前石雕群，其有立馬、臥馬、躍馬、臥虎、臥牛等十餘種，然並無石獅。石獅造像至東漢時始有，目前考古發現東漢墓石雕遺存有七十餘處，分佈於四川、河南、山東、陝西等省，其中多有石獅，其他常見有天祿、辟邪、麒麟、虎、馬、羊、牛、象、駝等石獸形象。

此碑，酈注以外，歐、趙諸家皆未著錄，唯洪适《隸釋》卷二〇、顧藹吉《隸辨》卷八依酈注亦著有此碑闕，其碑石及文皆早已亡佚。

四十一　劉宋司空劉勔廟碑考
四十二　劉宋司空劉勔廟銘考
四十三　劉宋司空劉勔廟讚考
四十四　劉宋司空劉勔廟頌考

肥水又左納芍陂瀆，瀆水自黎漿分水，引瀆壽春城北，逕芍陂門右，北入城。昔鉅鹿時苗爲縣長，是其留犢處也。瀆東有東都街，街之左道北，有宋司空劉勔廟，宋元徽二年建于東鄉孝義里，廟前有碑，時年碑功方創，齊永明元年方立。沈約《宋書》言，泰始元年，豫州刺史殷琰反，明帝假勔輔國將軍，討之。琰降，不犯秋毫，百姓來蘇，生爲立碑，文過其實。建元四年，故吏顏幼明爲其廟銘，故佐龐琁爲廟讚，夏侯敬友爲廟頌，並附刊於碑側。①

此處爲祠廟頌德碑，後三者附刻于"劉宋司空劉勔廟碑"之側，碑石及文皆已亡佚，亦無拓本傳世。《水經注》所載劉宋時石刻僅此一見。廟碑位於壽春城東都街左道北劉宋司空劉勔廟前，立於南齊武帝永明元年（483）。劉勔於劉宋明帝泰始二年（466）平豫州刺史殷琰之亂，於壽春不犯秋毫，當地百姓感念其恩，爲之建祠立碑。酈注未載其碑文。

壽春，戰國時爲楚都壽春邑；秦時置壽春縣，爲九江郡治；西漢初爲淮南國都，後淮南王安反國除，仍爲九江郡治；漢明帝時徙封淮陽王延爲阜陵王，國都於此；漢末袁術稱帝於此；三國曹魏時爲淮南郡治，晉因；劉宋時改稱壽陽，爲豫州治所；北魏時又稱壽春。其故城位於今安徽六安壽縣壽春鎮。

劉勔，字伯猷，彭城人，劉宋名臣，其事見《宋書·劉勔傳》。勔少有志節，兼好文義，爲宋文帝所識，歷任寧遠將軍、綏遠太守、散騎侍郎、晉康太守、郁林太守、平西將軍、豫州刺史等職，官至司空、金城縣侯。劉勔伐豫州刺史殷琰之事，《宋書·劉勔傳》所記甚詳："（泰始元年）會豫州刺史殷琰反叛，徵勔還都，假輔國將軍，率眾討琰……琰嬰城固守，自始春至於末冬，薛道標、龐孟虯並向壽陽，勔內攻外御，戰無不捷。善撫將帥，以寬厚爲眾所依……及琰開門請降，勔約令三軍，不得妄動。城內士民，秋毫無所失，百姓感悅，咸曰來蘇。百姓生爲立碑。"② 此與酈注所引相合。據《宋書·殷琰傳》所載，殷琰反叛於泰始元年（465），泰始二年（466）正月，"太宗遣輔國將軍劉勔率寧朔將軍呂安國西討"③，可知劉勔伐豫州刺史殷琰，當在泰始二年，時豫州郡治爲壽陽。劉勔治軍寬厚，爲眾將所依，及攻克壽陽，約令三軍，不得妄動，城內士民，秋毫無所失，百姓感悅其恩，生爲立碑，碑當立於是年，即宋明帝泰始二年。酈注又言此碑"文過其實"，由此推斷，酈道元親見此生碑，感其碑文頌讚過甚而歎之。酈道元雖爲北魏之臣，無緣至南方遊歷，但卻曾

---

① 《水經注校證》卷三二《肥水注》"北入於淮"條，第751頁。
② （南梁）沈約撰《宋書》卷八六《劉勔傳》，中華書局，1974，第2192頁。
③ （南梁）沈約撰《宋書》卷八七《殷琰傳》，中華書局，1974，第2205頁。

至淮南一帶。北魏孝明帝正光四年（523），梁武帝蕭衍遣將裴邃攻打淮南，酈道元受詔爲大軍行臺，與都督河間王元琛討之①，期間當親至壽陽，有緣親見此碑。然此碑非酈注是所言廟前碑也。

考《宋書·劉勔傳》，宋後廢帝元徽元年（473），桂陽王休範爲亂，奄至京邑，帝加勔爲使持節、領軍討之，然勔於朱雀航南戰敗，臨陣而死，時年五十七歲，帝下詔追贈劉勔散騎常侍、司空，謚忠昭公。其卒後，當歸葬彭城故里。越明年，即元徽二年（474），建廟於壽陽東鄉孝義里，廟前有碑，此碑於是年始創制，至齊永明元年（483）方立。又據《南齊書·劉悛傳》：“悛父勔討殷琰，平壽陽，無所犯害，百姓德之，爲立碑祀。悛步道從壽陽之鎮，過勔碑，拜敬泣涕。”②劉悛爲勔之子，其路經壽陽見父碑而拜敬泣涕，則當在其父卒後，悛所見之勔碑當爲勔卒後，至齊永明元年于壽陽勔廟所立之政德碑，非泰始二年生碑，故道元所見壽陽城內劉勔碑當有兩處：一爲泰始二年壽陽百姓爲之所立生碑，非在劉勔廟；一爲齊永明元年勔卒後其故吏所立廟碑。此二碑，道元當皆親見之，然皆未載其碑文，未知其故。或因道元爲北魏之臣，以北魏王朝爲正統，而勔爲南朝臣子，道元見勔之生碑，而以碑文言過其實，有阿諛之嫌，故於此二碑之文未錄。

除此二碑外，酈注又言，齊高帝建元四年（482），故吏顏幼明爲勔廟銘，故佐龐珽爲廟讚，夏候敬友爲廟頌，並附刊於碑側，此廟銘、廟讚、廟頌皆當附刊於勔廟齊永明元年（483）所立之碑陰及碑側，時此碑尚未製成，越明年，即齊武帝永明元年（483），此碑方製作完成，始立於廟前。自元徽二年至永明元年，此碑歷近十年方制成立碑，殆因經宋齊更替之故也。龐珽、夏候敬，史書無載，不可考。顏幼明，《南齊書·東南夷傳》言：“永明七年，平南參軍顏幼明、冗從僕射劉思斅使虜。”③顏幼明任平南參軍，可知其之前當亦曾任將帥幕僚之職，則顏幼明、龐珽皆當曾爲劉勔帳下之幕僚，夏候敬則爲其友人，三人分別爲之作廟銘、廟讚、廟頌。

此二碑及廟銘、廟讚、廟頌，酈注以外，歐、趙、洪諸家皆未著録，當早已亡佚。

---

① 張鵬飛著《酈道元年譜考略》，《湖北大學學報》2006年第4期，第479~481頁。
② （南梁）蕭子顯撰《南齊書》卷三七《劉悛傳》，中華書局，1972，第651頁。
③ （南梁）蕭子顯撰《南齊書》卷五八《東南夷傳》，中華書局，1972，第1009頁。

四十五　漢王子香廟碑考

　　（枝江）縣有陳留王子香廟，頌稱子香于漢和帝之時，出爲荆州刺史，有惠政，天子徵之，道卒枝江亭中，常有三白虎出入人間，送喪踰境。百姓追美甘棠，以永元十八年立廟設祠，刻石銘德，號曰枝江白虎王君，其子孫至今猶謂之爲白虎王。①

　　此處爲祠廟頌德碑，原碑石已不存，唯碑文賴酈注而存局部，亦無拓本傳世。酈注言此碑立於枝江縣陳留王子香廟中，爲枝江百姓於永元十八年（105）所立，其碑額題名當爲"漢枝江白虎王君之碑"，然此碑之全文、形制未言。

　　枝江縣，春秋爲楚之丹陽；西漢初置縣，屬南郡，東漢、魏晉因之；道元之時爲南梁南郡轄縣，故道元當非親見此碑，其言當據於他書。即今湖北荆州枝江市。王子香，史書無載，據酈注所引碑之頌文，可知王子香於東漢和帝時，爲荆州刺史，因惠政而徵遷，中道卒於枝江縣枝江亭中，時有三白虎爲之送喪踰境。

　　"白虎"者，自古與白麟、白鹿、白鶴等被視爲祥瑞之獸②，兩漢之時常有白虎現於世之說。《漢書·宣帝紀》："南郡獲白虎威鳳爲寶。"③《後漢書·安帝紀》："（延光三年八月）戊子，潁川上言麒麟一、白虎二見陽翟。"④酈注於卷二八《沔水注》言："沔水西又有孝子墓。河南秦氏性至孝，事親無倦，親沒之後，負土成墳，常泣血墓側。人有詠《蓼莪》者，氏爲泣涕，悲不自勝。于墓所得病，不能食，虎常乳之，百餘日卒。今林木幽茂，號曰孝子墓也。"⑤則白虎不僅爲祥瑞之兆，且通人性，有善德。

---

① 《水經注校證》卷三四《江水注》"又東過枝江縣南，沮水從北來注之"條，第796頁。
② 汪紹楹校《藝文類聚》卷九九《祥瑞部下》"騶虞"條引《瑞應圖》曰："白虎者，仁而不害，王者不暴虐，恩及行葦則見。"又引陸璣《草木魚蟲疏》曰："虞，即白虎也。文異，尾長於身，不食生物，不履生草，君王有德則見。"上海古籍出版社，1982，第1716頁。
③ （東漢）班固著、（唐）顏師古注《漢書》卷八《宣帝紀》，中華書局，1962，第259頁。
④ （劉宋）范曄撰、（唐）李賢等注《後漢書》卷五《孝安帝紀》，中華書局，1965，第240頁。
⑤ 《水經注校證》卷二八《沔水注》"又從縣東屈西南，淯水從北來注之"條，第665頁。

白虎爲王君送喪，亦爲靈異之事，故當地百姓以之追美甘棠。"甘棠"者，《詩經·召南·甘棠》："蔽芾甘棠，勿翦勿伐，召伯所茇。蔽芾甘棠，勿翦勿敗，召伯所憩。蔽芾甘棠，勿翦勿拜，召伯所說。"《毛詩序》云："《甘棠》，美召伯也。召伯之教，明于南國。"鄭箋云："召伯聽男女之訟，不重煩勞百姓，止舍小棠之下而聽斷焉，國人被其德，說其化，思其人，敬其樹。"① 朱熹《詩集傳》云："召伯循行南國以布文王之政，或舍甘棠之下。其後人思其德，故愛其樹，而不忍傷也。"② 召伯循行南國，布文王之政，國人被其德，說其化，思其人，敬其樹，而以此詩讚之；枝江民眾聞王子香之德，見白虎送喪之靈而立祠祭之，立碑刻文以頌之，故曰"百姓追美甘棠"。自和帝之時至道元之世，已逾三百餘年，然其後世子孫猶謂之爲白虎王君而祀之，可知古之民眾於清官廉吏之渴望敬頌。

酈注言王子香廟及碑皆立於漢和帝永元十八年，然和帝永元僅至十七年，即公元 105 年。據《後漢書·孝和孝殤帝紀》："（永元十七年）冬十二月辛未，帝崩於章德前殿，年二十七。立皇子隆爲皇太子……孝殤皇帝諱隆，和帝少子也。元興元年十二月辛未夜，即皇帝位，時誕育百餘日。"③ 可知是年即改元元興元年，故酈注所載當有誤，應爲永元十七年或元興元年。

白虎送喪事，亦見於《太平御覽》卷八九二"獸部四虎下"引三國魏蘇林撰《陳留耆舊傳》云："王業，字子春，爲荊州刺史，有德政。卒于支江，有三白虎，低頭曳尾，宿衛其側，及喪去踰州境，忽然不見。民共立碑文，號曰支江白虎。"④ 其所載與酈注略同且更爲詳實，酈氏所言當亦據於《陳留耆舊傳》。唯《陳留耆舊傳》言此"白虎王君"，名業，字子春，酈注未言其名，而稱其字"子香"。《北堂書鈔》卷一〇二亦據《陳留耆舊傳》略述此故事，亦以王業之字爲"子香"。另《搜神記》卷一一《白虎墓》亦載此事："王業字子香，漢和帝時，爲荊州刺史。每出行部，沐浴齋素，以祈於天地，當啟佐愚心，無使有枉百姓。在州七年，惠風大行，苛慝不作，山無豺狼。卒於湘江。有二白虎，低頭曳尾，宿衛其側。

---

① （清）阮元編《十三經注疏》，《詩經正義》卷二《召南·甘棠》，北京大學出版社，1999，第 72 頁。
② （宋）朱熹注、趙長征點校《詩集傳》卷一《召南·甘棠》，中華書局，2011，第 12 頁。
③ （劉宋）范曄撰、（唐）李賢等注《後漢書》卷四《孝和孝殤帝紀》，中華書局，1965，第 194 頁。
④ 《太平御覽》卷八九二"獸部四虎下"條，中華書局，1960，第 3960 頁。

及喪去，虎踰州境，忽然不見。民共爲立碑，號曰：湘江白虎墓。"① 則其所載與酈注、《陳留耆舊傳》皆有不同。《搜神記》言王業任荆州刺史七年，使州郡"惠風大行，苛慝不作，山無豺狼"，或爲此碑之頌文。酈注所言"三白虎"於此變爲"二白虎"，且言此碑題曰"湘江白虎墓"，不知爲何有如此之差異。另《太平寰宇記》卷一"河南道開封府雍丘縣"條載有"白虎墓"："王業，字子香，雍丘人。爲荆州刺史，有惠化。卒於枝江，有白虎夾柩送歸，因此號之。今子孫號爲白虎王氏。"② 可知王業爲雍丘人（今河南開封杞縣），卒於荆州任中，後歸葬故里。

此碑酈注外，歐、趙諸家皆未著録，洪适《隸釋》據酈注載有《王子香廟頌》，其文與酈注同。另顧藹吉《隸辨》、張仲炘《湖北金石志》卷二亦據酈注載有《王子香廟頌》，言爲"永元十八年"，皆當據於酈注，可見此碑後世無傳，當早已亡佚。

圖 2-9　漢畫像石白虎畫像拓本③

---

① （東晉）干寶撰、汪紹楹校注《搜神記》卷一一《白虎墓》，中華書局，1979，第 133 頁。
② （宋）樂史撰、王文楚等點校《太平寰宇記》卷一"河南道開封府雍丘縣"條，中華書局，2007，第 17 頁。
③ 蔣英炬編《中國畫像石全集》第四册《蘇、皖、浙漢畫像石》第九"白虎畫像"，山東美術出版社，2000，第 6 頁。

四十六　晉征南將軍荆州刺史胡奮碑考

　　江水又東逕魯山南，古翼際山也。《地説》曰：漢與江合于衡北翼際山旁者也。山上有吳江夏太守陸涣所治城，蓋取二水之名。《地理志》曰：夏水過郡入江，故曰江夏也。舊治安陸，漢高帝六年置。吳乃徙此城，中有晉征南將軍荆州刺史胡奮碑。①

　　此處爲祠廟頌德碑，碑石及文皆已佚，亦無拓本傳世。酈注言此碑立於時江夏郡魯山（翼際山）江夏城内，名爲"晉征南將軍荆州刺史胡奮碑"，而碑之年代、碑文及立碑緣由則未提及，當非爲道元所親見。

　　江夏郡，漢高帝六年（前201）置，郡治安陸（今湖北孝感安陸市北），因江水、夏水於此郡相合而得名；東漢時郡治西陵（今湖北武漢新洲區）；三國吳江夏郡初治沙羡（今湖北武漢江夏區金口），陸涣修建江夏城後移至於此。即今湖北武漢。

　　魯山，古稱翼際山，《尚書·禹貢》謂之大别山，三國時魯肅卒後葬於此山，故又改稱魯山②，漢水（古稱夏水）於此山北側匯入長江，故酈注引《地説》曰："漢與江合於衡北翼際山旁者也"，即今湖北武漢漢陽區龜山。東漢建安年間，魯山屬荆州江夏郡。據《三國志·蜀書·諸葛亮傳》："會黃祖死，（劉琦）得出，遂爲江夏太守。"③劉琦鎮江夏，於魯山之南修建城池以爲江夏郡治，與孫吳所修之夏口城隔江相望。三國鼎立之初，荆州歸吳國，據酈注吳江夏太守陸涣在劉琦所修江夏城基礎上，於魯山上修建魯城。然陸涣修城之事，史書無載，陸涣任江夏太守之時亦不可考。酈注言魯城中有晉征南將軍荆州刺史胡奮碑。

---

① 《水經注校證》卷三五《江水注》"又東北至江夏沙羡縣西北，沔水從北來注之"條，第804頁。
② （唐）李吉甫撰、賀次君點校《元和郡縣圖志》卷二七"江南道沔州漢陽縣"條言"魯山，一名大别山，在縣東北一百步。其山前枕蜀江，北帶漢水，山上有吳將魯肅神祠。"中華書局，1983，第648頁。
③ （西晉）陳壽撰、（劉宋）裴松之注《三國志·蜀書·諸葛亮傳》，中華書局，1982，第914頁。

胡奮，字玄威，安定臨涇人，魏車騎將軍陰密侯遵之子也，其事見《晉書·胡奮傳》。奮性開朗，有籌略，少好武事。以功累遷征南將軍、假節、都督荆州諸軍事，遷護軍，加散騎常侍。奮家世將門，晚乃好學，有刀筆之用，所在有聲績，居邊特有威惠。泰始末，其女入選後宮爲貴人，奮乃甚見寵待。太康中，遷左僕射，加鎮東大將軍、開府儀同三司。太康九年（288）二月卒於官，贈車騎將軍，諡曰壯[1]。酈注言此碑名爲"晉征南將軍荆州刺史胡奮碑"，非胡奮卒時所任之位，故當非胡奮卒後之墓碑。奮於晉武帝泰始年間，隨驍騎路蕃討伐匈奴中部帥劉猛，因功而任征南將軍、假節、都督荆州諸軍事。西晉時荆州州治爲江夏城，故胡奮當駐軍於魯山。另據楊守敬《水經注疏》此條案曰："《輿地紀勝》：'漢陽軍，胡公祠，有《晉征南將軍胡奮碑》。考晉武伐吳，奮出夏口，則其蹤跡嘗至此。今碑立，祠亦廢。'"[2] 可知此碑當爲江夏城之官吏於魯山爲胡奮建祠立碑，碑文當載胡奮征劉猛之亂、鎮守荆州事，然其碑文酈注未載。

此碑酈注外，歐、趙、洪諸家皆未著錄，唯《元和郡縣志》、《太平寰宇記》均載有《晉征南將軍胡奮碑》，云在魯山城內，可知宋時尚存，然後世未傳，未知亡於何時。

四十七　晉顧颺廟碑考

四十八　晉范寧廟碑考

四十九　漢陳渾廟碑考

漸江又東逕餘杭故縣南、新縣北，秦始皇南遊會稽，途出是地，因立爲縣，王莽之淮睦也。漢末陳渾移築南城，縣後溪南大塘，即渾立以防水也。縣南有三碑，是顧颺、范寧等碑。[3]

此三處石刻皆位於餘杭故縣南（今杭州市餘杭區），碑文未存，現皆已佚。

---

[1]　《晉書》卷五七《胡奮傳》，中華書局，1974，第 1556～1557 頁。
[2]　《水經注疏》下册，卷三五《江水注》，江蘇古籍出版社，1989，第 2896 頁。
[3]　《水經注校證》卷四〇《漸江水注》"北過餘杭，東入于海"條，第 937 頁。

漸江，《說文解字》謂之"漸水"，曰"出丹陽黟南蠻中，東入海"①，《山海經》則謂之"浙江"②，"漸"字當爲"浙"字之誤。此水即爲今之流經安徽省、浙江省境內新安江以及其下游錢塘江。餘杭故縣，據《史記·秦始皇本紀》裴駰《集解》引顧夷曰："秦始皇至會稽經此，立爲縣。"③ 可知秦時所立，屬會稽郡，漢因；東漢屬吳郡；吳屬吳興郡，晉、宋、齊、梁因。其故城位於今浙江杭州餘杭區。

酈道元於此處言餘杭縣南時有三碑，其中明確記載有顧颺、范寧二碑。顧颺，東晉初時人，《晉書》無本傳，其事略見於《晉書·明帝紀》、《晉書·王舒傳》、《晉書·郭文傳》及《北堂書鈔》。其中《晉書·郭文傳》記載較爲詳細："郭文，字文舉……洛陽陷，乃步擔入吳興餘杭大辟山中窮谷無人之地，倚木於樹，苫覆其上而居焉……餘杭令顧颺與葛洪共造之，而攜與俱歸。颺以文山行或須皮衣，贈以韋袴褶一具，文不納，辭歸山中。颺追遣使者置衣室中而去，文亦無言，韋衣乃至爛於戶內，竟不服用。"④ 由此可知，郭文爲東晉初年隱逸名士，由此可知，顧颺東晉初曾爲餘杭令，極爲敬重隱逸士人。此事亦見《北堂書鈔》："《晉中興書》云，郭文舉避亂上餘杭大辟山，縣令顧颺親近文舉，歸贈一無所受，颺以文舉山行或須皮衣與韋袴褶一具，文舉不納。"⑤《晉中興書》爲劉宋時人何法盛所作，此書唐以後亡佚，所載郭文故事與《晉書》基本一致。另據《晉書·明帝紀》及《晉書·王舒傳》可知顧颺後任護軍參軍，蘇峻作逆，王舒移告諸郡，顧颺起義軍以應之⑥。東晉明帝太寧二年（325）十二月，顧颺反於武康，攻燒城邑，被州縣討斬之。

范寧，東晉時人，事見《晉書·范汪傳附子寧傳》。寧字武子，爲徐兗兩州刺史范汪之幼子，范曄之祖父。少篤學，多所覽通。爲時之權臣桓溫所抑，終溫之世，寧兄弟無在列位者。桓溫卒後，始出任餘杭令。寧在

---

① （漢）許慎撰、（清）段玉裁注《說文解字注》第十一，上海古籍出版社，1981，第531頁。
② （東晉）郭璞注、袁珂校注《山海經校注》卷一三《海內東經》："浙江出三天子都，在其東。"上海古籍出版社，1980，第332頁。
③ （漢）司馬遷撰、（劉宋）裴駰集解：《史記集解》卷六《秦始皇本紀》，中華書局，1959，第261頁。
④ 《晉書》卷九四《隱逸傳·郭文傳》，中華書局，1974，第2440頁。
⑤ （唐）虞世南編撰《北堂書鈔》卷一二九"衣冠部下袴褶"條，中國書店，1989，第509頁。
⑥ 《晉書》卷七六《王舒傳》，中華書局，1974，第2000頁。

任期間，興學校，養生徒，潔已修禮，志行之士莫不宗之。期年之後，風化大行，自晉室南遷中興以來，崇學敦教，未有如寧者。寧任餘杭令，後遷臨淮太守，封陽遂鄉侯，徵拜中書侍郎。晚年家於丹陽，猶勤經學，終年不輟，年六十三，卒於家。而酈注所言餘杭范寧碑，當爲餘杭百姓感念寧任餘杭令期間崇學勸教之功德，立碑以頌其德也。另據《晉書·范汪傳》，時孝武帝雅好文學，范寧因在郡弘揚教化、博學多才，而爲帝所寵愛，由此可知范寧爲余杭令，當在東晉孝武帝太元年間。

除以上二碑左近，還有一碑，酈氏未明確碑主，唯言"漢末陳渾移築南城，縣後溪南大塘，即渾立以防水也"。王象之《輿地紀勝》卷二"兩浙西路臨安府官吏下"條："陳渾，後漢熹平間爲餘杭令，百姓立祠，號太平靈衛王廟。"① 可知陳渾於東漢桓帝熹平年間（172～178）爲餘杭令，興修水利，造福當地，故百姓爲之建祠立碑以頌揚，則所餘一碑，或爲陳渾碑也。故酈注所載"是顧颺、范寧等碑"後當遺漏"陳渾"二字。陳渾，史書無傳，其事跡主要見於宋《咸淳臨安志》卷三四"山川志·餘杭·南下湖"條云："按《輿地志》，後漢熹平二年，縣令陳渾修隄防，開湖灌溉縣境公私田一千餘頃，所利七千餘戶，歲久塘圮。"② 其卷五一"秩官志·縣令·餘杭縣"條又載："陳渾，東漢熹平間爲令，嘗徙置縣治築南湖塘，鑿石門以御水患，百姓爲之立祠，今太平靈衛王是也。"③ 兩處記載了陳渾在任縣令其間，興修水利，灌溉農田，防御水患，故當地百姓感念其恩德，建祠廟立碑以記之，後世號爲"太平靈衛王廟"。

《咸淳臨安志》卷七四"太平靈衛"條載有《扈大亮靈衛王廟碑記》："熙寧癸丑，餘杭令扈大亮撰。王自東漢熹平間嘗宰是邑，百姓爲之立祠，後唐長興中封太平靈衛王，蓋餘杭爲大溪橫截而眾山之水合流其中，每遇霪雨，天目之源一決則湍悍奔溢，勢不可御，邑人患之。王以溪南大野其地污下足以儲水，於是築塘環繞凡三十餘里，號曰南湖。即湖之西北鑿石門以通大溪鐘洩其水，遂亡墊溺之患。而又徙置縣治葺城池造舟梁置堰開

---

① （南宋）王象之撰、李勇先校點《輿地紀勝》卷二"臨安府官吏下"條，中華書局，1992，第125頁。
② （宋）潛說友原纂修、（清）汪遠孫校補《浙江省咸淳臨安志》卷三四"南下湖"條，收于《宋元地方志叢書》第七冊，中國地志研究會，1978，第4074頁。
③ （宋）潛說友原纂修、（清）汪遠孫校補《浙江省咸淳臨安志》卷五一"餘杭縣"條，收于《宋元地方志叢書》第七冊，中國地志研究會，1978，第4265頁。

濠,至今賴其賜。吏民有禱於廟,無不響應。治平末,縣令齊君新其廟貌,大然無以紀其實,大亮書此于石以久其傳焉。"① 碑文詳細記載了陳渾在餘杭修建水利過程,並言當地百姓世代祭之不忘,至後唐長興中被封爲"太平靈衛王",至宋仁宗治平末年(1067)餘杭令齊君重修太平靈衛王廟,其後熙寧時繼任餘杭令扈大亮又立廟碑以記之。可見是廟宋元明清以來長祀不絕,古之民眾渴望清廉有爲官吏之情乃至於此,甚爲可歎。然餘杭此三碑,早已亡佚,宋人均無拓本著錄,其碑文、所立年代皆不可知。

---

① (宋)潛説友纂修、(清)汪遠孫校補《咸淳臨安志》卷七四"太平靈衛王廟"條,收于《宋元地方志叢書》第七册,中國地方志研究會,1978,第4560頁。

第三章　城邑古蹟類石刻

一　漢洛陽開陽門銘考

穀水又東逕開陽門南，《晉宮閣名》曰：故建陽門也。《漢官》曰：開陽門始成，未有名宿，昔有一柱來，在樓上。琅琊開陽縣上言：縣南城門，一柱飛去。光武皇帝使來，識視良是，遂堅縛之，因刻記年、月、日以名焉。①

此處爲城門石柱銘刻，銘石及文皆已不存。酈注引《晉宮閣名》、《漢官儀》以闡釋洛陽"開陽門"名之由來：此門始成，琅琊開陽縣南城門一柱飛至此城樓上，遂堅縛之並刻以年、月、日於柱上，並命是門爲"開陽門"，此即"開陽城門銘"。此銘非道元所親見，當據於《漢官儀》之言，其事亦或爲民間傳聞，不可信。

開陽門，爲漢魏洛陽故城十二門之一②，酈注引《晉宮閣名》，以此門爲故建陽門也，可知此門晉時曾一度改稱建陽門，然此門名未見之於史冊。《晉宮閣名》爲東晉無名氏所作，後世無傳。《晉書·地理志》言："（洛陽城）東有建春、東陽、清明三門，南有開陽、平昌、宣陽、建陽四門，西有廣陽、西明、閶闔三門，北有大夏、廣莫二門。"③則洛陽城晉時即有開陽門，亦有建陽門，兩者非爲一門，可知《晉宮閣名》所言或有誤。而酈注所引《漢官儀》之言，亦見於《後漢書·秦彭傳》、《後漢

---

① 《水經注校證》卷一六《穀水注》"又東過河南縣北，東南入于洛"條，第401頁。
② （劉宋）范曄撰、（唐）李賢等注《後漢書》"志二七"《百官志·城門校尉條》："本注曰：雒陽城十二門，其正南一門曰平城門，北宮門屬衛尉。其餘上西門、雍門、廣陽門、津門、小苑門、開陽門、秏門、中東門、上東門、穀門、夏門，凡十二門。"中華書局，1965，第3609頁。
③ 《晉書》卷一四《地理志上》"司州"條，中華書局，1974，第415頁。

書‧百官志》，其言略有出入①，然皆言此銘爲光武敕令刻於開陽城門樓一石柱上，其文記時之年月。楊衒之《洛陽伽藍記》於《序言》詳細記載了北魏時洛陽城門之規制："洛陽城門，依魏、晉舊名"②，其中東面有三門：北頭第一門曰建春門，次南曰東陽門，次南曰青陽門；南面有三門，東頭第一門曰開陽門，次西曰平昌門，次西曰宣陽門；西面有四門，南頭第一門曰西明門，次北曰西陽門，次北曰閶闔門，次北曰承明門；北面有二門。西頭曰大夏門，東頭曰廣莫門，共十二門。其城門多依照漢魏之舊制，唯城門之名多有改變，其中唯城西之"承明門"爲孝文帝時新建外③，其餘皆爲漢洛陽城之舊門，此十二門酈注於是卷亦皆有著録。其中開陽門爲洛陽城南三門之一，《洛陽伽藍記》亦引《漢官儀》之說以釋其名之緣來，並言"自魏及晉，因而不改，高祖亦然"④。可知至北魏時東漢初光武所建開陽城門尚存，其名不改。而據《洛陽伽藍記》所言"洛陽城門樓皆兩重，去地百尺"，則開陽城門樓亦如此例，第二重之城樓立有石柱，其一即刻有此銘。嚴可均《全後漢文》卷五〇載有東漢李尤所作《門銘》、《城門銘》，並録有東漢洛陽城上東門銘、中東門銘、旌門銘、開陽門銘、平城門銘、津城門銘、廣陽門銘、雍城門銘、上西門銘、夏城門銘等十門之銘文，其中即有《開陽門銘》，其文曰："開陽在孟，位月惟巳。清門冠節，太陽進起。"⑤此爲李尤所作，非《漢官儀》所言光武之銘。

此銘酈注外，歐、趙、洪諸家皆未有著録，當早已亡佚。今河南洛陽城東郊、孟津縣及偃師等地存漢魏洛陽故城遺址，爲全國重點文物保護單

---

① （劉宋）范曄撰、（唐）李賢等注《後漢書》卷七六《循吏列傳‧秦彭傳》李賢注引應劭《漢官儀》云："開陽門始成，未有名，夜有一柱來止樓上。琅邪開陽縣上言南門一柱飛去，因以名門也。"《後漢書‧百官志四》"小苑門，開陽門"，李賢注引應劭《漢官》曰："開陽門始成未有名，宿昔有一柱來在樓上，琅邪開陽縣上言，縣南城門一柱飛去。光武皇帝使來識視，悵然，遂堅縛之，刻記其年月，因以名焉。"中華書局，1965，第2467、3611頁。

② （北魏）楊衒之撰、范祥雍校注《洛陽伽藍記校注》卷首《序言》，上海古籍出版社，1978，第2頁。

③ （北魏）楊衒之撰、范祥雍校注《洛陽伽藍記校注》卷首《序言》："次北曰承明門。承明者，高祖所立，當金墉前東西大道。遷京之始，宮闕未就，高祖住在金墉城。城西有王南寺，高祖數詣寺。沙門論議。故通此門，而未有名，世人謂之新門。"上海古籍出版社，1978，第4頁。

④ （北魏）楊衒之撰、范祥雍校注《洛陽伽藍記校注》卷首《序言》，上海古籍出版社，1978，第3頁。

⑤ （清）嚴可均輯《全後漢文》卷五〇李尤《開陽門銘》，中華書局，1958，第748頁。

位。1962年至今中國科學院考古研究所工作人員陸續對漢魏洛陽故城遺址進行考古發掘，1985年於孟津縣平樂鎮金村發掘北魏洛陽故城建春門遺址[1]，2001年11月又發掘北魏洛陽故城閶闔門遺址[2]，相信隨著發掘工作的進展，開陽門遺址亦有望呈現在世人面前[3]。

二　漢三王城碑考

又東南流而右會富水，水出竟陵郡新市縣東北大陽山。水有二源，大富水出山之陽，南流而左合小富水，水出山之東，而南逕三王城東。前漢末，王匡、王鳳、王常所屯，故謂之三王城。城中有故碑，文字闕落，不可復識。[4]

此處爲城邑類石刻，碑石及文皆已亡佚，酈注言有故碑立于三王城中，時碑存，然碑文已文字闕落，不可復識。

三王城，酈注言富水（今湖北富水河）出竟陵郡新市縣東北大陽山之東，而南逕三王城東，西漢末，王匡、王鳳、王常屯於此，故謂之"三王城"。新市縣，西漢初置縣，屬江夏郡，北魏時屬竟陵郡，其故城位於今湖北荆門京山縣新市鎮，漢之三王城時即爲此縣所屬。

據《後漢書·劉玄傳》，新莽天鳳四年（17），時南方饑饉，人庶群入野澤，掘鳧茈而食，更相侵奪。新市人王匡、王鳳帥眾數百人起義，馬武、王常、成丹等往從之，共攻離鄉聚，藏於綠林中，數月間至七八千人，史稱"綠林起義"。新莽地皇二年（21），荆州牧發二萬人攻之，匡等相率迎擊於雲杜，大破牧軍，殺數千人，盡獲輜重，後遂攻拔竟陵。轉擊雲杜、安陸，多略婦女，還入綠林中，至有五萬餘口，州郡不能制。"三王"者，即竟陵新市之王匡、王鳳與潁川舞陽之王常。王匡、王鳳，《後漢書》無傳。王常，字顏卿，潁川舞陽人也，《後漢書》有傳。常於新莽

---

[1] 中國社會科學院考古研究所洛陽漢魏故城隊：《漢魏洛陽城北魏建春門遺址的發掘》，《考古》1988年第9期，第52頁。
[2] 中國社會科學院考古研究所洛陽漢魏故城隊：《河南洛陽漢魏故城北魏宮城閶闔門遺址》，《考古》2003年第7期，第46頁。
[3] 王鐸：《北魏洛陽規劃及其城史地位》，《華中建築》1992年第10期，第48頁。
[4] 《水經注校證》卷三一《溳水注》"又南過江夏安陸縣西"條，第735頁。

末，爲弟報仇，亡命江夏。久之，與王鳳、王匡等起兵雲杜綠林中，聚眾數萬人，三人初屯兵於新市之綠林山，並於此築城，即酈注所言之三王城。

地皇三年（22），綠林發生大疾疫，死者且半，三王乃各分散引去。王常、成丹西入南郡，號下江兵；王匡、王鳳、馬武等北入南陽，號新市兵，皆自稱將軍。地皇四年二月辛巳，更始帝劉玄即位，大赦天下，建元更始元年（23），悉拜置諸將，以族父良爲國三老、王匡爲定國上公、王鳳成國上公、王常爲廷尉大將軍，封知命侯。二年，封匡爲比陽王，鳳爲宜城王，"以常爲廷尉、大將軍，封知命侯"，後"更始西都長安，以常行南陽太守事，令專命誅賞，封爲鄧王，食八縣，賜姓劉氏"①。更始敗，匡迎降赤眉於高陵。光武建武二年（26）夏，王常將妻子詣洛陽，肉袒自歸，光武見常甚歡，拜爲左曹，封山桑侯，又遷漢忠將軍。建武七年，拜常爲橫野大將軍，位次與諸將絕席。建武十二年，王常薨於屯所，諡曰節侯。王匡、王鳳兩人，於建武元年更始政權敗亡後，轉投光武帝劉秀尚書宗廣部，後爲宗廣所害②。"三王"惟王常以榮顯壽考終。

酈道元於"三王城"內所見之故碑，時碑文已湮沒不清，其碑當爲東漢時所立，碑文當載三王之事及此城之淵源。此碑酈注外，歐、趙、洪諸家皆未著錄，王象之《輿地碑記目》據酈注載有《三王城古碑》，言"在當陽縣之綠林山，漢王匡、王鳳、王常之所屯，故曰三王城。城中有故碑，文字缺落"③，《太平寰宇記》卷一四三"山南東道均州武當縣"條亦載有"三王城"，言"前漢末，王匡、王鳳、王常所築，各一城，今號三王城"④，此或爲後人之牽強附會，不可信。《讀史方輿紀要》卷七七言："三王城，《寰宇記》：在縣北九十里大陽山之麓。王莽時，王匡、王鳳、

---

① （劉宋）范曄撰、（唐）李賢等注《後漢書》卷一五《王常傳》，中華書局，1965，第579頁。
② （劉宋）范曄撰、（唐）李賢等注《後漢書》卷一六《鄧禹傳》："（建武元年）更始諸將王匡、胡殷等皆詣廣降，與共東歸。至安邑，道欲亡，廣悉斬之。"中華書局，1965，第604頁。
③ （南宋）王象之撰《輿地碑記目》，卷三《荊門軍碑記》，見《歷代碑誌叢書》第二冊，江蘇古籍出版社，1998，第30頁。
④ （宋）樂史撰、王文楚等點校《太平寰宇記》卷一四三"山南東道均州武當縣"條，中華書局，2007，第2781頁。

王常屯兵於此而名。"① 然皆未言此碑，當早已不存。清易本烺《京山金石志》、張仲炘《湖北金石志》卷二皆亦載有《三王城故碑》，言城碑久亡，僅存其目。

今湖北荆門京山縣城北三陽鎮三王城村尚存三王城遺址"三王臺"，其爲三座呈"品"字形矩形巨大土臺，依丘崗而建，其中有一大堰，名"擂鼓堰"，爲湖北省重點文物保護單位。

三　林邑古碑考

隱山繞東逕區粟故城南。考古志並無區粟之名。應劭《地理風俗記》曰：日南，故秦象郡。漢武帝元鼎六年開日南郡，治西捲縣。《林邑記》曰：城去林邑步道四百餘里。《交州外域記》曰：從日南郡南，去到林邑國，四百餘里。準逕相符，然則城故西捲縣也。《地理志》曰：水入海，有竹可爲杖。王莽更之曰日南亭……元嘉二十年，以林邑頑凶，歷代難化，恃遠負衆，慢威背德。北寶既臻，南金闕貢，乃命偏將與龍驤將軍交州刺史檀和之陳兵日南，修文服遠。二十三年，揚旌從四會浦口入郞湖。軍次區粟，進逼圍城，以飛梯雲橋，懸樓登壘，鉦鼓大作，虎士電怒，風烈火揚，城摧衆陷。斬區粟王范扶龍首，十五以上，坑截無赦，樓閣雨血，填尸成觀……《林邑記》曰：義熙九年，交趾太守杜慧期造九真水口，與林邑王范胡達戰，擒斬胡達二子，虜獲百餘人，胡達遁……浦西即林邑都也。治典沖，去海岸四十里，處荒流之徼表，國越裳之疆南，秦、漢象郡之象林縣也。東濱滄海，西際徐狼，南接扶南，北連九德。後去象林，復林邑之號，建國起自漢末，初平之亂，人懷異心，象林功曹姓區，有子名逵，攻其縣殺令，自號爲王。值世亂離，林邑遂立。後乃襲代，傳位子孫，三國鼎爭，未有所附。吳有交土，與之鄰接，進侵壽泠，以爲疆界。自區逵以後，國無文史，失其篡代，世數難詳，宗胤滅絕，無復種裔。外孫范熊代立，人情樂推。後熊死，子逸立。有范文，日南西捲縣夷帥范稚奴也……稚嘗使文遠行商賈，北到上國，多所聞見，

---

① （清）顧祖禹輯著《讀史方輿紀要》卷七七"湖廣三安陸府京山縣"條，上海書店出版社，1998，第518頁。

以晉愍帝建興中，南至林邑，教王范逸製造城池，繕治戎甲，經始廓略。王愛信之，使爲將帥，能得眾心。文譖王諸子，或徙或奔，王乃獨立，成帝咸和六年死，無胤嗣。文迎王子于外國，海行取水，置毒椰子中，飲而殺之。遂脅國人，自立爲王。取前王妻妾置高樓上，有從己者，取而納之，不從己者，絕其飲食而死。《江東舊事》云：范文本揚州人，少被掠爲奴，賣墮交州，年十五六，遇罪當得杖，畏怖因逃，隨林邑賈人渡海遠去，沒入于王，大被幸愛。經十餘年，王死，文害王二子，詐殺侯將，自立爲王，威加諸國⋯⋯建元二年，攻日南、九德、九真，百姓奔迸，千里無煙，乃還林邑。林邑西去廣州二千五百里，城西南角，高山長嶺，連接天鄣，嶺北接澗，大源淮水出郁郁遠界，三重長洲，隱山繞西，衛北迴東，其嶺南開澗；小源淮水出松根界，上山鑿流，隱山繞南，曲街迴東，合淮流以注典沖。其城西南際山，東北瞰水，重塹流浦，周繞城下，東南塹外，因傍薄城，東西橫長，南北縱狹，北邊西端，迴折曲入。城周圍八里一百步，甄城二丈，上起甄牆一丈，開方隙孔，甄上倚板，板上層閣，閣上架屋，屋上構樓，高者六七丈，下者四五丈。飛觀鴟尾，迎風拂雲，緣山瞰水，騫耆嵳崿。但製造壯拙，稽古夷俗。城開四門，東爲前門，當兩淮渚濱，于曲路有古碑，夷書銘讚前王胡達之德。①

此處爲城邑類石刻，碑石及文皆已不存。酈注言此碑立於林邑城東前門外曲路之側，其上以夷書銘讚前王胡達之德，然未載其碑文，故此碑所立年代、立碑之人、形制皆不可考。此碑當爲酈注據他文而引之，非爲道元所親見。林邑城爲境外之地，《水經注》徵引石刻文獻中有三處涉及域外石刻，此爲其一，另二處爲卷一《河水注》"屈從其東南流，入於渤海"條所載《阿育王大塔石柱銘》、《泥犁城石柱銘》。此兩銘位於古天竺"巴達弗邑"，即今印度比哈爾邦首府巴特那，以梵文書刻石柱銘文。林邑之史，文獻足徵者甚少，其存於我國文獻者，轉較詳贍。

林邑，古國名，爲"象林之邑"簡稱，秦時稱林邑，後改爲象郡之象林縣，兩漢屬日南郡，其方位大致位於今越南中部一帶。據酈注記載，漢末獻帝初平三年（192）"象林功曹姓區，有子名逵，攻其縣，殺令，自號

---

① 《水經注校證》卷三六《溫水注》"東北入于鬱"條，第833~838頁。

爲王。值世亂離，林邑遂立，後乃襲代，傳位子孫"。區逵立國初稱"林邑"，唐中期改稱"環王"，五代改稱"占城"（Champa、占婆），清康熙三十六年（1697），越南阮氏王朝滅占城，共立國1505年、十五朝①。林邑古國建國之事，主要記載於《後漢書·南蠻西南夷傳》、《晉書·四夷傳·南蠻傳附林邑傳》、《梁書·林邑傳》、《南史·南海諸國傳》等傳世文獻及法國學者喬治·馬司帛洛（G. Coedes，或譯爲馬思伯樂）所著《占婆史》②，陶維英《越南古代史》等近世文獻③，《水經注》於此引《林邑記》《地理風俗記》《交州外域記》《江東舊事》諸書，皆足以補諸史四夷傳之闕，此亦酈注一大功也。

據《後漢書·南蠻西南夷傳》、《晉書·四夷傳·南蠻傳附林邑傳》記載，林邑本爲馬援鑄柱之處。東漢建武十七年（41），交阯女子徵側及女弟徵貳反，攻沒交阯郡，九真、日南、合浦蠻夷皆應之，寇略嶺外六十餘城，徵側自立爲王。光武遂拜援爲伏波將軍，以扶樂侯劉隆爲副，督樓船將軍段志等南擊交阯，建武十八年正月，援斬徵側、徵貳，並傳首於洛陽，帝遂封援爲新息侯，食邑三千戶。後馬援又率樓船大小二千餘艘，戰士二萬餘人，進擊九真賊徵側餘黨都羊等，自無功至居風，斬獲五千餘人，交阯悉平。李賢注於此引《廣州記》曰："援到交阯，立銅柱，爲漢之極界也。"④ 此即爲馬援所立銅柱以勘定漢之南疆也。此事亦見於《水經注》卷三六《溫水注》引《林邑記》曰："建武十九年，馬援樹兩銅柱于象林南界，與西屠國分，漢之南疆也。土人以其流寓，號曰馬流，世稱漢子孫也。"⑤ 據《新唐書·南蠻傳下》："其南大浦，有五銅柱，山形若倚

---

① （清）張廷玉等撰《明史》卷三二四《外國列傳五·占城傳》："占城居南海中，自瓊州航海順風一晝夜可至，自福州西南行十晝夜可至，即周越裳地。秦爲林邑，漢爲象林縣。後漢末，區連據其地，始稱林邑王。自晉至隋仍之。唐時，或稱占不勞，或稱占婆，其王所居曰占城。至德後，改國號曰環。迄周、宋，遂以占城爲號，朝貢不替。"中華書局，1974，第8384頁。
② 〔法〕喬治·馬司帛洛著、馮承鈞譯《占婆史》第三章"林邑"，中華書局，1956，第31頁。
③ 〔越南〕陶維英著，劉統文、子錢譯《越南古代史》第五章"占城國的淵源"，商務印書館，1976，第496~518頁。
④ （劉宋）范曄撰、（唐）李賢等注《後漢書》卷二四《馬援傳》，中華書局，1965，第839頁。
⑤ 《水經注校證》卷三六《溫水注》"東北入于鬱"條，第841頁。

蓋，西重巖，東涯海，漢馬援所植也。"① 可知此馬援所立爲五銅柱，至宋時尚存。然東漢時期，象林之蠻夷屢次叛亂，據《後漢書·南蠻西南夷列傳》，和帝永元十二年（100）、順帝永和二年（137）、建康元年（144）、桓帝永壽三年（157）皆有象林蠻夷聯合日南、九真蠻族發動叛亂，攻殺縣守、寇掠百姓、焚燒官寺，然皆以失敗而告終。其中順帝永和二年，"日南、象林徼外蠻夷區憐等數千人攻象林縣，燒城寺，殺長吏……（帝）拜祝良爲九真太守，張喬爲交趾刺史。喬至，開示慰誘，並皆降散。良到九真，單車入賊中，設方略，招以威信，降者數萬人，皆爲良築起府寺。由是嶺外復平"②。其叛亂之首區憐雖因漢廷之懷柔政策暫時屈服，然至漢末初平年間（190～193），區憐後人趁中原戰亂，漢廷即將覆亡之機，遂殺象林縣令而自立爲王，建立林邑國。此事見《晉書·四夷傳·南蠻傳附林邑傳》："後漢末縣功曹姓區，有子曰連，殺令自立爲王，子孫相承。其後王無嗣，外孫范熊代立。熊死子逸立。"③ 另《梁書·林邑傳》④，《南史·南海諸國傳》⑤，以及《水經注》是卷皆記載林邑國建立之事，其言略同。

關於林邑國建立時間，歷代有多種說法，其中主要有"初平三年（192）"、"永和二年（137）"兩種說法，國內外學界多從"初平三年"之說，如法國學者喬治·馬司帛洛《占婆史》、英國學者哈利遜（Harrison）《東南亞史》⑥、前蘇聯傑奧皮克、康拉德、日人和田久德，今人桂光華等⑦，而"永和二年"之說唯越南陶維英《越南古代史》⑧。據《後漢書·南蠻西南夷傳》，永和二年區憐之亂後以失敗而告終，未言建立林邑國之說，故本文亦從"初平三年"之說。林邑之立國者區逵，喬治·馬司帛洛《占

---

① （宋）歐陽修、宋祁撰《新唐書》卷二二二《南蠻傳下·環王傳》，中華書局，1975，第6297頁。
② （劉宋）范曄撰、（唐）李賢等注《後漢書》卷八六《南蠻傳序》，中華書局，1965，第2837～2839頁。
③ 《晉書》卷九七《四夷傳·南蠻傳附林邑傳》，中華書局，1974，第2545頁。
④ （唐）姚思廉撰《梁書》卷五四《海諸夷傳·林邑國傳》："漢末大亂，功曹區達，殺縣令自立爲王，傳數世，其後王無嗣，立外甥范熊。"中華書局，1973，第784頁。
⑤ （唐）李延壽撰《南史》卷七八《海南諸國傳·林邑國傳》："漢末大亂，功曹區連殺縣令，自立爲王，數世，其後王無嗣，外甥范熊代立。"中華書局，1975，第1948頁。
⑥ 〔英〕P. G. E. 霍爾著、中山大學東南亞歷史研究所譯《劍橋東南亞史》第二章 "東南亞的歷史"，商務印書館，1982，第51頁。
⑦ 桂光華：《關於占婆建國時間的兩種看法淺析》，《東南亞縱橫》1984年第2期，第114頁。
⑧ （越南）陶維英著、劉統文等譯《越南古代史》第五章 "占城國的淵源、林邑國的成立"，商務印書館，1976，第496頁。

婆史》曰:"前引之最古碑文(靖化省 Vo — Can 碑),吾人已言:'爲紀元三世紀時物,或亦可上溯至二世紀',建碑之王,自稱爲釋利摩羅王之裔。此釋利摩羅王,與建立占國之區逵,似爲一人。設此說不誤,此'日南象林徼外蠻夷'蓋可知矣。"① 喬治·馬司帛洛所引越南靖化省"Vo — Can 碑"即今越南所存最古之碑:靖化省"釋利摩羅王碑",釋利摩羅(Crimara),即《水經注》所稱區逵,爲林邑國開國君主,依《晉書》等史書記載,區逵卒而無子,立外孫范熊爲王,熊死子范逸立,即林邑國第一王朝。是國之風俗,《晉書·四夷傳·南蠻傳附林邑傳》描述甚詳:"其俗皆開北戶以向日,至於居止,或東西無定。人性凶悍,果於戰鬥,便山習水,不閑平地。四時暄暖,無霜無雪,人皆倮露徒跣,以黑色爲美。貴女賤男,同姓爲婚,婦先娉婿。女嫁之時,著迦盤衣,橫幅合縫如井欄,首戴寶花。居喪翦鬢謂之孝,燔屍中野謂之葬。其王服天冠,被纓絡,每聽政,子弟侍臣皆不得近之。"②

　　林邑建國以來,酈注言"自區逵以後,國無文史,失其篡代,世數難詳,宗胤滅絶,無復種裔。外孫范熊代立,人情樂推。後熊死,子逸立"。咸康二年,范逸死,奴文篡位。此林邑王"范文"者,《晉書》言"日南西捲縣夷帥范稚奴",酈注亦録《晉書》之言,並引《江東舊事》言范文本揚州人,可知其爲漢人。范文於晉湣帝建興中(313~316),南至林邑,教林邑王范逸製造城池、繕治戎甲、經始廓略,王愛信之。范文遂讒王之諸子。後至東晉成帝咸和六年(331),林邑王范逸死,范文代立爲王,遂爲林邑國第三王朝。據《晉書》所載,晉穆帝永和四年(348)文死,子佛嗣,穆帝升平末,佛死,子胡達立,此爲第六代林邑王也,即酈注此處所載林邑城東前門外曲路之側古碑所讚之前王胡達也。故此碑亦當立于東晉穆帝升平末後,當在孝武帝之時。自范文建立第二王朝後,自永和三年至義熙九年(347~413)范文、范佛、范胡達三代相繼與東晉王朝之間發生數次戰爭③,

---

① 〔法〕喬治·馬司帛洛著、馮承鈞譯《占婆史》第二章"起源"之"釋利摩羅之後裔",中華書局,1956,第24頁。
② 《晉書》卷九七《四夷傳·南蠻傳附林邑傳》,中華書局,1974,第2545頁。
③ 《晉書》卷八《孝宗穆帝紀》:"(永和三年)林邑范文攻陷日南,害太守夏侯覽,以屍祭天……(永和九年)交州刺史阮敷討林邑范佛於日南,破其五十餘壘",又卷一〇《安帝紀》:"(安帝隆安三年)林邑范胡達陷日南、九真,遂寇交阯,太守杜瑗討破之……(安帝義熙九年)林邑范胡達寇九真,交州刺史杜慧度斬之。"中華書局,1974,第193頁。

其中范胡達爲交州刺史杜慧度斬殺。然《梁書·林邑傳》則言："（安帝隆安）九年，須達復寇九眞，行郡事杜慧期與戰，斬其息交龍王甄知及其將范健等，生俘須達息冉能，及虜獲百餘人。"①酈注亦引《林邑記》曰："義熙九年，交趾太守杜慧期造九眞水口，與林邑王范胡達戰，擒斬胡達二子，虜獲百餘人，胡達遁。"則《梁書》與酈注所載相同，《梁書》、《林邑記》所言之"交趾太守杜慧期"，即《晉書》所言"杜慧度"，《晉書》所言或有誤。杜慧期嗣其父杜瑗爲交州刺史，《宋書》有傳。死於此役者，僅胡達之二子，胡達實敗退而遁逃。

林邑城，爲林邑國早期都城所在（唐宋時遷都至新州，今越南平定省茶盤遺址），原爲漢日南郡象林縣治，漢末林邑建國後以此爲都，改稱"典沖"，梵語稱 Simhapura（僧伽補羅），即獅子之城，後稱"林邑浦"、"大占海口"，即今越南峴港省會安市茶蕎，酈注言此城"西去廣州二千五百里"，"其城西南際山"，"東北瞰水，東西橫長，南北縱狹，北邊西端，迴折曲入。城周圍八里一百步，甎城二丈，上起甎牆一丈，開方隙孔，甎上倚板，板上層閣，閣上架屋，屋上構樓，高者六七丈，下者四五丈"，"城開四門，東爲前門，當兩淮渚濱"。此文如一幅水墨長卷，真實詳細地描畫出此城周圍之地勢、城廓形狀、構造、規模，譚元春於《水經注批點》論之曰："制如累，杜《阿房》、邢《鄴宮》並覺平淡。"②

越南古碑，以靖化省之"釋利摩羅王碑"爲最早。釋利摩羅（Crimara）者，即《水經注》所稱區逵，爲占婆有史以來第一國王也。碑無年月，建碑之王自稱爲釋利摩羅王之裔。喬治·馬司帛洛以爲此"釋利摩羅王"即我國史籍中所記林邑建國稱王之區逵也。19世紀末，法國考古學者於今越南廣南省維川縣維富鄉美山村發現"美山聖地"遺址，越南稱"聖子修道院"（修建於公元500年），其中有七十餘座印度教佛寺及石碑，爲越南規模最大古代占婆國宗教遺址，1999年12月被聯合國教科文組織評爲世界文化遺產。後經考古工作人員整理，於遺址中發現三方古占婆國（古林邑國）石碑，爲梵語書刻，其中最古者載拔陀羅跋摩一世（Bhadravarman I，即范胡達）之事，"范胡達"即酈注所言之林邑古碑所讚"前王胡達"者，據喬治·馬司帛洛《占婆史》記載："梵碑中有三

---

① （唐）姚思廉撰《梁書》卷五四《諸夷傳·林邑國傳》，中華書局，1973，第785頁。
② （明）鍾惺、譚元春撰《水經注批點》卷三六《溫水注》，明崇禎二年刻本，第19頁。

碑，爲法大王（Dharmamaharaja）拔陀羅跋摩一世（Bhadravarman Ⅰ）所立。是爲釋利魔羅碑後之最古者。三碑未載年月，審其文體，似爲公元四百年時之刻物。顧范胡達在位之年，始三八〇年，終四一三年，與拔陀羅跋摩似爲一人也。考《水經注》卷三六：'林邑城開四門，東爲前門，有古碑，夷書銘讚前王胡達之德。'其事亦可參證。拔陀羅跋摩曾建第一神祠于美山，後王多于其地建祠，其遺跡今尚存在。"①馬氏參照酈注此處所載之碑，並結合中國史書所載，考證此碑之言"拔陀羅跋摩一世"者，即第六代林邑王范胡達。此碑無年月，碑稱爲釋利摩羅王之裔拔陀羅拔摩一世，於美山聖地所爲婆羅門教神祇濕婆神建立神廟，梵語爲"Bhadresvara"，此碑即發現於是廟中。

然《水經注》所云乃胡達後人所立碑，以頌胡達之德者，則非此三碑也明矣。馬氏引證，恐亦有誤解處。據酈注所言，此碑立於林邑城東前門外曲路之側，即今越南峴港省會安市茶蕎，而美山聖地之碑則在廣南省維川縣，非爲同一碑也。是碑酈注言云"其上以夷書銘讚前王胡達之德"，"夷書"當爲林邑國通行之梵語，此碑當爲胡達卒後，後世林邑王所立，以頌胡達之德者。據《梁書·林邑傳》："須達死，子敵真立，其弟敵鎧攜母出奔。敵真追恨不能容其母弟，捨國而之天竺，禪位於其甥，國相藏驎固諫不從。其甥既立而殺藏驎，藏驎子又攻殺之，而立敵鎧同母異父之弟曰文敵。文敵後爲扶南王子當根純所殺，大臣范諸農平其亂，而自立爲王。諸農死，子陽邁立。宋永初二年，遣使貢獻，以陽邁爲林邑王。陽邁死，子咄立，慕其父，復曰陽邁。"②此"須達"當爲"胡達"之誤，胡達卒後，其子敵真立，然敵真舍國而之天竺，禪位於其甥，其後范文敵、范諸農、范陽邁、范咄於宋齊時相繼爲王，則酈注所載之"林邑古碑"當爲其中一人所立。另喬治·馬司帛洛《占婆史》云："考美山碑有一碑文云：'昔有恒河王（Gangaraja）明智勇武，禪讓王位，以見恒河爲大樂，乃自此赴恒河。'……此事與《梁書》所志舍國而之天竺之說亦合，敵真即爲恒河王無疑也。"③其據美山聖地之碑文而考證敵真即恒河王，則美山聖地之碑與酈注

---

① 〔法〕喬治·馬司帛洛著、馮承鈞譯《占婆史》第二章"起源"之"拔陀羅跋摩一世"，中華書局，1956，第29頁。
② （唐）姚思廉撰《梁書》卷五四《諸夷傳·林邑國傳》，中華書局，1973，第785頁。
③ 〔法〕喬治·馬司帛洛著、馮承鈞譯《占婆史》第二章"起源"之"敵真"，中華書局，1956，第30頁。

所言之碑或時代相近，皆爲南朝宋齊之時《梁書》所載某一代林邑王所立。此碑酈注外，歐、趙、洪諸家皆未有著録，當早已亡佚。

四　漢春陵故城碑考

營水又北，都溪水注之。水出春陵縣北二十里仰山，南逕其縣西。縣，本泠道縣之春陵鄉，蓋因春溪爲名矣。漢長沙定王分以爲縣。武帝元朔五年，封王中子買爲春陵侯。縣故城東又有一城，東西相對，各方百步。古老相傳，言漢家舊城，漢稱猶存，知是節侯故邑也。城東角有一碑，文字缺落，不可復識。東南三十里，尚有節侯廟。①

此處爲城邑類石刻，碑石及文皆已亡佚不存。酈注言其碑立於春陵故城東角，時"文字缺落，不可復識"。春陵城道元之世爲南梁營陽郡所屬，故此碑當非道元所親見，酈注所述當據於他文。此碑之碑文、立碑年代、緣由、形制酈注皆未載。

春陵縣，秦時置縣，西漢初爲春陵侯封地，其故址位於今湖南永州寧遠縣北。據《漢書·地理志》"南陽郡"條言："春陵，侯國。故蔡陽白水鄉。"顏師古注引《漢記》云："元朔五年以零陵泠道之春陵鄉封長沙王子買於此春陵侯。至戴侯仁，以春陵地形下濕，上書徙南陽。元帝許之，以蔡陽白水鄉徙仁爲春陵侯。"② 可知，漢武帝元朔五年（前124），帝封長沙王子買爲春陵侯，以時零陵郡泠道之春陵鄉爲封地，即春陵縣，酈注所言與之相符。然至戴侯仁，春陵侯國遷至蔡陽白水鄉。此事亦見於《後漢書·城陽恭王祉傳》："城陽恭王祉，字巨伯，光武族兄、春陵康侯敞之子也。敞曾祖父節侯買，以長沙定王子封於零道之春陵鄉，爲春陵侯。買卒，子戴侯熊渠嗣。熊渠卒，子考侯仁嗣。仁以春陵地勢下濕，山林毒氣，上書求減邑內徙。元帝初元四年，徙封南陽之白水鄉，猶以春陵爲國名，遂與從弟鉅鹿都尉回及宗族往家焉。仁卒，子敞嗣。"③ 李賢注引《東

---

① 《水經注校證》卷三八《湘水注》"又東北過泉陵縣西"條，第891~892頁。
② （東漢）班固著、（唐）顏師古注《漢書》卷二八《地理志》，中華書局，1962，第1565頁。
③ （劉宋）范曄撰、（唐）李賢等注《後漢書》卷一四《宗室四王三侯列傳·城陽恭王祉傳》，中華書局，1965，第560頁。

觀記》曰："考侯仁於時見戶四百七十六，上書願減戶徙南陽，留子男昌守墳墓，元帝許之。"① 故自武帝封節侯買於此爲舂陵侯國至元帝初元四年，徙封買之孫考侯仁於南陽之白水鄉，其歷節侯買、戴侯熊渠二世，考侯仁遷國於南陽之白水鄉，仍以爲舂陵侯國。而考侯仁卒後，其子敞嗣，敞爲漢光武帝之族兄、城陽恭王祉之父。

《後漢書·光武紀》云："世祖光武皇帝諱秀，字文叔，南陽蔡陽人，高祖九世之孫也，出自景帝生長沙定王發。發生舂陵節侯買，買生郁林太守外，外生鉅鹿都尉回，回生南頓令欽，欽生光武。"② 可知光武實爲舂陵侯國之苗裔，節侯買則爲其高祖，故光武於建立東漢王朝後，於建武二年（26），以皇祖、皇考墓爲昌陵，置陵令守視；後改爲章陵，因以舂陵爲章陵縣。建武十七年冬十月甲申，爲舂陵宗室起祠堂。建武十八年，立考侯、康侯廟，比園陵，置嗇夫。詔零陵郡奉祠節侯、戴侯廟，以四時及臘歲五祠焉。置嗇夫、佐吏各一人。建武十九年春正月庚子，始祠舂陵節侯以下四世於章陵。

西漢時之舂陵城至元帝后歸零陵郡泠道縣；三國吳孫皓時，析泠道縣置舂陽縣，屬營陽郡；東晉永和年間改舂陽縣爲舂陵縣，仍屬營陽郡，齊梁因之。其故城位於今湖南永州寧遠縣柏家坪鎮。酈注言此碑立於舂陵故城東角，其城東南三十里尚有節侯廟。則此碑或爲建武十八年（42），光武帝詔令零陵郡所建節侯、戴侯廟之碑，碑爲建武十八年零陵郡守所立，其碑文述節侯、戴侯之事。

《大清一統志》卷三七二"永州府二寺觀"條載有"舂陵侯廟"云："在寧遠縣北，舂陵故城東。"③ 此當爲酈注所云舂陵故城東南三十里之節侯廟，因兼祠戴侯，故稱舂陵侯廟也。清《道光永州府志·金石略》據酈注載有《漢舂陵節侯故城碑》，又引《遊疑載筆》云："案《明統志》云：'舂陵城在寧遠縣北五十里。'余嘗信宿其地，當四山之隩，尚稱侯坪。其縣城則謂柏家邨云。"④ 又載有《漢舂陵節侯墓碑》，云："佚，今追補刻

---

① （劉宋）范曄撰、（唐）李賢等注《後漢書》卷一四《宗室四王三侯列傳·城陽恭王祉傳》，中華書局，1965，第560頁。
② （劉宋）范曄撰、（唐）李賢等注《後漢書》卷一《光武帝紀》，中華書局，1965，第1頁。
③ （清）穆彰阿、潘錫恩纂修《嘉慶重修一統志》卷三七二"永州府二寺觀"條，中華書局，1981，第11頁。
④ （清）呂恩湛、宗績辰修纂《道光永州府志》卷一八上《金石略》，《中國地方志集成》"湖南府縣志輯四十四"，江蘇古籍出版社，2002，第442頁。

於平田邨興時塘"①　又引清曾鈺《寧遠山川志》云："春陵山，一名洛陽山，俗傳上有光武廟，疑節侯墓在此。下有大石碑三，字磨滅不可識。《寧遠山川志》所言春陵山下有三石碑，未知其中是否有道元所言'漢春陵故城碑'。"②

《道光永州府志·古蹟略》亦載"春陵節侯買墓"："在寧遠縣北六十裏……嘉慶中，邑令曾鈺始屬邑人李永膺、楊之泗於平田邨興時塘覓得巨冢，有殘碑可識，曾鋪遂爲樹碣，紀立以詩，越九年，會稽家績辰赴春陵補碑文。"③可知，至清嘉慶時，"漢春陵節侯墓碑"尚存殘碑，時寧遠令曾鈺於墓側重立碑碣，宗績辰補刻碑文於上。《道光永州府志》收錄其碑文全文。今寧遠縣柏家坪鎮尚存春陵故城之遺址，四周城牆清晰可辨，存近世所立"春陵侯城遺址碑"。故城西北之春陵侯廟，現已不存；故城東北原有漢春陵侯墓，墓前原有石碑，其碑刻"漢春陵侯墓"等字，今不復存。此碑酈注外，歐、趙、洪諸家皆未著錄，當早已不存。

圖 3-1　漢春陵侯城遺址保護標志碑④

---

① （清）呂恩湛、宗績辰修纂《道光永州府志》卷一八上《金石略》，《中國地方志集成》"湖南府縣志輯四十四"，江蘇古籍出版社，2002，第 442 頁。
② （清）呂恩湛、宗績辰修纂《道光永州府志》卷一〇《古蹟略》，《中國地方志集成》"湖南府縣志輯四十四"，江蘇古籍出版社，2002，第 8 頁。
③ （清）呂恩湛、宗績辰修纂《道光永州府志》卷一〇《古蹟略》，《中國地方志集成》"湖南府縣志輯四十四"，江蘇古籍出版社，2002，第 8 頁。
④ "漢春陵侯城遺址"位於今湖南永州寧遠縣柏家坪鎮，爲湖南省文物保護重點單位。

五　阿育王大塔石柱銘考
六　泥犁城石柱銘考

　　恒水又東逕藍莫塔，塔邊有池，池中龍守護之……阿育王壞七塔，作八萬四千塔。最初作大塔，在城南二里餘，此塔前有佛跡，起精舍，北戶向塔，塔南有石柱，大四五圍，高三丈餘，上有《銘》，題云：阿育王以閻浮提布施四方，僧還以錢贖塔。

　　塔北三百步，阿育王于此作泥犁城，城中有石柱，亦高三丈餘，上有師子柱，有《銘》，記作泥犁城因緣，及年數日月。①

　　此兩處石刻皆爲石柱銘文，屬古蹟類石刻，銘文傳世而刻石已亡佚，原文當爲梵文，皆爲古印度石刻，故非道元所親見，當據於他文。《水經注》所載域外石刻除此兩處外，尚有卷三六《溫水注》"東北入于鬱"條所載"林邑古碑"。此兩銘，亦見於明楊慎《水經注所載碑目》"阿育王巴達弗邑大塔石柱銘"、"泥犁城師子柱銘"②，然未予詳論。"巴達弗邑"，亦稱"巴連弗邑"，阿育王大塔石柱與泥犁城石柱位於此，即今印度比哈爾邦首府巴特那，兩者皆爲阿育王於公元前3世紀中期所建，此時中國爲戰國時期，由此可知，刻銘文於石並非僅爲漢人之傳統。

　　阿育王（約前270～前234年），梵語爲"Asoka"，音譯爲"阿輸迦"，其意爲無憂之意，故《大唐西域記》稱"無憂王"，古印度孔雀王朝第三任國王，爲印度歷史上首位統一全國君主，亦爲首位以佛法治國君主，並促成了佛教向世界傳播，在佛教發展史上佔有重要的地位，故佛教史上被稱爲"轉輪聖王"、"法王"，對中國傳統文化影響深遠③。漢語文獻對阿育王的記載主要見於西晉釋安法欽《阿育王傳》④。南梁釋僧祐《釋

---

① 《水經注校證》卷一《河水注》"屈從其東南流，入於渤海"條，第7～8頁。
② （明）楊慎撰《水經注所載碑目》，《四庫全書存目叢書》史部第二百七十八冊，齊魯書社，1996，第49頁。
③ 聖王思想、阿育王塔、佛法治國等佛教文化傳至中土後，被普及至漢傳佛教，並於西晉以來逐漸形成豐富的漢語阿育王文獻，如《阿育王經》、《雜阿含經》、《阿育王傳》、《釋迦譜》等。
④ （西晉）釋安法欽譯《阿育王傳》五卷，見《乾隆大藏經》第一百一十冊《西土聖賢撰集》5，傳正有限公司乾隆版大藏經刊印處，1997，第589頁。

迦譜》卷五載有《阿育王造八萬四千塔記》一文①，阿育王在統一印度次大陸後，以佛教爲國教，爲弘揚佛法，於印度各地及域外建八萬四千塔以存佛祖舍利，其中據傳有十九處傳入中土區域②。漢傳佛教則將此事加以神化，如《魏書·釋老志》言："佛即謝世，香木焚尸。靈骨分碎，大小如粒，擊之不壞，焚亦不燋，或有光明神驗，胡言謂之舍利……於後百年，有王阿育，以神力分佛舍利，役諸鬼神，造八萬四千塔，布於世界，皆同日而就。"③這些塔皆稱爲"阿育王塔"，在漢傳佛教，亦稱爲"舍利塔"④。另一方面，阿育王又敕令建造三十餘處圓形石柱，皆高達十餘米，重達五十噸左右，分布於印度各地，並刻銘文於石柱，以讚頌己德，此亦如秦始皇統一六國後，巡遊天下，於名山大川刻石銘文以頌德。酈注此處所言"阿育王大塔石柱"即爲阿育王所建首個佛塔，位於巴連弗邑城南二里餘。

巴連弗邑（梵語爲 Pātaliputra），或稱巴特那，爲孔雀王朝首都華氏城，其後阿育王又於此塔南建一石柱，據酈注可知此柱高十餘米，周圍近五米餘，體形碩大，上刻銘文記載阿育王多次在閻浮提布施四方僧衆、捐資於佛教僧團之事跡，以傳誦於後世。距此塔北三四百步，阿育王建造泥犁城，並於此城中央又建一石柱，其高也近十餘米，此柱頂雕有石獅，柱上刻銘文以記載泥犁城之建造緣由以及建造時間，即酈注所言"泥犁城石柱"。泥犁，即地獄也。《天中記》引應劭《風俗通》言："泥犁城，樑言寄條城，又云閉城也。《文句》云，地獄北名梵稱泥犁，秦言無有，或言卑下或言墮落。"⑤ 楊守敬《水經注疏》此條亦按："朱《箋》曰：《翻苑》云，梵稱泥犁，秦言無有，言更無赦處，是地獄名也。會貞按：玄應《妙法蓮華經音義》曰，地獄，梵言泥黎耶，或言泥口羅夜，或云那落迦，此云不可樂，亦云非行，謂非法行處也。或在山間，或大海邊，非止地下。言地獄者，一義翻也。"⑥ 可見"泥犁"爲

---

① （南梁）釋僧祐撰《釋迦譜》卷二，見《乾隆大藏經》第一百一十一冊《此土著述》1，傳正有限公司乾隆版大藏經刊印處，1997，第247頁。
② （唐）釋道世撰《法苑珠林》卷三七《敬塔篇》："洛陽、臨淄、建業、鄮陰、成都五處立有阿育王塔，又吳中兩石像，育王所使神造也，頗得真相。"上海古籍出版社，1991，第289頁。釋道世認爲唯此十九處佛塔爲阿育王所造，可稱爲阿育王塔，其他中土佛塔皆非也。
③ （北齊）魏收撰《魏書》卷一一四《釋老志》，中華書局，1974，第3028頁。
④ 歷代以來，吳越地域出土多處阿育王塔，如1965年溫州白象塔出土北宋磚雕阿育王塔，2001年杭州雷峰塔遺址出土銀阿育王塔，2008年南京大報恩寺遺址出土七寶阿育王塔等。
⑤ （明）陳耀文撰《天中記》上冊，卷一三《都邑》，揚州廣陵書社，2007，第145頁。
⑥ （清）楊守敬、熊會貞疏，段熙仲點校，陳橋驛復校《水經注疏》卷一《河水注》，江蘇古籍出版社，1989，第43頁。

"地獄"梵語之音譯名，而此"地獄"實爲阿育王早期暴政時於首都華氏城外所建監獄之名。據唐玄奘《大唐西域記》："初，無憂王嗣位之後，舉措苛暴，乃立地獄，作害生靈。周垣峻峙，隅樓特起，猛焰洪爐，錔鋒利刃，備諸苦具，擬像幽塗，招募凶人，立爲獄主。"[①] 阿育王后被佛法感化，遂廢此"地獄"，而於其舊址建泥犁城，並立石柱鐫銘以記其事，以警醒後人。

此兩處石柱於公元5世紀尚存世，如東晉法顯《佛國記》記載："阿育王壞七塔，作八萬四千塔。最初所作大塔，在城南三里餘。此塔前有佛腳跡，起精舍，戶北向塔。塔南有一石柱，圍丈四五，高三丈餘，上有銘題，云：'阿育王以閻浮提布施四方僧，還以錢贖，如是三反。'塔北三四百步，阿育王本於此作泥犁城，中央有石柱，亦高三丈餘。上有師子，柱上有銘，記作泥犁城因緣，及年數、日、月。"[②] 由此可知酈注所言當引自於此處。兩處銘文皆被收錄，然酈注于《阿育王大塔石柱銘》未錄全文，缺"如是三反"一句。釋法顯（335～422），爲我國首位西行求佛法之僧侶，於東晉隆安三年（399）自長安西行，於公元401年到達印度，四處遊歷，收集大量文獻，並譯成漢語，其中就曾經到達巴連弗邑，時爲摩竭提國首都[③]。據《法顯傳》所言："度河南下一由延，到摩竭提國巴連弗邑。巴連弗邑是阿育王所治。城中王宮殿皆使鬼神作，累石起牆闕，雕文刻鏤，非世所造。今故現在。"[④] 可見至公元5世紀，在據阿育王之後六百餘年後，此城建築依然宏偉精美，尚存舊貌，而阿育王所建大塔石柱也依然保存完好，且銘文清晰可見。另據《大唐西域記》："地獄南不遠有窣堵波，基址傾陷，惟餘覆鉢之勢，寶爲廁飾，石作欄檻，即八萬四千之一也。無憂王以人功建於宮焉，中有如來舍利一升。"[⑤] 其中所言"窣堵波"（佛塔之譯名）當指據"地獄"（即泥犁城）南三四百步之"阿育王大

[①] （唐）玄奘、辯機原著，季羨林等校注《大唐西域記》卷八《無憂王地獄處》，中華書局，1985，第629頁。

[②] （東晉）釋法顯著、郭鵬譯《佛國記注譯》卷二八"到摩竭提國"第四《阿育王石柱》，長春出版社，1995，第90頁。

[③] （唐）玄奘、辯機原著，季羨林等校注《大唐西域記》卷八、卷九稱爲"摩揭陀國"，中華書局，1985，第398頁。

[④] （東晉）沙門釋法顯撰、章巽校注《法顯傳校注》，卷三《摩竭提國巴連弗邑》，中華書局，2008，第87頁。

[⑤] （唐）玄奘、辯機原著，季羨林等校注《大唐西域記》卷八《無憂王建舍利塔》，中華書局，1985，第631頁。

塔"。由此可知，至公元 7 世紀，"阿育王大塔石柱"已基址傾陷，幾近傾廢。其後，玄奘又言："王故宫北有石柱，高數十尺，是無憂王作地獄處。"① 可知此時，"泥犁城石柱"尚保存完好。

歲月流逝，阿育王當年所立三十餘處石柱，至今保存完整或尚存部分的還有十五處，其中十餘處上依然可見銘文，而酈注所載此二石柱皆已不存。其中最爲著名爲印度北方邦薩拉納特鹿野苑石柱②。這些石柱造型相似，皆爲圓形，柱頭雕有石獸，有一獅子柱頂、一牛柱頂（蘭普瓦）、一象柱頂（僧伽尸）、一馬柱頂（尼泊爾蘭毗尼）、四頭雄獅柱頂（鹿野苑），而酈注此言"泥犁城石柱"當爲一獅子柱頭。

圖 3-2　印度鹿野苑阿育王石柱③

---

① （唐）玄奘、辯機原著，季羨林等校注《大唐西域記》卷八《無憂王建舍利塔》，中華書局，1985，第 629 頁。
② 羅照輝、江亦麗：《東方佛教文化》，山西人民出版社，1986，第 194 頁。
③ 鹿野苑阿育王柱，建造於公元前 3 世紀印度孔雀王朝阿育王時期，1904 年出土於印度北方邦薩拉納特。圓形石柱，淺褐色楚那爾砂岩質，高 2.08 米，直徑 0.8 米，柱頭第一層爲鐘形倒垂蓮花，第二爲線盤及飾帶，刻有一隻大象、一匹奔馬、一頭瘤牛和一隻老虎，第三層爲四隻背靠背圓雕雄獅，前腿挺立，面向四方，柱身刻有阿育王銘文。阿育王石柱今已碎成五段，現收藏於印度薩拉納特鹿野苑博物館，爲古印度佛教藝術極品，其圖案爲印度國徽。

七　北魏廣德殿碑考
八　北魏廣德殿碑陰考

　　自臺西出南上山，山無樹木，惟童阜耳，即廣德殿所在也。其殿四注兩夏，堂宇綺井，圖畫奇禽異獸之像。殿之西北，便得焜煌堂，雕楹鏤桷，取狀古之溫室也。其時，帝幸龍荒，遊鸞朔北。南秦王仇池楊難當捨蕃委誠，重譯拜闕，陛見之所也。故殿以廣德爲名。魏太平真君三年，刻石樹碑，勒宣時事。《碑頌》云：肅清帝道，振憺四荒，有蠻有戎，自彼氐羌，無思不服，重譯稽顙，恂恂南秦，斂斂推亡，峨峨廣德，奕奕焜煌。侍中、司徒東郡公崔浩之辭也。碑陰題宣城公李孝伯、尚書盧遐等從臣姓名，若新鏤焉。①

　　此處爲紀念建築落成之碑，屬古蹟類石刻。此碑爲北魏太武帝太平真君三年（495）建於陰山北麓，時廣德殿建成，故樹碑以紀念，碑文爲侍中、司徒、東郡公崔浩所撰，然除酈注外，正史未載建此碑事，其文唯存碑頌及碑陰，酈注著録其文。嚴可均《後魏文》卷二二亦有《廣德殿碑頌》，其文同。碑頌四言一句，共四十字。碑陰題宣城公李孝伯、尚書盧遐等從臣姓名。

　　廣德殿，爲北魏王朝於陰山北麓所建之行宫。北魏政權，自道武帝拓跋珪於公元398年建都於平城之後，逐漸於中國北方地區建立統一之封建王朝，然自此之後，其北方六鎮卻屢遭柔然入侵，爲抵御北患，北魏歷代帝王多北巡至陰山，講武修兵，以固北疆。爲巡幸、駐蹕之所需，太武帝拓跋燾於此建廣德殿行宫並常居於此，此事見《魏書·世祖紀》："（太平真君）三年五月，行幸陰山之北。……六月丙戌，難當朝於行宫。先是，起殿於陰山之北，殿始成而難當至，因名曰廣德焉。"② 可知，此殿建于太武帝太平真君三年（442）六月，酈注言"南秦王仇池楊難當，捨蕃委誠，重譯拜闕，陛見之所也。故殿以廣德爲名"，"廣德"即"恩澤廣布，四海

---

① 《水經注校證》卷三《河水注》"又東過雲中楨陵縣南，又東過沙南縣北，從縣東屈南，過沙陵縣西"條，第79頁。
② （北齊）魏收撰《魏書》卷四《世祖紀》，中華書局，1974，第95頁。

咸臣"之意,故此殿名實爲慶南秦王楊難當歸降之事。酈注又言此碑文"勒宣時事","時事"當爲建造此殿時發生之事:太武帝北巡陰山,修建廣德殿及南秦王楊難當歸降之事。太武帝後,北魏有景穆帝、文成帝、獻文帝、孝文帝五代帝王先後在此巡幸駐蹕,而獻文帝拓跋弘則更是生於此宮,可見此殿在北魏統治史上佔有重要的地位。另據酈注言:"塞水出懷朔鎮東北荒中,南流經廣德殿西山下。余以太和十八年從高祖北巡,屆於陰山之講武臺;臺之東有高祖講武碑,碑文是中書郎高聰之辭也。自臺西出南山上,山無樹木,唯童阜爾,即廣德殿所在也。"① 可知道元於太和十八年(495)隨高祖孝文帝北巡至陰山講武臺,有幸親至廣德殿,故酈注中對廣德殿之宏麗予以生動地描述:廣德殿四周皆披簷,殿外屋頂爲兩坡之懸山頂,殿宇堂皇,藻井華麗,其上圖畫有奇禽異獸之圖案。殿之西北,建有焜煌堂,此堂亦建造華麗,簷柱飾有浮雕彩繪圖案,殿椽皆鏤刻紋理,其形貌效法古之溫室②,廣德殿當爲行宮朝會之廟堂,焜煌堂則爲行宮居住之內庭。廣德殿行宮建築群可謂北魏建築之精華所在,然自孝文帝後,廣德殿未再見於史籍,歲月流逝,風雨侵蝕,廣德殿何時湮沒於歷史長河之中已不可知,其舊址當位於塞水之東岸陰山北麓,緊鄰講武臺、高祖講武碑。塞水,時爲荒干水(又稱芒干水,今內蒙古自治區大黑河)之支流,酈注云:"荒干水又西,塞水出懷朔鎮東北荒中,南流逕廣德殿西山下……其水歷谷南出山,西南入荒干水"③,即今內蒙古呼和浩特武川縣哈拉合少鄉之榆樹店河,廣德殿及廣德碑當位武川縣哈拉合少鄉大青山北麓、榆樹店河畔。

　　酈注言碑文爲"侍中、司徒、東郡公崔浩之辭也"。崔浩,字伯淵,清河(今河北邢台清河縣)人,歷仕道武、明元、太武帝三朝,官至司徒、東郡公,《魏書》有傳。崔浩自幼雅好文學,博覽經史,玄象陰陽,百家之言,無不關綜,研精義理,時人莫及,爲道武、明元、太武帝所重,與高允等共編修《國書》三十卷,然未傳世,嚴可均《全後魏文》收錄其文九篇,酈注此處所載廣德殿碑文即爲其撰寫,然《魏書·崔浩傳》

---

① 《水經注校證》卷三《河水注》"又東過雲中楨陵縣南,又東過沙南縣北,從縣東屈南,過沙陵縣西"條,第79頁。
② 何清谷撰《三輔黄圖校釋》卷三《長樂宮》:"溫室殿,武帝建,冬處之温暖也。"則温室殿爲西漢宮殿名,中華書局,2005,第154頁。
③ 《水經注校證》卷三《河水注》"又東過雲中楨陵縣南,又東過沙南縣北,從縣東屈南,過沙陵縣西"條,第79頁。

未載此事。太平眞君三年（442）五月，太武帝行幸陰山之北，六月於陰山北麓興建廣德殿，時浩已官至司徒，爲帝所重，故此碑文以崔浩撰之。浩於太平眞君十一年因《國史》之難受冤被誅，道元於太和十八年（494）隨高祖北巡至此，所見碑陰已無崔浩之名，唯見"宣城公李孝伯、尚書盧遐等從臣姓名"。據《魏書·李孝伯傳》，太平眞君末年，太武帝車駕南伐劉宋，以李孝伯出使宋地，因孝伯風容閑雅，應答如流，不辱使命，進爵爲宣城公，而太平眞君共十一年（440～451），故李孝伯當於太平眞君十一年始爲宣城公，據酈注所言，廣德殿碑當立於太平眞君三年，不可能於立碑之時此碑陰即刊刻宣城公之詞，道元所見此碑陰當爲後世翻刻刪改，碑文撰者崔浩爲太平眞君十一年被誅，此碑陰當於正平元年以後被翻刻，崔浩之名被刪除，故道元所見碑陰"若新鏤焉"。此碑，酈注外，唐宋以來亦無文獻著錄，當早已亡佚，

九　魏臺粟窖銘考

（鄴）城之西北有三臺，皆因城爲之基，巍然崇舉，其高若山，建安十五年魏武所起，平坦略盡。《春秋古地》云：葵丘，地名，今鄴西三臺是也。謂臺已平，或更有見，意所未詳。中曰銅雀臺，高十丈，有屋百一間……南則金鳳臺，高八丈，有屋一百九間。北曰冰井臺，亦高八丈，有屋百四十五間，上有冰室，室有數井，井深十五丈，藏冰及石墨焉。石墨可書，又燃之難盡，亦謂之石炭。又有粟窖及鹽窖，以備不虞。今窖上猶有石銘存焉。左思《魏都賦》曰：三臺列峙而崢嶸者也。①

此處爲古蹟類石刻，石銘及文皆不存。酈注言鄴城西北有三臺，巍然崇舉，其高若山，爲漢末建安十五年（210）魏武所起，中爲銅雀臺，南爲金鳳臺，北曰冰井臺，即左思《魏都賦》所謂"三臺列峙而崢嶸者"，時三臺皆存。酈注詳言此三臺之景況，其中冰井臺上有冰室、粟窖及鹽窖，時窖上猶有石銘存焉。然酈注未載其銘文，其銘文及所書者皆不可知。

鄴城三臺之事，見《三國志·魏書·武帝紀》。建安十五年冬，魏武於鄴城建銅雀臺，十八年九月又作金虎臺（後趙石虎改稱金鳳臺），然未

---

① 《水經注校證》卷一〇《濁漳水注》"又東出山，過鄴縣西"條，第258～259頁。

言建冰井臺。《初學記》卷八引《鄴中記》言："魏武於鄴城西北立三臺，中臺名銅雀臺，南名金獸臺，北名冰井臺。"① 然此文今之《鄴中記》缺，據今本《鄴中記》言："銅爵、金鳳、冰井三臺，皆在鄴都北城西北隅，因城爲基址。建安十五年，銅爵臺成，曹操將諸子登樓，使各爲賦，陳思王植援筆立就。金鳳臺初名金虎，至石氏改今名。冰井臺則凌室也。金虎、冰井皆建安十八年建也。"② 此言銅雀、金虎與《魏志》所載同，故冰井臺當建於建安十八年。《鄴中記》爲東晉陸翽所著，亦名《石虎鄴中記》，其述鄴城之史實，後亡佚，清人修《四庫全書》，據《永樂大典》本及諸文獻輯佚而成③，今本《鄴中記》所言三臺之況輯自《河朔訪古記》。其文亦詳言三臺之況，酈注所言皆出於此，而文字稍有不同。《鄴中記》言："冰井臺有冰室三，與涼殿皆以閣道相通……有屋一百四十間，上有冰室，室有數井。井深十五丈，藏冰及石墨……又有窖粟及鹽，以備不虞，今窖上石銘尚存焉"④，則此石銘晉時尚存，當於建此臺時銘於冰井臺之窖石上，述建冰井臺及窖之事。冰井者，蓋時人藏冰以御暑熱也，《鄴中記》言："石季龍於冰井臺藏冰，三伏之月，以冰賜大臣。"⑤ 可見其奢華。窖者，則以藏粟及鹽，以備不時之虞也。此三臺，《鄴中記》言皆爲磚瓦所鑄，相去各六十步，其上作閣道，如浮橋，連以金屈戌，畫以雲氣龍虎之勢。三臺崇舉，其高若山云。至後趙石虎，於三臺更加崇飾，甚於魏初。

冰井臺上粟窖及鹽窖之石銘，酈注未載其文，未知是曹魏建三臺時所刻，抑或爲後趙石虎所刻。此銘酈注著外，歐、趙、洪諸家皆未著錄，殆早已亡佚矣。今河北邯鄲臨漳縣城西三臺村尚存銅雀臺遺址，爲國家重點文物保護單位，然三臺皆早已不存。清嘉慶丙辰年（1796）安陽漳河出土"銅雀臺石夆門銘"，安陽令趙渭移置彰德郡，時爲翁方綱所見，遂作詩記其事由，並囑其甥王蓮府學使另勒於石，今有清拓本傳世，爲復堂舊藏，其上有翁方綱題跋，端方題識，吳昌碩、費念慈、鄒适廬書觀款等，嚴可

---

① （唐）徐堅等著《初學記》卷八"州郡部河北道第五事對"條，中華書局，1962，第176頁。
② （晉）陸翽撰《鄴中記》，商務印書館，1937，叢書集成初編本，第2頁。
③ （清）永瑢等撰《四庫全書總目》卷六六"史部二十二載記"類"《鄴中記》一卷（永樂大典本）"提要："今以散見《永樂大典》者搜羅薈粹，以諸書互證，刪除重復，共得七十四條。排比成編，仍爲一卷。"中華書局，1965，第584頁。
④ （晉）陸翽撰《鄴中記》，商務印書館，1937，叢書集成初編本，第2頁。
⑤ （晉）陸翽撰《鄴中記》，商務印書館，1937，叢書集成初編本，第2頁。

均《全北齊文》卷九載其全文,其文曰:"大齊天保八年九年,造銅雀臺石斧之門,百代之後,見此銘者,當復知之。將陳驥,軍副程顯承、婁睎,幢主孫悅,軍主董侯,幢主楊曇。"① 此事亦見於《北齊書·文宣紀》:"(天保九年)至是,三臺成,改銅爵曰金鳳,金獸曰聖應,冰井曰崇光。"② 可知天保八年(557)始重修鄴城銅雀三臺,至九年方成,並更三臺名爲"金鳳""聖應""崇光",並造銅雀臺石斧之門,題刻銘文於上,以爲後世所知也。翁方綱《復初齋文集》卷二一《跋北齊造銅雀臺石斧門銘》曰:"石高五寸三分,橫闊五寸八分。凡七行。後三行行二人,凡六人,分二列三行書之。按漢碑橫列人名皆先上列而後次列,此刻猶存古式也。"③ 可知當非僞刻。此石施蟄存先生以爲"今已亡佚,拓本不傳"④,然今存於北京故宮博物院,北京國家圖書館藏其清拓本。

圖 3-3　國家圖書館藏"北齊造銅雀臺石斧門銘"原石拓本⑤

---

① (清)嚴可均輯《全北齊文》卷九闕名一《銅雀臺石斧門銘》,中華書局,1958,第 3877 頁。
② (唐)李百藥撰《北齊書》卷四《文宣紀》,中華書局,1972,第 65 頁。
③ (清)翁方綱撰《復初齋文集》卷二一,《續修四庫全書》集部別集類,上海古籍出版社,2002,第 558 頁。
④ 施蟄存撰《水經注碑錄》卷二《魏臺粟窖銘》,天津古籍出版社,1987,第 89 頁。
⑤ 《北京圖書館藏中國歷代石刻拓本匯編》第七冊,中州古籍出版社,1997,第 79 頁,北齊天保八年(557)立,正書,清嘉慶丙辰年(1796)安陽漳河出土,現存北京故宮博物院,北京國家圖書館藏清拓本,顧千里、瞿鏞舊藏拓。亦見於柏克萊加州大學東亞圖書館編《柏克萊加州大學東亞圖書館藏碑帖》,上海古籍出版社,2008,第 98 頁。

十　北魏永固堂碑及石闕考

　　羊水又東注于如渾水，亂流逕方山南，嶺上有文明太皇太后陵，陵之東北有高祖陵，二陵之南有永固堂，堂之四隅，雉列榭、階、欄、檻，及扉、户、梁、壁、椽、瓦，悉文石也。簷前四柱，採洛陽之八風谷黑石爲之，雕鏤隱起，以金銀間雲矩，有若錦焉。堂之内外，四側結兩石趺，張青石屏風，以文石爲緣，並隱起忠孝之容，題刻貞順之名。廟前鐫石爲碑獸，碑石至佳，左右列柏，四周迷禽闇日。院外西側，有思遠靈圖，圖之西有齋堂，南門表二石闕，闕下斬山，累結御路，下望靈泉宮池，皎若圓鏡矣。[①]

　　此處爲古蹟類石刻，有碑石及畫像石闕，然碑石、闕及文今皆已亡佚。酈注言此"永固堂碑"立於時平城北方山南嶺文明太皇太后陵南永固堂前，爲北魏孝文帝爲文明太皇太后馮氏生前所立之頌德碑。酈道元於卷一三《灅水注》"灅水出鴈門陰館縣，東北過代郡桑乾縣南"條對北魏平城建築布局予以詳細描述，其中涉及相關石刻文獻達八處，此即爲其一。

　　酈注言平城北方山南嶺上有文明太皇太后陵，陵之東北有高祖陵，二陵之南有永固堂，堂之内外結兩石趺，廟前鐫石爲碑獸，碑石至佳，即爲"永固堂碑"。堂之四側張青石屏風，上以文石爲緣並隱起忠孝之容，題刻貞順之名，爲畫像石刻。堂側思遠寺齋堂之南門表兩石闕。此皆爲永固堂之石刻，道元於此描述甚爲詳細，當爲其所親見，時碑闕、畫像石皆存，然此碑之名、碑文、形制等皆未言，未知何故。

　　永固堂，北魏文明太皇太后馮氏之陵永固陵主體建築，爲石質祠廟，以爲祭祀之用，建於平城北方山南嶺上。方山，即今山西大同西北之西寺兒梁山。北魏文明太皇太后馮氏，長樂信都人，文成帝之后，獻文帝之母，孝文帝之祖母，其事見《魏書》卷一三《文明皇后馮氏傳》[②]。馮氏

[①] 《水經注校證》卷一三《灅水注》"灅水出鴈門陰館縣，東北過代郡桑乾縣南"條，第312頁。
[②] （北齊）魏收撰《魏書》卷一三《文成文明皇后馮氏傳》，中華書局，1974，第328頁。

性聰達，於獻文帝、孝文帝時二次臨朝聽政，尤其是太和元年至十四年（477～490）間，孝文帝雅性孝謹，不欲參決，事無巨細，一禀於太后，故十四年間北魏政權實際由太皇太后馮氏掌控。馮氏多智略，猜忍，能行大事，生殺賞罰，決之俄頃，並大力推行"太和新制"，促進北魏政權漢化，爲孝文帝改革奠定基礎。太和十四年，馮氏崩於太和殿，時年四十九，諡曰文明太皇太后，遂葬於平城北方山南嶺之永固陵，即酈注所言"文明太皇太后陵"。據《魏書·文成文明皇后馮氏傳》，"太后與高祖游於方山，顧瞻川阜，有終焉之志。因謂群臣曰：舜葬蒼梧，二妃不從。豈必遠祔山陵，然後爲貴哉！吾百年之後，神其安此。高祖乃詔有司營建壽陵於方山，又起永固石室，將終爲清廟焉。太和五年起作，八年而成，刊石立碑，頌太后功德。"① 可知方山之永固陵爲馮氏生前所選陵址，其前建"永固石室"，即酈注所言"永固堂"，爲清廟以祀之。此陵及永固堂於太和五年起作，至太和八年而成，歷經四載。及成，於永固堂刊石立碑，頌太后功德，即酈注所言"永固堂碑"，碑實爲孝文帝所敕建文明太皇太后馮氏之頌德碑，時馮氏尚存，爲之生碑，其碑文當載馮氏之生平事跡，並以頌辭讚其爲政之德。此事亦見於《魏書·高祖紀》："（太和五年）夏四月己亥，行幸方山。建永固石室於山上，立碑於石室之庭；又銘太皇太后終制於金冊；又起鑒玄殿。"② 故此碑所立之時即太和五年（481）。

酈注言時方山除永固陵外，永固陵之東北有高祖陵，即《魏書》所言"萬年堂"，據《魏書·文成文明皇后馮氏傳》："初，高祖孝於太后，乃於永固陵東北里餘，豫營壽宮，有終焉瞻望之志。及遷洛陽，乃自表瀍西以爲山園之所，而方山虛宮至今猶存，號曰萬年堂。"③ 可知方山之高祖陵實非孝文帝之陵寢所在，乃爲其衣冠冢，故《魏書》亦稱爲"虛室"，孝文帝於太和二十三年（499）崩後葬於洛陽長陵（今河南洛陽孟津縣北邙山）④，方山之高祖陵至北齊魏收之時尚在，時人稱爲"萬年堂"。故永固堂實際僅爲文明太皇太后馮氏之清廟。

———————

① （北齊）魏收撰《魏書》卷一三《文成文明皇后馮氏傳》，中華書局，1974，第329頁。
② （北齊）魏收撰《魏書》卷七《高祖紀》，中華書局，1974，第150頁。
③ （北齊）魏收撰《魏書》卷一三《文成文明皇后馮氏傳》，中華書局，1974，第330頁。
④ （北齊）魏收撰卷七《高祖紀》："（太和二十三年）夏四月丙午朔，帝崩於毂塘原之行宮，時年三十三。秘諱，至魯陽發哀，還京師。上諡曰孝文皇帝，廟曰高祖。五月丙申，葬長陵。"中華書局，1974，第185頁。

酈注於永固石室之建築描述甚詳，可知其雕鑿華麗、規制極高。堂之內外立有兩石趺，當爲龜趺，其上立有石碑，故永固堂碑實爲二碑，一碑立於庭內，一碑立於庭外，皆爲太和五年時建。此兩碑道元之時"碑石至佳"，保存完好，然後世未有文獻著錄，不知亡於何此。永固堂之四側皆張以青石屛風，上以文石爲緣並隱起忠孝之容，題刻貞順之名。此即爲永固石室畫像題刻，其上刻以古之忠臣孝子聖賢之像，像側題刻讚辭，然亦後世不傳。

　　1931年洛陽北邙出土"北魏寧想石室"，亦稱"寧懋石室"，現存於美國波士頓藝術博物館，爲魏故橫野將軍甄官主簿寧懋之墓祠，北魏宣武帝孝昌三年（528）立。石室爲長方形懸山式建築，四周石刻畫像九幅，線刻，多爲"刻木事親"、"董永孝子"等古之忠孝故事，爲現存北魏石室畫像代表作。永固石室畫像題刻當與此類似。

　　酈注又言："院外西側，有思遠靈圖，圖之西有齋堂，堂之南門立有兩石闕。""思遠靈圖"者，即思遠佛寺之浮屠塔。《魏書・釋老志》："（太和元年）於方山太祖營壘之處，建思遠寺。"① 《魏書・高祖紀》："（太和二年八月）乙亥，幸方山，起思遠佛寺。"② 則思遠寺當建於太和元年至二年之佛寺，永固石室則建於其後。此廟齋堂南門有二石闕，或非永固陵之建築，於此下望，可見"靈泉宮池皎若圓鏡"。此靈泉宮即時之行宮，《魏書・文明皇后馮氏傳》："太后曾與高祖幸靈泉池，燕群臣及藩國使人、諸方渠帥，各令爲其方舞。高祖率群臣上壽，太后忻然作歌。帝亦和歌，遂命群臣各言其志，於是和歌者九十人。"③ 此爲太和中之盛事，故酈氏敘永固堂而及靈泉池也。

　　今大同市西北西寺兒梁山永固陵尚存，爲全國重點文物保護單位，然永固堂僅剩一呈長方形建築基址，其側存有一環繞回廊方形塔基遺跡，即酈注所言"思遠靈圖"之遺址，而"永固堂碑"及石室畫像、石闕則早已不存。

---

① （北齊）魏收撰《魏書》卷一一四《釋老志》，中華書局，1974，第3039頁。
② （北齊）魏收撰《魏書》卷七《高祖紀》，中華書局，1974，第147頁。
③ （北齊）魏收撰《魏書》卷一三《文成文明皇后馮氏傳》，中華書局，1974，第329頁。

第三章　城邑古蹟類石刻 | 257

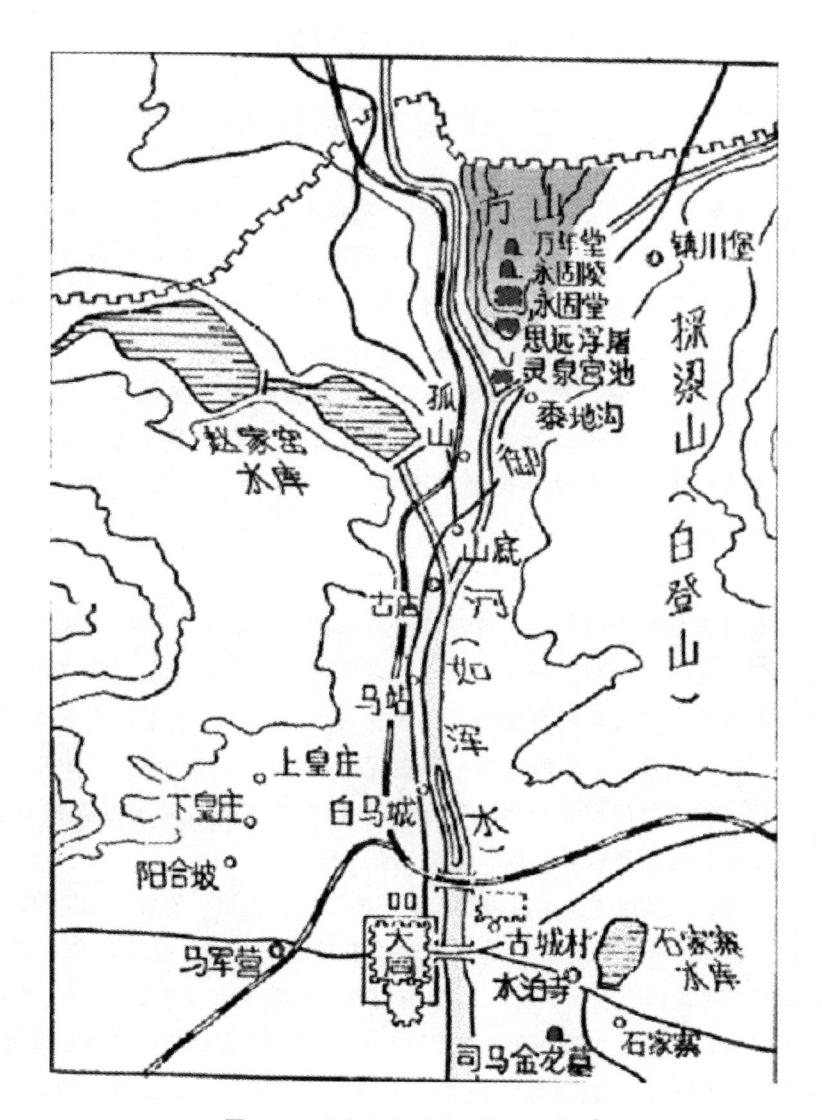

圖 3-4　"方山永固陵位置示意圖"①

---

① 國家文物局主編《中國文物地圖集》（山西分冊上），中國地圖出版社，2006，第 418 頁。

十一　北魏郊天碑考
十二　北魏太和殿碑考

　　（㶟渾水）又逕平城西郭內，魏太常七年所城也。城周西郭外有郊天壇，壇之東側有郊天碑，延興四年立……其水又南屈，逕平城縣故城南。《史記》曰：高帝先至平城。《史記音義》曰：在鴈門。即此縣矣。王莽之平順也。魏天興二年，遷都於此。太和十六年，破安昌諸殿，造太極殿，東、西堂及朝堂，夾建象魏、乾元、中陽、端門、東西二掖門、雲龍、神虎、中華諸門，皆飾以觀閣。東堂東接太和殿，殿之東階下有一碑，太和中立，石是洛陽八風谷之緇石也。①

　　此兩處皆爲古蹟類石刻，碑石及文皆已亡佚。酈注言"效天碑"立於時平城外郊天壇之東側，爲北魏孝文帝延興四年（474）立；"太和殿碑"則立於平城內皇宮太和殿之東階，爲孝文帝太和中立，所用之石爲洛陽八風谷之緇石。此當爲道元所親見。酈道元於卷一三《㶟水注》"㶟水出鴈門陰館縣，東北過代郡桑乾縣南"條對北魏平城建築布局予以詳細描述，其中涉及相關石刻文獻達八處，此即爲其二碑。

　　平城縣，西漢初置縣，爲鴈門郡東部都尉治，漢初，匈奴冒頓圍高祖於白登山，山即位於此縣也，時改稱平順；東漢復稱平城，漢末建安時廢縣；曹魏時復置平城縣，屬新興郡；晉屬鴈門郡；北魏道武帝天興元年（398），自盛樂（今內蒙古呼和浩特和林格爾縣）遷都於此，在漢魏平城舊城基礎上建都②。據《魏書·太祖紀》云："（天興元年）秋七月，遷都平城，始營

---

① 《水經注校證》卷一三《㶟水注》"㶟水出鴈門陰館縣，東北過代郡桑乾縣南"條，第313頁。
② （唐）李吉甫撰、賀次君點校《元和郡縣圖志》卷一四"河東道雲州雲中縣"條言："本漢平城縣，屬鴈門郡。漢末大亂，其地遂空。魏武帝又立平城縣，屬新興郡。晉改屬鴈門郡。後魏於此建都，屬代尹，孝文帝改代尹爲恒州，縣屬不改。"中華書局，1983，第410頁。

宮室，建宗廟，立社稷。"① 此爲北魏平城皇城營建之始。酈注所言"魏天興二年，遷都於此"者②，或爲《魏書·太祖紀》所言是年"冬十月，起天文殿……十有二月己丑，帝臨天文殿，太尉、司徒進璽綬，百官咸稱萬歲。大赦，改年……二年春正月甲子，初祠上帝于南郊，以始祖神元皇帝配，降壇視燎，成禮而反"事③，故道武帝朝見百官議政實始於天興二年（399）初，並於是年行遷都之典禮。自道武帝時，開始對平城宮室、皇城等一系列建築的營建④，明元帝泰常七年辛亥（422）築平城外郭⑤，其中包括平城西郭，即酈注所言"魏太常七年所城"。其後經太武帝、文成帝、獻文帝之時不斷修建。至孝文帝之時，形成北苑、東西宮城、西苑之建造格局，一時形成"京邑帝里，佛法豐盛，神圖妙塔，桀峙相望"之盛況⑥。

"郊天壇"者，位於平城西廓之外，爲北魏皇帝祭天之場所，據《魏書·太祖紀》，道武帝遷都平城之年，即於春正月甲子，初祠上帝於南郊，此事亦見於《魏書·禮志一》："天興元年，定都平城，即皇帝位，立壇兆告祭天地……祀天之禮用周典，以夏四月親祀於西郊，徽幟有加焉……天賜二年夏四月，復祀天於西郊，爲方壇一，置木主七於上……自是之後，歲一祭。"⑦ 可知自天興元年後，北魏政權即形成每歲於平城西郊祭天之定制，至孝文帝時依然如此。高祖延興四年（474）六月，太上皇顯祖獻文帝以西郊之舊事祭天，立碑於郊所，則當爲酈注所言郊天壇之東側"郊天碑"，其碑文當載時祭天之事。施蟄存先生於道武帝天興元年遷都平城言："新都大典，故當刊石紀功，則此碑必天興四年所立。"⑧ 所言與酈注不合，或有誤也。

---

① （北齊）魏收撰《魏書》卷二《太祖紀》，1974，第33頁。
② 《水經注校證》卷一三《灢水注》"灢水出雁門陰館縣，東北過代郡桑乾縣南"條，第313頁。
③ （北齊）魏收撰《魏書》卷二《太祖紀》，中華書局，1974，第33頁。
④ （北齊）魏收撰《魏書》卷二二《莫含傳附孫題傳》："後太祖欲廣宮室，規度平城四方數十里，將模鄴、洛、長安之制，運材數百萬根。"中華書局，1974，第604頁。
⑤ （北齊）魏收撰《魏書》卷三《太宗紀》："（泰常七年秋九月）辛亥，築平城外郭，周迴三十二里"，中華書局，1976，第62頁。
⑥ （北齊）魏收撰《魏書》卷一〇八《禮志一》："（延興四年）六月，顯祖以西郊舊事，歲增木主七，易世則更兆，其事無益於神明。初革前儀，定置主七，立碑於郊所。"中華書局，1974，第2740頁。
⑦ （北齊）魏收撰《魏書》卷一〇八《禮志一》，中華書局，1974，第2734、2736頁。
⑧ 施蟄存撰《水經注碑錄》卷三《後魏郊天碑》，天津古籍出版社，1987，第111頁。

平城之太和殿，據《魏書·高祖紀》爲孝文帝太和元年（477）春正月所建，時帝"起太和、安昌二殿"，後至秋七月己酉，太和、安昌二殿成，並分別於殿前起朱明、思賢二門，朱明門爲太和殿之正門。此後太和殿成爲文明太皇太后馮氏之寢宮，自太和元年至十四年，文明太皇太后馮氏臨朝聽政，此殿遂爲北魏皇權之中心，亦爲平城皇宮西宮之主殿。至太和十四年馮氏崩於太和殿，孝文帝設祔祭於太和殿，"既而，帝引見太尉丕及群臣等於太和殿前，哭拜盡哀"，並以之爲太和廟，歲常祭祀①。而孝文帝所居之處則依舊制于平城皇宮東宮之主殿太華殿，太和十四年後，孝文帝多於此聽政②。太和十六年，孝文帝破安昌、太華諸殿，仿魏晉洛陽太極殿之舊製造太極殿③，是年冬太極殿成，其後孝文帝則主要聽政於此。酈注於此詳述太極殿之盛："東、西堂及朝堂，夾建象魏、乾元、中陽、端門、東西二掖門、雲龍、神虎、中華諸門，皆飾以觀閣。"可見其基本繼承了漢魏以來都城三朝五門之制度④。而太極殿東堂，酈注言東接太和殿，其殿之東階下有一碑，爲太和中立，即"太和殿碑"。此碑當爲太和十六年（492）秋七月己酉此殿落成時立，碑文當載太和十六年，孝文帝敕令修建此殿之事，所用之石與文明太皇太后永固陵祠廟永固石室俱爲洛陽八風谷之緇石。此兩碑酈注外，北宋以降，歐、趙、洪諸家皆未有著錄，蓋亡佚已久。

1938年6月24日，日本京都大學東方文化研究所水野清一等人於大同一帶首次對平城遺址進行發掘工作，並撰寫《大同附近調查記》一文，認爲平城遺址"是在御河之東的古城村"⑤，即今大同市火車站一帶。1995

---

① （北齊）魏收撰《魏書》卷七《高祖紀》："（太和十九年冬十月）戊辰，行幸磦礡。太和廟成……庚午，遷文成皇后馮氏神主於太和廟。"中華書局，1974，第177頁。
② （北齊）魏收撰《魏書》卷一〇八《禮志一》："（太和十五年十一月）甲子，帝衮冕辭太和廟，臨太華殿，朝群官。"中華書局，1974，第2749頁。
③ （北齊）魏收撰《魏書》卷七《高祖孝文帝紀》："（太和）十有六年春正月戊午朔，饗群臣于太華殿。……二月戊子，帝移御永樂宮。庚寅，壞太華殿，經始太極殿……（冬十月）庚戌，太極殿成，大饗群臣……十有七年春正月壬子朔，帝饗百僚於太極殿"，中華書局，1974，第169～171頁。
④ （清）阮元編《十三經注疏》，《禮記正義》卷二九《玉藻第十三》"朝服以日視朝於內朝"，鄭玄注曰："天子及諸侯皆三朝。"北京大學出版社，1999，第879頁；《禮記正義》卷三一《明堂位第十四》"大廟，天子明堂。庫門，天子皋門。雉門，天子應門"，鄭玄注曰："天子五門：皋、庫、雉、應、路。"北京大學出版社，1999，第942頁。
⑤ 〔日〕水野清一、長廣敏雄：《大同附近調查記》，《雲中大學和大同師專班聯合學報》1988年第1期，吳寶田譯自水野清一《大同通信》。

年 5 月，山西省大同城東南發現北魏平城南郊明堂遺址；2003 年 3 月，大同市操場城街發掘出一處北魏大型建築遺址，大同市考古研究所命名爲"操場城北魏一號遺址"，並考證爲北魏平城宫城遺址。酈注所言太和殿、太極殿等宫室主要建築遺址皆當位於此處。

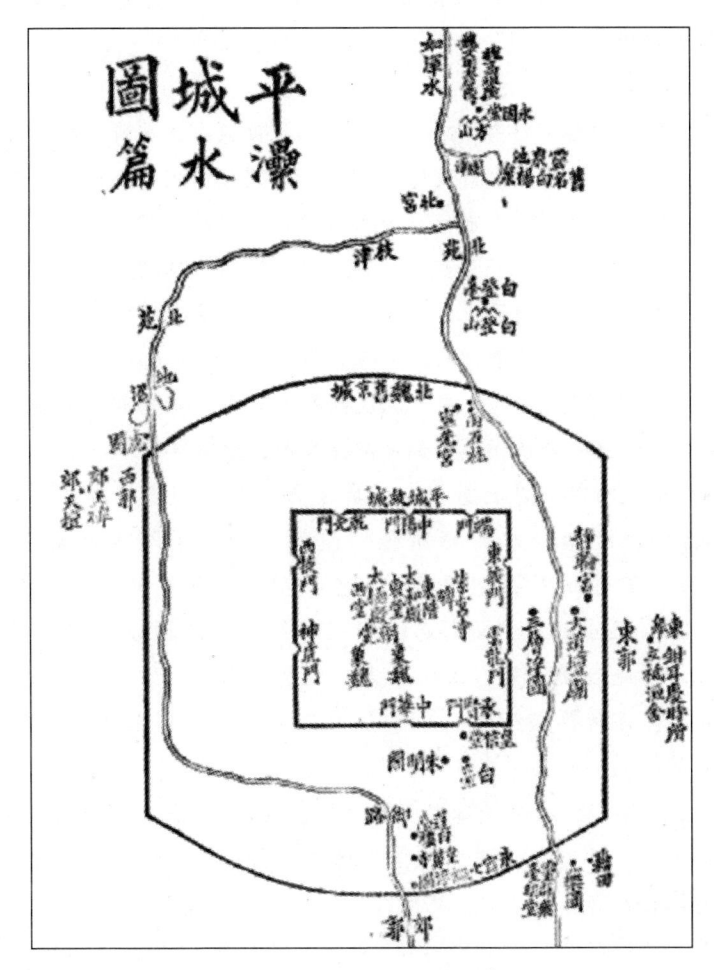

圖 3-5　北魏平城示意圖①

---

① （清）楊守敬、熊會貞編《水經註圖》第八冊，《灢水篇平城》圖一，宜都觀海堂光緒三十一年（1905）刊印本。

十三　北魏皇信堂畫像題刻考

  太和殿之東北，接紫宮寺，南對承賢門，門南即皇信堂，堂之四周，圖古聖、忠臣、烈士之容，刊題其側。是辯章郎彭城張僧達、樂安蔣少游筆。①

  此爲北魏畫像石，屬古蹟類石刻，原石及圖像、銘文皆已亡佚。酈注言平城故城太和殿之東北，接紫宮寺，南對承賢門，門南有皇信堂，此堂之四周，圖刻古聖、忠臣、烈士之容，即爲畫像石，並於像側刊刻銘文，畫像及銘文爲辯章郎彭城張僧達、樂安蔣少游之筆，然畫像具體之內容、所刊銘文皆未言及。此當爲道元所親見，可知時皇信堂及畫像石刻皆存。今山西大同城北尚存北魏平城故城遺址，然此畫像題刻早已不存。酈道元於卷一三《㶟水注》"㶟水出鴈門陰館縣，東北過代郡桑乾縣南"條對北魏平城建築布局予以詳細描述，其中涉及相關石刻文獻達八處，此即爲其一。

  《水經注》所載畫像石甚少，除此處外，尚有三處：卷八《濟水注》"又東過方與縣北爲菏水"條所載"漢荆州刺史李剛碑及石室畫像"、"漢司隸校尉魯峻碑及石室畫像"，此兩處皆爲漢畫像石，且皆另立有碑，卷三四《江水注》"又南過江陵縣南"條"漢趙岐墓畫像石"亦爲漢畫像石，可見自漢以來，畫像石多立於陵墓石闕祠堂、宮室建築之內，其圖畫內容多涉及祥瑞神獸、草木及古之聖賢忠臣烈士之像。而酈注所載北魏之畫像題刻唯見於此。

  皇信堂，爲北魏遷都平城之後，宮室主要建築之一。據《魏書·太祖紀》："（天興元年）秋七月，遷都平城，始營官室，建宗廟，立社稷。"②此爲北魏平城皇城營建之始。此後歷代北魏君主多有營建，其中尤以孝文帝時爲甚。據《魏書·高祖紀》，孝文帝太和七年（483）十月戊午皇信堂建成③，則此畫像題刻亦成於此時。其後史書多有高祖於皇信堂聽政的紀

---

① 《水經注校證》卷一三《㶟水注》"㶟水出鴈門陰館縣，東北過代郡桑乾縣南"條，第313頁。
② （北齊）魏收撰《魏書》卷二《太祖道武帝紀》，中華書局，1974，第169頁。
③ （北齊）魏收撰《魏書》卷七《高祖紀》，中華書局，1974，第1530頁。

録，如太和十三年正月壬戌帝朝群臣於皇信堂①；十五年春正月丁卯，帝始聽政於皇信東室；十六年五月癸未詔群臣於皇信堂，更定律條流徒限制，帝親臨決之；同年十有一月乙卯，依古六寢，權制三室，以皇信堂爲中寢②；"高祖、文明太后引見公卿於皇信堂"③；"時詔延四廟之子，下逮玄孫之冑，申宗宴於皇信堂，不以爵秩爲列，悉序昭穆爲次，用家人之禮"④；"文明太后、高祖並臨皇信堂，引見王公"⑤；"高祖嘗與簡俱朝文明太后於皇信堂，簡居帝之右，行家人禮"等⑥。可見皇信堂於孝文帝時，爲皇宫内廷主要建築之一。

此堂之四周，酈注言"圖古聖、忠臣、烈士之容"，又云"刊題其側"，則當爲石刻畫像，而非壁畫。其所圖之内容，爲漢以降，畫像石之常見主題。其像側當有銘文以讚頌。其圖文，酈注言爲"辯章郎彭城張僧達、樂安蔣少游筆"。"辯章郎"者，據《魏書·官氏志》，與侍御史、協律郎等皆爲從五品下之文官，爲帝之侍從。"張僧達"者，史書無載，其事不可考。另趙萬里《漢魏南北朝墓誌集釋》載有國家圖書館藏拓《元子遂墓誌銘》，文末言："今葬後九百年，必爲張僧達所開，開者即好遷葬，必見大吉。"⑦ 其文荒誕不經，爲術者厭勝之辭。元子遂爲北齊時人，此張僧達者，殆北朝時人多有僧達之名⑧，而虛妄稱之，非酈注所言之辯章郎

---

① （北齊）魏收撰《魏書》卷一〇八《禮志一》："（太和）十三年正月，帝以大駕有事於圜丘。五月庚戌，車駕有事於方澤。壬戌，高祖臨皇信堂，引見群臣。"中華書局，1974，第 2741 頁。
② （北齊）魏收撰《魏書》卷七《高祖紀》："十五年春正月丁卯，帝始聽政於皇信東室"，"（太和十六年）二月戊子，帝移御永樂宮。庚寅，壞太華殿，經始太極殿……五月癸未，詔群臣於皇信堂更定律條，流徒限制，帝親臨決之……（十月）庚戌，太極殿成，大饗群臣。十有一月乙卯，依古六寢，權制三室，以安昌殿爲内寢，皇信堂爲中寢，四下爲外寢。十有七年春正月壬子朔，帝饗百僚於太極殿"。中華書局，1974，第 153～171 頁。
③ （北齊）魏收撰《魏書》卷一四《神元平文諸帝子孫列傳》，中華書局，1974，第 358 頁。
④ （北齊）魏收撰《魏書》卷一九《任城王雲傳附子澄傳》，中華書局，1974，第 464 頁。
⑤ （北齊）魏收撰《魏書》卷一九《南安王楨傳》，中華書局，1974，第 494 頁。
⑥ （北齊）魏收撰《魏書》卷二〇《齊郡王簡傳》，中華書局，1974，第 528 頁。
⑦ 趙萬里著《漢魏南北朝墓誌集釋》卷一一"補遺北魏宗室"《元子遂墓誌銘》，北齊天保六年十一月七日，河南省安陽市出土，正書二十三行，行三十字，《石刻史料新編》第三輯第三册，新文豐出版公司，1986，第 260 頁。
⑧ 趙萬里著《漢魏南北朝墓誌集釋》卷一一《元子遂墓誌銘》跋："其稱張僧達者，蓋因六朝人多以僧達二字爲名，亦猶醜奴、甄生、桃棒、鍾葵之類，史傳碑刻中屢見不鮮；如《宋書》列傳有王僧達，《魏書》房法壽傳有從祖弟僧達，宋翻傳有成僧達，張普惠傳有田僧達，《續高僧傳》十九有釋僧達，龍門造象有比丘尼僧達，唐誌有侯僧達等皆是。事涉左道，未可以常理論也。"《石刻史料新編》第三輯第三册，新文豐出版公司，1986，第 260 頁。

彭城張僧達。蔣少游，樂安博昌人，《魏書》有傳。其性機巧，頗能畫刻。有文思，吟詠之際，時有短篇。唐張彥遠《歷代名畫記》亦讚之曰："蔣少游，樂安博昌人。敏慧機巧，工書畫，善畫人物及雕刻。"[1] 初留寄平城之時，以受僱寫書爲業，後被召爲中書寫書生，與高聰俱依"性好文學"世臣高允。允愛其文用，遂並薦之，與聰俱補中書博士[2]。後於平城將營太廟、太極殿，孝文帝遣少游乘傳詣洛，量準魏晉基趾，則其圖畫皇信堂石刻當亦於此時。其後歷任散騎侍郎、都水使者，遷前將軍、兼將作大匠，景明二年（501）卒，贈龍驤將軍、青州刺史，謚曰質，有《文集》十卷餘。少游善於畫刻，又有文思，經高允之薦爲孝文帝所用，以爲營建平城公室，當參與太和七年皇信堂營建之事，必於時依洛陽魏晉宮室遺跡，於堂之四壁刻石畫像，以圖像之設以昭勸戒，亦示北魏政權崇尚儒家仁孝之術、以禮治國之念。

2003 年 3 月，山西大同操場城街發掘出一處北魏大型建築遺址，大同市考古研究所命名爲"操場城北魏一號遺址"，並考證爲北魏平城宮城遺址，皇信堂與太和殿等宮室主要建築遺址皆當位於此處。

十四　洛中故碑考

穀水又東，枝分南入華林園，歷疏圃南，圃中有古玉井，井悉以珉玉爲之，以緇石爲口，工作精密，猶不變古，璨焉如新。又逕瑤華宮南，歷景陽山北，山有都亭，堂上結方湖，湖中起御坐石也。御坐前建蓬萊山，曲池接筵，飛沼拂席，南面射侯，夾席武峙。背山堂上，則石路崎嶇，巖嶂峻險，雲臺風觀，纓巒帶阜，遊觀者升降阿閣，出入虹陛，望之狀鳧沒鸞舉矣。其中引水飛皋，傾瀾瀑布，或枉渚聲溜，潺潺不斷，竹柏蔭于層石，繡薄叢于泉側，微飆暫拂，則芳溢于六空，實爲神居矣。其水東注天淵池，池中有魏文帝九華臺，殿

---

[1] （唐）張彥遠著、俞劍華注釋《歷代名畫記》卷八《後魏》，上海美術出版社，1964，第156頁。

[2] （北齊）魏收撰《魏書》卷六八《高聰傳》："聰涉獵經史，頗有文才，允嘉之，數稱其美，言之朝廷，云：青州蔣少游與從孫僧智，雖爲孤弱，然皆有文情。由是與少游同拜中書博士。"中華書局，1976，第1520頁。

基悉是洛中故碑累之,今造釣臺于其上。①

此處爲古蹟類石刻,碑石及文皆已不存。酈注言時洛陽城天淵池中之釣臺,原爲魏文帝九華臺,其殿基悉爲洛中故碑累之,故此非爲一碑,當爲洛陽城内之衆多漢碑累積於此,而爲九華臺之殿基,諸碑皆已被人爲毁壞而成基石,其碑石數量及碑名、碑文皆不可知。道元當親至此處,見昔日之曹魏皇家臺闕,今已淪落成釣魚之臺;漢世名臣巨宦豐碑,竟成臺基,與瓦礫無異,甚可嘆惜也。

洛陽之"天淵池",亦稱"天泉池",位於洛陽城東建春門外。據《三國志·魏書·文帝紀》,黄初元年(220)冬十二月初文帝始營洛陽宫,後於黄初五年穿天淵池,其水出華林園千金堤,七年春三月又於池中鑄九華臺②。據酈注,時天淵池、九華臺皆存,並於臺上造釣臺。而楊衒之《洛陽伽藍記》卷一"城内"條所述更詳:"(太倉南翟)泉西有華林園,高祖以泉在園東因名蒼龍海。華林園中有大海,即漢天淵池。池中猶有文帝九華臺,高祖於臺上造清涼殿。世宗在海内作蓬萊山,山上有僊人館,上有釣臺殿,並作虹蜺閣,乘虛來往。至於三月禊日,季秋己辰,皇帝駕龍舟鷁首游於其上。海西有藏冰室,六月出冰以給百官。"③ 據此可知,"天淵池"漢時即有,實爲北魏洛陽皇家禁苑華林園中一大海(即人工湖泊,如今北京有北海、中南海)。華林園自曹魏修建以來,經魏晋至北魏時亦爲皇室禁苑,孝文帝即於園中天淵池内曹魏所修九華臺基礎上,又造清涼殿,宣武帝則於池中作蓬萊山,山上建仙人館、釣臺,池西建藏冰室,以爲帝后消暑閒遊所用。另據《魏書·高宗紀》:"(興安二年)乙丑,發京師五千人穿天淵池。"④ 孝文之前,此池已於興安二年(453)得到大修,至太和年間孝文帝遷都洛陽後,則進一步擴修。《魏書·世宗紀》

---

① 《水經注校證》卷一六《穀水注》"又東過河南縣北,東南入于洛"條,第394頁。
② (西晉)陳壽撰、(劉宋)裴松之注《三國志·魏書·文帝紀》:"(黄初五年)是歲穿天淵池……七年春正月將幸許昌,許昌城南門無故自崩,帝心惡之,遂不入。壬子行還洛陽宫,三月,築九華臺,(夏五月)丁巳帝崩于嘉福殿,時年四十。"中華書局,1964,第84~86頁。
③ (北魏)楊衒之撰、范祥雍校注《洛陽伽藍記校注》卷一"城内景林寺"條,上海古籍出版社,1978,第65~66頁。
④ (北齊)魏收撰《魏書》卷五《高宗紀》,中華書局,1974,第112頁。

言"（永平四年）五月己亥，遷代京銅龍置天淵池"①，以爲引水之器，《初學記》卷四引晉陸翽《鄴中記》"華林園中千金堤作兩銅龍，相向吐水以注天泉池"。② 天淵池作爲洛陽城東皇家園林，在曹魏、北魏兩代不斷的擴建下，最終形成"一池三山"之布局。③

酈注所言"洛中故碑"即九華臺之殿基所用石材，多爲東漢洛陽北邙之碑。洛陽城北之北邙山，因其藏風聚氣、脈象萬千，自東漢建都洛陽以來，上自帝王將相，下至庶民黔首皆以此爲身後之地，故其山冢墓連綿，碑石林立，其碑所用多爲洛陽八風俗緇石等優質石材，做工考究。魏初，文帝修建九華臺時，遂大量採用洛陽城內及北邙之漢碑以爲臺基。唐張籍《北邙行》詩云："洛陽北門北邙道，喪車轔轔入秋草。車前齊唱薤露歌，高墳新起白峨峨。朝朝暮暮人送葬，洛陽城中人更多。千金立碑高百尺，終作誰家柱下石。"④ 可知以碑做建築石材，世代皆然，今傳世漢碑數量較少，除因傾倒埋於泥土中，後世出土而保存較好外，大多或因風雨殘剝而逐漸毀壞不存，或因人爲毀壞及移作他用而消逝不存。九華臺基之洛陽故碑亦因此而毀壞殆盡。而天淵池、九華臺則亦不免淪滅於風刀雪劍。《大明一統志》"洛陽縣"條載有"九華臺"，言："在洛陽縣，魏文帝築。"⑤ 清雍正《河南通志》"洛陽府"亦言："九華臺在府城，魏文帝築。明張美含詩：華林園內九華臺，繡閣珠簾次第開。池水無聲龍斾遠，野花空自落莓苔。"⑥ 可知此臺於明清時尚存，而今已蕩然無存矣。"洛中故碑"，除酈注外，歐、趙、洪諸家皆未著錄，當久已亡佚。

十五　魏茅茨碑考

池南直魏文帝茅茨堂，前有茅茨碑，是黄初中所立也。⑦

---

① （北齊）魏收撰《魏書》卷八《世宗紀》，中華書局，1974，第210頁。
② （唐）徐堅等撰《初學記》卷四《歲時部下》"三月三日第六事對金堤石壇"條，中華書局，1962，第69頁。
③ 自西漢初，漢高祖於未央宮開鑿滄池，池中築島，漢武帝於建章宮時挖太液池，池中築蓬萊、方丈、瀛洲三島，以仿仙境，即"一池三山"布局。
④ 中華書局編輯部點校《全唐詩》卷三八二張籍《北邙行》，中華書局，1960，第4283頁。
⑤ （明）李賢等撰《大明一統志》卷二九"河南府宮室"條，三秦出版社，1990，第6501頁。
⑥ （清）孫灝等撰《河南通志·續通志》卷五一"古蹟上"，華文書局股份有限公司，1969，第1259頁。
⑦ 《水經注校證》卷一六《穀水注》"又東過河南縣北，東南入于洛"條，第394頁。

此處爲古蹟類石刻，碑石及文皆已不存。酈注言此碑位於洛陽城天淵池南、魏文帝茅茨堂前，名曰"茅茨碑"，爲魏文帝黃初（220～226）中所立。此碑當爲道元所親見，然時碑文已殘缺不識，故酈注於其碑文、立碑緣由、形制皆未言。

"茅茨"者，茅草覆蓋之屋。《漢書·司馬遷傳》："墨者亦上堯舜，言其德行曰：堂高三尺，土階三等，茅茨不翦，采椽不斲。"顏師古注曰："屋蓋曰茨。茅茨，以茅覆屋也。"[1] 三代之前，帝堯采椽不刮，茅茨不翦，身居陋室，其供養不如監守門之人[2]，爲後世稱讚。周時所設明堂亦爲茅茨蒿柱，土階三等，以彰節儉之美德，後世聖賢之君多立茅茨之堂以崇古之明德。酈注此所言茅茨堂者，當亦此類[3]。據《三國志·魏書·文帝紀》，黃初五年（224）魏文帝穿天淵池，其水出華林園千金堤，七年春三月又于池中鑄九華臺，夏五月丁巳帝崩於嘉福殿[4]，未言建茅茨堂之事。而據《魏書·任城王雲傳附子澄傳》："車駕還洛，引見王公侍臣於清徽堂……次之凝閑堂。高祖曰：名目要有其義，此蓋取夫子閑居之義。不可縱奢以忘儉，自安以忘危，故此堂後作茅茨堂。謂李沖曰：此東曰步元廡，西曰遊凱廡。此堂雖無唐堯之君，卿等當無愧於元、凱。"[5] 酈道元所見洛陽城之茅茨堂者，非曹魏文帝黃初時所建，當建于北魏孝文帝太和年間（477～499），位於凝閑堂之後。

另楊衒之《洛陽伽藍記》卷一"城內"條載有"苗茨之碑"："柰林南有石碑一所，魏明帝所立也，題云苗茨之碑。高祖於碑北作苗茨堂。永安中年，莊帝習馬射於華林園，百官皆來讀碑，疑苗字誤。國子博士李同軌曰：魏明英才，世稱三祖，公幹、仲宣，爲其羽翼，但未知本意如何，不得言誤也。衒之時爲奉朝請，因即釋曰：以蒿覆之，故言苗茨，何誤之

---

[1] （東漢）班固著、（唐）顏師古注《漢書》卷六二《司馬遷傳》，中華書局，1962，第2712頁。
[2] （漢）司馬遷撰、（唐）張守節正義《史記》卷六《秦始皇本紀》張守節《正義》："言堯舜采椽不刮，茅茨不翦，飯土塯，啜土形，雖監守門之人，供養亦不盡此之疏陋也。"中華書局，1959，第272頁。
[3] （劉宋）范曄撰、（唐）李賢等注《後漢書》"志八"《祭祀志中》"明堂"條："是年初營北郊，明堂、辟雍、靈臺未用事。"李賢注引《呂氏春秋》曰："周明堂茅茨蒿柱，土階三等，以見儉節也。"中華書局，1965，第3177頁。
[4] （西晉）陳壽撰、（劉宋）裴松之注《三國志·魏書·文帝紀》："（黃初五年）是歲穿天淵池……七年春正月將幸許昌，許昌城南門無故自崩，帝心惡之遂不入。壬子行還洛陽宮，三月築九華臺，（夏五月）丁巳帝崩於嘉福殿時年四十。"中華書局，1964，第84頁。
[5] （北齊）魏收撰《魏書》卷一九《任城王雲傳附子澄傳》，中華書局，1974，第467～468頁。

有？眾咸稱善，以爲得其旨歸。"① 此"苗茨之碑"與酈注所言"茅茨碑"所處方位相同，當爲同一碑者。據楊氏所言，則先有"苗茨之碑"，爲魏明帝所立，後有"苗茨堂"，爲孝文帝於碑北所建，至北魏孝莊帝永安年間（528～530），茅茨堂及碑皆存，莊帝騎射於華林園，百官皆來讀此碑，楊衒之時亦親見此碑，而以"蒿覆之，故言苗茨"之言證碑稱"苗茨"無誤。

楊守敬以爲此堂與碑"皆子桓創作，若堂始作於魏孝文，安得有《苗茨碑》？及魏孝文時，堂毀碑存，故又作堂以新之耳。余見《伽藍記》古鈔本，兩明字皆作文"②。施蟄存先生亦以此堂與碑皆"文帝黃初中所建立，酈注當不誤。楊衒之謂碑魏明帝時立，堂則後魏孝文帝所作，然則先有'苗茨'之碑，後作蒿覆之堂，必不然矣"③。據楊守敬所見《洛陽伽藍記》之古鈔本，明帝皆作文帝，或爲傳抄之誤，公幹、仲宣皆爲魏文帝之臣僚，而非明帝之羽翼，故《洛陽伽藍記》所言"苗茨之碑"者當爲魏文帝黃初時所立，與酈注所言相合，然其碑名不同者，蓋"苗"與"茅"古體相近且爲通假，而史書所言多爲"茅茨"，故酈注所言當是。《洛陽伽藍記》言苗茨堂建於孝文帝時，而非魏文帝黃初年間，楊守敬與施蟄存皆以爲此堂與碑皆"文帝黃初中所建立"，至孝文帝之時，堂毀碑存，故孝文帝於碑北、凝閑堂後重修茅茨堂，以示不可縱奢以忘儉、自安以忘危之義。酈注所言則與之相合。

此碑酈注、《洛陽伽藍記》外，歐、趙、洪諸家皆未載，可知宋時已不存。而清徐松輯《河南志》言："華林園，即漢芳林園。文帝黃初五年，穿天淵池。六年，又於池中築九華臺……避齊王名改華林。有疏圃、南圃殿。天淵池中有殿，悉是洛中故碑累之。南有文帝茅茨堂，前茅茨碑。"④ 其所載當據於酈注。

十六　秦兩石人刻石考

又東南合一水，逕兩石人北。秦始皇造橋，鐵鐓重不勝，故刻石

---

① （北魏）楊衒之撰、范祥雍校注《洛陽伽藍記校注》卷一"城内景林寺"條，上海古籍出版社，1978，第66頁。
② （清）楊守敬、熊會貞疏，段熙仲點校、陳橋驛復校《水經注疏》卷一六《穀水注》，江蘇古籍出版社，1989，第1392頁。
③ 施蟄存撰《水經注碑錄》卷四《魏茅茨碑》，天津古籍出版社，1987，第144頁。
④ （清）徐松輯、高敏點校《永樂大典河南志》，《魏城闕古蹟》，中華書局，1994，第65頁。

作力士孟賁等像以祭之,鐓乃可移動也。又東逕陽侯祠北,漲輒祠之,此神能爲大波,故配食河伯也。後人以爲鄧艾祠,悲哉。讒勝道消,專忠受害矣。①

此處爲古蹟類石刻,爲兩石人造像,原石早已不存。酈注言此兩石刻位於長安城北渭水之側,楊守敬《水經注疏》以爲當在清時長安縣西北,即今之陝西西安長安區,所立年代當在秦時。此兩石人至道元之世尚存,當爲其親所經見。

秦始皇於渭水所造之橋即渭橋。《史記·秦始皇本紀》未載此事,《史記·張釋之馮唐列傳》:"頃之,上行出中渭橋。"裴駰《索隱》:"案今渭橋有三所:一所在城西北咸陽路,曰西渭橋;一所在東北高陵道,曰東渭橋;其中渭橋在古城之北也。"②酈注所言之渭橋當在長安城北,是中渭橋也。此橋初建於秦昭王之世,據《索隱》引《三輔故事》言:"咸陽宮在渭北,興樂宮在渭南,秦昭王通兩宮之間,作渭橋,長三百八十步。"③後秦始皇又重建此橋,鑄鐵爲橋墩,然鐵鐓過重而難以移動,始皇遂於橋側刻兩石人,其狀仿孟賁等古之力士之像以祭。孟賁,爲古之勇士,戰國時衛國人④,有勇力,善負重。又《史記·司馬相如列傳》司馬貞《索隱》:"孟賁,古之勇士,水行不避蛟龍,陸行不避豺狼,發怒吐氣,聲音動天。"⑤《後漢書·鄭太傳》李賢注引《呂氏春秋》曰:"孟賁過於河,先其伍,船人怒,以楫虓其頭,不知其孟賁故也。中河,孟賁瞋目視船人,髮植目裂,舟中人盡播入河。"⑥明人馮夢龍將此事詳細描述於《東周列國志》。始皇所

---

① 《水經注校證》卷一九《渭水注》"又東過長安縣北"條,第452頁。
② (漢)司馬遷撰、(劉宋)裴駰集解、(唐)司馬貞索隱、(唐)張守節正義《史記》卷一〇二《張釋之馮唐列傳》,中華書局,1959,第2755頁。
③ (漢)司馬遷撰、(劉宋)裴駰集解、(唐)司馬貞索隱、(唐)張守節正義《史記》卷一〇《孝子本紀》,中華書局,1959,第416頁。
④ (漢)司馬遷撰、(劉宋)裴駰集解、(唐)司馬貞索隱、(唐)張守節正義《史記》卷七九《范雎列傳》"成荆、孟賁、王慶忌、夏育之勇焉而死",裴駰《集解》曰:"許慎曰:成荆,古勇士,孟賁,衞人,力舉千鈞。"中華書局,1959,第2408頁。
⑤ (漢)司馬遷撰、(唐)司馬貞索隱《史記》卷一一七《司馬相如列傳》,中華書局,1959,第3054頁。
⑥ (劉宋)范曄撰、(唐)李賢等注《後漢書》卷七〇《鄭太傳》,中華書局,1965,第2259頁。

立兩石人像，其一當爲孟賁之像，另一石人或爲之另一勇士夏育之像①。

此兩石人，酈注外，歐、趙、洪諸家皆未著録，漢末無名氏撰《三輔黄圖》卷六《橋》篇載有《渭橋》言："渭橋，秦始皇造。渭橋重不能勝，乃刻石作力士孟賁等像祭之，乃可動，今石人在。渭橋在長安北三里，跨渭水爲橋。"② 據此可知此橋及兩石人漢末皆在，渭橋在時長安城北三里，與酈注所載方位相符。另宋人樂史《太平寰宇記》卷二五"關西道雍州長安縣"條載有"渭橋石人"言："《水經注》云：'秦始皇造渭橋，鐵鐓重不能勝，故刻石作力士孟賁等像祭之，鐓乃可動。'今石人猶在邑界。"③ 可知此兩石人及渭橋宋時亦皆存，然後世文獻未再有著録者，未知亡於何時。

圖 3-6　曲阜漢魏碑刻陳列館藏"漢兩石人"銘文④

---

① （漢）司馬遷撰、（劉宋）裴駰集解、（唐）司馬貞索隱、（唐）張守節正義《史記》卷一〇一《袁盎列傳》"雖賁育之勇不及陛下"，《集解》：孟康曰："孟賁、夏育，皆古勇者也。"《索隱》引《尸子》云："孟賁水行不避蛟龍，陸行不避兕虎。"引《戰國策》曰："夏育叱呼駭三軍，身死庸夫。"中華書局，1959，第 2739 頁。

② 何清谷撰《三輔黄圖校釋》卷六"橋"篇，中華書局，2005，第 355 頁。是書孫星衍以爲漢末人撰，陳直《三輔黄圖校證》以爲成書於東漢末曹魏初。

③ （宋）樂史撰、王文楚等點校《太平寰宇記》卷二五"關西道雍州長安縣"條，中華書局，2007，第 529 頁。

④ 〔日〕永田英正編《漢代石刻集成》（京都大學人文科學研究所研究報告，圖版），同朋社出版，1994，第 311 頁。"魯王墓石人題字"，東漢石刻，位於今山東曲阜孔廟廡間圃，圓雕兩尊石人，東尊雙手側捏長劍，高 2.3 米，寬 0.73 米，軀下篆刻"府門之卒"四字，西尊腰懸短劍，拱手肅立，高 2.5 米，寬 0.8 米，軀下篆刻"漢故樂安守麃君亭長"，原在曲阜城東南張曲村，乾隆五十九年移置孔廟，1953 年移入孔廟南院，建亭保管。

十七　漢梧臺里石社碑考

　　系水又北逕臨淄城西門北，而西流逕梧宮南，昔楚使聘齊，齊王饗之梧宮，即是宮矣。其地猶名梧臺里，臺甚層秀，東西百餘步，南北如減，即古梧宮之臺。臺東即闕子所謂宋愚人得燕石處。臺西有石社碑，猶存，漢靈帝熹平五年立。其題云：梧臺里。①

　　此處爲古蹟類石刻，碑石不存而有碑文傳世，酈注言此碑立於時臨淄城西門梧宮臺西，碑名"石社碑"，時猶存，爲漢靈帝熹平五年（176）立，碑有題文曰：梧臺里。此碑當爲道元親見，然其立碑者、緣由等未載。

　　梧宮，酈注言昔楚使聘齊，齊王饗之梧宮，爲此地，其地至北魏時猶名梧臺里②。《說苑》卷一二《奉使》篇："楚使聘於齊，齊王饗之梧宮。使者曰：'大哉梧乎！'王曰：'江漢之魚吞舟，大國之樹必巨，使何怪焉？'"③可知其得名因庭有梧桐巨樹之故④。道元見時，其臺甚層秀，東西達百餘步，南北如減，即古梧宮之臺，臺東即闕子所謂宋愚人得燕石處。"闕子"爲"闕子"之誤。《藝文類聚》卷六引佚書《闕子》曰："宋之愚人，得燕石於梧臺之東，歸而藏之以爲寶，周客聞而觀焉。主人齋七日，端冕玄服以發寶，革匱十重，緹巾十襲，客見之，掩口而笑曰：此特燕石也，其與瓦甓不殊。"⑤而《後漢書·應劭傳》，李賢注引爲《闕子》，其言曰："宋之愚人得燕石梧臺之東，歸而藏之，以爲大寶。周客聞而觀之，主人父齋七日，端冕之衣，鼒之以特牲，革匱十重，緹巾十襲。客見之，俛而掩口，盧胡而笑曰：'此燕石也，與瓦甓不殊。'主人父怒曰：

---

① 《水經注校證》卷二六《淄水注》"又東過利縣東"條，第 627 頁。
② 《太平御覽》卷一五七"州郡部三里"條引伏琛《齊地記》言："臨淄有梧臺里。"中華書局，1960，第 765 頁。
③ （漢）劉向撰、向宗魯校證《說苑校證》卷一二《奉使》，中華書局，1987，第 307 頁。
④ （宋）樂史撰、王文楚等點校《太平寰宇記》卷一八"河南道青州臨淄縣"云："梧臺，亦名梧宮。《說苑》云'楚使适齊，齊襄王饗之梧宮臺'是也。因有大梧樹而建名。又《郡國志》云：'宋人得燕石之所。'"中華書局，2007，第 357~358 頁。
⑤ 《藝文類聚》卷六《地部》"石"條引《闕子》，上海古籍出版社，1982，第 108 頁。

'商賈之言，豎匠之心。'藏之愈固，守之彌謹。"① 其文詳於《藝文類聚》，此爲古之玩石者之源也。酈注或沿李賢而誤。

梧臺西之"石社碑"，當爲靈帝熹平五年（176）時，臨淄城令修繕齊之古梧宮，而於其臺西立此碑，"梧臺里"當爲其碑額題文，而碑陽及陰之題文則未爲可知也。此碑《水經注》外，歐、趙諸家皆未有著錄，洪適《隸釋》卷二〇據酈注載此有碑，其文同，此碑當早已亡佚。今山東淄博臨淄區梧臺鎮梧臺村北尚有梧臺遺址，世人稱爲"梧臺山"。

清末，此碑之殘額忽於山東重現，羅振玉《俑廬日札》第一百二四《漢梧臺里石社碑》，言："前年，山東出一古碑，額篆書二行，文曰'梧臺里石社碑'六字，極勁雅，非漢人不能爲。又以碑形考之，爲漢刻無疑矣……然則此額爲漢刻信矣。予嘗以告羅順循學使，乃購此石，藏之山東圖書館。"② 可知此碑後爲羅正鈞所購得，存山東省圖書館。羅振玉《石交錄》載有此碑之拓本，言："予三十餘年前，從山左估人得此碑額拓本，篆書，六字，頗工，額陰有畫像，碑則已佚。往歲湘中羅順循提學山左，予勸令貯之濟南圖書館，於是拓本始傳人間。"③ 另清末民初《續修歷城縣志》載有《梧臺里石社碑額》，言"熹平五年"立，並載湘潭羅正鈞之跋文："宣統元年，余營金石保存所，上虞羅君振玉以書見告，有此碑額新出土，詢之黃縣淳于孝廉鴻恩，云此額近歸臨淄馬氏，舊嵌縣城西南安樂店某氏門外，去安樂店二里許，土人猶指爲梧臺也。乃屬淳于君亟往購致之，額高三尺一寸五分，寬三尺八分，厚九寸，下有穿，尚存半月形，篆文古健，逼斯翁，額陰及兩例皆有畫，尤漢碑所僅見。此碑自見紀酈注，歐趙各書皆未著錄，即近代阮翁黃孫諸公於山左金石搜求不遺餘力，獨未及見此額。神物沉晦千有餘年，一旦發見而保存之，豈非斯所之光哉？宣統二年，歲在庚戌，秋七月湘潭羅正鈞記。"④ 可知此殘碑額原嵌於臨淄縣西南安樂店某氏門外，於光緒末，初歸臨淄馬氏，後爲湘潭羅正鈞購得，

---

① （劉宋）范曄撰、（唐）李賢等注《後漢書》卷四八《應奉傳附子劭傳》，中華書局，1965，第 1614 頁。
② （清）羅振玉撰述、蕭文立編校《雪堂類稿》甲，《筆記匯刊》《俑廬日札》第一百二四，遼寧教育出版社，2003，第 356 頁。
③ （清）羅振玉撰述、蕭文立編校《雪堂類稿》甲，《筆記匯刊》《石交錄》，遼寧教育出版社，2003，第 173 頁。
④ （民國）毛承霖纂修《續修歷城縣志》卷三一《金石考一》，《中國地方誌集成》"山東府縣輯五"，江蘇古籍出版社，2010，第 463~464 頁。

存山東省圖書館金石保存所。時額下有穿，尚存半月形，羅振玉爲之拓本，遂傳於世。傅惜華《山東漢畫像石彙編》載有此碑額之拓本二幅及羅振玉宣統二年（1911）題跋拓本一副①，羅氏初以爲此碑額又已亡佚，然此碑額後實爲山東博物館館藏，現陳列於山東省博物館新館，其碑額殘高72.5釐米，寬71.2釐米，厚20.7釐米，圓首篆書，中豎刻文二行"梧臺里石社碑"，額之陰上刻有一獸面，中刻一大樹，上棲雙鳥，左右各一羽人，下有一鳥一猴，額之左右兩側分刻有白虎、青龍之像，可知爲畫像碑也。其碑額陰中大樹，當爲梧臺之梧桐，而額題"漢梧臺里石社碑"，可知其碑當爲頌讚"梧社神"也。古之祭社，常祀封土、山川、樹木，而齊地自古社祭之風尤盛，《莊子·人間世》篇即記載有齊地曲轅櫟社樹，其大可蔽數千牛，觀者如市②，以爲神異而祭拜之，此梧臺之梧社樹亦爲其地之社神也。今北京國家圖書館及臺北圖書館皆存此殘碑額之拓本。

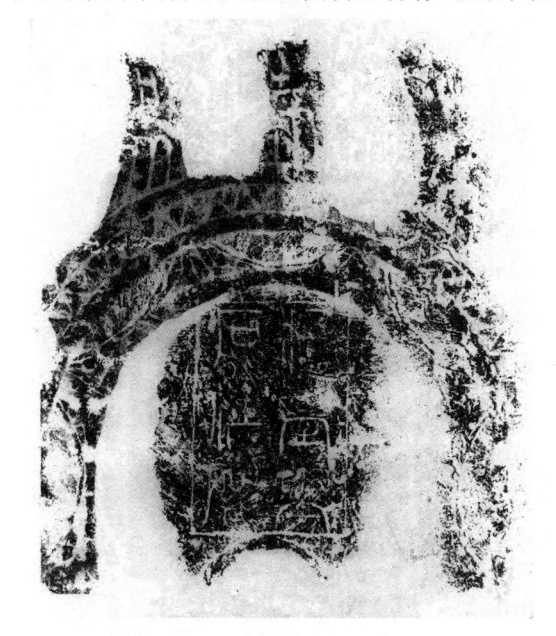

圖 3-7　國家圖書館藏"漢梧臺里石社碑"原碑額拓本③

---

① 傅惜華、陳志農編《山東漢畫像石彙編》下編《梧臺里石刻碑畫像》、《梧臺里石刻碑畫像題記》，山東畫報出版社，2012。
② 孫海通譯註《莊子·人間世》："匠石之齊，至於曲轅，見櫟社樹。其大蔽數千牛，絜之百圍，其高臨山十仞而後有枝，其可以爲舟者旁十數。觀者如市……匠石歸，櫟社見夢。"中華書局，2007，第83頁。
③ 《北京圖書館藏中國歷代石刻拓本匯編》第一冊，中州古籍出版社，1997，第168頁。

图 3-8 "漢梧臺里石社碑"原碑額拓本①

---

① （民國）鄒安輯《廣倉古石錄》，民國戊午年（1918）廣倉學宭石印本，第 7 頁。東漢熹平五年立，山東臨淄，清光緒末臨淄縣西南安樂店出土殘碑額，今存山東省博物館，臺北圖書館金石拓本庫亦藏此殘碑額拓本。

十八　晉諸葛宅銘考一
十九　晉諸葛宅銘考二

　　沔水又東逕隆中，歷孔明舊宅北，亮語劉禪云：先帝三顧臣于草廬之中，咨臣以當世之事。即此宅也。車騎沛國劉季和之鎮襄陽也，與犍爲人李安共觀此宅，命安作《宅銘》云：天子命我于沔之陽，聽鼓鞞而永思，庶先哲之遺光。後六十餘年，永平之五年，習鑿齒又爲其宅銘焉。①

　　此兩處皆爲古蹟類石刻，原石已佚，其文賴酈注而存世，亦無拓本傳世。酈道元僅言此兩石銘刻于沔水（今漢江）之北襄陽隆中之諸葛亮舊宅，一銘爲犍爲人李安所作，其銘文全文見於《三國志·蜀書·諸葛亮傳》裴松之注引王隱《蜀記》，亦收於《全晉文》卷七〇李興《諸葛丞相故宅碣表》；一銘爲永平五年習鑿齒所作，然其銘文酈注未載，嚴可均《全晉文》卷一三四載有習鑿齒所作《諸葛武侯宅銘》，當爲此石之銘文。襄陽隆中諸葛亮宅，道元之世爲南梁荊州所屬，故道元當未曾親至此處，其所載當據《三國志·蜀書·諸葛亮傳》及習鑿齒《漢晉春秋》。

　　諸葛亮，字孔明，琅邪陽都人也，其事見《三國志·蜀書·諸葛亮傳》。建安初，諸葛亮隨叔父諸葛玄投奔荊州牧劉表。後玄卒，亮躬耕隴畝，好爲《梁父吟》。關於諸葛亮躬耕地之考辨自古以來爭論不休，一般持兩說：襄陽隆中、南陽宛城臥龍崗，至今尚無定論。據《三國志·蜀書·諸葛亮傳》裴松之注引《漢晉春秋》云："亮家於南陽之鄧縣，在襄陽城西二十里，號曰隆中。"② 歷史學界，一般以此而確定諸葛亮之故宅當位於南陽之鄧縣，即襄陽隆中。諸葛亮於《出師表》言："先帝不以臣卑鄙，猥自枉屈，三顧臣於草廬之中，諮臣以當世之事。"③ 酈注言，亮所言"草廬"即爲此故宅。

---

① 《水經注校證》卷二八《沔水注》"又東過山都縣東北"條，第662頁。
② （西晉）陳壽撰、（劉宋）裴松之注《三國志·蜀書·諸葛亮傳》，中華書局，1964，第911頁。
③ （西晉）陳壽撰、（劉宋）裴松之注《三國志·蜀書·諸葛亮傳》，中華書局，1964，第920頁。

除酈注外，《太平御覽》卷一八〇《居處部八·宅》引盛弘之《荊州記》曰："襄陽西北十許里，名爲隆中，有諸葛孔明宅"①，《文選·出師表》李善注引《荊州圖副》言："鄧城舊縣西南一里，隔沔有諸葛亮宅，是劉備三顧處"②，此兩處文獻記載與《三國志》、《漢晉春秋》、《水經注》所載基本吻合，皆以爲孔明舊宅當在襄陽古隆中（今湖北襄陽襄城區古隆中）。關於諸葛故宅之記載，《太平御覽》卷一七七《居處部五·臺上》引《南雍州記》言："隆中，諸葛亮故宅，有舊井一，今涸，無水。盛弘之《記》云：宅西有三間屋，基跡極高，云是孔明避水臺。先有人姓董，居之，滅門，後無復敢有住者。齊建武中，有人修井，得一石枕，高一尺二寸，長九寸，獻晉安王。習鑿齒又爲宅銘。今宅院見在。"③ 其中所言習鑿齒所爲宅銘即酈注此處所言"晉諸葛宅銘二"，而最早爲諸葛故宅作銘者爲西晉永興年間（304~306）李興，即"晉諸葛宅銘一"。

"晉諸葛宅銘一"者，酈注言爲犍爲人李安所作，其事見《三國志》裴松之注引王隱《蜀記》："晉永興中，鎮南將軍劉弘至隆中，觀亮故宅，立碣表閭，命太傅掾犍爲李興爲文曰：'天子命我於沔之陽，聽鼓鼙而永思，庶先哲之遺光。登隆山以遠望，軾諸葛之故鄉……昔爾之隱，卜惟此宅……今我來思，覿爾故墟。'"④ 可知此銘爲晉永興年間鎮南將軍劉弘命太傅掾犍爲李興所作。"永興"爲晉惠帝年號，共三年，即公元304至306年。劉弘，字和季，惠帝時沛國相人，魏鎮北將軍劉靖之子，《晉書》有傳，《襄陽耆舊記》亦稱"字和季"，然裴松之注《三國志·魏書·劉馥傳》裴注引《晉陽秋》云："靖少子弘，字叔和"，而酈注又稱"季和"，則未知孰是。永興中，弘爲鎮南將軍、都督荊州諸軍事，至隆中而觀諸葛亮故宅，並立碑碣。考《晉書·劉弘傳》："永興三年，詔進號車騎將軍，開府及餘官如故。"⑤ 而《晉書·惠帝紀》言劉弘於永興二年（305）八月已爲車騎大將軍，至永興三年六月辛未，惠帝改元光熙元年，由此可知劉

---

① 《太平御覽》卷一八〇"居處部五臺上"條，中華書局，1960，第863頁。
② （南梁）蕭統編、（唐）李善注《文選》卷三八諸葛孔明《出師表》，上海古籍出版社，1986，第1673頁。
③ 《太平御覽》卷一八〇"居處部五臺上"條，中華書局，1960，第875頁。
④ （西晉）陳壽撰、（劉宋）裴松之注《三國志·蜀書·諸葛亮傳》，中華書局，1964，第930~937頁。
⑤ 《晉書》卷六六《劉弘傳》，中華書局，1974，第1767頁。

弘謁孔明舊宅，立碣表閭，當在永興二年八月至三年六月之間。作此銘者"犍爲人李安"，王隱《蜀記》則爲"犍爲李興"。犍爲，即漢魏時蜀地犍爲郡（今四川樂山犍爲縣）。李興，字雋石，李密之子，有文才，其事見《晉書·李密傳》，時爲益州刺史羅尚別駕，"尚爲李雄所攻，使興詣鎮南將軍劉弘求救，興因願留，爲弘參軍而不還。尚白弘，弘即奮其手版而遣之。興之在弘府，弘立諸葛孔明、羊叔子碣，使興俱爲之文，甚有辭理。"[1] 可見，興除爲諸葛宅作碣銘外，另爲羊祜作碣文，即《晉故使持節侍中太傅鉅平成侯羊公碑》。另據《三國志·蜀書·諸葛亮傳》裴注引王隱《晉書》云："李興，密之子，一名安。"[2] 可知酈注所言"李安"與王隱《蜀記》所言"李興"爲同一人，時爲太傅掾，其所作銘文見《全晉文》卷七〇李興《諸葛丞相故宅碣表》。時距諸葛亮卒後約七十餘年，爲最早紀念諸葛亮之碑文，其文先以四言、六言、七言等雜言，以如椽之筆盛讚孔明一生之偉績，後以四言之銘文，闡發所見諸葛故宅之感，其曰："疇昔之乖，萬里殊塗；今我來思，覯爾故墟。"[3] 可知時諸葛故宅已成廢墟。

"晉諸葛宅銘二"者，酈注言："後六十餘年，永平之五年，習鑿齒又爲其宅銘焉。"可知爲習鑿齒所作。習鑿齒，字彥威，東晉初襄陽人，《晉書》有傳。鑿齒爲荊州刺史桓溫所重，曾任荊州從事、別駕，而親至襄陽，見諸葛舊宅而作《諸葛武侯宅銘》。酈注言此銘作於永平五年，"永平"爲晉惠帝年號，據《晉書·惠帝紀》，公元291年改爲永平元年，然僅逾二月，又改元元康元年，故無"永平五年"之說，酈注此處所載當有誤。酈注言"後六十餘年"，則自惠帝永興二年（305）下推六十餘年，當在東晉廢帝太和（366～371）、簡文帝咸安（371～372）之時。此前後年號中有"平"字者，有穆帝"升平五年"（361），距永興二年達五十餘年，或即爲"升平"之誤。酈注於此言言撰者及年月，而未載其文。嚴可均《全晉文》卷一三四載有習鑿齒所作《諸葛武侯宅銘》，亦見於《藝文類聚》卷六四《諸葛亮故宅銘》、《初學記》卷二四，其文同。

習鑿齒所撰銘文四言一句，隔句押韻，述其於諸葛亮故宅所見、所

---

[1] 《晉書》卷八八《孝友傳·李密傳附子賜、興傳》，中華書局，1974，第2276頁。
[2] （西晉）陳壽撰、（劉宋）裴松之注《三國志·蜀書·諸葛亮傳》，中華書局，1964，第939頁。
[3] （清）嚴可均輯《全晉文》卷七〇，李興《諸葛丞相故宅碣表》，中華書局，1958，第1866頁。

感、所思。西晉永興時，李興筆下之諸葛故宅是一片"故墟"，而至東晉時，此宅經"達人有作，振此頹風"，呈現"雕檔蔚采，鴟闌唯豐"之盛貌。鑿齒遙想孔明當年於故宅"躬耕西畝，永嘯東巒。迹逸中林，神凝巖端"①，其清修以淡志，實爲潛龍以望世，而發出"堂堂偉匠，婉翮揚朝。傾巖搜寶，高羅九霄。慶雲集矣，鷥駕亦招"之感歎②。

自東晉以來，襄陽隆中之諸葛故宅經歷多次修復，如梁武帝普通年間，鮑至所撰《南雍州記》言諸葛故宅"有舊井一，今涸，無水"，並引盛弘之《荆州記》言："宅西有三間屋，基跡極高，爲孔明避水臺"③。自唐以來，于諸葛故宅修建武侯祠以祭之，唐宣宗大中十年（856），襄州刺史、山南東道節度使李景讓於祠立《蜀丞相武鄉忠武侯諸葛公碑》，爲李景讓撰、無名氏篆額，碑陰刻中書舍人孫樵《刻武侯碑陰》，其碑文言："武侯死五百載，迄今梁漢之民，歌道遺烈，廟而祭者如在，其愛于民如此而久也。"④唐光化三年（900），昭宗封諸葛亮爲武靈王，立《改封諸葛亮爲武靈王廟記》碑一處（王象之《輿地名勝》、清吳慶燾《襄陽金石略》卷八皆載此碑），其後，隆中武侯祠屢次修建，多有立碑。然至明孝宗弘治二年（1489），簡王朱見淑壞諸葛亮故宅，魏晉以來迄唐宋之碑刻石銘，破壞殆盡，蕩然無存。今湖北襄陽市古隆中之諸葛草廬、武侯祠爲清代民國重建。而酈注於此所言兩宅銘，酈注之後，未見其他金石碑目著錄，當早已亡佚。

二十　孫吳臨平湖邊石函文考

浙江北合詔息湖，湖本名阼湖，因秦始皇帝巡狩所憩，故有詔息之名也。浙江又東合臨平湖。《異苑》曰，晉武時，吳郡臨平岸崩，出一石鼓，打之無聲，以問張華，華云：可取蜀中桐材，刻作魚形，扣之則鳴矣。于是如言，聲聞數十里。劉道民《詩》曰：事有遠而合，蜀桐鳴吳石。傳言此湖草薉壅塞，天下亂；是湖開，天下平。孫皓天璽元年，吳郡上言：臨平湖自漢末穢塞，今更開通。又于湖邊得

---

① （清）嚴可均輯《全晉文》卷一三四習鑿齒《諸葛武侯宅銘》，中華書局，1958，第2234頁。
② （清）嚴可均輯《全晉文》卷一三四習鑿齒《諸葛武侯宅銘》，中華書局，1958，第2234頁。
③ （清）王謨輯《漢唐地理書鈔》，鮑至《南雍州記》，中華書局，1961，第347頁。
④ （明）諸葛羲、（明）諸葛倬輯《諸葛孔明全集附評傳》卷一五《碑記》，中國書店，1986，第273頁。

石函，函中有小石，青白色，長四寸，廣二寸餘，刻作皇帝字，于是改天冊爲天璽元年。孫盛以爲元皇中興之符，徵五湖之石瑞也。①

此爲古蹟類石刻，爲石函文，酈注言此石函於三國吳天璽元年（276）出臨平湖，其文現尚存於傳世文獻，然原物已失。《水經注》所載孫吳石刻除此之外，尚有卷三九《贛水注》"又北過南昌縣西"條所載"吳立徐孺子碑"。此石函銘，酈注以外，後世金石文獻皆未載之。

臨平湖，古地理名，《隋書·地理志》載有臨平湖，屬餘杭郡。另據《元和郡縣圖志》記載臨平湖在鹽官縣西臨平山南②，此湖古時甚廣，清時尚有"汪洋數百頃，東西八里一百步，南北九里二百步，深七尺"，然今已完全消失，故址位於浙江杭州餘杭區臨平，酈注所言臨平湖邊石函即出於此處。此銘文另見於《三國志·吳書·三嗣主傳·孫皓傳》："天璽元年，吳郡言臨平湖自漢末草穢壅塞，今更開通。長老相傳，此湖塞，天下亂，此湖開，天下平。又於湖邊得石函，中有小石，青白色，長四寸，廣二寸餘，刻上作皇帝字，於是改年，大赦。"③酈注所述與《吳書》相同。

臨平湖自古以來，久有盛名，世傳此湖常能預兆世之治亂。此湖於東漢末年以來草穢擁塞，卻於三國吳孫皓天璽元年（276）驟然自開，時人以爲祥瑞之兆，故孫皓改年天璽。此年八月，又於歷陽山發現有石紋理成字，凡二十，云："楚九州渚，吳九州都，揚州士，作天子，四世治，太平始。"孫皓大喜曰："吳當爲九州作都、渚乎！從大皇帝逮孤四世矣，太平之主，非孤復誰？"④並"刻石立銘，褒讚靈德，以答休祥"。此即爲後世之名碑《天發神讖碑》（又名"三段碑"，吳天璽元年刻石，立於江寧天禧寺，清嘉慶十年毀於火災）。然祥瑞之兆卻實爲災異之徵，吳因孫皓暴虐昏庸，於四年後亡於晉，故《太平御覽》引孫盛《晉陽秋》曰："又孫皓將亡，吳郡臨平湖，一夜草木自除。於湖邊得石函，中有小石，青白色，長四

---

① 《水經注校證》卷四〇《浙江水注》"北過餘杭，東入于海"條，第940頁。
② （唐）李吉甫撰、賀次君點校《元和郡縣圖志》卷二五"江南道杭州鹽官縣"載有"臨平湖"："在縣西五十里，溉田三百餘頃"。中華書局，1983，第604頁。
③ （西晉）陳壽撰、（劉宋）裴松之注《三國志》卷四八《吳書》三，《三嗣主傳》第三，中華書局，1964，第1171頁。
④ （西晉）陳壽撰、（劉宋）裴松之注《三國志》卷四八《吳書》三，《三嗣主傳》第三，裴注引《江表傳》，中華書局，1964，第1172頁。

尺，廣二寸餘，上有白帝字。時人莫察其祥意者，豈中宗興五湖之徵歟？"①類似之事後又發生於南朝陳時，據《資治通鑑》卷一七六記載："（陳後主禎明元年）江南妖異特衆，臨平湖草久塞，忽然自開。"② 其後禎明三年（589），陳亡於隋，再次與吳人"此湖塞，天下平，此湖開，天下亂"之傳言相反。臨平湖時壅時開本爲自然現象，由於與歷史的巧合，經後世之人不斷神化，逐披上神秘外衣，而爲世代傳頌。中唐詩人顧況《臨平湖》詩云："采藕平湖上，藕泥封藕節。船影入荷香，莫蘺蓮柄折。"③ 清代錢塘著名詩人厲鶚《臨平湖竹枝詞》："雙鬟十五蕩舟徐，不見清波錦鯉書。儂似湖中石鼓樣，望郎望似蜀桐魚。"④ 詩人眼中的臨平湖，不再是王朝興亡之讖語，而僅是一幅江南水鄉荷葉田田、船動魚游自然之美景。

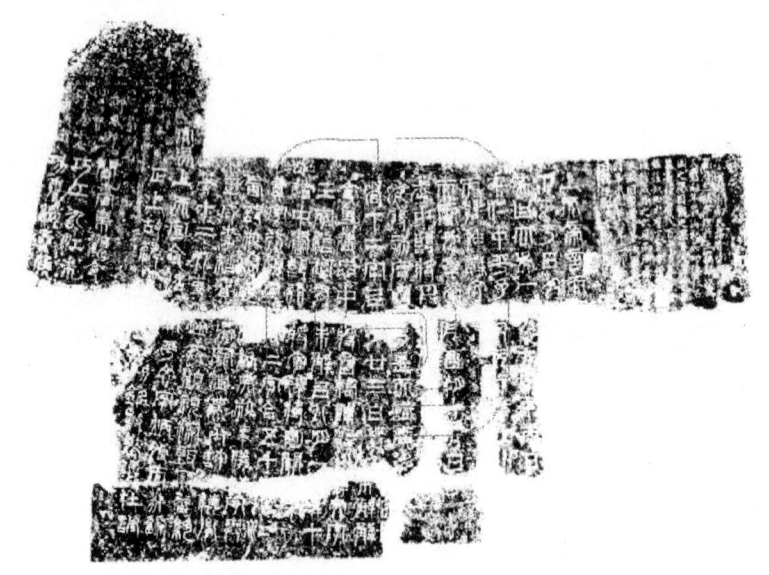

圖 3-9　國家圖書館藏"吳天發神讖碑"原碑拓本⑤

---

① 《太平御覽》卷九八"皇王部二十三東晉元皇帝"條，中華書局，1960，第469頁。
② （北宋）司馬光編著、（元）胡三省音注《資治通鑑》卷一七六《陳紀十》，中華書局，1956，第5473頁。
③ 中華書局編輯部點校《全唐詩》卷二六七，顧況《臨平湖》，中華書局，1960，第2961頁。
④ （清）厲鶚著、吳家駒點校《清名家詩叢刊初集厲鶚詩》，厲鶚詩二《臨平湖竹枝詞》，廣陵書社，2006，第541頁。
⑤ 《北京圖書館藏中國歷代石刻拓本匯編》第二冊，中州古籍出版社，1997，第37頁。亦名"三段碑"，三國吳天璽元年（276）立，篆書，江蘇江寧出土，原立於江寧天禧寺，清嘉慶十年（1805）毀於火災，北京國家圖書館藏清前期拓本，顧千里、瞿鏞藏拓。

第四章　河嶽水利類石刻

一　李尤盟津銘考
二　李尤鴻池陂銘考

粵在伏羲，受《龍馬圖》于河，八卦是也。故《命歷序》曰：《河圖》，帝王之階，圖載江河、山川、州界之分野。後堯壇于河，受《龍圖》，作《握河記》。逮虞舜、夏、商，咸亦受焉。李尤《盟津銘》：洋洋河水，朝宗于海。邈自中州，《龍圖》所在。①

穀水又東注鴻池陂，《百官志》曰：鴻池，池名也。在洛陽東二十里，丞一人，二百石。池東西千步，南北千一百步，四周有塘池，中又有東西橫塘，水溜徑通，故李尤《鴻池陂銘》曰：鴻澤之陂，聖王所規，開源東注，出自城池也。②

此兩處皆爲河嶽類石刻，東漢李尤作，銘文傳世而刻石已佚。酈注外，嚴可均《全後漢文》卷五〇尚載有李尤所作《河銘》、《鴻池陂銘》；明張溥《漢魏六朝百三家集》卷一五《漢李尤集》亦載有《孟津銘》、《鴻池陂銘》，所言皆與酈注同。

銘文創作，興起於上古三代③，發展於秦漢，定型於漢魏之際，是一種介乎詩文的應用文體，其文多爲四言，或有三言、五言、七言，辭尚博約，文風溫潤，先秦時期多刻於青銅器皿，故初稱爲"金文"、"鐘鼎文"，

---

① 《水經注校證》卷一《河水注》"屈從其東南流，入於渤海"條，第3頁。
② 《水經注校證》卷一六《穀水注》"又東過河南縣北，東南入于洛"條，第403頁。
③ （東漢）班固著、（唐）顏師古注《漢書》卷三〇《藝文志》"《黃帝銘》六篇"，中華書局，1962，第1731頁。

其文多以紀事以頌德①。除鐘鼎銘文外，三代以來亦有刻於刀、劍、門、冠冕、衣屨等各類金屬、玉石、建築、生活用具、山川河流等各種物體上之文字，文辭多簡短，其用途或爲"物勒工名"②，或以爲自我警醒。秦漢以降，銘文多用於石刻之上，從而成爲石刻文體之一，稱"碑銘"也，除用以紀事，亦多傳承鐘鼎銘文讚頌之俗。除碑銘外，漢代銘文創作亦多見於生活常見物體之上，然多"樂於對器物的外形特點進行鋪敘，警戒意味很少"③，此兩類銘文於東漢逐漸形成銘文這一應用性文體。漢魏之際，銘文文體逐漸趨於定備，蔡邕於《銘論》論述銘文之用途及其重要作用，"鐘鼎禮樂之器，昭德紀功，以示子孫，物不朽者莫不朽于金石，近世以來咸銘之于碑"④。曹丕《典論·論文》所言四科八類，"蓋奏議宜雅，書論宜理，銘誄尚實，詩賦欲麗"⑤，明確提出銘文這一強調實用功用的應用文體以真實爲第一要素，並與"誄"歸爲一科。摯虞《文章流別論》及李充《翰林論》亦將銘文作爲一類文體論及，陸機《文賦》則進一步明確指出"銘博約而溫潤"這一文體特徵。其後劉勰於《文心雕龍·銘箴》篇言："銘者，名也。觀器必也正名，審用貴乎慎德。"⑥將銘文與箴文合篇而專論之，進一步強調銘文"正名"、"盛德"之功用。

　　東漢時期，銘文創作大盛，嚴可均《全後漢文》中，據統計共有十九人創作有銘文近百四十篇，創作者不乏班固、張衡、蔡邕、崔瑗、孔融、禰衡、王粲文學巨匠，其中又以東漢李尤所作最爲豐富，《全後漢文》卷五〇共收錄有李尤八十六篇銘文，占整個東漢時期銘文創作的半數以上。李尤，《後漢書·文苑傳》有傳，字伯仁，廣漢雒人。年少時即以善文而名盛於世，和帝時，侍中賈逵薦尤有相如、揚雄之風，召至東觀，受詔作

---

① （清）阮元編《十三經注疏》，《禮記正義》卷四九《祭統第二十五》："夫鼎有銘。銘者，自名也，自名以稱揚其先祖之美，而明著之後世者也。爲先祖者，莫不有美焉，莫不有惡焉，銘之義稱美而不稱惡，此孝子孝孫之心也"，北京大學出版社，1999，第1362頁。

② （清）阮元編《十三經注疏》，《禮記正義》卷一七《月令第六》："物勒工名，以考其誠，功有不當，必行其罪。"鄭玄注曰："勒，刻也，刻工姓名於其器，以查其信，知其不攻致。功不當者，取材美而器不堅也。"上海古籍出版社，1997，第548頁。其中的"名"即"銘"之意。

③ 吳承學、劉湘蘭：《箴銘類文體》，《古典文學知識》，2009年6月，第109~116頁。

④ （清）嚴可均輯《全後漢文》卷七四蔡邕《銘論》，中華書局，1958，第876頁。

⑤ （三國魏）曹丕撰、孫馮翼輯《典論·論文》，中華書局，1985，第1頁。

⑥ （南梁）劉勰著、範文瀾注《文心雕龍校注》卷三《銘箴第十一》，人民文學出版社，1962，第193頁。

賦，拜蘭臺令史。漢安帝年間任議大夫，受詔與謁者僕射劉珍等編撰《東觀漢記》。時安帝欲廢太子爲濟陰王，李尤不顧個人榮辱，上書力諫。順帝時，尤任樂安相，年八十三歲而卒。《後漢書·文苑傳》言其一生著詩、賦、銘、誄、頌，有《七歎》、《哀典》等二十八篇，《隋書·經籍志》載有其文集五卷，然時已亡佚①。據《華陽國志》卷一〇中《廣漢士女》"兩李麗采，文藻可觀"條記載："（李尤）明帝召詣東觀，作《辟雍》、《德陽》諸觀賦、銘、《懷戎頌》、《百二十銘》，著《政事論》七篇。帝善之。"② 其中尤以銘文創作爲甚，近一百二十餘篇，嚴可均《全後漢文》收錄其中八十六篇，張溥《漢魏六朝百三家集》、梅鼎祚《東漢文紀》皆有收錄。

李尤銘文創作，題材極爲廣泛，《文選·齊竟陵文宣王行狀》李善注引《李尤集序》曰："尤好爲銘讚，門階戶席，莫不有述。"③ 摯虞《文章流別論》亦云："李尤爲銘，自山河都邑，至於刀筆符契，無不有銘。"④ 其銘文所刻載體，既有青銅器皿（《鼎銘》《盂銘》《樽銘》），亦有日常生活器物（《琴銘》《屏風銘》《書案銘》）、宮室建築（《明堂銘》《永安宮銘》《德陽殿銘》）、城門（《上東門銘》《中東門銘》《穀城門銘》）、武器（《金馬書刀銘》《寶劍銘》《戟銘》）、山川河流（《河銘》《洛銘》《鴻池陂銘》）等等，可謂歷代以來第一位專注於銘文創作者。其文簡約平實，敘事狀物，亦有警示儆勵之意。

李尤《盟津銘》、《鴻池陂銘》兩文，以河嶽爲載體，當銘刻碑石之上，立於盟津、鴻池陂。李尤《盟津銘》者，酈注僅錄二句"洋洋河水，朝宗於海。逕自中州，《龍圖》所在"，未錄全文。其文亦見於《全後漢文》卷五〇，嚴可均據《藝文類聚》卷八"山部下、水部上河水條"收錄全文共十四句，四字一句，計八十四字，題曰《河銘》。張溥《漢魏六朝百三家集》卷一五《漢李尤集》亦收錄此文，名曰《盟津銘》，其文

---

① 《隋書》卷三五《經籍志四》"集志"："又有樂安相《李尤集》五卷，大鴻臚《竇章集》二卷，亡。"中華書局，1973，第 1057 頁。
② （東晉）常璩撰、任乃強校注《華陽國志校補圖注》卷一〇中《廣漢士女》，上海古籍出版社，1987，第 564 頁。
③ （南梁）蕭統編、（唐）李善注《文選》卷六〇任彥昇《齊竟陵文宣王行狀》，上海古籍出版社，1986，第 2583 頁。
④ （清）嚴可均輯《全晉文》卷七七摯虞《文章流別論》，中華書局，1958，第 1906 頁。

同。"盟津"亦稱"孟津",爲黃河中游最爲古老的古津渡之一,其名來自於《尚書·禹貢》:"又東至於孟津。"正義曰:"孟是地名,津是渡處,在孟地致津,謂之孟津。"① 杜預注云:"孟津,河內河陽縣南孟津也。在洛陽城北,都道所湊,古今常以爲津。武王渡之,近世以來呼爲武濟。"② 王充《論衡》亦言:"武王伐紂,八百諸侯盟此,故謂盟津。"③ "盟"與"孟"通,故"盟津"後稱"孟津",漢魏時爲洛陽城北黃河古渡之一,其舊址位於今河南洛陽孟津縣會盟鎮扣馬村東南邙山鉅陳壘下。洋洋,水勢浩蕩之貌。黃河發源於崑崙,流至孟津,水勢已大,且因地勢之落差,而形成洋洋觀,故李尤稱曰"洋洋河水",水經此渡晝夜不息奔流向大海,猶如萬民朝宗。《龍圖》,即《河圖》,《周易·繫辭上》有言:"河出圖,洛出書,聖人則之。"鄭康成注曰:"《春秋緯》云:河以通乾出天苞,洛以流坤吐地符。河龍圖發,洛龜書感,《河圖》有九篇,《洛書》有六篇也。"④ 據傳上古時期,伏羲受龍馬圖於河而作八卦,或稱《龍圖》,從而爲河水增添神秘之色彩。其文末以"大漢承緒,懷附遐鄰"之語,盛讚漢王朝之統治猶如周武王克殷,爲天命所受,威加海內,澤被四方,故"邦事來濟,各貢厥珍"。此文亦可見李尤深受道家陰陽五行思想之影響。除《孟津銘》外,李尤其他銘文創作中亦大量使用五行讖緯之言,如"玄龜赤字,漢符是立"(《洛銘》)、"簡易易從,與乾合符"(《函谷關銘》)、"五行接備,陰陽相乘"(《灶銘》)、"帝王設險,乾坤是承"(《京師城銘》)等,亦可見東漢中後期,道家陰陽五行及漢儒讖緯思想盛行於世,於文人創作中成爲常用題材。

　　《鴻池陂銘》爲李尤銘文創作中涉及河嶽另一典範之作。"鴻池陂"亦作"鴻郤陂"、"洪池陂",爲漢魏時洛陽城東之湖泊,即春秋時期之圉澤⑤,《後漢書·安帝紀》"(永初二年)癸巳,詔以鴻池假與貧民"即爲此池⑥,此湖今已乾涸,舊址位於今河南偃師城區中南、商城遺址東南。

---

① (清)阮元編《十三經注疏》,《尚書正義》卷六《禹貢》,北京大學出版社,1999,第161頁。
② (清)阮元編《十三經注疏》,《尚書正義》卷六《禹貢》,北京大學出版社,1999,第161頁。
③ (東漢)王充撰《論衡》卷五《異虛》篇,上海人民出版社,1974,第36頁。
④ (清)阮元編《十三經注疏》,《周易正義》卷七《繫辭上》,北京大學出版社,1999,第290頁。
⑤ (清)阮元編《十三經注疏》,《春秋左傳正義》卷五二《昭公二十六年》:"召伯逆王于尸,及劉子、單子盟,遂軍圉澤,次于堤上。"北京大學出版社,1999,第1472頁。
⑥ (劉宋)范曄撰、(唐)李賢等注《後漢書》卷五《孝安帝紀》,中華書局,1965,第212頁。

據酈注引《百官志》云："鴻池，池名也。在洛陽東二十里……池東西千步，南北千一百步，四周有塘池，中又有東西橫塘，水溜徑通。"[1] 可見其水域遼闊，爲東漢陽渠之蓄水庫。漢魏時期洛陽城，因建於伊水、洛水之側，且周圍河流眾多，故多遭水患，據吳慶洲《漢魏洛陽城市防洪的歷史經驗及措施》一文統計，自西漢至北魏洛陽城共發生十七次重大水患[2]，爲消除、減輕水患災害，漢以來多於洛陽城修建水利工程，如陽渠、千金堨、千金渠等。東漢建武二十四年（48），光武帝詔令於洛陽城東周公所開故渠基礎上，開鑿新渠以引洛水繞城而東，經河南縣城南，納穀、瀍二水，入"鴻池陂"，後於偃師以東復注入洛水，時稱陽渠，"鴻池陂"則作爲重要的蓄洪湖泊居於陽渠河道之中，以"鴻池陂"爲界陽渠分東、西兩部分。1983 年以來，河南偃師考古工作者陸續於偃師尸鄉溝商城遺址、城東南部發現陽渠及鴻池陂遺址，其中鴻池陂遺址之規模與《百官志》所載基本相符[3]。酈注於此引李尤《鴻池陂銘》："鴻澤之陂，聖王所規。開源東注，出自城池。""鴻澤之陂，聖王所規"意指此陂爲周公所建；"開源東注，出自城池"則指陽渠引洛水之水經洛陽城東流，注於鴻池。酈氏此處引李尤之言，以闡明陽渠之起源、方位、河道流向。另嚴可均《全晉文》卷八五亦載有張載《洪池陂銘》："開源東注，出自城池。魚鼈熾殖，水鳥盈涯。菱藕狃獲，秔稻連畦。漸臺中起，列館參差。惟水泱泱，厥大難訾。"[4]（亦見於《藝文類聚》九，其文同。）此"洪池陂"即李尤所言"鴻池陂"，其中"開源東注，出自城池"一句當引自李尤此銘，而《文選》卷二七謝朓《晚登三山還望京邑》李善注引張載《洪池銘》有"漸臺中起，列館參差"之語[5]，卻誤以爲出自李尤《洪池銘》，實將李尤之銘與張載之文混淆矣。張載之銘言鴻池"魚鼈熾殖，水鳥盈涯。菱藕狃獲，秔稻連畦"，可知至西晉時期，鴻池尚水域遼闊，物產豐富，其不僅成爲陽渠蓄洪之池，更因風景獨好，而成爲文人雅士賞遊之地。

---

[1] 《水經注校證》卷一六《穀水注》"又東過河南縣北，東南入於洛"條，第 403 頁。
[2] 吳慶洲：《漢魏洛陽城市防洪的歷史經驗及措施》，《中國名城》2012 年第 1 期，第 32 頁。
[3] 偃師市文物管理局：《漢魏洛陽城東陽渠、鴻池陂考古勘察簡報》，《華夏考古》2011 年第 1 期，第 41 頁。
[4] （清）嚴可均輯《全晉文》卷八五，張載《洪池銘》，中華書局，1958，第 1951 頁。
[5] （南梁）蕭統編、（唐）李善注《文選》卷二七謝朓《晚登三山還望京邑》，上海古籍出版社，1986，第 1263 頁。

對李尤銘之評價，《文心雕龍·才略》篇評其爲"李尤賦銘，志慕鴻裁，而才力沈膇，垂翼不飛"①，《銘箴》篇又云："李尤積篇，義儉辭碎。"② 摯虞《文章流別論》亦云："而文多穢病。討而潤色，言可采錄。"③ 可見後人對其銘文文學價值評價不高，李尤創作銘文雖數量衆多，但文采不足。此二銘以孟津、鴻池陂爲題材，或題刻於碑碣，分立於此二地，然其創作具體年月不可考，當在東漢和帝、安帝之時。此二銘酈注以外，歐、趙、洪皆未載，後世金石文獻皆未著錄，或早已不存，唯銘文傳世爾。

三　魏石隄祠碑考

河水又東合柏谷水，水出弘農縣南石隄山。山下有石隄祠，銘云：魏甘露四年，散騎常侍、征南將軍、豫州刺史、領弘農太守南平公之所經建也。④

此處爲水利類石刻，碑石不存，唯有銘文傳世，無拓本存世。酈注言此碑立於弘農縣南石隄山下石隄祠前，並載其碑文局部，可知碑祠之所立年代及建造者。碑文當言石隄這一水利工程之修建情況，惜酈氏略其辭。

酈注言石隄祠位於柏谷水源石隄山下。柏谷水，古河名，宋樂史《太平寰宇記》卷六"河南道陝州靈寶縣"條言："柏谷水，亦名墊澗。《水經》云：'河水又東，合柏谷水。'《注》云：'水出弘農縣南石隄山。'"⑤ 可知此河北魏時稱柏谷水，宋時稱墊澗，即今河南靈寶市沙河，酈注言此水"出弘農縣南石隄山下"。石隄山，古地理名，位於今靈寶市境內，因山下修有水利工程"石隄"，故名"石隄山"。

---

① （南梁）劉勰著、范文瀾注《文心雕龍校注》卷十《才略第四十七》，人民文學出版社，1962，第699頁。
② （南梁）劉勰著、范文瀾注《文心雕龍校注》卷三《銘箴第十一》，人民文學出版社，1962，第194頁。
③ （清）嚴可均輯《全晉文》卷七七摯虞《文章流別論》，中華書局，1958，第1906頁。
④ 《水經注校證》卷四《河水注》"又東過河北縣南"條，第111頁。
⑤ （宋）樂史撰、王文楚等點校《太平寰宇記》卷六"河南道陝州靈寶縣"條，中華書局，2007，第101頁。

"石隄"即石築隄防。自古以來，爲防止河流洪水氾濫，保護農田及城池，古人以巨石修築隄防以防洪，如《漢書·溝洫志》言："從淇口以東爲石隄，多張水門……其水門但用木與土耳，今據堅地作石隄，勢必完安。"① 酈注此言"石隄"爲石隄山下所修石隄以防止柏谷水之氾濫。據酈注所載銘文可知其當建於三國曹魏之世，石隄修建完工後，當地吏民立祠與碑以紀事功。甘露曹魏高貴鄉公曹髦年號。甘露四年（259），曹髦卒，後六月陳留王奐即位，改元景元元年。南平公，官爵名，《魏書·長孫嵩傳》言："（嵩）歷侍中、司徒、相州刺史，封南平公。"② 長孫嵩爲北魏時人，亦未曾至弘農，而《水經注》所言南平公或爲曹魏宗室，非一人也。據明萬斯同《歷代史表》記載，豫州刺史之任，甘露四年前爲州太，後爲陳騫，而州太爲征東將軍，陳騫則爲安東將軍，皆未任征南將軍，亦未領弘農太守、南平公。又據《三國志·魏書·王基傳》："（魏）甘露四年，（王基）轉爲征南將軍，都督荊州諸軍事。"③ 甘露四年王基爲征南將軍，曾領豫州刺史，但未被封爲南平公。此處所言似有缺文或訛文。此石堤祠及碑，酈注外，歐、趙、洪諸家皆未著錄，《太平寰宇記》卷六"河南道陝州靈寶縣"條載有"石隄山"言："在縣西南一十七里，《水經注》云'柏谷水出弘農縣南石隄山下，有石隄祠焉，西連華山'。"然未言石堤祠及碑之存無。清雍正《河南通志》卷八"陝州"條亦言："石隄山，在靈寶縣西南萬度里，山下有石堤，魏時所建。"④ 至清時石堤山位於靈寶縣西南萬度里，山下石隄尚存，然石隄祠及碑皆已不存，未知亡於何時。

四　河平侯祠碑考

上舊有河平侯祠，祠前有碑，今不知所在。郭頒《世語》曰：晉文王之世，大魚見孟津，長數百步，高五丈，頭在南岸，尾在中渚，

---

① （東漢）班固著、（唐）顔師古注《漢書》卷二九《溝洫志》，中華書局，1962，第1695頁。
② （北齊）魏收撰《魏書》卷二五《長孫嵩傳》，中華書局，1974，第643頁。
③ （西晉）陳壽撰、（劉宋）裴松之注《三國志·魏書·王基傳》，中華書局，1964，第755頁。
④ （清）王士俊等修《河南通志·續通志》卷八"山川下陝州"條，華文書局股份有限公司，1969，第197頁。

河平侯祠即斯祠也。①

　　此處爲河嶽類石刻，爲祠奉黃河水神"河平侯"之廟碑，原碑石及文皆已亡佚。酈道元言此碑立於黃河中"津水二渚"之上，與河南岸上"洛陽北界石表"遙相呼應，然道元之時，祠廟及碑已不存，後世亦無著錄。

　　河平侯，當爲黃河水神之稱。酈道元引郭頒《魏晉世語》曰："晉文王之世，大魚見孟津，長數百步，高五丈，頭在南岸，尾在中渚，河平侯祠即斯祠也。"郭頒，西晉時人，曾任晉之令史、襄陽令②，《隋書·經籍志》載有其《魏晉世語》十卷、《群英論》一卷③，爲魏晉時之志怪小說，今皆亡佚，唯存殘文。晉文王，當指西晉文帝司馬昭，據《晉書·文帝紀》，其生於漢末建安十六年（211），卒于曹魏元帝咸熙二年（265）依酈注所言，在此之世，黃河孟津突現大魚，其長數百步，高五丈，頭在南岸，尾在中渚，此事《三國志》及《晉書》未載，不可考。而時人以爲神異，或以爲晉室祥瑞，遂於河中之渚封侯立祠以祀之，即河平侯祠，並於祠前立碑以記之。由此推之，則"河平侯祠碑"當立於曹魏中晚期司馬昭當政之時，碑文當記載孟津突現大魚神異之事。此碑僅見於《水經注》，歐、趙、洪諸家皆未有著錄，當早已亡佚。

五　漢石門銘考

　　濟水分河東南流。漢明帝之世，司空伏恭薦樂浪人王景，字仲通，好學多藝，善能治水。顯宗詔與謁者王吴始作浚儀渠，吴用景法，水乃不害，此即景、吴所修故瀆也。渠流東注，浚儀故復，謂之浚儀渠。明帝永平十五年，東巡至無鹽，帝嘉景功，拜河堤謁者。靈帝建寧四年，于敖城西北壘石爲門，以遏渠口，謂之石門，故世亦謂之石門水。門廣十餘丈，

---

① 《水經注校證》卷五《河水注》"又東過平縣北，湛水從北來注之"條，第128頁。
② （西晉）陳壽撰、（劉宋）裴松之注《三國志·魏書·三少帝紀·高貴鄉公髦紀》裴松之注："案張璠、虞溥、郭頒皆晉之令史，璠、頒出爲官長，溥，鄱陽内史。"中華書局，1964，第133頁。
③ （唐）魏徵等撰《隋書》卷三三《經籍志二》"史志"："《魏晉世語》十卷，晉襄陽令郭頒撰"卷三四《經籍志三》"農者"："《群英論》一卷，郭頒撰。"中華書局，1973，第960、1011頁。

西去河三里，石銘云：建寧四年十一月，黃場石也。而主吏姓名，磨滅不可復識。魏太和中，又更修之，撤故增新，石字淪落，無復在者。①

此處爲水利類石刻，爲黃腸石題刻，銘石早已不存，而銘文賴酈注載其局部。酈注言此石銘刻於滎陽縣敖城西北石門渠上，並載其銘文曰"建寧四年十一月，黃場石也"，可知其刻於漢靈帝建寧四年（171）十一月，此銘當爲道元所親見，時銘文已殘缺，修建石門之主吏姓名皆摩滅不可復識。至北魏太和年間，此石銘文皆已淪落，無復在者。

酈注所載石門者諸多，除此外，又於是條載有"漢滎口石門碑"，所記漢順帝陽嘉三年（134）二月河堤謁者司馬登、王誨等於濟水、滎瀆交匯處修石門之事，另卷九《沁水注》"又南出山，過沁水縣北"條載"晉沁口石門銘"，所記爲西晉安平獻王司馬孚於沁水縣沁水所修建石門之事。

滎陽，本韓地，秦始皇元年攻取之②，設滎陽縣，屬三川郡，郡治於此，置敖倉，秦末陳涉起義稱王於此，亦爲楚漢相爭之地；西漢改屬河南尹，東漢、曹魏因之，有敖亭③，即酈注所言"敖城"也；西晉武帝泰始二年分河南郡立滎陽郡，郡治於此，屬司州；北魏仍爲滎陽郡，屬北豫州，有石門城④。其故城位於今河南鄭州西北古滎。酈注引《晉地道志》曰："濟自大伾入河，與河水門，南泆爲滎澤。"⑤ 濟水於此與黃河交匯，而常氾濫成大澤，即滎澤（今已不存）。《尚書·禹貢》曰："滎波既豬。"孔安國注曰："滎澤波水以成遏豬。"⑥ "滎波"即"滎澤"也，在滎陽之

---

① 《水經注校證》卷七《濟水注》"與河合流，又東過成皋縣北，又東過滎陽縣北，又東至北礫溪南，東出過滎澤北"條，第190頁。

② （漢）司馬遷撰、（劉宋）裴駰集解、（唐）司馬貞索隱、（唐）張守節正義《史記》卷四五《韓世家》："（韓桓惠王）二十四年，秦拔我城皋、滎陽。"中華書局，1959，第1877頁。

③ （劉宋）范曄撰、（唐）李賢等注《後漢書》"志一九"《郡國志一》"河南尹"條："滎陽，有鴻溝水。有廣武城。有虢亭，虢叔國。有隴城。有薄亭。有敖亭。有熒澤。"中華書局，1965，第3389頁。

④ （北齊）魏收撰《魏書》卷一〇六《地形志中》"滎陽郡"條："滎陽，有滎陽山、滎陽城、敖倉、廣武城、石門城、管叔冢、周苛、紀信冢、滎澤。"中華書局，1974，第2537頁。

⑤ 《水經注校證》卷七《濟水注》"與河合流，又東過成皋縣北，又東過滎陽縣北，又東至北礫磎南，東出過滎澤北"條，第190頁。

⑥ （清）阮元編《十三經注疏》，《尚書正義》卷六《禹貢》，北京大學出版社，1999，第152頁。

境，而民常受其害。

　　滎陽之石門，據酈注所言，漢明帝時司空伏恭薦樂浪人王景，與謁者王吳於此共修浚儀渠治"滎澤"。王景，字仲通，樂浪詌邯人，其事見《後漢書·循吏傳·王景傳》："景少學《易》，遂廣闚眾書，又好天文術數之事，沈深多伎藝。辟司空伏恭府。時有薦景能理水者，顯宗詔與將作謁者王吳共修作浚儀渠。吳用景墕流法，水乃不復爲害。"① 酈注之言當據於此。《後漢書》詳載王景、王吳兩人修渠之事："（永平十二年）又以嘗修浚儀，功業有成，乃賜景《山海經》、《河渠書》、《禹貢圖》及錢帛衣物。夏，遂發卒數十萬，遣景與王吳修渠築堤，自滎陽東至千乘海口千餘里。景乃商度地勢，鑿山阜，破砥績，直截溝澗，防遏衝要，疏決壅積，十里立一水門，令更相洄注，無復潰漏之患。景雖簡省役費，然猶以百億計。明年夏，渠成。帝親自巡行，詔濱河郡國置河堤員吏，如西京舊制。景由是知名。王吳及諸從事掾史皆增秩一等。景三遷爲侍御史。十五年，從駕東巡狩，至無鹽，帝美其功績，拜河堤謁者，賜車馬縑錢。"② 可知王景、王吳兩人於永平十二年（69）於滎陽滎澤修建浚儀渠，以疏導澤水灌溉農田，後又於滎陽修汴渠，時以數十萬之衆自滎陽至濟水之入海口修渠築堤，並廣立石門，爲東漢初期大型水利工程，其耗費達百億計。至永平十三年（70），渠成，滎陽"滎澤"之害遂治，王景亦因此功而於永平十五年（72）拜河堤謁者而名動天下。王吳，《後漢書》無傳，其事不可知。

　　漢末靈帝建寧四年（171），又于敖城西北壘石爲門，遏浚儀渠口以爲蓄水防洪之用，時謂之石門③。此門酈注言廣十餘丈，爲黃場石也，"黃場"當爲"黃腸"之誤，東漢陵墓多用此類石，爲墓槨之石，非治水所

---

① （劉宋）范曄撰、（唐）李賢等注《後漢書》卷七六《循吏列傳·王景傳》，中華書局，1965，第2464頁。

② （劉宋）范曄撰、（唐）李賢等注《後漢書》卷七六《循吏列傳·王景傳》，中華書局，1965，第2465頁。

③ （清）楊守敬、熊會貞疏，段熙仲點校，陳橋驛復校《水經注疏》卷七《濟水注》，楊守敬按曰："《禹貢錐指》，即卽賈讓所謂滎陽漕渠也。其水門但用木與土，至是，始壘石爲之。"江蘇古籍出版社，1989，第650頁。滎陽漕渠，見《漢書》卷二九《河渠書》言："（哀帝初）待詔賈讓奏言：治河有上中下策……恐議者疑河大川難禁制，滎陽漕渠足以卜之，其水門但用木與土耳，今據堅地作石隄，勢必災安。"中華書局，1962，第1692頁。可知此石門西漢時即有，漢明帝時爲王景所增修，然皆爲木土爲之，至漢末靈帝時始用黃腸石建造。

用。王國維《南粤黄腸木刻字跋》一文曾論及此事，謂"實則酈氏所見石門，乃後世發建寧舊墓石爲之。酈氏誤以治石之年爲作門之年，不悟水門之銘，不得稱黄腸石也"①。王國維先生以爲酈注所載此石門，乃發東漢建寧二年之墓得其黄腸石而爲石門，則建寧二年之字爲漢墓黄腸石銘文，非爲此"石門銘"，而道元據石銘而以爲此石門修建於建寧二年。漢代帝王墓葬，有黄腸題湊之制，"黄腸"本爲黄心柏木，墓葬梓宮多以黄心柏木爲之，而至東漢時始以石代木爲梓宮以葬，其石多長方、方形，長二尺至四尺之間，其上刻以銘文②，即黄腸石。酈注言此石門以黄腸石建造，則未有聞以黄腸石爲水利建造者，故王國維先生之言當是。然酈注又言其上所刻建造者之主吏姓名，至道元之世皆摩滅不可復識，則依此言之，亦有可能爲時建石門之官吏於黄腸石上題刻銘文以記建造之事，亦或爲時有墓葬所用黄腸石多餘者而用於石門之建造，則非發墓而得之。

其後至魏太和中，此石門又更修之，撤故增新，故石字淪落，無復在者。魏明帝、北魏孝文帝皆有太和之年號，酈注稱先見石門之銘文，其後因重修石門，撤故增新，而字不復在，故重修石門當在北魏太和年間。另據《晉書·傅玄傳附傅祇傳》："自魏黄初大水之後，河濟泛溢，鄧艾嘗著《濟河論》，開石門而通之，至是復浸壞。祇乃造沈萊堰，至今兖豫無水患，百姓爲立碑頌焉。"③可知曹魏時因洪水氾濫而開石門，至西晉武帝時，石門壞，而傅祇造沈萊堰，修復之，故百姓爲之立碑，其碑後世不傳。

此石門銘，酈注外，歐、趙、洪諸家皆未載，唯洪适《隸釋》卷二〇、嚴可均《全後漢文》卷一〇二"闕名"六、顧藹吉《隸辨》卷八據酈注載之，稱"石門銘"，其文同。

---

① 王國維著《觀堂集林》外二種卷一八《史林》十《南粤黄腸木刻字跋》，中華書局，1959，第980頁。
② 趙振華：《洛陽東漢黄腸石題銘研究》，國家圖書館出版社，2008年7月。
③ 《晉書》卷四七《傅玄傳附傅祇傳》，中華書局，1974，第1331頁。

292 | 《水經注》石刻文獻叢考

圖 4-1　東漢靈帝文陵黃腸石拓本①

---

① 李南可：《從東漢"建寧"、"熹平"兩塊黃腸石看靈帝文陵》，《中原文物》1985 年第 3 期，第 81 頁。銘文："第百五十一，廣三尺一，厚二尺一，長尺八寸，建寧五年二月，省椽劉宮主。"

六　漢滎口石門碑考

　　濟水又東合滎瀆，瀆首受河水，有石門，謂之爲滎口石門也，而地形殊卑，蓋故滎播所導，自此始也。門南際河，有故碑云：惟陽嘉三年二月丁丑，使河堤謁者王誨，疏達河川，遹荒庶土，往大河衝塞，侵齧金堤，以竹籠石葺土而爲堨，壞潰無已，功消億萬，請以濱河郡徒，疏山采石壘以爲障。功業既就，徭役用息，未詳詔書，許誨立功，府卿規基經始，詔策加命，遷在沇州，乃簡朱軒，授使司馬登，令纘茂前緒，稱遂休功。登以伊、洛合注大河，南則緣山，東過大伾，回流北岸，其勢鬱懟，濤怒湍急激疾，一有決溢，彌原淹野，蟻孔之變，害起不測，蓋自姬氏之所常慮。昔崇鯀所不能治，我二宗之所劬勞。于是乃跋涉躬親，經之營之，比率百姓，議之于臣，伐石三谷，水匠致治，立激岸側，以捍鴻波，隨時慶賜，說以勸之，川無滯越，水土通演，役未踰年，而功程有畢，斯乃元勳之嘉謀，上德之弘表也。昔禹修九道，《書》錄其功；后稷躬稼，《詩》列于《雅》。夫不不憚勞謙之勤，夙興厥職，充國惠民，安得湮沒而不章焉。故遂刊石記功，垂示于後。其辭云云。使河堤謁者山陽東緡司馬登，字伯志；代東萊曲成王誨，字孟堅；河內太守宋城向豹，字伯尹；丞汝南鄧方，字德山；懷令劉丞，字季意；河堤掾匠等造。陳留浚儀邊韶，字孝先頌。石銘歲遠，字多淪缺，其所減，蓋厥如也。①

　　此處爲水利類石刻，原碑已不存，碑文賴酈注傳世。酈注言此碑立於滎陽縣滎口石門之側，並詳載其碑文全文。其文述漢順帝陽嘉三年（134）二月丁丑，使河堤謁者王誨、司馬登、河內太守向豹等人受詔於滎瀆首受河水之處修造石門，開挖溝渠以治水之事，並刻石立碑於石門之側以記之②，然碑立之年代及書撰之人未載。此碑至道元之世尚存，當爲其親見，

---

① 《水經注校證》卷七《濟水注》"與河合流，又東過成皋縣北，又東過滎陽縣北，又東至北礫溪南，東出過滎澤北"條，第 191~192 頁。
② （劉宋）范曄撰、（唐）李賢等注《後漢書》卷二《孝明帝紀》李賢注曰："汴自滎陽首受河，所謂石門，在滎陽山北一里，過汴而東，積石爲隄，謂之金隄，成帝陽嘉中所作也。"中華書局，1965，第 1114 頁。

然因歲月久遠，而碑字多淪缺，故酈注所載碑文有缺失者。

榮口石門，修建於滎瀆首受河水之處，其石門南際黃河，據酈注所載碑文，當修於漢順帝陽嘉三年（128），與敖城西北之石門相毗鄰。熊會貞《水經注疏》以爲敖城西北之石門位於滎口石門之西南，楊守敬以爲兩石門相去數十里，一在敖城西去河三里，一在滎口河濱[1]。

滎口石門之建造過程，據酈注所載碑文而知：河堤謁者王誨巡視河、濟而至滎陽，誨見黃河河道衝塞，而河堤多以竹籠石葺土爲堨，時已壞潰無已，故上表順帝請修河道，帝允之，並詔令王誨爲之，故碑文有"許誨立功，府卿規基經始，詔策加命，遷在沇州，乃簡朱軒，授使司馬登，令纘茂前緒，稱遂休功"之語。時帝以河堤謁者司馬登與王誨共修滎口石門，"以濱河郡徒，疏山采石壘以爲障"，並"伐石三谷，水匠致治，立激岸側，以捍鴻波"，可見時採三谷之石以修石門，並造石激，以防禦洪水，保護堤埧，功成之後，遂刊此碑於石門之側，以記王誨、司馬登諸人"不不憚勞謙之勤，夙興厥職，充國惠民"之功，不使"湮沒而不章焉"。

此修建石門之事，史書未載，王誨、司馬登諸人修造之功，賴酈注而得以傳世。其碑文末題"河堤謁者山陽東緡司馬登，字伯志；代東萊曲成王誨，字孟堅；河內太守宋城向豹，字伯尹；丞汝南鄧方，字德山；懷令劉丞，字季意；河堤掾匠等造"等[2]，皆爲參與修建石門之官吏名字及官職，王誨、司馬登、向豹、鄧方諸人皆未見史冊，其事不可知。酈注言此碑文爲陳留浚儀邊韶所撰。邊韶，字孝先，陳留浚儀人，順帝、桓帝時人，其事見《後漢書·文苑傳》。韶以文章知名，桓帝時，爲臨潁侯相，徵拜太中大夫，與崔駰、延篤、朱穆等人著作東觀[3]，再遷北地太守，入拜尚書令。後爲陳相，卒於官。其著詩、頌、碑、銘、書、策，凡十五

---

[1] （清）楊守敬、熊會貞疏，段熙仲點校、陳橋驛復校《水經注疏》卷七《濟水注》，熊會貞按曰："劉昭曰，石門在滎陽山北一里。《一統志》，在今滎澤縣西北。此石門在下滎口石門之西南。"楊守敬按："《禹貢錐指》，上石門，漢建寧四年立，在敖城西北。此石門，漢陽嘉三年立，在敖山東。時地各別，近志混而爲一，大繆。兩石門相去數十里。余謂建寧之石門，在敖城西去河三里，陽嘉之石門，在滎口河濱，安得混而爲一。"江蘇古籍出版社，1989，第650~654頁。

[2] （清）楊守敬、熊會貞疏，段熙仲點校、陳橋驛復校《水經注疏》卷七《濟水注》，江蘇古籍出版社，1989，第655頁。

[3] （劉宋）范曄撰、（唐）李賢等注《後漢書》卷六四《延篤傳》："桓帝以博士徵，拜議郎，與朱穆、邊韶共著作東觀。"中華書局，1965，第2103頁。

篇，嚴可均《全後漢文》卷六二言其有集一卷，並載其所作《老子銘》、《塞賦》等文五篇，其中有一篇題爲《河激頌》者，即此碑文，其文同。此碑文未言立碑年月，楊守敬以爲："蓋詔書以辛未日下，去丁丑才四十五日，即在陽嘉三年二月之明月，故不再書年月也。"[1] 據此推之，碑當立於是年，即漢順帝陽嘉三年（128）。

此碑文酈外，歐、趙皆未載，唯洪适《隸釋》卷二〇、顧藹吉《隸辨》卷八據酈注載此碑，稱《王誨碑》，其文同。明楊慎《金石古文》、清孫星衍《續古文苑》亦載此碑，稱《滎口石門碑》，嚴可均《全後漢文》則稱之《河激頌》，皆各以碑文之語而名之。本文以此碑位於滎陽滎口石門之側，而立於漢順帝陽嘉之時，故稱"漢滎口石門碑"，自漢以來，黃河屢經改道，滎陽之滎澤早已堙塞，今河南鄭州滎陽市舊有滎澤縣之名，當爲古滎澤之處。此石門及碑亦早已不存。

七　晉沁口石門銘考

　　沁水南逕石門，謂之沁口。《魏土地記》曰：河內郡野王縣西七十里有沁水，左逕沁水城西，附城東南流也。石門是晉安平獻王司馬孚之爲魏野王典農中郎將之所造也。按其《表》云：臣孚言，臣被明詔，興河內水利。臣既到，檢行沁水，源出銅鞮山，屈曲周迴，水道九百里，自太行以西，王屋以東，層巖高峻，天時霖雨，衆谷走水，小石漂迸，木門朽敗，稻田汎濫，歲功不成。臣輒按行，去堰五里以外，方石可得數萬餘枚。臣以爲累方石爲門，若天暘旱，增堰進水，若天霖雨，陂澤充溢，則閉防斷水，空渠衍潦，足以成河。雲雨由人，經國之謀，暫勞永逸，聖王所許，願陛下特出臣《表》，敕大司農府給人工，勿使稽延，以讚時要。臣孚言。詔書聽許。于是夾岸累石，結以爲門，用代木門枋，故石門舊有枋口之稱矣。溉田頃畮之數，間二歲月之功，事見門側石銘矣。[2]

---

[1] （清）楊守敬、熊會貞疏，段熙仲點校，陳橋驛復校《水經注疏》卷七《濟水注》，江蘇古籍出版社，1989，第655頁。

[2] 《水經注校證》卷九《沁水注》"又南出山，過沁水縣北"條，第229~230頁。

此處爲水利類石刻，爲摩崖題刻，今銘石不存而銘文酈注傳世。酈注言此石銘刻於沁水縣（今河南濟源）石門之側，並載銘文局部，銘文述晉安平獻王司馬孚上表修石門事，然石銘所刻年代及石門之規模詳況則未載。此石銘當爲道元所親見。

沁口，即沁水南逕石門處，其石門者，爲沁水上之古水利樞紐也，舊稱"枋口堰"。據新舊《唐書》①、清人修《濟源縣志》，秦始皇二十六年（前221），於沁水造坡堰堤壩，以蓄沁水灌溉農田。初渠首"枋木爲門，以備洩洪"，至曹魏之世，木門朽爛，坡堰毀廢。據銘文所載安平獻王司馬孚之表可知，時司馬孚受詔於此興修水利，其先究沁水之源流走向，見秦時所建"枋口堰"已"木門朽敗，稻田汎濫，歲功不成"，遂上表朝廷，建議於去堰五里以外開採方石，修復此堰，以蓄沁水。若遇天亢旱，則關閉石門，增堰進水，以灌溉農田；若遇天霖雨，陂澤充溢，則打開石門以泄水，以爲民謀福祉。帝下詔書聽許，令有司開採方石，於沁水夾岸累石以爲河堤，並結以爲石門，用代秦時之木門，"間二歲月之功"乃成，可知建造石門用時兩年，工程巨大。

司馬孚，字叔達，晉宣帝司馬懿之次弟，其事見《晉書·宗室傳·安平獻王孚傳》。孚於漢末建安時，因陳思王曹植之選，爲文學掾，後遷太子中庶子。文帝踐位，爲中書郎、給事常侍，宿省內，除黃門侍郎，加騎都尉，後出爲河內典農，賜爵關內侯，轉清河太守。明帝即位，轉爲度支尚書。入晉後，孚被封爲安平王，泰始八年（272）薨，諡曰獻。《晉書》未言其至沁水縣修造石門之事，亦未載此表。司馬孚於魏文帝黃初年間曾任河內典農，而銘文稱"石門是晉安平獻王司馬孚之爲魏野王典農中郎將之所造"，可知其當在黃初年間上表文帝並修造石門。銘文稱司馬孚爲晉安平獻王者，據《晉書》所載，司馬孚于晉武帝泰始元年封爲安平王，後於泰始八年薨，諡曰獻，故此石銘當爲泰始八年之後，司馬孚卒後，由時沁水縣之官吏刻此文于石門之側，以記此事也，故爲晉刻，而施蟄存先生言其此"刻石立銘，當亦在魏文帝時"②，或有誤也。

---

① 《舊唐書》卷一六五《溫造傳》："造以河內膏腴，民戶凋瘵，秦開浚懷州古秦渠枋口堰；役工四萬，溉濟源、河內、溫、武陟四縣田五千餘頃。"中華書局，1975，第4318頁。《新唐書》所載同。

② 施蟄存撰《水經注碑錄》卷二《晉沁口石門銘》，天津古籍出版社，1987，第81頁。

此石銘文，酈注外，歐、趙諸家皆未有著錄，洪适《隸釋》卷二〇、顧藹吉《隸辨》卷八依酈注著之，其文同。嚴可均《全晉文》卷一四則載有安平王孚所作《請造沁口石門表》全文，言爲魏黃初中所作，其文與酈注同。此石門，至唐文宗大和五年（831），由節度使溫造浚古渠，加以重修①，然未言此石門及銘，蓋時已不存。

今河南濟源東北沁河谷口尚存"五龍口水利工程"遺址，即司馬孚所修石門遺跡。1983年考古工作人員於河南濟源城東北三十里太行山南麓沁河谷右岸山峰間發現曹魏時所修石門遺址，爲當年河南省重大考古發現。其中有摩崖題刻《石門銘》殘文一方，高48.5釐米、寬42釐米，隸書九行，行十一字，共九十五字，其文曰："三國魏正始五年十月廿五日，督治道郎中上黨司徒悌、監作吏司徒從椽位下曲陽吳放，督匠師匠兵徒千餘人通治步道作遍橋閣，鑿開石門一所，高一丈八尺、廣九尺、長二丈，都匠木工司馬陳留成有當、部匠軍司馬河東魏通開石門，師河內司馬羌。"② 據文可知此爲曹魏正始十五年吳放開石門題記，非酈注所載晉安平獻王司馬孚所修石門銘。

八　漢漳河神壇碑考

（漳水）又逕銅馬祠東，漢光武廟也。更始三年秋，光武追銅馬于館陶，大破之，遂降之。賊不自安，世祖令其歸營，乃輕騎行其壘，賊乃相謂曰：蕭王推赤心置人腹中，安得不投死乎？遂將降人分配諸將，眾數十萬人，故關西號世祖曰銅馬帝也。祠取名焉。廟側有碑，述河內修武縣張導，字景明，以建和三年爲鉅鹿太守，漳津汎濫，土不稼穡，導披按地圖，與丞彭參、掾馬道嵩等，原其逆順，揆其表裏，修防排通，以正水路，功績有成，民用嘉賴。題云：漳河神壇碑。而俗老耆儒，猶揭斯廟爲銅馬劉神寺。是碑頃因震裂，餘半不可復識矣。③

---

① 《新唐書》卷三九《地理志三》"孟州"條："有枋口堰，大和五年，節度使溫造浚古渠，溉濟源、河內、溫、武陟田五千頃。"中華書局，1975，第1010頁。
② 河南省文物局編《濟源文史資料》第二輯《沁河谷棧道》，濟源市政協委員會，1993，第21頁。
③ 《水經注校證》卷一〇《濁漳水注》"又東北過曲周縣東，又東北過鉅鹿縣東"條，第263~264頁。

此處爲水利類石刻，碑石不存而酈注載其局部。酈注言此碑立於鉅鹿縣銅馬祠（漢光武廟）側，時碑已震裂頃倒，其文近半不可復識，酈注據其殘文略言立碑之始末：漢末建和三年（149），漳水汎濫，土不稼穡，鉅鹿太守河內修武張導，與丞彭參、掾馬道嵩等人於漳水修防排通以正水路，而功績有成，爲民所嘉，故立此碑以紀事功。碑當立於是年，爲鉅鹿民衆所立。道元言其碑額題"漳河神壇碑"，則碑側另建有神壇以祀漳水之神。此碑當爲道元所親見，時碑尚存殘文過半。

銅馬祠，酈注言即漢光武廟。據《後漢書·光武紀》："（更始二年）秋，光武擊銅馬於鄡……悉破降之，封其渠帥爲列侯。降者猶不自安，光武知其意，敕令各歸營勒兵，乃自乘輕騎按行部陳。降者更相語曰：'蕭王推赤心置人腹中，安得不投死乎！'由是皆服。悉將降人分配諸將，眾遂數十萬，故關西號光武爲'銅馬帝'。"① 酈注所言當據於此，其言事在"更始三年秋"者，當爲"更始二年"之誤。銅馬祠，取光武銅馬帝之名也，爲時漢光武廟之一。除酈注外，《魏書·地形志》亦言南趙郡廣阿有銅馬祠②，《太平寰宇記》卷五九"河北道邢州鉅鹿縣"條載有"銅馬祠"，言："在縣北七里。"③ 可知此廟宋時尚存，故址位於今河北邢臺鉅鹿縣銅馬鎮，此碑立於廟側。

張導，史書無傳。酈注言其字景明，河內修武人，建安三年爲鉅鹿太守。《三國志·魏書·臧洪傳》載有臧洪答陳琳書曰："昔張景明親登壇歃血，奉辭奔走，卒使韓牧讓印，主人得地；然後但以拜章朝主，賜爵獲傳之故，旋時之間，不蒙觀過之貸，而受夷滅之禍。"裴松之注引《英雄記》云："袁紹使張景明、郭公則、高元才等說韓馥，使讓冀州。"④ 此"張景明"當爲張導也，則韓馥讓冀州牧之位於袁紹，景明之功。另據《後漢書·袁紹傳》，渤海太守袁紹于初平二年（191）攻冀州，韓馥讓位與之，時張景明爲袁紹之僚，說降韓馥，然紹不念其恩，旋尋過而族滅之。酈注

---

① （劉宋）范曄撰、（唐）李賢等注《後漢書》卷一《光武帝紀》，中華書局，1965，第17頁。
② （北齊）魏收撰《魏書》卷一〇六《地形志上》"殷州南趙郡廣阿"條："有廣阿城、堯臺、大陸陂、銅馬祠"，中華書局，1974，第2472頁。
③ （宋）樂史撰、王文楚等點校《太平寰宇記》卷五九"河北道邢州鉅鹿縣"條，中華書局，2007，第1220頁。
④ （西晉）陳壽撰、（劉宋）裴松之注《三國志·魏書·臧洪傳》，中華書局，1964，第235頁。

言其任鉅鹿太守在建安三年，則其在郡，當在興平至建安初年（194～196）。施蟄存先生據《後漢書·五行志》以爲："建和二年、三年秋均有京師大水之文，當是河水漲溢，漂沒都邑，漳河亦有汎濫之災。"①酈注言"建安三年"（198）爲"建和三年"（149）。然"建和"爲桓帝初之年號，距建安三年近五十年，而張景明於初平二年爲袁紹臣僚，其四十年前當不可能有興修水利之事，故應以"建安三年"爲是。張導於鉅鹿任內，見漳水汎濫，民眾飽受其害，遂與屬吏治理漳水，"披按地圖"，"原其逆順，揆其表裏，修防排通，以正水路"，其治水之法，一如夏禹，遂治水成功，民賴其利，故于銅馬祠側立此碑以讚之。酈注又言時之俗老耆儒，猶揭斯廟爲銅馬劉神寺，可知此廟漢末以來已改爲張導之祠，而後世之人仍以爲"銅馬劉神寺"，誤也。

此碑酈注外，《太平寰宇記》卷五九"河北道邢州沙河縣"載"湯山"："在縣西北七十一里。《山海經》云：'湯山，湯水出焉。'此湯能愈疾，爲天下最。'又按《隋圖經》云：'湯後側岩上有石室一戶，無塵穢，俗號曰聖人室，下經銅馬廟，有碑題云漳河神壇'。"②則此碑隋時猶存。《太平寰宇記》引《隋圖經》之文而未言碑存，可知宋時碑已不存。陳思《寶刻叢編》亦據《太平寰宇記》而錄之，然歐、趙皆未載，唯洪适《隸釋》卷二〇、顧藹吉《隸辨》卷八依酈注亦著有此碑，其文同。

九　晉戾陵遏表考

鮑丘水入潞，通得潞河之稱矣。高梁水注之，水首受灅水於戾陵堰，水北有梁山，山有燕刺王旦之陵，故以戾陵名堰。水自堰枝分，東逕梁山南，又東北逕劉靖碑北。其詞云：魏使持節都督河北道諸軍事征北將軍建城鄉侯沛國劉靖，字文恭，登梁山以觀源流，相灅水以度形勢，嘉武安之通渠，羡秦民之殷富。乃使帳下丁鴻，督軍士千人，以嘉平二年，立遏于水，導高梁河，造戾陵遏，開車箱渠。其

---

① 施蟄存撰《水經注碑錄》卷二《漢漳河神壇碑》，天津古籍出版社，1987，第92頁。
② （宋）樂史撰、王文楚等點校《太平寰宇記》卷五九"河北道邢州沙河縣"條，中華書局，2007，第1217頁。

《遏表》云：高梁河水者，出自并州，潞河之別源也。長岸峻固，直截中流，積石籠以爲主遏，高一丈，東西長三十丈，南北廣七十餘步。依北岸立水門，門廣四丈，立水十丈。山水暴發，則乘遏東下；平流守常，則自門北入。灌田歲二千頃。凡所封地，百餘萬畮。至景元三年辛酉，詔書以民食轉廣，陸廢不瞻，遣謁者樊晨更制水門，限田千頃，刻地四千三百一十六頃，出給郡縣，改定田五千九百三十頃。水流乘車箱渠，自薊西北逕昌平，東盡漁陽潞縣，凡所潤含，四五百里，所灌田萬有餘頃。高下孔齊，原隰底平，疏之斯溉，決之斯散，導渠口以爲濤門，灑滮池以爲甘澤，施加于當時，敷被于後世。晉元康四年，君少子驍騎將軍平鄉侯弘，受命使持節監幽州諸軍事，領護烏丸校尉寧朔將軍，遏立積三十六載，至五年夏六月，洪水暴出，毀損四分之三，剩北岸七十餘丈，上渠車箱，所在漫溢，追惟前立遏之勳，親臨山川，指授規略，命司馬關內侯逄惲，內外將士二千人，起長岸，立石渠，修主遏，治水門，門廣四丈，立水五尺，興復載利，通塞之宜，準遵舊制，凡用功四萬有餘焉。諸部王侯，不召而自至，緼負而事者，蓋數千人。《詩》載"經始勿亟"，《易》稱"民忘其勞"，斯之謂乎。於是二府文武之士，感秦國思鄭渠之績，魏人置豹祀之義，乃遐慕仁政，追述成功。元康五年十月十一日，刊石立表，以紀勳烈，並記遏制度，永爲後式焉。事見其碑辭。①

此表者實爲碑石，與墓葬神道所立石柱銘刻墓表者相異，原碑雖已不存，然酈注載其全文，屬水利類石刻。《水經注》所載漢魏碑刻三百餘處，多略言碑名或略載碑文一二句者，唯此碑所述最詳，載碑之全文，此當爲道元所親見。此碑之"劉靖"與卷一三《灅水注》"過廣陽薊縣北"條所載魏徵北將軍建成鄉景侯劉靖碑所言爲一人也。此碑酈注言立於漁陽郡潞縣梁山戾陵堰，爲灅水（今北京市永定河）注入高梁水（亦稱潞河，今已不存）之處，稱碑爲"劉靖碑"，並詳載此碑之全文數百言，碑至北魏之世保存完好。其文述魏嘉平二年（250），征北將軍劉靖於薊縣梁山建戾陵遏、修車箱渠之事，碑有"遏表"，詳言高梁河、戾陵遏、車箱渠之地理

① 《水經注校證》卷一四《鮑丘水注》"又南過潞縣西"條，第339~340頁。

形勢、工程制度，並載劉靖少子驍騎將軍平鄉侯劉弘修復戾陵遏之事①。此碑爲晉惠帝元康五年（295）十月十一日，薊、潞兩縣吏民感念劉靖父子相繼修造遏、渠之德，刊石立表以述其事，以頌其德，故碑名當爲"晉戾陵遏表"。

劉靖，曹魏嘉平年間（249~254）爲鎮北將軍，假節都督河北諸軍事，嘉平六年（254）薨，其事前已詳言之，此不贅述②。其少子劉弘，字和季③，沛國相人，漢揚州刺史劉馥之孫，魏鎮北將軍劉靖之子，《晉書》有傳。弘初以舊恩起家爲太子門大夫，累遷率更令，轉太宰長史，張華甚重之，爲寧朔將軍、假節、監幽州諸軍事，領烏丸校尉，後以勳德兼茂，封宣城公。太安中（302~303），轉使持節、南蠻校尉、荊州刺史，遷鎮南將軍、都督荊州諸軍事，進拜侍中、鎮南大將軍、開府儀同三司。晉惠帝永興三年（306），詔進車騎將軍，開府及餘官如故，後卒於襄陽任內。弘有幹略政事之才，承父劉靖之德，多爲善政。其於荊州任內，勸課農桑，寬刑省賦，歲用有年，而百姓愛悅之。於幽州任內，甚有威惠，寇盜屏跡，爲幽朔所稱。《晉書》未載其於幽州任內，修復戾陵遏之事，此碑可補《晉書》之缺。

戾陵遏、車箱渠，皆爲高梁水（亦稱㶟水，今北京高梁河）上之古水利工程之名。據碑文所言，魏嘉平二年（250），鎮北將軍劉靖登梁山（今北京西郊黑頭山④）以觀高梁水之源流，相㶟水以度其形勢，遣其幕僚丁鴻，率軍千人於㶟水立石遏，即戾陵遏，並修車箱渠。"戾陵"者，漢燕剌王劉旦之陵，酈注言此遏以梁山有燕剌王旦之陵，故名戾陵堰。"車箱渠"者，因水渠之形如車箱得名，爲人工水道，用以引水而灌溉農田也。酈注言戾陵遏"長岸峻固，直截中流，積石籠以爲主遏，其高一丈，東西長三十丈，南北廣七十餘步"，可見其規模之巨。此遏依北岸立水門，門廣四丈，立水十丈，如遇山洪暴發，則洪水自遏東入高梁河，若爲平時之水流，則自其門北入高梁河，可見其結構之復雜，設計之巧妙。又以車箱

---

① "遏"者，或亦爲"堨"也，酈注於卷一六《穀水注》"又東過河南縣北，東南入於洛"條載有千金堨，積石爲堨之義，用於攔截疏導水流，亦如今之堤埧者。
② 參見本書第二章第十五處"晉立魏征北將軍建成鄉景侯劉靖碑考"，第177頁。
③ 裴松之注引《晉陽秋》稱其字叔和，酈道元於《沔水注》"又東過山都縣東北"言"車騎沛國劉季和之鎮襄陽也"，則稱其字季和，未知孰是。
④ 李善征、劉延愷等：《戾陵堰、車箱渠位置的新釋讀和尋跡》，《北京水務》2011年第5期，第36頁。

渠引水灌田每歲達二千頃，造福於民。其後逾十年，至魏元帝景元三年（262），帝又令謁者樊晨於戾陵遏增修制水門，引高梁水經車箱渠，經薊、昌平、漁陽潞縣諸縣，灌溉農田時達萬餘頃，爲今北京地區最早之大型水利工程。

據《晉書·五行志》記載，"（晉惠帝元康）四年二月，上谷、上庸、遼東地震……八月，上谷地震。"① 戾陵遏處於震區，受到損毀。碑文言："遏立積三十六載，至五年夏六月，洪水暴出，毀損四分之三，剩北岸七十餘丈，上渠車箱，所在漫溢。"可知元康五年（295），戾陵遏在剛經過地震破壞後，又年受山洪沖毀大半，而車箱渠則亦河水漫溢。時劉靖少子劉弘爲寧朔將軍、假節、監幽州諸軍事，見其父所修遏、渠皆已毀壞，故親臨山川，指授規略，命其軍司馬關內侯逄惲及內外將士二千人修復戾陵遏。此遏之修復工程得到廣大響應，乃至時幽州"諸部王侯，不召而自至，緦負而事者，蓋數千人"，故此遏得到徹底修復，基本恢復其原貌並有所增益。時戾陵遏、車箱渠所在薊縣、潞縣二府文武之士，感念劉靖父子先後修治遏、渠之功，而於惠帝元康五年刻石立碑，以記其事，而讚劉靖父子之德。

另據《魏書·裴延儁傳》，北魏孝明帝時，裴延儁爲幽州刺史，時"漁陽燕郡有故戾陵諸堰，廣袤三十里，皆廢毀多時，莫能修復。時水旱不調，民多饑餒，延俊謂疏通舊跡，勢必可成，乃表求營造。遂躬自履行，相度水形，隨力分督，未幾而就。溉田百萬餘畝，爲利十倍，百姓至今賴之"②。可知此遏、渠晉以後荒廢，至北魏孝明帝時得以再次修復。孝明之世，距道元見此碑之時未遠，而此未言有碑者，或其時已毀。

此碑，酈注外，歐、趙、洪皆未著錄。曾國藩《經史百家雜鈔》載有《晉造戾陵遏記》，實將此碑與薊縣"魏徵北將軍建成鄉景侯劉靖碑"混爲一碑，誤也。施蟄存先生以爲酈注此條所言"劉靖碑"與"遏表"爲二碑，"惟此文中之劉靖碑，酈氏語焉不詳，疑當是魏嘉平中所立，記開渠建堨事"③。愚以爲"劉靖碑"與"晉戾陵遏表"實爲一碑也，酈注所言

---

① 《晉書》卷二九《五行志下》，中華書局，1974，第895頁。
② （北齊）魏收撰《魏書》卷六九《裴延俊傳》，中華書局，1974，第1529頁。
③ 施蟄存撰《水經注碑錄》卷三《晉戾陵遏表》，天津古籍出版社，1987，第89頁。

皆爲此表之文。另嚴可均《全晉文》卷一四六據酈注載有《造戾陵遏記》全文，其文同。

今戾陵堰、車箱渠及此碑皆早已不存。2011 年，北京市水利史研究會在北京西郊開展"尋跡戾陵堰、車箱渠"考古發掘工作，北京市社會科學院歷史研究所吳文濤先生考證戾陵遏當在今北京西郊石景山西側[①]，北京市水利科學研究所李善征等考證位於北京西郊黑頭山與龍首山埡口或龍首山與石景山埡口[②]，尚待進一步商榷。

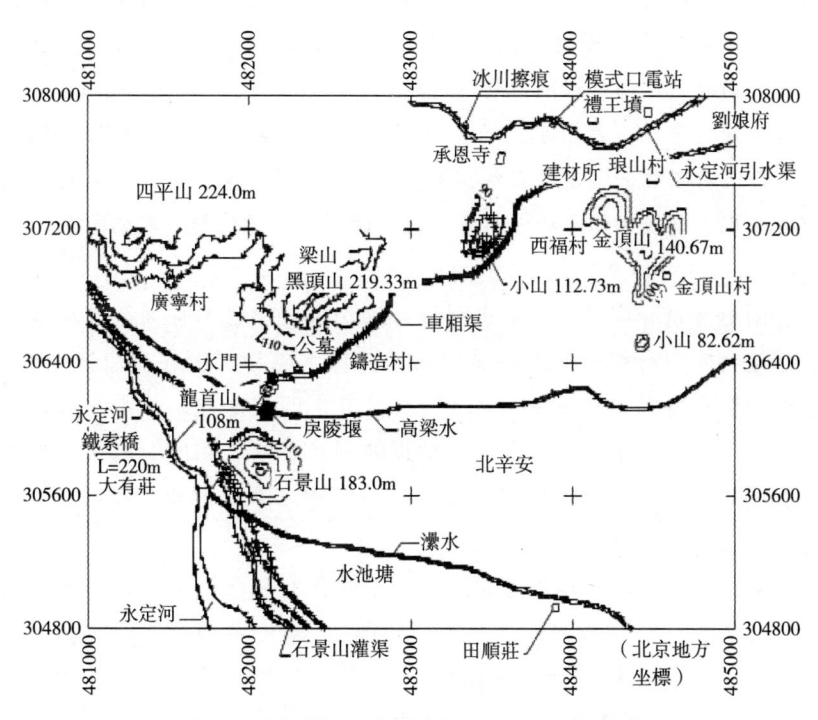

圖 4-2　戾陵堰、高梁水車箱渠平面示意圖[③]

---

① 吳文濤：《戾陵堰、車箱渠所在位置及相關地物考辨》，《北京社會科學》2012 年第 5 期，第 88 頁。
② 李善征、劉延愷等：《戾陵堰、車箱渠位置的新釋讀和尋跡》，《北京水務》2011 年第 5 期，第 39 頁。
③ 李善征、劉延愷等：《戾陵堰、車箱渠位置的新釋讀和尋跡》，《北京水務》2011 年第 5 期，第 39 頁。

十　魏伊闕左壁石銘考
十一　晉伊闕右壁石銘考

　　伊水又北入伊闕，昔大禹疏以通水。兩山相對，望之若闕，伊水歷其間北流，故謂之伊闕矣。春秋之闕塞也。《昭公二十六年》，趙鞅使女寬守闕塞是也。陸機云：洛有四闕，斯其一焉。東巖西嶺，並鐫石開軒，高甍架峰。西側靈巖下，泉流東注，入于伊水。傅毅《反都賦》曰：因龍門以暢化，開伊闕以達聰也。闕左壁有石銘云：黃初四年六月二十四日辛巳，大出水，舉高四丈五尺，齊此已下。蓋記水之漲減也。右壁又有石銘云：元康五年，河南府君循大禹之軌，部督郵辛曜、新城令王琨、部監作掾董猗、李褒，斬岸開石，平通伊闕。石文尚存也。①

　　此兩處皆爲摩崖題刻，屬水利類石刻，今石銘已不存而銘文賴酈注傳世。酈注言此兩石銘位於洛陽城西新城縣伊水兩岸伊闕左右崖壁上②，左壁之銘所記爲曹魏黃初四年（223）六月二十四日辛巳，伊水大漲，水舉高四丈五尺，爲古水文之記載也，當爲魏刻；右壁之銘所記爲西晉元康五年（295），河南府君率部斬岸開石、平通伊闕之事，可知爲晉刻。此兩石文至道元之世皆存，爲道元所親見。

　　伊闕，即今河南洛陽南之龍門，周秦時已有其名。酈注言伊水北入伊闕，兩山相對，望之若闕，故謂之"伊闕"，兩山者即今洛陽龍門山、香山，兩山隔伊水相對而望，其山壁立千仞，望之如闕門也，爲洛陽之門戶。《左傳・昭公二十六年》："晉知躒、趙鞅帥師納王，使汝寬守闕塞。"杜預注曰："闕塞，洛陽西南伊闕口。"③ 亦爲昔大禹疏以通水之處④，因

---

① 《水經注校證》卷一五《伊水注》"又東北過伊闕中"條，第378頁。
② （漢）司馬遷撰、（劉宋）裴駰集解《史記》卷八《高祖本紀》裴駰《集解》引《括地志》："洛州伊闕縣在州南七十里，本漢新城也。隋文帝改新城爲伊闕，取伊闕山爲名也。"中華書局，1959，第370頁。
③ （清）阮元編《十三經注疏》，《春秋左傳正義》卷五二《昭公二十六年》，北京大學出版社，1999，第1471頁。
④ 《晉書》卷一三〇《赫連勃勃載記》："大禹以至聖之姿，當經綸之會，鑿龍門而開伊闕，疏三江而決九河。"中華書局，1974，第3210頁。

其地勢險要，自古爲洛陽西之關隘，東漢設爲京都洛陽八關之一[①]，亦即陸機所言"洛有四關，斯其一焉"也[②]，傅毅《反都賦》言此關"因龍門以暢化，開伊闕以達聰也"[③]，酈注言是闕"東巖西嶺，並鐫石開軒，高甍架峰。西側靈巖下，泉流東注，入于伊水"，其所言爲北魏於伊闕營建石窟事，此爲後世龍門石窟營建之始也。

據《魏書·釋老志》："景明初，世宗詔大長秋卿白整，准代京靈巖寺石窟，於洛南伊闕山，爲太祖、文昭皇太后，營石窟二所。初建之始，窟頂去地三百一十尺；至正始二年中，始出斬山二十三丈。至大長秋卿王質，謂斬山太高，費功難就，奏求下移就平，去地一百尺，南北一百四十尺。永平中，中尹劉騰奏爲世宗復造石窟一；凡爲三所：從景明元年至正光四年六月已前，用功八十萬二千三百六十六。"[④] 可知伊闕石窟當始建於北魏宣武帝景明初年（500）。然酈注此言曹魏時之摩崖題刻則與佛老無涉，乃水文石刻。其左岸崖壁所記，黃初四年六月二十四日大水，亦詳載於《晉書》、《三國志》等史籍。《晉書·五行志》："魏文帝黃初四年六月，大雨霖，伊洛溢，至津陽城門，漂數千家，殺人。"[⑤] 《三國志·魏書·文帝紀》："（黃初四年）六月甲戌，任城王彰薨於京都。甲申，太尉賈詡薨。太白晝見。是月大雨，伊、洛溢流，殺人民，壞廬宅。"[⑥] 兩者所言皆與銘文合，而銘文記載了時伊闕洪水所漲之高度[⑦]，並於其處刻銘文以記之，爲後世留下了實證。此銘當刻於黃初四年（223），然所書撰者則未知也。此爲我國目前所知最早記載洪水痕跡之水文石刻。

右壁所刻，載西晉惠帝元康五年（295），時河南尹之府君依大禹治水之

[①]（劉宋）范曄撰、（唐）李賢等注《後漢書》卷八《孝靈帝紀》："（中平元年）三月戊申，以河南尹何進爲大將軍，將兵屯都亭。置八關都尉官。"李賢注："八關謂函谷、廣城、伊闕、大谷、轘轅、旋門、小平津、孟津也。"中華書局，1965，第348頁。

[②]《初學記》卷七《地部下》"關第八叙事"條引陸機《洛陽記》曰："漢洛陽四關，東成皋關，南伊闕關，北孟津關，西函谷關。"中華書局，1962，第159頁。

[③] 傅毅，字武仲，扶風茂陵人。章帝建初中爲蘭臺令史，拜郎中，與班固、賈逵共典校書，其事見《後漢書·文苑傳》。著詩、賦、誄、頌、祝文、《七激》、連珠凡二十八篇，有《迪志詩》、《顯宗頌》等傳世，而《反都賦》今不傳，僅見此二句。

[④]（北齊）魏收撰《魏書》卷一一四《釋老志》，中華書局，1974，第3043頁。

[⑤]《晉書》卷二七《五行志上》，中華書局，1974，第812頁。

[⑥]（西晉）陳壽撰、（劉宋）裴松之注《三國志·魏書·文帝紀》，中華書局，1964，第83頁。

[⑦] 史輔成、易元俊：《我國最早的一次歷史洪水石刻——伊河公元223年洪水》，考證時洪峰流量達20000立米/秒，《水文》1983年第6期，第47頁。

遺跡，令屬吏督郵辛曜、新城令王琨、部監作掾董猗、李褒等，於此斬岸開石，平通伊闕之事。此事，史書未載。"河南府君"當爲時之河南尹，其名不可知也。督郵辛曜，新城令王琨，監作掾董猗、李褒皆爲其之屬吏。辛曜、董猗、李褒三人史書未載，唯新城令王琨，見《晉書·隱逸傳·范粲傳附子喬傳》："元康中，詔求廉讓沖退覆道寒素者，不計資，以參選敘。尚書郎王琨乃薦喬。"① 則元康中王琨爲尚書郎，當在元康五年爲新城令之後尋遷尚書郎。酈注未言書撰者。此兩銘爲後世摩崖題刻之淵藪。其後至北魏時期，元魏佞佛，自宣武帝景明以來，於伊闕開鑿石窟、依山造像，伊闕石刻日盛，至唐以來，逐漸形成今世所見龍門石窟。今傳拓龍門造像題記，見於著錄者，二千二百餘段，以始平公造像爲最早，爲北魏太和十二年（488）。

此兩石銘僅見於《水經注》，歐、趙諸家皆未有著錄，唯洪适《隸釋》卷二〇據酈注載之，其文同。另嚴可均《全三國文》卷五六"闕名二"、《全晉文》卷一四六"闕名二"分別載有《伊闕左壁摩崖》、《伊闕右壁銘》，其文略同。《元和郡縣圖志》卷五"河南道洛州伊陽縣"載"伊水路"，亦引酈注此文，其文同。此兩石銘當早已磨滅不識。

十二　漢青陂碑考

汝水又東與青陂合，水上承慎水于慎陽縣之上慎陂。右溝，北注馬城陂，陂西有黃丘亭。陂水又東逕新息亭北，又東爲綢陂，陂水又東逕新息縣，結爲牆陂，陂水又東逕遂鄉東南而爲壁陂，又東爲青陂，陂東對大呂亭……側陂南有青陂廟，廟前有陂，漢靈帝建寧三年，新蔡長河南緱氏李言，上請修復青陂，司徒臣訓、尚書臣襲，奏可洛陽宮，于青陂東塘南樹碑，碑稱青陂在縣坤地，源起桐柏淮川別流，入于潺湲，逕新息牆陂，衍入褒信界，灌溉五百餘頃。②

此處爲水利類石刻，爲東漢時汝水流域治水之記錄，碑石不存而碑文酈注載其局部。酈注言此碑位於時新蔡縣青陂東塘南，側陂南另有青陂廟，酈注據其碑文稱，此碑當爲新蔡長河南緱氏李言於靈帝建寧三年（170）所立，其碑

---

① 《晉書》卷九四《隱逸傳·范粲傳附子喬傳》，中華書局，1974，第2432頁。
② 《水經注校證》卷二一《汝水注》"又東南過平輿縣南"條，第507頁。

當載修建青陂之事,及陂之概況。此碑當爲道元所親見,時碑存文晰。

青陂,古水道名,亦稱"青波",爲秦時修建水渠,以灌溉農田也。《史記·陳涉世家》言,陳將呂臣與當陽君黥布擊秦,破之青波之地[①]。酈注言青陂爲汝水之支流,上承慎陽縣上慎陂。據《水經注》卷三〇《淮水注》,上慎陂、中慎陂、下慎陂皆與鴻陂水散流,其陂首受淮川,是鴻隙陂之源,即青陂之源,起于桐柏[②],其後又經馬城陂、綢陂、牆陂、壁陂,至新蔡郡新蔡縣南爲青陂,即碑稱青陂在新蔡縣坤地。坤地,即南地也,其源起桐柏淮川別流,入於潺溠,逕新息牆陂,衍入時新蔡郡治褒信縣界[③],灌溉農田達五百餘頃。而青陂非爲獨立之河渠,其實際與上慎陂、中慎陂、下慎陂、鴻陂水、馬城陂、綢陂、牆陂、壁陂等水渠組合形成一陂渠串聯水利灌溉工程網路,與襄陽之白起渠極爲相似,爲秦漢時期汝水、淮河流域典型之"長藤結瓜"式水利工程[④],其建造年代當追溯至秦時。

《讀史方輿紀要》卷五〇"河南江寧府新蔡縣"亦載有"青陂",言:"陂在縣西南。其接汝陽縣境者,亦曰青龍陂。或曰即古青波也。秦二世二年,秦兵復攻陳,下之。陳將呂臣走,收兵復聚,與番盜當陽君黥布復擊秦,破之青波,復以陳爲楚。蓋潺水之處。後漢時,陂廢。建寧三年(170),新蔡長李言請復此陂。陂上承真陽之滇水,入縣境,又東南經息縣而爲牆陂,灌溉凡五百餘頃。今廢。"[⑤] 可知此陂至東漢逐漸荒廢,至東漢靈帝建寧三年,新蔡縣長河南緱氏李言上表請修復青陂,時司徒臣訓、尚書臣襲,將之奏可於洛陽宮,遂使青陂重新發揮作用,當地農田得以灌溉。據《淮水注》記載,此陂之上流上慎陂、中慎陂、下慎陂及鴻陂於東漢建武中,亦爲汝南太守修復,起塘四百餘里,百姓得其利[⑥]。可知,東

---

① (漢)司馬遷撰、(劉宋)裴駰集解、(唐)司馬貞索隱、(唐)張守節正義《史記》卷四八《陳涉世家》:"秦左右校復攻陳,下之。呂將軍走,收兵復聚。鄱盜當陽君黥布之兵相收,復擊秦左右校,破之青波,復以陳爲楚。"中華書局,1959,第1960頁。
② 《水經注校證》卷三〇《淮水注》:"(慎)陂水又東南流爲上慎陂,又東爲中慎陂,又東南爲下慎陂,皆與鴻郤陂水散流。其陂首受淮川,左結鴻陂。",第705頁。
③ 東漢置褒信侯國,屬豫州汝南郡,北魏改稱苞信,爲新蔡郡治。
④ 徐海亮:《古代汝南陂塘水利的衰敗》,《農業考古》1994年第1期,第281頁。
⑤ (清)顧祖禹輯著《讀史方輿紀要》卷五〇"河南新蔡縣",上海書店出版社,1998,第350頁。
⑥ 《水經注校證》卷三〇《淮水注》:"漢成帝時,翟方進奏毀之。建武中,汝南太守鄧晨欲修復之,知許偉君曉知水脈,召與議之……遂署都水掾,起塘四百餘里,百姓得其利。"第507頁。

漢時期，淮河、汝水流域多有修建溝渠以溉農田也。新蔡縣長河南緱氏李言既復修青陂，乃刊石立碑於青陂東塘南以記之，惜酈注所引碑文僅載陂之概況，而未述修陂之經過。此陂當在今河南駐馬店新蔡縣西南，與息縣交界處，清時已不存。

　　李言，漢末河南郡緱氏縣（今河南偃師南緱氏鎮）人，史書無載。"司徒臣訓"者，即許訓也；"尚書臣襲"者，即聞人襲也。據《後漢書·靈帝紀》，建寧二年（169）六月，許訓由太常遷司徒，建寧四年三月免，沛國聞人襲則于建寧元年十一月由太僕遷太尉，建寧二年五月免，後又於建寧三年夏四月由太中大夫遷太尉，建寧四年三月免。而碑稱建寧四年司徒臣訓、尚書臣襲奏可，則此事當在三月之前，即四年初，時許訓爲司徒，聞人襲爲太尉，而非尚書，酈注所載或有誤。此碑酈注外，歐、趙、洪皆未載，蓋早已亡佚。另畢沅《中州金石記》卷八據酈注載《漢青陂碑》，言爲建寧三年①。嚴可均《全後漢文》卷一〇一"闕名五"亦據酈注載《青陂碑》，其文皆同，皆非親見，可知其碑早已不存。

十三　魏鄭陂碑考

　　昔鄭渾爲沛郡太守，于蕭、相二縣興陂堰，民賴其利，刻石頌之，號曰鄭陂。②

　　此處爲水利類石刻，碑石及文皆不存。酈道元言此碑立於蕭、相二縣，沛郡太守鄭渾于蕭、相二縣興陂堰，民眾賴其利，刻石頌之，碑稱"鄭陂"者，以其姓氏命名也。可知此碑實爲蕭、相二縣吏民所立頌德碑，其碑文當載鄭渾於兩縣興修陂堰，造福民眾之事。然酈注未載是碑之碑文、年代、形制，當非道元親所經見，或據於他文。

　　蕭、相二縣相鄰，東漢時皆屬沛國，即今之江蘇徐州蕭縣、安徽淮北市相山區。鄭渾，字文公，河南開封人，曹魏名臣，其事見《三國志·魏

---

① （清）畢沅輯《中州金石記》卷八，《石刻史料新編》第一輯第十八册，新文豐出版公司，1977，第 13762 頁。
② 《水經注校證》卷二四《睢水注》"又東過相縣南，屈從城北東流，當蕭縣南，入於陂"條，第 571 頁。

書·鄭渾傳》。渾之高祖父眾、眾父興,皆爲漢世名儒,其兄泰爲漢揚州刺史,與荀攸等謀誅董卓。渾於漢末,初爲魏武之掾吏,復遷下蔡長、邵陵令,後爲丞相掾屬,遷左馮翊、上黨太守、京兆尹。文帝黃初(220~226)初年,渾爲侍御史,加駙馬都尉,累遷陽平、沛郡二太守,官至將作大匠。鄭渾屢爲州郡守令,爲官清廉自守、勸課農桑、興修水利、造福民眾,如於京兆尹任內,"渾以百姓新集,爲制移居之法,使兼復者與單輕者相伍,溫信者與孤老爲比,勤稼穡,明禁令,以發奸者。由是民安於農,而盜賊止息"①。漢末天下紛亂,流民四起,阡陌荒廢,而京兆之地經董卓、郭汜之亂,十室九空,渾於任內,安撫民眾,使流民安定互助,勤於農桑,逐漸得以休養生息。

黃初年間,渾於沛郡太守任內,見郡界地勢低下,多水潦,遂於蕭、相二縣之界,興修水利,修建陂遏,而使境內比年大收。此事酈注以外,《三國志·魏書·鄭渾傳》、《晉書·食貨志》及《太平御覽》卷二六一"職官部"皆有記載,其文同。渾令民眾興修陂遏之時,郡人多不以爲然,渾勸告民眾並躬率吏民,僅用一冬之日而建成坡堰。其後兩縣比年大收,頃畝歲增,租入倍常,民賴其利,遂刻石頌之,號曰"鄭陂"②。此碑當立於其任內,即魏文帝黃初年間。後渾於魏明帝時爲山陽、魏郡太守,"以郡下百姓,苦乏材木,乃課樹榆爲籬,並益樹五果。榆皆成藩,五果豐實。入魏郡界,村落齊整如一,民得財足用饒",明帝聞之,遂下詔稱述其政績並布告天下,渾亦因此而遷爲將作大匠。渾清索在公,以致妻子不免於饑寒,爲世之傳誦。

此碑酈注外,歐、趙諸家皆未著錄,洪适《隸釋》卷二〇、顧藹吉《隸辨》卷八據酈注載此有《鄭陂頌》,其文同。《讀史方輿紀要》卷二九"江南徐州蕭縣"條言:"鄭陂在(蕭)縣西北。曹魏黃初中,鄭渾爲沛郡太守,界下濕,患水潦,百姓饑乏,渾於蕭、相二縣界,興陂堰,開稻田,郡人不以爲便,渾曰:地勢洿下,宜溉灌,終有魚稻經久之利,此豐民之本也。陂成,民賴其利,號曰鄭陂。今堙。"③可知此陂故址當在今江蘇徐州蕭縣西北。清時鄭陂及此碑皆已不存。

---

① (西晉)陳壽撰、(劉宋)裴松之注《三國志·魏書·鄭渾傳》,中華書局,1964,第511頁。
② (西晉)陳壽撰、(劉宋)裴松之注《三國志·魏書·鄭渾傳》,中華書局,1964,第511頁。
③ (清)顧祖禹輯著《讀史方輿紀要》卷二九"江南十一徐州蕭縣鄭陂"條,上海書店出版社,1998,第218頁。

十四　晉六門碑考

　　湍水又逕穰縣爲六門陂。漢孝元之世，南陽太守邵信臣以建昭五年斷湍水，立穰西石碣。至元始五年，更開三門爲六石門，故號六門碣也。溉穰、新野、昆陽三縣五千餘頃，漢末毀廢，遂不修理。晉太康三年，鎮南將軍杜預復更開廣，利加于民，今廢不修矣。六門側又有六門碑，是部曲主安陽亭侯鄧達等以太康五年立。①

　　此處爲水利類石刻，碑石及文皆已亡佚不存。酈注言此碑位於穰縣六門陂之側，故稱"六門碑"，並稱此碑爲部曲主安陽亭侯鄧達等以晉武帝太康五年（284）立。另酈注於卷三一《淯水注》"又南過新野縣西"條載有《六門碑》，其碑記杜預修復六門陂之事，當與此碑爲同一石刻。

　　"六門陂"，亦稱"六門碣""六門堰"、"六門堤"、"穰西石碣"等，位於時南陽郡穰縣之西、湍水之濱，今河南南陽鄧州市大西門外岔股路村北，爲連接古湍水與朝水之重要水利工程。西漢元帝時，湍水流經穰縣（今河南南陽鄧州市），南陽太守邵信臣召集官民興修溝渠堤壩引湍水灌溉穰縣、新野之田畝，爲西漢時期召信臣所修之眾多水利工程之一。西漢時期，南陽作爲漢王朝主要統治區域，其水利事業發展尤爲興盛，張衡《南都賦》云時"其水則開竇灑流，浸彼稻田。溝澮脈連，隄塍相輒，朝雲不興，而潢潦獨臻。決碟則嘆，爲溉爲陸"②，而召信臣所修之水利最多。召信臣，字翁卿，九江壽春人，《漢書·循吏傳》有傳。其於南陽太守之任，"爲人勤力有方略，好爲民興利，務在富之。躬勸耕農，出入阡陌，止舍離鄉亭，稀有安居時。行視郡中水泉，開通溝瀆，起水門提閼凡數十處，以廣溉灌，歲歲增加，多至三萬頃。民得其利，蓄積有餘"③。而"穰西石碣"即爲其所修水利之一。"信臣爲民作均水約束，刻石立于田畔，以防分爭"，可見，西漢元帝之時，信臣曾於溝渠堤壩之側建碑，刊刻用水之

---

① 《水經注校證》卷二九《湍水注》"湍水出酈縣北芬山，南流過其縣東，又南過冠軍縣東"條，第689頁。
② （南梁）蕭統編、（唐）李善注《文選》卷四張衡《南都賦》，上海古籍出版社，1986，第154頁。
③ （東漢）班固著、（唐）顏師古注《漢書》卷八九《循吏傳》，中華書局，1962，第3642頁。

規約，此爲西漢水利之石刻，而酈注未言及，當早已不存。信臣興修水利，造福百姓，其卒後，平帝元始四年（4），帝下詔，"歲時郡二千石率官屬行禮，奉祠信臣冢，而南陽亦爲立祠"①。據酈注，元始五年（5），信臣所修穰西石碣，更開三門爲六石門，故稱"六門碣"，其灌溉穰、新野、昆陽三縣五千餘頃②。"六門碣"於西漢末年毀廢，至西晉太康三年（282），鎮南將軍杜預復更開廣，利加於民。杜預重修六門碣之事，見《晉書·杜預傳》："（預）又修邵信臣遺跡，激用滍淯諸水以浸原田萬餘頃，分疆刊石，使有定分，公私同利。眾庶賴之，號曰'杜父'。"③ 杜預時任鎮南將軍、荊州都督，亦如信臣興修水利。酈注於卷三一《淯水注》言其"繼信臣之業，復六門陂，遏六門之水，下結二十九陂，諸陂散流，咸入朝水，事見六門碑。六門既陂，諸陂遂斷"④。《晉書》言杜預修復六門陂之時，爲區分灌溉田畝之界，刊石以分疆，使有定分，即"晉六門碑"，爲杜預之臣僚部曲主安陽亭侯鄧達等以太康五年立，其碑當記杜預修復六門陂之事。杜預所修六門碣截流湍水而成陂，並於其上建造六道水閘以控制水流，引水灌溉農田，其下又與二十九陂相連，諸陂散流，後皆入於朝水（今南陽刁河）。然杜預之後，六門陂又再次荒廢，至道元之時，"六門既陂（疑爲破），諸陂遂斷"。《宋書·劉秀之傳》云："襄陽有六門堰，良田數千頃，堰久決壞，公私廢業，世祖遣秀之修復，雍部由是大豐。"⑤ 可知，杜預以後，六門碣亦曾多次修復，或亦有碑刻，然後世無存，而唯"晉六門碑"於道元之時尚存於其側。

此碑道元之後，歐、趙、洪諸家皆未載，唯《元和郡縣圖志》卷二一"山南道鄧州穰縣"載有"六門堰"，言："在縣西三里。漢元帝建昭中，召信臣爲南陽太守，復於穰縣南六十里造鉗盧陂，累石爲堤，傍開六石門，以節水勢。澤中有鉗盧玉池，因以爲名，用廣溉灌，歲歲增多，至三萬頃，人得其利。後漢杜詩爲太守，復修其陂，百姓歌之曰：'前有召父，後有杜母。'"⑥

---

① （東漢）班固著、（唐）顏師古注《漢書》卷八九《循吏傳》，中華書局，1962，第3643頁。
② 龔勝生：《〈水經·湍水注〉"昆陽"正訛》認爲酈注所言"溉穰、新野、昆陽三縣"有誤，當爲"溉穰、新野、朝陽三縣"，《中國歷史地理論叢》1988年第4期，第50頁。
③ 《晉書》卷三四《杜預傳》，中華書局，1974，第1031頁。
④ 《水經注校證》卷三一《淯水注》"又南過新野縣西"條，第729頁。
⑤ （南梁）沈約撰《宋書》卷八一《劉秀之傳》，中華書局，1974，第2074頁。
⑥ （唐）李吉甫撰、賀次君點校《元和郡縣圖志》卷二一"山南道鄧州穰縣"，中華書局，1983，第533頁。

即此銘也，此爲其銘文僅傳世者，其後世無著録此碑者，當早亡佚。今河南鄧州市城區新華西路北尚存"六門陂"遺留之溝渠渠首，堤凹村北尚存一段溝渠遺址①。

　　2003年5月考古工作者在南陽鄧州元莊鄉曾莊村肖灣組趙河南岸拐角漫灘地（古六門堰遺址范圍）内發現諸多刻有文字的水利巨石，其多爲長方體，表面粗糙不平，其上多以隸書刻人名，如"虞少文石""雲伯山石""何吴石""何武""許陽""蘇文遼""龐君高""魯孟山"等，或刻以石所用位置，如"石渠下部""艸基石文甫"，其字形態各異，非出一人之手。據考證爲漢代修建六門陂時，其材料多向士民攤派，或由士民捐贈，故石上刻供石之人姓名，如"何武""許陽""蘇文遼"等，此在國內目前出土漢代石刻中尚屬首見，這些巨石現存於南陽市臥龍崗漢畫館②。

圖4-3　南陽鄧州古六門堰遺址水利巨石石刻銘文③

---

① 周寶瑞：《漢代南陽水利建設》，《南都學壇》2000年第4期，第11頁。
② 王軍校《南陽鄧州元莊鄉漢代水利巨石的發現及考釋》，《南陽理工學院學報》2009年第5期，第50~52頁。
③ 同上注。2003年5月河南南陽鄧州元莊鄉曾莊村（古六門堰遺址範圍）出土水利巨石，長方體，上多隸書刻人名："虞少文石"、"云伯山石"、"何吴石"、"何武"、"許陽"、"蘇文遼"、"龐君高"、"魯孟山"等，據考證爲漢代修建六門陂之時，由每一農戶所捐造巨石以建溝渠陂堰，現存於南陽市臥龍崗漢畫館。

十五　漢黎山碑考

　　黎，侯國也。《詩·式微》，黎侯寓于衛是也。晉灼曰：黎山在其南，河水逕其東。其山上碑云：縣取山之名，取水之陽，以爲名也。王莽之黎蒸也。今黎山之東北故城，蓋黎陽縣之故城也。山在城西，城憑山爲基，東阻于河。故劉楨《黎陽山賦》曰：南蔭黄河，左覆金城，青壇承祀，高碑頌靈。[①]

　　此處爲河嶽類石刻，碑石已佚，唯存碑文局部，收録於《全後漢文》卷一〇六闕十，題名曰《黎陽山碑》。嚴可均據酈注輯 "縣取山之名，取水之陽，以爲名也數句"[②]，另從《文選·吴都賦》李善注引《後漢黎陽山碑》云："山河馮隆，有精英兮" 兩句[③]。酈注未言其所立年代及立碑之人。

　　黎，古黎國之名，亦名耆國，爲九黎部落蚩尤之後人，商時居於雷澤之濱（今山東菏澤鄄城縣及鄆城縣），後爲周文王所滅。《史記·周本紀》言 "（西伯）明年，敗耆國"，《正義》曰："耆國，即黎國也……孔安國云黎在上黨東北。《括地志》云：'故黎城，黎侯國也，在潞州黎城縣東北十八里。'《尚書》云 '西伯既戡黎' 是也。"[④] 西周初封於上黨壺關（今山西長治壺關縣），春秋時遷都至黎侯城（今山西長治黎城縣東北），後爲晉所滅，即《詩經·邶風·式微》所言："《式微》，黎侯寓於衛，其臣勸以歸也。"[⑤]《毛傳》以《式微》爲 "黎之臣子責君久居於衛，言君用在此而益微"[⑥]。黎侯爲狄人所逐，棄其國而寄於衛，衛處

[①]《水經注校證》卷五《河水注》"又東北過黎陽縣南" 條，第 134 頁。
[②]（清）嚴可均輯《全後漢文》卷一〇六闕名十《黎陽山碑》，中華書局，1958，第 1045 頁。
[③]（南梁）蕭統編、（唐）李善注《文選》卷五左思《吴都賦》，上海古籍出版社，1986，第 208 頁。
[④]（漢）司馬遷撰、（唐）張守節正義《史記》卷四《周本紀》，中華書局，1959，第 118 頁。
[⑤]（清）阮元編《十三經注疏》，《毛詩正義》卷二《邶風·式微》，北京大學出版社，1999，第 153 頁。
[⑥]（清）阮元編《十三經注疏》，《毛詩正義》卷二《邶風·式微》，北京大學出版社，1999，第 153 頁。

之以二邑，因安之，其臣以《式微》之詩而勸之。鄭玄釋"黎"曰："黎，力兮反，國名。杜預云：在上黨壺關縣。"①《左傳·宣公十五年》杜預《注》同。杜預所言當爲黎國西周初時之封地。《括地志》言"故黎城，黎侯國也，在潞州黎城縣東北十八里"②，潞州唐時爲上黨郡，其下有壺關、黎城諸縣，此"黎城"即黎國春秋時之都黎侯城，後又改稱"黎亭"。故《漢書·地理志》"上黨壺關下"條顏師古注引應劭曰："黎侯國也，今黎亭是。"③

酈注所言"漢黎山碑"，位於黎陽故城南黎陽山上，此黎陽城則非黎國封地之黎城、壺關，其城南有大伾山，即酈注所言黎陽山。此山商周時稱犁山、大伾山，即《尚書·禹貢》所言："導河自積石，至於龍門；南至於華陰，東至於砥柱；又東至於孟津，東過洛汭，至於大伾。"④《魏書·地形志》言"黎陽縣有黎陽山"⑤，《括地志》言"大邳山今名黎陽東山，又曰青壇山，在黎州黎陽縣南七里"⑥，可見此山后又稱祀山、青壇山、黎山、黎陽山、黎陽東山。黎陽城，春秋時，周元王元年（前475）晉於大伾山北設邑稱黎；西漢初年置黎陽縣，屬魏郡，縣治大伾山東北；北魏改稱黎陽郡，郡治黎陽縣。其故城位於今河南安陽浚縣城東北十五里處，因黎山在其南，黃河迤其東，故取黎山之黎，取水之陽，而稱"黎陽"。酈注所引晉灼言又見《漢書·地理志》"魏郡條""梁期，黎陽，莽曰黎蒸"顏師古注："晉灼曰：黎山在其南，河水經其東。其山上碑云：縣取山之名，取水之陽以爲名。"⑦

晉灼，晉時人。顏師古注《漢書·敘例》言："至典午中朝，爰有晉

---

① （清）阮元編《十三經注疏》，《毛詩正義》卷二《邶風·式微》，北京大學出版社，1999，第153頁。
② （唐）李泰等著、賀次君輯校《括地志輯校》卷二"潞州黎城縣"，中華書局，1980，第65頁。
③ （東漢）班固著、（唐）顏師古注《漢書》卷二八《地理志》，中華書局，1962，第1553頁。
④ （清）阮元編《十三經注疏》，《尚書正義》卷六《禹貢》，北京大學出版社，1999，第161頁。
⑤ （北齊）魏收撰《魏書》卷一〇六《地形志上》"黎陽郡"條，中華書局，1974，第2461頁。
⑥ （唐）李泰等著、賀次君輯校《括地志輯校》卷二《黎州黎陽縣》，中華書局，1980，第86頁。
⑦ （東漢）班固著、（唐）顏師古注《漢書》卷二八《地理志》，中華書局，1962，第1573頁。

灼集，爲一部，凡十四卷，又頗以意增益，時辯前人當否，號曰《漢書集注》。"① 又言："晉灼，河南人，晉尚書郎。"②《新唐書·藝文志》有晉灼《漢書集注》十四卷，又有《漢書音義》十七卷。其後酈注又引曹魏劉楨《黎陽山賦》"南蔭黃河，左覆金城，青壇承祀，高碑頌靈"，以進一步明確黎陽山之位置。"金城"當爲黎陽城；"青壇承祀"則言建武元年（25）光武帝經黎陽，於大伾山築青壇祭告天地之事，故東漢時黎陽山一度稱"青壇山"；"高碑頌靈"者言碑形制之高大。此碑曹魏時尚立於山上，碑文載黎陽縣得名之義，而黎陽縣之名始於西漢，故此碑當爲東漢時所立。

《文選·吳都賦》李善注言："後漢《黎陽山碑》曰：山河馮隆，有精英兮。"③ 此二句當爲酈注所言"漢黎山碑"碑文局部，故嚴可均將之載入《全後漢文·黎陽山碑》中。李善所言則此碑立於東漢時期，可知此碑至唐時尚存。其後，歐、趙、洪諸家皆未有著錄，當早已亡佚。今河南安陽浚縣大伾山尚存摩崖碑刻共四百餘處，其中最古者爲唐洪經綸於唐建中元年（780）正書所題《大伾山銘》。

十六　魏石鼓山銘考

  溢水發源出石鼓山南巖下，泉源奮湧若溢水之湯矣。其水冬溫夏冷。崖上有魏世所立銘。水上有祠，能興雲雨。④

此處爲河嶽類石刻，爲摩崖題刻，銘石及文皆不存。此銘傳世《水經注》未載，唯見於《太平御覽》卷六四"地部河北諸水溢水"條引《水經注》之文，當爲酈注之佚文，其文當在卷一〇《濁漳水注》"又東出山，過鄴縣西"條"漳水又北，溢水入焉"文後，其下還有"溢水又東流注于漳，又謂之合河"兩句。據此文可知，此石銘位於石鼓山崖壁上，爲三國曹魏時所立。另溢水上有祠廟，能興雲雨者，蓋其祠廟祈雨禳災，甚爲靈

---

① （唐）顏師古撰《漢書·敘例》，中華書局，1962，第 1 頁。
② （唐）顏師古撰《漢書·敘例》，中華書局，1962，第 5 頁。
③ （南梁）蕭統編、（唐）李善注《文選》第一冊，卷五左思《吳都賦》，上海古籍出版社，1986，第 208 頁。
④ 今本《水經注》無，見《太平御覽》卷六四"地部二九河北諸水溢水"條引，中華書局，1960，第 304 頁。

驗，故此銘或當爲此祠廟之銘也。酈注未言銘文之內容及鐫刻者，或非其親見也。

滏水，濁漳水之支流，酈注言其發源於石鼓山之南巖，泉源奮湧，若釜水之湯，故稱"滏水"，即《後漢書·郡國志》所言鄴之"滏水"也①，即今河北邯鄲境內之滏陽河。石鼓山，北魏時屬相州廣平郡武安縣，因其爲滏水之源，故後世改稱滏山②，亦稱滏陽山。《太平寰宇記》卷五六"河北道磁州滏陽縣"條載有"鼓山"："亦名滏山。《宋永初古今山川記》云：'鼓山有石鼓形二所，南北相當。俗語云南鼓、北鼓，相去十五里。'《冀州圖》云：'鄴城西有石鼓，鼓自鳴，即有兵。'《魏都賦》云'神鉦迢遞于高巒'是也。高齊末，此鼓鳴未幾，鄴城有兵而齊滅。隋文季年，又鳴聞數百里也。"③即今河北邯鄲峰峰礦區北響堂山。

東魏、北齊時，於此山建有滏山石窟、鼓山石窟寺，今稱響堂寺、響堂山石窟、常樂寺，爲國家重點文物保護單位。其山存自東魏至金元時期大量佛教造像及題記、石窟及摩崖題刻，所刻多爲佛教經書，其中多爲北齊文宣帝時所刻，其中北響堂山石窟常樂寺遺址存有金完顏亮正隆四年（1159），胡礪所刻《磁州武安縣鼓山常樂寺重修三世佛殿記》碑，南響堂山石窟存隋鄴縣功曹李洪運、釋道淨所立《滏山石窟寺之碑》，其碑文載響堂山石窟開鑿之詳情。

此石銘，酈注言爲魏世所刻，此"魏世"當指三國曹魏，石銘刻於石鼓山崖壁上，銘文或載石鼓山祠建造之事。據民國二十五年北平研究院所編《南北響堂寺及其附近石刻目錄》，其碑銘、造像記數百通，最早者爲東魏時刻，而無曹魏遺文。此石刻僅見於《水經注》，歐、趙諸家皆未有著錄，唯洪适《隸釋》卷二〇據酈注載有《石鼓山銘》，其文同，當早已亡佚。

---

① （劉宋）范曄撰、（唐）李賢等注《後漢書》"志二〇"《郡國志二》"魏郡"條："鄴，有故大河。有滏水。"李賢注："水經鄴西北。滏水熱，故名滏口。"中華書局，1965，第3432頁。

② （清）張廷玉等撰《明史》卷四二《地理志三》"河南彰德府磁州"條："東南有滏山，滏水出焉"，又"臨漳"條："又有滏水，下流入於漳河。"中華書局，1974，第991~992頁。

③ （宋）樂史撰、王文楚等點校《太平寰宇記》卷五六"河北道磁州滏陽縣"條，中華書局，2007，第1161頁。

十七　漢大石嶺碑考

　　其水又西南逕大石嶺南，《開山圖》所謂大石山也。山下有大石嶺碑，河南隱士通明，以漢靈帝中平六年八月戊辰，于山堂立碑，文字淺鄙，殆不可尋。魏文帝獵于此山，虎超乘輿，孫禮拔劍投虎于是山。山在洛陽南，而劉澄之言在洛東北，非也。山阿有魏明帝高平陵，王隱《晉書》曰：惠帝使校尉陳總仲元詣洛陽山請雨，總盡除小祀，惟存大石而祈之，七日大雨。即是山也。①

　　此處爲河嶽類石刻，碑石不存，碑文酈注載其局部。此碑酈注言立於時河南郡新城縣大石嶺山下，碑稱"大石嶺碑"，爲河南隱士通明東漢靈帝中平六年（189）八月戊辰立，其碑文文字淺鄙，殆不可尋，可知此碑當爲道元所親見。酈注於注中記載各地之碑，甚少做如此評價，除此碑外，唯卷三〇《淮水注》"淮水出南陽平氏縣胎簪山，東北過桐柏山"條所載漢延熹中守令所造"淮源廟漢碑"，道元論爲"文辭鄙拙，殆不可觀"。故道元於此未載其碑文，此碑之立碑緣由、形制亦不可知。

　　新城縣，酈注言此縣南爲故蠻子國也，西漢惠帝四年（前91）置新成縣，屬三川郡，東漢改稱新城縣，屬河南郡。晉時，改屬司州河南尹，北魏因之，東魏改爲伊川郡治，隋開皇初改稱伊闕縣②，屬洛州。其故城位於今河南洛陽伊川縣西南。

　　大石嶺，亦稱大石山、萬安山，北魏時屬河南郡新城縣，爲洛陽城南之山，即酈注引《開山圖》（亦名《遁甲開山圖》，西漢緯書，今佚）所謂大石山也，即今河南洛陽伊川縣西南呂店鄉梁溝萬安山。酈注言魏明帝曾獵於此山，虎超乘輿，孫禮拔劍投虎於是山。此事亦見於《三國志·魏書·孫禮傳》："（明）帝獵于大石山，虎趨乘輿，禮便投鞭下馬，欲奮劍斫虎，詔令禮上馬。"③孫禮，字德達，涿郡容城人，時爲尚書，隨明帝出

---

①　《水經注校證》卷一五《伊水注》"又東北過新城縣南"條，第377頁。
②　（漢）司馬遷撰、（唐）張守節正義《史記·高祖本紀》張守義《正義》引《括地志》云："洛州伊闕縣在州南七十里，本漢新城也。隋文帝改新城爲伊闕，取伊闕山爲名也。"中華書局，1959，第370頁。
③　（西晉）陳壽撰、（劉宋）裴松之注《三國志·魏書·孫禮傳》，中華書局，1964，第691頁。

獵此山，遇虎趨帝之乘輿，乃奮劍斫虎，可見其忠勇也。明帝崩後葬於此山，即高平陵①，與酈注。

另《後漢書·馬融傳》"金山、石林，殷起乎其中"，李賢注曰："石林，大石山也，一名萬安山，在河南郡境。《簿》云洛陽縣南大石山中有雜樹木，有祠名大石祠，山高二百丈也。"②李賢所引《簿》者即晉祕書監荀勗所著《中經新簿》，依其所言，則大石山有大石祠，道元所言"大石嶺碑"，即當立於此祠中。酈注言"河南隱士通明，以漢靈帝中平六年八月戊辰於山堂立碑"，此山堂當指《中經新簿》所言"大石祠"，可知此祠靈帝中平時即有。或其祠爲中平六年（189）建成，並於八月戊辰在其廟前立"大石嶺碑"，以記建祠之事。通明，史書未載，其事不可考。考《後漢書·靈帝紀》："（中平六年）八月戊辰，中常侍張讓、段珪等殺大將軍何進，於是虎賁中郎將袁術燒東西宮，攻諸宦者。庚午，張讓、段珪等劫少帝及陳留王幸北宮德陽殿……讓、珪等復劫少帝、陳留王走小平津。尚書盧植追讓、珪等，斬數人，其餘投河而死。帝與陳留王協夜步逐熒光行數里，得民家露車，共乘之。辛未，還宮。"③通明立碑之時正逢洛陽大亂，少帝蒙難，所謂"千乘萬騎上北邙"④，而大石嶺山於洛陽城南，隱士通明時立碑於祠內，未知其碑文所言之事與此有無相關也。

此碑除酈注外，歐、趙諸家皆未有著錄，唯洪适《隸釋》卷二○據酈注載此《大石嶺碑》，其文同。清樊彬《畿輔碑目》載有《大石嶺碑》，言"中平六年新城大石山"，亦當據酈注，可知此碑當早已亡佚。考《晉書·五行志》"武帝泰始三年三月戊午，大石山崩"⑤，則此碑或於其時傾毀。

---

① （西晉）陳壽撰、（劉宋）裴松之注《三國志·魏書·三少帝紀·齊王芳紀》，裴松之注引孫盛《魏世譜》曰："高平陵在洛水南大石山，去洛城九十里"中華書局，1964，第123頁。

② （劉宋）范曄撰、（唐）李賢等注《後漢書》卷六〇《馬融傳》，中華書局，1965，第1958頁。

③ （劉宋）范曄撰、（唐）李賢等注《後漢書》卷八《孝靈帝紀》，中華書局，1965，第358頁。

④ 《太平御覽》卷四二"地部七邙山"條引《續漢書·五行志》曰："靈帝時童謠曰：侯非侯，王非王，千乘萬騎上北邙。至中平六年，獻帝爲中常侍段珪等數人所執，公卿百官隨其後，到阿上乃得還。此非侯非王上北邙也。"中華書局，1960，第199頁。

⑤ 《晉書》卷二九《五行志下》，中華書局，1974，第898頁。

十八　闕林山碑考

　　沔水又南逕闕林山東，本郡陸道之所由，山東有二碑，其一即記闕林山。文曰：君國者不躋高堙下。先時，或斷山岡以通平道，民多病，守長冠軍張仲瑜乃與邦人築斷故山道，作此銘。①

　　此處爲河嶽類石刻，碑石不存而碑文傳世。酈注言此碑立於筑陽縣沔水（今漢江）之側闕林山，時碑存文晰，酈注録其碑文，可知此碑記筑陽縣令張仲瑜與民於闕林山修築山道之事。當爲筑陽縣吏民所立，然其年代及碑之形制皆未言，當非道元親見。

　　筑陽縣，秦時置縣，屬南陽郡；西漢因之；惠帝初，呂后封蕭何幼子延爲筑陽侯②；新莽改稱宜禾；東漢初復稱筑陽；建武二十八年（527），光武帝封吳漢次子吳盱爲筑陽侯，國都於此縣，屬南鄉郡；晉爲筑陽縣，改屬順陽郡，宋齊梁因之；隋初廢縣入穀城縣。其故城位於今湖北襄陽谷城市。

　　闕林山，《後漢書·郡國志》"南陽郡"條"筑陽，侯國"，李賢注引《荊州記》曰："縣北四里有開林山。"③則此"開林山"即酈注所言"闕林山"，"開"、"闕"古字形近。《搜神記》卷一載有穀城鄉平常生數死而復生，於缺門山上大呼之事④，"缺"與"闕"音同，故或爲"闕林山"。《隋書·地理志》言襄陽郡穀城縣有穀城山、闕林山⑤，可知此山隋時仍稱

---

① 《水經注校證》卷二八《沔水注》"又南過筑陽縣東，筑水出自房陵縣，東過其縣南流注之"條，第661頁。
② （東漢）班固著、（唐）顔師古注《漢書》卷三九《蕭何傳》："高后乃封何夫人同爲酇侯，小子延爲筑陽侯。"中華書局，1962，第2012頁。
③ （劉宋）范曄撰、（唐）李賢等注《後漢書》"志二二"《郡國志四》"南陽郡"條，中華書局，1965，第3476～3479頁。
④ （東晉）干寶撰，汪紹楹校注《搜神記》卷一《平常生》："穀城鄉平常生，不知何所人也。數死而復生。時人爲不然。後大水出，所害非一。而輒在缺門山上大呼，言平常生在此。云：復雨，水五日必止。止則上山求祠之，但見平衣杖革帶。後數十年，復爲華陰市門卒。"中華書局，1979，第8～9頁。
⑤ 《隋書》卷三一《地理志下》"襄陽郡"條："穀城，舊曰義城，置義城郡。後周廢郡，開皇十八年改縣名焉。又梁有筑陽，開皇初廢，又梁有興國、義城二郡，並西魏廢。有穀城山、闕林山。"中華書局，1973，第891頁。

闕林。

張仲瑜，史書無傳，仲瑜當爲其字，南陽冠軍縣（今河南鄧州）人，其名不可知。闕林山東，本爲郡之陸道，然因年久失修而中斷，張仲瑜於筑陽令內，發縣民於闕林山東修復此道，以通交通，爲民所頌揚。漢代以來，官府多直鑿山開道以利官民行旅之舉，功成後亦多於山壁摩崖刻銘以記之。此類石刻酈注著錄較多，除此碑外，卷四《河水注》"又東過砥柱間"條載"晉崤道銘"、卷二七《沔水注》"又東過西城縣南"條載"懸書崖銘"，皆爲記載修築山道之事，然立碑於道側記事頌德者，唯見此碑。

此碑除《水經注》外，歐、趙諸家皆未有著錄，唯洪适《隸釋》卷二〇據酈注載有《張仲瑜碑》，其文同。嚴可均《全後漢文》卷一〇六闕十載有此碑，其文同，並注曰："《水經注·沔水中》，明刻本沔水下引此與郭輔碑，謂竝無年號，皆不知何代人也。今姑錄于郭輔碑之前。"① 此碑與"郭輔碑"皆立於此山，且皆未知所立年代，此碑當早已不存。清末張仲炘《湖北金石志》亦據酈注載此碑，言爲漢碑，未知何據。

十九　秦會稽刻石考

山下有禹廟，廟有聖姑像。《禮樂緯》云：禹治水畢，天賜神女聖姑，即其像也。山上有禹冢，昔大禹即位十年，東巡狩，崩于會稽，因而葬之。有鳥來，爲之耘，春拔草根，秋啄其穢，是以縣官禁民，不得妄害此鳥，犯則刑無赦。山東有湮井，去廟七里，深不見底，謂之禹井，云東遊者多探其穴也。秦始皇登會稽山，刻石紀功，尚存山側。孫暢之《述書》云：丞相李斯所篆也。②

此處爲河嶽類石刻，秦始皇三十七年（前210）立於會稽山，李斯篆書。後原石毀壞，元時翻刻，元碑現存於浙江紹興禹陵鄉禹陵村大禹陵內之碑廊。碑文存，有原刻拓本申屠駉本。

石刻之風，實源於秦。秦始皇統一六國後，爲強化其統治、宣示威

---

① （清）嚴可均輯《全後漢文》卷一〇六闕名十《闕林山碑》，中華書局，1958，第1044頁。
② 《水經注校證》卷四〇《漸江水注》"北過餘杭，東入于海"條，第941頁。

德，遂巡遊天下，於名山大川刻石以頌其德，其中主要有九刻石：秦始皇二十八年嶧山勒石、泰山刻石；秦始皇二十九年之罘刻石、東觀刻石；秦始皇三十二年碣石刻石；秦始皇三十五年東海上朐界刻石；秦始皇三十七年會稽刻石。此九處刻石，由於自然變遷、人爲毀壞，八處石刻原石皆早已亡佚，唯琅琊刻石尚存部分殘石。此諸刻石，酈注載有東海上朐界刻石、會稽刻石等石刻，《史記·秦始皇本紀》收錄六處刻石全文。

"會稽刻石"爲此九處刻石中最後所刻者。據《史記·秦始皇本紀》："三十七年十月癸丑，始皇出遊。十一月，行至雲夢，望祀虞舜於九疑山。浮江下，觀籍柯。渡海渚，過丹陽，至錢塘，臨浙江。水波惡，乃西百二十里，從狹中渡。上會稽，祭大禹。望於南海，而立石刻，頌秦德。"① 酈注此處所言當爲此刻。《秦始皇本紀》又云："（秦二世二年）春，二世東行郡縣，李斯從。到碣石，並海，南至會稽，而盡刻始皇所立刻石，石旁著大臣從者名，以章先帝成功盛德焉。皇帝曰：'金石刻盡始皇帝所爲也。今襲號而金石刻辭不稱。始皇帝，其于久遠也。如後嗣爲之者，不稱成功盛德。'丞相臣斯、臣去疾、御史大夫臣德昧死言：'臣請具刻詔書刻石，因明白矣。臣昧死請。'制曰："可。"② 由此可知此刻石爲秦始皇三十七年（前210）末立，越明年，秦二世又東巡至會稽，于此石上增刻二世詔書。然《史記》未收其文。此刻石之文，《索隱》言："望于南海而刻石。三句爲韻，凡二十四韻。"《正義》云："二頌三句爲韻。其碑見在會稽山上，其文及書皆李斯。其字四寸，畫如小指，圓鑴。今文字整頓，是小篆字。"③ 可知其文爲李斯文且書，全文三句爲韻，凡二十四韻，共二百八十九字，存於《史記·秦始皇本紀》及嚴可均《全秦文》（據申屠駉《翻刻會稽碑》拓本），兩者稍異。

與其他八處刻石從政治、經濟等方面頌揚秦德不同，"會稽刻石"，由於其立於吳越之地，其內容除宣揚秦德、讚頌始皇之外，近半篇幅爲教化民風之語："飾省宣義，有子而嫁，倍死不貞。防隔內外，禁止淫泆，男

---

① （漢）司馬遷撰、（劉宋）裴駰集解、（唐）司馬貞索隱、（唐）張守節正義《史記》卷六《秦始皇本紀》，中華書局，1959，第260頁。
② （漢）司馬遷撰、（劉宋）裴駰集解、（唐）司馬貞索隱、（唐）張守節正義《史記》卷六《秦始皇本紀》，中華書局，1959，第260頁。
③ （漢）司馬遷撰、（劉宋）裴駰集解、（唐）司馬貞索隱、（唐）張守節正義《史記》卷六《秦始皇本紀》，中華書局，1959，第261頁。

女絜誠。夫爲寄豭，殺之無罪，男秉義程。妻爲逃嫁，子不得母，咸化廉清。"① 吳越之地民風淫逸，不服教化。自上古以來越人生於斯，長於斯，多山臨海的特殊地域環境，以及漁獵爲主的生產方式，蘊育了越人好戰、斷髮紋身、錯臂左衽、不崇禮教的特殊風俗。公元前 227 年，王翦率秦軍滅越，並於吳越之地設會稽郡，郡治吳（今江蘇蘇州），然越人並未真正歸附，時常爲亂，始皇深以爲患。另據《史記·高祖本紀》："秦始皇常曰：東南有天子氣，於是因東遊以厭之。"② 東南即吳越之地，始皇爲壓制吳越天子之氣，強化其統治，遂東巡至會稽，祭大禹，並刻石以頌秦德，以中原之禮儀規範教化越人。

此石刻之形制，據《越絕書》云："（始皇）以三十七年東遊之會稽……以正月甲戌到大越，留舍都亭。取錢塘浙江岑石。石長丈四尺，南北面廣六尺，東面廣四尺，西面廣尺六寸，刻文立於越棟山上。其道九曲，去縣二十一里。"③ 可知此碑石爲取自錢塘之巨石，形體高聳碩大，立於越棟山（即會稽山），其字四寸，畫如小指，圓鐫。又《南史·范雲傳》云："齊建元初，竟陵王子良爲會稽太守，雲爲府主簿。王未之知。後剋日登秦望山，乃命雲。雲以山上有秦始皇刻石，此文三句一韻，人多作兩句讀之，並不得韻；又皆大篆，人多不識，乃夜取史記讀之令上口。明日登山，子良令賓僚讀之，皆茫然不識。末問雲，雲曰：下官嘗讀史記，見此刻石文。乃進讀之如流。子良大悅，因以爲上賓，自是寵冠府朝。"④ 可知原石以李斯大篆書寫，而張守節以爲小篆，誤。

"會稽刻石"自秦以後世代相傳，其中傳世文獻最早提及者除《史記》、《越絕書》外，則爲東晉王彪之《登會稽刻石山詩》，云："秦皇遐巡，邁茲英豪。宅靈基阿，銘跡峻嶠。"⑤ "刻石山"即會稽山。其後劉宋孔靈符《會稽記》言："秦望（山）爲眾峰之傑，入境便見，始皇刻石於

---

① （清）嚴可均輯《全秦文》卷一李斯《會稽刻石》，中華書局，1958，第 122～123 頁。
② （漢）司馬遷撰、（劉宋）裴駰集解、（唐）司馬貞索隱、（唐）張守節正義《史記》卷六《高祖本紀》，中華書局，1959，第 348 頁。
③ （東漢）袁康撰、年步嘉校釋《越絕書校釋》卷八《越絕外傳記地傳十》，武漢大學出版社，1992，第 203～204 頁。
④ （唐）李延壽撰《南史》卷五七《范雲傳》，中華書局，1975，第 1416 頁。
⑤ 逯欽立輯校《先秦漢魏晉南北朝詩》，《晉詩》卷一四王彪之《登會稽刻石山詩》，中華書局，1983，第 921 頁。

此……昔秦始皇登此，使李斯刻石，其碑現在。"① 孔曄明確指出此碑立於秦望山（會稽山脈支峰），而據酈注所言及《南史·范雲傳》可知至南北朝末期，此碑尚存原處且保存完好。唐張守節《正義》言"其碑見在會稽山上"，唐賈耽《十道志》言"在秦望山，其碑尚存"，可知此碑至中唐時猶存於世。《隋書·經籍志》亦載有"《秦皇東巡會稽刻石文》一卷"②。據北魏孝文帝《弔比干文》碑陰題宋人吳處厚《碑陰記》云："會稽齊唐言：兒時嘗登秦望山，見李斯碑所篆紀功碑，其字尚可辨。及壯仕官，周游四方，歸已老矣，則碑不復見。"③ 齊唐，北宋詩人，宋仁宗天聖八年（1030）進士④，此石刻當至北宋仁宗天聖後亡佚，故歐陽修《集古錄》、趙明誠《金石錄》、洪氏《隸釋》皆未載此刻石。

然至南宋，鄭樵《通志·金石略》卷一則又收錄有《稽山頌德碑》，並注云："李斯篆，疑在越州。"⑤ 陳思《寶刻叢編》也著錄有《秦會稽刻石》，並附錄南宋姚寬《西溪叢語》云："余嘗上會稽東山，自秦望之山巔，並黃茅無樹木。其上側有三石筍，中有水一泓，別無他石。石筍並無字。復自小逕別至一山，俗名鵝鼻山。山頂有石，如屋大，中間插一碑于其中。文皆為風雨所剝，隱約就碑可見缺畫，如禹廟沒字碑之類。不知此果岑石歟？非始皇之力，不能插于石中。此山絕險，罕有至者，得一採藥者引之至耳，非爲碑也。或云大篆，或云小篆，皆不可考。"⑥

此文為兩宋以降對此石記述最爲詳細者，且爲姚寬親歷，可信度高。按姚寬所述，此碑不在秦望山，而在會稽山另一支脈鵝鼻山，碑石尚存部分，但已文字摩滅不可識。姚寬爲南宋高宗時人，可知此刻石南宋初已毀壞殆盡。與姚寬同時之詩人陸游亦曾登鵝鼻山至絕頂，訪秦刻石，

---

① （劉宋）孔曄撰《會稽記》，收於劉緯毅《漢唐方志輯佚》，北京圖書館出版社，1997，第185頁。
② 《隋書》卷三二《經籍志一》"經志"，中華書局，1973，第945頁。
③ 《金石萃編》卷二七《孝文弔比干墓文》附《吳處厚記》，《石刻史料新編》第一輯第一冊，新文豐出版公司，1977，第481頁。
④ 齊唐，史書無傳，（宋）陳振孫撰《直齋書錄解題》卷一七《別集類中》《少微集》三十卷跋語："職方員外郎會稽齊唐祖之撰，齊瀚之後，天聖八年進士，兩應制科皆為首選。"中華書局，1985，第38頁。
⑤ （南宋）鄭樵撰、馮克誠等整理《通志》卷三《金石略》，《四庫家藏》"史部政書"，山東畫報出版社，2004，第38頁。
⑥ （南宋）陳思輯《寶刻叢編》卷三〇《秦會稽山刻石》，《石刻史料新編》第一輯第二十四冊，新文豐出版公司，1977，第18280頁。

並作《登鵝鼻山至絕頂訪秦刻石且北望大海山路危甚人迹所罕至也》詩云："秦皇馬迹散莓苔，如鐫非鐫鑿非鑿。殘碑不禁野火燎，造物似報焚書虐。"① 其中"殘碑不禁野火燎"一句再次印證此碑宋時已毀壞。而關於立石之處，史書僅言於會稽山，並未記載具體地點。若依《南史》記載，則此碑立於會稽山最高峰秦望山（位於今浙江紹興越城區城南），而南宋姚寬《西溪叢語》則謂爲會稽山另一支脈鵝鼻山（秦時稱娥壁山，又稱刻石山，位於今浙江紹興諸暨市楓橋鎮），後世又有諸多說法，至今尚無定論。

至元代至正元年（1341），紹興路總管府推官魯人申屠駉據其家藏原石舊拓摹刻于"秦嶧山碑"陰，並題記，又翻刻長安本《嶧山碑》于其陽申屠駉本，後置於會稽郡學之稽古閣（今紹興市稽山中學）。明都穆《金薤琳琅》著錄者，即此申屠氏覆刻本也。此碑高 2.2 米、寬 1 米，以小篆書碑文共十二行，行二十四字，字徑二寸。後有申屠駉跋二行，分書，字徑六分。此刻至清康熙時，碑文忽被人磨去，別刻他文。乾隆五十七年（1792），紹興知府李亨特覓得申屠駉刻石拓本，乃磨去他文，囑錢泳以申屠本雙鉤上石，劉徵翻刻，並磨去申屠原跋，刻以己跋（錢泳本）。同年七月，翁方綱補刻短跋。嘉慶元年（1796）、二年（1797），又分別勒記阮元、陳焯題名，此即爲今世所存"秦會稽刻石"，又稱"岑石頌"者。清光緒十一年（1885），日人以高槻千葉所藏雙鉤本翻刻此碑於日本，光緒二十七年（1901），又以錢泳本再翻刻於焦山。1987 年此刻石從府學宮移置於浙江紹興禹陵鄉禹陵村大禹陵內之碑廊，置屏壁以永久保存。

二十　晉句注碑考

雁門郡北對句注，東陘其南，九塞之一也。晉咸寧元年句注碑云：蓋北方之險，有盧龍、飛狐，句注爲之首，天下之阻，所以分別內外也。②

---

① （宋）陸游著、錢仲聯校注《劍南詩稿校注》卷二二，上海古籍出版社，1985，第 1675 頁。
② 今本《水經注》無此段文字，輯自《太平寰宇記》。（宋）樂史撰、王文楚等點校《太平寰宇記》卷四九"河東道代州雁門縣句注山"條，中華書局，2000，第 1027 頁。

此處爲河嶽類石刻，文存而碑石已佚。今本《水經注》未載此碑，唯見於樂史《太平寰宇記》卷四九"河東道代州雁門縣"條"句注山"言："注《水經》云：'雁門郡北對句注，東經其南九塞之一也。晉咸寧元年句注碑云：云北方之險，有盧龍、飛狐，句注爲之首，天下之阻，所以分別內外也。"當爲《水經注》之佚文①。依酈注所言，此碑爲西晉武帝咸寧元年（275）立，並載其碑名、碑文，或爲道元所親見。酈注以外，後世別無稱述，恐早佚矣。

　　此碑文所言"句注"者，爲古之關塞名，位於句注山上，故曰"句注塞"。據《史記·張儀列傳》，"句注"春秋時屬代國，時稱"句注之塞"②，戰國時屬趙國雁門郡，因其所處句注山山勢挺拔、地勢險要，爲中原漢族抵禦北方遊牧民族之要塞，秦時與殽、井陘、令疵、居庸合稱天下九塞，而句注居其首③，故又有"天下九塞，句注其首"之稱。唐初始於其塞置關稱"雁門關"④，即今山西忻州代縣古雁門關，又名"西陘關"。此關自唐以來，屢經荒廢重建，至明時尚存⑤。句注塞所處之句注山，因山勢勾轉，水順勢注流得名⑥。《史記·張儀列傳》張守節《正義》曰："句注山，在代州也。"又引《括地志》云："句注山，一名西陘山，在代州雁門縣西北四十里。"⑦可知此山亦名"西陘山"，又有"陘嶺"、"牛門"，古雁門山之稱，即今代縣城北之北斗山，"句注塞"及唐時之雁門關皆位於此山，至明時雁門關方遷至今之雁門山。

　　盧龍、飛狐，爲漢魏之世北方另外兩處重要關塞。盧龍塞，即今河北

---

① 陳橋驛《水經注佚文》，收於《水經注論叢》，浙江大學出版社，2008，第347頁。
② （漢）司馬遷撰、（劉宋）裴駰集解、（唐）司馬貞索隱、（唐）張守節正義《史記》卷七〇《張儀列傳》："（趙襄子）北之燕，說燕昭王曰：大王之所親莫如趙。昔趙襄子嘗以其姊爲代王妻，欲并代，約與代王遇於句注之塞。"中華書局，1959，第2297頁。
③ 許維遹集撰、梁運華整理《呂氏春秋集釋》卷一三《有始覽》"何謂九塞？大汾、冥阨、荊阮、方城、殽、井陘、令疵、句注、居庸"，高誘注曰："句注在雁門。"中華書局，2009，第279頁。
④ （民國）趙爾巽等撰《清史稿》卷六〇《地理志七》"山西代州直隸州"條言："句注，其嶺太和，唐置雁門關，古曰西隃，隘有十八。"中華書局，1976，第2039頁。
⑤ 《明史》卷四一《地理志二》"山西條"："句注山在西，亦曰西陘，亦曰雁門山，其北爲雁門關，有雁門守御千戶所，洪武十二年十月置。"中華書局，1974，第960頁。
⑥ （唐）薛季思撰《河東記》云："句注，以山形句轉，水勢注流而名，亦曰陘嶺。"中國書店出版社，1986，第48頁。
⑦ （漢）司馬遷撰、（劉宋）裴駰集解、（唐）司馬貞索隱、（唐）張守節正義《史記》卷七〇《張儀列傳》，中華書局，1959，第1819頁。

唐山遷西縣與寬城縣交接處之喜峰口，此塞又見於酈注卷一四《濡水注》"濡水從塞外來，東南過遼西令支縣北"條："濡水又東南逕盧龍塞，塞道自無終縣東出渡濡水，向林蘭陘，東至青陘。盧龍之險，峻阪縈折，故有九岫之名矣。"① 並載有"前燕盧龍塞道銘"②。三國時，曹操北征烏桓，於此修盧龍道，爲連接中原與遼東塞外之要道。飛狐，即《史記·酈生陸賈列傳》酈生所言"距蜚狐之口"，張守節《正義》曰："蔚州飛狐縣北百五十里有秦漢故郡城。西南有山，俗號爲飛狐口也。"③ 即今河北張家口蔚縣北口峪。句注、飛狐，均爲古之中原正北至塞外草原之交通要道，而盧龍則爲自中原東北出塞至遼東必經之地，其中又以"句注"爲之首，故《水經注》此碑文云："蓋北方之險，有盧龍、飛狐，句注爲之首，天下之阻，所以分別內外也。"④ 此碑當於西晉武帝咸寧元年（275）立於句注塞側，時尚無雁門關之稱。此碑酈注外，歐、趙、洪諸家皆未有著錄。《元和郡縣圖志》卷一四亦載有此碑："晉咸寧元年句注碑曰：'蓋北方之險，有盧龍、飛狐，句注爲之首，天下之阻，所以分別內外也。'"⑤ 可知《太平寰宇記》所引《水經注》之文當據於此。

今山西忻州代縣編《代縣志·自然志》言北斗山（古句注山）下北王莊北面三里處曾修有北斗廟，亦稱"勾注祠"，"祠中有晉勾注碑，宋亦立碑，還有廟記碑等。然碑佚，文存"⑥。其所言"晉勾注碑"即酈注所言"晉句注碑"，"句"與"勾"同音，則此碑至宋時尚存於勾注祠中，然今已不存，未知亡於何時。

---

① 《水經注校證》卷一四《濡水注》"濡水從塞外來，東南過遼西令支縣北"條，第345頁。
② 參見本書第五章第三處"前燕盧龍塞道銘考"，第332頁。
③ （漢）司馬遷撰、（唐）張守節正義：《史記·酈生陸賈列傳》，中華書局，1959，第2694~2695頁。
④ （漢）司馬遷撰、（劉宋）裴駰集解、（唐）司馬貞索隱、（唐）張守節正義《史記·趙世家》張守節《正義》引《括地志》云："夏屋山一名賈屋山，今名賈母山，在代州雁門縣東北三十五里。夏屋與句注山相接，蓋北方之險，亦天下之阻路，所以分別內外也。"中華書局，1959，第1794頁。
⑤ （唐）李吉甫撰，賀次君點校《元和郡縣圖志》卷一四"河東道代州雁門縣"，中華書局，1983，第402頁。
⑥ 代縣縣志辦公室編《代縣志·自然志》第四章"勾注山"條，代縣縣志辦公室編，1984，第21頁。

第五章　道路經界類石刻

一　晉崤道銘考

　　河水又東，千崤之水注焉。水南導于千崤之山，其水北流，纏絡二道。漢建安中，曹公西討巴漢，惡南路之險，故更開北道，自後行旅，率多從之。今山側附路有《石銘》云：晉太康三年，弘農太守梁柳修復舊道。太崤以東，西崤以西，明非一崤也。①

　此處爲摩崖題刻銘文，爲道路類石刻，石銘今已不存，而銘文于酈注而存世，無拓本傳世。酈注言此銘題刻於於崤山北道崖壁上，並載其銘文，言晉太康三年（282），弘農太守梁柳修復舊道而刻此銘以傳世。此文酈注外，嚴可均《全晉文》卷八四據酈注載有梁柳《崤山路石銘》，其文同。
　　崤道，即崤山道，分南北二道。崤山，位於今河南三門峽靈寶市、陝縣南部，亦稱三崤山、二崤山，崤山有盤崤、石崤、千崤之山，故名"三崤"，又分東崤、西崤兩山，故又名"二崤"。其地勢險要，山高谷深，絕壁千仞，自古以來以險峻聞名於世。崤山爲隔斷中原地區與關中地區之天然屏障，故與函谷關並稱爲"崤函之固"。秦漢以降，自洛陽西出，經崤山入關中，或走崤山南道，或走北道。崤山二道，亦稱南陵、北陵，南陵爲夏后皋之墓，北陵有周文王避風雨臺遺址②，而崤山南道自西周至東漢，爲連接洛陽與關中必經古道。考《左傳·僖公三十二年》："殽有二陵焉。其南陵，夏后皋之墓也；其北陵，文王之所辟風雨也。"杜預注曰："此道在二殽之間，南谷中谷深委曲，兩山相嵌，故可以辟風雨。古道由此。魏

---

① 《水經注校證》卷四《河水注》"又東過砥柱間"條，第117頁。
② （唐）李泰等著、賀次君輯校《括地志輯校》卷三"穀州永寧縣"："文王所避風雨，即東崤山也，俗亦號曰文王山。有夏后皋墓，北可十里許。"中華書局，1980，第116頁。

武帝西討巴漢，惡其險，而更開北山高道。"杜預所言崤道者爲崤山古道，漢末建安十五年（211），曹操自許昌西征馬超、韓遂，經洛陽，過崤山，因崤山南道年久失修，道路艱險，遂命許褚率軍於東崤山更開高道，因位於崤山南道之北，故稱崤山北道。

《讀史方輿紀要》對魏武所開"崤山北道"亦有明確記載："自新安以西，歷澠池、硤石、陝州靈寶、閿鄉而至於潼關，凡四百八十里。其北皆河流，翼岸巍峰插天，絶谷深委，峻坂迂迴，崤函之險，實甲於天下矣。"① 可知此道自洛陽西經函谷新關，沿澗河谷地過澠池、靈寶，穿過東崤山至陝縣，過潼關到長安。自崤山北道開通後，因其路途較故道通順，故漢末以後，商旅之人自中原入關中，多走此道，而崤山南道則興廢無常。

酈注所言"其水北流，纏絡二道"中"二道"即指此崤山南北兩道，而"崤道銘"位於崤山北道所經之東崤山側道路邊。其銘文記載了此石刻的銘刻年代及緣由。梁柳，正史無傳，唯《晉書·皇甫謐傳》載有"城陽太守梁柳"："謐從姑子也，當之官，人勸謐餞之。謐曰：柳爲布衣時過吾，吾送迎不出門，食不過鹽菜，貧者不以酒肉爲禮。今作郡而送之，是貴城陽太守而賤梁柳，豈中古人之道，是非吾心所安也。"② 據此可知，梁柳爲魏晉時名醫皇甫謐之從姑子，曾爲城陽太守，當爲酈注所言"弘農太守梁柳"也。又考《晉書·閻纘傳》："宜選寒苦之士，忠貞清正，老而不衰，如城門校尉梁柳、白衣南安朱沖比者，以爲師傅。"③ 可知梁柳出身寒苦，爲人忠貞清正，至老而不衰。又《晉書·河間王顒傳》："大駕旋，以太事太保梁柳爲鎮西將軍，守關中。"則梁柳後官至弘農太守、太弟太保、鎮西將軍等④。弘農郡，據《晉書·地理志》："弘農本函谷關。漢武帝遷于新安縣……宜陽、黽池、華陰、華山在縣南。"⑤ 晉時崤山北道當位於其境内，故梁柳於任弘農郡守期間，見魏武所修崤山北道日漸荒廢，爲方便來往商旅交通，故命人修復舊道，並於道旁山石銘刻此事。

---

① （清）顧祖禹輯著《讀史方輿紀要》卷四六"河南一三崤"條，上海書店出版社，1998，第313頁。
② 《晉書》卷五一《皇甫謐傳》，中華書局，1974，第1411頁。
③ 《晉書》卷四八《閻纘傳》，中華書局，1974，第1354頁。
④ 《晉書》卷五九《河間王顒傳》，中華書局，1974，第1621~1622頁。
⑤ 《晉書》卷一四《地理志上》"司州"條，中華書局，1974，第416頁。

此石銘除《水經注》外，歐、趙諸家皆未有著録，唯洪适《隸釋》卷二〇、顧藹吉《隸辨》卷八依酈注亦著有《崤道銘》，其文同，當早已亡佚。另《元和郡縣圖志》卷五"河南道永寧縣"載"二崤山"言："漢建安中，曹公西討巴、漢，惡其險，更開北山道路，多從之便。路側有石銘，曰：'晉太康三年，弘農太守梁柳修復舊道。'"① 其文當亦據於酈注。

二　後趙石虎鄴城東門石橋柱銘考

其水又逕寧先宮東，獻文帝之爲太上皇，所居故宮矣。宮之東次，下有兩石柱，是石虎鄴城東門石橋柱也。按柱勒，趙建武中造，以其石作工妙，徙之于此。余爲尚書祠部，與宜都王穆熊同拜北郊，親所經見，柱側悉鏤雲矩，上作蟠螭，甚有形勢，信爲工巧，去子丹碑則遠矣。②

此處爲石柱銘文，屬道路類石刻，原石銘早已不存，唯銘文賴酈注傳世。酈注言此銘刻於時平城外如渾水（今山西大同之御河）西側寧先宮東次兩石橋柱上，並據銘文而言橋柱及銘爲後趙石虎建武中（335~348）所造，原位於鄴城東門，其柱側悉鏤雲矩，上刻有蟠螭之紋飾，甚有形勢，信爲工巧，爲道元所親見。酈道元於卷一三《㶟水注》"㶟水出鴈門陰館縣，東北過代郡桑乾縣南"條對北魏平城建築布局予以詳細描述，其中涉及相關石刻文獻達八處，此即爲其一。

寧先宮，北魏獻文帝爲太上皇時所居宮室。據《魏書·顯祖紀》，皇興五年（471）獻文帝禪位於太子宏（孝文帝），群臣上尊號爲太上皇帝，徙御崇光宮③，延興三年（473）春正月丁亥，改崇光宮爲寧光宮。又據

---

① （唐）李吉甫撰、賀次君點校《元和郡縣圖志》卷五"河南道河南府永寧縣"，中華書局，1983，第142頁。
② 《水經注校證》卷一三《㶟水注》"㶟水出鴈門陰館縣，東北過代郡桑乾縣南"條，第314頁。
③ （北齊）魏收撰《魏書》卷六《顯祖紀》："（皇興五年）帝雅薄時務，常有遺世之心，欲禪位於叔父京兆王子推……群臣固請，帝乃止。丙午，冊命太子……於是群公……謹上尊號太上皇帝……己酉，太上皇帝徙御崇光宮，采椽不斫，土階而已。國之大事咸以聞。承明元年，年二十三，崩於永安殿，上尊諡曰獻文皇帝，廟號顯祖，葬雲中金陵。"中華書局，1974，第132頁。

《魏書·高湖傳》："顯祖之御寧光宮也,諡恒侍講讀,拜蘭臺御史。"① 由此可知,酈注所言"寧先宮"當爲"寧光宮","先"當爲"光"之訛文。此兩石橋柱原位於後趙石虎所營建都城鄴城東門建春門外,後於北魏時自鄴城移至平城寧光宮東。施蟄存先生稱此銘爲"寧先宮石柱建武題刻"②,或有誤。

鄴城,春秋時齊桓公始置,"築五鹿、中牟、鄴蓋與社丘,以衛諸夏之地"③,戰國時爲魏之陪都;漢以爲魏郡郡治;東漢以降,曹魏、後趙、前燕、東魏、北齊等王朝先後於此建都,遂成爲時之名都。鄴城分南北二城,其中南城爲北齊始建,又稱鄴南城,其故城位於今河北邯鄲臨漳縣漳河岸畔,漢末,魏武於此建造金鳳臺、銅雀臺、冰井三臺,並以三臺爲中心營建鄴北城,曹魏時列爲五都之一。然此城西晉永興後屢遭兵災漸爲荒廢。後趙石勒重建鄴城,建武元年(335)石虎遷都於鄴,並大規模營建都城,酈注所言建春門石橋柱即爲此時所建。

據《水經注》卷一○《濁漳水注》"又東出山,過鄴縣西"條言:"(鄴)城有七門:南曰鳳陽門,中曰中陽門,次曰廣陽門,東曰建春門,北曰廣德門,次曰廐門,西曰金明門,一曰白門……東城上,石氏立東明觀,觀上加金博山,謂之'鏘天'。北城上有齊斗樓,超出群樹,孤高特立。其城東西七里,南北五里,飾表以磚。"④,酈注於此詳細而形象地描述了後趙石虎時期鄴城營建之盛況,其城之七門,曹魏時已初具規模,石虎又加以重建,並依陰陽以及四季風候以命名,"反映了後趙建都貫徹了天人合一的理念,將天的意識融入都城的構建"⑤。建春門爲時鄴城之東門,城東門外有一石橋,其兩橋柱上,酈注言勒有"趙建武中造"之銘文。"建武"爲後趙石虎年號,自公元335年至348年,凡十四年。據《晉書·石季龍載記》:"(建武二年,石虎)於襄國起太武殿,於鄴造東西宮,至是皆就……(石季龍)興宮室於鄴,起臺觀四十餘所,營長安、洛陽二宮,作者四十餘萬人。"⑥ 此石橋柱當建於期間。橋之兩柱雕飾繁複

---

① (北齊)魏收撰《魏書》卷三二《高湖傳附子諡傳》,中華書局,1974,第752頁。
② 施蟄存撰《水經注碑錄》卷三《寧先宮石柱建武題刻》,天津古籍出版社,1987,第114頁。
③ 黎翔鳳撰、梁運華整理《管子校注》卷八《小匡》,中華書局,2004,第440頁。
④ 《水經注校證》卷一○《濁漳水注》"又東出山,過鄴縣西"條,第259頁。
⑤ 牛潤珍:《後趙鄴都城制建築考》,《河北學刊》2008年第3期,第36頁。
⑥ 《晉書》卷一○六《石季龍載記》,中華書局,1974,第2765、2772頁。

工巧。"雲矩"當爲"雲炬",按《玉篇》:"炬,火炬。""雲炬"則形容此柱石刻雕鏤之巧,光炫奪目。

除此之外,此石橋柱另見酈注卷九《洹水注》"又東北出山,過鄴縣南"條:"北逕建春門,石梁不高大,治石工密。舊橋首夾建兩石柱,螭矩趺勒甚佳。乘輿南幸,以其作制華妙,致之於平城。"① 可知建春門石橋曹魏時所建,石虎建武年間又於舊橋首夾建兩石柱,乘輿南幸,考《魏書·孝文帝紀》:"(延興四年)二月甲辰,太上皇帝至自南巡。"② 太上皇即獻文帝,時南巡經鄴城故地,見建春門外兩石橋柱作制華妙,遂致之於平城,置其寢宮寧光宮東,以便常見賞玩。

酈注又言:"余爲尚書祠部,與宜都王穆羆同拜北郊,親所經見。""尚書祠部"即"尚書祠部郎",酈道元於太和十五年(491)在其父範歿後,承父爵爲永寧侯,始進入仕途,出任尚書祠部郎一職③。穆羆,宜都王穆崇子,伏干弟,襲爵,尚新平長公主,拜駙馬都尉。案《魏書·穆崇傳》:"後改吐京鎮爲汾州,仍以羆爲刺史……高祖以羆政和民悦,增秩延限……後徵爲光祿勳,隨例降王爲魏郡開國公,邑五百戶。又除鎮北將軍、燕州刺史,鎮廣寧。"④ 穆羆襲父兄爵爲宜都王,當爲異姓王,後於太和十六年(492)按例降爲魏國公,而道元時爲尚書祠部郎,依然稱之爲宜都王,可知當在太和十六年以前。又據《魏書·地形志》:"汾州,延和三年爲鎮,太和十二年置州。治蒲子城。孝昌中陷,移治西河。"⑤ 可知汾州至太和十二年(488)始改鎮爲州,穆羆任汾州刺史當在此年,後高祖因羆所治汾州政和民悦而增秩延限,故其任期可延至太和十三年、十四年,而要與道元在當時的北魏京城平城相見,只能在其從汾州刺史卸任還京任光祿勳時,即太和十四年之後,而又應在太和十六年以前,時穆羆爲光祿勳,而道元則爲尚書祠部郎,兩人俱在平城任職。此石柱銘,除酈注外,歐、趙、洪諸家皆未著録,殆没已久。

---

① 《水經注校證》卷九《洹水注》"又東北出山,過鄴縣南"條,第245頁。
② (北齊)魏收撰《魏書》卷七《高祖紀》,中華書局,1974,第140頁。
③ 張鵬飛:《酈道元年譜考略》,《湖北大學學報》2006年第4期,第480頁。
④ (北齊)魏收撰《魏書》卷二七《穆崇傳》,中華書局,1974,第666頁。
⑤ (北齊)魏收撰《魏書》卷一〇六《地形志上》"汾州"條,中華書局,1974,第2483頁。

三　前燕盧龍塞道銘考

　　濡水又東南逕盧龍塞，塞道自無終縣東出渡濡水，向林蘭陘，東至清陘。盧龍之險，峻阪縈折，故有九崤之名矣。燕景昭元璽二年，遣將軍步渾治盧龍塞道，焚山刊石，令通方軌，刻石嶺上，以記事功，其銘尚存。而庾杲之注《揚都賦》，言盧龍山在平岡城北，殊爲孟浪，遠失事實。余按盧龍東越清陘，至凡城二百許里。自凡城東北出，趣平岡故城可百八十里，向黃龍則五百里。故陳壽《魏志》：田疇引軍出盧龍塞，塹山堙谷，五百餘里逕白檀，歷平岡，登白狼，望柳城。平岡在盧龍東北遠矣。而仲初言在南，非也。①

　　此處爲摩崖題刻銘文，屬道路類石刻，原石及文皆早已亡佚，亦無拓本傳世。據酈注所言，此銘爲前燕景昭帝慕容儁元璽二年（353），慕容儁遣將軍步渾修治盧龍塞道，焚山刊石，令通方軌，其後刻石於道之嶺上，以記事功。酈道元所見之時，其石銘尚存，然未載其文，蓋時文已摩滅難識。

　　盧龍塞道，又稱盧龍道，因其道經盧龍塞，以此爲名。盧龍塞，亦稱烏龍塞，因塞所處之山土色玄黑，山勢如龍，故稱盧龍。《魏書·地形志》言："平州，昌新有盧龍山。"② 唐杜佑《通典》言在"平州城西北二百里"，《太平寰宇記》卷七〇"河北道平州盧龍縣"有"盧龍道"："《魏志》曰：'曹公北征烏丸，田疇自盧龍道引軍出盧龍塞，塹山堙谷五百餘里，逕白檀，歷平岡，登白狼，望柳城。'即此道也。一謂之盧龍塞，在今郡城西北二百里。"③ 其故道位於今河北唐山遷安市西北喜峰口。

　　酈注言此道自無終縣東出渡濡水。無終縣，秦置；漢時屬右北平郡；西晉屬北平郡。其故城位於今天天津薊縣。濡水，古水名，即今河北東北

---

① 《水經注校證》卷一四《濡水注》"濡水從塞外來，東南過遼西令支縣北"條，第345~346頁。
② （北齊）魏收撰《魏書》卷一〇六《地形志上》"平州"條，中華書局，1974，第2497頁。
③ （宋）樂史撰、王文楚等點校《太平寰宇記》卷七〇"河北道平州盧龍縣"，中華書局，2007，第1420頁。

部之灤河，自西北向東南穿過燕山而注於渤海，灤河流經燕山一帶形成灤河河谷，盧龍道位於其中，自古以來爲河北平原至東北地區交通要道。此道過濡水後，經盧龍塞、青陘關，兩關之間所經皆爲地勢險要之地，故酈注言"盧龍之險，峻阪縈折，故有九岬之名"。晉咸寧元年《句注碑》亦云："蓋北方之險，有盧龍、飛狐，句注爲之首，天下之阻，所以分別內外也。"① 其中"句注"爲雁門關（今山西忻州代縣），"飛狐"即《史記·酈生陸賈列傳》酈生所言"蜚狐"（今河北張家口蔚縣北口峪）②，兩者均爲古之中原正北至塞外草原之交通要道。而自中原東北出塞至遼東，盧龍塞則爲首要險徑，其道自魏晉修建以來，歷代爲兵家必爭之地。唐高适《塞上》詩即云："東出盧龍塞，浩然客思孤。亭堠列萬里，漢兵猶備胡。"③

據《三國志·魏書·武帝紀》："（建安十二年武帝）將北征三郡烏丸……秋七月，大水，傍海道不通，田疇請爲鄉導，公從之。引軍出盧龍塞，塞外道絕不通，乃塹山堙谷五百餘里，經白檀，歷平岡，涉鮮卑庭，東指柳城。"④ 由此可知，盧龍塞道最初爲魏武北征烏桓時命田疇率軍所修。田疇，字子泰，右北平無終人也。考《三國志·魏書·田疇傳》："建安十二年，太祖北征烏丸，未至，先遣使辟疇……太祖令疇將其眾爲鄉導，上徐無山，出盧龍，歷平岡，登白狼堆，去柳城二百餘里，虜乃驚覺。"⑤ 田疇所修盧龍道北出徐無山，經盧龍塞，歷平岡城，經白狼山，後至柳城，曹軍經此道迅速抵達烏丸駐軍之地，"單于身自臨陳，太祖與交戰，遂大斬獲，追奔逐北，至柳城"。然此道與酈注所言非一也。酈注所言"盧龍塞道"則自無終縣東出渡濡水，經盧龍塞而後東至青陘，爲燕景昭元璽二年（353）遣將軍步渾所修。步渾，史書無載。前燕慕容儁於東晉元和六年（350），聞後趙內亂，遂引兵伐趙，其事見《晉書·慕容儁載記》："儁率三軍南伐，出自盧龍，次於無終。"⑥ 另《魏書·徒何慕容廆

---

① 《元和郡縣圖志》卷一四"河東道代州雁門縣"，中華書局，1983，第402頁。
② 《史記》卷九七《酈生陸賈列傳》曰："蔚州飛狐縣北百五十里有秦漢故郡城。西南有山，俗號爲飛狐口也"，中華書局，1959，第2694頁。
③ 中華書局編輯部點校《全唐詩》第六冊，卷二一一，高适《塞上》，中華書局，1960，第2190頁。
④ 《三國志·魏書·武帝紀》，中華書局，1964，第29頁。
⑤ 《三國志·魏書·田疇傳》，中華書局，1964，第342頁。
⑥ 《晉書》卷一一〇《慕容儁載記》，中華書局，1974，第2832頁。

傳》:"(慕容儁)聞石氏亂,乃礪甲嚴兵,將爲進取之計。鑿山除道,入自盧龍,克薊城而都之。"① 兩者所言爲同一事。慕容儁爲伐趙,令人鑿山除道,即盧龍道,遂從此道行至無終縣,最終克薊城而都之。此事《資治通鑑》卷九八《晉紀二十》記載較詳:"(晉元和六年)二月,燕王儁使慕容霸將兵二萬自東道出徒河,慕輿於自西道出蠮螉塞,儁自中道出盧龍塞以伐趙。以慕容恪、鮮于亮爲前驅,命慕輿泥槎山通道。"② 可知,時燕兵分三路,而慕容儁自中道出盧龍塞,時命慕輿泥槎山通道,此道當爲戰時臨時道路。及敗趙,慕容儁於元璽二年自龍城(今遼寧朝陽)遷都薊(今北京),爲使新都與舊都交通順暢,又命將軍步渾在慕輿泥所修臨時道路基礎上焚山刊石,令通方軌,從而形成與漢末建安時田疇所修盧龍道並立之新道。

酈注於此又據庾杲之注庾闡《揚都賦》,以爲庾杲之言盧龍山在平岡城北"殊爲孟浪,遠失事實",並言:"仲初言在南,非也。"庾闡,字仲初,東晉時人,所作《揚都賦》(《全晉文》卷三八)一文,並未言及盧龍山。庾杲之,子字景,南齊時人,曾爲《揚都賦》作注,然其注今世未傳。酈氏進而指出盧龍塞道當"東越青陘,至凡城二百許里。自凡城東北出,趣平岡故城可百八十里,向黃龍則五百里",然庾闡《揚都賦》所言當爲建安時田疇所修盧龍舊道,與慕容儁命步渾所開盧龍新道並非一道,而酈氏不察其別,故有此誤。此石銘酈注外,北宋以降歐、趙、洪諸家皆未有著錄,蓋湮沒已久。

四 晉皋門橋記考

舊瀆又東,晉惠帝造石梁于水上,按橋西門之南頰文,稱晉元康二年十一月二十日,改治石巷、水門,除豎枋,更爲函枋,立作覆枋屋,前後辟級續石障,使南北入岸,築治漱處,破石以爲殺矣。到三年三月十五日畢訖。并紀列門廣長深淺于左右巷,東西長七尺,南北龍尾廣十二丈,巷瀆口高三丈,謂之皋門橋。③

---

① 《魏書》卷九五《徒何慕容廆傳》,中華書局,1976,第2061頁。
② 《資治通鑑》卷九八《晉紀二十》,中華書局,1956,第3081頁。
③ 《水經注校證》卷一六《穀水注》"又東過河南縣北,東南入于洛"條,第392~393頁。

此處爲石橋題刻銘文，屬橋樑類石刻。原石早已不存，亦無拓本，銘文賴酈注而傳世。酈注言此石銘刻於洛陽城穀水上皋門橋西門之南頰，與千金碣石人相近。其銘文載晉惠帝元康年間，惠帝造石梁於水上之事①，則此銘文或刻于其功畢時（元康三年，293）。嚴可均《全晉文》卷一四六闕名二載有《金渠東石梁西門之南頰記》，其文與酈注同。此橋當爲惠帝敕令修建，故工程浩大，歷時近半年。酈注又於其後轉述此橋銘文："並紀列門廣長深淺於左右巷，東西長七尺，南北龍尾廣十二丈，巷瀆口高三丈，謂之皋門橋。""皋門"通"睾門"，即橋之兩端所建石門。此銘當刻於此橋西門之上。

　　近代著名建築歷史學家傅熹年先生認爲此橋"是一座中間高起跨渠，兩端坡道向下通南北岸的梁式石橋"②，項海帆《中國橋樑史綱》則認爲此橋是一座有覆枋橋屋的石拱橋。③而據酈注所載之銘文，可知傅熹年先生所說甚是，此橋當爲魏晉時流行之石梁橋，而非石拱橋，南北橫跨於穀水兩岸。其橋面東西寬度達七尺，南北跨度達十二丈，橋身高出水面三丈，並於橋之前後以石障連接南北兩岸，行堤表面則爲一坡一平的遞降踏步，即銘文所言"前後辟級"。此橋除用於通行外，亦爲水閘，橋爲改治"水門"而成，可用以蓄水排洪。元康二年修建之時，將水門原有之"豎枋"（豎置木枋水閘）改爲"函枋"（橫置木枋水閘），並於其上立以覆枋之屋，橋之兩側左右巷則立有石門，即酈注所言"並紀列門廣長深淺於左右巷"。由此可知，此橋爲一建築結構較爲複雜之巨型石質廊橋。酈注於是篇所載洛陽魏晉石橋頗多，除此橋外，尚有建春門石橋（漢陽嘉四年）、馬市石橋（晉太康元年）、洛陽旅人橋（晉泰始十年）等，其橋柱多刻有銘文，皆爲石質拱橋，唯此橋爲梁式廊橋（亦稱屋橋、風雨橋、蜈蚣橋等），而皋門橋亦爲我國早期石質廊橋之典範。今浙江麗水慶元縣境內尚保存完好一百餘座風格各異之古廊橋，有木拱廊橋、木撐架廊橋、木平梁

---

① 《文選》第一冊，卷一〇《紀行下》潘岳《西征賦》："爾乃越平樂，過街郵。秣馬皋門，稅駕西周"，注曰："平樂，館名也。酈善長《水經注》曰：'梓澤西，有一原，古舊亭處，即街郵也。石卷瀆口，高三丈，謂之皋門橋'"，其所引酈注之文與今本稍有別，上海古籍出版社，1986，第443頁。
② 傅熹年主編《中國古代建築史》卷二《兩晉、南北朝、隋唐、五代建築》，中國建築工程出版社，2001，第231頁。
③ 項海帆等編著《中國橋樑史綱》第五章"晉隋唐"5.11"洛陽皋門橋"，同濟大學出版社，2009，第45頁。

廊橋、石拱廊橋等類別，其中木平梁廊橋當與皋門橋相似。

　　楊衒之《洛陽伽藍記》卷四"城西永明寺"條云："出閶闔門城外七里長分橋。中朝時以穀水浚急，注於城下，多壞民家，立石橋以限之。長則分流入洛，故名曰長分橋。或云：晉河間王在長安，遣張方征長沙王，營軍於此，因爲張方橋也。未知孰是。今民間訛語號爲張夫人橋，朝士送迎，多在此處。"① 此"長分橋"或即酈注所載"皋門橋"。

　　此石橋銘，除酈注以外，歐、趙、洪諸家皆未著録，唯《太平寰宇記》卷三"河南府河南縣"條載有"皋門橋"："穀水上有皋門橋，即晉惠帝所造。故潘岳《西征賦》云'秣馬皋門'。"② 然未言時之存失，此橋與石銘當久已不存。

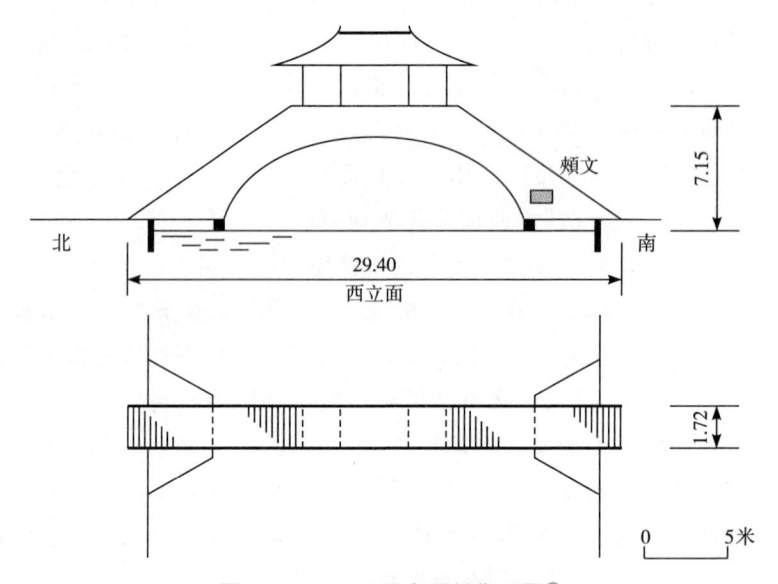

圖 5-1　西晉洛陽皋門橋復原圖③

---

① 《洛陽伽藍記校注》卷四"城西永明寺"條，上海古籍出版社，1978，第 237～238 頁。
② 《太平寰宇記》卷三"河南府河南縣"條，中華書局，2007，第 49 頁。
③ 李合群編《中國古代橋樑文獻精選》第三章"魏晉南北朝時期的橋樑文獻"，華中科技大學出版社，2008，第 32 頁。

五　漢洛陽建春門橋柱銘考

　　穀水又東屈南，逕建春門石橋下，即上東門也。阮嗣宗《詠懷詩》曰"步出上東門"者也。一曰上升門，晉曰建陽門。《百官志》曰：洛陽十二門，每門候一人，六百石。《東觀漢記》曰：郅惲爲上東門候，光武嘗出，夜還，詔開門欲入，惲不內。上令從門間識面。惲曰：火明遼遠。遂拒不開，由是上益重之。亦袁本初掛節處也。橋首建兩石柱，橋之右柱銘云：陽嘉四年乙酉壬申，詔書以城下漕渠，東通河、濟，南引江、淮，方貢委輸，所由而至，使中謁者魏郡清淵馬憲監作石橋樑柱，敦敕工匠盡要妙之巧，攢立重石，累高周距，橋工路博，流通萬里云云。河南尹邳崇隤、丞渤海重合雙福、水曹掾中牟任防、史王蔭、史趙興、將作吏睢陽申翔、道橋掾成皋阜國、洛陽令江雙、丞平陽降監掾王騰之、主石作右北平山仲，三月起作，八月畢成。①

　　此處亦爲石橋題刻銘文，屬道路類石刻，原石早已不存，亦無拓本，銘文賴酈注而傳世。酈注言此石銘刻於洛陽城穀水上建春門橋首兩石柱上，其銘文載東漢順帝陽嘉四年（135）乙酉壬申，帝詔令中謁者魏郡清淵馬憲監作建春門石橋樑柱之事，後附以修建此橋有司之官職、姓名、建橋二期等。此銘除酈注外，嚴可均《全後漢文》卷九八闕名據酈注載有《洛陽上東門橋右石柱銘》，其文同。酈注於是篇所載洛陽魏晉石橋頗多，除此橋外，尚有皋門橋（晉元康二年）、馬市石橋（晉太康元年）、洛陽旅人橋（晉泰始十年）等，刻有銘文，唯此橋爲漢時所建石橋。

　　建春門，漢魏洛陽城十二門之一，酈注亦稱上東門。據《後漢書·張湛傳》李賢注引《漢官儀》曰："洛陽十二門，東面三門，最北門名上東門，次南曰中東門。每門校尉一人，秩二千石。司馬一人，秩千石。候一人，秩六百石。"② 其中最北門上東門者，魏晉時改稱建春門。《文

---

① 《水經注校證》卷一六《穀水注》"又東過河南縣北，東南入于洛"條，第396頁。
② 《後漢書》卷二七《張湛傳》，中華書局，1965，第930頁。

選》卷五七謝希逸《宋孝武宣貴妃誄并序》曰："經建春而右轉，循閶闔而逕渡。"李善注引《河南郡境界簿》曰："洛陽縣東城第一建春門。"① 另《太平寰宇記》亦載有"上東門"："洛陽東面門也，在寅地，晉改爲昌門（一作建春門）……又漢公卿餞二疏於上東門；漢《舊儀》云：冊皇子爲諸侯王皆於上東門中，以東門在卯故也。《晉書》：十二門東面最北曰東上門。後又改爲東陽門，即阮籍詩'步出上東門'也②。"酈注又引《東觀漢記》言郅惲故事。郅惲，字君章，汝南西平人，東漢建武時爲長沙太守。授皇太子《韓詩》，侍講殿中。清志高世，剛直不阿。郅惲拒關之事亦見於《後漢書·郅惲傳》③。袁本初掛節處，即《後漢書·袁紹傳》所言："卓復言：'劉氏種不足復遺。'紹勃然曰：'天下健者，豈惟董公！'橫刀長揖徑出。懸節於上東門，而奔冀州。"④

酈注言"穀水又東屈南，逕建春門石橋下"，據《太平御覽》引戴延之《西征記》曰："洛陽城外四面有陽渠水，周公所制也，建春門外二橋最大，一縱一橫。"⑤ 戴延之《西征記》作於晉宋之際，早於酈注，其時洛陽建春門外有兩石橋，一縱一橫。其中所謂縱者，即酈注此所言建春門石橋；所謂橫者，或爲馬市石橋。酈注所載銘文當爲時順帝下詔書局部，述穀水交通之重要，而銘於石橋欂柱監作者爲中謁者馬憲。中謁者，亦稱"中書謁者令"，漢官名，秩比六百石，漢初爲帝之使臣，武帝時以宦官任之，掌尚書事，簡稱中書令，太史公受腐刑曾任此職。馬憲，史書無載，時受順帝之詔監作此石橋欂柱，其"敦敕工匠盡要妙之巧，攢立重石"。酈注所載此銘僅錄其局部，故以云云而略之，銘末則題以"河南尹邳崇隗、丞渤海重合雙福、水曹掾中牟任防、史王蔭、史趙興、將作吏睢陽申翔、道橋掾成皋卑國、洛

---

① 《文選》卷五七《誄下》，謝希逸《宋孝武宣貴妃誄并序》，上海古籍出版社，1986，第2482頁。
② （宋）樂史撰、王文楚等點校《太平寰宇記》卷三"河南府洛陽縣"條，中華書局，2007，第55頁。
③ 《後漢書》卷二九《郅惲傳》："惲遂客居江夏教授，郡舉孝廉，爲上東城門候。帝嘗出獵，車駕夜還，惲拒關不開。帝令從者見面於門間。惲曰：火明遼遠。遂不受詔。帝乃迴從東中門入"，中華書局，1965，第1031頁。
④ 《後漢書》卷七四《袁紹傳》，中華書局，1965，第2374頁。
⑤ 《太平御覽》卷七五"地部四十渠"，中華書局，1960，第351頁。

陽令江雙、丞平陽降監掾王騰之、主石作右北平山仲"等諸多造橋者之題名。

楊衒之《洛陽伽藍記》卷二"城東"言："明懸尼寺，彭城武宣王勰所立也。在建春門外石橋南，穀水周圍，繞城至建春門外，東入陽渠石橋。橋有四柱，在道南，銘云：漢陽嘉四年將作大匠馬憲造。逮我孝昌三年，大雨頹橋，柱始埋沒。道北二柱，至今猶存。"①《洛陽伽藍記》作於東魏武定五年（547），而《水經注》則主要成書於北魏孝明帝神龜、正光年間（519~524）②，兩者所距僅二十餘年。酈道元與楊衒之兩人當皆親見此橋及銘，然楊衒之言此橋本有四柱，至孝明帝孝昌三年（527），大雨頹橋，柱始埋沒，後至孝莊帝永安（529~530）時，此橋道北尚存有二柱，其上銘曰"漢陽嘉四年將作大匠馬憲造"。則此僅存兩石柱即酈注所言橋首刻以銘文之兩石柱。然酈注所載銘文詳於《洛陽伽藍記》，可知此銘文至永安時已摩滅不可識。《洛陽伽藍記》所言將作大匠馬憲者即酈注所言"中謁者魏郡清淵馬憲"，或時銘文載其官職兩者皆有。

此石橋銘北魏之後，歐、趙諸家皆未著錄，唯洪适《隸釋》卷二〇亦據酈注載有此銘，明趙均《寒山堂金石林時地考》、周弘祖《古今書刻》皆據載有《洛陽石柱銘》，趙氏注云："在建春門外石柱上。"③顧藹吉《隸辨》亦載此銘："洛陽建春門右橋建兩石柱，橋之右柱銘曰：陽嘉四年乙酉壬申使中謁者魏郡清淵馬憲監作石橋樑柱。"④此皆據古志而妄錄，不足信。此石橋銘北魏以後當已亡佚。

---

① （北魏）楊衒之撰、范祥雍校注《洛陽伽藍記校注》卷二"城東明懸尼寺"條，上海古籍出版社，1978，第73頁。
② 張鵬飛：《酈道元年譜拾遺補正》，《甘肅社會科學》2012年第5期，第122頁。
③ （明）趙均撰《寒山堂金石林時地考》"河南"《洛陽石柱銘》，《石刻史料新編》第三輯第三十四冊，新文豐出版公司，1986，第499頁。
④ （清）顧藹吉撰《隸辨》卷八，《石刻史料新編》第二輯第十七冊，新文豐出版公司，1979，第13097頁。

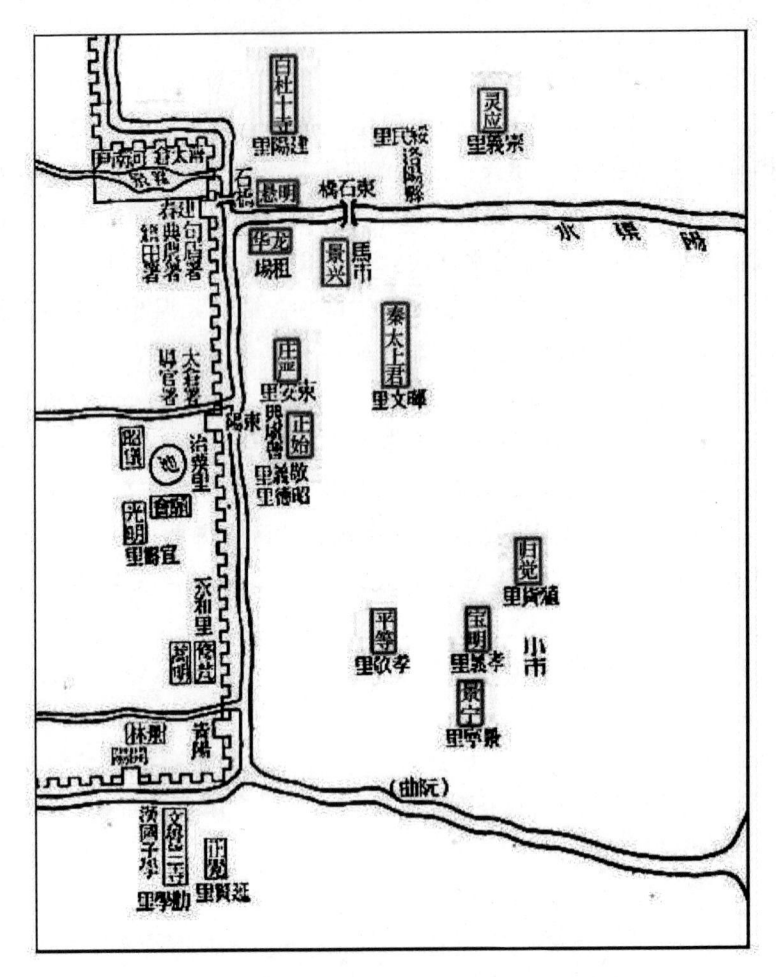

圖 5-2　楊衒之《洛陽伽藍記》洛陽東門圖①

六　漢洛陽東石橋銘考

　　（穀水）其水依柱，又自樂里道屈而東出陽渠。昔陸機爲成都王穎入洛，敗北而返。水南即馬市，舊洛陽有三市，斯其一也。亦嵇叔夜爲司馬昭所害處也。北則白社故里，昔孫子荆會董威輦于白社，謂

---

① 《洛陽伽藍記校注》卷二《洛陽東門圖》，上海古籍出版社，1978，第73頁。

此矣。以同載爲榮，故有《咸華圖》。又東逕馬市石橋，橋南有二石柱，竝無文刻也。①

此處亦爲石橋題刻銘文，屬道路類石刻，原石已不存。酈注言漢魏洛陽故城東馬市石橋南有二石柱，皆無題刻，此當爲道元所親見。然楊衒之《洛陽伽藍記》引劉澄之《山川古今記》之言以爲此橋"晉太康元年中朝時市南橋也。澄之等蓋見橋銘，因而以橋爲太康初造也"，則橋當有石銘，記建橋之時間。嚴可均《全後魏文》卷三二據《洛陽伽藍記》載有常景《洛橋銘》②，未知是否爲此銘。

"洛陽馬市"，爲漢魏之時洛陽城三市之一，即酈注所言"舊洛陽有三市，斯其一也"，可知除馬市外，另有二市。酈注於是卷尚載有"金市"："穀水逕洛陽小城北，因阿舊城，憑結金墉，故向城也。永嘉之亂，結以爲壘，號曰洛陽壘。故《洛陽記》曰：陵雲臺西有金市，金市北對洛陽壘者也。"③ 此亦見於《太平寰宇記》，其卷三"河南府洛陽縣"條"三市"引陸機《洛陽記》曰："大市名金市，在大城西，南市在大城南，馬市在大城東。"④ 按語曰："金市在臨商觀西，兌爲金，故曰金市；馬市在東，舊置丞焉。"⑤ 可知"三市"者除馬市、金市外，尚有城南之"南市"，酈注僅載其二。依《洛陽記》所載，金市，亦名大市，位於洛陽大城西，"出（洛陽）西陽門外四里，御道南有洛陽大市，周迴八里"⑥，商賈聚之，多於此兌金；馬市則位於洛陽大城東，與建春門相近，酈注言此爲嵇叔夜爲司馬昭所害處。東市即洛陽大城東之馬市，漢魏之時，此市多作爲行刑法場。魏武滅袁紹，懸其子袁尚首於馬市⑦；魏文帝時，鄧艾忠而受誅，其頭亦懸於馬市⑧。其側穀水上建有一石橋，即馬市石橋。另據《太

---

① 《水經注校證》卷一六《穀水注》"又東過河南縣北，東南入于洛"條，第396頁。
② 《全後魏文》卷三二常景《洛橋銘》，中華書局，1958，第3675頁。
③ 《水經注校證》卷一六《穀水注》"又東過河南縣北，東南入于洛"條，第393頁。
④ 《太平寰宇記》卷三"河南府洛陽縣"條，中華書局，2007，第54頁。
⑤ 《太平寰宇記》卷三"河南府洛陽縣"條，中華書局，2007，第54頁。
⑥ 《洛陽伽藍記校注》卷四"城西法雲寺"條，上海古籍出版社，1978，第202頁。
⑦ 《三國志·魏書·牽招傳》："還鄴，遼東送袁尚首，懸在馬市，招覩之悲感，設祭頭下。"中華書局，1964，第731頁。
⑧ 《三國志·魏書·鄧艾傳》："鍾會忌艾威名，構成其事。忠而受誅，信而見疑，頭縣馬市，諸子并斬，見之者垂泣，聞之者歎息。"中華書局，1964，第782頁。

平御覽》卷七五"地部四十"引戴延之《西征記》曰："洛陽城外四面有陽渠水，周公所制也。建春門外二橋最大，一縱一橫。"① 其中所謂縱者爲建春門石橋，而橫者爲馬市石橋，兩橋皆位於洛陽大城東面。

此橋亦見於楊衒之《洛陽伽藍記》卷二"城東"條："出建春門外一里餘，至東石橋南北而行，晉太康元年造。橋南有魏朝時馬市，刑嵇康之所也。"清吳若准集證云："案此石橋即《水經注》所謂馬市石橋也。言東所以別建春門外馬憲所造之橋也。"② 可知此橋爲西晉太康元年（280）所造。然是卷又云："魏昌尼寺，閹官瀛州刺史李次壽所立也。在里東南角，即中朝牛馬市處也，刑嵇康之所。東臨石橋，橋南北行，晉太康元年中朝時市南橋也。澄之等蓋見橋銘，因而以橋爲太康初造也。"③ 此段文義復遝，或爲傳抄之亂文。"澄之"即指劉澄之，著有《山川古今記》，"澄之等蓋見橋銘"或言劉澄之《山川古今記》記此橋爲太康初造。楊衒之又於是卷"明懸尼寺"條言及建春門外石橋時案："劉澄之《山川古今記》、戴延之《西征記》並云晉太康元年造，此則失之遠矣。按澄之等並生在江表，未遊中土，假因征役，暫來經過；至於舊事，多非親覽，聞諸道路，便爲穿鑿，誤我後學，日月已甚！"④ 可知楊氏以爲劉澄之、戴延之皆爲南朝之人，並無可能至洛陽見此橋及銘，其說多據傳言而誤。施蟄存先生以爲"然酈氏云橋柱並無文刻，楊氏則云有銘，豈銘不在橋柱，酈氏偶未見耶"⑤。此兩石柱，因無銘文題刻，故後世金石文獻未有著錄。

七　晉洛陽旅人橋銘考

其水又東，左合七里澗，晉《後畧》曰：成都王穎使吳人陸機爲前鋒都督，伐京師，輕進，爲洛軍所乘，大敗于鹿苑，人相登躡，死于塹中及七里澗，澗爲之滿，即是澗也。澗有石梁，即旅人橋也。昔孫登不欲久居洛陽，知楊氏榮不保終，思欲遯跡林鄉，隱淪妄死，

---

① 《太平御覽》卷七五"地部四十"，中華書局，1960，第351頁。
② 《洛陽伽藍記校注》卷二"城東崇真寺"條，上海古籍出版社，1978，第80頁。
③ 《洛陽伽藍記校注》卷二"城東崇真寺"條，上海古籍出版社，1978，第80頁。
④ 《洛陽伽藍記校注》卷二"城東明懸尼寺"條，上海古籍出版社，1978，第73頁。
⑤ 《水經注碑錄》卷四《洛陽東石橋銘》，天津古籍出版社，1987，第146頁。

楊駿埋之于此橋之東，駿後尋亡矣。《搜神記》曰：太康末，京洛始爲《折楊之歌》，有兵革辛苦之辭。駿後被誅，太后幽死，折楊之應也。凡是數橋，皆壘石爲之，亦高壯矣。制作甚佳，雖以時往損功，而不廢行旅。《朱超石與兄書》云：橋去洛陽宮六七里，悉用大石，下圓以通水，可受大舫過也。題其上云：太康三年十一月初就功，日用七萬五千人，至四月末止。此橋經破落，復更脩補，今無復文字。①

此處亦爲石橋題刻銘文，爲道路類石刻，原石早已不存，而銘文賴此注傳於後世。酈注言此橋爲洛陽城東七里澗上之石梁，其上題云："太康三年十一月初就功，日用七萬五千人，至四月（或爲'是月'之誤）末止。"可知此橋爲西晉初太康三年（282）時建，完工後題銘於是橋以記之。此橋道元親見，然時已破落並屢經修補，銘文已不存，其銘乃據《朱超石與兄書》引錄。晉初修建此橋之事，亦見於《晉書·武帝紀》："（泰始十年）冬十一月，立城東七里澗石橋。"②則此橋應建於泰始十年，即公元274年，而酈注所言太康三年當有誤③。

七里澗，穀水之支流，酈注引西晉荀綽撰《晉後略》述陸機大敗於七里澗及孫登妄死於此事，今世所傳《晉後略》已爲殘本，未載陸機事，其事亦見於《晉書·陸機傳》④。孫登，字公和，汲郡共人也，《晉書·隱逸傳》言其無家屬，於汲郡北山爲土窟居之，夏則編草爲裳，冬則被髮自覆，魏文帝聞之，使阮籍往觀，既見，與語，亦不應。嵇康又從之遊三年，問其所圖，終不答，不知所終。另據《晉書·楊駿傳》："初，駿徵高士孫登，遺以布被。登截被於門，大呼曰：斫斫刺刺！旬日託疾詐死，及是，其言果驗。"⑤賈后之亂，楊駿被戟殺於馬廄之中，夷三族，孫登之言果驗。此事於《搜神記》則進一步神化爲"太康末，

---

① 《水經注校證》卷一六《穀水注》"又東過河南縣北，東南入于洛"條，第403頁。
② 《晉書》卷三《武帝紀》，中華書局，1974，第64頁。
③ 唐寰澄著《中國科學技術史·橋樑卷》卷四《圬、工拱橋》第二節"石拱橋"，亦認爲：此七里澗旅人橋，建於晉泰始十年（274），《水經注》晉太康三年，公元282年誤"，科學出版社，2000，第233頁。
④ 《晉書》卷五四《陸機傳》："長沙王乂奉天子與機戰于鹿苑，機軍大敗，赴七里澗而死者如積焉，水爲之不流，將軍賈棱皆死之"，中華書局，1974，第1480頁。
⑤ 《晉書》卷四〇《楊駿傳》，中華書局，1974，第1180頁。

京洛始爲《折楊之歌》,有兵革辛苦之辭。駿後被誅,太后幽死,折楊之應也"①,然皆未言孫登死而葬於是橋之事。另《太平廣記》卷六引《神仙傳》亦載有"孫登"者:"時楊駿爲太傅,使傳迎之,問訊不答。駿遺以一布袍,亦受之。出門,就人借刀斷袍,上下異處,置於駿門下,又復斫碎之。時人謂爲狂,後乃知駿當誅斬,故爲其象也。駿錄之,不放去,登乃卒死。駿給棺,埋之於振橋。"② 其文所言與《晉書·楊駿傳》合,並言孫登被駿錄之而死,後被駿埋於振橋。此"振橋",或即酈注所言"旅人橋"。

酈注又引劉宋朱超石《朱超石與兄書》言橋之位置及建造時間。朱超石,劉宋右將軍、豐城侯朱齡石之弟,其事見《宋書·朱齡石傳》。朱超石出自將家,果銳善騎乘,官至中書侍郎,封興平縣侯,兄弟並善尺牘。東晉安帝義熙十二年(416)朱超石隨劉裕北伐姚秦,後關中擾亂,劉裕遣超石慰勞河、洛,故經洛陽得以親見此橋,而以書信告知其兄朱齡石③。此文今世不傳,酈注及《藝文類聚》皆引此文④,其文言是橋毗鄰洛陽舊宮,以巨石建造,高壯,制作甚佳,爲圓形石拱橋,其下通水可過大船,此爲我國至今文獻所見最古之石拱橋⑤。是橋亦見於楊衒之《洛陽伽藍記》卷二"城東崇儀里"條:"崇儀里東有七里橋,以石爲之,中朝杜預之荊州出頓之所也。七里橋東一里,郭門開三道,時人號爲三門。離別者多云:相送三門外。京師士子,送去迎歸,常在此處。"⑥ 此"七里橋"即酈注所言"旅人橋",因京師士子遠遊,多於此別去親友而踏上羈旅之途,故曰"旅人橋"。

此橋銘除酈注據《朱超石與兄書》錄於此外,未見著錄於其他文獻,

---

① 《搜神記》卷七《折楊柳歌》:"太康末,京洛爲《折楊柳》之歌,其曲始有兵革苦辛之辭,終以擒獲斬截之事。自後楊駿被誅,太后幽死,楊柳之應也。"其文與酈注稍異。中華書局,1979,第191頁。
② 《太平廣記》卷九"神仙九孫登"條,中華書局,1961,第63頁。
③ 《宋書》卷四八《朱齡石傳附弟超石傳》:"義熙十二年北伐,超石爲前鋒入河⋯⋯關中擾亂,高祖遣超石慰勞河、洛。始至蒲坂,值齡石自長安東走至曹公壘,超石濟河就之,與齡石俱沒,爲佛佛所殺,時年三十七。"中華書局,1974,第1425頁。
④ 《藝文類聚》卷七《山部上》"北邙山"條亦引用《朱超石與兄書》曰:"登北邙遠眺,眾美都盡,光武墳邊杏甚美,今奉送其核。"上海古籍出版社,1982,第137頁。
⑤ 教育科學基金會編《茅以升橋話·前言》:"我國最早的石拱橋——旅人橋建於洛陽。"西南交通大學出版社,2006,第2頁。
⑥ 《洛陽伽藍記校注》卷二"城東崇儀里"條,上海古籍出版社,1978,第90頁。

可知此銘至道元之世即已不存。《太平寰宇記》卷三"河南府洛陽縣"條載有"七里澗",引陸機《洛陽記》云:"城東有石橋,以跨七里澗"① 然未言時橋之存亡。今存世之古石拱橋以趙州橋、盧溝橋(金世宗二十九年)聞名於世。

八　晉劍閣張載銘考

(白水)又東南逕始平僑郡南,又東南逕小劍戍北,西去大劍三十里,連山絕險,飛閣通衢,故謂之劍閣也。《張載銘》曰:一人守險,萬夫趑趄。信然。故李特至劍閣而歎曰:劉氏有如此地而面縛于人,豈不奴才也。②

此處為摩崖題刻銘文,原石銘早已不存,亦無拓本,銘文賴酈注傳於今世。酈道元言此銘刻於時葭萌縣劍閣崖壁上,名曰張載銘,並載其文局部"一人守險,萬夫趑趄",以明此地之險要。李白《蜀道難》詩云"劍閣崢嶸而崔嵬,一夫當關,萬夫莫開"也③,其言當據於此。此銘當非道元所親見,或據於他文。

劍閣,亦稱劍門,為連接大劍山與小劍山之間閣道,是經劍門關自中原入蜀地之要道,有"蜀北屏障,兩川咽喉"之稱。常璩《華陽國志》稱:"諸葛亮相蜀,鑿石突空,飛梁閣道,以通蜀漢,即古劍閣道也。"④劍閣之名由此而稱⑤。此閣道三十里,至險。《元和郡縣圖志》卷三三"劍南道劍州普安縣"言"劍閣道":"秦惠王使張儀、司馬錯從石牛道伐蜀,即此也。後諸葛亮相蜀,又鑿石架空為飛梁閣道。"⑥ 可知此蜀道於戰國

---

① 《太平寰宇記》卷三"河南府洛陽縣"條,中華書局,2007,第53頁。
② 《水經注校證》卷二〇《漾水注》"又東南至廣魏白水縣西,又東南至葭萌縣,東北與羌水合"條,第485頁。
③ 中華書局編輯部點校《全唐詩》第五冊,卷一六二,李白《蜀道難》,中華書局,1960,第1680頁。
④ (東晉)常璩撰、任乃強校注《華陽國志校補圖注》卷二《漢中志》,上海古籍出版社,1987,第92頁。
⑤ 《太平寰宇記》卷八四"劍南東道劍州劍門縣":"諸葛武侯相蜀,于此立劍門,以大劍山至此有隘束之路,故曰劍門。"中華書局,2007,第1676頁。
⑥ (唐)李吉甫撰、賀次君點校《元和郡縣圖志》卷三三"劍南道劍州普安縣",中華書局,1983,第846頁。

時始修建，即酈注卷二七《沔水注》引來敏《本蜀論》所言"秦惠王欲伐蜀，而不知道，作五石牛，以金置尾下，言能屎金。蜀王負力，令五丁引之成道"①，世謂之"五丁開道，蜀國滅亡"，即今四川廣元劍閣縣劍門山。

張載，字孟陽，安平灌津人，西晉初文學家，魏蜀郡太守張收之子，其事見《晉書·張載傳》。張載於武帝太康中爲著作佐郎，後轉太子中舍人，遷樂安相、弘農太守，官至中書侍郎，因疾歸。載性閒雅，博學有文章，善爲詩文，與時之張協、張亢合稱"三張"②，《晉書》載其《劍閣銘》、《榷論》全文，《隋書·經籍志》載有《晉中書侍郎張載集》七卷，其文又收於明張溥《漢魏六朝百三家集·張孟陽景陽集》，嚴可均《全晉文》卷八五亦輯有其文賦十篇、銘文三篇，逯欽立《先秦漢魏晉南北朝詩》則輯有其詩十七首，其中以五言《雜詩》十首爲世人稱讚，鍾嶸《詩品》稱之："其源出於王粲。文體華淨，少病累，又巧構形似之言。雄于潘岳，靡於太沖，風流調達，實曠代之高手。詞采蔥蒨，音韻鏗鏘，使人味之亹亹不倦。"③其詩篇詞采蔥蒨，音韻鏗鏘，又有遒警絕人之氣，實開鮑參軍之詩風。張載除善爲五言詩外，另作有文賦，如《濛汜池賦》、《敘行賦》、《歸舊賦》等，並作有大量銘文，除《劍閣銘》外，另有《洪池陂銘》、《匕首銘》等，酈注所引"一人守險，萬夫趑趄"兩句即出自《劍閣銘》（"守險"一作"荷戟"），是其銘文典範之作。據《晉書·張載傳》，武帝太康初，張載至蜀地省父，道經劍閣，見其山勢險峻、閣道崎嶇，又以蜀人恃險好亂，故著《劍閣銘》以作誡，時益州刺史張敏見而奇之，乃表上其文，武帝遂遣使鐫之於劍閣山崖壁上④。其銘所作時間，曹道衡、沈玉成先生認爲在泰始九年癸巳（273）⑤，陸侃如先生以爲"太康

---

① 《水經注校證》卷二七《沔水注》"沔水出武都沮縣東狼谷中"條，第645頁。
② （南梁）鍾嶸著、曹旭集注《詩品集注·序》："太康中，三張、二陸、兩潘、一左，勃爾復興，踵武前王，風流未沫，亦文章之中興也。"上海古籍出版社，1994，第20頁。
③ （南梁）鍾嶸著、曹旭集注《詩品集注》下卷《晉中書張載》，上海古籍出版社，1994，第95頁。
④ 《太平御覽》卷五九〇"文部六銘"條引王隱《晉書》云："張載，字孟陽，隨父牧在蜀作《劍閣銘》，刺史張敏表之於天子，命刻石於劍閣。"中華書局，1960，第2655頁。
⑤ 曹道衡、沈玉成著《中古文學史料叢考》，《張載〈劍閣銘〉作年及〈七哀詩〉佚句》一文，中華書局，2003。

六年丁巳"①（285），而《晉書》所載爲太康初，陸侃如先生所言當是。此銘文當作於張載客居蜀地之時。除此銘外，清丁福保《全晉詩》卷四所載《登成都白菟樓》、嚴可均《全晉文》卷八五所載《敘行賦》亦作於此時。此銘之全文收於《晉書·張載傳》，另《文選》卷五六、《藝文類聚》卷七、《全晉文》卷八五皆載此文，其文略有不同。此文四言一句，感時而發，氣骨雄峻，文之開篇先以"巖巖梁山，積石峨峨。遠屬荆衡，近綴岷嶓"②，述劍閣所處劍門山地勢之險峻。"梁山"者即"大劍山"也，其懸崖峭壁，山勢巍峨，連綿遠至荆山、衡嶽，所謂"惟蜀之門，作固作鎮。是曰劍閣，壁立千仞"，可謂窮地之險，極路之峻，蜀人以之爲天險，"一人荷戟，萬夫趑趄"③。然居此形勝之地，前有光武遣吳漢滅蜀王公孫述之史，後有司馬文王遣鍾會伐蜀之事，即銘文所言："閉由往漢，開自有晉……公孫既滅，劉氏銜璧"也。故國之存亡在德而非地勢之險，"興實在德，險亦難恃"，"憑阻作昏，鮮不敗績"④。其文言簡意賅，音韻鏗鏘，氣勢峻偉，猶如一篇警世箴言，發人深省。此銘文當於晉武帝太康六年（286），由益州刺史張敏奉敕命鎸刻於劍閣之崖壁上，以爲世人警策之用。歷代對《劍閣銘》評價頗高，明人張溥讚之爲"文章典則"⑤，劉勰讚曰："唯張載《劍閣》，其才清采。迅足駸駸，後發前至，詔勒岷漢，得其宜矣。"⑥可謂中允也。

　　此石銘，除酈注、《晉書》、《全晉文》外，歐、趙、洪諸家皆未著録，則唐宋時未有拓本傳世。今四川廣元劍閣縣劍門鎮劍門山，三國時所修劍閣棧道及此石銘、劍門關皆已不存，僅餘遺址及二十世紀八十年代以來重修劍門關城樓、棧道及劍門石刻碑林，其中有今世所刻張載《劍閣銘》、李白《蜀道難》等文之石刻，而張載《劍閣銘》原刻之處，則已無從考證。

---

① 陸侃如撰《中古文學繫年》，人民文學出版社，1985，第67頁。
② 《全晉文》卷八五張載《劍閣銘》，中華書局，1958，第1951頁。
③ 何寧撰《淮南子集釋》卷一五《兵略訓》："一人守隘，而千人弗敢過也。"中華書局，1998，第1073頁。左思《蜀都賦》"一人守隘，萬夫莫向"，陳琳《爲曹洪與魏太子書》"一夫揮戟，萬人不得進"，其言相似也。
④ 《全晉文》卷八五張載《劍閣銘》，中華書局，1958，第1951頁。
⑤ （明）張溥著、殷孟倫注《漢魏六朝百三家題辭注·張孟陽景陽集題辭》，人民文學出版社，1960，第140頁。
⑥ 《文心雕龍校注》卷三《銘箴第十一》，人民文學出版社，1962，第194頁。

九　懸書崖銘刻考

　　旬水又東南逕旬陽縣南，縣北山有懸書崖，高五十丈，刻石作字，人不能上，不知所道。山下有石壇，上有馬跡五所，名曰馬跡山。①

　　此處爲摩崖題刻銘文，屬道路類石刻，銘石及文皆不存，亦無拓本傳世。酈注言此石銘刻於旬陽縣北山懸書崖上，時銘文尚存，然因崖壁高五十丈，人不能上，故不知其銘文所道。

　　旬陽縣，西漢初置縣，屬漢中郡；東漢廢縣，入西城縣，仍屬漢中郡；晉太康（280～289）初復置旬陽縣，屬梁州魏興郡，宋、齊、梁因之。其故城位於今陝西安康旬陽縣北。北魏宣武帝景明四年（503），梁州刺吏翟遠降魏②，旬陽改屬北魏東梁州，故道元或親至此處，惜銘文未載，其銘文、年代、刻石之人皆未可考。

　　酈注於卷四《河水注》"又東過砥柱間"條記載了崤山側附路刻有石銘云："晉太康三年，弘農太守梁柳修復舊道。"③ 此道爲崤山北道所經東崤山，爲漢末建安中魏武所開，後荒廢，至晉時修復，故刻此銘文於道側摩崖石壁。而此"懸書崖石刻"，亦當爲舊時開山築路，而於此摩崖題刻銘文，其文當記修路之年代及築道之人。然此道後或因山道變更，閣棧毀棄，而人跡不能至，積漸而崖石崩裂銘文遂不可讀，終歸湮滅。古之摩崖文字之泯滅如此刻者，蓋不知凡幾。

　　此石銘僅見於《水經注》，歐、趙諸家皆未載唯洪适《隸釋》卷二〇、顧藹吉《隸辨》卷八依酈注亦著有此銘，其文同。今人張沛編《陝西金石文獻彙集·安康碑石》亦據酈注載有"懸書崖摩崖刻石"④，言爲"約北魏以前"所刻。皆未言其存佚，殆泯沒已久。另清顧祖禹《讀史方輿紀要》引劉宋劉澄之《梁州記》言："洵陽縣治有南山。其北山爲懸書崖，

---

① 《水經注校證》卷二七《沔水注》"又東過西城縣南"條，第650頁。
② 《魏書》卷八《世宗紀》："（景明四年十有二月）癸卯，蕭衍梁州刺史平陽縣開國侯翟遠、徐州刺史永昌縣開國侯陳虎牙降。"中華書局，1976，第197頁。
③ 《水經注校證》卷四《河水注》"又東過砥柱間"條，第117頁。
④ 張沛編《陝西金石文獻彙集·安康碑石》，三秦出版社，1991，第391頁。

高五十丈。其東爲臨崖山，峰巒隱隱，環於縣治，東瞰漢江，北連鶻嶺。"① 其所言與酈注相符，然未言此銘，酈注所言或據於此。

十　洛陽北界石表考

    河水又東逕洛陽縣北，河之南岸有一碑，北面題云：洛陽北界，津水二渚，分屬之也。②

  此處爲古之經界碑，屬經界類石刻，此類碑石世又稱爲"石表"多立於山嶽道路之側，用於勘分山野、州郡之分界。酈道元言此碑位於洛陽縣城北黃河南岸文母廟前，其北面題一"洛陽北界"四字，然未言其所立年代及立碑者。除此石表外，酈注中尚載有多處經界碑，如卷一一《滱水注》"又東過博陵縣南"條《漢幽冀二州界石》、"滱水出代郡靈丘縣高氏山"條《漢冀州北界銘》以及卷二一《汝水注》"東南過其縣北"條《河南界柱銘》、《洛陽南界碣》等，其形式或爲石表，或爲碑碣，或爲摩崖題刻，或爲石柱，所刻銘文皆爲勘分州界之語。
  洛陽縣，周公所營洛邑也。《尚書·洛誥》曰："我又卜瀍水東，亦惟洛食。"孔穎達《正義》曰："周公追述立東都之事，我惟以七年三月乙卯之日，朝至於洛邑眾作之處，經營此都。"③ 亦即《左傳·昭公三十二年》所謂："晉魏舒、韓不信如京師，合諸侯之大夫於狄泉，尋盟，且令城成周。"④ 故亦曰成周。東漢及魏晉皆以此爲都，北魏孝文帝亦遷都於此。其故城位於今河南洛陽白馬寺東，現尚有漢魏洛陽故城遺址。
  考《三國志·魏書·文帝紀》："改許縣爲許昌縣。以魏郡東部爲陽平郡，西部爲廣平郡。"裴松之注引《魏略》曰："改長安、譙、許昌、鄴、洛陽爲五都，立石表，西界宜陽，北循太行，東北界陽平，南循魯陽，東

---

① （清）顧祖禹輯著《讀史方輿紀要》卷五六"安州洵陽縣留停山"條，上海書店出版社，1998，第399頁。
② 《水經注校證》卷五《河水注》"又東過平縣北，湛水從北來注之"條，第127頁。
③ （清）阮元編《十三經注疏》，《尚書正義》卷一五《洛誥》，北京大學出版社，1999，第405頁。
④ （清）阮元編《十三經注疏》，《春秋左傳正義》卷五三《昭公三十二年》，北京大學出版社，1999，第1527頁。

界郯，爲中都之地。令天下聽内徙。"① 魏文帝受禪後，於洛陽建都。洛陽自古繁華，然自漢末以來，因董卓之亂，早已宫室荒廢，人煙稀少。爲强化統治，文帝於黄初二年（221），改長安、譙、許昌、鄴、洛陽五郡爲五都，並立五方石表以劃分州界，移民於此。故此"洛陽北界石表"亦當立於其時，爲五方石表之一。文帝之定五都，以洛陽爲中都，其西界宜陽、北循太行、東北界陽平、南接魯陽、東界郯，以其他四都爲陪都，以拱衛京師。此五都之設置，自漢代即有。《漢書·食貨志》："遂於長安及五都立五均官，更名長安東西市令及洛陽、邯鄲、臨淄、宛、成都市長皆爲五均司市師。"② 可見西漢時即設有長安、洛陽、邯鄲、臨淄、宛、成都五都，而曹魏沿襲漢制，後世以來也多爲沿用，如唐代除京師長安外，另設東京洛陽、西京鳳翔、南京成都、北京太原，而宋代則除東京汴梁外另設北京大名府、西京河南府、南京應天府。

"洛陽北界石表"當爲劃分中都洛陽與北都鄴郡之界域，其所立年代當爲黄初二年（221）。此表至北魏時尚存，故道元見之而載其北面碑陽銘文，其南面碑陰未知是否有文。按界石之通例，碑陽與碑陰所刻銘文當一致，以爲過往商旅之用，而酈注未載碑陰之文，或已磨滅不可識讀。"津水二渚"即河水中兩處沙洲，依此石表，則分屬洛陽、鄴兩郡，而渚中立有"河平侯祠碑"③。此石表酈注外，歐、趙、洪諸家皆未有著録，當早已亡佚。

---

① 《三國志·魏書·文帝紀》，中華書局，1964，第77頁。
② 《漢書》卷二四《食貨志》，中華書局，1962，第1180頁。
③ 參見本書第四章第四處《河平侯祠碑》，第287頁。

第五章　道路經界類石刻 | 351

圖 5-3　國家圖書館藏劉宋"湖城縣分界石"原碑拓本①

---

① 《北京圖書館藏中國歷代石刻拓本匯編》第二冊，中州古籍出版社，1997，第 137 頁。劉宋立，正書，原在河南三門峽靈寶市，今已不存。

十一　漢冀州北界銘考

即漚夷之水也，出（靈丘）縣西北高氏山。《山海經》曰：高氏之山，㴲水出焉，東流注于河者也。其水東南流，山上有石銘，題言：冀州北界。故世謂之石銘陘也。①

此處爲經界類石刻，爲摩崖題刻，銘石早已不存，唯銘文傳世。酈注言此銘刻於代郡靈丘縣高氏山之山徑側石壁上，銘文言"冀州北界"，故世亦謂此山陘爲"石銘陘"。東漢以降，各郡縣多以石柱、石碣、石表等石刻勘分經界，而此以摩崖題刻分界，較爲罕見。此石銘或爲酈注所親見，時銘文清晰可見，然未言其所刻年代。漢世之分界碑石者，除此銘外，酈注於卷一一《㴲水注》"又東過博陵縣南"條另載有"漢幽冀二州界石"，立於北平縣，爲漢末靈帝熹平四年（175）所立。

冀州，爲河內之地，虞舜置十二牧，此其一也。舜以冀州南北闊大，分衛以西爲并州，燕以北爲幽州。夏禹治水分天下爲九州，此爲其一，爲九州之首，殷周因焉。漢武帝初始置十三州，以其地依舊名冀州②，州治信都，即今河北衡水冀州市。下轄魏、清河、鉅鹿、常山四郡及趙、廣平、真定、中山、信都國。其正北爲并州，東北爲幽州，後漢因之。安帝延光年間（122~125），州治高邑（今河北邢台柏鄉縣北），靈帝中平時（184~189）州治遷鄴城，曹魏初復遷信都，晉十六國、北魏因之③。

高氏山，亦稱"高是山"，即今山西大同渾源縣北嶽恒山，魏晉以前名高氏山、高是山，崞山，亦即《山海經·北山經》所言"高是之山，滋水、㴲水出焉，東流注於河"者④。㴲水，即今山西省境內唐河，其源出於高是山，即北嶽恒山，則此石銘刻於此山路側之石壁。此山西漢以來屬

---

① 《水經注校證》卷一一《㴲水注》"㴲水出代郡靈丘縣高氏山"條，第284頁。
② 《漢書》卷二八《地理志》："東北曰幽州……河內曰冀州：其山曰霍，藪曰揚紆，川曰漳，浸曰汾、潞；其利松、柏；民五男三女；畜宜牛、羊，穀宜黍、稷……正北曰并州，其山曰恒山。"中華書局，1962，第1542頁。
③ 《魏書》卷一〇六《地形志上》"冀州"條"冀州，後漢治高邑，袁紹、曹操爲冀州，治鄴，魏、晉治信都，晉世邵續治厭次，慕容垂治信都。皇始二年平信都，仍置。"中華書局，1974，第2464頁。
④ 《山海經校注》卷三《北山經》："又北三百里，曰高是之山。滋水出焉，而南流注于虖沱。其木多棫，其草多條。㴲水出焉，東流注于河。"上海古籍出版社，1980，第96頁。

并州，亦爲冀州、并州之分界處，并州居於冀州之北，故此界石亦爲冀州北界之界石。

此界石銘除酈注外，《元和郡縣圖志》卷一四"河東道蔚州靈丘縣"條載有"石銘陘嶺"，言："在縣西北八十里。上有石銘，題言'冀州北界'，故謂石銘陘。"①《太平寰宇記》卷五一"河東道蔚州靈丘縣"條亦載有"石銘徑嶺"："在縣西北八十里。上有石銘，題言'冀州北界'，故謂之石銘陘。"② 可知此摩崖題刻唐宋時尚存，然歐、趙、洪諸家皆未著錄，則宋以後不存，未知亡於何時。

樂史《太平寰宇記》是條又言：靈丘縣"本漢舊縣，屬代郡。後漢省。東魏孝靜帝重置，屬靈丘郡"③。則此縣西漢時設，屬代郡。代郡爲幽州轄，東漢時廢縣。另酈注是卷又言："（靈丘）縣古屬代，漢靈帝光和元年，中山相臧昊上請別屬。"④ 東漢時中山國屬冀州，可知至靈帝光和元年（178），靈丘自幽州改屬冀州。清人楊篤修《山右金石記》亦載此銘，言爲靈帝光和元年所立，其言當是。故此銘當爲漢末界銘。據《後漢書·靈帝紀》記載，自建寧元年（168）至熹平元年（172），鮮卑數次寇幽、并二州⑤，恒山以北，幾已淪於夷狄，則冀州於此時自有勘定疆界之必要。

上世紀九十年代河北省考古工作人員文物普查時於邯鄲武安市西北活水鄉下口上村老安莊村東發現一摩崖石刻，其上豎行陰刻隸書銘文三行六字"趙國易陽南界"，其年代據考證爲"西漢後期至東漢前期"⑥，爲時之易陽縣之南界，而此"冀州北界銘"亦題刻於高氏山陘側石壁上，與此銘刻類似，可知西漢晚期既有於山摩崖題刻銘文以勘分郡縣之境也。

---

① 《元和郡縣圖志》卷一四"河東道蔚州靈丘縣"條，中華書局，1983，第 405 頁。
② 《太平寰宇記》卷五一"河東道蔚州靈丘縣"條，中華書局，2007，第 1063 頁。
③ 《太平寰宇記》卷五一"河東道蔚州靈丘縣"條，中華書局，2007，第 1063 頁。
④ 《水經注校證》卷一一《滱水注》"滱水出代郡靈丘縣高氏山"條，第 284 頁。
⑤ 《後漢書》卷八《孝靈帝紀》："（建寧元年）十二月，鮮卑及濊貊寇幽、并二州……（建寧二年）十一月，鮮卑寇并州……（建寧四年）冬，鮮卑寇并州……（熹平元年）十二月，鮮卑寇并州。"中華書局，1965，第 329~334 頁。
⑥ 孫繼民、郝良真、馬小青：《趙國易陽南界石刻的年代及價值》，《中國歷史文物》2004 年第 1 期，第 69 頁。

圖 5-4 "趙國易陽南界"摩崖題刻銘文①

十二　漢幽冀二州界石文考

徐水又逕北平縣，縣界有漢熹平四年幽、冀二州以戊子詔書，遣冀州從事王球、幽州從事張昭，郡縣分境，立石標界，具揭石文矣。②

此處爲東漢經界石刻，爲圓首石碣，原石及文皆早已不存。"碣"者爲圓頂石碑③，其上大下小，秦刻石多爲碣，東漢以降，碑碣峰起，方者爲碑，圓者爲碣，後統稱碑碣。酈注言此碣立於時北平縣界，爲東漢靈帝熹平四年（175）幽、冀二州以戊子詔書，遣冀州從事王球、幽州從事張昭，郡縣分境，立石標界。則此界石爲熹平四年所立，立者爲冀州從事王

---

① 孫繼民、郝良真、馬小青：《趙國易陽南界石刻的年代及價值》，《中國歷史文物》2004年第1期，第69頁。西漢後期至東漢前期，河北邯鄲武安市，豎行陰刻隸書銘文三行六字："趙國易陽南界"。
② 《水經注校證》卷一一《滱水注》"又東過博陵縣南"條，第292～293頁。
③ 《後漢書》卷二三《竇融傳附曾孫憲傳》："封神丘兮建隆碣，熙帝載兮振萬世。"李賢注："方者謂之碑，圓者謂之碣。碣亦碑也。"中華書局，1965，第817頁。

球、幽州從事張昭。

幽州，據《周禮·職方》言："東北曰幽州。"① 舜分冀州燕以北爲幽州，置十二牧，此其一也。禹分天下九州，此爲其一。漢武帝置十三州，以燕地諸郡國爲幽州，下轄涿郡、渤海郡、代郡、上谷郡、漁陽郡、右北平郡、遼西郡、遼東郡、玄菟郡、樂浪郡等郡，其居於冀州之東北方向②，東漢因之，下轄廣陽郡、代郡、上谷郡、漁陽郡、右北平郡、遼西郡、遼東郡、玄菟郡、樂浪郡、遼東國③，州治薊縣，即今北京西城區廣安門一帶。

北平縣，西漢初置縣，屬中山郡，漢景帝前元三年（前154）封劉勝於中山郡爲中山國，北平縣屬之，東漢因之；魏晉屬中山郡；北魏改屬北平郡；孝文帝太和六年（232）於中山郡設中山國，縣屬之。其故城位於今河北保定滿城縣城北二里眺山下。查譚其驤《中國歷史地圖集》第二冊《東漢時期全圖》④《後漢書·郡國志》，東漢時幽州轄屬之涿郡、廣陽郡與冀州之渤海郡、中山國毗鄰，北平縣時屬中山國，歸冀州，縣東爲涿郡之北新城縣，屬幽州，則兩縣之間，爲幽、冀二州之交界處。酈注言熹平四年幽、冀二州以戊子詔書而委人立界。"戊子"即詔書下達之日，靈帝下詔命勘分州界，或因時兩州州界劃分不清而互爲爭境，而上報朝廷，故帝下詔立界石以息爭端也。時兩州皆遣其從事於北平縣界商分州界，並立此界石，刊文以明之。兩州南北毗鄰，其碣石兩側銘文或爲"幽州南界"、"冀州北界"。此"戊子詔書"《後漢書》未載，其文當爲勘分幽冀二州之界並敕令立此界石之事，此詔書則當亦銘刻於是界石上，並題刻立此石之緣由、立石者、年代。至道元之世，此界石及文尚存，道元當親見之。酈注所載漢魏界石或未刊銘文，或文僅數字，唯此碣體制較大，所載碑文諸多，爲罕見也，惜其未錄也。

---

① （清）阮元編《十三經注疏》，《周禮注疏》卷三三《夏官司馬職方氏》，北京大學出版社，1999，第875頁。

② 《漢書》卷二八《地理志》："東北曰幽州：其山曰醫無閭，藪曰豯養，川曰河、泲，浸曰菑、時；其利魚、鹽；民一男三女；畜宜四擾，穀宜三種。"中華書局，1962，第1541頁。

③ 《後漢書》"志二三"《郡國志五》："廣陽、代郡、上谷、漁陽、右北平、遼西、遼東、玄菟、樂浪、遼東屬國，右幽州。"中華書局，1965，第3529頁。

④ 譚其驤：《中國歷史地圖集》第二冊《東漢時期全圖》"幽州刺史部"，中國地圖出版社，1982，第61~62頁。

冀州從事王球、幽州從事張昭，《後漢書》皆無傳，"從事"，即"從吏史"，亦稱"從事掾"，爲漢世州郡刺史之佐吏，北魏後改稱參軍。兩人分爲冀州、幽州刺史之屬吏①。考《後漢書·王允傳》，王允，太原祁人，少仕太原郡，時郡守爲王球，或即爲熹平四年之"冀州從事王球"②。而"幽州從事張昭"者，或即東吳重臣張昭。張昭，字子布，漢末彭城人。然《三國志·吳書·張昭傳》未言其曾任幽州從事，故未能確言。

此碣石酈注外，歐、趙諸家皆未著録，唯洪适《隸釋》卷二〇、顧藹吉《隸辨》卷八依酈注亦著有此銘，其文同。此石當早已亡佚不存。

圖 5-5　故宫博物院藏"漢成陽界至"地界碑原碑拓本③

----

① 《後漢書》"志二八"《百官志五》"州郡"條："外十二州，每州刺史一人，六百石……皆有從事史、假佐。本注曰：員職略與司隸同，無都官從事，其功曹從事爲治中從事。"中華書局，1965，第 3617、3619 頁。
② 《後漢書》卷六六《王允傳》："王允字子師，太原祁人也。世仕州郡爲冠蓋……復還仕，郡人有路佛者，少無名行，而太守王球召以補吏，允犯顔固爭，球怒，收允欲殺之。刺史鄧盛聞而馳傳辟爲别駕從事。允由是知名，而路佛以之廢棄。"中華書局，1965，第 2172 頁。
③ 楊伯達主編《故宫文物大系》第二册《法書碑帖銘刻》，福建人民出版社，1999，第 1019 頁。"漢成陽界至"碑，1931 年洛陽出土，初爲柯昌泗收購，現存北京故宫博物院，爲目前所存東漢地界碑之罕見者。高 0.47 米，寬 0.32 米，二面刻石，隸書，二行六字：成陽田從此北。

第五章　道路經界類石刻　｜　357

十三　河南界柱銘考
十四　洛陽南界碣考

  汝水又逕周平城南。京相璠曰：霍陽山在周平城東南者也。汝水又東與三屯穀水合，水出南山，北流逕石碣東，柱側刊云：河南界。又有一碣題言：洛陽南界。碑柱相對，既無年月，竟不知何代所表也。[①]

  此兩處皆爲經界石刻，原石皆已不存，唯銘文賴酈注而傳世。"河南界柱"爲石柱形制，"洛陽南界碣"則與"漢幽冀二州界石"皆爲石碣。漢魏時常以石柱、石碣、石表等石刻以勘分郡縣之界，此兩處即爲其例。酈注言此兩石立於時河南郡梁縣三屯穀水側，前者柱側刊云"河南界"，後者題言"洛陽南界"，兩石相向而立，以爲河南、洛陽兩郡之分界，然皆無年月，未知何時所立。此兩石當皆爲道元所親見。

  梁縣，秦時置縣，屬三川郡；西漢屬河南郡，東漢改河南郡爲河南尹，梁縣屬之，曹魏因之；西晉分河南尹爲河南、滎陽兩郡，梁縣屬河南郡，東晉十六國因之；北魏時先後屬汝北郡、汝陰郡；隋爲汝州州治。其故城位於今河南汝州。

  酈注所載經界石刻，多無年月，唯卷一一《滱水注》"又東過博陵縣南"所載《漢幽冀二州界石》、《漢冀州北界銘》，可考定爲漢末靈帝時立。東漢天下州郡多於邊界之處立界石以分其境，然除酈注所載外，後世金石文獻所載漢代界石者甚少，其可見者，如趙明誠《金石錄》卷一目錄一第八十九載有《河東地界石記》（漢延熹四年），然無跋文，亦無拓本及文傳世。今世所存最早之界石爲今江蘇連雲港連雲區東連島"蘇馬灣界石"，其石銘云："東海郡朐與琅琊郡櫃爲界，因諸山以南屬朐，水以北屬櫃。西直況其，朐與櫃分高陌爲界。東各承無極。始建國四年四月朔乙卯，以使者徐州牧治所書造。"[②] "始建國"爲新莽年號，始建國四年即公元12年。此界石爲新莽時東海郡與琅邪郡之分界，可知自西漢末以來，各

---

  ①　《水經注校證》卷二一《汝水注》"東南過其縣北"條，第498頁。
  ②　徐玉立主編《連雲港界域刻石》，河南美術出版社，2006，第50頁。

郡縣即有於交界處立石以分界之常制。酈注此所言兩刻或亦爲東漢時所立，然考漢、魏、晉、北魏並有河南、洛陽二郡，其界當同，故道元亦不能考訂兩刻爲何代所表也。

此二刻，歐、趙皆未著録，唯洪适《隸釋》卷二〇、顧藹吉《隸辨》卷八依酈注亦著有此二刻，其文同。另《太平寰宇記》卷八"河南道汝州龍興縣"載有《洛陽界碑》："在舊臨汝縣西八十里。"① 又言"廢臨汝縣"在州西六十里，本漢梁縣地，宋時之"龍興縣"即漢魏之"梁縣"，可知酈注所言"洛陽南界碣"宋時尚存，而"河南界柱銘"則未有著録，當早已不存。

圖5-6　國家圖書館藏"東漢永康三年地界碑"拓本②

---

① 《太平寰宇記》卷八"河南道汝州龍興縣"，中華書局，2007，第152頁。
② 《北京圖書館藏中國歷代石刻拓本匯編》第一冊，中州古籍出版社，1997，第133頁。正書。

第六章　佛道神怪類石刻

一　晉帛仲理碑考

《周書》曰：我卜瀍水西。謂斯水也。東南流，水西南有帛仲理墓，墓前有碑，題云：真人帛君之表。仲理名護，益州巴郡人，晉永寧二年十一月立。①

此處爲仙道類石碑，碑石早已不存，碑文賴此注而存局部。酈注言此碑位於穀城縣瀍水（今河南洛陽境內之瀍河）西南帛仲理墓前，其碑題云："真人帛君之表。仲理名護，益州巴郡人，晉永寧二年十一月立。"然未載其全文。"表"者可爲墓前或墓道之石碑②，亦可爲石柱，如卷九《淇水注》"又東北過廣宗縣東，爲清河"條載有"漢李雲墓表"，又稱"李氏石柱"③。真人，亦稱"天師"，爲得道道士之尊稱④。此碑當爲道元所親見，時帛仲理墓及碑皆存。

《水經注》所載石刻中，有數碑涉及古之神話逸聞。卷一四《鮑丘水注》"又南至雍奴縣北，屈東入於海"所載《陽翁伯碑》、卷二三《汳水注》"東至梁郡蒙縣爲獲水，餘波南入睢陽城中"條所載《仙人王子喬碑》、卷二七《沔水注》"又東過成固縣南，又東過魏興安陽縣南，涔水出

---

① 《水經注校證》卷一五《瀍水注》"東與千金渠合"條，第379頁。
② （明）徐師曾撰、羅根澤點校《文體明辨序說》："按墓表自東漢始，安帝元初元年立《謁者景君墓表》，厥後因之。其文體與碑碣同，有官無官皆可用，非若碑碣之有等級限制也。"人民文學出版社，1962，第7頁。
③ 參見本書第一章第十六處"漢李雲墓表考"，第50頁。
④ 何寧撰《淮南子集釋》卷八《本經訓》："莫死莫生，莫虛莫盈，是謂真人。"中華書局，1998，第589頁；（戰國）佚名著：《黃帝內經》"素問"《上古天真論篇第一》："余聞上古有真人者，提挈天地，把握陰陽，呼吸精氣，獨立守神，肌肉若一，故能壽敝天地，無有終時，此其道生。"中國醫藥科技出版社，2013，第3頁。

自旱山北注之"條所載《漢仙人唐公房碑》等,此碑即爲其一。

帛仲理,名和,字仲理,益州巴郡人,東漢道士,漢末帛家道之開創者,其事史書無載,唯見葛洪《神仙傳》卷七之《帛和傳》:"帛和,字仲理,師董先生行炁斷穀術,又詣西城山師王君。君謂曰:'大道之訣,非可卒得。吾暫往瀛洲,汝於此石室中,可熟視石壁,久久當見文字,見則讀之,得道矣。'和乃視之,一年了無所見,二年似有文字,三年了然見《太清中經》、《神丹方》、《三皇文》、《五嶽圖》。和誦之上口。王君迴曰:'子得之矣。'乃作神丹。服半劑,延年無極,以半劑作黃金五十斤,救惠貧病也。"① 然酈注所載帛仲理墓碑碑文言"仲理名護",或爲傳抄之訛。帛仲理於漢末先後隨董君、王君學道,於石室中面壁三年而悟道,成道後煉丹藥、作黃金以救惠貧病。《水經注》卷一四《鮑丘水注》亦載有此事,言徐無縣之無終山有"陽翁伯碑",亦爲"帛仲理所合神丹處也,又於是山作金五千斤以救百姓"②。此事亦見於《太平御覽》卷四五地部十"無終山"條引《神仙傳》:"仙人白仲理者,遼東人也。隱居無終山中合神丹,又於山中作金五千斤以救百姓,即此山也。"③ 酈注所言與之同,當亦引於葛洪之《神仙傳》。其作金五十斤傳爲五千斤,可謂傳訛誇張之極,《太平御覽》所引《神仙傳》之語與今本《神仙傳》所言不同,當爲唐宋時版本,今世不傳。

另據唐王松年《仙苑編珠》卷中引《神仙傳》之佚文曰:"于吉,北海人也。患癩瘡數年,百藥不愈,見市中有賣藥公,姓帛名和,因往告之,乃授以素書二卷,謂曰:'此書不但愈疾,當得長生。'吉受之,乃《太平經》也。行之疾愈,乃於上虞釣臺鄉高峰之上,演此經成一百七十卷。"④ 漢末真人于吉於市中所見賣藥公者,即真人帛和,帛和授于吉《素書》二卷,即世傳之《太平經》,其後于吉於上虞釣臺鄉高峰之上在《素書》基礎上撰成《太平清領書》一百七十卷,即漢末道教第一部傳世經書《太平經》⑤,此事

---

① (東晉)葛洪撰、胡守爲校釋《神仙傳校釋》卷七《帛和》,中華書局,2010,第251頁。
② 《水經注校證》卷一四《鮑丘水注》"又南至雍奴縣北,屈東入於海",第342頁。
③ 《太平御覽》卷四五"地部十無終山"條,中華書局,1960,第218頁。
④ 王明編《太平經合校》附錄《太平經著錄考》,中華書局,1960,第748~749頁。
⑤ 王明編《太平經合校》,中華書局,1960。今《太平經》殘存五十七卷,收於《正統道藏》,王明以《道藏》本、《太平經鈔》等合校爲《太平經合校》。

又詳見於唐人撰《太平經復文序》："故作《太平復文》，先傳上相青童君，傳上宰西城王君，王君傳弟子帛和，帛和傳弟子干吉。干君初得惡疾，殆將不救，詣帛和求醫。帛君告曰，吾傳汝《太平本文》，可因易爲一百七十卷，編成三百六十章，普傳於天下，授有德之君，致太平，不但疾愈，兼而度世。干吉授教，究極精義，敷演成教。"① 其文所言帛君之《太平本文》，即《神仙傳》所言之《素書》二卷，由此可知《太平經》之由來。真人于吉，亦名干吉、干室，據《後漢書·襄楷傳》②，其於漢順帝時撰成《太平清領書》一百七十卷，由琅邪宮崇詣闕獻於朝廷，然未引起重視，後於漢末爲張角所得而創太平道，發動了黃巾起義。《後漢書》所言"于吉於曲陽泉水上所得神書百七十卷"即於帛和《素書》基礎上所成《太平經》，故帛和實爲漢末道教之開拓者，亦爲魏晉時帛家道之鼻祖。

酈注於此所載《帛仲理墓碑》，爲西晉惠帝永寧二年（305）十一月立，而帛和爲東漢時人，則此碑當爲西晉時人於漢時之帛仲理墓補立之碑。此碑除酈注外，《太平寰宇記》於卷三"河南府河南縣"條有"白君祠"，言："《郡國志》云：瀍水西南有白仲理墓，前有祠堂，石碑題曰：'真人白君之表。'即晉永寧二年誌之。"③《郡國志》爲唐人編《元和郡國志》④，可知此碑至唐時猶存，時墓前另有祠堂，其碑所言"白君"者即"帛君"，"白"與"帛"。此碑宋以後，歐、趙、洪諸家皆未著錄，當久已亡佚。

二　北魏洛陽瑤光寺碑考

陽渠水南暨閶闔門，漢之上西門者也。《漢宮記》曰：上西門所以不純白者，漢家厄于戌，故以丹鏤之。太和遷都，徙門南側，其水

---

① 《太平經合校》附錄唐人撰《太平經復文序》，中華書局，1960，第744頁。
② 《後漢書》卷三〇下《襄楷傳》："初，順帝時，琅邪宮崇詣闕，上其師于吉於曲陽泉水上所得神書百七十卷，皆縹白素朱介青首朱目，號《太平清領書》。其言以陰陽五行爲家，而多巫覡雜語。有司奏崇所上妖妄不經，乃收藏之。後張角頗有其書焉。"中華書局，1965，第1084頁。
③ 《太平寰宇記》卷三"河南府河南縣"條，中華書局，2007，第49～50頁。
④ 高橋稔、葛蓬天：《元和郡國志》研究，《中國歷史地理論叢》1988年第1期。此文以爲《太平寰宇記》所引《郡國志》佚文與今本《元和郡縣圖志》在體例和內容上均有重大差異，非爲同一書。

北乘高渠，枝分上下，歷故石橋東入城，逕望先寺，中有碑，碑側法《子丹碑》，作龍矩勢，于今作則佳，方古猶劣。渠水又東歷故金市南，直千秋門，右宮門也。①

此處爲佛教類石碑，碑石及文皆已亡佚，亦無拓本傳世。酈注言此碑位於洛陽城望先寺内。"子丹碑"者，即洛陽北邙曹真祠堂所立之"曹真祠碑"，子丹乃曹真之字也。曹真，曹操族子，操視爲己出。《北堂書鈔》卷一〇二引郭緣生《述征記》云："曹真祠堂，在北邙山。刻石既精，書亦甚工。"②"曹真祠碑"爲魏隸名碑，酈注言望先寺内之碑，其刻工效法"曹真祠碑"，於碑側鏤刻以"龍矩勢"。王國維校曰："龍矩，疑當作龍距，猶龜趺也。"③即龍形之紋飾，清道光年間（1821~1850）西安南郊出土曹真碑殘石（今存北京故宮博物院），是碑兩側分別雕一龍紋，酈注言此碑仿"子丹碑"之形制，兩側刻以龍紋，則此碑當爲北魏皇室所立。此碑爲道元所親見，然未載其碑文、立碑年代及緣由。道元言其刻工於時爲佳，然於古則尚爲粗略，當遜於曹真碑之刻工。

望先寺，北魏皇都洛陽諸佛寺之一。酈注於是卷詳細記載了時洛陽城中所存永寧寺、望先寺、白馬寺、宣武觀、平望觀、平樂觀等諸寺觀，而望先寺於《洛陽伽藍記》、《魏書》、《北史》皆未載。楊衒之《洛陽伽藍記》卷一"城内"條所載寺觀有永寧寺、建中寺、長秋寺、瑶光寺、景樂寺、昭儀尼寺等，其中瑶光寺"在閶闔城門御道北，東去千秋門二里"④，而酈注所言陽渠水"歷故石橋東入城，逕望先寺"，"又東，歷故金市南，直千秋門"，可知望先寺在千秋門西，與《洛陽伽藍記》所言瑶光寺方位相近，"望先"與"瑶光"兩字古體相近，或爲傳抄之誤兩者當爲一寺。此寺，楊衒之以爲世宗宣武皇帝所立，其寺"有五層浮圖一所，去地五十丈。仙掌淩虚，鐸垂雲表，作工之妙，埒美永寧講殿。尼房五百餘間，綺疏連亘，戶牖

---

① 《水經注校證》卷一六《穀水注》"又東過河南縣北，東南入于洛"條，第397頁。
② （唐）虞世南編校《北堂書鈔》卷一〇二"藝文部八・碑三十五"條，中國書店出版社，1989，第390頁。
③ （北魏）酈道元注，王國維校，袁英光、劉寅生整理《水經注校》卷一六《穀水注》，上海人民出版社，1984，第539頁。
④ 《洛陽伽藍記校注》卷一"城内・瑶光寺"條，上海古籍出版社，1978，第46頁。

相通，珍木香草，不可勝言。"① 其規模雖稍遜於永寧寺，然亦頗爲宏大。此寺爲北魏皇室御用寺廟，北魏自太和十九年（495）遷都洛陽後，孝文帝廢后馮氏、宣武皇后高氏、孝明皇后胡氏等皆先後出家於此修行②，故楊氏有言"椒房嬪御，學道之所，掖庭美人，並在其中"③。然至孝莊帝永安三年（530），爾朱兆入洛陽，縱兵大掠，時有秀容胡騎數十人瑶光寺淫穢。此後世人對瑶光寺尼頗多譏訕，京師語曰："洛陽男兒急作髻，瑶光寺尼奪作壻。"楊衒之雖詳述瑶光寺之情況，然未言寺中所立之碑，或時碑已不存。

酈注此處所言之碑當非"望先寺碑"，應爲"瑶光寺碑"，是碑當立於北魏宣武帝年間，與瑶光寺同時而建，爲御制之碑，故碑側有"龍矩勢"，其碑文當載瑶光寺建造之始末。宣武帝之時，即道元撰注《水經》之時，碑爲新立，故道元有"於今作則佳，方古猶劣"之語。此碑除酈注外，歐、洪諸家皆未著録，唯趙明誠《金石録》卷二目録二第三百三十六載《北魏瑶光寺碑》碑目，然無跋，注爲"永平三年八月"，可知此碑爲宣武帝永平三年（510）八月立。其後無文獻著録，當久已亡佚。

三　北魏永寧寺碑考

渠水又枝分，夾路南出，逕太尉、司徒兩坊間，謂之銅駝街。舊魏明帝置銅駝諸獸于閶闔南街。陸機云：駝高九尺，脊出太尉坊者也。水西有永寧寺，熙平中始創也，作九層浮圖，浮圖下基方十四丈，自金露槃下至地四十九丈，取法代都七級，而又高廣之。雖二京之盛，五都之富，利刹靈圖，未有若斯之搆。按《釋法顯行傳》，西域有爵離浮圖，其高與此相狀，東都西域，俱爲莊妙矣。其地是曹爽故宅，經始之日，于寺院西南隅得爽窟室，下入土可丈許，地壁悉纍方石砌之，石作細密，都無所毀，其石悉入法用，自非曹爽，庸匠亦難復制此。桓氏有言，曹子丹生此豚犢，信矣。④

---

① 《洛陽伽藍記校注》卷一"城内·瑶光寺"條，上海古籍出版社，1978，第46頁。
② 《魏書》卷一三《孝文廢皇后馮氏傳》："后貞謹有德操，遂爲練行尼。後終於瑶光佛寺。"又卷一三《宣武皇后高氏傳》："尋爲尼，居瑶光寺，非大節慶，不入宫中。"又卷一三《孝明皇后胡氏傳》："武泰初，后既入道，遂居於瑶光寺。"中華書局，1974，第332、336、340頁。
③ 《洛陽伽藍記校注》卷一"城内瑶光寺"條，上海古籍出版社，1978，第46頁。
④ 《水經注校證》卷一六《穀水注》"又東過河南縣北，東南入于洛"條，第398頁。

此處爲佛教石碑。酈注言洛陽城閶闔南街、渠水西有永寧寺，爲北魏孝明帝熙平中（516~518）始創，寺內有九層浮圖，然未言有碑。楊衒之《洛陽伽藍記》卷一"城內"載"永寧寺"，言"詔中書舍人常景爲寺碑文"，並著錄其碑文局部："是以常景碑云：須彌寶殿，兜率淨宮，莫尚於斯也。"① 可知時碑文尚存。酈注未載，未知何故。此碑石及文今皆已亡佚，亦無拓本傳世。

永寧寺，北魏時北地第一佛寺，《水經注》與《洛陽伽藍記》皆有記載。其建造時間，酈注言始創於北魏孝明帝熙平中，《洛陽伽藍記》則進一步明確"熙平元年靈太后胡氏所立"②。考《魏書·釋老志》，獻文帝天安二年（466），孝文誕辰之年亦建有永寧寺，時寺內有七級浮圖，然此寺當在時之北魏都城平城。後至孝明帝熙平中，靈太后胡氏又於洛陽城內太社西起永寧寺③，即酈注與《洛陽伽藍記》所言之洛陽永寧寺。永寧寺工程浩大，建構恢宏。酈注言寺內有九層浮圖，浮圖下基方十四丈，自金露盤下至地四十九丈，"雖二京之盛，五都之富，利刹靈圖，未有若斯之構"。《洛陽伽藍記》所述更詳，言此九層浮圖"架木爲之，舉高九十丈。有刹復高十丈，合去地一千尺。去京師百里，已遙見之"④。其高度較酈注近二倍，京師百里之內皆可遙見之，是說甚爲誇張，而《魏書·釋老志》所載與酈注相合，當更爲可信。此塔爲時殿中將軍郭安興所作⑤。郭安興，豫州人，世宗、肅宗時工匠，與豫州人柳儉及殿中將軍關文備並機巧。2001年中國科學院考古研究所工作人員在河南洛陽西工區紗廠西路發掘一北魏墓葬（HM555），出土"魏故河間太守郭君墓誌"一方，據考證爲郭安興之兄墓葬⑥。

對於永寧寺塔的內部結構，楊衒之亦有詳細描述："刹上有金寶瓶，

---

① 《洛陽伽藍記校注》卷一"城內·永寧寺"條，上海古籍出版社，1978，第4頁。
② 《洛陽伽藍記校注》卷一"城內·永寧寺"條，上海古籍出版社，1978，第4頁。
③ 《魏書》卷一一四《釋老志》："其歲，高祖誕載。於時起永寧寺，構七級佛圖，高三百餘尺，基架博敞，爲天下第一。……肅宗熙平中，於城內太社西，起永寧寺。靈太后親率百僚，表基立刹。佛圖九層，高四十餘丈，其諸費用，不可勝計。"中華書局，1974，第3037、3043頁。
④ 《洛陽伽藍記校注》卷一"城內永寧寺"條，上海古籍出版社，1978，第2頁。
⑤ 《魏書》卷九一《藝術傳·郭安興傳》："洛中制永寧寺九層佛圖，安興爲匠也。"中華書局，1974，第1972頁。
⑥ 嚴輝：《北魏永寧寺建築師郭安興史跡的新發現及相關問題》，《中原文物》2004年第5期，第40頁。

容二十五石。寶瓶下有承露金盤三十重，周匝皆垂金鐸，復有鐵鎖四道，引刹向浮圖，四角鎖上亦有金鐸，鐸大小如一石甕子。浮圖有九級，角角皆懸金鐸，合上下有一百二十鐸。浮圖有四面，面有三戶六牕，戶皆朱漆。扉上有五行金釘，其十二門二十四扇，合有五千四百枚。復有金鐶鋪首，殫土木之功，窮造形之巧。佛事精妙，不可思議。繡柱金鋪，駭人心目。至於高風永夜，寶鐸和鳴，鏗鏘之聲聞及十餘里。"① 其建築之精美、華麗，規模之宏大，爲北朝佛塔之首，惜其早於永熙三年（533）爲火所焚②，自熙平元年至永熙三年，塔存世近十八年。道元以孝昌三年（527）爲雍州刺史蕭寶夤所害，未見此塔被焚也。酈注言寺建於曹爽故宅，此寺修建之初，於寺院西南隅得曹爽之窟室，其下入土可丈許，地壁悉累方石砌之，石作細密，都無所毀，其石悉入法用。

　　永寧寺之碑，《洛陽伽藍記》言爲中書舍人常景撰文。常景，字永昌，河內溫縣人，《魏書》有傳。有才思，雅好文章，爲北魏著名文學家，《洛陽伽藍記》亦載其生平事跡，可與《魏書》參看。據《魏書·常景傳》，明帝熙平初，常景自長安赴京，拜謁者僕射，加寧遠將軍，又以本官兼中書舍人。時靈太后崇信釋教，始於京都洛陽建永寧寺，至建成時詔常景爲寺碑文，立碑於寺內。其碑文當載建寺之始末及佛寺之盛況，所立之時當在孝明帝熙平末。《洛陽伽藍記》載其碑文之局部："須彌寶殿，兜率淨宮，莫尚於斯也。"其所言即寺內之浮圖北之佛殿。此碑僅見於此，酈注未載。孝武帝永熙三年二月，永寧寺木塔焚毀③。後北魏遷都於鄴，永寧寺遂毀棄，此碑或毀於時。

　　上世紀六七十年代，中國社會科學院考古研究所洛陽漢魏城隊工作人員於今洛陽東郊漢魏洛陽故城遺址發現永寧寺遺址，時尚存一高大土臺，爲永寧寺木塔基遺跡。在隨後的考古發掘中陸續出土青石質柱礎石及北魏泥塑人物雕像、素面板瓦、筒瓦殘片、殘磚、蓮花紋瓦當等文物④。此遺

---

① 《洛陽伽藍記校注》卷一"城內·永寧寺"條，上海古籍出版社，1978，第 2 頁。
② 《洛陽伽藍記校注》卷一"城內·永寧寺"條："永熙二年三月，浮圖爲火所燒。"上海古籍出版社，1978，第 12 頁。
③ 《魏書》卷一一二《靈徵志》："出帝永熙三年二月，永寧寺九層佛圖災。既而時人咸言有人見佛圖飛入東海中。永寧佛圖，靈像所在，天意若曰：永寧見災，魏不寧矣。"中華書局，1976，第 2913 頁。
④ 中國社會科學院考古研究所洛陽漢魏城隊：《北魏洛陽永寧寺西門遺址發掘紀要》，《考古》1998 年第 5 期，第 698 頁。

址,清乾隆時洛陽知縣龔松林誤以爲漢質帝之陵冢,並於其側立"漢質帝靜陵"碑,今碑石猶存。隨著後世對永寧寺遺址的發掘和研究,又有眾多研究成果面世,如中國社會科學院考古研究所《北魏洛陽永寧寺1979—1994年考古發掘報告》(中國大百科全書出版社,1996年)、劉加全《北魏洛陽永寧寺研究》(2010年中央美術學院碩士論文)等文對洛陽永寧寺考古發掘進行整理深入研究,然皆未言及常景所書之永寧寺碑。

今俄羅斯符拉迪沃斯托克阿爾謝涅夫博物館藏有永寧寺碑二通,然皆非洛陽之碑,此兩碑爲明永樂十一年(1413)敕修永寧寺之碑;一爲明宣德八年(1443)重修永寧寺碑記,原立于明奴兒幹都司所在地特林(今黑龍江佳木斯撫遠縣境內)。

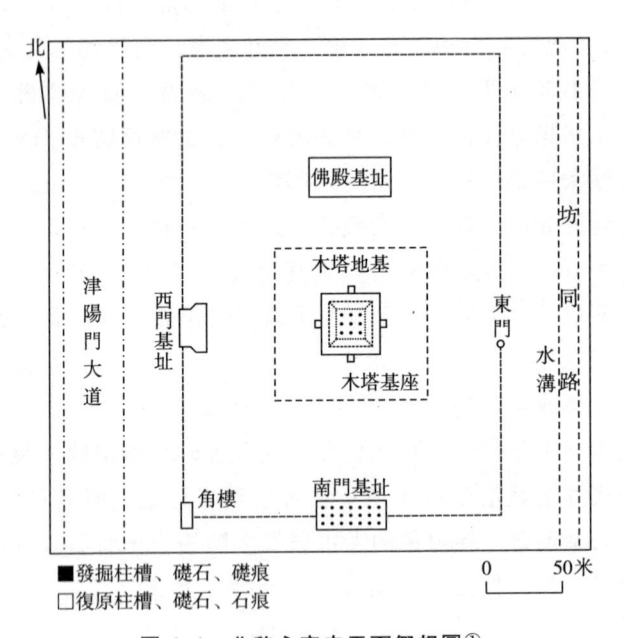

圖6-1 北魏永寧寺平面假想圖[①]

[①] 冀洛源:《考古所見北魏洛陽城址中的歷代疊壓因素》,《石窟寺研究》2011年第2輯,第273頁。

四　漢仙人王子喬碑考

　　杜預曰：梁國蒙縣北有薄伐城，城中有成湯冢，其西有箕子冢。今城內有故冢方墳，疑即杜元凱之所謂湯冢者也。而世謂之王子喬冢。冢側有碑，題云：《仙人王子喬碑》。曰：王子喬者，蓋上世之真人，聞其仙，不知興何代也。博問道家，或言潁川，或言產蒙，初建此城，則有斯丘，傳承先民曰：王氏墓暨于永和之元年冬十二月，當臘之時。夜，上有哭聲，其音甚哀，附居者王伯怪之，明則祭而察焉。時天鴻雪下，無人徑，有大鳥跡在祭祀處，左右咸以爲神。其後有人著大冠，絳單衣，杖竹立冢前，呼採薪孺子伊永昌曰：我王子喬也，勿得取吾墳上樹也。忽然不見。時令泰山萬熹，稽故老人之言，感精瑞之應，乃造靈廟，以休厥神。于是好道之儔自遠方集，或絃琴以歌太一，或覃思以歷丹丘，知至德之宅兆，實真人之祖先。延熹八年秋八月，皇帝遣使者奉犧牲，致禮祠，濯之，敬肅如也。國相東萊王璋，字伯義，以爲神聖所興，必有銘表，乃與長史邊乾遂樹之玄石，紀頌遺烈，觀其碑文，意似非遠，既在邈見，不能不書存耳。①

　　此處爲仙道類碑石，酈注所載道家石刻較少，除此碑外，卷二七《沔水注》"又東過成固縣南，又東過魏興安陽縣南，溮水出自旱山北注之"條《仙人唐公方碑》，亦爲此類。此碑石今不存，而有碑文傳世。酈注言此碑立於梁郡蒙縣城內一故冢方墳之側，碑題"仙人王子喬碑"，並載碑文大部，稍有省略。酈注所載石刻多僅載碑名，或錄碑文數言，而甚少載碑之全文者，可知當爲道元所親見，並亦重之也。據碑文可知，碑爲漢桓帝延熹八年（165）秋八月遣使者奉犧牲致此墓而禮祠之，時梁國相王璋與長史邊乾立碑以記之，並頌王子喬之遺烈。酈注又言："觀其碑文，意似非遠，既在邈見，不能不書存耳。"可知道元經見此碑，以其文意深遠而好之，故不忍不全錄其文。

---

① 《水經注校證》卷二三《汳水注》又"東至梁郡蒙縣，爲獲水，餘波南入睢陽城中"條，第 558~559 頁。

蒙縣，古之蒙國，爲莊子之故里①，殷商"三聖"之一箕子②，亦葬於是縣③，即酈注所言城西箕子冢。酈注又言城中有"成湯冢"。據《史記·殷本紀》張守節《正義》引《括地志》云："薄城北郭東三里平地有湯冢。按：在蒙，即北薄也。"④ 此"北薄"即酈注所言縣北之"薄伐城"⑤。然《括地志》又言洛州偃師縣東六里有湯冢，而《史記·殷本紀》裴駰《集解》引《皇覽》亦言："湯冢在濟陰亳縣北東郭。"⑥ 故劉向曰："殷湯無葬處。"⑦ 此縣至西漢初置縣，屬豫州梁國，東漢、魏晉因之；北魏爲蒙郡，屬譙州；北齊時廢縣。其故城位於今安徽亳州渦陽縣蒙關店。

酈注所載此碑之文，爲蔡邕所撰，見於今本《蔡中郎集》⑧，嚴可均《全後漢文》卷七五亦據《蔡中郎集》錄之，稱《王子喬碑》，其文同。酈注所載僅略其碑文，而後兩者則錄碑之全文，可知此碑爲蔡中郎所撰⑨。碑文首行言："王孫子喬者，蓋上世之真人也。聞其仙久矣，不知興于何代。"⑩ 此碑所言王喬乃王孫子喬，爲上古真人，不知其年代。酈注所言梁國蒙縣之故冢方墳，道元疑爲湯冢，而世皆以爲王氏墓。碑文隨後述東漢順帝永和元年（136）冬十二月臘日（初八日）夜此墓靈異之事，其冢"有人着大冠絳單衣，杖竹策立冢前，呼樵孺子尹永昌曰，我王子喬也，爾勿復取吾墓前樹也"⑪，而後忽又不見，時樵夫尹永昌親見之，而傳誦于時，故時蒙令泰山萬熹，"稽故老之言，感精瑞之應，咨訪其驗，信而有

---

① 《史記》卷六三《老子韓非列傳》："莊子者，蒙人也。"《正義》引郭緣生《述征記》云："蒙縣，莊周之本邑也。"中華書局，1959，第 2143～2144 頁。
② （清）阮元編《十三經注疏》，《論語注疏》卷一八《微子》："微子去之，箕子爲之奴，比干諫而死，孔子曰：殷有三仁焉。"北京大學出版社，1999，第 246 頁。
③ 《史記》卷三八《宋微子世家》裴駰《集解》："杜預曰：'梁國蒙縣有箕子冢。'"中華書局，1959，第 1621 頁。
④ 《史記》卷三《殷本紀》，中華書局，1959，第 98 頁。
⑤ 《後漢書》"志二〇"《郡國志二》"梁國"條李賢注引杜預曰："蒙縣西北有薄城。"即酈注所言"薄伐城"。中華書局，1965，第 3427 頁。
⑥ 《史記》卷三《殷本紀》，中華書局，1959，第 98 頁。
⑦ 《史記》卷三《殷本紀》，中華書局，1959，第 98 頁。
⑧ （漢）蔡邕著、鄧安生編《蔡邕集編年校注》，河北教育出版社，2002，第 104 頁。
⑨ 《太平御覽》第一冊，卷三三"時序部十八臘"條引蔡邕《王喬錄》亦載碑文局部，中華書局，1960，第 157～158 頁，其與碑文略同，稍有異，《隋書·經籍志》及《新舊唐書》皆載有《王喬傳》一卷，未言爲蔡邕所作，或爲後人所依託爲之。
⑩ 《全後漢文》卷七五蔡邕《王子喬碑》，中華書局，1958，第 880 頁。
⑪ 《全後漢文》卷七五蔡邕《王子喬碑》，中華書局，1958，第 880 頁。

徵，乃造靈廟，以休厥神"①。則蒙縣之王子喬廟殆於此時建於王氏墓側，其後天下好道者，紛擁沓至，"或弦琴以歌太一，或覃思以歷丹丘，其疾病尪瘵者，靜躬祈福，即獲祚"②，可謂靈驗。桓帝時，因帝崇尚黃老之道，聞之而於延熹八年（165）秋八月，遣使者至此廟奉犧牲以致祀，時梁國相東萊王璋與長史邊乾立碑以記之。梁國相東萊王璋，《後漢書·黨錮傳序》載"王璋，字伯儀，東萊曲城人，少府卿"③，建寧二年死於黨錮之禍，餘事不詳載。長史邊乾，史書未載，其事不可知。又《後漢書·桓帝紀》僅言延熹八年帝數次遣使至陳國苦縣祠老子，然未言祀王子喬之事。此可補正史之缺。

考古之名王喬而有神異之事者，非止一人。仙人王子喬，姬姓名晉，字子喬，世稱王子晉、王子喬，周靈王太子，爲後世道教之神仙。史書無載，其事見《列仙傳·王子喬傳》④，及道教經書《歷世真仙體道通鑑》。據今本《列仙傳》記載："王子喬者，周靈王太子晉也。好吹笙作鳳凰鳴，游伊、洛之間，道士浮邱公接以上嵩高山。三十餘年後，求之於山上，見恒良，曰：告我家，七月七日待我於緱氏山麓。至時，果乘白鶴駐山頭，望之不得到，舉手謝時人，數日而去。"⑤ 依此說，王子喬爲周靈王太子晉，後隨道士浮丘學道於嵩高山，於緱氏山（今河南偃師府店鎮緱山）昇仙而去，而緱氏山有王子晉祠。另《漢書·郊祀志》顏師古注引應劭曰："《列仙傳》曰：崔文子學仙於王子喬，（王子喬）化爲白蜺，文子驚，引戈擊之，俯而見之，王子喬之尸也，須臾則爲大鳥飛而去。"⑥ 然今本《列仙傳》無此文，爲脫文也，依此說，則王子喬成仙後，善爲變化，成不死之身，故爲後世道教尊崇。《歷世真仙體道通鑑》言王子喬"生而神異，幼而好道。雖燕居宮掖，往往不食。端默之際，累有神仙降之，雖左右之人弗知也"⑦，後於周靈王二十二年（前550），登嵩山，後數年之七月七

---

① 《全後漢文》卷七五蔡邕《王子喬碑》，中華書局，1958，第880頁。
② 《全後漢文》卷七五蔡邕《王子喬碑》，中華書局，1958，第880頁。
③ 《後漢書》卷六七《黨錮列傳序》，中華書局，1965，第2190頁。
④ 《列仙傳》之著作年代歷來眾說紛紜，或以西漢劉向所作（葛洪《神仙傳》、《隋書·經籍志》等），或以爲東漢時無名氏作（陳振孫《直齋書錄解題》），或以爲魏晉方士所作（《四庫全書總目提要》卷一四六），今世多以西漢劉向所作。
⑤ 王叔岷撰《列仙傳校箋》卷上《王子喬》，中華書局，2007，第65頁。
⑥ 《漢書》卷二五《郊祀志》，中華書局，1962，第1203頁。
⑦ （元）趙道一：《歷世真仙體道通鑑》，《道藏》第五冊，文物出版社、上海書店出版社、天津古籍出版社聯合出版，1988，第118頁。

日屍解乘白鶴昇天而去。其說與《列仙傳》合。並言其昇天後爲桐柏眞人，理金庭洞天，成爲道教神仙之一。然酈注所載碑文則與之異，爲上古眞人王孫子喬，非一人也。

《後漢書·方術傳》載有"葉令河東王喬"者，言："喬有神術，每月朔望，常自縣詣臺朝。帝怪其來數，而不見車騎，密令太史伺望之。言其臨至，輒有雙鳧從東南飛來。於是候鳧至，舉羅張之，但得一隻鳧焉。乃詔尚方而視，則四年中所賜尚書官屬履也。每當朝時，葉門下鼓不擊自鳴，聞於京師。後天下玉棺於堂前，吏人推排，終不搖動。喬曰：'天帝獨召我邪？'乃沐浴服飾寢其中，蓋便立覆。宿昔葬於城東，土自成墳。其夕，縣中牛皆流汗喘乏，而人無知者。百姓乃爲立廟，號葉君祠。牧守每班錄，皆先謁拜之。吏人祈禱，無不如應。若有違犯，亦立能爲祟。帝乃迎取其鼓，置都亭下，略無復聲焉。或云此即古仙人王子喬也。"① 此王喬者，爲漢明帝時人，亦有化身爲鳥且死後自葬之異事，此或據民間傳聞及魏晉之神異筆記，不足爲信。葉縣之葉君祠，即爲祠此王喬者，酈注於卷二一《汝水注》亦載此人之事②，其言與《後漢書》所述相合。酈注言："即古仙人王喬也，是以干氏書之於神化。"③

又《史記·封禪書》司馬貞《索隱》引顧野王案語："裴秀《冀州記》云：緱山仙人廟者，昔有王喬，犍爲武陽人，爲柏人令，於此得仙，非王子喬也。"④ 緱氏山之仙人廟即王子喬廟，世稱"王子晉祠"，唐武則天聖曆二年（699）更名爲"昇仙太子廟"，並立有"昇仙太子之碑"（今尚存於河南偃師緱山昇仙觀），爲靈王太子晉祠，而曹魏裴秀《冀州記》以爲蜀郡犍爲武陽柏令王喬者，未知其據。唐杜光庭《王氏神仙傳》云："王喬有三人，有王子晉王喬，有葉令王喬，有食肉芝王喬，皆神仙，同姓名。益州北平山上有白蝦蟆，謂之肉芝，非仙才靈骨，莫能致也。王喬食之得道，今武陽有靈仙祠。"⑤ 據此則蜀人王喬之祠當在武陽，而非緱氏，裴秀誤以緱氏廟屬之。

---

① 《後漢書》卷八二《方術列傳·王喬傳》，中華書局，1965，第2712頁。
② 參見本書第二章第二十二"魏葉公廟碑考"，第190頁。
③ 《水經注校證》卷二一《汝水注》"又東南過郾縣北"條，第503頁。
④ 《史記》卷二八《封禪書》，中華書局，1959，第1369頁。
⑤ （明）陶宗儀等纂《說郛》卷七唐杜光庭《王氏神仙傳》，中國書店，1986，第2頁。

綜上所述，仙人王子喬者共有四說，即"上古仙人王孫子喬"者（此碑文）、"周靈王太子晉"者（《列仙傳》）、"東漢葉令河東王喬"（《後漢書·方術傳》）、"犍爲武陽柏令王喬"（《冀州記》）等，而緱氏山有王子晉祠、蒙縣有王氏墓及廟、葉縣有葉君祠、武陽有王喬祠，實爲不同之四人也，或出於神異筆記、或爲民間傳聞、或爲道教之說，皆無正史可據，不足信也。此碑酈注外，歐、趙諸家皆未有著録，唯洪适《隸釋》卷二〇、顧藹吉《隸辨》卷八依酈注亦著有《王子喬碑》，其文同，此碑當早已亡佚。

图 6-2　國家圖書館藏"唐昇仙太子碑"原碑拓本①

① 《北京圖書館藏中國歷代石刻拓本匯編》第十八冊,中州古籍出版社,1997,第161頁。武則天聖曆二年(699)御書,行草相間,現存河南偃師緱氏山昇仙觀,額飛白書"昇仙太子之碑",碑陽行書三十三行,行六十六字,有碑陰。

圖 6-3　西安碑林博物館藏"唐昇仙太子碑"原碑拓本①

---

① 武則天聖曆二年（699）御書，行草相間，現存河南偃師緱氏山昇仙觀，額飛白書"昇仙太子之碑"，碑陽行書三十三行，行六十六字，有碑陰。

五　漢仙人唐公房碑考

　　左谷水出西北，即壻水也。北發聽山，山下有穴水，穴水東南流歷平川中，謂之壻鄉，水曰壻水。川有唐公祠，唐君字公房，成固人也，學道得仙，入雲臺山，合丹服之，白日昇天，雞鳴天上，狗吠雲中，惟以鼠惡留之，鼠乃感激，以月晦日，吐腸胃更生，故時人謂之唐鼠也。公房昇仙之日，壻行未還，不獲同階雲路，約以此川爲居，言無蟄霜蛟虎之患，其俗以爲信然，因號爲壻鄉，故水亦即名焉。百姓爲之立廟于其處也，刊石立碑，表述靈異。①

　　此處爲神怪類碑石，亦爲道家石刻，此碑石及文皆傳世，亦有拓本傳世。酈注言此碑立於成固縣壻水（今陝西漢中城固縣境內湑水河）之側、壻鄉平川唐公祠②，爲此地百姓聞其靈異，立廟刊石以表述之。酈注未載此碑之文，所立年代及立碑者皆未知。此碑當非道元所親見，或據於他文。

　　仙人唐公房，酈注言其字公房，成固人，其名不可知，亦未知何時人也。考《列仙傳》、《博物志》、《華陽國志》、《異苑》諸書皆載其事，然皆未載其名，遂以字傳，"房"亦作"防"、"昉"③，此碑酈注外，歐、趙、洪皆有著錄，歐陽修《集古錄》卷二載《後漢公昉碑》，載碑文數語，言"漢中太守南陽郭芝爲公昉修廟記也。漢碑今在者類多摩滅，而此記文字僅存，可讀"④，然未言其碑額。趙明誠《金石錄》卷二目錄二載《仙人唐君碑》（唐君名公房），然僅著其目而無跋。洪适《隸釋》卷三載有《仙人唐公房碑》及碑陰，始著錄此碑之全文，並繪碑圖於《隸續》，跋

---

① 《水經注校證》卷二七《沔水注》"又東過成固縣南，又東過魏興安陽縣南，湑水出自旱山北注之"條，第646~647頁。
② 《北堂書鈔》卷一五七"地部一坑"條言引《梁州記》云："有仙人唐公房祠，有碑一所，北有大坑，碑文云是其舊宅，公房舉宅登仙，故以爲坑也"，中國書店出版社，1989，第681頁。《梁州記》爲劉宋時之地記，可知唐公祠及此碑於道元之世尚存，唐公祠即其故宅也，公房舉宅登仙之事，詳見碑文所言。
③ 《隸釋》卷三《仙人唐公房碑》跋云："隸法，房字其戶在側，故人多不曉，或作防，或作昉，皆誤也。"中華書局，2003，第41頁。
④ （宋）歐陽修著，鄧寶劍、王怡林箋注《集古錄跋尾》卷二，人民美術出版社，2010，第40頁。

云:"右仙人唐君碑,篆額,漢中太守郭芝立,今在興元。唐君,字公房,王莽時人也。"①可知此碑至宋時尚保存完整。嚴可均《全後漢文》卷一〇六闕十亦據《隸釋》而録之,其碑文首行云"君字公房,成固人,蓋帝堯之(缺十字)"②,其言公房之家世,與酈注合。後據耆老相傳之言述其生平:"以爲王莽居攝二年,君爲郡吏。"可知其當爲新莽至東漢初人,爲漢中郡吏。碑文又言公房路遇真人,而敬禮之,真人遂賜予其神藥。公房服藥以後,"移意萬里,知鳥獸言語"。時之郡守亦欲學道,而公房頃無所進,府君怒,敕吏收公房及其妻子,公房又求於真人而得藥塗其屋柱、飲牛馬六畜,公房遂與妻子及屋宅六畜並得昇仙,碑文歎之:"昔喬、松、崔、白,皆一身得道,而公房舉家俱濟,盛矣。"③唐公房之前,漢世已有仙人王子喬、赤松子、崔文子等修仙得道之傳説,然皆爲一人得道,而唐公房一家乃至屋宅六畜皆一並昇仙,可謂"一人得道而雞犬昇天",可知兩漢之際,仙道思想及修道昇仙之説已盛行於世。碑文末言:"漢中太守南陽郭君,諱芝,字公載……躬損奉錢,倡率群義,繕廣斯廟。□和祈福,布之兆民,刻石昭音,揚君靈譽。"④可知此碑爲漢中太守南陽郭芝修繕成固之唐公房廟所立,然未言所立年代。郭芝,史書未載,其事不可考。其碑陰載"故江陽守長成固楊晏字平仲、東部督郵成固左介字元術"等十五人之姓氏官職,當皆爲漢中太守郭芝之僚佐。"江陽守長"即江陽縣令,據《後漢書·郡國志》,江陽縣屬益州犍爲郡,然至漢末建安年間劉璋分立爲江陽郡,而碑仍稱"江陽守長"者,可知碑當立於漢末建安之前,而公房爲新莽時人,則此碑當爲東漢時碑⑤,故歐陽修《集古録》稱"後漢公昉碑"者是也。

　　碑文所載爲仙人唐公房傳聞之一也,酈注所據或有不同,其言唐公房:"學道得仙,入雲臺山,合丹服之,白日昇天,雞鳴天上,狗吠

---

① 《隸釋》卷三,中華書局,2003,第41頁。
② 《全後漢文》卷一〇六闕名十《仙人唐公房碑》,中華書局,1958,第1042頁。
③ 《全後漢文》卷一〇六闕名十《仙人唐公房碑》,中華書局,1958,第1042頁。
④ 《全後漢文》卷一〇六闕名十《仙人唐公房碑》,中華書局,1958,第1042頁。
⑤ 陳顯遠:《漢"仙人唐公房碑"考》一文據碑陰有"處士南鄭祝靈"、"南鄭處士祝颽"之名而考證碑刻立於東漢靈帝熹平、光和之間(172~184),爲祝颽撰書,其論尚爲推測之語,待商榷。《文博》1996年02期,第48頁。

雲中，惟以鼠惡留之，鼠乃感激，以月晦日，吐腸胃更生，故時人謂之唐鼠也。"① 此細節爲碑文所無與碑文所述相異，則當引於他文，雜採他說，而非據於碑文。洪适引晉張華《博物志》云："城固縣壻鄉有唐公昉得道，雞犬皆升仙，惟以鼠有惡不得去，鼠自悔，每月一吐其腸胃，更生謂之唐鼠。"② 又言《摠仙錄》所引《博物志》云："鼠至空中自墮腸出，一月三易，故山中有拖腸鼠。"③ 此皆今世《博物志》亡佚之文，其文與酈注所載相近，唯唐鼠事小異，可知酈注所言當引於《博物志》。而言"雞鳴天上，狗吠雲中"之語，則爲《摠仙錄》所述敘劉安事④，道元稽核群說，參而用之，此爲仙人唐公房傳聞之二也。

　　另葛洪《神仙傳》卷三《李八伯》亦載有唐公房拔宅昇仙之說："（李八伯）知漢中唐公昉求道而不遇明師，欲教以至道。乃先往試之，爲作傭客，公昉不知也。八伯驅使用意過於他人，公昉甚愛待之。後八伯乃僞作病，危困欲死。公昉爲迎醫合藥，費數十萬，不以爲損，憂念之意形於顏色。八伯又轉作惡瘡，周身匝體，膿血臭惡，不可近視，人皆不忍近之……公昉乃使三婢爲舐之，八伯曰：'婢舐不能使愈，若得君舐之，乃當愈耳。'公昉即爲舐之。八伯又言：'君舐之復不能使吾愈，得君婦爲舐之，當愈也。'公昉乃使婦舐之。八伯曰：'瘡乃愈差，然須得三十斛美酒以浴之，乃都愈耳。'公昉即爲具酒三十斛著大器中。八伯乃起入酒中洗浴，瘡則盡愈，體如凝脂，亦無餘痕……以丹經一卷授公昉，公昉入雲臺山中合丹，丹成便登仙去。今拔宅之處在漢中也。"⑤ 葛洪所載當據於魏晉之民間傳聞，其言公房入雲臺山合丹昇仙則與酈注相合，而言仙人李八伯與唐公房之事，則酈注及碑文皆未載，此爲仙人唐公房傳聞之三也。以上三者，皆爲虛妄之言。唐公房其人，

---

① 《水經注校證》卷二七《沔水注》"又東過成固縣南，又東過魏興安陽縣南，涔水出自旱山北注之"條，第646頁。
② 《隸釋》卷一，中華書局，2003，第41頁。
③ 《隸釋》卷一，中華書局，2003，第41頁。另（南朝宋）劉敬叔撰、范寧校點《異苑》卷三《談藪·唐鼠》："唐鼠形如鼠，稍長，青黑色，腹邊有餘物如腸，時亦污落，亦名易腸鼠。昔仙人唐昉拔宅昇天，雞犬皆去。惟鼠墜下不死，而腸出數寸，三年易之。俗呼爲唐鼠，城固川中有之。"中華書局，1996，第18頁。
④ （東晉）葛洪撰、胡守爲校釋《神仙傳校釋》卷六《淮南王》："骨肉近三百餘人，同日昇天，雞犬舐藥器者，亦同飛去。"中華書局，2010，第251頁。
⑤ （東晉）葛洪撰、胡守爲校釋《神仙傳校釋》卷三《李八伯》，中華書局，2010，第81～82頁。

史書未載，蓋爲東漢初成固一修仙之人，而因民間時代訛傳，而遂有諸說也。

此碑之形制，《隸續》於卷五《碑圖》詳言之："右唐公房碑，圭首，偏右其內有暈一重，又兩重在其左暈下腳，去穿頗遠，下即刻文，所存者十七行，行三十一字，其後石已裂，篆額二行，碑陰一橫十五人。"① 並載其碑圖。可知此碑爲篆額圭首，有暈，碑中有穿，其碑文爲隸書，此碑酈注言爲壻鄉之民眾感念蒙受公房之仙佑，而無繁霜蛟虎之患，故建祠立碑以表述靈異；碑文稱爲漢中太守郭芝及僚佐重修唐公祠而立碑，酈注之說未知何據。然此地當先有唐公祠，其後有此碑也，皆當於東漢所建立。

此碑除歐、趙、洪以外，宋董逌《廣川書跋》、《天下碑錄》，清錢大昕《潛研堂金石文跋尾》、王昶《金石萃編》、翁方綱《兩漢金石記》、畢沅《關中金石記》、顧藹吉《隸辨》、陸增祥《八瓊室金石補正》等金石文獻皆載之，可知碑至明清時尚存，然皆未言有碑陰。《金石萃編》言此碑："碑高八尺八寸，廣三尺三分，十七行，行三十一字，額題'仙人唐君之碑'六字，篆書，今在成固縣。君字公房，成固人"②。可見時此碑清時尚保存完好，唯碑陰已缺。此碑近世遺失，清光緒年間王穆編《城固縣志》時，四處尋找此碑，終於城固縣昇仙里荒草中尋得③，後存於城固縣唐仙觀，二十世紀七十年代移至西安碑林博物館第三室保存。今碑保存較好，然碑文已漫滅殊甚，僅碑之下半一百餘字可識，而碑陰僅存十餘字。此碑之宋拓已不存，今唯存明人拓本。

---

① 《隸續》卷五《碑圖》，中華書局，2003，第345頁。
② （清）王昶著《金石萃編》卷一九《仙人唐公房碑》，《石刻史料新編》第一輯第一冊，新文豐出版公司，1977，第333頁。
③ （清）王穆纂修《城固縣志》卷一〇《書唐仙人公昉碑》："覓仙人唐公房碑榻累月不得。余勸農至昇仙里，偶憩大樹下，見荒煙蔓草中巍然屹立者，則公昉之碑也。"清康熙五十六年修，光緒四年重刻本，《中國地方志叢書》"華北地方"二六二號，成文出版有限公司，1966，第72頁。

378 | 《水經注》石刻文獻叢考

圖 6-4 "漢仙人唐公房碑"原碑碑陽宋拓本①

---

① 《隸續》卷五《碑圖》，中華書局，2003，第 345 頁。東漢靈帝熹平、光和年間立，原立於成固縣壻水之側、壻鄉平川唐公祠，清光緒城固縣昇仙里出土殘碑，現存西安碑林博物館第三室。

圖 6-5 "漢仙人唐公房碑"原碑陽拓本①

---

① 毛遠明：《漢魏六朝碑刻校注》，線裝書局，2008，第 143 頁。

380 | 《水經注》石刻文獻叢考

圖 6-6 "漢仙人唐公房碑" 原碑陰拓本①

---

① 毛遠明：《漢魏六朝碑刻校注》線裝書局，2008，第 144 頁。

第六章　佛道神怪類石刻 | 381

圖 6-7　"漢仙人唐公房碑"原碑圖①

---

① 陳顯遠編著《漢中碑石》，三秦出版社，1996，第 38 頁。臺北圖書館金石拓本庫存清拓本。

六　南齊立淮南王廟碑考

　　肥水又西分爲二水，右即肥之故瀆，過爲船官湖……湖北對八公山，山無樹木，惟童阜耳。山上有淮南王劉安廟，劉安是漢高帝之孫，厲王長子也。折節下士，篤好儒學，養方術之徒數十人，皆爲俊異焉。多神仙秘法鴻寶之道。忽有八公，皆鬚眉皓素，詣門希見，門者曰：吾王好長生，今先生無住衰之術，未敢相聞。八公咸變成童，王甚敬之。八士並能鍊金化丹，出入無間，乃與安登山薶金于地，白日昇天，餘藥在器，雞犬舐之者，俱得上昇。其所昇之處，踐石皆陷，人馬跡存焉。故山即以八公爲目。余登其上，人馬之跡無聞矣，惟廟像存焉。廟中圖安及八士像，皆坐牀帳如平生，被服纖麗，咸羽扇裙帔，巾壺枕物，一如常居。廟前有碑，齊永明十年所建也。山有隱室石井，即崔琰所謂：余下壽春，登北嶺淮南之道室，八公石井在焉。亦云：左吳與王春、傅生等尋安，同詣玄洲，還爲著記，號曰《八公記》，都不列其雞犬昇空之事矣。按《漢書》，安反伏誅，葛洪明其得道，事備《抱樸子》及《神仙傳》。①

　　此處爲神怪類石碑，碑石及文皆已亡佚，亦無拓本傳世。《水經注》所載南齊時石刻僅此一見。酈注言此碑位於壽春城外八公山上淮南王廟前界，碑爲南齊永明十年（492）所立，然碑文及立碑緣由皆未載。
　　肥水，古水名，亦名淝水，其源出合肥西北將軍嶺，西北流入壽縣，後北流經壽縣城東，又西北經八公山南入淮，即今安徽六安壽縣東肥河、南肥河。八公山，古稱北山、淝陵山、紫金山，位於今安徽六安壽縣故城西，俯瞰廣野，地勢險要，自古以來爲兵家必爭之地。此處爲淮南王劉安煉丹之地，亦爲肥水之戰發生地。據《晉書·苻堅載記》：“（前秦建元十九年，383）堅與苻融登城而望王師，見部陣齊整，將士精銳，又北望八公山上草木，皆類人形，顧謂融曰：此亦勁敵也，何謂少乎！”② 苻堅在攻克壽陽城後，登城望八公山之草木，皆以爲晉兵，即此山也。《太平寰宇

---

① 《水經注校證》卷三二《肥水注》“北入于淮”條，第 750~751 頁。
② 《晉書》卷一一四《苻堅載記》，中華書局，1974，第 2918 頁。

記》卷一二九"淮南道壽州壽春縣"條言:"八公山,一名肥陵山,在縣北四里。昔淮南王與八公登山,埋金於此,白日昇天。餘藥在器,雞犬舐之皆仙。其處石皆陷人馬之跡,故其山以八公爲名。廟前有碑,齊永明十年所建。"① 樂史所言當本酈注。

淮南王劉安,漢高帝之孫,淮南厲王劉長之子,其事見《史記·淮南衡山列傳》。孝文帝前元十六年(前164),劉安被立爲淮南王,國都壽春。安好讀書鼓琴,博學而流譽天下、廣募名士,並與眾門客撰成《淮南鴻烈》,即《淮南子》而傳世。然因其父劉長因被文帝驅遣入蜀而於途中絕食而亡,常懷謀反之心,未及事成,因其門客雷被、伍被及其孫劉建告密而事發,元狩元年(前122),武帝以劉安陰結賓客、拊循百姓、爲叛逆事而誅之,劉安被迫自殺,淮南國除。劉安於淮南國招致賓客方術之士數千人,其中以李尚、雷被、左吳、因由、晉昌、伍被、蘇飛、毛周八人最爲才高,時稱爲"八公"。安好黃白之術,常與此八公於壽春北之肥陵山煉製丹藥,故其又有"白日飛昇"之傳說,酈注於此記載甚爲詳細:"忽有八公,皆鬚眉皓素,詣門希見,門者曰:吾王好長生,今先生無住衰之術,未敢相聞。八公咸變成童,王甚敬之。八士並能煉金化丹,出入無間,乃與安登山藴金於地,白日昇天,餘藥在器,雞犬舐之者,俱得上昇。劉安與八公埋金於此山之說,沈括《夢溪筆談》卷二一《古金餅》亦載之:"壽州八公山側土中及溪澗之間,往往得小金餅,上有篆文'劉主'字。世傳淮南王藥金也。"②

然酈道元爲北魏儒學名家,其對道家鬼神黃白之說持否定批判態度。酈道元于《水經注》中雖記載了大量神話異聞,多以資證地說,往往以冷靜客觀之態度記之,而於一些虛妄之言,甚至加以批駁,酈注此處即爲其例。在記載"白日飛昇"之說後,道元指出,"左吳與王春、傅生等尋安,同詣玄洲,還爲著記,號曰《八公記》,都不列其雞犬昇空之事",進而據《漢書》言劉安後因謀反而伏誅,"白日飛昇"之事見"《抱樸子》及《神仙傳》"耳。楊守敬亦指出:"酈氏援《漢書》,明不以爲憑,亦傳疑以疑而已。"可見,酈氏於此說雖錄之又疑之。

---

① 《太平寰宇記》卷一二九"淮南道壽州壽春縣"條,中華書局,2007,第2545頁。
② (宋)沈括著、張富祥譯注《夢溪筆談》卷二一《異事異疾附》,中華書局,2009,第233頁。

酈道元爲北魏之臣，一生無緣至南方遊歷，唯曾至淮南一帶。北魏孝明帝正光四年（523），梁武帝蕭衍遣將裴邃攻打淮南，酈道元受詔爲大軍行臺與都督河間王元琛討之①，期間當親至壽陽，故其注言："余登其上，人馬之跡無聞矣，惟廟像存焉。廟中圖安及八士像，皆坐牀帳如平生，被服纖麗，咸羽扇裙帔，巾壺枕物，一如常居。"可知酈道元當親登八公山，見山頂淮南王安廟，時廟中尚存劉安及八公之像（當爲畫像石或石像），其像栩栩如生，皆手持羽扇、衣飾華麗，描述可謂生動形象。酈道元又親見廟前所立之碑，然僅言爲"齊永明十年所建"。永明爲齊武帝蕭賾年號，永明十年即公元492年。此後酈注又言："山有隱室石井，即崔琰所謂：余下壽春，登北嶺淮南之道室，八公石井在焉。"② 隱室石井，即安煉丹所用之八角水井；道室，即安修道之宮室。崔琰，字季珪，清河東武城人，少好武事，曾師鄭玄受學，漢末建安中曹操破袁紹，徵召爲別駕從事，其事見《三國志·魏書·崔琰傳》。依酈注所言，崔琰曾遊歷此山，見劉安煉丹之遺跡，歸而做遊記《八公記》。酈注所言之語即據於此書。

南齊所立淮南王安廟，除酈注外，宋王得臣《麈史》言："（壽春）邑有淮南王安廟，春秋朝廷祀之。"③ 可知此廟至宋時尚存。另光緒年間編《鳳臺縣志》按："廟地即今五株山。蕭景雲曰，廟在五株山巔，遺址尚可尋。"④ 此廟至晚清時已不存，唯遺址沿可尋，廟居於五株山巔，今壽縣城北門外八公山東麓尚存近世所建淮南王廟，然未見此碑。此碑，酈注外，歐、趙、洪諸家皆未著錄，《太平寰宇記》據酈注言："廟前有碑，齊永明十年所建。"⑤ 然未知時碑是否存世。另王象之《輿地碑記目》載有《八公山廟碑》，云："在壽春縣北四十里八公山廟前有碑，乃齊永明十年立。"⑥ 則此碑當爲南齊所立淮南王安廟碑，可知宋時此碑當與廟並存於世，至清時廟碑皆已不存，未知其亡於何時。

---

① 張鵬飛：《酈道元年譜考略》，《湖北大學學報》2006年第4期，第28頁。
② 《水經注校證》卷三一《溳水注》"又南過江夏安陸縣西"條，第735頁。
③ （宋）王得臣撰，俞宗憲黔點校《麈史》卷下《諧謔》，上海古籍出版社，1986，第88頁。
④ （清）李陛沆：《光緒鳳臺縣志》卷二《古蹟志》"冢墓"類，《中國地方志集成》"安徽府縣志輯"第二十六冊，江蘇古籍出版社，1998，第150頁。
⑤ 《太平寰宇記》卷一二九"淮南道壽州壽春縣"條，中華書局，2007，第2545頁。
⑥ （南宋）王象之撰《輿地碑記目》卷二《安豐軍碑記》，見《歷代碑誌叢書》第二冊，江蘇古籍出版社，1998，第24頁。

七　龍沙冢磚銘考

　　贛水又北逕龍沙西，沙甚潔白，高峻而阤，有龍形，連亘五里中，舊俗九月九日升高處也。昔有人于此沙得故冢，刻磚題云：西去江七里半，筮言其吉，卜言其凶。而今此冢垂沒于水，所謂筮短龜長也。①

　　此處爲古墓磚銘，爲神怪類石刻，其年代已不可考，酈注據傳聞而言昔有人於南昌縣贛水之側龍沙得古墓，其墓磚刻有銘文："西去江七里半，筮言其吉，卜言其凶。"此爲漢魏之時盛行於世之讖語，然此古墓之主及年代皆不可知，當非道元所親見，或據於傳聞。古墓至道元之世已垂沒於水中，則原石時已不存，唯銘文賴酈注而傳世。除此之外，酈注之中尚有數處石刻與此類似，如卷四〇《漸江水注》"北過餘杭，東入於海"條所載"獨松冢磚銘"、"浦陽江側冢甏書"，皆爲古墓磚銘，其文相似，皆有筮吉龜凶之語。其地或處於南楚，或處於吳越，可見筮吉龜凶占卜之風吳楚之地猶盛。

　　"龍沙"，其詞初見於《後漢書·班超傳》讚曰："定遠慷慨，專功西遐。坦步蔥雪，咫尺龍沙。"李賢注曰："蔥嶺、雪山，白龍堆沙漠也。"②此龍沙泛指塞外沙漠之地，故唐楊炯《瀘州都督王湛神道碑》銘文云："旌節龍沙，軒旗象浦。"③然酈注此處所言"龍沙"非塞外之沙漠，時南昌縣贛水之側地名，因其"沙甚潔白，高峻而阤也，有龍形，連亘五里中，舊俗九月九日升高處也"故名。《太平寰宇記》卷一〇六"江南西道洪州南昌縣"條有"龍沙"，引劉宋雷次宗《豫章記》文曰："北有龍沙，堆阜逶迤，潔白高峻而似龍形，連亘五六里。舊俗九月日登高之處。"④ 酈注之言當據於此。又言"龍沙在豫章城北一帶，甚白而高峻，左右居人，時見龍跡"⑤，《太平御覽》卷七四亦引《豫章記》云："龍沙在郡北帶江，沙甚潔白，高峻而峙，陂陀有龍形，舊俗九月九日登高上處也。"⑥ 豫章城

---

① 《水經注校證》卷三九《贛水注》"又北過南昌縣西"條，第922頁。
② 《後漢書》卷四七《班超傳》，中華書局，1965，第1594頁。
③ 徐明霞點校《楊炯集》卷八《神道碑》，中華書局，1980，第118頁。
④ 《太平寰宇記》卷一〇六"江南西道洪州南昌縣"條，中華書局，2007，第2103頁。
⑤ 《太平寰宇記》卷一〇六"江南西道洪州南昌縣"條，中華書局，2007，第2103頁。
⑥ 《太平御覽》卷七四"地部三十九·沙"條，中華書局，1960，第348頁。

即南昌城。其城北江岸沙質潔白而有龍形，故稱龍沙；因其爲豫章城外最高之處，故時人多於九月九于此登高而望遠，與滕王閣皆爲南昌之勝跡。今江西南昌新建縣北尚有白沙丘，爲贛江所沖積之淤沙，亦名龍岡，即爲此"龍沙"也。

酈注言此古冢建於贛水之側龍沙之中，因河水之漲落未爲可知，則墓有淹沒于水中之虞，故建墓者於墓磚刻以銘文："西去江七里半，筮言其吉，卜言其凶。"知此墓建時距贛水尚七里有余，而至酈道元之世，墓已垂沒於水中。"筮"者，《說文》言："筮，《易》卦用蓍也。"① 此術盛於商時，爲古之巫者以蓍草占卜以測吉凶；"卜"者，《說文》言："卜，灼剝龜也，象炙龜之形。一曰象龜兆之縱衡也。"② 《禮記·曲禮》言："龜爲卜，策爲筮。"③《詩經·大雅·文王有聲》云："考卜維王，宅是鎬京，維龜正之。"④ 其中所言即爲龜甲占卜之術。自商周以來，古人即有以龜甲、蓍草占卜以測吉凶之風，其中又以龜卜最爲靈驗，故《左傳》有"筮短龜長"之說⑤。此之巫風祀俗，至於漢魏，更爲盛行，且尤其流行於荊楚吳越之地。故《史記》有《日者列傳》，太史公曰："太卜之起，由漢興而有。"⑥ 可知漢時於占卜之術，更重於龜卜。此墓建時，"筮言其吉，卜言其凶"，然至南梁之世，此墓終毀於水，與"卜言其凶"相合，可見龜卜之術甚於筮占之術。此墓磚銘，酈注以外，歐、趙、洪諸家皆未有著錄，蓋此物當亡佚已久。

八　獨松冢磚銘考

浙江又東北流至錢唐縣，穀水入焉，水源西出太末縣，縣是越之

---

① 《說文解字注》第五，上海古籍出版社，1981，第191頁。
② 《說文解字注》第三，上海古籍出版社，1981，第127頁。
③ （清）阮元編《十三經注疏》，《禮記正義》卷三《曲禮上第一》，北京大學出版社，1999，第93頁。
④ （清）阮元編《十三經注疏》，《毛詩正義》卷一六之五《大雅·文王有聲》，北京大學出版社，1999，第1053頁。
⑤ （清）阮元編《十三經注疏》，《春秋左傳正義》卷一二《僖公四年》："初，晉獻公欲以驪姬爲夫人，卜之，不吉；筮之，吉。公曰：從筮。卜人曰：筮短龜長，不如從長。"北京大學出版社，1999，第335頁。
⑥ （唐）張守節正義《史記》卷一二七《日者列傳》，中華書局，1959，第3215頁。

西鄂,姑蔑之地也。秦以爲縣,王莽之末理也。吳寶鼎中,分會稽立,隸東陽郡。穀水東逕獨松故冢下,冢爲水毁,其塼文:筮言吉,龜言凶,百年墮水中。今則同龜繇矣。①

此處石刻爲東漢古墓磚銘,爲神怪類石刻,出土於長山縣一臨穀水之古墓,其文現尚存於傳世文獻,然實物已失。穀水,即今浙江省之衢江。《漢書·地理志》云:"穀水,東北至錢唐入江。"② 據《太平御覽》卷七六七引鄭緝之《東陽記》曰:"獨公冢。在縣東八十里,有冢臨溪,其甄文曰:筮言吉,龜言凶,三百年,墮水中。義熙中,冢猶半在。自後,稍已崩盡。"③ 酈注所載銘文蓋即引自《東陽記》,而文字稍異,其中"三百年"一詞酈注漏失"三"字,"獨松"當爲"獨公"。此銘文亦收於嚴可均《全後漢文》卷一〇六闕十。義熙(405~418),東晉安帝司馬德宗年號,上推三百年,則當爲東漢安帝時(106~122),由此可知此墓當爲東漢時墓。

《太平御覽》卷五五九又引鄭緝之《東陽記》言:"獨公山有古冢臨溪,其塼文曰:筮言吉,龜言凶。三百年,墮水中。義熙中,冢猶半存,自後稍以崩盡。"④ 此處記載與卷七六七所載基本相同,但進一步指出此墓在獨公山上,故言之"獨公冢",《東陽記》雖言明山在何處,然據酈注下文所言"穀水又東逕長山縣南,與永康溪水合",獨公山當位於長山縣。長山縣,東漢獻帝初平三年(192)置,三國吳寶鼎元年(266)置東陽郡,長山爲東陽郡治所,即今浙江金華,則該石刻當位於今金華市東之獨公山。然此處石刻久已亡佚,唯其文傳。此類石刻,《太平御覽》同卷中又有數處記載與此冢磚銘文極爲相似,如:

引《輿地志》云:"琵琶圻有古冢,半在水中,甓有隱起字云:筮云吉,龜云凶;八百年,墮水中。謝靈運取甓至京師,諸貴傳觀之。"⑤

又引《會稽郡十城地志》曰:"上虞縣東南有古冢二十餘墳。宋元嘉之初,潮水壞其大冢。初壞一冢,塼題文曰:居在本土,厥姓黃,卜葬於

---

① 《水經注校證》卷四〇《漸江水注》"北過餘杭,東入于海"條,第937頁。
② 《漢書》卷二八《地理志》"東海郡"條,中華書局,1962,第1591頁。
③ 《太平御覽》卷七六七"雜物部二甄"條,中華書局,1960,第3404頁。
④ 《太平御覽》卷五五九"禮儀部三十八冢墓三"條,中華書局,1960,第2529頁。
⑤ 《太平御覽》卷五五九"禮儀部三十八冢墓三",中華書局,1960,第2529頁。

此大富強，《易》卦吉，龜卦凶，四百年後墮江中。當墜，值王顗縣令皮熙祖取數磚置縣樓下池中，録之，悵然而已。"①

又引《神怪志》曰："王果經三峽，見石壁有物懸之如棺，使取之，乃一棺也。發之，骸骨存焉。有銘曰：三百年後，水漂我至長江垂。欲墮欲落，不落逢王果。果淒然曰：數百年前已知有我。乃改葬，祭之而去。"②

此四處記載皆爲古墓銘文，其銘文或言"筮言吉，龜言凶。三百年，墮水中"，或言"筮云吉，龜云凶；八百年，墮水中"，或言"《易》卦吉，龜卦凶，四百年後墮江中"，或言"三百年後，水漂我至長江垂"，雖文辭稍異，但其事則極爲相似，可知筮短龜長之說，秦漢以來盛行於世，乃至晉宋時猶盛行也。

九　浦陽江側冢甓書考

（浦陽）江有琵琶圻，圻有古冢墮水，甓有隱起字云：筮吉龜凶，八百年落江中。謝靈運取甓詣京，咸傳觀焉。乃如龜繇，故知冢已八百年矣。③

此處爲古墓磚銘，亦爲神怪類石刻，原石不存而有銘文傳世。酈注言浦陽江琵琶圻有古冢墮水，而甓有隱起之字，謝靈運遂取甓詣京，咸傳觀焉。故此非道元親見，當據於南朝地志故書。甓，亦稱"瓴甓"，即磚。酈注以外，嚴可均《全後漢文》卷一○六闕十載有《琵琶圻古墓甓字》，言"琵琶，筮云吉，龜云凶，八百年，墮水中"④，其言與酈注異。另《全上古三代文》卷一四亦載有《琵琶圻古冢甓文》⑤，其言與酈注同。

浦陽江，酈注言其"江水導源烏傷縣，東逕諸暨縣，與洩溪合"⑥，最終"與浙江合，謂之浦陽江"，即今發源於浙江金華浦江縣天靈岩之浦陽

---

① 《太平御覽》卷五五九"禮儀部三十八冢墓三"，中華書局，1960，第2529頁。
② 《太平御覽》卷五五九"禮儀部三十八冢墓三"，中華書局，1960，第2526頁。
③ 《水經注校證》卷四○《漸江水注》"北過餘杭，東入于海"條，第946頁。
④ 《全後漢文》卷一○六闕名十《琵琶圻古墓甓字》，中華書局，1958，第1046頁。
⑤ 《全上古三代文》卷一四闕名三《琵琶圻古墓甓文》，中華書局，1958，第100頁。
⑥ 《水經注校證》卷四○《漸江水注》"北過餘杭，東入于海"條，第944頁。

江，流經浦江縣、諸暨市、杭州市蕭山區後注入錢塘江。酈注於此條又言：「浦陽江自嶀山東北逕太康湖，車騎將軍謝玄田居所在。右濱長江，左傍連山，平陵修通，澄湖遠鏡。于江曲起樓，樓側悉是桐梓，森聳可愛，居民號爲桐亭樓。樓兩面臨江，盡升眺之趣。蘆人漁子，汎濫滿焉。湖中築路，東出趨山，路甚平直。山中有三精舍，高甍淩虛，垂簷帶空，俯眺平林，煙杳在下，水陸寧晏，足爲避地之鄉矣。」① 酈注言東晉車騎將軍謝玄田居於浦陽江畔桐亭樓，其孫謝靈運在繼承祖業基礎上又擴建爲始寧別業，並常閒居於此，而琵琶圻正位於此處浦陽江畔。《萬曆紹興府志》引《十道志》言「浦陽江有琵琶圻」②，又引宋《東山記》言：「山西有謝靈運別墅，又西爲西小江，有琵琶圻」③。《讀史方輿紀要》：「上虞江縣西三十里，即曹娥江也。自會稽縣東，經縣西南東山下，曰琵琶圻，亦曰琵琶洲。」④ 即今浙江紹興上虞市西南東山隔江相望之琵琶洲，因其形狀琵琶，故名。

據酈注此墓磚現於劉宋之時，爲謝氏所得，謝靈運取之而傳於京師。其文言「筮吉龜凶，八百年，落江中」，以謝靈運之世（385～433）上推八百年，則此墓當爲東周時墓。然《宋書·謝靈運傳》未載此事，《太平御覽》卷五五九引《輿地志》言：「瑟琶圻有古冢，半在水中，甓有隱起字云：'筮云吉，龜云凶，八百年，墮水中。'謝靈運取甓至京師，諸貴傳觀之。」⑤ 其所記銘文與酈注略有異。嚴可均《全後漢文》卷一〇六闕十所載《琵琶圻古墓甓字》之文當據於此。此墓磚銘，除酈注以外，歐、趙、洪諸家皆未著錄，蓋此物當亡佚已久。

十　行唐縣神女廟碑考

行唐城內北門東側，祠後有神女廟，前有碑，其文曰：王山將

---

① 《水經注校證》卷四〇《漸江水注》"北過餘杭，東入于海"條，第946頁。
② （明）蕭良幹修、（明）張元忭等點校《萬曆紹興府志》卷七，寧波出版社，2012，第159頁。
③ （明）蕭良幹修、（明）張元忭等點校《萬曆紹興府志》卷七，寧波出版社，2012，第159頁。
④ 《讀史方輿紀要》卷九二"浙江紹興府上虞縣上虞江"條，上海書店出版社，1998，第606頁。
⑤ 《太平御覽》卷五五九"禮儀部三十八冢墓三"條，中華書局，1960，第2526頁。

軍,故燕薊之神童,後爲城神。聖女者,此土華族石神夫人之元女。趙武靈王初營斯邑城,彌載不立。聖女發歎,應與人俱,遂妃神童,潛刊貞石,百堵皆興,不日而成。故祀此神,後之靈應不泯焉。①

此處爲神怪類石碑,文存而碑石亡佚。今本《水經注》未載此碑,輯自《太平寰宇記》卷六一"河北道十鎮州行唐縣"所載"王山祠"引《水經注》之語,當爲《水經注》之佚文,亦見於陳橋驛《水經注佚文·滹沱水注》。趙一清《水經注釋》卷一一補《滹沱水》"王山祠"下引《水經》亦言此佚文,其文基本相同。"行唐城內北門東側祠後有神女廟,廟前有碑,其文云:王山將軍,故燕薊之神童,後爲城神。聖女者,此土華族石神夫人之元女。趙武靈王初營斯邑,城彌載不立,聖女發嘆,應與人俱,遂妃神童,潛刊貞石,百堵皆興,不日而就。故此神後之靈應不泯焉。"② 此碑當爲酈道元所親見,酈注言此碑立於行唐城內北門東側神女廟前,並載碑文局部,然碑額之題名、立碑年代、緣由及形制皆未載。

行唐縣,因放勳自唐赴平陽爲帝堯,南行歷於此,因名南行唐③,春秋屬中山國;戰國初歸趙國,趙惠文王八年於此建南行唐城邑;秦時置南行唐縣,屬鉅鹿郡;西漢初,屬恒山郡,後改屬中山郡,東漢因之;三國魏晉均屬常山郡;北魏時改南行唐縣爲行唐縣,屬恒山郡。其故城位於今河北石家莊行唐縣。

酈注所載此碑之文,述行唐神女之神異及修建神女廟之事。碑文所述"王山將軍"者,未知何許人,酈注言其爲故燕薊之神童,"王山"當爲其名,其少爲神童,後爲行唐縣城守護之神,故吏民於城內北門東側建有王山祠以祭之。"神女"者,酈注亦稱其"聖女",爲"土華族石神夫人之元女",後嫁與"王山將軍"。"趙武靈王初營斯邑"之事,據《史記·趙

---

① 今本《水經注》無此文,見《太平寰宇記》卷六一"河北道鎮州行唐縣",中華書局,2007,第1256頁。又陳橋驛《水經注佚文·滹沱水注》,浙江大學出版社,2008,第458頁。
② (清)趙一清撰《水經注釋》第五冊,卷一一,《補滹沱水注》"王山祠"條,光緒六年八月會稽章氏重刊本,第27~28頁。
③ 《史記》卷四三《趙世家》:"(趙惠文王)八年,城南行唐。"裴駰《集解》引徐廣曰:"在常山。"張守節《正義》引《括地志》云:"行唐縣屬冀州。"中華書局,1959,第1816頁。

世家》，趙惠文王三年（前296），趙滅中山①，此城遂歸趙，時武靈王已立其子何爲惠文王，以己爲主父，至四年薨，故趙武靈王當于趙惠文王三年初營南行唐城邑。然城彌載不立，石神之女遂與城神"王山將軍"，刊山採石，以爲城基，遂以一日而建成此城，後世之人以此聖女爲"營造之神"而立神女祠於"王山祠"後以祀之。《太平寰宇記》卷六一"河北道十鎮州行唐縣"條載有"夫人城"引《晉太康記》曰："行唐縣北二十里有夫人城，即王神女所鑄。"② 此"夫人城"或爲王山將軍與神女修建之城，趙惠文王八年，再次營建此城，遂爲南行唐城。碑文言"故祀此神，後之靈應不泯焉"，可知自先秦以降，行唐縣民多有祭祀神女以祈福之傳統，且後世靈驗不泯，故當地民衆建祠以祀之。而此碑當立於建祠之時，然東漢以前無有石碑之說，則此神女廟及碑當爲東漢、魏晉時行唐縣吏民據世代傳聞而建此祠以祀之。

　　此碑文所言實爲荒誕虚妄之民間傳聞，未見於史冊。漢魏以來，民間多有此類石刻，如東漢靈帝光和六年（183）常山相南陽馮巡、元氏縣令京兆王翊所立《白石神君碑》（亦稱《白石山碑》，爲靈帝光和六年常山相南陽馮巡、元氏縣令京兆王翊立，原立於河北省元氏縣白石山白石神君祠），即爲此類之碑尚存於世者。此碑除《太平寰宇記》、趙一清《水經注釋》以外，歐、趙、洪諸家皆未著錄，當早已不存。

---

① 《史記》卷四三《趙世家》："（趙惠文王）三年，滅中山，遷其王膚施。"中華書局，1959，第1813頁。
② 《太平寰宇記》卷六一"河北道鎮州行唐縣"，中華書局，2007，第1256頁。

第七章　歷史類石刻

一　北魏高祖講武碑考

　　芒干水又西，塞水出懷朔鎮東北芒中，南流逕廣德殿西山下。余以太和十八年，從高祖北巡，屆于陰山之講武臺，臺之東，有《高祖講武碑》，碑文是中書郎高聰之辭也。①

　　此處爲紀事碑，屬歷史類石刻。北魏高祖孝文帝於太和十八年（495）北巡至陰山講武臺講武騎射，立此碑以紀事。酈注言此碑立於陰山講武臺東，碑題"高祖講武碑"，亦可稱"高祖北巡碑"，文由中書郎高聰所撰。此碑碑石及文皆已亡佚，唐宋以來無文獻著録。

　　"講武"一詞源於《國語·周語上》："三時務農，而一時講武。"韋昭注曰："講，習也。"② 可見，"講武"即演習武事、騎射演練。《爾雅·釋天》云："春獵爲蒐，夏獵爲苗，秋獵爲獮，冬獵爲狩。宵田爲獠，火田爲狩。乃立冢土，戎醜攸行。起大事，動大衆，先有事乎社而後出，謂之宜。振旅闐闐。出爲治兵，尚威武也。入爲振旅，反尊卑也。"③ 此處所言"講武"之含義則較爲廣泛，既包括狩獵，也指出兵征戰、演練軍旅之事。班固《東都賦》亦云："順時節而蒐狩，簡車徒以講武。"④ 可見，講武之俗自古有之，漢夷皆以之爲俗。北魏作爲遊牧民族鮮卑族所建政權，其民善於騎射，尚武之風尤甚於漢人，故北魏政權在統一北方、逐漸漢化

---

① 《水經注校證》卷三《河水注》"又東過雲中楨陵縣南，又東過沙南縣北，從縣東屈南，過沙陵縣西"條，第79頁。
② 《國語集解》卷一《周語上》，中華書局，2002，第23頁。
③ （清）阮元編《十三經注疏》，《爾雅注疏》卷六《釋天》，北京大學出版社，1999，第183頁。
④ （南梁）蕭統編、（唐）李善注《文選》卷一班固《東京賦》，上海古籍出版社，1986，第33頁。

後，依然保存騎射比武之風俗。北魏歷代帝王多好講武以宣威，如"（平文帝）五年，僭晉司馬睿遣使韓暢加崇爵服，帝絕之。治兵講武，有平南夏之意"[①]、"（昭成帝）五年秋七月七日，諸部畢集，設壇墠，講武馳射，因以爲常"[②]、"（道武帝登國六年）秋七月壬申，講武于牛川……（登國八年）秋七月，車駕臨幸新壇。庚寅，宴群臣，仍講武"[③]、"（明元帝永興二年）秋七月丁巳，立馬射臺於陂西，仍講武教戰。乙丑，車駕至自北伐"等[④]，則平文帝、昭成帝、道武帝、明元帝等皆講武騎射，其中又以高祖孝文帝時講武爲盛。

高祖孝文帝，諱宏，一生文治武功，大力推行改革，實行漢化政策，遷都洛陽，從而促進民族大融合，使北魏政權強盛一時。據《魏書·高祖紀》記載，孝文帝多次巡遊各地，視察民情，先後講武五次以宣武強兵，如"（延興二年秋七月）壬寅，詔州郡縣各遣二人才堪專對者，赴九月講武，當親問風俗"、"（太和五年二月）癸卯，還中山。己酉，講武於唐水之陽。庚戌，車駕還都"、"（太和五年三月）癸亥，講武於雲水之陽"、"（太和十九年春正月）壬午，講武於汝水之西，大賚六軍"等[⑤]。酈注此碑所記即太和十八年，孝文帝於陰山講武臺講武之事。據《魏書·高祖紀》："（太和十八年秋七月）壬辰，車駕北巡。戊戌，謁金陵。辛丑，幸朔州。是月，島夷蕭鸞殺其主蕭昭業，立昭業弟昭文。八月癸卯，皇太子朝於行宮。甲辰，行幸陰山，觀雲川。丁未，幸閱武臺，臨觀講武。癸丑，幸懷朔鎮。己未，幸武川鎮。辛酉，幸撫冥鎮。甲子，幸柔玄鎮。乙丑，南還。"[⑥] 可知，太和十八年（494）秋八月丁未，孝文帝北巡至陰山幸閱武臺，臨觀講武，時道元隨駕，故於注中言："余以太和十八年，從高祖北巡，屆於陰山之講武臺。"[⑦]（《北史》及《魏書》酈道元本傳均未載此事，可補史書之缺。）此碑當立于其時，碑述高祖講武之事，其文爲中書郎高聰之辭。高聰，字僧智，渤海蓚人，其事見《魏書·高聰傳》。

---

① 《魏書》卷一《帝紀》第一《序紀》，中華書局，1974，第10頁。
② 《魏書》卷一《帝紀》第一《序紀》，中華書局，1974，第12頁。
③ 《魏書》卷二《太祖紀》，中華書局，1974，第24頁。
④ 《魏書》卷三《太宗紀》，中華書局，1974，第50頁。
⑤ 《魏書》卷七《高祖紀》，中華書局，1974，第137、138、176頁。
⑥ 《魏書》卷七《高祖紀》，中華書局，1974，第174頁。
⑦ 《水經注校證》卷三《河水注》"又東過雲中楨陵縣南，又東過沙南縣北，從縣東屈南，過沙陵縣西"條，第79頁。

高聰年少即涉獵經史，頗有文才，爲中書博士，太和十八年，從高祖北巡時，任中書侍郎，其文才爲高祖所好。聰善爲碑文，後又隨世宗宣武帝東巡至鄴，作《御射碑》文①，《魏書》本傳言其"所作文筆二十卷"，別有集，然今皆已亡佚。

講武臺，《魏書》稱"閲武臺"，太和十八年，孝文帝決定遷都於洛陽，之前，北巡懷朔、武川等北方四鎮，而至陰山，觀雲川，幸閲武臺，臨觀講武，時駐蹕於陰山廣德行宫，即酈注所言："自（講武）臺西出南山上，山無樹木，唯童阜爾，即廣德殿所在也。"② 由此可知，講武臺位於廣德殿東北山下。廣德殿，其舊址位於今内蒙古呼和浩特武川縣哈拉合少鄉大青山北麓、榆樹店河畔③，則講武臺及講武碑遺址亦當位於今武川縣大青山北麓附近，然至今尚無考古發現以證之。

此碑，除酈注外，歐、趙、洪等後世金石文獻皆無著録當已之佚。考歐陽修《集古録》卷四載《後魏孝文北巡碑》（太和二十一年），並載碑文局部："云：太和二十一年，脩省方之典，北臨舊京。又云：涉西河，出平陽，斜順唐迹，指遊威爍，路邇龍門，遂紆雕軒。"④ 此碑爲太和二十一年（497）孝文帝北巡平城後於四月至龍門禹廟祭夏禹所立之碑⑤，時碑額已失，歐陽公據其殘文而名爲"後魏孝文北巡碑"，與酈注此載之太和十八年北巡之講武碑非一碑也。趙明誠《金石録》卷二目録二第三百三十一載《後魏北巡碑》（太和二十年四月）、第三百二十二《後魏北巡碑陰》兩目（無跋），亦當爲歐陽修所言之碑及陰，可知二十一年碑宋時尚存，然宋以後無著録，亦亡佚。

二　北魏獻文帝南巡碑考

又東屈北逕信都縣故城西，信都郡治也，漢高帝六年置。景帝中二年，爲廣川惠王越國，王莽更爲新博，縣曰新博亭，光武自薊至信都是也。明帝永平十五年，更名樂成，安帝延光中，改曰安平。城内

---

① 參見本書第七章第八處"北魏定鼎碑考"，第404頁。
② 《水經注校證》卷三《河水注》"又東過雲中楨陵縣南，又東過沙南縣北，從縣東屈南，過沙陵縣西"條，第79頁。
③ 參見本書第三章第七處"北魏廣德殿碑考"，第249頁。
④ 《集古録跋尾》卷四，人民美術出版社，2010，第98頁。
⑤ 參見本書第二章第三處"北魏龍門禹廟碑考"，第151頁。

有《漢冀州從事安平趙徵碑》，又有《魏冀州刺史陳留丁紹碑》，青龍三年立。城南有《獻文帝南巡碑》。①

此處爲紀事碑，亦屬於歷史類石刻，碑石及文今皆已不存，亦無拓本傳世。酈注言此碑立於信都城南，碑名"獻文帝南巡碑"，然此碑之碑文、立碑緣由及形制皆未有言及，可見此碑或時已毀損不存，或非道元親見。

信都，春秋之邢國，秦時置信都縣；秦末，項羽改之爲襄國，張耳、陳餘立趙歇爲趙王，都於此；西漢初置信都郡，郡治信都，漢景帝中元二年（54），爲廣川惠王越國，宣帝時復爲信都國；新莽改稱新博，其縣曰新博亭；東漢明帝永平十五年（72），改稱樂成國，安帝延光元年（122），改稱安平國，都信都；魏至晉初爲安平郡，太康五年（284）改爲長樂國；北魏爲長樂郡。其故城位於今河北邢臺西南。

北魏歷代皇帝多有離京外出巡狩之事②，爲加強對中原漢族居住區域控制，多南巡中原之地，孝文帝遷都洛陽後，亦常北巡北方六鎮。據《魏書》記載，自道武帝始，明元帝、太武帝、文成帝、獻文帝、孝文帝等多次巡遊各地，視察民情，故《水經注》中多記載北魏皇帝巡狩之碑。除此碑外，尚有多處，如卷三《河水注》"又東過雲中楨陵縣南，又東過沙南縣北，從縣東屈南，過沙陵縣西"條所載"高祖講武碑"，爲孝文帝太和十八年（494）北巡陰山講武之碑；卷一一《滱水注》"滱水出代郡靈丘縣高氏山"條著錄有"北魏御射碑"，爲文成帝和平二年（460）南巡至靈丘詔群臣比射之碑等。

"獻文帝南巡碑"則爲其中之一。據《魏書·高祖紀》："（北魏孝文帝延興三年冬十一月）癸巳，太上皇帝南巡，至於懷州。所過問民疾苦，賜高年、孝悌力田布帛……（延興四年）二月甲辰，太上皇帝至自南巡。"③"太上皇帝"即獻文帝拓跋弘，爲文成帝長子，和平六年（465）即帝位，皇興五年（471）禪位於其子孝文帝，稱太上皇，承明元年（476）崩，年二十三。據《魏書·顯祖紀》，獻文帝一生多次出巡，在位期間因戰事北巡陰山三次，禪位之後於延興三年（474）南巡，"（十一月）癸巳，太

---

① 《水經注校證》卷一〇《濁漳水注》"又北過堂陽縣西"條，第265頁。
② 參見章義和、洪吉《北魏諸帝巡行的歷史意義》，《學術論壇》2008年第1期，第28頁。
③ 《魏書》卷七《高祖紀》，中華書局，1974，第140頁。

上皇帝南巡，至於懷州。所過問民疾苦，賜高年、孝悌力田布帛"①，至延興四年二月甲辰返京，然《魏書》未明確記載其所經之地②，酈注此處所載信都城南"獻文帝南巡碑"，當記載獻文帝南巡至信都之事，由此推斷，獻文帝延興三年十一月至四年二月南巡，當經信都，此碑爲時郡縣官吏所立以述帝巡守之事。另據《魏書・高宗紀》，獻文帝之父文成帝亦多次南巡至信都，如"（興安二年）冬十有一月辛酉，行幸信都、中山，觀察風俗"，"（興光元年冬十有一月）戊戌，行幸中山，遂幸信都"，"（太安四年春二月）戊寅，南幸信都，畋游於廣川"，"（和平二年）二月辛卯，行幸中山。丙午，至于鄴，遂幸信都"③，可知文成帝共四次南巡至信都，孝文帝亦於太和五年（481）春二月丁酉，"車駕幸信都，存問如中山"，故酈注所言信都城南之南巡碑，如非獻文帝南巡碑，則當爲文成帝或孝文帝南巡信都之碑。此碑僅見於《水經注》著錄，歐、趙、洪諸家皆未有著錄，當早已亡佚。

三　北魏文成帝御射碑考

> 如瓚注滱水自縣南流入峽，謂之隘門，設隘于峽，以譏禁行旅。歷南山，高峰隱天，深溪埒谷，其水沿澗西轉，逕御射臺南，臺在北阜上，臺南有御射石碑。南則秀嶂分霄，層崖刺天，積石之峻，壁立直上，車駕沿溯，每出是所遊藝焉。④

此處屬紀事碑，亦爲歷史類石刻，爲北魏文成帝拓跋濬樹和平二年（461）南巡至靈丘，詔百官比射而立。酈注言此碑立於靈丘縣南滱水之側北阜御射臺南，原碑及文今皆存，亦有拓本傳世。

《水經注》所載北魏御射碑共有四處，除此碑之外，又於卷一一《滱水注》"又東過博陵縣南"條著錄有《北魏太武帝御射碑》、《徐水陰二碑》三碑（太武帝太延元年，即公元 435 年于立）。

北魏自道武帝拓跋珪于平城建立政權、逐漸統一北方後，歷代帝王爲

---

① 《魏書》卷七《高祖紀》，中華書局，1974，第 139 頁。
② 《魏書》卷七《高祖紀》："（延興）四年春正月丁丑，侍中、太尉、隴西王源賀以病辭位。辛巳，粟特國遣使朝獻。二月甲辰，太上皇帝至自南巡。"中華書局，1974，第 140 頁。
③ 《魏書》卷五《高宗紀》，中華書局，1974，第 113、114、116、119 頁。
④ 《水經注校證》卷一一《滱水注》"滱水出代郡靈丘縣高氏山"條，第 284~285 頁。

加強對中原漢族地區控制，多南巡太行山東中原各州，自平城南巡則往往經過北靈丘郡靈丘縣隘門峽（今山西大同靈丘縣唐河峽谷）。隘門峽，亦稱"蒲陰徑"，爲"太行八徑"之一，西起今靈丘縣南，東至河北保定淶源縣，北魏時爲自平城至太行山以東中原之地必經要道。酈注對此地記載甚詳："滱水自靈丘縣南流入峽，謂之隘門。"滱水即今之唐河，唐河自靈丘縣城南南流經唐河峽谷（今稱"玉門"，"玉"與"隘"音相近，實爲隘門峽），峽谷內"高峰隱天，深溪埒谷……南則秀嶂分霄，層崖刺天，積石之峻，壁立直上"，其地勢險要、景色幽深絕美。

據《魏書·高宗紀》："（文成帝和平二年）二月辛卯，行幸中山。丙午，至於鄴，遂幸信都。三月，劉駿遣使朝貢。輿駕所過，皆親對高年，問民疾苦。詔民年八十以上，一子不從役。靈丘南有山，高四百餘丈。乃詔群官仰射山峰，無能逾者。帝彎弧發矢，出山三十餘丈，過山南二百二十步，遂刊石勒銘。"[1]《北史》所載同。和平二年（461）三月，文成帝巡視定州中山、相州鄴郡、冀州信都等地，體察民情後，在返回平城途中經過隘門峽，見此處景色奇美，遂駐足賞遊見一山高四百餘丈，遂詔令隨行百官於此仰射山峰，比射講武。百官無一人能射逾此山，帝遂親爲發射，箭矢高過山巔達三十餘丈，過山之後又飛行二百二十步落地，隨行官吏遂刊石勒銘於帝御射之處，以彰帝之武功也。此即酈注所言御射臺及御射碑，故碑立於和平二年三月。惜酈注及《魏書》皆未載此碑之文。

此碑除酈注外，唐宋以來，歐、趙、洪諸家均無著錄，唯《太平寰宇記》卷五一"河東道蔚州靈丘縣"條載有"射臺"："在縣南一十八里。《水經注》云靈丘縣有御射臺，臺南有御射碑，即後魏文成帝和平二年南巡于此，路左有山，高七百仞，命群臣射之，不過半，帝乃射之，箭過其頂三十余仞，落山南三百步，遂刻石焉。其碑現存，陰刊從臣姓名。"[2] 樂史言"其碑見存"，可知至北宋初年此碑尚保存完好，然歐、趙、洪諸家以及後世文獻均無著錄。上世紀八十年代靈丘縣文物工作人員在文物普查中於今山西大同靈丘縣城東南隘門峪筆架山唐河（北魏時稱滱水）西岸一處龜狀臺地上，發現文成帝御射臺遺址。御射臺爲圓形，直徑十餘米，高

---

[1] 《魏書》卷五《高宗紀》，中華書局，1974，第119頁。
[2] 《太平寰宇記》卷五一"河東道蔚州靈丘縣"條，中華書局，2007，第1064頁。

五餘米，黃土堆成。於臺南端發現此碑殘石①，其方位與酈注所言"臺南有御射石碑"相符。時碑額略殘、龜趺完整（頭部稍有剝落），碑身破爲三塊。1993年10月山西大學靳生禾教授等再次發掘出另外七塊碑身殘石，修補後拓其碑文，今傳世拓本即依此碑殘石②。1993年後此碑被遷至御射臺舊址西南覺山寺內永久保存。此碑碑額、龜趺尚完整，碑身破爲十塊，質青石，圭首螭紋，碑額高84釐米、寬145釐米、厚30釐米，左、右、上方雙龍盤曲，正面以小篆陽刻"皇帝南巡之頌"，書法古樸渾厚；碑身高約274釐米，寬137釐米，厚29釐米；石龜趺座，石灰岩質，長205釐米、寬137釐米、高53釐米，線條簡練，形體飽滿。全碑總高44釐米，寬145釐米，厚30釐米。碑額題名"文成皇帝南巡之頌碑"；其碑陽爲魏體隸書，記文成帝三次南巡及與群臣比射之事，文字摩滅，闕失嚴重；而碑陰題從臣姓名，文字較爲清晰。可知此碑非僅言御射之事。張慶捷《北魏文成帝〈南巡碑〉碑文考證》一文據殘碑拓本而錄得其碑文殘文，其碑陽文首行曰："維和平二年歲在辛丑三月丁朔口……皇帝南巡自定州至於鄴都所過郡國……禊於衡水之濱口射於廣平之野於時皇"等③。可知此殘碑即酈注及《魏書·高宗紀》所載"文成帝和平二年御射碑"。碑文中有"安南將軍南郡公毛口仁寧南、前將軍魯陽侯韓道仁"等名，當爲時隨行官吏之名。碑文所述與《魏書·高宗紀》所載合，唯碑文言時衆臣比射，"數百人皆出山數丈然"④，而《魏書》言"無能逾者"，唯文成帝御射"出山三十餘丈，過山南二百二十步"。碑文所述當是，而《魏書》所載有文飾之嫌。

　　此碑陰殘文尚存有"中常侍寧南將軍太子少傅尚書平涼公林金閭、寧南將軍殿中尚書日南公斛骨乙莫干"等題名達二百餘位⑤，可知時參加比射之人達二三百人，可謂規模浩大。北魏爲鮮卑族所建政權，鮮卑善騎射，入主中原後依然保存其習俗，其帝王及群臣講武比射之事，屢見史籍（亦見本書《北魏高祖講武碑》），文成帝亦如此。除此比射之事外，此碑文尚記有文成帝另外二次御射之事："（和平二年）射于廣平之野"、"興

---

① 靈丘縣文管所：《山西靈丘縣發現北魏"南巡御射碑"》，《考古》1987年第3期，第281頁。
② 靳生禾、謝鴻喜：《北魏〈皇帝南巡之頌〉碑考察清理報告》，《文物季刊》1995年第3期，第34頁。
③ 張慶捷：《北魏文成帝〈南巡碑〉碑文考證》，《考古》1998年第4期，第79頁。
④ 張慶捷：《北魏文成帝〈南巡碑〉碑文考證》，《考古》1998年第4期，第79頁。
⑤ 張慶捷：《北魏文成帝〈南巡碑〉碑文考證》，《考古》1998年第4期，第84頁。

安二年,嘗(拉射)於此山"①,可知文成帝於興安二年(453)嘗比射於此,故和平二年爲復射之時,而"御射廣平之野"及興安二年之事《魏書》及酈注皆未載,當亦有刻石樹碑。文成帝之後經三十餘年,其孫孝文帝亦於太和十八年(494)自洛陽北巡,途徑靈丘,亦於此御射臺詔群臣比射,以北海王所射最遠,孝文帝"遂詔勒銘,並親自爲制"②。故此地當有兩處石碑,今唯存文成帝所立之碑。

圖 7-1 "北魏文成帝御射碑"原碑陽拓本③

---

① 張慶捷、李彪:《山西靈丘北魏文成帝南巡碑》,《文物》1997 年第 12 期,第 75 頁。
② 參見本書第七章第四處"北魏北海王石碣考",第 401 頁。
③ 張慶捷、李彪:《山西靈丘北魏文成帝南巡碑》,《文物》1997 年第 12 期,第 75 頁。北魏文成帝和平二年(461)立,篆額"□□皇帝南巡之頌",碑陽隸書,1980 年代山西省大同市靈丘縣城東南臨門峪筆架山唐河西岸出土七塊殘碑,現存於靈丘縣覺山寺。

圖7-2 "北魏文成帝御射碑"原碑陰拓本①

---

① 張慶捷、李彪：《山西靈丘北魏文成帝南巡碑》，《文物》1997年第12期，第76頁。

四　北魏北海王石碣考

　　滱水西流，又南轉東屈逕北海王詳之石碣南、《御射碑》石柱北而南流也。①

　　此處石刻爲碑碣，爲紀事碑，屬歷史類石刻，原碑及文皆不存，亦無拓本傳世。酈注言此碑立於靈丘文成帝御射石柱之側，故其所立之地亦在今山西大同靈丘縣城東南隘門峪唐河（北魏時稱滱水）西岸文成帝御射臺遺址之側。此碑爲北魏孝文帝於太和十八年（494）北巡至於靈丘文成帝御射舊址，詔群臣比射而立，碑文由孝文帝親爲制文，然此碣之題名、碑文、形制酈注皆未載，亦不可知。

　　北海王詳，北魏獻文帝拓跋弘之子，其事見《魏書·北海王傳》。北海王名詳，字季豫，美姿容，善舉止，孝文帝太和九年封爲北海王，後加侍中、征北大將軍，拜光禄大夫兼侍中，從高祖南伐，爲散騎常侍。高祖自洛北巡，詳常與侍中、彭城王勰並在輿輦，陪侍左右。其本傳言北海王元詳（北魏太和二十年，即公元496年，爲促進民族融合，孝文帝下詔皇族改漢姓爲元氏）隨高祖北巡，於文成帝靈丘御射臺比射之事："至高宗射銘之所，高祖停駕，詔諸弟及侍臣，皆試射遠近，惟詳箭不及高宗箭所十餘步。高祖嘉之，拊掌欣笑，遂詔勒銘，親自爲制。"② 可知此碣爲孝文帝以北海王善射而親自撰文刻石勒銘以記之。

　　另據《魏書·高祖紀》，孝文帝一生三次北巡，前二次爲太和十八年二月（壬寅，車駕北巡。癸卯，濟河）、七月（壬辰，車駕北巡。戊戌，謁金陵），最後一次爲太和二十一年春正月（乙巳，車駕北巡）。依《魏書·北海王傳》可知，北海王詳先隨高祖南伐，隨後又隨高祖北巡，"高祖南伐"事見《魏書·高祖紀》③："（太和十七年秋七月）蕭賾死，孫昭業僭立。八月乙酉，三老、山陽郡公尉元薨。丙戌，車駕類於上帝，遂臨尉元喪。丁亥，帝辭永固陵。己丑，車駕發京師，南伐，步騎百餘

---

① 《水經注校證》卷一一《滱水注》"滱水出代郡靈丘縣高氏山"條，第285頁。
② 《魏書》卷二一《獻文六王·北海王傳》，中華書局，1974，第559頁。
③ 亦見於洛陽龍門石窟古陽洞北北魏"北海王元詳造像記"，即"北海王元詳爲母子平安造彌勒像記"。

萬……（九月）庚午，幸洛陽，周巡故宫基址……丁丑，戎服執鞭，御馬而出。群臣稽顙於馬前，請停南伐。帝乃止。仍定遷都之計。"① 可知，孝文帝爲實現其遷都洛陽之方略，假借南齊内亂，於太和十七年親帥軍從平城出發南伐，後行至洛陽因群臣反對而作罷，遂遷都於洛陽。故北海王詳隨高祖北巡之事，當在孝文帝太和十八年首次北巡，時詳與侍中、彭城王勰隨駕左右，酈注言"余以太和十八年，從高祖北巡，屆於陰山之講武臺"②，則酈道元時亦隨駕左右，當親身經歷孝文帝靈丘比射之事，並於此地親見文成帝所立御射碑，然酈注未詳言此碣，未知何故。

《魏書·北海王傳》所記則較爲詳細，時孝文帝車駕北巡，沿靈丘道北行至隘門峽，此峽爲連接平城與洛陽重要路徑，北魏歷代帝王出巡常經此道，然因山勢險要，路途艱險，故孝文帝於太和六年（482）發州郡五萬人修靈丘道（據《魏書·高祖紀》），北起平城，經隘門峽出太行山南抵中山（今河北定州）。孝文帝行至文成帝御射臺時，遂效仿其祖詔令隨行諸弟及群臣比射遠近，時以北海王詳所射最遠，其箭落處距文成帝御射至處尚差十餘步，帝見而拊掌欣笑，遂詔令勒銘以記之，並親自爲制文以刊石。故此碑所立之地當與文成帝御射碑相臨。又據酈注所言"（滱水）逕北海王詳之石碣南，御射碑石柱北"可知，北海王石碣與文成帝所立御射碑當隔唐河相望，前者位於河之北岸，後者則據河之南岸。然今靈丘縣唐河側唯存文成帝御射臺遺址及文成帝御射碑殘碑，而"北海王石碣"則後世未聞，酈注以外，歐、趙、洪諸家皆未見著錄，當早已亡佚。清楊篤修《山右金石記》據酈注亦載此碑，言碑立於"太和十八年"，是也。

---

① 《魏書》卷七《高祖紀》，中華書局，1974，第172~173頁。
② 《水經注校證》卷三《河水注》"又東過雲中楨陵縣南，又東過沙南縣北，從縣東屈南，過沙陵縣西"條，第79頁。

圖 7-3　龍門二十品之"北海王元詳造像記"石刻局部拓本①

---

① 洛陽市地方史志編纂委員會編《洛陽市志》卷一五《白馬寺龍門石窟志》第三章"碑刻題記",中州古籍出版社,1996,第 266 頁;亦見於《北京圖書館藏中國歷代石刻拓本匯編》第三冊,中州古籍出版社,1997,第 40 頁。北魏太和二十二年(498)九月二十三日題刻,正書九行,行十八字,河南省洛陽市龍門石窟古陽洞摩崖題刻"龍門二十品"之一,國家圖書館亦藏其拓本。

五　北魏太武帝御射碑考
六　北魏徐水陰碑考一
七　北魏徐水陰碑考二
八　北魏定鼎碑考

　　博水又東北，徐水注之，水西出廣昌縣東南大嶺下，世謂之廣昌嶺。嶺高四十餘里，二十里中委折五迴，方得達其上嶺，故嶺有五迴之名。下望層山，盛若蟻垤，實兼孤山之稱，亦峻竦也。徐水三源奇發，齊瀉一澗，東流北轉逕東山下，水西有《御射碑》。徐水又北流西屈逕南崖下，水陰又有一碑。徐水又隨山南轉逕東崖下，水際又有一碑。凡此三銘，皆翼對層巒，嚴障深高，壁立霞峙。石文云：皇帝以太延元年十二月，車駕東巡，逕五迴之險邃，覽崇岸之竦峙，乃停駕路側，援弓而射之，飛矢踰于巖山，刊石用讚元功。夾碑竝有層臺二所，即御射處也。碑陰皆列樹碑官名。①

　　此四處石刻皆爲紀事碑，屬歷史類石刻，原碑及文皆存，亦有拓本傳世。前三碑碑文相同，碑陰不同。北魏太武帝拓跋燾於太延元年（435）東巡至定州廣昌縣廣昌嶺御射，當地州郡令立碑以記之，時立有三碑，其碑文相同，唯碑陰各列立碑臣工姓名，分立於徐水（今河北漕河）之濱。酈注言北魏太武帝"御射碑"分立於東山下徐水之西、南崖下徐水之陰、東崖下徐水之側，三碑相鄰，酈注言此三碑"皆翼對層巒、嚴障深高、壁立霞峙"。

　　"北魏定鼎碑"爲北魏宣武帝元恪樹於景明三年（502），乃其南巡於河南懷界御射所立"御射碑"，此碑酈注未載，然宋人皆有著錄，故一並述之。北魏歷代皇帝多講武騎射，並刻石以記之，酈注中所載御射碑除此之外尚有卷一一《滱水注》"滱水出代郡靈丘縣高氏山"條"北

---

① 《水經注校證》卷一一《滱水注》"又東過博陵縣南"條，第292頁。

魏文成帝御射碑",爲文成帝和平二年(460)於靈丘御射台所立,而太武帝所立三碑,則早於文成帝及宣武帝所立之碑,爲迄今所知北魏御射碑之始者,且當爲道元所親見,故錄其碑文局部。然碑之全文及碑文書撰者皆未言。

廣昌縣,西漢初置縣,屬代郡;新莽改稱廣屏;東漢改屬中山國①;西晉又改屬代郡;惠帝元康五年(295)置晉興郡,廣昌屬之②,後廢入靈丘縣;北魏屬定州。即今河北保定涞源縣。其縣東南有廣昌嶺,爲徐水之發源地,其山勢險要,嶺曲折往返,故又有"五迴嶺"之稱。隋屬易縣,即稱五迴嶺③,唐屬易州永樂縣④。《元和郡縣圖志》卷一八"易州河北道蒲城縣"載有"五迴嶺,在縣西北五十里"⑤,《太平寰宇記》卷六七"河北道易州滿城縣"載有"五迴山","在滿城縣西九十里"⑥。即今河北保定易縣境內五迴山。

太武帝東巡御射之事,詳見於《魏書·世祖紀》:"(太延元年十月)甲辰,行幸定州,次于新城宫。十有一月乙丑,行幸冀州。己巳,校獵於廣川。丙子,行幸鄴,祀密太后廟。諸所過,對問高年,褒禮賢俊。十有二月甲申,詔曰……癸卯,遣使者以太牢祀北嶽。二年春正月甲寅,車駕還宫。"⑦然未言於廣昌嶺御射立碑之事。酈注引碑文之語曰:"皇帝以太延元年十二月,車駕東巡,逕五迴之險邃,覽崇岸之竦峙,乃停駕路側,援弓而射之,飛矢踰于巖山,刊石用讚元功。"可知太武帝於十一月丙子行幸鄴祀密太后廟後,自鄴經定州還平城,期間當於十二月

---

① 《漢書》卷二八《地理志》"代郡"條:"廣昌,淶水東南至容城入河,過郡三,行五百里,并州。莽曰廣屏。"中華書局,1962,第1622頁。
② 《晉書》卷一四《地理志上》"涼州"條:"(元康五年)分西平界置晉興郡,統晉興、枹罕、永固、臨津、臨鄣、廣昌、大夏、遂興、罕唐、左南等縣。"中華書局,1974,第434頁。
③ 《隋書》卷三〇《地理志中》"上谷郡"條:"易,開皇初置黎郡,尋廢。十六年置縣。大業初置上穀郡。舊有故安縣,後齊廢。有駁牛山、五迴嶺。有易水、徐水。"中華書局,1973,第858頁。
④ 《史記》卷四三《趙世家》《正義》引《括地志》云:"易州永樂縣有徐水,出廣昌嶺,三源奇發,同瀉一澗,流至北平縣東南,歷石門中,俗謂之龍門,水經其間,奔激南出,觸石成井。"中華書局,1959,第1829頁。其所述與酈注相同。
⑤ 《元和郡縣圖志》卷一八"河北道易州蒲城縣",中華書局,1983,第517頁。
⑥ 《太平寰宇記》卷六七"河北道易州滿城縣",中華書局,2007,第1363頁。
⑦ 《魏書》卷四《世祖紀》,中華書局,1974,第84~86頁。

經過廣昌嶺，時見五迴山之險邃，遂有御射立碑之事。酈注言"夾碑並有層臺二所，即御射處"，可知太武帝御射處當在三碑之間，徐水之側御射臺，而此三碑分題樹碑之官名，當爲不同臣僚所立三碑，唯碑陽題文相同。此三碑，除酈注以外，《太平寰宇記》卷六七"河北道易州滿城縣五迴山"條亦載，言："《水經注》云：委折五迴，下望層山，若蟻蛭也。下有三碑，即後魏所立，文云：'皇帝太延元年，車駕東巡，援弓而射，飛矢逾於巖山三百餘步，後鎮軍將軍、定州刺史樂良公乞文於射所造亭立碑，中山安喜賈聰書。'"① 可知此三碑宋時尚存。樂史所言碑文與酈注略同，而增記立碑爲應時鎮軍將軍定州刺史樂良公所乞，碑文爲中山安喜賈聰所書。樂良公，即時定州刺史，樂浪郡人也，其名不可知。中山安喜賈聰，史書未載。而碑陰所題衆臣僚之名，當非僅此二人，然皆不可知。此三碑，歐、趙、洪皆未載，宋人亦未有得拓本者，唯嚴可均《全後魏文》卷五八闕名三據酈注載此碑，題曰《御射碑》，其文同。

1936 年故宮博物院徐鴻寶先生於易縣東南貓兒村發現太武帝御射碑之殘碑②。時殘石高六尺、廣二尺三寸有餘，碑額陽文篆書"皇帝東巡之碑"，然碑文已摩滅不可識。徐鴻寶時拓此殘碑，其後傅振倫、周肇祥先生亦到此地再拓，並廣爲傳世③。羅振玉得此碑拓本，曾加題跋（載于《後丁戊稿》），言即太武帝御射碑，出於易縣貓兒窐，並錄碑文於《石交錄》④，施蟄存《水經注碑錄》據之而錄其碑文。碑額篆額"皇帝東巡之碑"六字，二行，行三字；碑陽隸書，文十四行，行二十六字，首二行殘缺不可識。其文有云：

澤歷定冀□□□□□□□□□□□□□□□□□□恒山北行而歸。十有二月□□□五□之嶮□□崇之□峙乃停。駕路隅援弓而射之，矢逾於□□山百餘。於是爰命左右將士善射者射之，若武衛將軍昌黎公丘眷，前軍將軍浮陽侯阿齊，中堅將軍藍田侯代田，積射

---

① 《太平寰宇記》卷六七"河北道易州滿城縣"，中華書局，2007，第 1363 頁。
② 傅振倫：《七十年所見所聞》，華東師範大學出版社，1997 年 12 月，第 198 頁。
③ 中國國家圖書館藏"皇帝東巡之碑"周肇祥拓本。
④ 羅振玉撰《石交錄》卷三，《羅雪堂先生全集續編》，文華出版公司，1969，第 977~978 頁。

將軍曲陽□□□，射聲校尉安武子□元興次飛，督安惠子李蓋等數百人，皆天下□□也，射之莫有過崖者，或至峰旁，或及巖側。於是群臣內外，始知上□□之遠□代絕□□□，咸嗟歡聖藝之神明，雖古有窮蓬蒙之善，方之於今□□□□□□□□過鎮東將軍定州刺史樂浪公乞立石，□□□□□□□立銘□廣德美垂之，來世三年丁丑功訖，會樂浪公去□□刺史征東將軍，張掖公寶周初臨績讚其事，遂刊□□□乃作頌曰：思皇神武，應期挺生，含弘寬大，下濟光明，□仁不□無□不□肅肅，四海遠至，遹平蕩蕩，聖域民□，能□□□□□，天下咸寧。①

其後末行之字不可識。此爲碑陽之文，而碑陰之題名則未載。據碑文可知，酈注與《太平寰宇記》所載碑文與之略有出入，其碑文言時太武帝先望峰而射，而"逾於□□（當爲山巔）五百餘步"，又令左右將士善射者丘眷、阿齊、代田、李蓋等數百人射之，而未有過崖者，故群臣皆頌帝之神射，時定州刺史樂浪公乞上立石，遂建碑及碑亭於御射處，至太延三年丁丑而成。此即酈注所言"御射碑"者，爲定州刺史樂浪公所立，中山安喜賈聰所書，太延三年樂浪公去職，而繼任之定州刺史張掖公寶周續之乃作新碑，即酈注所言徐水陰二碑之一，而另一碑則未知爲何人何時所立。然此殘碑後又下落不明，直至上世紀九十年代山西省書法家協會林鵬先生於易縣南管頭村（今易縣狼牙山鎮）再次發現該殘碑之殘片若干②，林鵬認爲此係徐鴻寶所發現之殘碑於 1936 年被當地洪水沖倒碎裂而埋於泥土中。2010 年北京大學羅新教授、李泉匯教授再次對易縣南管頭村進行實地考察，從而確定酈注所言三碑，其二碑位於今易縣狼牙山鎮口頭村東側漕河河谷，而南畫貓村爲太武帝御射之處，並尋得其中一完整碑座及另一碑座及碑身殘石數塊，羅氏採其殘文數十餘字，其文與羅振玉、施蟄存所錄碑文基本相合，但與國家圖書館藏周肇祥拓本則校，其行款格式不同，當爲另一御射碑也，並

---

① 碑文據林鵬《尋訪御射碑記》，《文物春秋》2001 年第 6 期；羅新《跋北魏太武帝東巡碑》，《北大史學》第十一輯，北京大學出版社，2005；施蟄存《水經注碑錄》，天津古籍出版社，1987 年版而輯錄。

② 林鵬：《尋訪御射碑記》，《文物春秋》2001 年第 6 期，第 78 頁。

進而推論酈注所言三碑爲不同官員所立，其碑陽文同，而碑陰所題立碑之人名不同也①。

　　除以上三碑外，尚有北魏宣武帝元恪樹於景明三年（502）南巡於河南懷界御射所立之"御射碑"。此碑酈注未載，歐陽修《集古錄》、歐陽棐《集古錄目》、趙明誠《金石錄》、鄭樵《通志·金石略》、《寶刻類編》皆有著錄，稱"定鼎碑"。北魏爲鮮卑族所建政權，善於騎射，入主中原後依然保存其習俗，其帝王及群臣講武比射之事，屢見史籍。宣武帝亦如此。據《魏書·世宗紀》："（景明三年）九月丁巳，車駕行幸鄴。丁卯，詔使者弔殷比干墓。戊寅，閱武於鄴南。庚辰，武興國世子楊紹先遣使朝獻。冬十月庚子，帝親射，遠及一里五十步，群臣勒銘於射所。甲辰，車駕還宮。"②可知此碑立於宣武帝景明三年（502），然未言所立之處。另據《魏書·高聰傳》云："世宗親政，除給事黃門侍郎，加輔國將軍。遷散騎常侍，黃門如故。世宗幸鄴，還於河內懷界，帝親射矢一里五十餘步。侍中高顯等奏：'伏見親御弧矢，臨原弋遠，弦動羽馳，矢鏃所逮，三百五十餘步。臣等伏惟陛下聖武自天，神藝夙茂；巧會《騶虞》之節，妙盡蔓圃之儀。威稜攸疊，魋兇懾氣，才猛所振，勁懋弭心，足以肅截九區，赫服八宇矣。盛事奇迹，必宜表述，請勒銘射宮，永彰聖藝。'詔曰：'此乃弓弧小藝，何足以示後葉，而喉脣近侍苟以爲然，亦豈容有異，便可如請。'遂刊銘於射所，聰爲之詞。"③此詳述時宣武帝御射之事，可知碑立於河內懷界（今河南焦作沁陽縣），爲宣武帝應侍中高顯等奏言而立，由黃門侍郎高聰撰文。高聰善爲碑文，《魏書》所載有三：《北魏高祖講武碑》、《北魏御射碑》及趙修父碑文。唯前二碑傳於後世。

　　此碑，歐陽修《集古錄》卷四載之，稱《後魏定鼎碑》，並跋曰："景明三年建，在今懷州，流俗謂之定鼎碑也。景明，宣武帝年號也。碑云定鼎遷中之十年。"④可知碑宋時尚存。歐陽棐《集古錄目》云："《後魏定鼎碑》，不著書撰人名氏。後魏鎮遠將軍、通直散騎常侍沈馥

---

① 羅新、李泉匯：《北魏太武帝東巡碑的新發現》，《中國國家博物館館刊》2011年第9期，第99～109頁。
② 《魏書》卷八《世宗紀》，中華書局，1974，第195頁。
③ 《魏書》卷六八《高聰傳》，中華書局，1974，第1521頁。
④ 《集古錄跋尾》卷四，人民美術出版社，2010，第99頁。

書。宣武帝講武於洹衛之間，命近臣馳射。帝發矢遠及里餘，侍中崔光等請爲銘記之。其首曰'定鼎遷中之十年'，俗因謂之《定鼎碑》，以景明三年十月立。"① 可知此碑爲沈馥書，因碑文首行有"定鼎遷中之十年"之文，故稱"定鼎碑"。趙明誠《金石錄》卷二一載《後魏御射碑》及《後魏御射碑陰》，並跋曰："在今懷州。案《北史》及《魏書·宣武紀》：'景明三年十月庚子，帝躬御弧矢射，遠及一百五十步，群臣勒銘於射所。'即此碑也。碑云'惟魏定鼎遷中之十載'，又云'皇上春秋一十有七'。"② 由此知兩家所錄，同一碑也。碑有書人無撰人者，兩家均未考，不知其爲高聰之文也。沈馥，鎮遠將軍、通直散騎常侍，爲北魏之書法家，然史書無傳，其事不可知。歐陽父子皆未言此碑爲高聰撰文，而《魏書·高聰傳》已明言之，故趙明誠稱碑爲高聰之文。鄭樵《通志·金石略》言此碑："《後魏宣武帝御射碑》，景明三年沈馥書，有碑陰，在虢州。"③ 宋無名氏所編《寶刻類編》卷一載有沈馥書碑二通，其一曰："《定鼎碑》，景明二年十月立，懷。"其二曰："《宣武帝御射碑》，景明三年，虢。"④ 蓋誤以一碑爲二碑也。云在虢州者，又承《通志》之誤也。此碑宋以後，未見文獻著錄，1936年二月，易縣出土此碑之殘石，尚存殘文，正書，後爲鄘匋館藏，今存於國家圖書館，有殘石拓本傳世。

---

① 《集古錄目》卷三《定鼎碑》，《石刻史料新編》第二輯第二十四冊，新文豐出版公司，1977，第17959頁。
② 《金石錄校正》卷二一，廣西師範大學出版社，2005，第362頁。
③ 《通志》第四冊卷三《金石略》，《四庫家藏》"史部政書"，山東畫報出版社，2004，第51頁。
④ （南宋）無名氏輯《寶刻類編》卷一"名臣八沈馥"《定鼎碑》、《宣武帝御射碑》，《石刻史料新編》第一輯第二十四冊，新文豐出版公司，1977，第18414頁。

410 |《水經注》石刻文獻叢考

圖 7-4　國家圖書館藏"北魏太武帝御射碑一"原碑拓本①

---

① 《北京圖書館藏中國歷代石刻拓本匯編》第三冊"皇帝東巡碑",中州古籍出版社,1997,第4頁。北魏太武帝太延元年(435)定州刺史樂浪公立,中山安喜賈聰書,定州廣昌縣,篆額"皇帝東巡之碑",碑陽隸書,1936年易縣東南貓兒村徐鴻寶發現殘碑,國家圖書館藏民國周肇祥拓本。

第七章 歷史類石刻 | 411

圖 7-5 "北魏太武帝御射碑一"原碑碑座①

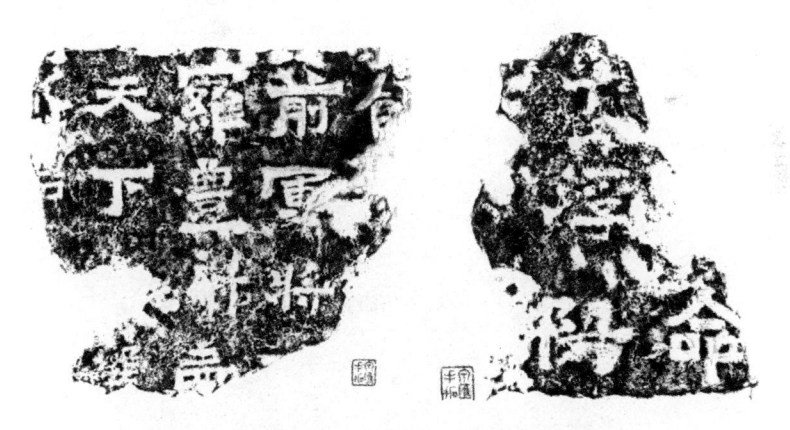

圖 7-6 "北魏太武帝御射碑二"原碑殘石拓本②

---

① 羅新、李泉匯:《北魏太武帝東巡碑的新發現》,《中國國家博物館館刊》2011 年第 9 期,第 103 頁。北魏太武帝太延元年 (435) 立,原立於定州廣昌縣,2010 年易縣狼牙山鎮口頭村東側漕河北岸楊樹林,爲易縣徐水陰北魏太武帝東巡碑三碑之一碑座。
② 羅新、李泉匯:《北魏太武帝東巡碑的新發現》,《中國國家博物館館刊》2011 年第 9 期,第 104 頁。北魏太武帝太延元年 (435) 立,定州廣昌縣,2010 年易縣狼牙山鎮口頭村東側漕河北岸楊樹林,爲易縣徐水陰北魏太武帝東巡碑三碑之二碑陽殘石,碑文殘存 "前軍將軍浮陽,羅豐射聲,天下"、"命、軍浮陽"隸書字。

412 |《水經注》石刻文獻叢考

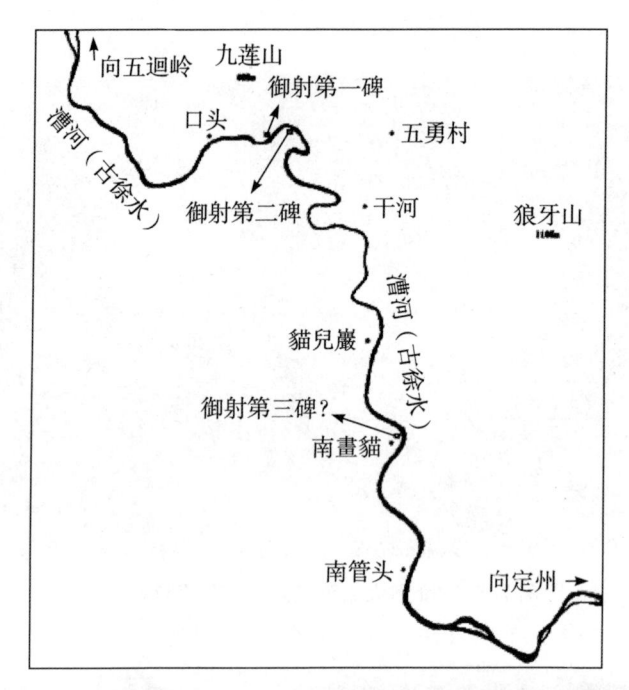

圖 7-7　河北易縣貓兒村"北魏徐水陰御射碑"分別示意圖①

圖 7-8　國家圖書館藏"北魏宣武帝定鼎碑"原碑殘石拓本②

---

① 羅新、李泉匯：《北魏太武帝東巡碑的新發現》,《中國國家博物館館刊》2011 年第 9 期, 第 107 頁。
② 《北京圖書館藏中國歷代石刻拓本匯編》, 第三冊, 中州古籍出版社, 1997, 北魏宣武帝景明三年（502）立, 河南郡懷界, 隸書, 民國二十四年二月河北易縣出土, 正書, 鄴匋館藏殘石拓本。

九　魏公卿上尊號碑考
十　魏受禪碑考

（潁水）逕繁昌故縣北，曲蠡之繁陽亭也。《魏書·國志》曰：文帝以漢獻帝延康元年，行至曲蠡，登壇受禪于是地，改元黃初。其年，以潁陰之繁陽亭爲繁昌縣。城內有三臺，時人謂之繁昌臺。壇前有二碑，昔魏文帝受禪于此。自壇而降曰：舜、禹之事，吾知之矣。故其石銘曰：遂于繁昌築靈壇也。于後其碑六字生金，論者以爲司馬金行，故曹氏六世遷魏而事晉也。①

此兩處皆爲紀事碑，屬歷史類石刻，原碑石皆存，而文存局部，亦有拓本傳世。此兩碑因所碑文、碑書、鐫刻三者俱絕佳，又稱爲"三絕碑"（洪适語），爲魏碑之典範也。酈注言此兩碑位於繁昌縣故城內繁昌臺前，漢獻帝延康元年（220），魏文帝曹丕受禪於此，遂築壇立碑。然酈注於二碑之碑名、全文、立碑者、形制皆未有所言。

繁昌縣，春秋時爲鄭之狼淵，即《左傳·文公九年》所言"楚子師於狼淵以伐鄭"之狼淵也。杜預注曰："陳師狼淵，爲伐鄭援也。潁川潁陰縣西有狼陂。"② 漢時稱曲蠡，屬潁川郡潁陰縣。《三國志·魏書·文帝紀》"（黃初元年十一月癸酉）以潁陰之繁陽亭爲繁昌縣"③，爲魏文帝築壇受漢禪之地④，故其後稱繁昌縣；晉屬襄城郡，北魏因之。其故城位於今河南許昌臨潁縣繁昌鎮。

魏文帝於繁昌受禪之事，詳見《三國志·魏書·文帝紀》裴注引《獻帝傳》載禪代衆事："（延康元年冬十月）丙午，行至曲蠡……乙卯，冊詔

---

① 《水經注校證》卷二二《潁水注》"又東南過潁陽縣西，又東南過潁縣西南"條，第513~514頁。
② （清）阮元編《十三經注疏》，《春秋左傳正義》卷一九《文公九年》，北京大學出版社，1999，第528頁。
③ 《三國志·魏書·文帝紀》，中華書局，1964，第76頁。
④ 《後漢書》"志二〇"《郡國志二》"潁川郡"條李賢注引《帝王世記》云："魏文皇帝登禪於曲蠡之繁陽亭，爲縣曰繁昌，亦《禹貢》豫州之域，今許之封內，今潁川繁昌是也。"中華書局，1965，第3423頁。

魏王禪代天下……庚申，魏王上書……壬戌，冊詔……甲子，魏王上書……丁卯，冊詔魏王……己巳，魏王上書……庚午，冊詔魏王。"① 在經過三讓三辭之後②，魏文帝曹丕是月築受禪臺於時之曲蠡繁陽，"庚午，王升壇即阼，百官陪位。事訖，降壇，視燎成禮而反。改延康爲黃初，大赦。"裴松之注引《獻帝傳》曰："辛未，魏王登壇受禪，公卿、列侯、諸將、匈奴單于、四夷朝者數萬人陪位，燎祭天地、五嶽、四瀆。"又引《魏氏春秋》曰："帝升壇禮畢，顧謂群臣曰：'舜、禹之事，吾知之矣。'"③ 此爲延康元年（220）魏文帝受禪之詳況，時文帝升壇禮畢顧謂群臣之言，與酈注所言相合。時所建受禪臺有三，時人統稱繁昌臺。又據《後漢書·郡國志》"潁川郡"條李賢注《北征記》言："（繁昌）城在許之南七十里。東有臺，高七丈，方五十步。臺南有壇，高二丈，方三十步，即受禪之壇也。"④ 此詳言繁昌臺及受禪壇之詳況，可見其規模之巨，受禪時之禮重。

酈注言受禪壇前兩側分立二碑，然未言其名，僅録其一碑文之局部"遂於繁昌築靈壇也"，未知其故。除酈注以外，樂史《太平寰宇記》卷七"河南道許州臨潁縣"載有"繁昌城"言："《魏志》：'文帝行至曲蠡，乃爲壇於繁陽受禪，改元曰黃初，以潁陰之繁昌亭爲繁昌縣。'壇前有二碑，一是百官勸進碑，一是受禪碑，並鍾繇書。于後其碑六字生金，論者以爲司馬金行，故曹氏六世也。"又載有"白臺"言："按《水經注》云'繁昌城内有三臺'，此其一也。"⑤ 由此可知，繁昌城内三臺，至宋時尚存其一"白臺"，另二臺已不存，而魏文帝受禪壇及壇前二碑則尚存，並載其碑名曰：百官勸進碑、受禪碑。此二碑皆敘魏受漢禪讓之事，歐、趙、洪諸家皆有著録。

第一碑《百官勸進碑》者，歐陽修《集古録》卷四載之，稱《魏公卿上尊號表》（黄初元年），洪适《隸釋》同，趙明誠《金石録》卷二

---

① 《三國志·魏書·文帝紀》，中華書局，1964，第62～74頁。
② 《全三國文》卷二八，漢獻帝四次詔冊之文：《乙卯冊詔魏王》《壬戌冊詔魏王》《庚午冊詔魏王》《爲漢帝禪位魏王詔》。皆爲魏衛覬所作。中華書局，1958，第1207頁。
③ 《三國志·魏書·文帝紀》，中華書局，1982，第76頁。
④ （晉）司馬彪撰《後漢書》"志二〇"《郡國志二》"潁川郡"條，中華書局，1965，第3423頁。
⑤ 《太平寰宇記》卷七"河南道許州臨潁縣"，中華書局，2007，第130頁。

目錄二載《魏百官公卿奏》上、下二目而無跋，鄭樵《通志·金石略》稱《魏郡公上尊號表》，陳思《寶刻叢編》稱《魏公卿上尊號奏》，王昶《金石萃編》稱《上尊號碑》，然其碑額實爲"公卿將軍上尊號奏"，篆書，諸本不同者，蓋所據拓本不同者。另畢沅《中州金石記》、武億《授堂金石跋》、翁方綱《兩漢金石記》等皆載此碑。歐陽修《集古錄》跋曰："唐賢多傳爲梁鵠書，今人或謂非鵠也，乃鍾繇書爾，未知孰是。"① 可知此碑因未著書撰人名氏，故唐時傳爲梁鵠書，而宋人以爲鍾繇書，其年代碑文亦未載。顧炎武《金石文字記》言此碑"文當在延康元年，而刻于黃初之後"②，洪適《隸釋》卷一九載此碑文局部，並跋曰："篆額，在潁昌，相傳以爲鍾繇書，其中有大理東武亭侯臣繇者，乃其人也。曹氏父子睥睨漢祚非一朝夕，勢極事就乃欲追大麓之蹤，竊箕山之節，後世果可欺乎？又自比媯汭納漢，二女豐碑至今不磨，所以播其惡於無窮也。當時内外前後勸進之辭不一，此蓋其最後一章……碑自造于華裔之後，石理皴剝，字迹晻昧，今世所傳者，多是前一段爾。"③ 洪景伯惡曹氏篡漢，卻又自比於堯舜之德、箕山之節，實爲無恥，又立此二豐碑以求傳世，實爲欺世盜名，爲後世所恥。歐陽公亦叱之"不知恥者無所不爲乎"！此碑至宋時尚保持較好，唯碑文殘缺，缺表之上文華歆之言，而僅存其最後一章。其文嚴可均《全三國文》卷二八據《隸釋》所載及《魏志·文帝紀》裴松之注引《獻帝傳》載此碑之全文，其碑名曰"公卿將軍奏上尊號"，並案："《古文苑》、聞人牟準《魏敬侯碑陰》，言'群上尊號奏，衛覬撰，鍾繇書'。"④ 此文爲魏之眾臣奏請獻帝禪位魏王之表。其文首行先錄奏文帝上尊號群臣之姓名官職，如"相國安樂鄉侯臣歆、太尉都亭侯臣詡、御史大夫安陵亭侯臣朗、使持節行都督督軍車騎將軍□□臣仁"四十六人等，即華歆、賈詡、王朗、曹仁等眾臣僚。其後載眾臣所進表文，文末復載此四十六人之名，言"誠惶誠懼，頓首頓首，死罪死罪"，實爲無恥妄言。王昶《金石萃

---

① 《集古錄跋尾》卷四，人民美術出版社，2010，第83頁。
② （清）顧炎武編《金石文字記》卷二，《石刻史料新編》第一輯第十二册，新文豐出版公司，1977，第9212頁。
③ 《隸釋》卷一九，中華書局，2003，第188頁。
④ （清）嚴可均輯《全三國文》卷二八衛覬《公卿將軍奏上尊號》，中華書局，1958，第1209頁。

編》卷二十三載此碑稱《上尊號碑》，言："碑高八尺七寸，廣七尺，三十二行，行四十九字，額題'公卿將軍上尊號奏'八字，篆書陽文，今在許州繁城鎮。"① 可知其碑清時尚保存較好。此碑之陰，陳思《寶刻叢編》卷五引王厚之《復齋碑錄》載此碑陰爲《魏尊號奏碑陰》，其文曰："陛下即位，光昭文德，以翊武功，勤恤民隱，視者如傷。凡十行刻於碑陰，蓋尊號奏文多，不能盡，故刊于碑陰以足之，之非別碑也。石理皴剝，世多不傳。"② 則知是碑陰刻表文之碑陽未盡者，爲頌讚魏文帝之辭也。

第二碑爲《受禪碑》，亦爲諸多金石文獻記載，皆稱《魏受禪表》或《魏受禪碑》。歐陽修《集古錄》卷四載之，跋曰："右魏受禪碑，世傳爲梁鵠書，而顏真卿又以爲鍾繇書，莫知孰是。"③ 歐陽棐《集古錄目》卷三亦載之言："隸書，不著書撰人名氏，世傳以爲鍾繇書，或以爲梁鵠書，文帝黃初元年爲壇於繁昌，以受漢禪。碑不著所立年月，在許州文帝廟中。"④ 宋人《天下碑錄》稱此碑："在潁昌府臨潁縣魏文帝廟，梁鵠書。"⑤《隸釋》卷一九載此碑之全文，並跋曰："右《魏受禪表》，篆額，在潁昌，亦曰鍾繇書。所謂表者，蓋表揭其事，非奏表之表也。"⑥ 據此三者之言，此碑當爲篆額，額題"魏受禪表"。此碑未載書撰人名氏，傳亦爲鍾繇書，則二碑出於一人之手。此碑宋時亦存於魏文帝廟中，嚴可均《全三國文》卷二八據《隸釋》所載亦錄此碑之全文，其文首行言"維黃初元年冬十月辛未，皇帝受禪於漢氏"⑦，此與《魏志》所載同。其下皆爲頌讚魏帝之德，爲受禪以張目也。碑文詳述受禪時之情景："遂於繁昌築靈壇，設壇宮，持圭璧，儲犧牲，延公侯、卿士、常伯、常任、納言、諸節、岳牧、邦君、虎□□□匈奴、南單于、東夷、南蠻、西戎、北狄、

---

① （清）王昶輯《金石萃編》卷二三《上尊號碑》，《石刻史料新編》第一輯第一冊，新文豐出版公司，1977，第491頁。
② （南宋）陳思輯《寶刻叢編》卷五"京西北路下許州"《魏尊號奏碑陰》，《石刻史料新編》第一輯第二十四冊，新文豐出版公司，1977，第18145頁。
③ 《集古錄跋尾》卷四，人民美術出版社，2010，第80頁。
④ 《集古錄目》卷三《受禪表》，《石刻史料新編》第一輯第二十四冊，新文豐出版公司，1977，第17956頁。
⑤ 《隸釋》卷二七，中華書局，2003，第287頁。
⑥ 《隸釋》卷一九，中華書局，2003，第190頁。
⑦ 《全三國文》卷二八，衛覬《受禪表》，中華書局，1958，第1208頁。

王侯君長之群，入自旗門，咸旅于位。皇帝乃受天子之籍，冠通天，襲袞龍，穆穆皇皇，物有其容。上公策祝，燔燎械樸，告類上帝，望秩五嶽，煙于六宗，徧于群神，□□□晏，祥風來臻，乃詔有司，大赦天下，改元正始。"① 其禮儀之重、場面之宏大，爲世之罕見，與裴松之注引《獻帝傳》所言亦合。而酈注所言碑文"遂於繁昌築靈壇也"即此碑之言也。而碑稱改元"正始"者當誤也，"正始"爲齊王曹芳年號，文帝登基，改元"黃初"。另據清孫星衍《寰宇訪碑錄》稱此碑："八分書，黃初元年十月立，河南臨潁。"② 可知此碑文爲八分隸書，唐人劉禹錫稱此碑："魏受禪表，王朗文、梁鵠書、鍾繇鐫字，謂之三絕。顏真卿以爲鍾繇書，則未知孰是，考世傳王右軍《題衛夫人〈筆陣圖〉後》云："又八分更有一波謂之隼尾波，即鍾公《泰山銘》及《魏文帝受禪碑》中，已有此體"；③ 又庾肩吾《書品》稱鍾繇書："天然第一，功夫次之，妙盡許昌之碑，窮極鄴下之牘"。④ 許昌之碑，當爲此刻；又張懷瓘《書斷》稱鍾繇："行書則羲之獻之之亞，草則衛索之下，八分則有《魏受禪碑》，稱此爲最。"⑤ 可見歷代以來，多以此碑爲鍾繇書，而劉禹錫言爲梁鵠書則從之者少，另據《古文苑》卷一七所載聞人牟准《魏敬侯碑陰》言："《魏大饗碑》、《群臣上尊號奏》及《受禪石表》文，並在許繁昌；《尊號奏》鍾元常書，《受禪表》覬並金針八分書也。"⑥ 其言此碑爲衛覬撰並書，牟準爲去魏未遠⑦，其言當可信。

此碑之形制，初載於洪适《隸續》卷七《碑式》，言："篆額一行，文二十二行，行四十八字，先皇及陛下五皇帝皆平闕，亦有弈局紋，篆額黑字。"⑧《金石萃編》以爲"碑高八尺四寸，廣四尺六寸，二十二行，行

---

① 《全三國文》卷二八，衛覬《受禪表》，中華書局，1958，第 1208 頁。
② （清）孫星衍撰《寰宇訪碑錄》，《石刻史料新編》第一輯第二十六冊，新文豐出版公司，1982，第 1993 頁。
③ 黃簡編《歷代書法論文選》上冊，上海書畫出版社，1979，第 27 頁。
④ 黃簡編《歷代書法論文選》上冊，第 87 頁。
⑤ 黃簡編《歷代書法論文選》上冊，第 178 頁。
⑥ 《全三國文》卷二八，聞人牟准《魏敬侯衛覬碑陰文》，中華書局，1958，第 1212 頁。亦見於《古文苑》卷一七。
⑦ 《全三國文》卷二八牟準《魏敬侯衛覬碑陰文》，嚴氏按："牟準不見於傳記。據碑陰言故吏門主，則去衛覬未遠也……牟準非魏人，亦非晉武時人。"中華書局，1958，第 1212 頁。
⑧ 《隸續》卷七《碑式》，中華書局，2003，第 388 頁。

四十九字，額題'受禪表'三字，篆書陽文，今在許州繁城鎮"①，與《隸釋》略有不同。酈注記此碑黄初以後有六字生金，論者以爲司馬金行，故曹氏六世遷魏而事晉也。此爲讖緯之言也。據《太平御覽》卷五八九引王肅《奉詔爲瑞表》曰："太和六年，上將幸許昌，過繁昌，詔問《受禪碑》生黄金白玉應瑞否？肅奏以始改之元年，嘉瑞見乎踐阼之壇，宜矣。"②肅乃王肅，字子雍，曹魏名臣，《三國志》有傳。王肅於魏明帝太和中拜散騎常侍，據《三國志·魏書·明帝紀》，太和六年（232）夏四月壬寅明帝行幸許昌宮，時此碑六字生金，明帝疑以爲祥瑞之兆，問于肅，王肅作《奉詔爲瑞表》，以爲嘉瑞見於魏之踐阼之壇，爲魏之祥兆。然魏後僅逾三世而又禪讓於晉，可知實爲亡國之兆。此亦爲傳言，正史無載。

此二碑，初立於受禪台兩側，至宋時，據歐陽棐《集古錄目》所言，移置魏文帝廟中，然據畢沅《中州金石記》言："《漢隸字源》云碑在穎昌府臨穎縣魏文帝廟內，今爲漢獻帝廟者，後人毀斥文帝像復爲之也。"③可知至宋以後，世人惡曹魏代漢之篡逆，而將繁昌魏文帝廟改爲漢獻帝廟。今臨穎縣繁昌鎮尚存受禪臺之遺址，爲全國重點文物保護單位，其側有近世所建漢獻帝廟，內尚立此兩碑，爲魏之原石，然已損毀嚴重，碑文多已摩滅不識。其碑額皆爲圭首，額上有穿。國家圖書館藏此二碑之拓本多本，多爲明清時拓本。

---

① （清）王昶著《金石萃編》卷二三《受禪碑》，《石刻史料新編》第一輯第一冊，新文豐出版公司，1977，第406頁。
② 《太平御覽》卷五八九"文部五碑"條，中華書局，1960，第2653頁。
③ （清）畢沅輯《中州金石記》卷一《受禪表》，《石刻史料新編》第一輯第十八冊，新文豐出版公司，1977，第13753頁。

圖 7-9　國家圖書館藏"魏公卿上尊號碑"原碑清拓本①

---

① 《北京圖書館藏中國歷代石刻拓本匯編》第二冊，中州古籍出版社，1997，第 2 頁。東漢獻帝延康元年（220）立，繁昌縣受禪臺，篆額，碑陽隸書，現存河南許昌臨潁縣繁昌鎮漢獻帝廟。

420 | 《水經注》石刻文獻叢考

圖 7-10　國家圖書館藏"魏受禪碑"原碑陽清拓本①

---

① 《北京圖書館藏中國歷代石刻拓本匯編》第二冊，中州古籍出版社，1997，第 1 頁。三國魏文帝黃初元年（221）十月立，繁昌縣受禪臺，篆額，碑陽八分書，現存河南許昌臨潁縣繁昌鎮漢獻帝廟。

十一　魏大饗碑考

　　（譙）城東有曹太祖舊宅，所在負郭對廛，側隍臨水。《魏書》曰：太祖作議郎，告疾歸鄉里，築室城外，春夏習讀書傳，秋冬射獵以自娛樂。文帝以漢中平四年生于此，上有青雲如車蓋，終日乃解。即是處也。後文帝以延康元年幸譙，大饗父老，立壇于故宅，壇前樹碑，碑題云：《大饗之碑》。①

　　此處爲紀事碑，屬歷史類石刻，碑石及文皆存，與繁昌受禪臺側二碑皆爲魏之"三絕碑"，爲魏碑之精品者。酈注言此碑位於譙城（今安徽亳州譙城區）曹太祖故宅壇前，爲魏文帝以延康元年（220）幸譙，大饗父老，立壇於故宅，壇前樹碑。時碑存，其額題云"大饗之碑"，然此碑之全文、立碑者、形制皆未有所言。此碑當爲道元所親見。

　　譙城爲魏武之故里②，文帝亦於靈帝中平四年（184）生於此③，酈注言時城東有曹太祖舊宅，所在負郭對廛，側隍臨水，其宅側依譙城，處於渦水之側（今亳州渦河）。酈注又引《魏書》曰："太祖作議郎，告疾歸鄉里，築室城外，春夏習讀書傳，秋冬射獵以自娛樂。文帝以漢中平四年生於此，上有青雲如車蓋，終日乃解。即是處也。"④然今《魏志》未有此文。據《魏志·武帝紀》，魏武於靈帝光和中（178～184）舉孝廉爲郎，除洛陽北部尉，遷頓丘令，徵拜議郎。時黨錮禍起，魏武上書切諫，然見"政教日亂，豪猾益熾，多所摧毀；太祖知不可匡正，遂不復獻言"，告疾歸譙城，而於城東渦水側築室隱居。"春夏習讀書傳，秋冬射獵以自娛樂"之語則出於魏武所作《讓縣自明本志令》："以四時歸鄉里，于譙東五十里築精舍，欲秋夏讀書，冬春射獵，求底下之地，欲以泥水自蔽，絕賓客往來之望。"⑤光和末，黃巾起，魏武拜騎都尉，始

---

① 《水經注校證》卷二三《陰溝水注》"東南至沛，爲渦水"條，第553頁。
② 《三國志·魏書·武帝紀》："太祖武皇帝。沛國譙人也，姓曹，諱操。"中華書局，1964，第1頁。
③ 《三國志·魏書·文帝紀》："文皇帝諱丕，字子桓，武帝太子也。中平四年冬，生于譙。"中華書局，1964，第57頁。
④ 《水經注校證》卷二三《陰溝水注》"東南至沛，爲渦水"條，第553頁。
⑤ 《全三國文》卷二魏武帝《讓縣自明本志令》，中華書局，1958，第1063頁。

征伐四方，然其思鄉之情多溢於言表，並於征途中多次歸譙①。建安十八年（213）魏武歸譙拜曹氏祖墳，時魏文帝隨之歸此故宅，而作《臨渦賦》，其序曰："上建安十八年至譙，余兄弟從上拜墳墓，遂乘馬遊觀，經東園，遵渦水，相佯乎高樹之下，駐馬書鞭，爲《臨渦》之賦。"② 由此可見曹氏父子對故里譙郡極爲深厚懷戀之情，而魏文帝更有富貴當以還鄉之心，《三國志·魏書·徐晃傳》裴松之注引《九州春秋》載有魏文帝之詔文曰"富貴不歸故鄉，如夜行衣繡"③，故其初登魏王之位後，榮歸故里譙城故居，大饗父老。據《三國志·魏書·文帝紀》："（延康元年秋七月）甲午，軍次於譙，大饗六軍及譙父老百姓於邑東。"裴注引《魏書》曰："三老吏民上壽，日夕而罷。丙申，親祠譙陵。"④ 時文帝尚未受禪踐位。此碑所言即此事，文帝大饗父老，設伎樂百戲，並免譙人之稅賦二年，以示其未忘本也⑤。然《魏志》未言立壇樹碑之事。

此碑除酈注以外，歐、趙、洪、鄭、陳皆載此碑，稱"魏大饗碑"。歐陽修《集古錄》載此碑然無跋，趙明誠《金石錄》卷二〇載此碑，注："延康元年，唐大中五年重刊《大饗碑》。"其後又附有《唐重立魏大饗碑》，並跋曰："右《唐重立大饗碑》。大中五年，亳州刺史李暨以舊文刓缺，再刻於石。舊碑既斷續不可盡識，而此本特完好，故附於其次，俾覽者詳焉。魏之事迹雖無足取，而其文詞工妙，亦不可廢也。"⑥ 可知此碑至唐宣宗大中五年（851）已殘缺，時亳州刺史李暨翻刻舊文於石。趙氏未載碑文，至洪适《隸釋》卷一九始載此碑之全文，並跋曰："右大饗之碑，篆額，在亳州譙縣，魏文帝延康元年立，相傳爲梁鵠書，碑字有不明者，唐大中年亳守李暨再刻，故有文可讀。"⑦ 其言與趙氏相合，碑額篆書"大

---

① 《三國志·魏書·武帝紀》："（建安）七年春正月，公軍譙……（建安）十四年春三月，軍至譙，作輕舟，治水軍……（二十一年冬十月）征孫權，十一月至譙。"中華書局，1964，第22~49頁。
② 《全三國文》卷四魏文帝《臨渦賦并序》，中華書局，1958，第1072頁。
③ 《三國志·魏書·徐晃傳》，中華書局，1964，第531頁。
④ 《三國志·魏書·文帝紀》，中華書局，1964，第61頁。
⑤ 《三國志·魏書·文帝紀》裴松之注引王沈《魏書》曰："設伎樂百戲，令曰：'先王皆樂其所生，禮不忘其本。譙，霸王之邦，真人本出，其復譙租稅二年。'"中華書局，1964，第61頁。
⑥ （宋）趙明誠撰、金文明校證《金石錄校正》卷二〇，廣西師範大學出版社，2005，第339頁。
⑦ 《隸釋》卷一九，中華書局，2003，第185~186頁。

饗之碑",爲魏文帝延康元年(220)大饗譙城父老時所立。洪适《隸續》卷七《碑式》載此碑之形制:"魏大饗碑,隸額,二行,有穿,穿旁有刻螭之紋,磨滅不全。文十九行,行三十字。"① 與前言篆額者互爲抵牾。其碑文首行言"惟延康元年八月旬有八日辛未,魏王龍興踐阼,規恢鴻業"②,此與《魏志》所言不合。《魏志》言文帝以建安二十五年嗣位爲丞相、魏王,改元延康,秋七月甲午軍次於譙,行大饗之禮,時尚未受禪爲帝。另《魏志》記文帝於繁昌鑄壇受禪在延康元年冬十月,而碑文稱八月八日辛未,此又不合,當碑之誤也。趙明誠以爲《魏志》之誤。碑文又述魏王之功業,云:"次于舊邑,觀釁而動,築壇壝之宮,置表著之位,大饗六軍,爰及譙縣父老男女。"③ 此與酈注所言合。其後鋪陳辭文,詳述時之盛況。其文末云:"是以刊石立銘,光示來葉。"並以三言之文爲讚辭。可知是文爲魏臣旌讚魏王之恩威,爲魏之篡位張聲勢之作也,故趙明誠、洪适皆於跋文叱之。趙氏跋曰:"是時丕爲丞相,漢獻帝猶在位,雖政去王室已久,然操之死才數月爾。丕軍次舊里,初無念親之心,乃與群臣百姓置酒高會,大設伎樂,而臣下又相與伐石勒辭,夸耀功德,更以夏啟、周成、漢高祖、光武爲比,豈不可笑也哉。"④ 洪氏亦言:"是時漢鼎猶未移也,丕爲人臣而自用正朔,刻之金石,可謂無君之罪人也。"⑤

除碑陽之文外,宋人《天下碑錄》言此碑有陰,其言:"在譙縣魏文帝廟,有陰,梁鵠書,《圖經》云曹子建文、鍾繇書,延康元年。"⑥ 可知此碑宋時尚存譙縣魏文帝廟内,其碑陰之文無文獻著錄。此碑與"魏受禪碑"相類,亦未言立碑及書撰者姓名,歷來金石文獻諸說紛紜,著録家所說不一。《隸釋》、《天下碑錄》皆以爲梁鵠書,而《圖經》言爲曹子建文、鍾繇書。《太平寰宇記》云此碑爲:"鍾繇篆額,曹子建文,梁鵠書,時人稱爲三絕。"⑦ 鄭樵《通志·金石略》云:"魏武帝大饗碑,子建文,

---

① 《隸續》卷七《碑式》,中華書局,2003,第388頁。
② 《全三國文》卷二八衛覬《大饗碑》,中華書局,1958,第1211頁。
③ 《全三國文》卷二八衛覬《大饗碑》,中華書局,1958,第1211頁。
④ 《金石錄校正》卷二〇,廣西師範大學出版社,2005,第339頁。
⑤ 《隸釋》卷一九,中華書局,2003,第186頁。
⑥ 《隸釋》卷二七,中華書局,2003,第288頁。
⑦ 《太平寰宇記》卷一二"河南道亳州譙縣":"大饗碑,在魏文帝廟前。昔文帝延康元年幸譙,父老立碑于故宅,題云大饗之碑。鍾繇篆額,曹子建文,梁鵠書,時人稱爲三絕。"中華書局,2007,第232頁。

武帝篆，鍾繇書。亳州"① 陳思《寶刻叢編》載此碑二碑，一爲"武帝大饗碑，子建文，武帝篆，鍾繇書"，一爲"大饗碑，曹操書"②，諸說紛紜，未有定論。據《魏志·武帝紀》，魏武於是年正月崩，在大饗之前，豈可爲此碑篆額書丹，故陳思及鄭樵所言"武帝篆"，當爲誤。而諸人多言文爲曹植所撰，然今之《曹子建集》未有此碑文。嚴可均《全三國文》于卷一九、卷二八重收此文，一標爲曹植所作《大饗碑序》，一標爲衛覬所作《大饗碑》，其文同。嚴氏案曰："聞人牟準《魏敬侯碑陰》云：'《大饗碑》，衛覬文並書；《天下碑錄》引《圖經》云：'曹子建文，鍾繇書。'疑《圖經》之言非也，今姑錄入子建集，俟考。《隸釋》四又有《大饗殘碑》，云：'繇文爲書。'則《大饗》非一碑，當以碑陰爲實。"③ 牟準爲去魏未遠，其言當是，故嚴氏以爲當爲衛覬文並書，而《天下碑錄》《太平寰宇記》《寶刻叢編》皆以爲"子建文、鍾繇書"，嚴氏疑之，故言"姑錄入子建集，俟考"。此碑宋以後，未有著錄，明人趙均《寒山堂金石林時地考》《古今碑刻》《天下金石志》皆載此碑之目，然皆據於宋本，碑當早已不存。

另《隸續》卷四又載有《魏大嚮記殘碑》，洪适跋云："右大嚮記。三古文爲額，其第三字不能識，以其辭中有記字，故名之。此碑二百餘字，損者四之一，所存之文，絕不可曉，獨有黃初三年字。其書法頗與魏'受禪碑'相近。文帝大饗六軍，立碑于譙，在是年之前兩載。此書饗作嚮，或是假借……或云碑在長安瑤臺寺，謂之鍾繇殘碑。"④ 洪氏又錄存其殘文："唐君元，隴西人□太守，先□□大嚮□記。"⑤ 此碑當爲魏文帝黃初三年，隴西唐君元所立，與魏文帝大饗之事無關，此碑宋以後亦無著錄，唯嚴可均《全三國文》卷五六闕名載《魏大饗記殘碑》，其文與《隸續》同。此碑之形制，載於《隸續》卷五《碑圖》："右大嚮記。古文額

---

① （南宋）鄭樵撰、馮克誠等整理：《通志》第四冊，卷三《金石略》，《四庫家藏》"史部政書"，山東畫報出版社，2004，第46頁。
② （南宋）陳思輯《寶刻叢編》卷一"帝王"條《武帝大饗碑》、曹操《大饗碑》，《石刻史料新編》第一輯第二十四冊，新文豐出版公司，1977，第18142頁。
③ 《全三國文》卷二八牟準《魏敬侯衛覬碑陰文》，嚴氏案："牟準不見於傳記。據碑陰言故吏門主，則去衛覬未遠也……牟準非魏人，亦非晉武時人。"中華書局，1958，第1212頁。
④ 《隸續》卷四，中華書局，2003，第313頁。
⑤ 《隸續》卷四，中華書局，2003，第313頁。

一行，額之兩旁有白紋貫於上下，外有暈兩重不過額，其文十二行，行十七字，非全碑也。"① 並載其碑圖。今安徽亳州譙城區尚存有曹嵩、曹騰冢及曹氏家族墓葬群及魏武故宅遺址，然此碑已不存。

圖 7-11 "魏大嚮記殘碑"原碑宋拓本②

---

① 《隸續》卷四，中華書局，2003，第 313 頁。
② 《隸續》卷五《碑圖》，中華書局，2003，第 355 頁。東漢獻帝延康元年（220）立，原在譙城曹太祖故宅壇前。隸額二行"大嚮之碑"，碑陽隸書文十九行，行三十字。今已亡佚，此爲原碑宋拓本。

十二　晉杜預述功碑考一
十三　晉杜預述功碑考二

　　山下潭中有《杜元凱碑》，元凱好尚後名，作兩碑竝述己功，一碑沈之峴山水中，一碑下之于此潭，曰：百年之後，何知不深谷爲陵也。山下水曲之隈，云漢女昔遊處也。故張衡《南都賦》曰：遊女弄珠于漢皋之曲。漢皋，即萬山之異名也。①

　　此兩處皆爲紀事述功碑，屬歷史類石刻，原碑石及文皆已亡佚，亦無拓本傳世。酈注言此二碑爲晉杜預爲述己之功所立，一碑沉於襄陽萬山下潭中，毗鄰晉鄒恢碑，酈注稱之爲"杜元凱碑"；另一碑沉於襄陽峴山水中，又稱"晉杜元凱沉碑"。酈注載此兩碑文局部，然其立碑之年代、形制則未提及，當非道元所親見。

　　萬山，襄陽名山，位於襄陽故城南，即今湖北襄陽城西北，毗鄰漢江。其山勢峻拔，絕壁臨江，高聳兀立，懸崖磷峋，景致雄奇俊秀，因地勢險要，爲兵家必爭之地。登臨此山，可遠眺襄陽、樊城之景，漢江汩汩東逝，猶如水墨山水長卷。其山下有深潭，水曲之隈，酈注言"漢女昔遊處"，即張衡《南都賦》所云："遊女弄珠於漢皋之曲"②。今萬山下尚存沉碑潭，又名萬山潭，然杜預之沉碑早已不存。峴山，俗稱"三峴"，即峴首山（下峴）、紫蓋山（中峴）、萬山（上峴），位於今湖北襄陽襄城區以南，東臨漢江，與鹿門山隔江相望。

　　杜預，字元凱，京兆杜陵（今陝西西安東南）人，魏尚書僕射杜畿之孫，魏幽州刺史杜恕之子，西晉初著名將領，其事見《晉書·杜預傳》。杜預博學多通，明於興廢之道，時人稱之爲"杜武庫"，與羊祜、山濤等人爲司馬昭所賞識。晉初爲滅吳統一戰爭主要策劃者及統帥之一，歷任鎮西長史、魏尚書郎、河南尹、鎮南大將軍、都督荊州諸軍事、當陽縣侯，太

---

① 《水經注校證》卷二八《沔水注》"又東過襄陽縣北"條，第662~663頁。
② 《文選》第一冊，卷四張衡《南都賦》，有句"遊女弄珠於漢皋之曲"。上海古籍出版社，1986，第150頁。

康五年（284）徵爲司隸校尉，是年閏月①，行次鄧縣而卒，時年六十三。後追贈征南大將軍、開府儀同三司，謚曰成。杜預一生建樹頗多，功成之後，耽思經籍，博學多通，尤好《左傳》，著有《春秋左氏經傳集解》及《春秋釋例》。杜預好名，《晉書·杜預傳》言："預好爲後世名，常言高岸爲谷，深谷爲陵，刻石爲二碑，紀其勳績，一沈萬山之下，一立峴山之上，曰：焉知此後不爲陵谷乎！"② 可知此兩碑皆爲杜預平吳之後，任鎮南大將軍、都督荊州諸軍事、坐鎮襄陽時所立。據《晉書·武帝紀》，咸寧四年（278）十一月羊祜卒，薦杜預代已坐鎮襄陽③，而預卒于太康五年（284）閏月，故此兩碑亦當立於咸寧四年至太康五年其間。預於荊襄之地，修立泮宮，江漢懷德，化被萬里，並修復漢六門陂，百姓念之，稱之爲"杜父"。杜預見羊祜卒後，襄陽百姓於峴山建碑立廟，歲時饗祭，望其碑者，莫不流涕④，感而欲爲己立碑以述己德。然古人云：碑不自立，名由人傳。杜預因其功業及所作《春秋左氏經傳集解》，必爲後世之人所記，《晉書》亦爲之傳，故其自立述功碑實爲畫蛇添足。

此兩碑《晉書》言"一沈萬山之下，一立峴山之上"⑤，其所記載與酈注略有不同。據《文選·爲范始興求立太宰碑表》李善注引《襄陽記》："杜元凱好爲身後名，常自言百年後必高岸爲谷，深谷爲陵。作二碑敘其平吳勳。一沈萬山下，一沈峴山下，謂參佐曰，何知後代不在山頭乎？"⑥ 道元所述蓋源自此說。《太平廣記》、歐陽修《峴山亭記》及《南部新書》、《輿地紀勝》皆從《晉書》。未知二者孰是孰非。意如兩碑並沈于水中，後代爲陵，人人共知，乃合好名之意。若一碑立於峴山之上，後代爲谷，轉致湮沒，則與本意相反。

除酈注之外，《襄陽耆舊記》引東晉王韶《南雍州記》云萬山下水中"其沉碑，今天色晴朗，漁人常見此碑于水中也"⑦。此疑爲神異之說，未

---

① 《晉書》卷三《武帝紀》："（太康五年）閏月，鎮南大將軍、當陽侯杜預卒"，中華書局，1974，第75頁。
② 《晉書》卷三四《杜預傳》，中華書局，1974，第1031頁。
③ 《晉書》卷三《武帝紀》："（咸寧四年十一月）辛卯，以尚書杜預都督荊州諸軍事。征南大將軍羊祜卒"，中華書局，1974，第69頁。
④ 參見本書第二章第三十二處"晉太傅羊祜碑考"，第208頁。
⑤ 《晉書》卷三四《杜預傳》，中華書局，1974，第1031頁。
⑥ 《文選》卷三八任彥昇《爲范始興求立太宰碑表》，上海古籍出版社，1986，第1752頁。
⑦ （東晉）習鑿齒撰、黃慧賢校補《襄陽耆舊記校補》卷五《牧守》，中州古籍出版社，1987，第79頁。

爲可信。《太平御覽》卷六二"地部二七"亦載此二碑，曰："沔水東經萬山北，山下有潭，中有杜元凱碑。元凱好尚後名，作兩碑並述己功，一碑立峴山，一碑沉此潭中。曰：千載之後，何知不深谷爲陵也。"① 其說與《晉書》合。南宋王象之《輿地紀勝》載有《沈碑潭》，亦引《南雍州記》云："天色時晴明，漁人常見此碑於潭中，謂之沈碑潭。"② 然此碑之存亡則未有所言。峴山之杜預碑，酈注以外，《太平寰宇記》猶有著録，《寶刻叢編》引《訪碑録》亦載有"晉杜預碑"，言"在襄陽縣東九里峴山下"③，可見此碑南宋時尚存，然其文竟不傳。

十四　晉立曹仁記水碑考

　　沔水又逕平魯城南，城，魯宗之所築也，故城得厥名矣。東對樊城，樊，仲山甫所封也。《漢晉春秋》稱，桓帝幸樊城，百姓莫不觀，有一老父獨耕不輟，議郎張溫使問焉，父笑而不答，溫因與之言，問其姓名，不告而去。城周四里，南半淪水，建安中，關羽圍于禁于此城，會沔水泛溢，三丈有餘，城陷禁降，龐德奮劍，乘舟投命於東岡。魏武曰：吾知于禁三十餘載，至臨危授命，更不如龐德矣。城西南有曹仁《記水碑》，杜元凱重刊，其後書伐吳之事也。④

　　此處爲紀事碑，屬歷史類石刻，碑石及文皆已亡佚，亦無拓本傳世。《水經注》言此碑立於平魯城西南，名曰"曹仁記水碑"，原爲三國時曹仁所立，碑陽述漢水暴溢圍城、曹仁拒關羽之事；後至西晉初，杜預於晉武帝太康元年（280）平吳之後，任鎮南大將軍、都督荊州諸軍事，坐鎮襄陽，於此碑之陰書伐吳之事，以述己功。然此碑之碑文、形制酈注皆未載，當非其親見。

　　平魯城，酈注言爲"魯宗之所築也，故城得厥名矣。東對樊城"。魯

---

① 《太平御覽》卷六二"地部二十七·漢沔"條，中華書局，1961，第298頁。
② （南宋）王象之撰《輿地紀勝》卷八二"京西南路襄陽府景物下"條，中華書局，1992，第2657頁。
③ （南宋）陳思纂輯《寶刻叢編》卷三"京西南路襄陽府"《晉杜預碑》，《石刻史料新編》第一輯第二十四冊，新文豐出版公司，1977，第18116頁。
④ 《水經注校證》卷二八《沔水注》"又東過襄陽縣北"條，第663～664頁。

宗之，字彥仁，東晉孝武帝太元時人，《晉書》有傳。酈注言此城爲宗之所築，位於樊城之西，即今湖北襄陽北。樊城，因周宣王封仲山甫爲樊城侯於此①，故得名，即今湖北襄陽樊城區，漢末爲曹魏襄陽郡之轄屬，時尚無平魯城。則宗之所築平魯城，或爲新城。酈注言此碑位於樊城之西南，而盛弘之《荆州記》言碑在平魯城南，平魯城在樊城之西，平魯城南即樊城西南，二者所記碑之方位相同。

曹仁，字子孝，沛國譙人，魏武之從弟，三國魏初名將，其事見《三國志·魏書·曹仁傳》。仁少好弓馬弋獵，漢末隨曹操起兵，討徐州、攻呂布、征張繡、戰官渡、破馬超，屢立功勳。文帝受禪即位，拜仁爲車騎將軍，都督荆、揚、益諸州軍事，進封陳侯，後官至大將軍、大司馬。黃初四年（223）薨，諡曰忠侯。此碑原爲曹仁所立，紀其據樊城以拒關羽事。建安二十四年（219），曹仁爲征南將軍，假節，屯兵樊城以拒荆州之關羽。後關羽攻樊，"時漢水暴溢，于禁等七軍皆沒，禁降羽。仁人馬數千人守城，城不沒者數板。羽乘船臨城，圍數重，外內斷絕，糧食欲盡，救兵不至。仁激礪將士，示以必死，將士感之皆無二。徐晃救至，水亦稍減，晃從外擊羽，仁得潰圍出，羽退走。"②此事亦見於《三國志·魏書·龐德傳》、《于禁傳》，酈注於此亦有記載，言時樊城"城陷禁降，龐德奪劍，乘舟投命於東岡。魏武曰：吾知于禁三十餘載，至臨危授命，更不如龐德矣"③。未言曹仁守城之事。其言樊城"城陷禁降"，則"禁降"是也，然"城陷"實有誤。曹仁據樊城堅守而未降，以必死之心振奮士氣，守城將士雖僅數千之眾，然皆感之而誓死守城，直至關羽退走。其後，仁於城之西南，刊石立碑，於碑陽銘刻其事，並載漢水水文記錄。故此碑當初刻於建安二十四年後。漢魏碑刻多以碑陽載文，碑陰載捐資立碑人之官職姓名及出資之數，此碑爲曹仁所立，故其碑陰當未有刊刻，至西晉武帝太康元年（280），鎮南大將軍杜預又於此碑之陰書伐吳之事，以述己功。一碑兩刻，殆始於此。

此碑酈注外，《北堂書鈔》卷一〇三《碑》引盛弘之《荆州記》云：

---

① （清）阮元編《十三經注疏》，《毛詩正義》下冊，卷一八之三《大雅·烝民》："保茲天子，生仲山甫"，毛傳"仲山甫，樊侯也"，北京大學出版社，1999，第1218頁。
② 《三國志·魏書·曹仁傳》，中華書局，1964，第276頁。
③ 《水經注校證》卷二八《沔水注》"又東過襄陽縣北"條，第663頁。

"平魯城南有曹仁記漢水溢碑",又云"平魯城南有曹仁記平魯城碑,杜元凱因其伐吳事,書於碑上"①,其所言二碑實爲一碑,即酈注此處所言曹仁記水碑,可知此碑至宋時尚存,然歐、趙、洪諸家皆未載此碑,蓋早已亡佚。

十五　漢冠蓋里碑考

（金城）縣有太山,山下有廟,漢末名士居其中。刺史、二千石卿長數十人,朱軒華蓋,同會于廟下。荆州刺史行部見之,雅歎其盛,號爲冠蓋里而刻石銘之。此碑于永嘉中始爲人所毀,其餘文尚有可傳者,其辭曰:峨峨南岳,烈烈離明,寔敷儁乂,君子以生,惟此君子,作漢之英,德爲龍光,聲化鶴鳴。此山以建安三年崩,聲聞五六十里,雉皆屋雊,縣人惡之,以問侍中龐季。季云:山崩川竭,國土將亡之占也。②

此處爲紀事碑,屬歷史類石刻,碑石已佚,唯碑文部分賴酈注而傳世。酈道元言此碑位於金城縣太山下一廟中,爲東漢末年荆州刺史行部于此時刻石銘之。酈注述此碑之立碑緣由及碑文部分,並言此碑於西晉懷帝中（307～311）,爲人所毀。此碑當非道元親見,引於他文。

酈注所言"金城"當爲"宜城"之誤,即今湖北襄陽宜城市。酈注所載宜城境内之碑除此碑外,另有《漢南陽太守秦頡碑》、《金城古碑》兩碑。此碑立於漢末襄陽宜城縣太山下之太山廟,酈注言:"漢末名士居其中。刺史、二千石卿長數十人,朱軒華蓋,同會于廟下。荆州刺史行部見之,雅歎其盛,號爲冠蓋里而刻石銘之"。此事亦見《太平御覽》,其引《荆州記》云:"（襄陽）峴山南至宜城百餘里,舊說其間雕牆崇峻,漢靈帝末,其中有卿、士、刺史、二千石數十人,朱轅駢耀,華蓋接陰,同會於太山廟下。荆州刺史行部見之,雅歎其盛,敕縣號爲冠蓋里。"③ 由此可知,酈注所言當引自盛弘之《荆州記》。襄陽自西漢以來,爲中原之大郡,

---

① 《北堂書鈔》卷一〇二"藝文部八碑三十五"條,中國書店出版社,1989,第390頁。
② 《水經注校證》卷二八《沔水注》"又南過宜城縣東,夷水出自房陵,東流注之"條,第668頁。
③ 《太平御覽》卷一五七"州郡部三·里"條,中華書局,1960,第765頁。

其城南岘山至宜城之間百餘里之地，漢時稱"襄陽聚"，爲豪紳大族聚居之地。據《後漢書》《三國志》記載，襄陽聚有時之豪紳大族蔡氏、蒯氏、習氏、龐氏、楊氏等。《襄陽耆舊記》所記更詳："漢末，嘗有四郡守、七都尉、二卿、兩侍中（一黃門侍郎、三尚書、六刺史），朱軒高蓋會山下，因名冠蓋山，里曰冠蓋里。"① 此二十五人皆爲秩比二千石之重卿，一時華蓋雲集，故時人以太山爲"冠蓋山"，此里爲"冠蓋里"。《太平寰宇記》卷一四五"山南東道襄州襄陽縣"條亦據《荆州記》載此事："襄陽郡岘首山南至宜城百餘里，其間雕牆峻宇，閭閻填列，漢宣帝末，其中有卿士、刺史、二千石數十家，朱軒駢輝，華蓋連延，掩映于太山廟下。荆州刺史行部見之，欽歎其盛，敕號太山廟道爲冠蓋里。"② 所載與《太平御覽》微有異同，文稱"漢宣帝末"當爲"漢靈帝末"之誤。

另據金李俊民《冠蓋里》詩序言："漢靈帝時，宜城太山廟，有四郡守，七都尉，二卿，五侍中，一黃門侍郎，三尚書，六刺史，朱軒高蓋，同日會於山下。荆州刺史劉表行部見之，甚歎，歎其豪盛，乃題道口亭爲'冠蓋里'，刻石銘之。"其詩曰："道口亭前多貴游，一時來往亦風流。若能共畫安劉計，豈獨《英雄記》里收？"③《英雄記》，亦名《漢末英雄記》，爲漢末建安年間王粲所著，此書今已亡佚，《說郛》《漢魏叢書》及黃奭《黃氏逸書》均有輯本，然未載此事。王粲所記當爲最早且較爲準確之文獻，而《荆州記》、《襄陽耆舊記》、《水經注》所載當皆源於此。可知此"荆州刺史"當爲漢末之荆州刺史劉表，"行部"，即巡視吏治之意，如《漢書·朱博傳》言："使從者明敕告吏民……欲言二千石墨綬長吏者，使者行部還，詣治所。"④ 西漢分首都以外郡國爲十三區，稱部，每部派刺史一人，假刺史印綬，有常治所，而以秩書行部，巡視吏治。此當爲劉表巡行荆州諸郡，至襄陽宜城太山，恰逢此處名士雅聚，冠蓋如雲，歎而讚之，遂立此碑以記事。然據蔡邕所撰《劉鎮南碑》文言："（劉表）以賢能特選拜荆州刺史，初平元年十一月到官。"⑤ 可知劉表任荆州刺史，鎮守襄陽始於漢獻帝初平元年

---

① 《襄陽耆舊記校補》卷三《山川·冠蓋山》，中州古籍出版社，1987，第79頁。
② 《太平寰宇記》卷一四五"山南東道襄州襄陽縣"條，中華書局，2007，第2816頁。
③ 薛瑞兆、郭明志編《全金詩》卷九四李俊民《冠蓋里》，南開大學出版社，1993，第288頁。
④ 《漢書》卷八三《朱博傳》，中華書局，1962，第3399頁。
⑤ 《全三國文》卷五六闕名二《劉鎮南碑》，中華書局，1958，第1362頁。

（190），其後於建安十三年（208）八月遘疾薨，而諸文獻皆言此事爲靈帝（168～189在位）末之事，時間略有誤差也。此碑原立於太山廟側之道口亭中，碑爲劉景升所立，碑文當載時二十五卿士冠蓋雲集太山廟之事。

此碑除酈注外，歐、趙諸家皆未載，唯洪适《隸釋》卷二〇、顧藹吉《隸辨》卷八依酈注亦著有《冠蓋里碑》，其文同。另《玉海》卷六〇"銘碑"類據酈注載碑目《漢冠蓋里銘》，並引《國史志》言："襄陽有冠蓋里。"[1] 酈注言此碑於西晉永嘉中始爲人所毀，然其餘文尚有可傳者。又言建安三年（198）太山崩。"太山崩"事，《晉書》《宋書·五行志》皆未載，未知其出。酈注所言："季云：山崩川竭，國土將亡之占也"[2]，"季"即龐季，爲劉表之部僚[3]，其事見《後漢書·劉表傳》。酈注言建安三年，太山崩塌，聲聞五六十里，雉皆屋雊，宜城縣人惡之。時龐季爲侍中居於宜城，民眾以此問之，季言"山崩川竭，國土將亡之占也"。後逾十餘年，漢禪於魏而亡，實爲讖緯之語。

十六　漢姚氏二女碑考

江水又東北逕郫縣下，縣民有姚精者，爲叛夷所殺，掠其二女。二女見夢其兄，當以明日自沈江中，喪後日當至，可伺侯之。果如所夢，得二女之屍于水，郡縣表異焉。[4]

此碑爲東漢之畫像石刻，屬歷史類石刻，原碑石及文皆已亡佚，酈注未載此碑，然明楊慎《水經注所載碑目》載有"郫江姚氏二女貞靈之碑"[5]，其文所述與酈注同。此碑立於蜀之郫縣境內，楊升庵爲蜀人，或嘗

---

[1]（南宋）王應麟著《玉海》卷六〇《藝文部》"銘碑"類，上海書店出版社，1987，第1143頁。

[2]（南宋）王應麟著《玉海》卷六〇《藝文部》"銘碑"類，上海書店出版社，1987，第1143頁。

[3]《後漢書》卷七四《劉表傳》："唯江夏賊張虎、陳坐擁兵據襄陽城，表使越與龐季往譬之，乃降。"中華書局，1965，第2420頁。

[4]《水經注校證》卷三三《江水注》："岷山在蜀郡氐道縣，大江所出，東南過其縣北"條，第767頁。

[5]（明）楊慎撰《水經注所載碑目》，《四庫全書存目叢書》史部第二百七十八冊，齊魯書社，1996，第50頁。

親見此碑，而以其碑額題名錄之。酈注僅言時"郡縣表異焉"，而未言立碑，此碑當非爲道元所親見。

酈道元於《水經注》中多載有孝女、孝子之碑以彰顯其德，此碑即爲其例。此碑之外，卷一一《滱水注》"又東過安熹縣南"條所載"漢孝子王立碑"、卷三三《江水注》"又東過符縣北邪東南，鱣部水從符關東北注之"條所載《漢孝女碑》、卷四〇《漸江水注》"北過餘杭，東入於海"條所載《漢孝女曹娥碑》，皆爲此類之石刻。

郫縣，爲古蜀之都，三代時望帝杜宇、叢帝鱉靈皆於此建都；秦滅蜀後，置郫縣，歸蜀郡，漢、蜀、晉、宋、齊、梁因之；道元之時，爲南梁蜀郡所屬。即今四川成都郫縣，位於長江之畔，道元當未親至此處。

"姚氏二女"顯靈託夢之事，酈注所載甚略①。其事詳見常璩《華陽國志·先賢士女總讚論上·蜀郡士女讚》"二姚見靈"條曰："廣柔長郫姚超二女，姚妣、饒，未許嫁，隨父在官。值九種夷反，殺超，獲二女，欲使牧羊。二女誓不辱，乃以衣連腰，自沈水中死。見夢告兄慰曰：'姊妹之喪，當以某日至溉下。'慰痞哀愕，如夢日得喪。郡縣圖象府庭。"②酈注所言"姚精"者實爲"姚超"，本郫人，出爲廣柔長。姚超，史書無載。廣柔，縣名，漢武帝元鼎元年（前116）置，爲夏禹之故里③。酈注於卷三六《沫水注》"沫水出廣柔徼外"條言此廣柔縣："有石紐鄉，禹所生也。今夷人共營之，地方百里，不敢居牧。有罪逃野，捕之者不逼，能藏三年，不爲人得，則共原之，言大禹神所佑之。"④可知此縣爲漢夷共營之地，夷人爲生活於岷江上游之古氐羌族群，故治於今四川阿壩汶川縣西北，屬汶山郡，毗鄰郫縣。

"姚氏二女"名姚妣、姚饒，時二人尚未婚嫁，隨父從官，遇廣柔羌人反，寇殺縣長姚超，而獲姚妣、姚饒，羌人欲使之牧羊，二女誓不受辱，遂以衣連腰，自沈於江水中，並託夢告其兄姚慰爲收屍。姚慰痞而哀

---

① 徐珂著《清稗類鈔》第三十四冊"迷信"類亦載有《姚氏二女見夢於其兄》，與酈注同。商務印書館，1917，第91頁。
② （東晉）常璩撰、任乃强校注《華陽國志校補圖注》卷一〇上《先賢士女總讚論上·蜀郡士女讚》，上海古籍出版社，1987，第551頁。
③ 《史記》卷二《夏本紀》張守節《正義》引揚雄《蜀王本紀》："禹本汶山郡廣柔縣人也。"中華書局，1959，第49頁。
④ 《水經注校證》卷三六《沫水注》"沫水出廣柔徼外"條，第827頁。

愕，後如夢日得二女之尸。東漢時廣柔羌人叛亂之事，見《後漢書·方術傳·楊由傳》："楊由字哀侯，蜀郡成都人也。少習《易》，并七政、元氣、風雲占候。爲郡文學掾。時有大雀夜集於庫樓上，太守廉範以問由。由對曰：'此占郡內當有小兵，然不爲害。'後二十餘日，廣柔縣蠻夷反，殺傷長吏，郡發庫兵擊之。"① 可知廉範任蜀郡太守之時，廣柔縣蠻夷反，殺傷長吏，或即姚超被殺之事。廉範，字叔度，京兆杜陵人，於建初中（76～84）爲蜀郡太守②。則姚氏二女之事當於此時。《華陽國志》言"圖像於府庭"者，即立畫像石碑於郫縣之府庭，據此而論，則此碑當爲郫縣之官吏聞此事而上奏蜀郡太守廉范，廉範爲彰姚氏二女之貞烈，遂令郫縣以此事圖畫石刻，立於郫縣府庭以祀之。則此碑當立於廉範蜀郡太守任內，即章帝建初年間。此亦即楊慎所言"郫江姚氏二女貞靈之碑"，或此碑傳於明時猶有殘碑也。此碑不見於歐、趙、洪諸家載錄，未知亡於何時。

宋潘自牧《記纂淵海》卷二三"忻州"條亦載有"姚氏二女"："姚氏二女，定襄姚廷玉女，隨父官山東，會賊眾破城被獲。二女義不受辱，投水而死"③，然此"姚氏二女"與郫縣"姚氏二女"事迹相近，然時地皆異也。清陳夢雷《古今圖書集成》所收《明倫彙編閨媛典閨烈部》亦載有二女貞烈之事："按《汝寧府志》，劉氏，楊士選妻，崇禎九年，流寇至其莊，家人奔散，劉與二女義不受辱，母子爭死，賊殺其母，二女皆投火自焚。邑令夏萬亨申請旌表二女。"④ 此爲明末之事，"劉氏二女"義不受辱，投火而自焚，此與"姚氏二女"投水自沉皆爲節烈剛毅、忠貞不屈之事，亦为世人旌表讚之，以傳後世。

---

① 《後漢書》卷八二《方術列傳·楊由傳》，中華書局，1965，第 2716 頁。
② 《後漢書》卷三一《廉范傳》："建初中，（范）遷蜀郡太守，其俗尚文辯，好相持短長，范每厲以淳厚，不受偷薄之說。成都民物豐盛，邑宇逼側，舊制禁民夜作，以防火災，而更相隱蔽，燒者日屬。范乃毀削先令，但嚴使儲水而已。百姓爲便，乃歌之曰：'廉叔度，來何暮？不禁火，民安作。平生無襦今五絝。'在蜀數年，坐法免歸鄉里。"中華書局，1965，第 1103 頁。
③ （宋）潘自牧編纂《記纂淵海》卷二三"郡縣部河東路太原府忻州"條，中華書局，1988，第 31 頁。
④ （清）陳夢雷等纂《古今圖書集成》三十九冊，《明倫彙編閨媛典閨烈部》，中華書局、巴蜀書社，1998，第 48031 頁。

十七　晉平南將軍王世將刻石考

　　（江夏）又有平南將軍王世將刻石，記征杜曾事，有劉琦墓及廟也。①

　　此處爲紀事刻石，屬歷史類石刻，原石及文皆已亡佚。《水經注》所記載東晉石刻除此碑外，尚有卷二八《沔水注》"又東過襄陽縣北"條所載《晉鎮南將軍桓宣碑》、《晉鄒恢碑》等，其碑主皆爲北方士族宦吏。酈道元言此刻石立於魯山江夏城內，並言此碑"記征杜曾事"，然碑之年代、碑文及立碑緣由則未載，當亦非道元所親見。

　　魯山，古稱翼際山，《尚書·禹貢》謂之大別山，三國時魯肅卒後葬於此山，故改稱魯山。《元和郡縣圖志》卷二七"江南道沔州漢陽縣"言："魯山，一名大別山，在縣東北一百步。其山前枕蜀江，北帶漢水，山上有吳將魯肅神祠。"②漢水（古稱夏水）於此山北側匯入長江，故酈注引《地說》曰："漢與江合於衡北翼際山旁者也"，即今湖北武漢漢陽區龜山。東漢建安年間，魯山屬荊州江夏郡。據《三國志·蜀書·諸葛亮傳》："會黃祖死，（劉琦）得出，遂爲江夏太守。"③時江夏太守劉琦於魯山之南修建城池以爲江夏郡治，與孫吳所修之夏口城隔江相望。三國鼎立之初，荊州歸吳國，江夏太守陸渙在劉琦所修江夏城基礎上，於魯山上修建魯城，故酈注於此言山上有吳江夏太守陸渙所治城，城中有"晉平南將軍王世將刻石"及劉琦墓及廟。

　　晉平南將軍王世將，即東晉元帝時王廙，字世將，琅邪臨沂人，丞相王導之從弟，元帝之姨弟，其事見《晉書·王廙傳》。王廙少能屬文，多所通涉，工書畫，善音樂、射御、博弈、雜技。因才學名世，先後辟太傅掾，轉參軍，封武陵縣侯，拜尚書郎，出爲濮陽太守。東晉建立之初，廙棄郡過江。元帝見之大悅，以爲司馬。後王廙兩次出任荊州刺史一職，首次爲元帝即位之初，王敦忌陶侃之勢，左遷其爲廣州刺史，啟廙爲寧遠將

---

① 《水經注校證》卷三五《江水注》"又東北至江夏沙羨縣西北，沔水從北來注之"條，第805頁。
② 《元和郡縣圖志》，卷二七"江南道沔州漢陽縣條"，中華書局，1983，第648頁。
③ 《三國志·蜀書·諸葛亮傳》，中華書局，1964，第914頁。

軍、荊州刺史以代陶侃,侃之將吏馬俊、鄭攀等上書請留侃,敦不許,馬俊、鄭攀遂與杜曾爲亂。酈注言此碑記王廙征杜曾事,即發生於王廙此次之任荊州刺史之時。據《晉書·王廙傳》:"廙爲俊等所襲,奔於江安。賊杜曾與俊、攀北迎第五猗以距廙。廙督諸軍討曾,又爲曾所敗。敦命湘州刺史甘卓、豫章太守周廣等助晷擊曾,曾衆潰,廙得到州。"① 可知征討杜曾之功,乃王廙與湘州刺史甘卓、豫章太守周廣等人合力而建,然此碑僅載王廙征杜曾之事,似有誇大阿諛之弊。

王廙於任內,在荊州誅戮陶侃時將佐及徵士皇甫方回,大失荊土民望,人情乖阻。帝乃徵廙爲輔國將軍,加散騎常侍。以母喪去職。元帝永昌元年(322),王敦爲亂,以廙爲平南將領護南蠻校尉、荊州刺史,此爲廙第二次出任荊州刺史,因任平南將軍,故世又有"王平南"之稱。然王廙尋病,卒於任上,"帝猶以親故,深痛愍之。喪還京都,皇太子親臨拜柩,如家人之禮。贈侍中、驃騎將軍,諡曰康"②。酈注言此碑爲"平南將軍王世將刻石",則此刻石當立於王廙第二次出任荊州刺史、平南將軍之時,即元帝永昌元年、二年(322~323)之間。

此碑酈注以外,歐、趙、洪諸家皆未有著錄,唯《太平寰宇記》卷一三一"淮南道漢陽軍漢陽縣"條引《荊州圖副》云:"魯山城內有晉征南將軍胡奮碑,又有南平將軍董廣之碑,爲討魯刻石以記事。"③ 王象之《輿地碑記目》亦云:"漢陽郡有南平將軍黃廣之碑"④,二者所言"南平將軍董廣之碑"當爲"平南將軍王廙之碑"之誤也,可知此碑至宋時尚存,然後世不傳,未知亡於何時。

十八　漢光武即位碑考

漢章帝北巡至高邑,光武亦即位於此。有石壇,壇有圭頭碑,即帝建,在高邑。千秋亭有石壇,壇有珪頭碑,其陰云:常山相隴西狄

---

① 《晉書》卷七六《王廙傳》,中華書局,1974,第 2004 頁。
② 《晉書》卷七六《王廙傳》,中華書局,1974,第 2004 頁。
③ 《太平寰宇記》卷一三一"淮南道漢陽軍漢陽縣"條,中華書局,2007,第 2585 頁。
④ (南宋)王象之撰《輿地碑記目》卷三《漢陽軍碑記》,《歷代碑誌叢書》第二冊,江蘇古籍出版社,1998,第 30 頁。

道馮龍所造。壇廟之東，枕道有兩石翁仲，南北相對焉。①

此處爲紀事碑，屬歷史類石刻，碑石及文皆已亡佚，今本《水經注》未載此碑，而見《後漢書·光武紀》章懷太子李賢注引《水經注》曰："（鄗南千秋）亭有石壇，壇有圭頭碑，其陰云常山相隴西狄道馮龍所造。壇之東，枕道有兩石翁仲，南北相對焉。"② 此當爲《水經注》之佚文。其碑立於高邑南千秋亭之石壇，爲圭首碑，篆書，其碑陰題常山相隴西狄道馮龍所造，然碑文之内容、立碑年代皆未載。

據《後漢書·光武紀》，更始二年（24）秋，光武擊銅馬於鄡、蒲陽，敗之，收河北諸郡之義兵近數十萬人，實力大增，關西之民稱之爲"銅馬帝"③。更始三年，即建武元年（25），光武自薊還，行至常山郡鄗城（故城位於今河北邢臺柏鄉縣北固城店），時光武在長安時之同舍友彊華自關中獻光武讖緯符策《赤伏符》，群臣遂上書曰："受命之符，人應爲大，萬里合信，不議同情，周之白魚，曷足比焉？今上無天子，海内淆亂，符瑞之應，昭然著聞，宜答天神，以塞群望。"④ 以此請光武即皇帝位。光武於是"命有司設壇場於鄗南千秋亭五成陌"，李賢注曰："壇謂築土，場謂除地。秦法，十里一亭。南北爲阡，東西爲陌。其地在今趙州柏鄉縣。"⑤ "壇場"即祭壇，光武於千秋亭五成陌設立祭祀場所，即後世所稱"千秋臺"，並於此舉行盛大的即位儀式，詳見於《後漢書·祭祀志》：

建武元年，光武即位于鄗，爲壇營於鄗之陽。祭告天地，采用元始中郊祭故事。六宗群神皆從，未以祖配。天地共犢，餘牲尚約……

---

① 今本《水經注》無此文，據《太平寰宇記》輯，宋陳思《寶刻叢編》卷六亦載有《漢光武碑》。見陳橋驛《水經注佚文》，收于《水經注論叢》，浙江大學出版社，2008，第 347 頁。
② 《後漢書》卷一《光武帝紀》，中華書局，1965，第 22 頁。
③ 《後漢書》卷一《光武帝紀》："（更始二年）秋，光武擊銅馬於鄡……積月餘日，賊食盡，夜遁去，追至館陶，大破之。受降未盡，而高湖、重連從東南來，與銅馬餘衆合，光武復與大戰於蒲陽，悉破降之……悉將降人分配諸將，衆遂數十萬，故關西號光武爲銅馬帝。"中華書局，1965，第 17 頁。
④ 《後漢書》卷一《光武帝紀》，中華書局，1965，第 21~22 頁。
⑤ 《後漢書》卷一《光武帝紀》，中華書局，1965，第 21~22 頁。

秀猶固辭，至於再，至於三。群下曰："皇天大命，不可稽留。"敢不敬承！①

劉秀在三辭後於六月己未，即皇帝位，祝文燔燎告天，禋於六宗，並建元爲建武，大赦天下，改鄗爲高邑。是年冬十月癸丑，車駕入洛陽，遂定都於此。建武二年（26）正月，光武又於洛陽城南七里初制郊兆，依鄗之禮採元始中故事，舉行規模更爲龐大的祭天儀式以詔告天下，高邑之千秋亭亦成爲東漢王朝建立之象徵。依李賢注所引酈注之文可知，東漢王朝建立後，常山郡之官吏於千秋亭石壇立圭首碑，其碑文當載建武元年光武于此即皇帝位之事，其碑陰言爲"常山相隴西狄道馮龍所造"。建武初，高（鄗）邑依西漢之舊制爲常山郡所屬，其守吏當稱常山太守，然此稱"常山相"者，則時常山郡已改爲常山國，據《後漢書·明帝紀》，漢明帝永平十五年（72），明帝封皇子劉昺爲常山王②，其後常山國至三國魏初廢復爲常山郡，可知此碑當在永平十五年之後立。時石壇側除立有此碑外，當另建有祠廟，其廟當爲漢光武廟，廟之東枕道有兩石翁仲南北相對，酈道元至此時，千秋亭之石壇、漢光武碑、漢光武廟及兩石翁仲皆存。

此碑除酈注外，《魏書·地形志》於"殷州趙郡"條亦載有"埒亭祠""漢光武即位碑"言："高邑二漢屬常山。前漢曰鄗，後漢光武改，晉屬。有埒亭祠、漢光武即位碑。有高邑城。"③可知時此碑及廟東魏時皆存。魏收稱此碑爲"漢光武即位碑"，當爲碑額之所題名，惜未載其碑文。《元和郡縣圖志》卷一七"河北道趙州柏鄉縣"載"漢世祖廟"，言："一名壇亭，縣北十四里，鄗縣故城南七里。即世祖即位之千秋亭也，後於此立廟。"④可知唐時廟尚存，然未言有碑。《太平寰宇記》卷六〇"河北道趙州高邑縣"條有《光武碑》亦引《水經注》之佚文，其文與《後漢書》李賢注所引之文同："漢章帝北巡至高邑，亦光武即位於此。有石壇，壇

---

① 《後漢書》"志七"《祭祀志上》"光武即位告天"條，中華書局，1965，第3157~3158頁，其祝文亦見於《後漢書》卷一《光武帝紀》，與此文同，第22頁。
② 《後漢書》卷二《孝明帝紀》："（永平十五年）夏四月庚子，車駕還宮。改信都爲樂成國，臨淮爲下邳國。封皇子恭爲鉅鹿王、黨爲樂成王、衍爲下邳王、暢爲汝南王、昞爲常山王、長爲濟陰王。"中華書局，1965，第119頁。
③ 《魏書》卷一〇五《地形志上》"殷州趙郡"條，中華書局，1974，第2471頁。
④ 《元和郡縣圖志》卷一七"河北道趙州柏鄉縣"，中華書局，1983，第492頁。

有圭頭碑，即帝所建。"① 依其言，則此碑爲漢章帝北巡至千秋亭而立此碑，其碑陰之題名當非僅"常山相隴西狄道馮龍"一人。陳思《寶刻叢編》卷六亦著錄有《漢光武碑》②，其言與《太平寰宇記》同。據《後漢書·章帝紀》，元和三年（86）二月，帝北巡，"癸酉，還幸元氏，祠光武、顯宗於縣舍正堂；明日又祠顯宗于始生堂，皆奏樂。三月丙子，詔高邑令祠光武於即位壇。"③ 據此推之，則此碑當爲時所立。《初學記》卷八"州郡部"載有"珪碑"言："《水經注》曰：平房城南門，夾道有兩石柱，翼路若闕焉。又曰：漢明帝北迴，詔高邑於光武即位所建石壇，立珪頭碑。已上趙州。"④ 宋時高邑屬趙州，《初學記》所引《水經注》與《太平寰宇記》不同，其言此碑爲漢明帝北回時所立，非漢章帝時。然《後漢書·明帝紀》未載此事，或爲《初學記》之誤將"章帝"爲"明帝"。

清人沈濤《瑟榭叢談》卷下言："今柏鄉光武廟、古千秋亭遺址，廟有二石人半身，俗傳光武斬石人處。案《後漢書·世祖紀》，命有司設壇場於鄗南千秋亭五成陌，章懷注其地在今趙州柏鄉縣，《水經注》曰'亭有石壇，壇有圭頭碑，其陰云，常山相隴西狄道馮龍所造。壇廟之東，枕道有兩石翁仲，南北相對焉'，據此則兩石人迺翁仲耳。"⑤ 可知至清時，光武廟、千秋亭及石壇已不存，唯餘遺址；漢兩石翁仲尚存半身。漢時原碑已不存⑥。今柏鄉縣城北十五里鋪（舊稱光武廟村）西有千秋亭遺址，尚存一殘碑爲清乾隆壬寅時立，其上題云"漢光武帝千秋亭遺址"，爲柏鄉縣知縣鄭鎮勒⑦。二十世紀九十年代初，千秋亭遺址出土一殘缺宋代石幢及清嘉慶年（1796~1820）修石碑一方，其碑額正書題名"靈應石碑記"，碑文稱"帝廟由來已久，良以斬斷石人乃古今希奇之事。有疾者祈求疾病恒愈，抗旱求之

---

① 《太平寰宇記》卷六〇"河北道趙州高邑縣"條，中華書局，2007，第1226頁。
② （南宋）陳思纂輯《寶刻叢編》，《石刻史料新編》第一輯第二十四冊，新文豐出版公司，1977，第18293頁。
③ 《後漢書》卷三《孝章帝紀》，中華書局，1965，第155頁。
④ 《初學記》卷八《州郡部》"河北道第五事對石柱碑"條，中華書局，1962，第177頁。
⑤ （清）沈濤撰《瑟榭叢談》卷下，見《聚學軒叢書》第五集，江蘇廣陵古籍刻印社，1982，第18頁。
⑥ （明）趙南星《千秋臺》詩云："千秋臺上秋風起，落日寒光動沛水。沛水東流未盡時，臺有嘉名自頹毀。漢家四七厄滔天，帝子南陽崛起焉……絕炎再興光典策，今日猶傳五城陌。圭碑無復片石在，舊址陂陀蔓草積。"可知明時此碑已不存。
⑦ 史雲征、史磊主編，柏鄉縣人民政府編著《河北柏鄉金石錄》"漢光武帝千秋亭遺址碑"，文物出版社，2006，第170頁。

而風調雨順"等文。可知明清時柏鄉縣之民以光武廟之石翁仲爲神祇供奉，以祈福祛病，故被稱爲"靈應石"。此兩石翁仲清時尚存，"文革"中埋没於泥土中，其中一漢石人 2005 年復出土於柏鄉縣古千秋亭遺址南，時已斷爲二段，當爲酈注所言兩石翁仲之一，亦即明清時人所拜祭之"靈應石"，今存於柏鄉縣文物保管所①。

此碑除酈注以外，歐、趙、洪諸家皆未著録，唯趙明誠《金石録》載有《唐立漢光武皇帝廟碑》，爲李雲撰、盧規行書，開元十九年（731）四月立。又有《唐立漢光武即位壇碑》，王預撰並行書，開元二十二年（734）四月立。此二碑《寶刻叢編》均列於趙州，當爲漢時原碑已失，唐人翻刻之碑，然趙氏於此二碑均未載其碑文，且無跋，未知其詳。宋人修《天下碑録》有《漢光武皇帝碑》，言"在汝州汝墳鎮"②，然非高邑之碑也。另《全宋文》載有《大宋新修後漢光武皇帝廟朝碑銘》全文，其文末言爲"開寶六年，歲次癸酉，月朔日建"③，此碑當爲北宋太祖開寶六年（973）敕建重修柏鄉之光武廟時所立之碑，碑爲蘇德祥所立，其碑文言重建之事，此碑今亦不存。

---

① 史雲征：《柏鄉古代石刻文物的歷史背景及其價值》，以爲此石人爲西漢時鄗侯劉舟墓前石刻。《邢臺日報》2008 年 4 月 22 日。
② 《隸釋》卷二七，中華書局，2003，第 287 頁。
③ （清）嚴可均輯《全宋文》卷九八，中華書局，1958，第 744 頁。

參考文獻

一　古籍類

（一）經部

1. （漢）毛亨傳、（漢）鄭玄箋、（唐）孔穎達疏. 毛詩正義, （清）阮元編. 十三經注疏. 北京大學出版社. 1999 年.

2. （漢）孔安國傳、（唐）孔穎達疏. 尚書正義, （清）阮元編. 十三經注疏. 北京大學出版社. 1999 年.

3. （晉）杜預注、（唐）孔穎達等正義. 春秋左傳正義, （清）阮元編. 十三經注疏. 北京大學出版社. 1999 年.

4. （漢）鄭玄注、（唐）賈公彥疏. 周禮注疏, （清）阮元編. 十三經注疏. 北京大學出版社. 1999 年.

5. （漢）鄭玄注、（唐）孔穎達疏. 禮記正義, （清）阮元編. 十三經注疏. 北京大學出版社. 1999 年.

6. （東晉）郭璞注. 爾雅注疏、（清）阮元編. 十三經注疏. 北京大學出版社. 1999 年.

7. （西漢）韓嬰撰、許維遹釋. 韓詩外傳集釋. 中華書局. 1980 年.

8. 楊伯峻譯注. 論語譯注. 中華書局. 2007 年.

9. （東漢）許慎撰、（清）段玉裁注. 說文解字注. 上海古籍出版社. 1981 年.

（二）史部

1. （漢）司馬遷撰、（劉宋）裴駰集解、（唐）司馬貞索隱、（唐）張守節正義. 史記. 中華書局. 1959 年.

2. （東漢）班固著、（唐）顏師古注．漢書．中華書局．1962年．
3. （劉宋）范曄撰、（唐）李賢注．後漢書．中華書局．1965年．
4. （晉）陳壽撰、（劉宋）裴松之注．三國志．中華書局．1964年．
5. （唐）房玄齡等撰．晉書．中華書局．1973年．
6. （南梁）沈約撰．宋書．中華書局．1974年．
7. （南梁）蕭子顯撰．南齊書．中華書局．1972年．
8. （唐）姚思廉撰．梁書．中華書局．1973年．
9. （北齊）魏收撰．魏書．中華書局．1974年．
10. （唐）李延壽撰．北史．中華書局．1974年．
11. （唐）李延壽撰．南史、中華書局．1975年．
12. （唐）李百藥撰．北齊書．中華書局．1972年．
13. （唐）魏徵等撰．隋書．中華書局．1973年．
14. （宋）歐陽修等撰．新唐書．中華書局．1975年．
15. （後晉）劉昫等撰．舊唐書．中華書局．1975年．
16. （元）脫脫等編．宋史．中華書局．1977年．
17. （元）脫脫等撰．遼史．中華書局．1974年．
18. （明）宋濂等撰．元史．中華書局．1976年．
19. （清）張廷玉等撰．明史．中華書局．1974年．
20. （民國）趙爾巽等撰．清史稿．中華書局．1976年．
21. （北宋）司馬光編著、（元）胡三省音注．資治通鑑．中華書局．2007年．
22. （唐）杜佑撰、王文錦等點校．通典．中華書局．1988年．
23. （宋）王溥撰．唐會要．中華書局．1955年．
24. （北魏）崔鴻撰．十六國春秋別傳．商務印書館．1937年．
25. 李步嘉校釋．越絕書校釋．武漢大學出版社．1992年．
26. （東漢）趙曄撰、張覺校注．吳越春秋校注．嶽麓書社．2006年．
27. （晉）皇甫謐撰、陸吉點校．帝王世紀．齊魯書社．2010年．
28. 尚學鋒、夏德靠譯注．國語．中華書局．1973年．
29. （東晉）常璩撰、任乃強校注．華陽國志校補圖．上海古籍出版社．1987年．
30. （南宋）羅泌撰．路史．中華書局．1985年．
31. （西漢）劉向撰、劉曉東校點．列女傳．遼寧教育出版社．

1998 年.

32.（晉）皇甫謐. 高士傳. 中華書局. 1985 年.

33.（北魏）楊衒之撰、范祥雍校注. 洛陽伽藍記校注. 上海古籍出版社. 2011 年.

34.（東晉）習鑿齒撰，黃慧賢校補. 襄陽耆舊記校補. 中州古籍出版社. 1987 年.

35.（唐）玄奘、辨機原著、季羨林等校注. 大唐西域記. 中華書局. 1985 年.

36. 何清谷撰. 三輔黃圖校釋. 中華書局. 2005 年.

37.（北魏）酈道元著、陳橋驛校證. 水經注校證. 中華書局. 2011 年.

38.（明）鍾惺、譚元春撰. 水經注批點. 國家圖書館藏. 明崇禎二年刻本.

39.（明）朱謀㙔. 水經注箋. 北京出版社. 2001 年.

40.（清）王先謙校. 合校水經注. 中華書局. 2009 年.

41.（清）楊守敬、熊會貞、段熙仲點校，陳橋驛復校. 水經注疏. 江蘇古籍出版社. 1989 年.

42.（清）趙一清撰. 水經注釋. 光緒六年八月會稽章氏重刻本. 1970 年.

43.（唐）李泰等著、賀次君輯校. 括地志輯校. 中華書局. 1980 年.

44.（唐）李吉甫撰. 元和郡縣圖志. 中華書局. 1983 年.

45.（北宋）樂史. 太平寰宇記. 中華書局. 2007 年.

46.（南宋）王象之撰、李勇先校點. 輿地紀勝. 中華書局. 1992 年.

47.（明）李賢等撰. 大明一統志. 三秦出版社. 1990 年.

48.（明）曹學佺. 蜀中廣記. 上海古籍出版社. 1993 年.

49.（清）穆彰阿、潘錫恩等纂修. 嘉慶重修一統志. 中華書局. 1986 年.

50.（清）顧祖禹輯著. 讀史方輿紀要. 上海書店出版社. 1998 年.

51.（清）岳濬等編. 乾隆山東通志. 江蘇廣陵古籍刻印社. 1986 年.

52.（清）楊士驤修、孫葆田等纂. 宣統山東通志. 商務印書館. 1937 年.

53.（清）孫灝等撰. 河南通志續通志、光緒十五年補刊本. 華文書局股分有限公司．1969 年．

54.（清）徐松輯、高敏點校．河南志．中華書局．1994 年．

55.（清）王軒、楊篤等修．山西通志．中華書局．1990 年．

56.（宋）歐陽修著，鄧寶劍、王怡林箋注．集古錄跋尾．人民美術出版社．2010 年．

57.（宋）趙明誠撰、金文明校証．金石錄校正．廣西師範大學出版社．2005 年．

58.（宋）洪适撰．隸釋、隸續．中華書局．2003 年．

59.（宋）陳思輯．寶刻叢編．《石刻史料新編》第一輯第二十四冊．新文豐出版公司．1977 年．

60.（宋）董逌撰．廣川書跋．中華書局．1985 年．

61.（宋）薛尚功撰．歷代鐘鼎彝器款識法帖．中華書局．1986 年．

62.（南宋）王象之撰．輿地碑記目．中華書局．1985 年．

63.（明）楊慎輯．金石古文．叢書集成初編·藝術類本．1936 年．

64.（明）于奕正撰．天下金石志．顧氏金石輿地叢書本．1929 年．

65.（明）楊慎撰．水經注所載碑目．四庫全書存目叢書史部第二百七十八冊．齊魯書社．1996 年．

66.（清）王昶著．金石萃編．中國書店出版社．1985 年．

67.（清）陸增祥撰．八瓊室金石文字補正．《石刻史料新編》第一輯第六冊．新文豐出版公司．1982 年．

68.（清）顧炎武撰、潘耒補遺．金石文字記．中華書局．1991 年．

69.（清）錢大昕撰．嘉定錢大昕全集．潛研堂金石文跋尾．江蘇古籍出版社．1997．

70.（清）孫星衍撰．寰宇訪碑錄．中華書局．1985 年．

71.（清）趙之謙撰．補寰宇訪碑錄．上海書店出版社．1984 年．

72.（清）羅振玉撰．再續寰宇訪碑錄、精舍石印本．光緒十九年（1893）年．

73.（清）葉昌熾撰．柯昌泗評、陳公柔、張明善點校．語石·語石異同評．中華書局．1994 年．

74.（清）楊守敬輯．寰宇貞石圖．楊守敬集第九冊．湖北教育出版社．1997 年．

75.（清）牛運震集說、劉世珩重編．金石圖說．《石刻史料新編》第二輯第二冊．新文豐出版公司．1979年．

76.（清）劉承幹撰．希古樓金石萃編．文物出版社．1982年．

（三）子部

1. 黎翔鳳撰、梁運華整理．管子校注．中華書局．2004年．

2. 孫通海譯註．莊子．中華書局．2007年．

3. （唐）王松年撰．仙苑編珠．上海古籍出版社．1996年．

4. 許維遹撰、梁運華整理．呂氏春秋集釋．中華書局．2009年．

5. （劉宋）劉義慶著、張萬起、劉尚慈譯註．世說新語．中華書局．1998年．

6. 袁珂校注．山海經校注．上海古籍出版社．1980年．

7. （東晉）葛洪撰、胡守爲校釋．神仙傳校釋．中華書局．2010年．

8. （漢）東方朔著、（晉）張華注．神異經．中華書局．1991年．

9. （南齊）任昉．述異記．中華書局．1985年．

10. （東晉）干寶撰、汪紹楹校注．搜神記．中華書局．1979年．

11. （宋）李昉等編．太平廣記．中華書局．1961年．

12. （宋）沈括著．夢溪筆談．中華書局．2009年．

13. （唐）封演撰、趙貞信校注．封氏聞見記校注．中華書局．2005年．

14. （唐）釋道宣撰．廣弘明集．商務印書館．1925年．

15. （南梁）釋慧皎撰、湯用彤校注、湯一玄整理．高僧傳．中華書局．1992年．

16. 何寧撰．淮南子集釋．中華書局．1998年．

17. （東漢）王充著．論衡．上海人民出版社．1974年．

18. （漢）劉向撰、向宗魯校證．說苑校證．中華書局．1987年．

19. （東漢）應劭撰、王利器校注．風俗通義校注．中華書局．1981年．

20. （唐）虞世南編撰．北堂書鈔．中國書店出版社．1989年．

21. （唐）歐陽詢撰、汪紹楹校．藝文類聚．上海古籍出版社．1982年．

22. （唐）徐堅等撰．初學記．中華書局．1962年．

23. （宋）李昉等撰．太平御覽．中華書局．1960年．

24.（宋）潘自牧編纂．記纂淵海．中華書局．1988 年．

25.（宋）王溥撰、唐會要．中華書局．1955 年．

（四）集部

1.（南梁）蕭統編、（唐）李善注．文選．上海古籍出版社．1986 年．

2.（南梁）劉勰著、范文瀾校注．文心雕龍校注．人民文學出版社．1962 年．

3.（南梁）鍾嶸著、曹旭集注．詩品集注．上海古籍出版社．1994 年．

4.（清）陳夢雷等編．古今圖書集成．中華書局、巴蜀書社．1998 年．

5.（清）嚴可均輯．全上古秦漢三國六朝文．中華書局．1958 年．

6.（清）彭定求等編．中華書局編輯部點校．全唐詩．中華書局．1960 年．

7.（清）丁福保編．全漢三國晉南北朝詩．中華書局．1959 年．

8.（明）張溥著、殷孟倫注．漢魏六朝百三家題辭注．人民文學出版社．2008 年．

9.（清）曾國藩撰、孫雍長標點．經史百家雜鈔．岳麓書社．1987 年．

10.（明）楊慎纂．古今風謠．中華書局．1985 年．

11.（明）馮惟訥輯．古詩紀．國家圖書館出版社．2010 年．

12.（東漢）蔡邕撰、（清）陸心源校．蔡中郎文集．商務印書館．1937 年．

13.（明）徐師曾撰、羅根澤點校．文體明辨序說．人民文學出版社．1962 年．

14.（明）吳訥撰、于北山校點．文章辨體序說．人民文學出版社．1962 年．

15.（清）袁枚撰．隨園詩話．人民文學出版社．1982 年．

16.（清）俞樾撰、貞凡等點校．茶香室叢鈔．中華書局．1995 年．

二　現當代著作類

（一）酈學研究

1. 施蟄存撰．水經注碑錄．天津古籍出版社．1987年．
2. 陳橋驛撰．水經注研究．天津古籍出版社．1985年．
3. 陳橋驛撰．水經注研究二集．山西人民出版社，1987年．
4. 陳橋驛撰．酈學新論——水經注研究之三．山西人民出版社．1992年．
5. 陳橋驛撰．水經注研究四集．杭州出版社．2003年。
6. 陳橋驛撰．酈道元與水經注．上海人民出版社．1987年．
7. 陳橋驛撰．酈道元評傳．南京大學出版社．1994年．
8. 陳橋驛撰．酈學札記．上海書店出版社．2000年．
9. 任松如撰．水經注異聞錄．上海啟智書局．1934年．
10. 鄭德坤撰．水經注故事鈔．臺北藝文印書館．1974年．
11. 鄭德坤撰．水經注引書考．臺北藝文印書館．1974年．
12. 譚家健撰、李知文．水經注選注．中國社會科學出版社．1989年．

（二）石刻通論

1. 陸和九著．中國金石學講義．北京圖書館出版社．2003年．
2. 馬衡撰．中國金石學概論．時代文藝出版社．2009年．
3. 朱劍心撰．金石學．文物出版社．1981年．
4. 楊樹達著．積微居小學金石論叢．科學出版社．1955年．
5. 岑仲勉撰．金石論叢．上海古籍出版社．1982年．
6. 趙超撰．中國古代石刻概論．文物出版社．1997年．
7. 趙超撰．古代石刻．文物出版社．2001年．
8. 毛遠明著．碑刻文獻學通論．中華書局．2009年．
9. 馬衡撰．凡將齋金石叢稿．中華書局．1977年．
10. 劉昭瑞著．漢魏石刻文字繫年．臺北新文豐出版有限公司．2001年．
11. 葉程義著．漢魏石刻文學考釋．臺北新文豐出版有限公司．

1997 年.

12. 方若著、王壯弘增補. 增補校碑隨筆. 上海書畫出版社. 1981 年.
13. 容庚撰. 容庚學術著作全集·古石刻零拾. 中華書局. 2011 年.
14. 李發林著. 中國古代石刻叢話. 山東教育出版社. 1988 年.
15. 施蟄存撰. 金石叢話. 中華書局. 1991 年.

（三）碑帖拓本輯録

1. 北京圖書館金石組編. 北京圖書館藏中國歷代石刻拓本匯編. 中州古籍出版社. 1997 年.
2. 《中國碑刻全集》編輯委員會編. 中國碑刻全集. 人民美術出版社. 2010 年.
3. 徐自強主編. 北京圖書館藏石刻敘録. 書目文獻出版社. 1988 年.
4. 趙萬里編. 漢魏六朝冢墓遺文圖録. 中央研究院歷史語言研究所石印本. 1936 年.
5. 遼寧省博物館編著. 遼寧省博物館藏碑誌精粹. 文物出版社. 2000 年.
6. 柏克萊加州大學東亞圖書館編. 柏克萊加州大學東亞圖書館藏碑帖. 上海古籍出版社. 2008 年.
7. 上海圖書館編. 上海圖書館藏善本碑帖. 上海古籍出版社. 2005 年.
8. 胡海帆、湯燕編. 北京大學圖書館藏歷代金石拓本菁華. 北京：文物出版社. 1998 年.
9. 胡海帆、湯燕諸等編. 北京大學圖書館新藏金石拓本菁華（1996~2012）. 北京大學出版社. 2013 年.
10. 陝西省博物館編. 西安碑林書法藝術. 陝西人民美術出版社. 1988 年.
11. 任繼愈撰. 中國國家圖書館碑帖精華. 北京圖書館出版社. 2001 年.
12. 上海書店出版社編. 歷代碑帖大觀. 上海書店出版社. 1998 年.
13. 傅惜華、陳志農編、陳志農繪畫. 山東漢畫像石彙編. 山東畫報出版社. 2012 年.
14. 中國畫像石全集編輯委員會編. 中國畫像石全集. 河南美術出版

社．2000 年．

15. 中國法帖全集編輯委員會編．中國法帖全集．湖北美術出版社．2002 年．

16. 楊震方編著．碑帖敘錄．上海古籍出版社．1988 年．

（四）石刻整理題跋

1. 新文豐出版公司編輯．石刻史料新編第一輯．新文豐出版公司．1977 年．

2. 新文豐出版公司編輯．石刻史料新編第二輯．新文豐出版公司．1979 年．

3. 新文豐出版公司編輯．石刻史料新編第三輯．新文豐出版公司．1986 年．

4. 新文豐出版公司編輯．石刻史料新編第四輯．新文豐出版公司．2006 年．

5. 國家圖書館善本金石組編．歷代石刻史料彙編．北京圖書館出版社．2000 年．

6. 國家圖書館善本金石組．先秦秦漢魏晉南北朝石刻文獻全編．北京圖書館出版社．2003 年．

7. 嚴耕望撰．石刻史料叢書．臺北藝文印書館．1976 年．

8. 毛遠明撰．漢魏六朝碑刻校注．線裝書局．2008 年．

9. 高文撰．漢碑集釋．河南大學出版社．1985 年．

10. 徐玉立主編．漢碑全集．河南美術出版社．2006 年．

11. 徐玉立、李強撰．漢碑殘石五十品．河南美術出版社．2007 年．

12. 〔日〕永田英正編．漢代石刻集成．同朋舍出版社．1994 年．

13. 〔日〕井波陵一撰．魏晉石刻資料選注．京都大學人文科學研究所．2005 年．

14. 趙萬里編．漢魏南北朝墓志集釋．廣西師范大學出版社．2008 年．

15. 趙超撰．漢魏南北朝墓志彙編．天津古籍出版社．2008 年．

16. 楊殿珣編．石刻題跋索引．商務印書館．1957 年．

17. 容媛輯錄、胡海帆整理．秦漢石刻題跋輯錄．上海古籍出版社．2009 年．

18. 蔣文光、張菊英編．中國碑林大觀．中國旅遊出版社．1993 年．

19. 郭沫若撰．漢代石刻二種．東京文求堂古代銘刻匯考四種本．1933年．

20. 洛陽市文物工作隊編．洛陽出土歷代墓志輯繩．中國社會科學出版社．1991年．

21. 黃明蘭、朱亮編著．洛陽名碑集釋．朝華出版社．2003年．

22. 河南省文物局編．河南碑志敘錄．中州古籍出版社．1992年．

23. 李檣著．秦漢刻石選譯．文物出版社．2009年．

（五）石刻研究專論

1. 王國維撰．觀堂集林．河北教育出版社．2001年．

2. 羅振玉撰．羅雪堂合集．西泠印社．2010年．

3. 羅振玉撰．石交錄、羅雪堂先生全集續編．文華出版公司．1969年．

4. 程章燦撰．古刻新詮．中華書局．2009年．

5. 傅振倫撰．七十年所見所聞．華東師範大學出版社．1997年．

6. 陳顯遠編著．漢中碑石．三秦出版社．1996年．

7. 陳忠凱、王其煇等編著．西安碑林博物館藏碑刻總目提要．線裝書局．2006年．

8. 王壯弘著．崇善樓筆記．上海書店出版社．2008年．

9. 曾毅公編．石刻考工錄．書目文獻出版社．1987年．

10. 譚其驤撰．中國歷史地圖集．中國地圖出版社．1982年．

11. 李新宇撰、周海嬰主編．魯迅大全集卷22學術編・魯迅輯校石刻手稿．長江文藝出版社．2011年．

12. 何如月著．漢碑文學研究．商務印書館．2010年．

13. 宮衍興編著．濟寧全漢碑．齊魯書社．1990年．

後　記

"驅車上東門，遙望郭北墓。白楊何蕭蕭，松柏夾廣路。下有陳死人，杳杳即長暮。潛寐黃泉下，千載永不寤。浩浩陰陽移，年命如朝露。人生忽如寄，壽無金石固。萬歲更相送，聖賢莫能度。服食求神仙，多爲藥所誤。不如飲美酒，被服紈與素。"這首東漢無名氏所作《古詩十九首》之一，猶如一曲渺渺古音，穿越數千年的歷史星雲，爲後世之人講述着漢末時人對於歲月荏苒、生命短暫、死亡永恆的感歎，而洛陽北邙累累故冢、豐碑巨石，其碑主或爲帝王將相，或爲尋常士子，然無論生前之榮辱富貴，亦或爲飄蓬沉淪，最終皆歸於這方永恆之碑石，其上所刻碑文，則默默講訴着那一段段令人崇敬、歡欣、歎惋、憎恨乃至唾罵之往事。吾遙憶總角之年，於故里之田野曾見高碑、石獸，常與幼伴嬉戲於石獸之間，然至而立之年，重返故野，則碑獸皆已毀損，唯碎石、殘垣尚存，其碑主及年代則未可知也。可知金石雖固，然亦終歸於塵土。故漢魏以降，無數豐碑巨刻，今多已不存，而賴《水經注》之著錄，使其銘文長存於世，亦爲金石史之幸事。

己丑年始，吾以近四年之力，于施蟄存先生《水經注碑錄》基礎上，結合相關研究成果以及新出土考古文獻成果，選取《水經注》所徵引石刻文獻四百餘處予以考釋，由於時間及客觀條件所限，本書選取其中二百餘處出版，以爲《〈水經注〉石刻文獻叢考》一書，使眾多亡佚石刻文獻得以恢復其歷史原貌，以充實酈學研究之内容，亦冀能拓展金石學研究之領域，其餘内容將於後續整理出版。

在本書的寫作過程中，感謝中山大學吳承學教授、南京大學程章燦教授、上海師範大學曹旭教授、湖北大學何新文教授等專家給予本書多次的指導、修改，亦感謝本書編輯范迎老師爲書稿的修改校對所付出的巨大努力與幫助。中國國家圖書館金石拓本庫、山東曲阜漢魏碑刻陳列館、西安碑林博物館等相關機構也爲本書無私提供拓本資料，在此，吾一併表示深深的謝意。然由於時間緊迫、工作繁重、學識淺薄，拙作雖勉強完成，其中亦有諸多訛誤和不盡如人意之處，吾誠懇期盼來自各方面的批評和指正。

乙未年仲秋於東京早稻田

圖書在版編目（CIP）數據

《水經注》石刻文獻叢考/張鵬飛撰.—北京：社會科學文獻出版社，2015.11
　ISBN 978-7-5097-6775-7

　Ⅰ.①水…　Ⅱ.①張…　Ⅲ.①古水道-歷史地理-中國②《水經注》-研究　Ⅳ.①K928.4

中國版本圖書館CIP數據核字（2014）第267510號

《水經注》石刻文獻叢考

撰　　　者 / 張鵬飛
出　版　人 / 謝壽光
項目統籌 / 宋月華　范　迎
責任編輯 / 衛　羚　李建廷
出　　　版 / 社會科學文獻出版社·人文分社（010）59367215
地址：北京市北三環中路甲29號院華龍大廈　郵編：100029
網址：www.ssap.com.cn
發　　　行 / 市場營銷中心（010）59367081　59367090
讀者服務中心（010）59367028
印　　裝 / 北京季蜂印刷有限公司
規　　　格 / 開本：787mm×1092mm　1/16
印張：29.25　字數：493千字
版　　　次 / 2015年11月第1版　2015年11月第1次印刷
書　　　號 / ISBN 978-7-5097-6775-7
定　　　價 / 159.00圓

本書如有破損、缺頁、裝訂錯誤，請與本社讀者服務中心聯繫更換

▲ 版權所有 翻印必究